RESPONSABILIDADE NA GESTÃO FISCAL

Estudos em homenagem aos 20 anos
da Lei Complementar nº 101/2000

Alípio Reis Firmo Filho
Ana Cristina Moraes Warpechowski
Carlos Alberto de Moraes Ramos Filho
Coordenadores

Prefácio
Ministro Mauro Campbell Marques

RESPONSABILIDADE NA GESTÃO FISCAL

Estudos em homenagem aos 20 anos
da Lei Complementar nº 101/2000

Belo Horizonte

2020

© 2020 Editora Fórum Ltda.

É proibida a reprodução total ou parcial desta obra, por qualquer meio eletrônico, inclusive por processos xerográficos, sem autorização expressa do Editor.

Conselho Editorial

Adilson Abreu Dallari	Floriano de Azevedo Marques Neto
Alécia Paolucci Nogueira Bicalho	Gustavo Justino de Oliveira
Alexandre Coutinho Pagliarini	Inês Virgínia Prado Soares
André Ramos Tavares	Jorge Ulisses Jacoby Fernandes
Carlos Ayres Britto	Juarez Freitas
Carlos Mário da Silva Velloso	Luciano Ferraz
Cármen Lúcia Antunes Rocha	Lúcio Delfino
Cesar Augusto Guimarães Pereira	Marcia Carla Pereira Ribeiro
Clovis Beznos	Márcio Cammarosano
Cristiana Fortini	Marcos Ehrhardt Jr.
Dinorá Adelaide Musetti Grotti	Maria Sylvia Zanella Di Pietro
Diogo de Figueiredo Moreira Neto (*in memoriam*)	Ney José de Freitas
Egon Bockmann Moreira	Oswaldo Othon de Pontes Saraiva Filho
Emerson Gabardo	Paulo Modesto
Fabrício Motta	Romeu Felipe Bacellar Filho
Fernando Rossi	Sérgio Guerra
Flávio Henrique Unes Pereira	Walber de Moura Agra

FÓRUM
CONHECIMENTO JURÍDICO

Luís Cláudio Rodrigues Ferreira
Presidente e Editor

Coordenação editorial: Leonardo Eustáquio Siqueira Araújo
Aline Sobreira de Oliveira

Av. Afonso Pena, 2770 – 15º andar – Savassi – CEP 30130-012
Belo Horizonte – Minas Gerais – Tel.: (31) 2121.4900 / 2121.4949
www.editoraforum.com.br – editoraforum@editoraforum.com.br

Técnica. Empenho. Zelo. Esses foram alguns dos cuidados aplicados na edição desta obra. No entanto, podem ocorrer erros de impressão, digitação ou mesmo restar alguma dúvida conceitual. Caso se constate algo assim, solicitamos a gentileza de nos comunicar através do *e-mail* editorial@editoraforum.com.br para que possamos esclarecer, no que couber. A sua contribuição é muito importante para mantermos a excelência editorial. A Editora Fórum agradece a sua contribuição.

Dados Internacionais de Catalogação na Publicação (CIP) de acordo com ISBD

R434	Responsabilidade na gestão fiscal: estudos em homenagem aos 20 anos da lei complementar nº 101/2000 / Agda Meneguzzo ... [et al.] ; coordenado por Alípio Reis Firmo Filho, Ana Cristina Moraes Warpechowski, Carlos Alberto de Moraes Ramos Filho. Belo Horizonte : Fórum, 2020.
	478 p. ; 14,5cm x 21,5cm.
	ISBN: 978-65-5518-034-3
2020-1423	1. Direito Financeiro. 2. Direito Administrativo. 3. Direito Constitucional. 4. Direito Público. I. Meneguzzo, Agda. II. Firmo Filho, Alípio Reis. III. Warpechowski, Ana Cristina Moraes. IV. Carvalho, André Castro. V. Gonçalves, André Luiz de Matos. VI. Fernandes, Andressa Guimarães Torquato. VII. Shermam, Ariane. VIII. Pereira, Arthur Cesar de Moura. IX. Ramos Filho, Carlos Alberto de Moraes. X. Cunda, Daniela Zago Gonçalves da. XI. Reali, Darcí. XII. Pinto, Élida Graziane. XIII. Araujo, Fabiano de Figueirêdo. XIV. Buissa, Gabriel. XV. Godinho, Heloísa Helena Antonacio Monteiro. XVI. Sitjá, Henrique Serra. XVII. Fernandes, Jorge Ulisses Jacoby. XVIII. Conti, José Maurício. XIX. Pause, Júlio César Fucilini. XX. Santos, Júlio Edstron S. XXI. Souza Neto, Jurandi Ferreira de. XXII. Araújo, Lean Antônio Ferreira de. XXIII. Buissa, Leonardo. XXIV. Ramos, Letícia Ayres. XXV. Mourão, Licurgo. XXVI. Maciel, Moisés. XXVII. Canossa, Ricardo. XXVIII. Rodrigues, Ricardo Schneider. XXIX. Nogueira, Roberto Wagner Lima. XXX. Iocken, Sabrina Nunes. XXXI. Oliveira, Sonia Endler de. XXXII. Título.
	CDD 343.04
	CDU 34:336.2

Elaborado por Odilio Hilario Moreira Junior - CRB-8/9949

Informação bibliográfica deste livro, conforme a NBR 6023:2018 da Associação Brasileira de Normas Técnicas (ABNT):

FIRMO FILHO, Alípio Reis; WARPECHOWSKI, Ana Cristina Moraes; RAMOS FILHO, Carlos Alberto de Moraes (Coords.). *Responsabilidade na gestão fiscal*: estudos em homenagem aos 20 anos da lei complementar nº 101/2000. Belo Horizonte: Fórum, 2020. 478 p. ISBN 978-65-5518-034-3.

SUMÁRIO

PREFÁCIO 15

APRESENTAÇÃO 19

A contribuição da regulamentação previdenciária para a gestão fiscal responsável dos regimes próprios de previdência social
Agda Meneguzzo, Darcí Reali 21
1   Introdução 21
2   A responsabilidade fiscal e a questão previdenciária 22
3   O inconsistente regime jurídico da previdência pública anterior às reformas 24
4   A empírica gestão previdenciária e os indicativos de desequilíbrio ...26
5   A Emenda Constitucional nº 20, de 16 de dezembro de 1998, e os fundamentos da previdência 28
6   As imposições de natureza técnica e a tecnologia de informação 31
7   A tecnologia da informação e os procedimentos obrigatórios 35
8   Conclusão 38
    Referências 40

Considerações sobre a anulação de empenhos no último ano de mandato como meio de burla ao disposto no art. 42 da Lei de Responsabilidade Fiscal
Alípio Reis Firmo Filho 43
1   Introdução 43
2   Desenvolvimento 45
2.1   A inteligência do art. 42 da Lei de Responsabilidade Fiscal 45
2.2   Problemas com a anulação de empenhos em final de mandato 48
2.3   Anulações de empenhos e suas consequências 51
2.4   Anulações de empenhos e as normas contratuais 55
2.5   Critérios objetivos nas anulações de empenhos 57
3   Conclusão 59
    Referências 61

Aspectos jurídicos, econômicos e contábeis da prestação indireta de serviços públicos à luz da Lei de Responsabilidade Fiscal
Ana Cristina Moraes Warpechowski, Henrique Serra Sitjá,
Ricardo Canossa 63
1 Introdução..63
2 Leis de responsabilidade fiscal no mundo..64
3 A inspiração para a LRF: o caso neozelandês......................................66
4 Prestação de serviços no setor público brasileiro................................67
5 Requisitos constitucionais e legais..70
6 Aspectos econômicos da prestação indireta de serviços.....................72
7 Motivação a fim de demonstrar a legalidade em sentido amplo........74
8 Serviços públicos prestados de maneira indireta e suas implicações fiscais..75
9 Aspectos contábeis e fiscais relacionados à prestação indireta...........77
10 Conclusões..82
 Referências...84

A LRF e a necessidade de proteção ao erário: uma proposta de acoplamento interinstitucional e aplicação dos fundamentos da hermenêutica concretizadora
André Luis de Matos Gonçalves, Júlio Edstron S. Santos 87
 Introdução..87
1 A Lei de Responsabilidade Fiscal como ponto de acoplamento institucional para a proteção do erário nacional....................................89
2 A Lei de Responsabilidade Fiscal, gastos com pessoal e múltiplas visões do controle externo no plano estadual.....................90
3 O interesse da união para correção da aplicação disfuncionada da LRF pelos Estados-membros 97
4 O acoplamento institucional entre TCU e Procuradoria-Geral da República na representação interventiva 106
 Considerações finais..111
 Referências...113

A aplicação do princípio da intranscendência das sanções na jurisprudência do STF em casos envolvendo limites setoriais para despesa com pessoal
Andressa Guimarães Torquato Fernandes...117
 Introdução..117

1   O princípio constitucional da sustentabilidade fiscal 118

2   O princípio da intranscendência das sanções na jurisprudência do STF em casos envolvendo limites para despesas com pessoal estabelecidos na LRF 121

2.1   Considerações sobre o método de análise 121

2.2   O controle das despesas com pessoal na LRF 122

2.3   O princípio da intranscendência das sanções e a LRF na jurisprudência do STF 126

Conclusão 133

Referências 134

Lei de Responsabilidade Fiscal e Justiça Intergeracional ou o Conselho de Anquises

Arthur Cesar de Moura Pereira, Jurandi Ferreira de Souza Neto 135

Introdução 135

1   O custo dos direitos no Estado Fiscal 138

2   Justiça intergeracional e finanças públicas 142

3   Ferramentas da LRF que protegem as gerações futuras 148

Conclusão 154

Referências 156

A competência tributária e a Lei de Responsabilidade Fiscal

Carlos Alberto de Moraes Ramos Filho 161

Introdução 161

1   A atribuição constitucional de competência tributária 163

2   As competências legislativas em matéria tributária 167

3   A questão da facultatividade como característica da competência tributária 171

4   A facultatividade da competência tributária e a LRF 173

5   Competência tributária exonerativa 175

6   A competência exonerativa tributária e a LRF 177

7   A competência exonerativa em matéria de ICMS e a LRF 177

Considerações finais 179

Referências 180

Os 20 anos da Lei de Responsabilidade Fiscal: transparência e proteção de dados a tutelar os direitos fundamentais à *cibercidadania* e à boa *ciber@dministração* pública

Daniela Zago Gonçalves da Cunda, Letícia Ayres Ramos 183

1   Introdução 183

2   A interpretação sistemática do art. 48 e art. 48-A da Lei de Responsabilidade Fiscal e a ampla sindicabilidade proporcionada 185

3   Publicidade e transparência *versus* privacidade e proteção de dados 191

4   A nova Lei Geral de Proteção de Dados Pessoais se aplica aos Tribunais de Contas? 196

5   Panorama da Lei Geral de Proteção de Dados 198

6   Direito/dever fundamental à boa *ciber@dministração* pública e considerações finais 200

     Referências 203

(Ir)responsabilidade na gestão das renúncias de receitas: um estudo sobre o frágil dever de avaliação de impacto fiscal e das correspondentes medidas compensatórias e contrapartidas

Élida Graziane Pinto 209

1   Introdução 209

2   Avaliação prévia de impactos fiscal e regulatório como instrumentos de responsabilização política estendida 212

3   Renúncias de receitas: fragilidades estruturais e burlas recorrentes 217

4   Algumas considerações finais sobre a avaliação de impactos fiscal e regulatório no controle qualitativo do ciclo das políticas públicas 227

     Referências 230

O conceito de operação de crédito na LRF é estritamente jurídico? Um estudo sobre o caráter multidisciplinar da LRF

Fabiano de Figueirêdo Araujo 233

1   Considerações iniciais 233

2   O caráter multidisciplinar da Lei de Responsabilidade Fiscal 234

3   A modificação de racionalidade para conceituar operação de crédito durante a vigência da LRF 239

4   O conceito da operação de crédito é modelado consoante uma racionalidade jurídica? Considerações finais 248

     Referências 249

A Lei de Responsabilidade Fiscal e o planejamento financeiro estatal: planejar é preciso
Heloísa Helena Antonacio Monteiro Godinho 251

1   Introdução 251

2   Antecedentes do planejamento financeiro no Brasil: uma trajetória turbulenta 254

3   O planejamento financeiro brasileiro: breves comentários 261

4   O planejamento financeiro na Lei de Responsabilidade Fiscal 266

5   *Navigare necesse, vivere non est necesse* 269

     Referências 269

Evolução da responsabilidade fiscal e da sociedade brasileira
Jorge Ulisses Jacoby Fernandes 271

1   Introdução 271

2   É necessário alterar a Lei de Responsabilidade Fiscal? 272

3   As novas regras para o estado de calamidade 274

3.1   Despesas com pessoal 275

4   Plano de carreira, reajuste e admissão de concursados 279

4.1   Controle sobre atos 280

5   O novo tratamento da LRF em caso de calamidade pública 282

5.1   Normas da LRF de cumprimento dispensado 283

5.2   Arts. 35, 37 e 42 da LRF 284

5.3   Arts. 14, 16 e 17 284

5.4   Operações de crédito garantidas pela União 284

5.5   Diretrizes para os novos decretos legislativos 285

6   Transparência, controle e fiscalização 285

7   Parecer e opinião técnica 289

8   Erro grosseiro 290

9   Considerações finais 291

     Repartição de despesas 291

     Despesa de pessoal 292

     Tribunais de Contas e STF 293

Transparência fiscal: vinte anos depois
José Maurício Conti, André Castro Carvalho 295

     Introdução 295

1   A transparência em ascensão no século XXI 296

2	Pressupostos da transparência fiscal	300
3	Importância da transparência fiscal	301
4	Instrumentos de transparência fiscal	305
5	Conclusão	308
	Referências	309

A Lei de Responsabilidade Fiscal e os mecanismos de controle das despesas com pessoal aplicáveis aos Municípios: uma visão panorâmica

Júlio César Fucilini Pause......311

1	Breves considerações sobre a evolução histórica do controle das despesas com pessoal no Brasil	311
2	Mecanismos de controle das despesas com pessoal definidos pela Lei de Responsabilidade Fiscal e aplicáveis aos Municípios	315
2.1	No momento anterior à execução orçamentária	315
2.2	No curso da execução orçamentária	320
2.2.1	Receita corrente líquida e despesas com pessoal: conceitos	320
2.2.2	Limites estipulados e prazos para a redução do excesso	322
2.2.3	Medidas redutoras	325
3	Importância da uniformização da interpretação dos Tribunais de Contas	329
4	Conclusão	331
	Referências	331

Incentivos fiscais: entre a indução econômica e a responsabilidade fiscal

Leonardo Buissa Freitas, Gabriel Buissa Ribeiro de Freitas......335

	Introdução	335
1	Atuação estatal no domínio econômico: direta, indireta, por direção e por indução	336
2	A relevância da atuação estatal por indução e o uso extrafiscal das normas tributárias no Estado Fiscal	338
3	Extrafiscalidade e renúncia de receita: entre o equilíbrio fiscal e a indução econômica	341
4	Efeitos negativos da adoção de incentivos fiscais na indução econômica e na responsabilidade fiscal	344
4.1	O efeito carona: indução econômica para atividade que prescinde de incentivo	345

4.2	Incentivos fiscais e justiça financeira: gestão fiscal perpetuadora de desigualdades	346
4.3	Incentivos, transparência e controle na responsabilidade fiscal	348
4.4.	Incentivos, redução da base de contribuintes e desequilíbrio fiscal	350
	Conclusão	351
	Referências	352

Crise financeira do Estado e a responsabilidade fiscal solapada

Licurgo Mourão, Ariane Shermam 355

1	Pacto federativo e crise econômica: um estudo sobre o caso de Minas Gerais	355
2	Federalismo fiscal, centralização de competências e o papel dos Tribunais de Contas	359
3	Da descentralização dos encargos político-administrativos e da necessidade de reequilíbrio fiscal	363
4	A aplicação da Lei de Introdução às Normas do Direito Brasileiro no controle externo desempenhado pelos Tribunais de Contas	366
	Considerações finais	371
	Referências	373
	Anexos	375

A LRF como pressuposto para a efetividade dos direitos fundamentais no Brasil

Moises Maciel 379

	Introdução	379
1	O Estado e sua atividade financeira	380
2	O orçamento público	382
3	Origem e finalidade da Lei de Responsabilidade Fiscal no Brasil	383
4	A função do Tribunal de Contas em face da LRF	389
5	Influências institucionais na crise fiscal	391
	Considerações finais	394
	Referências	395

A uniformização da interpretação da LRF no âmbito dos Tribunais de Contas: a constitucionalidade da PEC nº 188/2019 à luz do princípio federativo

Ricardo Schneider Rodrigues, Lean Antônio Ferreira de Araújo............399

Introdução..399

1   A aplicação da LRF nos Tribunais de Contas: divergências e inefetividade...401

2   Os Tribunais de Contas na Constituição de 1988: uma evolução necessária em prol da uniformização na aplicação do Direito.........409

3   A constitucionalidade da PEC nº 188/2019: o TCU como instância uniformizadora da aplicação da LRF no âmbito dos Tribunais de Contas e o princípio federativo....................................413

3.1   Os limites à reforma da Constituição: cláusulas pétreas e mudanças necessárias...414

3.2   A vedação à proposta tendente a abolir a forma federativa de Estado..415

3.3   A PEC nº 188/2019 à luz do princípio federativo...................417

Conclusão...421

Referências..422

A propósito do art. 23, §§1º e 2º, da Lei de Responsabilidade Fiscal: redução da jornada de trabalho e vencimentos de servidor público

Roberto Wagner Lima Nogueira...425

Introdução..425

1   O enunciado textual do art. 23, §§1º e 2º, da Lei de Responsabilidade Fiscal (Lei Complementar nº 101/2000) e a inicial da ADI nº 2.238-5. 6. Críticas deduzidas contra a decisão da maioria do STF que se materializou em favor da inconstitucionalidade de parte do §1º e a integralidade do §2º do art. 23 da LRF...426

2   A liminar concedida pelo STF nos autos da ADI nº 2.238-5.............428

3   Repercussões da liminar concedida na ADI nº 2.238-5 ao longo dos anos..429

4   Em agosto de 2019 o Supremo Tribunal Federal retomou o julgamento da ADI nº 2.238-5...431

5   Críticas deduzidas contra a decisão da maioria do STF que se materializou em favor da inconstitucionalidade de parte do §1º e a integralidade do §2º do art. 23 da LRF...433

6   A PEC emergencial nº 186/2019, a PEC do pacto federativo nº 188/2019 e a redução da jornada de trabalho e vencimentos dos servidores públicos 434

7   O STF voltará a julgar o tema no dia 02.04.2020, quando poderá concluir o julgamento sobre redução de salário de servidor 436

8   "Os valores sociais do trabalho" como princípio fundamental da República Federativa do Brasil inobservados pelas PEC nº 186/2019 (PEC emergencial) e PEC nº 188/2019 (PEC do pacto federativo). O princípio jurídico da "proibição de retrocesso"...........437

Conclusão...............442

Referências...............444

O novo regime de transferências voluntárias intergovernamentais e a LRF: a disputa pelos CÓDIGOS orçamentários
Sabrina Nunes Iocken, Sonia Endler de Oliveira...............447

1   Introdução...............447

2   A fotografia constitucional do regime das transferências voluntárias intergovernamentais...............449

2.1   O novo regime jurídico das transferências voluntárias intergovernamentais: a operacionalização das transferências especiais...............453

2.2   Regras permissivas e proibitivas: a problemática das transferências financeiras...............456

2.3   O que a análise dos dados e códigos evidenciam...............459

3   A governança pública e a matriz do controle 461

3.1   O direcionamento do Executivo: o modelo de excelência da gestão (MEG-Tr)...............462

3.2   Os desafios ao "Sistema Tribunais de Contas" 463

3.3   Avaliação de custos e benefícios dos códigos dos recursos transferidos...............466

4   Conclusão...............467

Referências 468

SOBRE OS AUTORES...............471

PREFÁCIO

Após o período de hiperinflação enfrentado no Brasil nas décadas de 1980 e 1990, e a posterior estabilização da economia, com a implementação do Plano Real, a preocupação do governo brasileiro ficou voltada para o tamanho da dívida pública, que, mesmo com a recuperação econômica, permanecia vultosa.

Em razão desse cenário, em 4 de maio de 2000, foi sancionada, pelo, então, Presidente da República Fernando Henrique Cardoso, a Lei Complementar nº 101, conhecida como Lei de Responsabilidade Fiscal, que virou um marco legal do controle das contas públicas, uma vez que, com a edição da referida norma, foram impostos aos três Poderes, do âmbito federal, estadual e municipal, a fixação de limites dos gastos, o cumprimento de metas fiscais e o respeito ao orçamento.

Para atingir tal fim, a norma reforçou a necessidade de obediência ao tripé orçamentário constituído pela *transparência dos atos* do gestor público, *planejamento de gastos* e *equilíbrio fiscal*. Assim, foram estabelecidas medidas como a fixação de limites para as despesas com pessoal e para a dívida pública – maior problema macroeconômico do país –, bem como a estipulação de metas fiscais para o controle de receitas e despesas.

Ainda sobre os aspectos relevantes da Lei de Responsabilidade Fiscal, saliento que o diploma legal trouxe a compensação de despesas de caráter permanente, impossibilitando a criação, pelo agente público, de uma nova despesa continuada – com prazo superior a dois anos – sem indicação da fonte de receita ou da redução de despesa.

Além disso, foram definidas regras para a criação de novas despesas no ano eleitoral, merecendo realce o impedimento de contratação de operações de crédito por antecipação de receita orçamentária (ARO), no último ano de mandato, bem assim a proibição do aumento das despesas com pessoal, nos 180 (cento e oitenta) dias que antecedem o final do mandato eletivo.

Noutro giro, é imperioso consignar que a Lei Complementar nº 101/2000, além de definir estratégias para o controle das contas públicas, também criou mecanismos para punir a irresponsabilidade fiscal.

Dessarte, foram estabelecidas sanções institucionais, que são de natureza financeira e afetam o próprio ente federativo. Tais medidas incluem a suspensão de transferências voluntárias (exceto para a saúde, assistência social e educação), suspensão da obtenção de garantia de outro ente e suspensão da contratação de crédito.

Há, ainda, as chamadas sanções pessoais, que incidem no próprio gestor público que viola as regras fiscais, de diversas naturezas (administrativa, criminal ou cível), podendo ser aplicadas cumulativamente, ou não, e estão definidas em leis esparsas, como o Decreto-Lei nº 2.848, de 7 de dezembro de 1940 (Código Penal); a Lei nº 1.079, de 10 de abril de 1950 (Lei de Crimes de Responsabilidade das Autoridades da União e dos Estados e que regula o respectivo processo de julgamento); o Decreto-Lei nº 201, de 27 de fevereiro de 1967 (que dispõe sobre a responsabilidade dos prefeitos e vereadores) e a Lei nº 8.429, de 2 de junho de 1992 (que dispõe sobre as sanções aplicáveis aos agentes públicos nos casos de improbidade administrativa), e nas demais normas da legislação pertinente.

Diante da breve explanação sobre alguns pontos contidos na Lei Complementar nº 101/2000, fica evidente o seu caráter inovador e sua importância para o controle das contas públicas, com o escopo de garantir a preservação do equilíbrio econômico-financeiro, em todas as esferas de governo, a curto, médio e longo prazo.

Contudo, após 20 anos de sua edição, questiona-se o efetivo cumprimento das metas e dos termos previstos no aludido diploma legal pelos entes federativos, ainda mais considerando a necessidade de implantação de normas fiscais complementares, a exemplo da Emenda Constitucional nº 95, proveniente da conhecida PEC do Teto dos Gastos Públicos, promulgada em 2016, e a Proposta de Emenda à Constituição nº 186/2019, chamada PEC Emergencial, ainda em tramitação no Congresso Nacional, que prevê medidas permanentes e emergenciais de controle do crescimento das despesas obrigatórias e de reequilíbrio fiscal no âmbito dos Orçamentos Fiscal e da Seguridade Social da União.

Nesse soar, é louvável a iniciativa dos autores da presente obra, que examinaram, de forma profunda, os efeitos e as consequências da aplicação (ou não) dos preceitos e determinações previstas na Lei Complementar nº 101, de 2000, pelos gestores públicos, ao longo dos 20 anos de sua publicação.

Assim, finalizo este prefácio parabenizando os juristas envolvidos neste projeto, notadamente, os coordenadores – dentre estes o eminente Professor e estimado amigo Carlos Alberto de Moraes Ramos Filho –, pela brilhante exposição acerca de um assunto tão caro à sociedade brasileira, visto que, mesmo depois do vintênio da Lei de Responsabilidade Fiscal, permanece vivo o debate pela busca do equilíbrio econômico-financeiro e da redução da dívida pública nacional.

Mauro Campbell Marques

Ministro do Superior Tribunal de Justiça

APRESENTAÇÃO

Estamos diante de uma Obra comemorativa! No ano de 2000, entrou em vigor a Lei de Responsabilidade Fiscal para trazer diretrizes sobre a gestão financeira, orçamentária e patrimonial da Administração Pública. Após uma geração de aplicação das regras, ou seja, 20 anos, diversos foram os acertos; mas também, podem ser identificados alguns desacertos.

Dentro dessa perspectiva, trinta e um autores se dedicaram ao estudo de aspectos relevantes, atuais e que permeiam o cotidiano dos órgãos públicos, na busca da melhor interpretação aos dispositivos legais.

Como resultado, o prefácio do Ministro do Superior Tribunal de Justiça, Dr. Mauro Campbell Marques, introduz os 20 capítulos, que foram escritos de forma inédita, a fim de trazer temáticas com o potencial de gerar mudanças e fomentar o debate público e acadêmico.

Assim, desejamos que esse livro traga aos leitores a mesma expectativa que tivemos: a cada capítulo, uma nova descoberta, um novo desafio, impulsionando a querer ir adiante para absorver a totalidade dos ensinamentos.

Alípio Reis Firmo Filho
Ana Cristina Moraes Warpechowski
Carlos Alberto de Moraes Ramos Filho

A CONTRIBUIÇÃO DA REGULAMENTAÇÃO PREVIDENCIÁRIA PARA A GESTÃO FISCAL RESPONSÁVEL DOS REGIMES PRÓPRIOS DE PREVIDÊNCIA SOCIAL

AGDA MENEGUZZO

DARCÍ REALI

1 Introdução

Neste início de década, a Lei Complementar nº 101, de 04 de maio de 2000, considerada o marco da Reforma Fiscal no Brasil, completa 20 anos. Ousa-se provocar dizendo que a Reforma Fiscal na verdade teve início com outro marco normativo anterior, a Emenda Constitucional nº 20, de 16 de dezembro de 1998, que lançou as bases da Reforma da Previdência do Serviço Público. Mas ambas são antecedidas pela Emenda Constitucional nº 19, de 5 de junho de 1998, que lançou as bases constitucionais da denominada Reforma Administrativa do Serviço Público. Tais marcos constitucionais e a Lei Complementar espelham um mesmo contexto de preocupações então existentes com as finanças públicas.

Na comemoração do marco vintenário da Lei de Responsabilidade Fiscal, propõe-se o estudo que objetiva aferir a contribuição das disposições constitucionais, normativas e regulamentares, constantes da Reforma da Previdência, para a adoção de atos e processos administrativos de administração previdenciária tendentes a uma gestão fiscal mais responsável, no âmbito dos entes federados detentores de Regimes Próprios de Previdência Social.

Do mesmo modo, o estudo propõe demonstrar a contribuição dos mecanismos legais citados para a qualificação da fiscalização previdenciária liderada pelo então denominado Ministério da Previdência Social, com a instituição de mecanismos de aferição da subserviência às normas legais e aos mecanismos técnicos instituídos.

A título exemplificativo dos avanços efetivamente incorporados na gestão previdenciária pública, especial atenção é concedida na avaliação de indicadores de gestão dos Regimes Próprios de Previdência do Estado do Rio Grande do Sul e dos dados efetivos aferidos pelo extrato previdenciário, instrumento de fiscalização relacionado à emissão do Certificado de Regularidade Previdenciária.

2 A responsabilidade fiscal e a questão previdenciária

O equilíbrio das finanças públicas é tema recorrente na esfera do serviço público. Aliomar Baleeiro ilustra:

> [...] até algumas décadas atrás, o equilíbrio orçamentário era a regra de ouro das finanças públicas. Todos os governantes se acanhavam de confessar o déficit. 'O império era o *déficit*' – diziam os republicanos, no Brasil, ouvindo dos monarquistas a réplica: '– mas a República é o *funding*' (isto é, a moratória da dívida externa).[1]

O autor contemporiza a questão, no entanto, realçando que, "não obstante, nosso país quadruplicou a população, produção e bem-estar, a despeito desses *déficits* e da inflação crônica".[2] E complementa: "O equilíbrio orçamentário é desejável em certos casos. Pode ser impossível e inelutável noutros. E será nocivo em circunstâncias especiais".[3]

---

[1] BALEEIRO, Aliomar. *Uma introdução à Ciência das Finanças*. 10. ed. Rio de Janeiro: Forense, 1974. p. 409-411.

[2] A propósito, Sérgio Pinto Martins salienta que, dentre os objetivos fundamentais da República, estão o da solidariedade social: "O sistema visa a redução das desigualdades sociais e econômicas, mediante política de redistribuição de renda. É uma forma de tentar alcançar a justiça social", ilustrando que assim também ocorre na área da saúde, como de distribuição de bem-estar social (MARTINS, Sérgio Pinto. *Direito da Seguridade Social*. 30. ed. São Paulo: Atlas, 2010. p. 56).

[3] Horvat Junior destaca a diversidade da base de financiamento da seguridade social, por toda a sociedade, com base no art. 195, *caput*, incisos I a IV da CF (HORVAT JUNIOR, Miguel. *Direito Previdenciário*. 8. ed. São Paulo: Quartier Latin, 2010. p. 100-101).

A década que precede a virada do século XX é caracterizada por um conjunto de objetivos claros, de iniciativa governamental e pressão dos setores econômicos, destacando-se a redefinição das prioridades do Estado, a diminuição do tamanho da estrutura orgânica da Administração Pública e a privatização de serviços públicos, agenda que resultaria, como previsão, na diminuição do déficit público e na recuperação da capacidade de o Brasil honrar seus compromissos financeiros internacionais.

Em 1998 estabeleceu-se um caldo de cultura no Congresso Nacional favorável a uma revisão do texto constitucional que disciplina tanto a previdência do Regime Geral quanto a dos Regimes Próprios. O esgotamento gradativo da capacidade de manutenção dos benefícios custeados com recursos orçamentários, para cobrir o crescente déficit técnico entre a arrecadação e o custo previdenciário, assinalava que ou o Brasil iniciaria um processo de reformas ou o setor público perderia a capacidade de manutenção de outros serviços essenciais à sociedade, como a saúde, a educação, o saneamento e as vias públicas.[4]

Nesse contexto, o Congresso Nacional aprovou a Emenda Constitucional nº 19, de 4 de junho de 1998, que lançou as bases da chamada Reforma Administrativa, com o propósito de alterar o regime jurídico de vinculação dos agentes públicos ao Estado; a abertura de espaços para a iniciativa privada na prestação de serviços públicos; o controle de despesas, como as de pessoal e o controle das finanças públicas e, em especial, a elevação ao *status* constitucional do princípio da eficiência no serviço público.

Outro grande marco regulatório foi a edição da Lei nº 9.717, em 27 de novembro de 1998,[5] que estabeleceu importantes fundamentos jurídicos da nova previdência do serviço público, dentre eles o necessário equilíbrio financeiro e atuarial e a adoção de regras padronizadas de gestão e contabilização dos recursos previdenciários.

A base constitucional da Reforma da Previdência no Serviço Público tem como marco referencial a Emenda Constitucional nº 20, de 16 de dezembro de 1998, que afere garantia jurídica ao processo de mudanças que se pretende: trouxe, como grande novidade, a recepção de regras de gestão na Constituição Federal e disposições bem específicas sobre os requisitos e benefícios previdenciários. Mas dois institutos jurídicos alçados a *status* constitucional foram de especial importância:

---

[4] REALI, Darcí. Direito Previdenciário. *In*: QUISSINI, Maria do Carmo Padilha; REALI, Darcí; SILVA, Sérgio Hoffmann da. *Instrumentação Jurídica*. Caxias do Sul: EDUCS, 2006. p. 160.

[5] Dita Lei foi precedida pela Medida Provisória nº 1.723, de 29.10.98.

a contributividade compulsória e o necessário equilíbrio financeiro e atuarial dos Regimes Próprios de Previdência Social.

Vê-se, portanto, que estes dois grandes marcos constitucionais têm como objetivo primordial o equilíbrio fiscal da gestão pública.

No aflorar do Novo Milênio, surge o grande marco da Reforma Fiscal, a Lei Complementar nº 101, de 04 de maio de 2000, que impôs, agora de modo linear, aos entes e poderes as bases da gestão fiscal no serviço público, com regras aplicáveis a todos os entes federados e a todos os Poderes da Federação. Mas o que pretendeu, em especial, o legislador contemporâneo?[6]

Carlos Valder do Nascimento destaca a importância dos "[...] princípios básicos de gestão fiscal, que consubstanciam a responsabilidade das finanças públicas, configuram instrumentos essenciais à administração racional dos recursos financeiros postos à disposição do Poder Público". E complementa: "No plano jurídico, poder-se-iam eleger como princípios fundamentais da gestão fiscal: prevenção de déficits, prudência fiscal, segurança, planejamento, publicidade ou transparência".[7]

3 O inconsistente regime jurídico da previdência pública anterior às reformas

Desde o final do século XVIII, quando surgiram as primeiras iniciativas protetivas aos dependentes do Exército e da Marinha,[8] até o período que antecede a Constituição de 1988, a previdência dos servidores públicos caracterizava-se pela multiplicidade de requisitos e benefícios, sem a subserviência de norma constitucional ou legislação nacional uniformizadora. O registro da falta de disciplina legal não é de agora:

> A experiência municipal com previdência própria é muito jovem: com exceção de pouco mais de uma dezena de Municípios que constituíram seus regimes há mais tempo, esta opção começou a ser exercitada a partir de 1.990, coincidentemente com a implantação do Regime Jurídico

---

[6] Recuperar a capacidade de honrar o pagamento da dívida externa foi objetivo central da reforma fiscal, sem desprezo de outros igualmente importantes. Para isso, mostrava-se fundamental limitar o ônus do custeio e os investimentos estatais, reduzir as despesas de pessoal e adotar regras mais rígidas de controle orçamentário.

[7] NASCIMENTO, Carlos Valder do. In: MARTINS, Ives Gandra da Silva; NASCIMENTO, Carlos Valder do. Comentários à Lei de Responsabilidade Fiscal. São Paulo: Saraiva: 2001, p. 18.

[8] SILVA, Delúbio Gomes Pereira da. Regime de Previdência Social dos Servidores Públicos no Brasil: perspectivas. São Paulo: LTR, 2003. p. 15-16.

Único determinado com a Constituição Federal de 88. A Carta Magna deu transparência à possibilidade, até então por poucos exercida, ao dispor, no parágrafo único do artigo 149, que as Unidades da Federação poderiam constituir regime próprio de previdência para os servidores. Nada mais foi legislado ou regulamentado a respeito, deixando para a iniciativa dos interessados a criação de um modelo próprio.[9]

Como únicos referenciais normativos sobre os RPPS, até 1988, apenas o disposto no art. 13 da Lei nº 8.212, de 24 de julho de 1991,[10] a Lei de Custeio da Previdência Social – LCPS, e o art. 12 da Lei nº 8.213, de 24 de julho de 1991, a Lei de Benefícios da Previdência Social – LBPS. Nada mais havia.

Destaca-se que nem mesmo o texto constitucional anterior a 1988 continha disposição sobre os Regimes Próprios de Previdência, salvo alguns requisitos e benefícios de ordem geral, mas sem menção à observância expressa pelos Regimes Próprios de Previdência Social. No mais, proliferaram iniciativas com ampla diversidade jurídica, a maioria em completa dissonância com o que se entende como sustentabilidade financeira e atuarial no tempo presente.

A Constituição Federal de 1988 pela primeira vez trouxe referência aos Regimes Próprios de Previdência Social. Deu visibilidade ao que até então reduzido número de entes federados tinha percebido: a possibilidade de instituírem seus próprios regimes de previdência em alternativa ao RGPS. E essas luzes brotaram no parágrafo único do art. 149, ou seja, disposição permissiva, sem exigência de maiores contrapartidas: "Art. 149. [...] Parágrafo único. Os Estados, o Distrito Federal e os Municípios poderão instituir contribuição, cobrada de seus servidores, para o custeio, em benefício destes, de sistemas de previdência e assistência social".

Apresentou-se oportunidade ímpar aos agentes políticos e aos próprios beneficiários não comprometidos com a seriedade do tema: sair do INSS, instituir o regime previdenciário meramente formal, descompromissado com a sustentabilidade financeira e atuarial e com as demais iniciativas que assegurassem o interesse público, cenário que veremos a seguir. Com certeza, o grande motivador dessa iniciativa foi a possibilidade de redução dos gastos previdenciários, através da

---

[9] REALI, Darcí. Um pouco da história da Previdência. *In*: REALI, Darcí (Org.). *Regime Próprio de Previdência do Município*. Porto Alegre: IEM/DPM: 2002, p. 12.

[10] Dispunha tal artigo: Art. 13. O servidor civil ou militar da União, dos Estados, do Distrito Federal ou dos Municípios, bem como o das respectivas autarquias e fundações, é excluído do Regime Geral de Previdência Social consubstanciado nesta lei, desde que esteja sujeito a sistema próprio de previdência social.

adoção, nos novos regimes, de alíquotas de contribuição inferiores às cobradas pelo INSS ou mesmo regime não contributivo.

4 A empírica gestão previdenciária e os indicativos de desequilíbrio

Decorridos poucos anos da Nova Constituição de 1988, proliferaram sinais de que o fim da nova caminhada não seria tão positivo.

A título de exemplo, destacam-se aqui alguns indicativos de como estava a gestão dos Regimes Próprios Previdenciários, tendo como referência um estudo dos RPPS existentes no Rio Grande do Sul, no ano de 1998. A amostragem obteve os dados de 167 Municípios, correspondente a 36% do total de 467 Municípios existentes naquele ano. O Quadro 1[11] demonstra a precariedade técnica dos RPPS da época. A síntese do estudo aponta os seguintes dados:

QUADRO 1

Perfil da Seguridade dos Municípios do Rio Grande do Sul, no ano de 1998

Municípios amostrados, do total de 467 existentes no ano	167
Municípios sem contribuição previdenciária ao RPPS	7%
Municípios com contribuição previdenciária ao RPPS	93%
Municípios com contribuição total de até 5%	11,33%
Municípios com contribuição total de 5,1 a 10%	32,67%
Municípios com contribuição total de até 10,1 a 20%	38,67%
Municípios com contribuição total maior de 20,1%	10,67%
Municípios que não realizaram avaliação atuarial	82%
Municípios com inexistência de recursos no fundo de reserva	25%
Municípios com arrecadação previdenciária insuficiente para os encargos mensais	14%
Municípios com arrecadação previdenciária suficiente apenas para os encargos mensais, sem geração de reserva	39%
Municípios com recolhimento adimplente das contribuições	33%
Municípios com empréstimos dos recursos previdenciários	18%

Quadro 1. Darcí Reali, fevereiro de 2020.

---

[11] DALCIN, Arthur Leão; REALI, Darcí. Perfil da Seguridade dos Municípios do RS. *In*: DALCIN, Arthur Leão *et al. Previdência Municipal*: Guia dos Fundos e Institutos. Porto Alegre: IEM/DPM, 1999, p. 69 a 93.

O estudo realizado pelo referido Instituto de Estudos Municipais (nota 11) conclui que, em síntese:

a) Houve a transgressão ao princípio da legalidade, ao abrigar detentores de cargos em comissão e contratados temporariamente e, também, pelo desvio de finalidade na utilização dos recursos previdenciários para fins diversos, via empréstimos aos entes instituidores;

b) É necessária a revisão das alíquotas de contribuição, com base na ciência atuarial;

c) Faz-se imperativa a separação dos benefícios de saúde diferenciada, que deveria ser excluída do custeio e da administração dos RPPS;

d) É preciso adotar uma postura crítica e responsável para a adequação legal e gerencial dos modelos adotados.

O universo estudado não pode ser automaticamente replicado como demonstrativo da situação no âmbito da Federação, mas certamente espelha com muita semelhança o que acontecia em outras unidades.

Obra amplamente discutida no período que sucede a Emenda Constitucional nº 20, de 16 de dezembro de 1998, foi o Livro Branco da Previdência,[12] que realça o crescimento do déficit técnico e do problema de insuficiência financeira tanto no Regime Previdenciário dos Servidores da União quanto dos demais entes federados. Dentre outros, o documento destaca:

a) A fragmentação e heterogeneidade de regras entre os diferentes regimes, para os poderes, órgãos e categorias profissionais, dificultando o controle e a transparência;

b) O custeio de aposentadorias com recursos do tesouro, com as contribuições previdenciárias destinadas apenas às pensões;

c) O corporativismo consubstanciado em regras mais benéficas para os servidores do topo e o custeio de benefícios não previdenciários, como assistência financeira e de saúde;

d) A aplicação de recursos do fundo de reserva em ativos de baixa liquidez e rentabilidade, como em imóveis;

e) A fixação do valor dos benefícios sem considerar o histórico contributivo, com casos em que o benefício correspondia ao maior salário da carreira;

f) O abrigo de servidores temporários, comissionados e agentes políticos;

---

[12] BRASIL. Ministério da Previdência e Assistência Social (MPAS). Livro Branco da Previdência Social – Brasília: MPAS/GM, 2002. p 21-22.

g) A ausência de base atuarial, com alíquotas fixadas em percentuais menores do que as do RGPS, ilustrando com o caso de São Paulo, em que estudo da Fundação Prefeito Faria Lima – Centro de Estudos e Pesquisas de Administração Municipal apontou que cerca de 80% dos Municípios que instituíram RPPS fizeram-no sem a realização de avaliação atuarial.

A título de síntese:

> O que se seguiu foi um acúmulo de problemas, com parte dos Regimes Próprios sem qualquer contribuição, com os benefícios previdenciários garantidos com recursos da arrecadação ordinária; outro tanto com alíquotas irrisórias; inexistência de padrões técnicos de gestão, principalmente em razão da inexistência de normas jurídicas editadas para uniformizar a administração desses novos Regimes.
>
> Para completar o quadro, a ausência de uma efetiva fiscalização e a falta de legislação para embasar a mesma contribuíram para o agravamento da situação que até hoje vem comprometendo o orçamento de muitas administrações municipais, estaduais e especialmente a federal, obrigadas a honrar os compromissos assumidos por conta de déficits financeiros e atuariais herdados dos modelos anteriormente implantados.[13]

O déficit financeiro e atuarial segue preocupando a sociedade, mas as bases normativas para a instituição dos benefícios e para a gestão previdenciária já permitiram grandes avanços para a gestão fiscal responsável, como se demonstra a seguir.

5 A Emenda Constitucional nº 20, de 16 de dezembro de 1998, e os fundamentos da previdência

O ano de 1998 findou esperançoso para a previdência pública no Brasil. Os fundamentos normativos trazidos pela Lei nº 9.717, de 27 de novembro de 1998, foram acolhidos, nos aspectos essenciais, pela Emenda Constitucional nº 20, de 16 de dezembro de 1998.

A completa redefinição do art. 40 da Constituição Federal lançou as bases da nova previdência no serviço público, merecendo destaque a transcrição:

---

[13] REALI, Darcí. Direito Previdenciário. *In*: QUISSINI, Maria do Carmo Padilha; REALI, Darcí; SILVA, Sérgio Hoffmann da. *Instrumentação Jurídica*. Caxias do Sul: EDUCS, 2006. p. 159.

Art. 40. Aos servidores titulares de cargos efetivos da União, dos Estados, do Distrito Federal e dos Municípios, incluídas suas autarquias e fundações, é assegurado regime de previdência de caráter contributivo, observados critérios que preservem o equilíbrio financeiro e atuarial e o disposto neste artigo.

Ressaltam-se de imediato os fundamentos relacionados à gestão fiscal: a contributividade compulsória, com base na ciência atuarial, de modo a assegurar o equilíbrio financeiro e atuarial. Nos seus parágrafos e demais desdobramentos, as disposições relativas à uniformização dos requisitos e benefícios previdenciários, os parâmetros objetivos para a fixação do valor dos benefícios, a vedação à contagem de tempos fictos, a proibição de vínculo de comissionados, temporários e agentes políticos sem vinculação efetiva com o ente instituidor, a forma de reajuste dos benefícios e a possibilidade de instituição de regime complementar de previdência, como alternativa para a limitação de benefícios gerais e de contribuição dos entes estatais.

A questão posta, então, passou a ser a real inserção dos entes federados com seus poderes no novo fundamento constitucional.

A promulgação de lei, por si só, não se traduz necessariamente em efetividade de seus comandos. Inúmeras variáveis contribuem para que tais disposições sejam efetivamente observadas e acolhidas pela sociedade. No caso em tela, foi fundamental a detalhada regulamentação e instituição de processos administrativos uniformes à gestão dos RPPS. Mesmo assim, tornar-se-iam efetivas tais disposições, de modo a operar os efeitos almejados pela Constituição Federal?[14]

Para esclarecer estas indagações, há que se analisar a Constituição Federal no contexto de outras disposições normativas e regulamentares que afloraram em seu entorno. Dentre tais disposições do período, destacam-se as que consolidaram os fundamentos jurídicos essenciais:

a) Constitucionalização dos benefícios previdenciários, destacando-se a Emenda Constitucional nº 20, de 16 de dezembro de 1998, pela compulsoriedade das contribuições e imposição de base financeira e atuarial; a Emenda Constitucional nº 41, de 19 de dezembro de 2003,

---

[14] Em *Aplicabilidade das normas constitucionais*, José Afonso da Silva estabelece distinção entre *aplicabilidade* das normas constitucionais e *efetividade* destas. Entende o autor que a *aplicabilidade* é a qualidade do que é aplicável, no sentido de sua capacidade de produzir efeitos jurídicos. Encerra-se essa perspectiva estritamente sob o ponto de vista da eficácia do Direito. Já a *efetividade* da norma diz respeito aos reais efeitos da norma na sociedade, ou seja, com perspectiva orientada sob o ponto de vista da Sociologia ou da eficácia social (SILVA, José Afonso da. *Aplicabilidade das normas constitucionais*. 6. ed. São Paulo: Malheiros, 2003. p. 13-18).

que introduziu o cálculo dos benefícios pela média, dentre outras disposições; a Emenda Constitucional nº 47, de 06 de julho de 2005, com novos parâmetros relativos aos benefícios, e a Emenda Constitucional nº 70, de 29 de março de 2012, com disposições sobre aposentadoria por invalidez.

b) Regras de gestão uniformes, dispostas pela Lei nº 9.717, de 27 de novembro de 1998, conhecida como a Lei Geral dos RPPS, que trouxe significativa inovação especialmente nos aspectos relativos à contributividade, à adoção da ciência atuarial e à padronização da contabilidade, dentre outros aspectos adiante detalhados.

c) Compensação previdenciária: os RPPS passaram a contar com normas objetivas de compensação previdenciária com o INSS, através da Lei nº 9.796, de 05 de maio de 1999, regulamentada pelo Decreto nº 3.112, de 06 de julho de 1999, e Decreto nº 10.188, de 20 de dezembro de 2019. A compensação é operada há quase duas décadas através do sistema de informática COMPREV, proporcionando o fluxo de recursos previdenciários entre os regimes.

d) Aplicação dos recursos previdenciários com base técnica: por regulamento da Resolução BC nº 3.506, de 26 de outubro de 2007 (atualmente vige a Resolução BC CMN nº 3.922, de 25 de novembro de 2010).

e) Parâmetros atuariais: a Portaria MPAS nº 4.992, de 05 de fevereiro de 1999, deu início à gradativa imposição de parâmetros objetivos a serem observados nas avaliações atuariais para a instrução das alíquotas necessárias ao equilíbrio financeiro e atuarial. Foi seguida pela Portaria nº 403, de 10 de dezembro de 2008. Atualmente os parâmetros a serem observados estão regulamentados, de modo pormenorizado, na Portaria nº 464, de 19 de novembro de 2018, com o suporte de diversas instruções normativas emanadas do órgão federal.

f) Piso mínimo de contribuição previdenciária: a Lei nº 10.887, de 18 de junho de 2004, deu nova contribuição para a sustentabilidade dos regimes previdenciários, impondo alíquota mínima de contribuição de 11%, obrigando a todos os segurados do serviço público brasileiro abrigados em Regime Próprio de Previdência. Essa norma impede a continuidade de adoção de alíquotas fictícias em relação aos encargos assumidos em cada regime.

g) Organização e funcionamento dos RPPS: regulamentados por diversos atos normativos, destacando-se a Portaria nº 402, de 10 de dezembro de 2008 e antecedida de Orientações Normativas diversas.

h) CRP – Certificado de Regularidade Previdenciária: instituído pelo Decreto nº 3.788, de 11 de abril de 2001. É provável que tal iniciativa seja a de maior contribuição para a efetivação das normas constitucionais e demais disposições normativas e regulamentares aplicáveis à previdência própria.

6 As imposições de natureza técnica e a tecnologia de informação

Demonstra-se, no item anterior, a prolífica iniciativa política no aperfeiçoamento constitucional, na edição de leis com o detalhamento do direito a ser observado e, em especial, na edição de regulamentos especificando inúmeros detalhes relativos à gestão previdenciária e seus fundamentos.

Para que se conheça o que essas disposições trouxeram de positivo, faz-se agora uma explicitação de seus institutos mais importantes à previdência pública. São questões essenciais, dispostas na estrutura legislativa e regulamentar:

a) Uniformização dos requisitos e benefícios previdenciários

De fonte constitucional, primordialmente, todos os aspectos fundamentais relativos aos requisitos de acesso e aos benefícios previdenciários.

Ilustra-se, quanto aos requisitos, a introdução de idade mínima obrigatória, além de tempo de contribuição para cada tipo de benefício; a exigência de tempo mínimo no serviço público, no cargo e carreira e o implemento de outros requisitos. O resultado tem sido a elevação da idade média para os benefícios, a redução de dispêndios com as pensões e o afastamento de casuísmos comuns no passado, como a vinculação de servidores não efetivos, com concessão de benefícios em lapso curto de tempo.

b) Limitação do valor dos benefícios previdenciários

Inovação constitucional foi a proibição de recebimento de benefícios em valor superior à remuneração recebida na atividade, com o cálculo devendo considerar as médias históricas de contribuição previdenciária desde julho de 1994. Corrigiram-se, assim, distorções verificadas com frequência, de incorporação de parcelas adicionais apenas nos benefícios previdenciários, sem correspondente contribuição.

c) Adoção da ciência atuarial para a projeção do sistema contributivo

A ciência atuarial passou a ser imperativa como o principal instrumento de planejamento da previdência, necessária à projeção futura do custo dos benefícios e, com base nesse referencial, indicar as fontes de financiamento e as alíquotas de contribuição necessárias. Os cálculos atuariais projetam o custo dos benefícios assumidos pelos regimes (aposentadorias, pensões e outros encargos) e a sua forma de financiamento, tendo como horizonte uma projeção de longo prazo.[15]

A medida foi de tal importância que a Lei Complementar nº 101, de 04 de maio de 2000, conhecida como a Lei de Responsabilidade Fiscal, ordena o encaminhamento da projeção atuarial ao Poder Legislativo, juntamente com o Anexo das Metas Fiscais, para instrução da Lei de Diretrizes do Orçamento Anual de cada ente federado.

d) Contributividade obrigatória para os beneficiários e instituidores

No passado, muitos Regimes Próprios de Previdência foram mantidos exclusivamente às custas da arrecadação do tesouro público, com os beneficiários dos direitos previdenciários em nada contribuindo para o custeio dos seus benefícios.

Essa distorção foi corrigida pela Emenda Constitucional nº 20, de 16 de dezembro de 1998, que impôs o caráter contributivo, em seu art. 40, em percentual suficiente para a manutenção do equilíbrio financeiro e para a promoção do equilíbrio atuarial.

e) Proporcionalidade para o financiamento dos regimes

Para corrigir a distorção decorrente de contribuições irrisórias, pelos servidores, a Lei nº 9.717/98 estabeleceu uma proporção máxima de 2:1, ou seja, o órgão público não pode contribuir com mais de duas partes para cada parte de contribuição dos beneficiários. Aqui, importa lembrar a obrigação de contribuição dos segurados em percentual mínimo de 11%, por disposição da Lei nº 10.887, de 18 de junho de

---

[15] Há que se salientar a diferença entre equilíbrio financeiro e equilíbrio atuarial. O *equilíbrio financeiro* é medido sempre para um período de curto prazo, no caso, o de um exercício financeiro (anual). Assim, quando a arrecadação de um determinado ano é suficiente para a cobertura dos benefícios desse mesmo período, entende-se contemplado o equilíbrio financeiro. Já o *equilíbrio atuarial* é diferente. Nesse caso, além de arrecadar o suficiente para o pagamento dos benefícios do exercício financeiro, o Regime de Previdência deve gerar um superávit que comporá as reservas técnicas para a cobertura de futuras defasagens entre a arrecadação de um período e as despesas previdenciárias, conforme for aumentando a proporção de inativos e pensionistas em relação aos servidores ativos.

2004. A recente Emenda Constitucional nº 103, de 14 de novembro de 2019, elevou para 14% este percentual de contribuição.

f) Reserva dos recursos previdenciários exclusivamente para seus fins

A Lei nº 9.717/98 proibiu o desvio de recursos da arrecadação previdenciária para outros fins. Os recursos devem ser contabilizados em separado, com plano de contas específico, e aplicados exclusivamente para o pagamento de benefícios previdenciários e para a compensação financeira entre os regimes, admitindo-se a utilização de uma pequena parte (equivalente a 2% da folha de pagamento dos servidores ativos, inativos e pensionistas do ano anterior – Portaria nº 402, de 10 de dezembro de 2008) para o custeio de despesas administrativas.

g) Instituição de fundo de reserva previdenciária

Toda a sobra de arrecadação mensal dos Regimes de Previdência deve ser aplicada em um fundo de reserva, para o pagamento dos benefícios previdenciários futuros, para os momentos em que a arrecadação mensal for menor que o dispêndio com o pagamento de benefícios. Essas reservas constituem o instrumento de garantia do equilíbrio atuarial.

h) Contabilização uniforme e comum aos RPPS

A obrigatoriedade de escrituração contábil distinta da mantida pelos entes públicos (separação das contas) representa um grande avanço na gestão dos Regimes Próprios. Primeiro, porque permite um acompanhamento e fiscalização mais adequados sobre toda a movimentação de recursos; segundo, porque permite verificar o equilíbrio financeiro e atuarial ou a sua inexistência; terceiro, porque confere transparência sobre as contas da previdência pública, permitindo verificar a realidade dos dados de arrecadação e despesas. Foi editado um padrão de plano de contas uniforme para todos os regimes, que permite a análise de uma série de variáveis de cada Regime Próprio e do seu conjunto.

i) Aplicação dos recursos de acordo com parâmetros regulamentares

Os recursos previdenciários disponíveis no fundo de reserva devem ser aplicados no mercado de capitais ou em outros ativos regulamentados para que mantenham o seu valor a salvo da corrosão inflacionária e outros riscos comuns. A disciplina dessas aplicações é determinada por resoluções do Conselho Monetário Nacional.

Nesse aspecto, a regulamentação disciplina detalhadamente as fontes de aplicação dos recursos com o objetivo de assegurar a necessária segurança, rentabilidade, solvência e liquidez.

Os RPPS devem adotar também comitê gestor dos investimentos e política de investimentos revista, no mínimo, anualmente, com aprovação por conselho previdenciário. Isso assegura a transparência e a fiscalização e pode evitar o empirismo e a má-fé na gestão dos recursos.

j) Participação dos usuários na gestão e fiscalização

Um dos princípios constitucionais dos serviços públicos é o da participação dos usuários, tanto na definição das políticas públicas quanto durante a sua execução. Esse mandamento foi recepcionado pela regulamentação da gestão da previdência, que obriga a participação dos segurados nos colegiados de gestão de cada Regime Próprio, juntamente com agentes indicados pela Administração Pública.

A experiência dos últimos anos vem demonstrando a implementação de Conselhos de Administração e Conselhos Fiscais formados por agentes públicos indicados pelos segurados e pelos respectivos governos.

k) Publicação de demonstrativos, prestação de contas e submissão a auditorias

A fiscalização da observância das novas leis e regulamentos passou a ser efetuada mediante a análise de demonstrativos, documentos e informações, fiscalização direta e indireta e, especialmente, com o auxílio de eficientes sistemas de informática para mensuração das conformidades e inconsistências. Esse tema é esclarecido no item seguinte.[16]

---

[16] A propósito, Domingos Taufner destaca o papel dos Tribunais de Contas em relação aos RPPS: "Diante disso, é papel dos órgãos de controle, especialmente os Tribunais de Contas, utilizar dos seus mecanismos (orientação, monitoramento, determinações, punições, etc.) para minimizar a possibilidade de um futuro colapso no sistema previdenciário, principalmente aquele que ampara o servidor público, pois é o que está submetido à sua jurisdição". TAUFNER, Domingos Augusto. A fiscalização dos Tribunais de Contas nos Regimes Próprios de Previdência Social: orientações para os gestores. *In*: VIEIRA, Lucia Helena (Org.). *Regimes Próprios*: Aspectos Relevantes. São Bernardo do Campo: ABEPREM, 2019. p. 198.

7 A tecnologia da informação e os procedimentos obrigatórios

O CRP – Certificado de Regularidade Previdenciária, recorda-se, passou a ser, com certeza, o mais detalhado demonstrativo das adequações e inconformidades encontradas nos Regimes Próprios de Previdência Social.

O CRP, portanto, pode ser um instrumento de mensuração do nível de adequação dos Municípios em relação às imposições legais e regulamentares. A título ilustrativo, sem a pretensão que o exemplo traduza a realidade do Brasil, expõe-se aqui o caso dos RPPS do Rio Grande do Sul. No Quadro 1 (item 4), demonstrou-se a empírica gestão previdenciária, no ano de 1988, com uma série de inconformidades, especialmente as relativas a alíquotas de contribuição irrisórias ou inexistentes e a ausência da ciência atuarial.

Para verificar se houve evolução entre o ano de 1988 e a gestão atual, a Advogada Agda Meneguzzo, do IEM – Instituto de Estudos Municipais, com sede em Porto Alegre – RS, efetuou levantamento de dados do CRP, de todos os Municípios com RPPS registrados na data de referência, ou seja, em 9 de janeiro de 2020. Conforme o Quadro 2, os dados demonstram a grande evolução tanto na adoção dos institutos jurídicos dispostos na Constituição Federal quanto na adoção de atos administrativos de gestão conforme a regulamentação editada no período. Assim, destaca-se a seguinte situação:

QUADRO 2

Situação do CRP dos RPPS do Estado do RS em 9 de janeiro de 2019

Situação do CRP	nº de Municípios	% de Municípios
CRP válido com emissão por ordem judicial	36	10,97
CRP válido sem emissão de ordem judicial	262	79,87
Total de CRP válido	298	90,84
CRP vencidos na data do levantamento	30	9,14
Total RPPS RS avaliados	328	100%

Quadro 2. Autor: Adv. Agda Meneguzzo – IEM – Instituto de Estudos Municipais Ltda.

CRP: Certificado de Regularidade Previdenciária, emitido pelo Ministério da Economia, em 9.1.19.

O exemplo permite alguns indicativos, dentre os quais:

a) Considerando apenas os Municípios com CRP emitidos sem ordem judicial,[17] pode-se afirmar que 79% dos RPPS do Estado do RS estão 100% adequados às exigências normativas e regulamentares mensuradas pelo certificado.

b) Dentre as adequações mensuradas pelo CRP, destacam-se especialmente os aspectos relacionados à contributividade e sua base técnica, ou seja, a realização de avaliações atuariais anuais; a implementação de alíquotas normais condizentes com as indicações atuariais e a adoção de alíquotas suplementares para a recuperação do passivo atuarial.

c) Outros aspectos relevantes são o repasse mensal dos recursos previdenciários aos fundos de previdência; a existência de fundos de previdência; a adoção de escrituração contábil específica para a contabilização dos recursos dos RPPS e a implementação de acordos de parcelamento de dívidas dos entes instituidores com os RPPS.

d) A transparência e a prestação de contas também são garantidas pelos RPPS com o CRP válido, uma vez que tal mecanismo mensura a regularidade de publicação dos demonstrativos exigidos, dentre os quais o DRAA – Demonstrativo de Resultados de Avaliação Atuarial, o Demonstrativo Previdenciário, o DPIN – Demonstrativo de Política de Investimentos; o DAIR – Demonstrativo das Aplicações e Investimentos dos Recursos e o DIPR – Demonstrativo de Informações Previdenciárias e Repasses.

e) Por fim, merecem destaque também os seguintes itens mensurados, que atestam as adequações dos RPPS mencionados: a existência de colegiado ou instâncias de decisão que garantam a participação dos segurados; a garantia de acesso dos segurados às informações dos regimes; a cobertura exclusiva a servidores efetivos; a concessão de benefícios exclusivamente previstos na legislação superior, sem o subterfúgio da garantia de benefícios distintos; a instituição dos requisitos, regras de concessão e cálculo dos benefícios em harmonia com a legislação superior e a utilização de recursos previdenciários apenas para as finalidades previdenciárias.

Outra amostra deste esforço pode ser comprovada pela disponibilização do estudo denominado ISP – Indicador de Situação Previdenciária,

---

[17] Desprezam-se os emitidos por ordem judicial sob a premissa de que, na maior parte dos casos, as causas de inadimplência não são discutidas em juízo, mas tão somente a questão da autonomia dos entes federados, que afastaria a aplicação do CRP por órgão da União a Estados e Municípios.

instituído pela Portaria SPREV/MF nº 10, de 08 de setembro de 2017. Tal indicador avalia os seguintes aspectos: conformidade, em relação cumprimento das normas gerais e de organização e funcionamento dos RPPS; equilíbrio, abarcando os aspectos de endividamento, solvência financeira, solvência atuarial, relação entre ativos e inativos e comprometimento da receita corrente líquida e transparência, que mensura a prestação de informações à SPREV, para disponibilização em consulta pública.

O ISP – RPPS nº 2018.01,[18] que representa a terceira publicação relativa ao tema, fornece diversas variáveis que permitem avaliar o grau de adequação dos RPPS por região do BR e individuais.

No aspecto "conformidade", que avalia as adequações à legislação vigente, especialmente à Lei nº 9.717, de 27 de novembro de 1998, pode-se aferir que dos 2.123 RPPS do Brasil, atendem às exigências normativas:[19] 76,2% quanto à utilização dos recursos previdenciários; 82,4% quanto aos critérios de concessão, cálculo e reajuste dos benefícios; 81,3% relativamente à garantia de participação dos segurados no sistema de decisão e colegiados; 48,4% em relação à escrituração de acordo com o Plano de Contas; 58,9% em relação ao encaminhamento de documentos e demonstrativos relativos ao equilíbrio financeiro e atuarial; 82,5% em relação à concessão de benefícios uniformes com a legislação nacional; 67,8% cumprem as normas do CMN para a aplicação financeira dos recursos previdenciários e 82,5% quanto à cobertura exclusiva a servidores efetivos. No entanto, apenas 25,2% cumprem integralmente o requisito do caráter contributivo (repasse das contribuições, aportes, parcelamentos e demais valores devidos pelos entes federados aos RPPS). "Individualmente quanto aos critérios, dos 2.123 RPPS, 387 (sendo 221 destes da Região Sul) apresentaram regularidade em todos os critérios, enquanto 369 (com 232 da Região Nordeste) não estavam regulares em nenhum deles".[20]

Salienta-se que as adequações legais e administrativas não significam que os RPPS apresentam adequada situação financeira e atuarial, mas tão somente a adoção das regras dispostas na legislação e regulamentos abordados. O equacionamento do déficit financeiro e,

---

[18] Ministério da Fazenda – MF. SPREV – Secretaria de Previdência. Indicador de Situação Previdenciária – ISP-RPPS-2018-01. Disponível em: http://sa.previdencia.gov.br/site/2018/06/Indicador-de-Situacao-Previdenciaria-ISP-01-2018-Relatorio-2018061....pdf. Acesso em: 27 fev. 2019.

[19] Gráfico 1: Percentual de RPPS em situação regular em cada um dos critérios. *In*: ISP-RPPS-2018-01, p. 11 (nota 18).

[20] Mesma fonte, nota 18.

principalmente, atuarial demanda muito tempo, tendo em vista que a situação espelhada no momento atual reflete o resultado de décadas de descaso com os aspectos técnicos e contributivos para a sustentabilidade dos RPPS a longo prazo.

A propósito, importante avaliação destes aspectos é apresentada por Aline M. B. Pereira, sob o título "O efeito negativo dos planos do déficit atuarial inferiores ao montante de juros anuais".[21] Apontando para os problemas de desequilíbrio atuarial dos RPPS do Estado do RS:

> Com o objetivo de analisar a evolução dos déficits atuariais, foram feitas análises do comportamento dos planos de amortização vigentes. O valor do resultado atuarial deficitário dos 295 municípios examinados cresceu 40,13% no período de quatro (04) anos, passando de R$ 17,89 bilhões no DRAA de 2015 para R$ 25,08 bilhões no DRAA de 2018. Por outro lado, a Receita Corrente líquida – RCL – desse mesmo grupo de municípios cresceu apenas 19,66%. [...] Além disso, as informações mais atuais do DRAA de 2018 demonstram que 283 (96%) regimes próprios apresentaram déficit atuarial e apenas 12 (4%) apresentaram equilíbrio ou superávit.

A persistência dos déficits técnicos financeiros e atuariais não desmerece o esforço na promoção de adequações para seu equacionamento, que, se sabe, pode demandar décadas.

8 Conclusão

A análise da legislação e dos regulamentos editados até a edição da Emenda Constitucional nº 103/2019 e o estudo dos indicadores de fiscalização direta e indireta dos RPPS permitem concluir sobre diferentes aspectos. Entendemos importante destacar as seguintes contribuições para a gestão fiscal responsável dos RPPS:

a) A iniciativa de dotar o Texto Constitucional de ordens de comando objetivas e imperativas foi decisiva para a adoção de práticas necessárias ao objetivo de equilíbrio fiscal dos RPPS. Destacam-se as exigências inseridas no art. 40 da Constituição Federal de 1988, através da Emenda Constitucional nº 20, de 16 de dezembro de 1998, de adoção de contribuição previdenciária compulsória, com critérios

---

[21] *In*: SARQUIS, Alexandre Manir Figueiredo; WARPECHOWSKI, Ana Cristina Moraes (Org.). *Previdência e Reforma em Debate*. Estudos Preliminares sob a Perspectiva do Regime Próprio. São Paulo: Lualri, 2019. p. 206-207.

relativos ao equilíbrio atuarial, imperativo até então inexistente, e a necessária observância do equilíbrio financeiro. Frise-se a sequência de exigências igualmente imperativas e detalhadas nas demais Emendas Constitucionais – as de nº 42, de 19 de dezembro de 2003, nº 47, de 06 de julho de 2005, nº 70, de 29 de março de 2012, e nº 88, de 07 de maio de 2015 – com progressiva uniformização dos requisitos e benefícios previdenciários, eliminando gradativamente distorções casuísticas decorrentes de legislações estaduais ou locais que oneram os cofres públicos.

b) A crescente e detalhada regulamentação dos fundamentos jurídicos e das normas de gestão dos RPPS foi fundamental para a uniformização do direito aplicável no âmbito da Federação, bem como para a exclusão de regras esparsas, casuísticas e onerosas aos orçamentos públicos.

c) Dentre os critérios detalhados em regulamentos, destacam-se a uniformização dos requisitos e benefícios previdenciários, com impacto direto na desoneração do orçamento público; a contributividade compulsória dos instituidores e segurados, em percentuais mínimos fixados em lei; a disposição de critérios objetivos da ciência atuarial como fundamento obrigatório de planificação dos custos da previdência; a obrigatória separação dos recursos em fundos de reserva; a vedação à utilização dos recursos previdenciários para outras finalidades públicas; a necessária adoção de plano de contas com base em normas específicas para os RPPS; a aplicação dos recursos previdenciários com alicerce em premissas técnicas emanadas pelo Conselho Monetário Nacional e a transparência assegurada pela participação dos segurados na gestão e decisão e pela disponibilização, à sociedade, de ampla base de dados em diferentes demonstrativos atuariais, financeiros e previdenciários.

d) A instituição do CRP – Certificado de Regularidade Previdenciária e dos demais demonstrativos já explicitados deu efetiva capacidade fiscalizatória aos órgãos encarregados da fiscalização direta e indireta da gestão previdenciária federal e aos demais órgãos de controle interno e externo.

Conclui-se, mesmo com a constatação de que permanecem vultosos os déficits técnicos financeiros e atuariais em boa parte dos RPPS, que a normatização e a regulamentação, associadas à adoção de mecanismos de fiscalização pelos órgãos de controle previdenciário, resultam em efetiva contribuição ao objetivo de sustentabilidade financeira e atuarial dos RPPS, à transparência dos atos de gestão, à disponibilização de dados para o aperfeiçoamento da fiscalização externa dos demais órgãos de controle e ao efetivo acesso a informações pelos próprios segurados, aspectos coadunados com a ideia de gestão fiscal responsável da previdência pública.

Referências

BALEEIRO, Aliomar. *Uma introdução à Ciência das Finanças*. 10. ed. Rio de Janeiro: Forense, 1974.

BRASIL. Ministério da Previdência e Assistência Social (MPAS). *Livro Branco da Previdência Social* – Brasília: MPAS/GM, 2002.

O Indicador de Situação Previdenciária – ISP-RPPS 2018.01. Disponível em: http://sa.previdencia.gov.br/site/2018/06/Indicador-de-Situacao-Previdenciaria-ISP-01-2018-Relatorio-2018061....pdf. Acesso em: 27 fev. 2019.

DALCIN, Arthur Leão; REALI, Darcí. Perfil da Seguridade dos Municípios do RS. *In*: DALCIN, Arthur Leão *et al*. *Previdência Municipal*: Guia dos Fundos e Institutos. Porto Alegre: IEM/DPM, 1999.

HORVAT JR., Miguel. *Direito Previdenciário*. 8. ed. São Paulo: Quartier Latim, 2010.

MARTINS, Ives Gandra da Silva; Nascimento, Carlos Valder de. *Comentários à Lei de Responsabilidade Fiscal*. São Paulo: Saraiva: 2001.

MARTINS, Sérgio Pinto. *Direito da Seguridade Social*. 30. ed. São Paulo: Atlas, 2010.

PEREIRA, Aline M. B. O efeito negativo dos planos do déficit atuarial inferiores ao montante de juros anuais. *In*: SARQUIS, Alexandre Manir Figueiredo; WARPECHOWSKI, Ana Cristina Moraes (Org.). *Previdência e Reforma em Debate*. Estudos Preliminares sob a Perspectiva do Regime Próprio. São Paulo: Lualri, 2019.

REALI, Darcí. Um pouco da história da Previdência. *In*: REALI, Darcí (Org.). *Regime Próprio de Previdência do Município*. Porto Alegre: IEM/DPM: 2002.

REALI, Darcí. Direito Previdenciário. *In*: QUISSINI, Maria do Carmo Padilha; REALI, Darcí; SILVA, Sérgio Hoffmann da. *Instrumentação Jurídica*. Caxias do Sul, EDUCS, 2006.

SILVA, Delúbio Gomes Pereira da. *Regime de Previdência Social dos Servidores Públicos no Brasil: perspectivas*. São Paulo: LTR, 2003.

SILVA, José Afonso da. *Aplicabilidade das normas constitucionais*. 6. ed. São Paulo: Malheiros, 2003.

TAUFNER, Domingos Augusto. A fiscalização dos Tribunais de Contas nos Regimes Próprios de Previdência Social: orientações para os gestores. *In*: VIEIRA, Lucia Helena (Org.). *Regimes Próprios*: Aspectos Relevantes. São Bernardo do Campo: ABEPREM, 2019.

Legislação

BRASIL. Constituição da República Federativa do Brasil, 1988.

BRASIL. Emenda Constitucional nº 19, de 05 de junho de 1998.

BRASIL. Emenda Constitucional nº 20, de 16 de dezembro de 1998.

BRASIL. Emenda Constitucional nº 41, de 19 de dezembro de 2003.

BRASIL. Emendas Constitucionais nº 42, de 19 de dezembro de 2003.

BRASIL. Emenda Constitucional nº 47, de 06 de julho de 2005.

BRASIL. Emenda Constitucional nº 70, de 29 de março de 2012.

BRASIL. Emenda Constitucional nº 88, de 07 de maio de 2015.

BRASIL. Emenda Constitucional nº 103, de 14 de novembro de 2019.

BRASIL. Lei Complementar Federal nº 101, de 04 de maio de 2000.

BRASIL. Lei Federal nº 8.212, de 24 de julho de 1991.

BRASIL. Lei Federal nº 8.213, de 24 de julho de 1991.

BRASIL. Lei Federal nº 9.717, de 27 de novembro de 1998.

BRASIL. Lei Federal nº 9.796, de 05 de maio de 1999, regulamentada pelo Decreto nº 3.112, de 06 de julho de 1999, e Decreto nº 10.188, de 20 de dezembro de 2019.

BRASIL. Lei Federal nº 10.887, de 18 de junho de 2004.

Normativas infralegais

BRASIL. Decreto nº 3.788, de 11 de abril de 2001.

BRASIL. Ministério da Previdência e Assistência Social. Portaria nº 4.992, de 05 de fevereiro de 1999.

BRASIL. Ministério da Previdência Social. Portaria nº 402, de 10 de dezembro de 2008.

BRASIL. Ministério da Previdência Social. Portaria nº 403, de 10 de dezembro de 2008.

BRASIL. Ministério da Fazenda. Portaria SPREV/MF nº 10, de 08 de setembro de 2017.

BRASIL. Ministério da Fazenda. Portaria nº 464, de 19 de novembro de 2018.

BRASIL. Ministério da Economia. Resolução BC nº 3.506, de 26 de outubro de 2007 (atualmente vige a Resolução BC CMN nº 3.922, de 25 de novembro de 2010).

Informação bibliográfica deste texto, conforme a NBR 6023:2018 da Associação Brasileira de Normas Técnicas (ABNT):

MENEGUZZO, Agda; REALI, Darcí. A contribuição da regulamentação previdenciária para a gestão fiscal responsável dos regimes próprios de previdência. *In*: FIRMO FILHO, Alípio Reis; WARPECHOWSKI, Ana Cristina Moraes; RAMOS FILHO, Carlos Alberto de Moraes (Coord.). *Responsabilidade na gestão fiscal*: estudos em homenagem aos 20 anos da lei complementar nº 101/2000. Belo Horizonte: Fórum, 2020. p. 21-41. ISBN 978-65-5518-034-3.

CONSIDERAÇÕES SOBRE A ANULAÇÃO DE EMPENHOS NO ÚLTIMO ANO DE MANDATO COMO MEIO DE BURLA AO DISPOSTO NO ART. 42 DA LEI DE RESPONSABILIDADE FISCAL

ALÍPIO REIS FIRMO FILHO

1 Introdução

Há 20 anos nascia a Lei de Responsabilidade Fiscal (LRF) – Lei Complementar nº 101/2000 – com uma dura missão: colocar freios no endividamento dos entes federativos e fixar mecanismos capazes de evitar desequilíbrios fiscais. Até então, prevalecia no País a falta de regras claras, sistemáticas e abrangentes capazes de "domar" as finanças do setor público nacional.

Até o advento da LRF, prevaleciam leis esparsas que regulavam só pontualmente algumas matérias de ordem financeira no País. As despesas com o funcionalismo público, por exemplo, foram disciplinadas, primeiramente, pela Lei Complementar nº 82/1995. Posteriormente, teve sua revogação decretada pela Lei Complementar nº 96/99. Ambos os normativos estavam a serviço do art. 169 do Texto Constitucional Federal. Tentavam impor limites ao agigantamento da folha de pessoal dos entes federativos.

Na verdade, a LRF nasceu sob a influência de diversas forças, algumas de natureza política, outras puramente econômicas. Entre as primeiras, concorreram fatores de ordem interna e externa. No plano interno, a lei foi gestada imediatamente após a implantação do Plano Real, cuja principal virtude foi estabilizar a economia brasileira. Até então, convivia-se com surtos inflacionários, altíssimas taxas de desemprego e baixa atividade econômica.

Predominava o descontrole em todas as entidades subnacionais (União, estados e municípios). Era preciso que os gastos públicos fossem urgentemente disciplinados. O descontrole nas finanças públicas condenava os entes subnacionais ao endividamento crônico e à constante falta de recursos.

No fundo, a Lei de Responsabilidade Fiscal recorreu a alguns mecanismos preexistentes no Direito pátrio. Os instrumentos de planejamento governamental são alguns deles – Lei de Diretrizes Orçamentárias e Lei Orçamentária Anual – juntamente com certos limites já fixados também por ele (despesas com pessoal, endividamento). A LRF agregou tais ferramentas a outras, como o estabelecimento de metas fiscais e a identificação de riscos capazes de obstruí-las. Por fim, fixou um conjunto de penalidades pessoais e institucionais. As primeiras, aplicáveis aos administradores públicos faltosos; as últimas, aos entes federativos não cumpridores de suas obrigações fiscais.

Ao que tudo indica, o Brasil foi apenas a bola da vez na trajetória da "onda das finanças públicas equilibradas" que começou a fervilhar em vários países. Uma dessas referências foi o sistema de metas fiscais e punições do então Tratado de Maastricht, que deu origem à Comunidade Econômica Europeia, precursora da atual União Europeia. Nessa mesma linha de conduta está a fixação de metas de superávit e de compensação orçamentária formuladas pelo governo americano, além dos esforços da Nova Zelândia de redução de sua dívida pública e foco nas ações de transparência dos programas governamentais. Por fim, também merecem ser referidas as recomendações provenientes de alguns importantes órgãos internacionais especializados, a exemplo do Fundo Monetário Internacional (FMI).

É inegável que a LRF se constituiu num marco para as finanças públicas brasileiras. A sistemática por ela introduzida no País alterou profundamente alguns padrões de comportamento. Os avanços existiram, ou, ao menos, ficaram mais fáceis de os desequilíbrios serem identificados. Nada obstante, permaneceram alguns gargalos arraigados na gestão pública financeira e frutos de antigas práticas. Muitos deles resultados da falta de compromisso na implementação das soluções trazidas pela lei, outros, motivados por verdadeiras "brechas legais" que já deveriam ter sido fechadas há muito tempo. Um desses problemas está relacionado à prática (indiscriminada) de anulação de empenhos no último ano de mandato. Infelizmente a Lei ainda se ressente de mecanismos que regulem o procedimento. Entretanto, é preciso que sejam criados meios jurídicos para regulá-la. Evidentemente que a anulação do empenho da despesa pública não se constitui, em si, numa irregularidade, muito pelo contrário. A solução é legítima. Sabemos que o empenhamento do gasto público não gera qualquer direito líquido e certo do fornecedor perante a Administração Pública. Sua finalidade é apenas apartar uma fatia orçamentária e comprometê-la com aquele que se propõe a satisfazer a necessidade governamental. Entregue o bem demandado pela Administração Pública ou prestado o serviço correspondente, aí sim nasce o direito ao crédito orçamentário, satisfeitas, evidentemente, as condições de oferta impostas pelo Poder Público. Fora dessas condições não será possível manter o empenhamento do gasto público, cabendo sua anulação. Contudo, para avaliar a legitimidade do ato anulatório, é preciso contrapô-lo com as disponibilidades de caixa juntamente com as obrigações de curto prazo já consolidadas. Somente assim será possível extrair uma conclusão mais abalizada a respeito da real finalidade, em si, da anulação dos empenhamentos em final de mandato.

Conforme mostraremos no tópico a seguir, a prática se transformou numa porta aberta ao descontrole das contas públicas, especialmente, no último ano de mandato, servindo para burlar as disposições contidas no art. 42 da Lei de Responsabilidade Fiscal, sabidamente, um de seus maiores alicerces.

2 Desenvolvimento

2.1 A inteligência do art. 42 da Lei de Responsabilidade Fiscal

Consoante visto, a Lei de Responsabilidade Fiscal buscou fechar, essencialmente, a porta ao endividamento desenfreado no setor público brasileiro. Até sua vigência, duas práticas eram bastante comuns no cenário nacional:

(i) uma entidade federativa incorporava dívidas de outra;

(ii) uma gestão transferia para seu sucessor as dívidas por ela constituídas.

A primeira das práticas referidas era normalmente protagonizada pela União. Por ser o ente subnacional com maior robustez financeira, quase sempre era ela quem "herdava" o endividamento dos demais entes federativos. À época, era comum ela assumir a condição de devedora perante os credores dos entes estaduais e municipais. A solução acabava sendo uma válvula de escape para governos notadamente perdulários, que sempre viam no governo federal uma solução quando as coisas apertavam. Por outro lado, por razões diversas, a União sempre aderia à prática. Bastava um projeto de lei ou uma medida provisória para que as coisas fossem encaminhadas.

Outra prática comum era a transferência de dívidas de uma gestão para outra. Normalmente, as dívidas eram realizadas no último ano dos mandatos, na época das eleições. Não havia limites. Prevalecia a falta de compromisso na condução das finanças públicas no período eleitoral. Em muitas dessas situações, havia mandatários que constituíam dívidas para seus sucessores, movidos exclusivamente por razões políticas. Essa conduta era motivada, de um lado, por saberem que não iriam ser eleitos; ou, ainda, por estarem inelegíveis para as próximas eleições. Em tais situações, o endividamento do ente governamental era uma forma de "dar o troco" aos seus adversários políticos. Um verdadeiro "presente de grego".

O problema é que tais práticas começaram a provocar desequilíbrios orçamentário e financeiro. Os sucessivos débitos deram origem a dívidas cada vez mais volumosas, fato que começou a comprometer políticas e programas governamentais em várias partes do País.

Foi esse estado de coisas que inspirou a elaboração do art. 42 na LRF, dentre outras de suas disposições. O objetivo era obstruir o mecanismo de transmissão das dívidas entre os mandatos. Diz o referido dispositivo:

> Art. 42. É vedado ao titular de Poder ou órgão referido no art. 20, nos últimos dois quadrimestres do seu mandato, contrair obrigação de despesa que não possa ser cumprida integralmente dentro dele, ou que tenha parcelas a serem pagas no exercício seguinte sem que haja suficiente disponibilidade de caixa para este efeito.
>
> Parágrafo único. Na determinação da disponibilidade de caixa serão considerados os encargos e despesas compromissadas a pagar até o final do exercício.

O *caput* do dispositivo objetivou regular duas situações. Primeiramente, as dívidas contraídas nos dois últimos quadrimestres do último ano de mandato. Depois, as parcelas de obrigações a serem pagas no exercício subsequente.

Em relação às primeiras, não há maiores dúvidas. A partir de 1º de maio do último ano de seu mandato, o administrador público terá que ter um olhar redobrado sobre suas finanças. Nesse período, a aquisição de bens e serviços pela instituição governamental terá que ser realizada pautando-se sempre pelas disposições do art. 42. A preocupação deverá ser focada na capacidade de pagamento do ente contratante. Será que ele conseguirá arcar com os compromissos assumidos? A fim de avaliar se haverá fonte de recursos suficientes para atendê-los, será imperioso observar a regra contida em seu parágrafo único: o cálculo dos recursos disponíveis deverá levar em consideração os encargos e despesas compromissadas a pagar até o final do exercício. Havendo perspectivas de sobras de recursos, as aquisições serão ultimadas respeitando sempre as fontes disponíveis. Um dos objetivos do dispositivo em causa visou justamente regular tais situações, qual seja, tornar a opção do gestor público (em gerar novas obrigações ou não) mais objetiva; menos sujeita aos sabores de cunho pessoal e/ou político. O procedimento é relativamente simples, devendo, no entanto, contar com um bom sistema de informações.

O problema reside na identificação das parcelas que deverão ser pagas no exercício seguinte. Desde quando vigorou a Lei Complementar nº 101/2000, uma das passagens que mais geraram dúvidas foi justamente essa. Um dos questionamentos que comumente ganhava as rodas de discussões era: as parcelas de contratos ajustados no último ano de mandato cujos vencimentos ocorressem no período subsequente teriam que ter suas disponibilidades em caixa em 31 de dezembro?

Pela leitura do dispositivo, a resposta seria afirmativa. No entanto, analisando o problema de maneira sistematizada, não há como acolhê-la. É que tal linha interpretativa fere um dos princípios orçamentários mais importantes: o princípio da anualidade orçamentária. Segundo esse princípio, as fontes arrecadadas em cada exercício deverão financiar as despesas do próprio exercício. Somente em situações específicas a própria Lei nº 4.320/64 autoriza a quebra dessa regra, a exemplo do uso do superávit financeiro do balanço patrimonial do exercício anterior, que poderá financiar a abertura de créditos adicionais no exercício corrente (inciso I, §1º, art. 43). Portanto, não há como conceber a solução preconizada.

Ademais, também sob o ponto de vista operacional a interpretação literal da norma cabeça traria consequências indesejáveis. Vejamos a seguinte situação.

Um prefeito decide ajustar um contrato para a construção de 12 escolas pelo valor global de 12 milhões de reais. O contrato foi ajustado no mês de outubro do último ano de seu mandato para um período de 24 meses e parcelas mensais de 500 mil reais. Até 31 de dezembro ele teria que desembolsar R$1,5 milhão, restando a diferença de R$23,5 milhões a ser paga futuramente.

A interpretação literal do dispositivo levaria, portanto, à conclusão de que o referido mandatário deveria deixar em caixa o valor remanescente do contrato. Em se tratando de prefeituras com orçamentos diminutos, isso se transformaria num problema quase insuperável, uma vez que para cumprir o mandamento legal o prefeito teria que abrir mão de realizar despesas obrigatórias ou essenciais da municipalidade, o que inviabilizaria sua gestão no último ano de seu mandato. Mesmo os entes federativos que tivessem "fôlego financeiro" não deixariam de sentir alguns desconfortos. Imagine, então, que existissem mais dez contratos iguais a esse ou com valores aproximados. Nessas condições, certamente que o problema seria muito difícil de ser contornado. Portanto, uma interpretação com tais consequências não faria sentido algum, além de se ressentir de absoluta falta de razoabilidade.

Então, qual a interpretação que melhor expressa o desejo do legislador ordinário? Uma só: somente as parcelas que vencerão no exercício corrente é que exigirão a necessária fonte de recursos para atendê-las, caso não sejam pagas no período correspondente.

Retomando o contrato hipotético ajustado, o mandatário ficaria obrigado a deixar no caixa apenas o valor das três parcelas vencidas e porventura não pagas no último ano de mandato. Quanto às parcelas remanescentes, parte delas iria compor a proposta orçamentária do próximo exercício (12 parcelas). Quanto às demais (9 parcelas) fariam parte da proposta orçamentária do terceiro exercício. Desta feita, o princípio da anualidade orçamentária seria respeitado e o orçamento de cada exercício financiaria apenas as despesas que fossem de sua competência.

2.2 Problemas com a anulação de empenhos em final de mandato

O empenhamento da despesa funciona como se fosse um contrato, formalmente lavrado pela Administração Pública com um particular. Por meio do empenhamento o Poder Público contratante ajusta com seu fornecedor a entrega futura de bens e serviços, com características e valores previamente fixados e com prazo certo para entrega. O empenho retira uma determinada quantia do orçamento governamental, vinculando-a ao fornecedor contratado, até que ele implemente as condições exigidas. Tudo em conformidade com o art. 58 da Lei nº 4.320/1964: "o empenho de despesa é o ato emanado de autoridade competente que cria para o Estado obrigação de pagamento pendente ou não de implemento de condição".

A Lei nº 8.666/93 reconhece, inclusive, essa equivalência, ao identificar os casos em que a formalização do contrato pelo Poder Público é facultativa; todas as vezes em que ele puder substituí-lo pela nota de empenho, consoante dispõe seu art. 62:

> O instrumento de contrato é obrigatório nos casos de concorrência e de tomada de preços, bem como nas dispensas e inexigibilidades cujos preços estejam compreendidos nos limites destas duas modalidades de licitação, e "facultativo nos demais em que a Administração puder substituí-lo por outros instrumentos hábeis, tais como carta-contrato, nota de empenho de despesa, autorização de compra ou ordem de execução de serviço".

Nada obstante, com o passar dos anos, a anulação de empenhos começou a ser meio de burla às disposições do art. 42 do Diploma Legal. Aliás, a prática já era comum mesmo antes da vigência da Lei de Responsabilidade Fiscal. Contudo, tendo em vista as sanções impostas pela Lei de Crimes Fiscais (Lei nº 10.028/2000), que criminalizou a transgressão ao mencionado dispositivo sujeitando o infrator à detenção de 1 a 4 anos (vide art. 2º do Diploma Legal), a anulação dos empenhos passou a ser uma forma de o gestor faltoso não incorrer na transgressão.

A "solução" encontrada pelos maus gestores é relativamente simples e muito confortável até, uma vez que pode ser ultimada sem maiores problemas.

Pois bem. Para se contornar as amarras do art. 42, muitos mandatários anulam os empenhos realizados nos dois últimos quadrimestres do último ano de seus mandatos. Com isso eles "equilibram artificialmente" suas contas, "saneando-as". O objetivo é dizer que as obrigações estão cobertas por fontes de recursos capazes de financiá-las. Na verdade, eles acabam colocando o déficit fiscal "debaixo do tapete", camuflando-o. Ilustremos como a prática é realizada:

SITUAÇÃO FISCAL (sem anulações de empenhos)
Total de empenhos: 1.000.000
Recursos em caixa em 31.12.2012: 50.000

SITUAÇÃO FISCAL "EQUILIBRADA" (com anulação de empenhos)
Disponibilidade em caixa em 31.12.2012: 50.000
Total de empenhos: 50.000
Empenhos anulados: 950.000
Empenhos remanescentes (não anulados): 50.000
Recursos em Caixa em 31/12/2012: 50.000

Note que se não houvesse a anulação da maior parte dos empenhos, restaria configurado o crime fiscal tipificado no art. 2º da Lei nº 10.028/2000, que incorporou o art. 359-C ao Código Penal brasileiro (ordenar ou autorizar a assunção de obrigação, nos dois últimos quadrimestres do último ano do mandato ou legislatura, cuja despesa não possa ser paga no mesmo exercício financeiro ou, caso reste parcela a ser paga no exercício seguinte, que não tenha contrapartida suficiente de disponibilidade de caixa).

Nesse cenário, o novo mandatário terá um verdadeiro "presente de grego": no próximo mandato, os fornecedores que tiveram seus empenhos anulados baterão à porta do Poder Público reivindicando (legitimamente) o pagamento pelos bens e serviços por ele adquiridos. Tendo em vista que os empenhos foram anulados, oficialmente as consequências da anulabilidade não aparecerão nos demonstrativos e balanços públicos, uma vez que esses, em regra, publicam apenas o saldo das contas, não a movimentação delas. Por outro lado, os registros dos empenhos anulados ficam restritos a compartimentos específicos dos bancos de dados públicos, a maior parte deles, de difícil acesso ou que exige conhecimentos técnicos muito específicos para traduzi-los para a linguagem popular. Esse cenário favorece grandemente a prática, pois acaba funcionando como uma espécie de "barreira protetora". Trate-se de uma solução confortável e conveniente para gestores públicos descompromissados, mas brutalmente danosa para as políticas públicas e os programas governamentais.

É que, caso os compromissos sejam cumpridos pelo novo gestor, isso repercutirá negativamente no planejamento governamental, com significativos comprometimentos das ações governamentais. Isso porque ele não poderá cumprir fielmente a programação fixada para o seu primeiro ano de mandato, fato que poderá trazer prejuízos à coletividade em geral. De outra banda, se optar por não quitar seus fornecedores, a solução para eles será bater às portas do Judiciário, reivindicando seus direitos, o que também representará potenciais riscos para a

Administração Pública, notadamente quanto aos sequestros judiciais, com todas as consequências (danosas) que a medida pode trazer.

Eis, portanto, o cenário sombrio em que se insere a anulação dos empenhos no setor governamental nacional, fruto da falta de compromisso de alguns administradores públicos com os princípios republicanos.

2.3 Anulações de empenhos e suas consequências

A fim de avaliar o grau de aderência às disposições do art. 42 da Lei de Responsabilidade Fiscal por algumas unidades federativas, procedemos ao levantamento de suas disponibilidades de caixa, comparando-as com o valor de seus respectivos empenhos anulados. Foram tomados por referência os anos eleitorais de 2008, 2016 e 2018. Nos dois primeiros foram realizadas eleições municipais, enquanto 2018 foi marcado por pleitos eleitorais estaduais e federais.

Foram pesquisados sete municípios amazonenses (Ipixuna, Juruá, Itamarati, Urucará, Parintins, São Sebastião do Uatumã e Manaus), além do Poder Executivo estadual. O objetivo foi ter uma ideia – ainda que superficial – do grau de comprometimento dos governos com as disposições do art. 42 da Lei Complementar nº 101/2000. Saber até que ponto tais disposições impactaram o manejo das finanças públicas de alguns governos no último ano de mandato, tomando por referência os anos eleitorais mencionados.

A fim de que tenhamos uma ideia mais precisa sobre o equilíbrio das finanças municipais e estadual, consideramos na análise também as obrigações de curto prazo de cada unidade, com o propósito de compararmos o seu grau de endividamento com suas disponibilidades de caixa e os empenhos anulados. No entanto, nem toda obrigação de curto prazo foi levada em consideração. Apenas as dívidas com fornecedores e outros débitos relacionados integraram a pesquisa, em sua maioria, extraídos da conta Fornecedores e Contas a Pagar a Curto Prazo. A razão, para tanto, é que os empenhos anulados possuem uma relação direta com os credores que figuram nessa modalidade de obrigação. Assim, ao anular um empenho, o gestor está, em última análise, evitando que uma futura obrigação figure no seu passivo, fato que poderá se constituir numa manobra para produzir um equilíbrio fiscal fictício.

Por outro lado, as obrigações com a folha de salários, os débitos fiscais e trabalhistas bem como os valores que só temporariamente transitam pelo caixa das entidades federativas (consignados, cauções, antecipações de receitas orçamentárias, etc.), em regra, não estão sujeitos a manipulações, uma vez que a legislação constitucional e infraconstitucional impõe ao administrador público o seu fiel cumprimento. A tabela a seguir retrata a condição financeira de cada ente a partir dos três elementos aqui considerados:

Ente/Poder	Disponibilidades de Caixa (R$)	Empenhos anulados (R$)	Obrigações (curto prazo)
Ipixuna	456.138,37	416.505,91	1.067.124,71
Juruá	1.187.531,76	3.001.041,68	237,29
Itamarati	5.227.541,96	714.226,68	702.147,06
Urucará	286.978,21	2.199.029,97	305.957,12
Parintins	6.622.713,87	25.143.587,00	2.785.217,05
São Sebastião do Uatumã	2.593.487,80	4.730.806,61	90.390,42
Manaus	856.684.064,85	62.313.339,13	115.974.269,82

Fonte: Demonstrativos Contábeis dos entes federativos

As disponibilidades de caixa foram colhidas do saldo da conta "Caixa e Equivalentes de Caixa", enquanto as obrigações retratam o saldo da conta "Fornecedores e Contas a Pagar a Curto Prazo". Nos municípios, as câmaras de vereadores não participaram da pesquisa, apenas as prefeituras. Por outro lado, os demonstrativos pesquisados datam todos de 2016, exceto o município de Parintins e o Poder Executivo estadual, cujos balanços remontam a 2008 e 2018, respectivamente.

Comentemos, na sequência, a situação econômico-financeira de cada unidade pesquisada.

Os dados da Prefeitura de Ipixuna mostram que não basta coibir o endividamento nos dois últimos quadrimestres do ano eleitoral, conforme preconiza o art. 42 da Lei de Responsabilidade Fiscal. Considerando as disponibilidades de caixa e as obrigações junto aos fornecedores, a prefeitura fechou o ano de 2016 com um passivo a descoberto de R$610.986,34 (R$1.067.124,71 – R$456.138,37). A rigor, não houve burla ao dispositivo, caso o passivo a descoberto tenha se constituído em período anterior ao assinalado pela LRF (últimos dois quadrimestres) e não seja de competência do ano eleitoral. A fim de evitar problemas dessa natureza é que alguns doutrinadores defendem a leitura sistematizada do art. 42 em detrimento da interpretação literal.

Note-se que o mecanismo de transmissão da dívida não foi obstruído. As dívidas continuam sendo transferidas de um mandato para outro. Pior: mesmo após a vigência da LRF. Outro dado que chama a atenção nos números apresentados é o valor dos empenhos anulados no último ano de mandato: R$416.505,91. Ou seja, caso não houvesse anulações dos empenhamentos, o passivo a descoberto poderia ser maior do que o apresentado. Para tanto, bastaria que os titulares dos empenhos cumprissem suas obrigações (entrega do bem/prestação dos serviços) e estes fossem atestados pela prefeitura. Conquanto não haja provas nesse sentido, a pura e simples anulação dos empenhos não garante que seus titulares tenham se abstido de fornecê-los. Ou seja, há um risco fiscal por trás das anulações, qual seja, o de que os titulares dos empenhos batam às portas da prefeitura no próximo mandato para entregar-lhes o bem/serviço por ela solicitado, reivindicando, na sequência, o crédito correspondente. Esse risco só seria dissipado caso a anulação dos empenhos fosse precedida por uma comunicação oficial da prefeitura, endereçada aos fornecedores, a fim de que estes tomassem ciência das anulações e, caso viessem a sofrer algum prejuízo, pudessem manifestá-lo na mesma ocasião. A medida, além de transparente, imprimiria mais responsabilidade aos mandatários, pressionando-os em direção ao tão desejado equilíbrio fiscal.

Situação similar à da Prefeitura de Ipixuna ocorreu na Prefeitura de Urucará. A única diferença é que o valor dos empenhos anulados foi proporcionalmente muito superior às disponibilidades de Caixa. Se computados, a trajetória seria de desequilíbrio fiscal em flagrante afronta às disposições do art. 42 da LRF. Numa avaliação bem preliminar, há indícios significativos de que a anulação dos empenhos foi a solução encontrada pela Prefeitura para não elevar ainda mais a já descompassada diferença entre as disponibilidades e as obrigações perante seus fornecedores.

As Prefeituras de Parintins, São Sebastião e Juruá, por sua vez, têm um componente em comum. Todas elas apresentavam fontes de recursos mais do que suficientes para quitarem suas obrigações. Todavia, se o empenhamento dos gastos não fosse anulado, suas condições fiscais mudariam completamente: de superavitárias passariam a deficitárias e, de quebra, infringiriam as regras do último ano de mandato. Nas três situações observadas a anulação dos empenhos foi determinante para que as prefeituras apresentassem liquidez no final dos mandatos e não transferissem dívidas aos sucessores. A meu ver, o contexto aqui retratado é o que mais expõe a impotência das disposições do art. 42 em impedir a formação e transmissão das dívidas em final de mandato.

Por outro lado, a condição das prefeituras de Itamarati e Manaus é, talvez, a mais confortável de todas. Não bastasse a boa liquidez que apresentavam, o volume dos empenhos anulados, se mantidos, não mudaria essa condição. Ou seja, ao contrário das demais prefeituras, a anulação dos empenhos não foi determinante para a consecução do desejado equilíbrio fiscal. Nada obstante o contexto positivo evidenciado nos demonstrativos contábeis, a crítica quanto à falta de critérios na realização das anulações permanece.

Conforme outrora já mencionado, a pura e simples anulação dos empenhos não garante que a condução das finanças públicas não se realize sem sobressaltos no próximo mandato. Tomemos como parâmetro a prefeitura de Manaus.

Do total anulado (R$62.313.339,13), R$1.947.683,67 (hum milhão, novecentos e quarenta e sete mil, seiscentos e oitenta e três reais e sessenta e sete centavos) corresponde a empenhos liquidados, isto é, empenhos cujos fornecedores já entregaram o bem ou já prestaram o serviço demandado pela Administração Pública, e esta, por sua vez, já atestou a conformidade destes tendo em vista sua quantidade e qualidade.

Ou seja, a rigor, tais anulações não deveriam ter sido realizadas, pois empenhos liquidados representam dívidas líquidas e certas já incorporadas ao passivo governamental. Sua anulação pura e simples conduziria ao enriquecimento sem causa da Administração Pública, fato que não se coaduna com a boa doutrina e o Direito. Por outro lado, futuramente os fornecedores certamente baterão às portas da prefeitura, reivindicando o que lhes é devido, inclusive mediante ações judiciais cabíveis.

O quadro fiscal abriga, portanto, um risco iminente que afetará não apenas o equilíbrio fiscal no futuro, mas também o planejamento governamental como um todo; uma vez que os pagamentos que vierem a ser realizados exigirão o remanejamento de dotações orçamentárias, prejudicando, dessa forma, a programação dos gastos inicialmente projetada. Percebe-se, pelo exposto, que a anulação de empenhos de forma indiscriminada fragiliza o equilíbrio fiscal e o planejamento governamental.

Esse, entretanto, não foi o único problema ocorrido no contexto dos restos a pagar anulados na prefeitura de Manaus. As anulações alcançaram igualmente uma fatia de empenhos que se encontravam no estágio denominado "em liquidação", cujo valor foi de R$155.159,97 (cento e cinquenta e cinco mil, cento e cinquenta e nove reais e noventa e sete centavos). Segundo o Manual de Contabilidade Aplicado ao Setor Público (STN, 2019), as despesas públicas com esse perfil – conquanto sua liquidação ainda não tenha se ultimado nos moldes pretendidos pelo art. 63 da Lei nº 4.320/64 – já iniciaram esse processo, uma vez que o fornecedor já cumpriu sua obrigação, isto é, entregou o bem ou prestou o serviço no prazo estipulado. Em outras palavras, a rigor, tais empenhos também não deveriam ter sido anulados, pois a relação jurídica entre a Administração Pública e seu fornecedor já se encontra mais definida e corporificada. Até porque, também aqui, o ato representa o enriquecimento sem causa do Poder Público. A meu ver, a conduta mais prudente em tais situações seria fazer preceder o ato de anulação de uma comunicação formal ao titular do empenhamento, a fim de cientificá-lo do ato anulatório. A conduta, além de conferir transparência na relação entre as partes, teria a virtude de evitar futuros prejuízos aos fornecedores e reduzir a probabilidade de demandas judiciais.

2.4 Anulações de empenhos e as normas contratuais

Já disse em outra oportunidade que a Lei nº 8.666/93, em certas condições, equipara o empenho da despesa ao Contrato Administrativo ajustado com a Administração Pública. A previsão encontra-se insculpida no art. 62 da referida Lei. Por sua vez, o inciso II do art. 58 do mesmo Diploma Legal confere à Administração Pública o direito de poder rescindir unilateralmente os contratos que ajustar desde que presentes as situações contidas no inciso I do art. 79 da mesma Lei, quais sejam, as referidas nos incisos I a XII e XVII do art. 78.

Mais adiante, o §2º, do art. 79, do mesmo Diploma Legal resguarda o direito do contratado em ser ressarcido pelo ente contratante nas rescisões unilaterais que não tiver atuado com culpa. As situações encontram-se relacionadas a seguir:

(i) razões de interesse público, de alta relevância e amplo conhecimento, justificadas e determinadas pela máxima autoridade da esfera administrativa a que está subordinado o contratante e exaradas no processo administrativo a que se refere o contrato;

(ii) a supressão, por parte da Administração, de obras, serviços ou compras, acarretando modificação do valor inicial do contrato além do limite permitido no §1º do art. 65 desta Lei;

(iii) a suspensão de sua execução, por ordem escrita da Administração, por prazo superior a 120 (cento e vinte) dias, salvo em caso de calamidade pública, grave perturbação da ordem interna ou guerra, ou ainda por repetidas suspensões que totalizem o mesmo prazo, independentemente do pagamento obrigatório de indenizações pelas sucessivas e contratualmente imprevistas desmobilizações e mobilizações e outras previstas, assegurado ao contratado, nesses casos, o direito de optar pela suspensão do cumprimento das obrigações assumidas até que seja normalizada a situação;

(iv) atraso superior a 90 (noventa) dias dos pagamentos devidos pela Administração decorrentes de obras, serviços ou fornecimento, ou parcelas destes, já recebidos ou executados, salvo em caso de calamidade pública, grave perturbação da ordem interna ou guerra, assegurado ao contratado o direito de optar pela suspensão do cumprimento de suas obrigações até que seja normalizada a situação;

(v) a não liberação, por parte da Administração, de área, local ou objeto para execução de obra, serviço ou fornecimento, nos prazos contratuais, bem como das fontes de materiais naturais especificadas no projeto; e

(vi) a ocorrência de caso fortuito ou de força maior, regularmente comprovada, impeditiva da execução do contrato.

A nota comum em todas as hipóteses descritas se refere ao fato de que é a Administração a primeira a lhes dar causa. É ela, portanto, quem motiva a rescisão unilateral; não o contratado. Evidentemente que, configurada a participação ativa do contratado na gênese rescisória, impõe-se a supressão de todo e qualquer direito seu ao ressarcimento de eventuais prejuízos. Excluída essa possibilidade, é imperioso o dever de ressarcir.

Ademais, mesmo nas situações em que a Administração apenas modifique unilateralmente as condições contratadas visando adequá-las às finalidades de interesse público, é imperioso o respeito aos direitos do contratado, consoante determina o inciso I do art. 58 (BRASIL, 1994).

É cristalina, portanto, a preocupação do legislador ordinário em fazer com que a Administração não cause prejuízos ao contratado e/ ou respeite os direitos que solenemente lhe foi reconhecido no ato da contratação. Aliás, é regra universal na esfera cível que todo aquele que causar dano a outrem ficará obrigado a repará-lo, consoante prescreve o artigo 927 do Código Civil brasileiro. A norma pública, como não poderia deixar de ser, também vai nessa direção.

Ora, se assim o é, não faz sentido algum a Administração anular unilateralmente seus empenhos sem manifestar qualquer preocupação com possíveis prejuízos sofridos por seus fornecedores, que, nessa condição, à luz de tudo o que aqui foi dito, figuram substancialmente como partes contratadas. No caso específico da prefeitura de Manaus, certamente houve prejuízos aos contratados, ao menos no que diz respeito aos empenhos anulados que já haviam ingressado na fase da liquidação (gastos "em liquidação) ou que já haviam sido liquidados. Mesmo os empenhos que não se encontravam nessa etapa da execução orçamentária merecem ser diligentemente investigados antes que se proceda a sua anulação. É que, se os fornecedores não forem previamente comunicados, eles continuarão buscando cumprir com sua obrigação, o que fatalmente poderá também resultar em prejuízos para eles, caso a Administração decida não reconhecer a dívida. O problema é muito comum justamente na virada de mandatos em que muitos fornecedores, no primeiro ano do governo subsequente, finalizam os pedidos sem saber, todavia, que seus empenhos foram anulados. Resta ao novo dirigente reconhecer ou não a dívida, que, na maioria das vezes, não é reconhecida, o que é motivado puramente por razões de cunho político. O problema imediatamente se instala, podendo desaguar numa demorada e dura ação judicial – com todas as suas consequências nocivas – que não trará prejuízos apenas para os fornecedores, mas também para a Administração Pública contratante. Enfim, todos perdem.

Tudo isso poderia ser evitado caso o Poder Público conversasse previamente com seu fornecedor, a fim de cientificá-lo das razões que o motivaram a anular os empenhamentos.

Note-se, por fim, que a própria Lei de Licitações e Contratos prevê a rescisão amigável (inciso II, art. 79), que poderá ser ajustada entre ela e seus fornecedores, sempre que compareçam razões de conveniências para a Administração no manejo do ajuste.

2.5 Critérios objetivos nas anulações de empenhos

A partir do contexto aqui descrito ficou claro que a anulação do empenhamento das despesas públicas ainda se faz sem critérios objetivos, ao menos em boa parte dos entes federativos. O problema não acontece apenas nas pequenas comunas. Também nas capitais a questão é evidenciada. Manaus é um bom exemplo disso.

Algumas entidades federativas, no entanto, sensibilizadas pelo problema, disciplinaram-no no âmbito de sua atuação, como é o caso da União, que, por meio do Decreto Federal nº 93.872/1986, estabeleceu critérios para a anulação de seus empenhos.

De acordo com o art. 35 desse normativo, há cinco hipóteses em que a despesa empenhada não poderá ser anulada, ultimando-se, em decorrência, a sua inscrição em restos a pagar. Fora delas, o empenho correspondente será anulado. Vejamos:

a) vigente o prazo para cumprimento da obrigação assumida pelo credor, nele estabelecida;

b) vencido o prazo de que trata o item anterior, mas esteja em curso a liquidação da despesa ou seja de interesse da Administração exigir o cumprimento da obrigação assumida pelo credor;

c) se destinar a atender transferências a instituições públicas ou privadas;

d) corresponder a compromissos assumido no exterior.

A primeira das hipóteses contempla situações em que, ao término do exercício (31/12), os fornecedores ainda dispõem de prazo para cumprirem suas obrigações. Vejamos a seguinte situação.

1 – Empenho emitido em 10/12.

2 – Prazo para cumprimento da obrigação: 30 dias.

3 – Término do prazo para cumprimento da obrigação: 09/01 (do ano subsequente).

Nesse caso, o empenho não poderá ser anulado, pois o prazo para o cumprimento da obrigação ainda estará em vigência. A expiração ocorrerá em 19/01 do ano subsequente.

Na letra "b" há duas situações. A primeira – vencido o prazo de que trata o item anterior, mas esteja em cursos a liquidação da despesa – compreende as despesas em liquidação, isto é, aquelas cuja etapa da liquidação já se iniciou, mas ainda não foi finalizada. Exemplifiquemos:

1 – Empenho emitido em 20/11.

2 – Prazo para cumprimento da obrigação: 30 dias.

3 – Término do prazo para cumprimento da obrigação: 19/12 (do ano de emissão do empenho).

4 – Entrega do bem ou da prestação do serviço: 19/12 (do ano de emissão do empenho).

5 – Tempo estimado para a liquidação da despesa: 15 dias.

Perceba que o fornecedor cumpriu sua obrigação no prazo estabelecido. No entanto, o tempo estimado para a finalização da liquidação da despesa é de 15 dias. Portanto, na hipótese de ela não ter sido finalizada em 31/12, configura-se a hipótese contida na primeira parte da letra "b" do artigo 35 do regulamento.

A outra situação prevista na letra "b" – haja interesse da Administração em exigir o cumprimento da obrigação assumida pelo credor –, na verdade, traduz um "cheque em branco" nas mãos do Poder Público, pois se sustenta em critérios de conveniência e oportunidade, o que pode resultar na concessão indiscriminada de privilégios.

A hipótese referida na letra "c" se refere aos empenhos ligados a transferências, parte delas determinadas por dispositivos constitucionais e legais, como, respectivamente, para o Fundo de Participação dos Estados e dos Municípios e para o Fundo Nacional de Assistência Social; e relacionadas a transferências voluntárias das quais os convênios são sua maior expressão. Qualquer que seja a modalidade de transferência, contudo, o empenho correspondente não poderá ser anulado.

A última das hipóteses refere-se aos compromissos assumidos no exterior. Ilustremos com a seguinte situação: o presidente da República viaja em missão internacional e se hospeda num determinado hotel. Os custos da hospedagem serão pagos pelo governo brasileiro. Nesse caso, a anulação do empenho comprometeria a própria imagem do País perante a comunidade internacional. A prática representaria um "calote" perante fornecedores estrangeiros, o que fatalmente oportunizaria críticas de outros países. A solução é proibir a anulação de empenhos em tais situações.

A regulamentação realizada pela União poderia ser seguida pelos demais entes federativos. Entretanto, conforme mencionado, boa parte deles ainda procede à anulação dos empenhos movidos exclusivamente por critérios de conveniências e oportunidade, o que, não raras vezes, traz inúmeras consequências para o planejamento e o equilíbrio fiscal do ente federativo.

Uma solução bastante oportuna é inserir um dispositivo na Lei de Responsabilidade Fiscal que obrigue os entes federativos a comunicarem, previamente, seus fornecedores sempre que eles decidirem pela anulação do empenho correspondente. A comunicação funcionaria como um requisito para a eficácia do ato, fazendo-se prova desta no respectivo processo administrativo. A redação poderia ser a seguinte: "É condição indispensável para a anulação do empenho, sob pena de ineficácia do ato anulatório, a comunicação prévia ao fornecedor podendo este, se assim o desejar, fazer prova de eventuais prejuízos com a anulação; oportunidade em que a Administração o indenizará pelos danos efetivamente comprovados". A medida tornaria mais transparente a anulação do empenhamento das despesas, além de impor mais responsabilidade aos governantes e evitar prejuízos aos fornecedores.

3 Conclusão

A Lei de Responsabilidade Fiscal impôs aos administradores públicos a adoção de determinadas condutas visando à transparência, mas, sobretudo, ao equilíbrio fiscal. Nessa esteira, estabeleceu limites para alguns importantes grupos de despesas, a exemplo dos gastos com o funcionalismo público e com a constituição de dívidas.

Nada obstante, algumas janelas ainda precisam ser fechadas, a fim de que, efetivamente, os objetivos pretendidos sejam alcançados. É o caso da anulação do empenhamento das despesas.

Muito embora se trate de um procedimento corriqueiro no setor público nacional, ainda é realizado de maneira indiscriminada, ou seja, sem critérios objetivos. A concepção geral é que o procedimento interessaria apenas à gestão orçamentária. Porém, com a entrada em vigor da Lei de Responsabilidade Fiscal, ele passou também a servir de meio para burlar um de seus principais dispositivos: o art. 42. Com efeito, a anulação de empenhos se transformou numa solução para a obtenção de equilíbrios fiscais fictícios, sobretudo nas viradas de mandatos, bem como na camuflagem de dívidas; com consequências danosas para o planejamento governamental. O problema é evidenciado não apenas nos pequenos municípios, mas também nos entes federativos de maior porte.

A fim de coibir a prática, uma das soluções que se propõe é a mudança de mentalidade no tocante à realização do empenhamento da despesa pública, a fim de considerá-lo como um acordo de vontades entre a Administração Pública contratante e o fornecedor contratado; tudo em conformidade com o disposto no art. 62 da Lei nº 8.666/93. Esse dispositivo equipara a nota de empenho aos contratos administrativos em certas situações. Com isso, as anulações seriam consideradas verdadeiras rescisões contratuais, impondo à Administração o dever de indenizar o fornecedor sempre que este viesse a sofrer prejuízos decorrentes da anulação.

Complementando essa regra, outra medida consistiria em inserir dispositivo na Lei de Responsabilidade Fiscal determinando que o administrador público comunicasse previamente seu fornecedor sempre que decidisse anular seu empenho, podendo o credor da fatia orçamentária, se assim o desejasse, apresentar eventuais prejuízos decorrentes da anulação habilitando-se, assim, à competente reparação do dano, evidentemente, desde que efetivamente comprovado.

As medidas poderiam colocar um freio na prática indiscriminada de anulações de empenho, sobretudo na virada dos mandatos, em que os novos governantes acabam recebendo verdadeiros "presentes de gregos". Por outro lado, a gestão fiscal responsável ganharia um forte aliado na defesa do equilíbrio fiscal, qual seja, os próprios titulares dos empenhamentos, ou seja, os que mais têm interesse direto na condução legal do procedimento. O controle social certamente agradeceria.

Há quem sustente que medidas assim poderiam engessar a Administração Pública. Não penso dessa maneira. Muito pelo contrário. Sabendo das consequências que poderiam advir da anulação dos empenhos, os maus administradores públicos refletiriam mais sempre que decidissem empenhar uma despesa. Especialmente pelo fato de seu ato inconsequente vir a público gerando responsabilidades, inclusive para ele.

Referências

BRASIL. Lei Complementar nº 101/2000, de 04 de maio de 2000. Estabelece normas de finanças públicas voltadas para a responsabilidade na gestão fiscal e dá outras providências. Diário Oficial da União, Brasília, DF, 05 maio 2000. Disponível em: http://www.planalto. gov.br/ccivil_03/leis/lcp/lcp101.htm.

BRASIL. Lei Complementar nº 82/1995, de 27 de março de 1995. Disciplina os limites das despesas com o funcionalismo público, na forma do art. 169 da Constituição Federal. Diário Oficial da União, Brasília, DF, 28 mar. 1995. Disponível em: http://www.planalto. gov.br/ccivil_03/leis/lcp/Lcp82.htm.

BRASIL. Lei Complementar nº 96/1999, de 31 de maio de 1999. Disciplina os limites da despesa com pessoal, na forma do art. 169 da Constituição. Diário Oficial da União, Brasília, DF, 01 jun. 1999. Disponível em: http://www.planalto.gov.br/ccivil_03/leis/lcp/Lcp96.htm.

BRASIL. Lei n. 4.320/1964, de 17 de março de 1964. Estatui Normas de Direito Financeiro para elaboração e controle dos orçamentos e balanços da União, dos Estados, dos Municípios e do Distrito Federal. Diário Oficial da União, Brasília, DF, 23 mar. 1964. Disponível em: http://www.planalto.gov.br/ccivil_03/leis/l4320.htm.

BRASIL. Lei nº 8.666/1993, de 21 de junho de 1993. Regulamenta o art. 37, inciso XXI, da Constituição Federal, institui normas para licitações e contratos da Administração Pública e dá outras providências. Diário Oficial da União, Brasília, DF, 22 jun. 1993. Disponível em: http://www.planalto.gov.br/ccivil_03/leis/l8666cons.htm.

BRASIL. Lei nº 10.028/2000, de 19 de outubro de 2000. Altera o Decreto-Lei nº 2.848, de 7 de dezembro de 1940 – Código Penal, a Lei nº 1.079, de 10 de abril de 1950, e o Decreto-Lei nº 201, de 27 de fevereiro de 1967. Diário Oficial da União, Brasília, DF, 20 out. 2000. Disponível em: http://www.planalto.gov.br/ccivil_03/leis/l10028.htm.

SECRETARIA DO TESOURO NACIONAL. Manual de Contabilidade Aplicado ao Setor Público. 8. ed. Brasília: Secretaria do Tesouro Nacional, Subsecretaria de Contabilidade Pública. Coordenação-Geral de Normas de Contabilidade Aplicadas à Federação, 2019. 25 fev. 2020. Disponível em: http://www.tesouro.fazenda.gov.br/documents/10180/695350/ CPU_MCASP+8%C2%AA%20ed+-+publica%C3%A7%C3%A3o_com+capa_3vs_ Errata1/6bb7de01-39b4-4e79-b909-6b7a8197afc9.

SECRETARIA DO TESOURO NACIONAL. Lei nº 10.406/2002, de 10 de janeiro de 2002. Institui o Código Civil. Diário Oficial da União, Brasília, DF, 11 jan. 2002. Disponível em: http://www.planalto.gov.br/ccivil_03/leis/2002/l10406.htm.

SECRETARIA DO TESOURO NACIONAL. Decreto nº 93.872/1986, de 23 de dezembro de 1986. Dispõe sobre a unificação dos recursos de caixa do Tesouro Nacional, atualiza e consolida a legislação pertinente e dá outras providências. Diário Oficial da União, Brasília, DF, 24 dez. 1986. Disponível em: http://www.planalto.gov.br/ccivil_03/decreto/d93872.htm.

Informação bibliográfica deste texto, conforme a NBR 6023:2018 da Associação Brasileira de Normas Técnicas (ABNT):

FIRMO FILHO, Alípio Reis. Considerações sobre a anulação de empenhos no último ano de mandato como meio de burla ao disposto no art. 42 da Lei de Responsabilidade Fiscal. *In*: FIRMO FILHO, Alípio Reis; WARPECHOWSKI, Ana Cristina Moraes; RAMOS FILHO, Carlos Alberto de Moraes (Coord.). *Responsabilidade na gestão fiscal*: estudos em homenagem aos 20 anos da lei complementar nº 101/2000. Belo Horizonte: Fórum, 2020. p. 43-62. ISBN 978-65-5518-034-3.

ASPECTOS JURÍDICOS, ECONÔMICOS E CONTÁBEIS DA PRESTAÇÃO INDIRETA DE SERVIÇOS PÚBLICOS À LUZ DA LEI DE RESPONSABILIDADE FISCAL

ANA CRISTINA MORAES WARPECHOWSKI

HENRIQUE SERRA SITJÁ

RICARDO CANOSSA

1 Introdução

O presente estudo tem como objetivo indicar as circunstâncias nas quais a prestação de serviços de responsabilidade dos entes públicos pode se dar por meio de entidades privadas e as consequências fiscais dessa opção, considerando o arcabouço legal brasileiro, em especial a Lei Complementar nº 101/2000 (LRF).

Para tanto, inicialmente será conceituado o termo "lei de responsabilidade fiscal" para então se apresentar o exemplo neozelandês, que serviu de inspiração para a nossa LRF, em comparação com outras formas de restrição aos gastos fiscais observados na atualidade.

Voltando o enfoque ao caso brasileiro, uma análise histórica dos marcos normativos sobre o tema será apresentada, indicando que a possibilidade de contratação de entidades privadas por entes públicos para a prestação de serviços já existia antes do advento da LRF.

Posteriormente, os elementos econômicos que embasaram a formulação da regra e explicam alguns de seus efeitos serão brevemente expostos, com especial atenção aos incentivos dados para a prestação indireta dos serviços de interesse público. A consideração combinada dos aspectos jurídicos e econômicos conduzirá à definição dos elementos necessários à caracterização quanto à (i)legalidade e/ou (in)validade da opção pela prestação indireta de serviços públicos.

Na sequência, as regras contábeis e financeiras atinentes à matéria serão avaliadas com o intuito de demonstrar de que maneira os mandamentos contidos na LRF deveriam ser concretizados, além de fornecer indicações sobre eventuais lacunas normativas que impedem a efetivação de alguns de seus elementos.

Assim, pretende-se contextualizar a previsão contida no §1º de seu art. 18, a qual dispõe que "[os] valores dos contratos de terceirização de mão de obra que se referem à substituição de servidores e empregados públicos serão contabilizados como 'Outras Despesas de Pessoal'" a fim de avaliar se os resultados obtidos se coadunam à intenção do legislador.

Por fim, o capítulo conclusivo retomará os temas tratados buscando conectá-los de maneira explícita e indicará possíveis alterações nas regras existentes para que se aumente a efetividade das previsões legais.

2 Leis de responsabilidade fiscal no mundo

O presente capítulo tratará das normas que impõem restrições à política fiscal dos governos conforme observadas atualmente, além de abordar sua caracterização, motivação teórica e implicações.

De início, convém conceituar o que é compreendido pelo termo "lei de responsabilidade fiscal". Conforme a apresentação de Corbacho e Schwartz,[1] do ponto de vista do Direito, tais normas são caracterizadas por englobarem em um só documento as premissas que os governos deverão adotar para a fixação das despesas e previsão das receitas, baseadas em metas explícitas determinadas de maneira objetiva pelos próprios órgãos públicos e as quais as autoridades se comprometam a seguir. A execução orçamentária deve ser transparente e/ou prever resultados concretos de maneira a permitir aos demais agentes a avaliação quanto ao cumprimento das metas fiscais estabelecidas.

---

[1] CORBACHO, Ana; SCHWARTZ, Gerd. Fiscal responsibility laws. *Promoting fiscal discipline*, v. 58, p. 71, 2007, p. 59-60.

No que tange à Economia, os mesmos autores afirmam que as normas de responsabilidade fiscal representam limitações autoimpostas pelos governos à sua capacidade de execução de política macroeconômica, ou seja, relacionadas de maneira direta às despesas e receitas (componentes fiscais, relacionados aos governos) e, de forma indireta, à taxa de juros e emissão de moeda (componentes monetários, relacionados aos bancos centrais).

Em relação às diferentes formulações observadas, a principal característica discrepante diz respeito a normas com enfoque nos procedimentos em contraste a outras com ênfase nos resultados. No primeiro caso, as legislações buscam introduzir ampla transparência ao reger a execução fiscal, prevendo instrumentos que induzam os governantes a prestarem contas constantemente a fim de demonstrar o seu comprometimento às metas fixadas. No que tange ao segundo caso, as normas dão atenção maior aos resultados fiscais numéricos e, em muitas hipóteses, preveem mecanismos de correção da execução fiscal a fim de dar credibilidade à gestão orçamentária. Segundo Corbacho e Schwartz,[2] a LRF brasileira combina ambos os elementos.

Destaca-se o fato de a combinação dos fatores jurídicos e econômicos resultarem na desnecessidade de se preverem sanções em caso de desobediência às metas fiscais, circunstância que se observa, por exemplo, nas normas da Nova Zelândia e Austrália. Como a previsibilidade fiscal implica ganhos econômicos no médio prazo, os impactos negativos do desrespeito às metas tenderão a ser sentidos pelo próprio governo na forma de restrições a créditos privados, o que limitará ainda mais suas ações no futuro, uma situação indesejada do ponto de vista político e social. De toda forma, a escolha brasileira foi por prever sanções tanto institucionais – como restrições a recebimento de transferências ou avais para financiamento – quanto pessoais – como os crimes contra as finanças públicas, introduzidos pela Lei Federal nº 10.028/2000.

Por fim, cumpre ressaltar que leis de responsabilidade fiscal não representam soluções automáticas para os problemas fiscais e que a maior parte dos países desenvolvidos não possui normas dessa natureza, conforme Corbacho e Schwartz,[3] porquanto já possuem tradição política de respeito a metas orçamentárias. A mesma consideração é apresentada por Lienert,[4] argumentando que economias avançadas

---

[2] *Idem*, p. 64.
[3] *Idem*, p. 75.
[4] LIENERT, I. *Should advanced countries adopt a fiscal responsibility law?* International Monetary Fund, 2010, p. 30-31.

usualmente possuem regras bem definidas para a gestão das finanças públicas e o Poder Legislativo exerce um controle efetivo sobre as ações do Executivo. Além disso, em vários casos a respectiva constituição já prevê metas e objetivos relacionados à responsabilidade fiscal, bem como existem exemplos de insucesso com regras que impunham limites para endividamento nos Estados Unidos e no Japão. Ainda, nos países membros da União Europeia, as metas quantitativas para dívida pública e equilíbrio fiscal são definidas pela autoridade monetária regional.

Feita a conceituação, passa-se à análise do exemplo neozelandês, tido como o marco inicial nas leis de responsabilidade fiscal no mundo.

3 A inspiração para a LRF: o caso neozelandês

As premissas apresentadas na seção anterior foram originalmente consolidadas em 1994, na Nova Zelândia, por meio do *Fiscal Responsability Act* (FRA). De acordo com Janssen,[5] o país experimentara um forte acréscimo em sua dívida pública nas décadas de 1970 e 1980, com a dívida pública líquida passando de 5% do produto interno bruto (PIB) em 1974 para 52% em 1992, em grande parte devido à trajetória dos déficits públicos, os quais alcançaram o patamar de 9% do PIB no ano de 1986.

A partir desse momento, buscando reduzir o efeito inflacionário resultante dos recorrentes desequilíbrios orçamentários, o governo neozelandês iniciou uma série de reformas microeconômicas visando a reduzir o comprometimento fiscal e aumentar a previsibilidade da política monetária. As reformas incluíram a venda das empresas estatais (*The State-owned Enterprises Act*, 1986), alterações nas regras de serviço público (*The State Sector Act*, 1988), novas regras de execução orçamentária (*The Public Finance Act*, 1989) e o aumento de autonomia do banco central (*The Reserve Bank of New Zealand Act*, 1989).

Como forma de sistematização dos procedimentos desenvolvidos a partir das reformas anteriormente mencionadas, o governo central promulgou, em 01.07.1994, o *Fiscal Responsability Act*. Considerando que a trajetória do endividamento havia sido alterada nos últimos anos, a norma não previu limites concretos para a gestão fiscal; contrariamente, foi determinado que o próprio governo apresentasse seus objetivos de

---

[5] JANSSEN, John (2001): New Zealand's Fiscal Policy Framework: Experience and Evolution, New Zealand Treasury Working Paper, No. 01/25, New Zealand Government, The Treasury, Wellington.

gastos e receitas anuais, competindo a ele próprio a tarefa de manter o comprometimento às metas determinadas.

Embora a experiência neozelandesa tenha sido exitosa do ponto de vista do bem-estar social alcançado, a lei passou por alterações em 2005 a fim de se incorporar às normas de finanças públicas, considerando que sua formatação original ocasionou efeitos contrários às pretensões legislativas. Conforme Newberry e Pallot,[6] a sistemática introduzida pelo FRA, em conjunto às demais reformas observadas, incentivou o governo a optar pela prestação indireta de serviços públicos, especialmente por meio de parcerias público-privadas para a provisão de serviços de interesse público.

Uma vez que os valores despendidos com a remuneração das entidades contratadas não seriam considerados nos limites fiscais predeterminados para gastos estatais operacionais, estabeleceu-se um mecanismo de incentivo às privatizações como efeito colateral ao FRA.

Contudo, segundo as autoras, a opção pela contratação de terceiros representa um contrassenso à lógica da transparência estabelecida pelas regras de responsabilidade fiscal. Isso porque as necessidades sociais por serviços públicos são contínuas e deveriam, assim, estar explicitamente representadas no orçamento. Ainda, as parcerias público-privadas reduzem o poder fiscalizatório do parlamento, tendo em vista suas competências serem mais restritas no que tange à avaliação de entidades privadas.

Nada obstante, a realidade que se impôs foi a crescente alternativa pela prestação indireta de serviços de interesse público, não só na Nova Zelândia, mas também no Brasil, como se verá na seção seguinte deste trabalho.

4 Prestação de serviços no setor público brasileiro

Vencida a caracterização econômica dos incentivos fiscais à contratação de entidades privadas para a prestação de serviços de interesse público, segue-se com a análise da legislação brasileira sobre a matéria.

No âmbito da *administração pública federal*, o Decreto-Lei nº 200/1967, na alínea "c" do §1º e §§7º e 8º do art. 10, já permitia a execução indireta das atividades públicas gerais por meio de contratos ou

---

[6] NEWBERRY, S.; PALLOT, J. Fiscal (ir)responsibility: privileging PPPs in New Zealand. *Accounting, Auditing & Accountability Journal*, vol. 16, n. 3, p. 467-492, 2003.

concessões, celebrados com empresas privadas, desde que estas fossem suficientemente desenvolvidas e capacitadas para desempenhar os encargos estabelecidos entre as partes e sempre em respeito ao interesse público. Outra legislação que tratou do tema, no tocante às funções necessárias ao funcionamento da máquina pública, foi a Lei nº 5.645/1970, que trouxe exemplos de atividades passíveis de terceirização no art. 3º, parágrafo único, como transporte, conservação, custódia, operação de elevadores, limpeza e outras assemelhadas. Após, as licitações e contratos públicos federais foram regulamentados pelo Decreto-Lei nº 2.300/1986, com suas posteriores alterações (DL nº 2.348/1986 e DL nº 2.360/1987).

Com a Constituição Federal de 1988, tornou-se obrigatória a realização de licitação para contratações de serviços por todos os órgãos e entidades da administração pública de todas as esferas federativas, conforme disposto no inciso XXI do art. 37. Todavia, em se tratando de norma de eficácia limitada, somente com a entrada em vigor da Lei nº 8.666/1993 é que se passou a ter um ordenamento jurídico nacional dispondo sobre os procedimentos a serem adotados na execução indireta dos serviços públicos.

Na lei geral, definiu-se o conceito de *execução indireta* no inciso VIII do art. 6º: a contratação realizada com terceiros sob o regime de empreitada por preço global (preço certo e total) ou preço unitário (preço certo de unidades determinadas). E, no inciso II do mesmo artigo, foi apresentado um rol exemplificativo de serviços de interesse da Administração Pública. Ou seja, como não houve delimitação legal exaustiva de quais tipos de serviços estariam incluídos nessa sistemática, abriu-se uma margem ampla para a interpretação do que poderia ser licitado, facilitando a distorção dos conceitos e a utilização da terceirização com o objetivo de camuflar a intermediação da mão de obra. Não bastasse isso, segundo Marçal Justen Filho,[7] o inciso II do art. 6º possui defeitos de técnica legislativa, especialmente porque "o inc. II forneceu definição abrangente não apenas dos serviços de engenharia, mas de qualquer serviço (tal como transporte, publicidade e seguro, por exemplo). Esse é um sério defeito porque o regime jurídico dos serviços de engenharia não é o mesmo aplicável a outros serviços".

Na esfera da administração federal direta, incluídas as suas autarquias e fundações, o Decreto nº 2.271/1997 disse expressamente que

---

[7] JUSTEN FILHO, Marçal. *Comentários à lei de licitações e contratos administrativos*. 16. ed. rev., atual. e ampl. São Paulo: Revista dos Tribunais, 2014, p. 148-149.

a execução indireta somente poderia ser de atividades acessórias, instrumentais ou complementares aos assuntos ligados à área de competência dos órgãos ou entidades (art. 1º). Essa regulamentação foi revogada pelo Decreto nº 9.507/2018[8] e, a partir de então, o Poder Executivo Federal descreveu o que *não seria objeto de execução indireta.*[9]

Em complementação à nova regulamentação, a Portaria MPOG nº 443/2018 estabeleceu a relação de atividades que devem ser, preferencialmente, objeto de execução indireta pela administração pública federal direta, autárquica e fundacional, em um rol extenso e não exaustivo,[10] desde que os serviços não estejam dentre as vedações já destacadas. Mas, ainda, o referido decreto delimitou que as sociedades de economia mista e empresas públicas controladas pela União não poderiam realizar contratações de profissionais com atribuições inerentes àquelas discriminadas nos Planos de Cargos e Salários, abrindo-se exceções na ocorrência de uma das hipóteses previstas no art. 4º.

Assim, a União possui diretrizes expressas no sentido de que a contratação é de serviços e não de mão de obra, afastando-se a possibilidade de pessoalidade, subordinação direta e reconhecimento de vínculo empregatício. Esta ressignificação teve lastro nas inúmeras reclamações trabalhistas ou demandas judiciais dos empregados terceirizados em que houve a imputação de responsabilidade única, solidária ou subsidiária ao erário federal, a depender das provas de desvirtuamento dos objetos contratuais ou da ausência de fiscalização.

Diferentemente, Estados, Distrito Federal e Municípios nem sempre editam normas locais regulamentadoras, o que dificulta a identificação de quais serviços seriam, de fato, objeto de execução indireta. Ao longo do tempo, vêm-se firmando conceitos e convicções com base em interpretações das regras estabelecidas para a União e empresas privadas, situação esta permitida pela LINDB, no seu art. 4º, em virtude da existência de lacuna legislativa na grande maioria dos entes federativos.

Portanto, além desta forma de execução indireta, a Constituição Federal de 1988, no seu art. 175, prevê que o Poder Público poderá transferir a prestação propriamente dita dos serviços públicos sob o

---

[8] Esse decreto incorporou muitas das orientações da Portaria MPS nº 409/2016.

[9] A Instrução Normativa nº 05/2017 da Secretaria de Gestão do Ministério do Planejamento, Orçamento e Gestão foi alterada pela IN nº 07/2018 a fim de estabelecer regras e diretrizes para as licitações e contratações realizadas pela administração pública federal direta, autárquica e fundacional.

[10] A Portaria MPOG nº 409/2016 não trazia esse rol de serviços.

regime de concessão ou permissão, também por meio de licitações. Nestes casos, o Estado mantém a disponibilidade do serviço público, não ocorrendo a transferência da titularidade ao particular, já que a administração tem o dever de fiscalizar e gerenciar as contratações de modo que o interesse público sempre seja preservado, bem como o poder de retomar a prestação dos serviços quando identificar o descumprimento das regras legais ou contratuais.

Com efeito, a Lei nº 8.987/1995 passou a ser o regulamento nacional deste dispositivo constitucional, cabendo a aplicação das regras da Lei nº 8.666/93 naquilo com que não conflitar. Logo em seguida, entrou em vigor a Lei nº 9.074/1995, definindo alguns serviços de competência da União que poderiam ser objeto de concessão ou permissão, como, por exemplo, referentes à energia elétrica e ao aproveitamento energético. Mas também, no art. 2º desta lei, proibiu-se a União, Estados, Distrito Federal e Municípios de executarem serviços públicos por meio de concessão ou permissão sem lei que lhes autorize e fixe os termos, estando dispensada nos casos de saneamento básico e limpeza urbana ou naqueles referidos na Constituição Federal, Constituições Estaduais e Leis Orgânicas do Distrito Federal e Municípios, desde que observadas as regras da Lei nº 8.987/1995.

Diante desse quadro, entende-se que os maiores questionamentos estão em saber se é necessário identificar a ilegalidade da terceirização para aqueles que não possuem legislação própria e específica em complementação às leis referidas e como se dá o cumprimento da Lei de Responsabilidade Fiscal em relação ao cômputo das despesas como sendo de pessoal do ente, conforme o §1º de seu art. 18.

5 Requisitos constitucionais e legais

O art. 37 da Constituição Federal de 1988 traz como regra a necessidade de concurso para a investidura em cargo ou emprego público (inciso II). Traz, também, os princípios basilares da administração: legalidade, impessoalidade, moralidade, publicidade e eficiência (*caput*). Isso significa dizer que todos os entes e entidades públicas brasileiras devem observá-los tanto na execução direta das suas atividades quanto nas contratações realizadas para a sua execução indireta.

Como visto antes, a legislação infraconstitucional não exaure totalmente o instituto da terceirização para os Estados, Distrito Federal e Municípios, o que muitas vezes é considerado como um permissivo para toda ordem de contratações. Em razão disso, indispensável que, nos autos do processo administrativo da licitação e do futuro contrato, conste a exposição dos motivos que conduziram à tomada de decisão, devendo ser demonstrado o atendimento aos princípios constitucionais. Dessa maneira, embora não seja comum a regulamentação local, existem outras formas de identificar se a contratação respeita, ou não, o princípio da legalidade, em sentido amplo. Ao longo dos 20 anos de vigência da LRF, tentou-se mitigar o alcance da obrigação contida no §1º do art. 18 de computar as despesas de pessoal com enfoque maior naquelas consideradas ilegais ou inválidas.[11] Contudo, esta interpretação reducionista mascara o limite de gastos com pessoal e ofende o princípio da legalidade porque acabam sendo excluídas todas as contratações legais e válidas, as quais também devem ser computadas para revelação do limite dos gastos de pessoal que constam no art. 19.

Nessa mesma linha, ainda que a Lei nº 9.995/2000 tenha sido editada para esclarecer dúvidas em relação à elaboração da lei orçamentária federal do ano de 2001,[12] detendo eficácia limitada no tempo e no espaço, as diretrizes constantes no art. 64[13] eram esclarecedoras no sentido de explicar como deveriam ser tratadas as contratações destinadas à substituição da mão de obra do servidor ou empregado público da União, especialmente em relação à contabilização das despesas no total de gastos com pessoal.

Nos Poderes Executivos Municipais, por exemplo, o cargo de contador é essencial para a boa administração pública, que deve prestar contas das receitas e despesas, materializadas em demonstrações

---

[11] Chama-se à atenção o Demonstrativo da Despesa com Pessoal do Município de Porto Alegre, Anexo I ao Relatório de Gestão Fiscal referente a 2019, o qual apresenta a conta "Outras despesas de pessoal decorrentes de contratos de terceirização ou de contratação de forma indireta" sem nenhum valor registrado. Ou seja, nem ilegais ou inválidas, tampouco legais e válidas. Disponível em: http://www.portoalegre.rs.gov.br/smf/relfins/doc/2019%203Q%20-%20Anexo%2001%20-%20Demonstrativo%20Despesa%20Pessoal%20%20Consolidado.pdf, último acesso em: 5 mar. 2020.

[12] Mais recente: Lei nº 13.898/2019, com as diretrizes para elaboração e execução da lei orçamentária de 2020.

[13] Art. 64. O disposto no §1º do art. 18 da Lei Complementar nº 101, de 2000, aplica-se exclusivamente para fins de cálculo do limite da despesa total com pessoal, independentemente da legalidade ou validade dos contratos.
Parágrafo único. Não se considera como substituição de servidores e empregados públicos, para efeito do *caput*, os contratos de terceirização relativos a execução indireta de atividades que, simultaneamente:
I - sejam acessórias, instrumentais ou complementares aos assuntos que constituem área de competência legal do órgão ou entidade;
II - não sejam inerentes a categorias funcionais abrangidas por plano de cargos do quadro de pessoal do órgão ou entidade, salvo expressa disposição legal em contrário, ou quando se tratar de cargo ou categoria extinto, total ou parcialmente.

contábeis e outras peças que revelam a adequação no uso dos recursos do erário. Assim, o cargo deve, em tese, constar no quadro de pessoal e ser provido por meio de concurso público; e, na impossibilidade em decorrência da ausência de interessados ou de frustração do(s) certame(s) buscando seu provimento, admite-se a terceirização e as despesas referentes à substituição da mão de obra devem ser computadas como sendo de pessoal, enquanto perdurar esta situação, pois, nesse caso, a terceirização é legal e o objetivo está plenamente definido.

Contrario sensu, inexistindo justificativa para a execução indireta dos serviços atinentes ao cargo público não provido, além de a despesa ser considerada como de pessoal de acordo com a Lei de Responsabilidade Fiscal, os gestores poderão ser responsabilizados nas esferas administrativa, civil e penal, de acordo com a gravidade do ato praticado e em conformidade com o diploma legal respectivo.[14]

Portanto, a aplicação do §1º do art. 18 deve ocorrer independentemente da identificação de ilicitude ou invalidade da terceirização, pois ela pode ser lícita e válida e, ainda assim, ser considerada para fins de cálculo do limite total das despesas de pessoal. Assim, buscou-se delimitar a hipótese em que a terceirização impacta na máquina pública a fim de evitar manobras destinadas a dissimular os reais gastos com as despesas de pessoal, já que ultrapassar o limite legal resulta na aplicação objetiva de vedações e sanções (parágrafo único do art. 22 e §3º do art. 23): proibições de conceder vantagens e reajustes, criar cargos, empregos ou funções, contratar horas extras; impedimentos de receber transferências voluntárias, obter garantias, diretas ou indiretas, de outros entes, e contratar operações de crédito, ressalvadas as destinadas ao refinanciamento da dívida mobiliária e as que visem à redução das despesas com pessoal.

6 Aspectos econômicos da prestação indireta de serviços

Sob o ponto de vista econômico, a escolha entre produzir um bem/serviço de maneira direta ou providenciá-lo por meio de alguma fonte externa, se permitida legalmente, transforma-se em uma avaliação de custo benefício. Todavia, é imprescindível definir quais elementos devem constituir cada polo dessa ponderação.

---

[14] Por exemplo: (a) administrativa: previsões estatutárias; sanções de Tribunais de Contas; (b) civil: ressarcimento do dano causado ao erário, inclusive decorrente de condenações trabalhistas com lastro na Súmula nº 331 do TST; ato de improbidade administrativa; e (c) penal: tipos previstos no Código Penal e na Lei de Licitações.

De uma forma geral, Vining e Globerman[15] apresentam um quadro conceitual com o intuito de servir de base para tal análise. Entre os custos associados à prestação indireta, destacam-se aqueles relacionados à contratação, ao gerenciamento, ao monitoramento e à fiscalização da execução das ações, além dos óbvios custos de produção. Os riscos associados à escolha dizem respeito a eventuais disputas sobre termos contratuais, que podem tomar a forma de barganha ou, mesmo, quebra de acordos.

Para a determinação da viabilidade de cada opção, é necessário que se obtenha a quantificação dos custos e riscos da produção direta, a fim de permitir base para comparação. Porém, os mesmos autores[16] destacam outro fator: o produto ou serviço a ser contratado precisa ser quantificável e, tão importante quanto, qualificável, a fim de se garantir que o resultado seja análogo independentemente da opção adotada. Caso contrário, a avaliação de custo benefício torna-se imprecisa, dado que implicaria a comparação de circunstâncias não similares.

Do ponto de vista empírico, Kremic e colaboradores[17] realizaram uma revisão da literatura sobre prestação indireta, avaliando mais de 200 estudos, buscando identificar os determinantes da tomada de decisão nos setores privados e público. Entre os resultados observados, destaca-se a constatação de que as entidades governamentais tendem a tomar decisões sobre privatizações e parcerias com o setor privado baseadas em argumentos políticos, dando um menor peso às questões operacionais e gerenciais, as quais, por outro lado, usualmente determinam as avaliações nas entidades privadas. Segundo os autores, como o público em geral tende a visualizar o Estado como ineficiente, um governo disposto a privatizar a prestação de serviços pode ser visto pelos eleitores de maneira positiva, mesmo que não haja elementos concretos a demonstrar a vantajosidade da opção adotada.

No tocante aos problemas relacionados especificamente ao Poder Público, Halachmi e Boydston[18] argumentam que, quando o governo decide deixar de prestar diretamente um serviço à população, sua legitimidade política pode ser reduzida por meio da perda da responsabilidade sobre a execução das políticas públicas. Isso faz com que o

---

[15] VINING, A.; GLOBERMAN, S. A conceptual framework for understanding the outsourcing decision. *European Management Journal*, v. 17, n. 6, p. 645-654, 1999, p. 3-7.

[16] *Idem*, p. 7-12.

[17] KREMIC, T.; TUKEL, O. I.; ROM, W. O. Outsourcing decision support: a survey of benefits, risks, and decision factors. Supply Chain Management: an international journal, 2006.

[18] HALACHMI, A.; BOYDSTON, R. The political economy of outsourcing. *Public Administration and Public Policy*, New York, v. 103, p. 65-76, 2003, p. 66-67.

respectivo órgão perca orçamento ao ter suas competências reduzidas, o que pode gerar novas decisões por contratar serviços externos, provocando um efeito cascata de esvaziamento de competências.

Diante dos fatores apresentados, os elementos econômicos relacionados à matéria indicam que o setor público, ao transferir a prestação de serviços de interesse público a entidades privadas, necessita apresentar motivação para além dos elementos relacionados a custo benefício financeiro (economicidade) e operacionalidade (eficiência). Faz-se obrigatória a demonstração de que a escolha representará ganhos de bem-estar social (efetividade) resultantes da prestação satisfatória de serviços à população, elemento inerente a toda ação estatal.

7 Motivação a fim de demonstrar a legalidade em sentido amplo

A Lei da Ação Popular (Lei nº 4.717/1965) já sinalizava que a motivação era um elemento essencial do ato administrativo e que, na ausência, estaria revestido de nulidade, sendo considerado lesivo ao patrimônio do ente. Na esfera federal, a Lei nº 9.784/1999 reconhece a motivação como princípio, devendo ser demonstrados os fatos e fundamentos jurídicos que os justifiquem (art. 2º c/c art. 50).

Mais recentemente, com os acréscimos ditados pela Lei nº 13.655/2018, a LINDB reforçou a relevância da motivação das decisões administrativas, cabendo ao administrador (art. 20): (i) decidir com base em valores jurídicos concretos; (ii) considerar as consequências práticas que resultarão da decisão; e (iii) demonstrar a necessidade e adequação da medida imposta, inclusive em face de possíveis alternativas.

Desta maneira, o ônus argumentativo relativo à motivação do ato que determina a execução indireta de atividades recai sobre a Administração Pública, que deverá identificar os elementos que conduzem à economicidade, eficiência e efetividade dos gastos públicos. De acordo com as regras editadas para a União, houve uma ampliação do escopo das atividades terceirizáveis, indo-se além daquelas consideradas regulares pelo Tribunal Superior do Trabalho na Súmula nº 331 (vigilância, conservação e limpeza, serviços especializados ligados à atividade-meio, desde que impessoal e sem subordinação direta).

Na onda reformista dos últimos tempos, aliada à escassez de recursos para o cumprimento de políticas públicas básicas e essenciais, cresce o número de atividades que deixam de constar nos quadros de pessoal dos entes federativos, face às alterações nas leis locais ou em virtude das dificuldades de provimento, o que resulta no aumento das terceirizações. Essas medidas objetivam, no longo prazo, reduzir os encargos trabalhistas, previdenciários e sociais que envolvem a contratação de servidores e empregados públicos por meio de concurso; porém, ainda terá de ser analisada a essência da contratação e, a depender das peculiaridades do caso concreto, deverão ser incluídas no cálculo das despesas de pessoal, como se argumentará a seguir.

Assim, diante dos aspectos jurídicos e econômicos apresentados, a motivação dos atos administrativos que conduzem à execução indireta de atividades na Administração Pública se mostra essencial para que se possa averiguar com maior precisão o cumprimento dos diversos dispositivos legais atinentes à gestão fiscal. Se já existe complexidade na análise das contratações do próprio Poder Executivo, mais difícil ainda se torna com a inclusão das autarquias, fundações, empresas públicas e sociedades de economia mista controladas e demais poderes na globalidade do percentual de despesas com pessoal do ente federativo. Com isso, a Administração não pode descurar do planejamento de ações conjuntas e coordenadas, integrando todos os atores que desempenham um relevante papel na concretização de políticas públicas em prol da sociedade.

8 Serviços públicos prestados de maneira indireta e suas implicações fiscais

Demonstrada a legitimidade, quando cumpridos os requisitos necessários à garantia do interesse público, da opção administrativa que resulta na utilização de entidades privadas para a prestação de serviços de responsabilidade do Poder Público, passa-se à apresentação de alguns exemplos fictícios e as possíveis implicações fiscais deles decorrentes.

Inicialmente, retorna-se ao exemplo do contador. Em Câmaras de Vereadores de Municípios muito pequenos, sequer existe lei criando o cargo público e a contabilidade é realizada de forma reiterada mediante a contratação de empresa privada. Embora sejam recomendáveis a existência de cargo e o provimento do quadro próprio, tais medidas, na prática, podem se revelar antieconômicas, remanescendo a lacuna legislativa. Nestes casos, não há o que se falar em substituição de mão de obra porque inexiste cargo a ser substituído, ficando fora da abrangência do §1º do art. 18. E, se houver alguma ilegalidade na condução dos procedimentos licitatórios ou contratuais, os agentes responderão em conformidade com as sanções previstas para as condutas identificadas, mas não poderá servir para acrescer as despesas no percentual do ente.

No que concerne aos serviços de interesse público, há exemplos já consolidados de prestação indireta em Municípios, como limpeza urbana e coleta domiciliar de resíduos sólidos. Em ambos os casos, a prática usual é a desconsideração dos valores despendidos para fins de apuração dos gastos com pessoal, tendo em vista o repasse integral da responsabilidade pela execução do serviço à entidade privada, o qual inclui o fornecimento de equipamentos e materiais, para além da contratação de mão de obra.

Ainda, outro exemplo que tende a se tornar cada vez mais comum é a celebração de contratos de gestão com organizações sociais para prestação de serviços de saúde, inclusive aqueles referentes ao sistema único. Em leitura ao §1º do art. 18 da LRF, entende-se que aqueles valores que se destinarem à remuneração dos empregados encarregados pela prestação dos serviços podem fazer parte do total das despesas com pessoal. Tal entendimento é compartilhado pelo Tribunal de Contas da União em recente decisão, segundo a qual "[...] a parcela do pagamento referente à remuneração do pessoal que exerce a atividade fim do ente público nas organizações sociais deve ser incluída no total apurado para verificação dos limites de gastos com pessoal estipulados na Lei de Responsabilidade Fiscal" (Acórdão nº 1187/2019-Plenário, Rel. Min. Bruno Dantas).

É importante ressaltar o fato de, mesmo que os cargos dos servidores públicos anteriormente responsáveis pelos serviços sejam extintos como consequência da decisão pela prestação indireta, o mandamento legal não determina o tempo no qual a substituição de servidores e empregados públicos se dá para fins de consideração dos valores como despesas de pessoal. Em outras palavras: se o ente público tomar a decisão política de deixar de prestar tal serviço de maneira direta, colocando os cargos públicos em extinção e contratando entidade privada para assumir a responsabilidade de prestação de serviço de interesse público, a previsão daria suporte legal para a consideração das despesas referentes especificamente à contratação de pessoal no cômputo de gastos com pessoal do respectivo ente.

Todavia, é de se reconhecer a potencial dúvida quanto à juridicidade da regra em comparação à leitura do mandamento constitucional que a autoriza. Nesse sentido, Flavio Corrêa de Toledo Junior[19] assinalou que o §1º do art. 18 da LRF não teria eficácia no nosso Direito Financeiro, uma vez que o art. 169 da Constituição Federal determina que os limites da despesa de pessoal dos servidores ativos e inativos não podem exceder os percentuais estabelecidos na lei complementar. Além disso, a admissão de pessoal pela Administração deve ocorrer mediante (i) o ingresso por meio de concurso público, (ii) a nomeação para cargo comissionado ou (iii) a contratação temporária (art. 37, incisos II e IX, CRFB/88), não sendo possível a contratação direta da mão de obra. O autor também referiu que o Poder Público não pode contratar trabalhadores por meio de empresa interposta, conforme restou consignado na Súmula nº 331 do TST, devendo ser repassados, no todo ou em parte, determinados serviços ao particular.

Contudo, como exposto por Fabrício Motta,[20] na realidade de muitos Municípios existem contratações realizadas diretamente com as pessoas físicas, como médicos, advogados e contadores, formando-se um vínculo contratual entre as partes (RPA – Recibo de Pagamento Autônomo ou MEI – Microempreendedor Individual), sem qualquer vínculo estatutário ou celetista. Nesses casos, verificar como são contabilizados tais gastos evita que os dados sejam manipulados para mascarar a realidade das contas municipais a fim de não ultrapassar o limite legal, uma vez que o conceito de "despesa com pessoal", sendo uma regra com clara inspiração fiscal, não depende da natureza do vínculo entre o prestador de serviço e a administração (contratual, estatutário ou celetista), tampouco da avaliação jurídica acerca da (i) legalidade e/ou (in)validade da contratação.

9 Aspectos contábeis e fiscais relacionados à prestação indireta

Como já mencionado neste estudo, a Lei de Responsabilidade Fiscal trouxe como pressuposto para a gestão fiscal, desde sua gênese, a transparência das contas públicas. Dentre os instrumentos de materialização dessa ação, encontram-se as demonstrações contábeis

---

[19] TOLEDO JUNIOR, Flavio Corrêa de. O que não deveria entrar na despesa com pessoal. *Revista Jus Navigandi*, ISSN 1518-4862, Teresina, ano 23, n. 5447, 31 maio 2018. Disponível em: https://jus.com.br/artigos/66611. Acesso em: 27 jan. 2020.

[20] MOTTA, F. M. Despesas com pessoal e criatividade contábil. Revista *Consultor Jurídico*, 5 de dezembro de 2019. Disponível em: https://www.conjur.com.br/2019-dez-05/interesse-publico-despesas-pessoal-criatividade-contabil. Acesso em: 5 mar. 2020.

e os relatórios fiscais, os quais, embora tenham objetivos diferentes, subsidiam informações comuns e imprescindíveis acerca das contas governamentais. Aqui, apresentam-se os registros contábeis e orçamentários que, por conseguinte, norteiam a elaboração do demonstrativo de despesas de pessoal, a ser integrado no relatório de gestão fiscal.

Nesse passo, será efetuada uma breve explanação da forma que alguns serviços prestados no âmbito público podem vir a ser contabilizados sob o enfoque orçamentário, notadamente aqueles executados por meios próprios (direta) e por terceiros (indireta), bem como quais deles são computados para os limites de gastos com pessoal, consoante o art. 18 da LRF.

Em um segundo momento, duas situações de execução indireta serão apresentadas, nas quais a classificação da despesa pode vir a gerar impacto no cálculo de despesa de pessoal, seja pelo viés interpretativo ou por omissões do ordenamento jurídico pátrio.

A Portaria Interministerial STN/SOF nº 163/2001[21] traz a classificação da despesa orçamentária por natureza, com a seguinte composição: (i) categoria econômica, (ii) grupo de natureza da despesa e (iii) elemento da despesa. Por "grupo de natureza da despesa", a norma revela ser o conjunto de elementos da despesa os quais indicam características semelhantes no tocante ao objeto de gasto; e, por sua vez, o "elemento de despesa" vem a identificar os objetos de gasto, a título exemplificativo, os vencimentos e vantagens fixas e os serviços de terceiros prestados sob qualquer forma.

De conhecimento desses sucintos conceitos, destaca-se a seguir a classificação codificada de algumas despesas, acrescida de sua forma de prestação do serviço:[22]

---

[21] Trata de normas gerais de consolidação das contas públicas no âmbito da União, Estados, Distrito Federal e Municípios.

[22] A tabela descreve apenas as classificações necessárias para melhor compreensão do tema abordado. Nos Anexos II e III da Portaria Interministerial STN/SOF nº 163/2001, encontram-se outras classificações, conceitos e discriminações das despesas.

Forma de execução	Categoria econômica	Grupo de Natureza da Despesa (GND)	Modo de aplicação[23]	Elemento de Despesa (ED)	Codificação das despesas*
Direta	3 - Despesas correntes	1 - Pessoal e encargos sociais	90 - Aplicação direta	11 - Vencimentos e vantagens – pessoal civil	3.1.90.11.xx
Indireta		3 - Outras despesas correntes		34 - Outras despesas de pessoal decorrentes de contratos de terceirização	3.3.90.34.xx
				36 - Outros serviços de terceiros – PF	3.3.90.36.xx
				39 - Outros serviços de terceiros – PJ	3.3.90.39.xx

* xx – desdobramento, facultativo, do elemento de despesa.

No GND 1 – *Pessoal e Encargos Sociais*, classificam-se as despesas orçamentárias com pessoal ativo, inativo e pensionistas, conforme estabelece o *caput* do art. 18 da LRF. Sendo assim, os elementos de despesas desse grupo serão considerados para o cálculo de despesas de pessoal do ente ou órgão. Já no GND 3 – Outras Despesas Correntes estão agrupados serviços executados por terceiros. Nesse particular, por força do §1º do retrocitado dispositivo, apenas os valores que se referem à substituição de servidores e empregados públicos deverão ser contabilizados nos gastos totais de pessoal *(3.3.90.34.xx)*. Os outros serviços de terceiros serão lançados nas rubricas orçamentárias pertinentes (elemento de despesa – 36 e 39, no caso exemplificado).

Portanto, delineado sumariamente o processo de contabilização de despesas de serviços fatíveis na seara pública, passa-se ao estudo dos casos.

O primeiro envolve a classificação de elemento de despesa (in) compatível com o objeto de gasto. Trata-se de uma representação do

---

[23] A natureza da despesa será complementada pela informação gerencial denominada "modalidade de aplicação", a qual tem por finalidade indicar se os recursos são aplicados diretamente por órgãos ou entidades no âmbito da mesma esfera de Governo ou por outro ente da Federação e suas respectivas entidades (...) (§1º, art. 3º, Portaria Interministerial STN/SOF nº 163/2001).

Ministério Público de Contas do Paraná[24] em face do gestor de um Município referente à contratação de médicos para a prestação de serviços de saúde, oriunda de procedimento de inexigibilidade de licitação.

Em sua pesquisa, o Agente Ministerial limitou-se ao exame individualizado de contratos com cinco empresas credenciadas. Em quatro deles, houve indicativos de irregularidades semelhantes na contabilização, indicando que o Município registrou, para cada contrato (objeto – serviços médicos), empenhos em dois elementos de despesas distintos, quais sejam, Outros Serviços de Terceiros – PJ (ED - 39) e Outras Despesas de Pessoal Decorrentes de Contrato de Terceirização (ED - 34), assim esboçados:

Empresa*	Licitação	Natureza da Despesa	Desdobramento da Despesa	Empenhos*
Contrato A Contrato B Contrato C Contrato D	Procedimento por inexigibilidade	3.3.90.**39**.50.99	Demais Despesas com Serviço Médico-Hospitalar, Odontológico e Laboratorial**	X Y Z
		3.3.90.**34**.00.00	Outras Despesas de Pessoal Decorrentes de Contratos de Terceirização	W K V

* Por questão de privacidade, os nomes das empresas e os números dos empenhos foram omitidos.

** Desdobramento do ED-39.

Sem adentrar ao mérito do procedimento de contratação (lícito ou ilícito), mas tão somente na contabilização dos fatos, restam dúvidas acerca de como a administração local interpretou/empregou as normas para fins de lançamentos orçamentários no tocante à utilização de serviços de terceiros. A depender da metodologia adotada, é possível que haja: (i) representação não fidedigna da informação contábil,[25] (ii) incorreta apuração das despesas de serviços no setor público (execução

---

[24] Protocolo nº 868207/18, sem julgamento do mérito, na data da consulta. Disponível em: http://www.mpc.pr.gov.br/representacoes/. Acesso em: 20 fev. 2020.

[25] Norma Brasileira de Contabilidade, NBC TSP Estrutura Conceitual. Item 3.10 – "(...) A representação fidedigna é alcançada quando a representação do fenômeno é completa, neutra e livre de erro material".

direta ou indireta) e/ou, por fim, (iii) dissimulação dos limites fiscais intitulados no §1º do art. 18 da LRF.

O segundo caso abrange os contratos de gestão com as Organizações Sociais (OSs) para execução indireta de serviços públicos pertinentes à atividade finalística do ente público. Nesse exemplo, ressalta-se que existem controvérsias jurídicas quanto à aplicação ou não do §1º do art. 18 da LRF, sob o fundamento de haver lacuna legislativa, o que, de fato, pode conduzir a uma leitura fiscal heterogênea, mas também eventual tratamento não isonômico em caso de descumprimento dos limites de gastos com pessoal.

Contudo, conforme jurisprudência do TCU retrocitada (Acórdão nº 1187/2019), compreende-se que, dos recursos financeiros repassados pelo Poder Público, a parcela do pagamento pertinente à remuneração do pessoal que exerce a atividade fim do ente público nas OSs deve ser considerada para o cômputo total de despesas com pessoal nos termos da LRF.

Atenta à nova onda de contratação de OSs para prestação de serviços públicos, a Secretaria do Tesouro Nacional (STN) indicou, por meio de *consulta pública*,[26] uma forma para classificação orçamentária com a finalidade de viabilizar o registro dos valores das despesas com pessoal.

No tocante à contabilização orçamentária da despesa, a STN sugeriu a modalidade de aplicação "50 – Transferências a Instituições Privadas sem Fins Lucrativos"[27] e a criação de um elemento de despesa específico para repasse às OSs, o qual contemplaria o valor integral, sem especificação do objeto do gasto. Ou seja, esse elemento de despesa compreenderia, a princípio, a soma dos valores de pessoal, material, e outros. Já, o momento do registro do valor referente à despesa de pessoal ficaria para a prestação de contas das OSs ao ente estatal, a ser contabilizado em contas de controle[28] do Plano de Contas Aplicados ao Setor Público (PCASP), criadas com a finalidade de agrupar os controles necessários para subsidiar a elaboração de relatórios e demonstrativos fiscais.

---

[26] Consulta pública realizada no período de 31.12.2019 a 14.2.2020.

[27] "Despesas orçamentárias realizadas mediante transferência de recursos financeiros a entidades sem fins lucrativos que não tenham vínculo com a administração pública" (Portaria Interministerial STN/SOF nº 163/2001).

[28] Nas contas de controle são registrados, processados e evidenciados os atos de gestão cujos efeitos possam produzir modificações no patrimônio da entidade do setor público, bem como aqueles com funções específicas de controle.

Enfim, em que pesem as rotinas contábeis e orçamentárias ainda estejam sendo consolidadas pela STN, observa-se na consulta pública que a utilização de contas de controle tende a consubstanciar a transparência das contas governamentais, contribuindo de forma direta no estudo do equilíbrio fiscal e no processo de fiscalização pelo controle externo e social.

10 Conclusões

A Lei de Responsabilidade Fiscal teve como objetivo principal introduzir elementos que conduziriam o Estado brasileiro ao equilíbrio entre despesas e receitas. Um dos mecanismos previstos é a fixação de um limite de gastos com pessoal; todavia tal regra produz um inadvertido incentivo à substituição de servidores e empregados públicos por prestadores privados de serviços.

Por outro lado, a LRF buscou reduzir os efeitos fiscais de tais incentivos ao prever que os valores dos contratos que se referirem à execução, por entidades privadas, das funções públicas em substituição aos servidores e empregados deverão ser acrescidos aos gastos com pessoal para aferimento dos limites estabelecidos. À vista disso, buscou-se evitar que a opção pela prestação indireta ocorresse com o propósito basilar de criar margem fictícia para a ampliação de gastos, escondendo problemas fiscais correntes e, principalmente, futuros, o que prejudica as ações estatais no médio prazo.

Todavia, durante os 20 anos de vigência da LRF, foram observados exercícios hermenêuticos a fim de descaracterizar obrigações legais. Carlos Alexandre Amorim Rocha[29] apresenta um resumo histórico das divergências entre as interpretações da Secretaria do Tesouro Nacional e dos Tribunais de Contas, inclusive no que tange à não aplicação de mandamentos literais da LRF, como a desconsideração de gastos com inativos e/ou pensionistas do cômputo total das despesas com pessoal.

No que concerne especificamente ao §1º do art. 18, é necessário reconhecer que a criatividade interpretativa pode resultar, também, da baixa qualidade técnica da previsão ao utilizar o termo "terceirização para fornecimento de mão de obra" sem, contudo, conceituá-lo. De toda forma, entende-se que as normas contábeis e financeiras permitem a aplicação da previsão da LRF, como demonstrado no transcorrer

---

[29] ROCHA, C. A. A. A Despesa Total com Pessoal na Ótica da STN e dos Tribunais de Contas Estaduais e Municipais. *Boletim Legislativo*, Brasília, n. 71, maio 2018.

deste estudo, o que se coaduna aos objetivos de equilíbrio fiscal e da transparência, bem como aos princípios contábeis da evidenciação e integridade. Entretanto, observam-se casos nos quais os entes deixam de registrar quaisquer valores na rubrica referente ao mandamento em questão, o que indica a existência de margem fiscal artificial para gastos com pessoal.

Diante de episódios como os relatados e na tentativa de fornecer uniformidade à interpretação da norma, informa-se que tramita atualmente a PEC nº 188/2019, a chamada emenda do pacto federativo, a qual pretende conferir competência ao Tribunal de Contas da União (TCU) para a consolidação hermenêutica das leis financeiras. Segundo a proposta, o TCU poderia editar orientações normativas com efeito vinculante frente às demais Cortes de Contas, cabendo reclamação ao tribunal federal em face de descumprimentos pelos órgãos regionais.

Com efeito, há fatos indicando que o princípio do equilíbrio fiscal, objetivado por meio da LRF, não foi consolidado no Brasil nessas duas décadas após a sua promulgação. No âmbito da União, a Emenda Constitucional nº 95/2016, a qual introduziu o chamado teto dos gastos públicos, é uma evidência nesse sentido. No que tange aos Estados, a criação do Regime de Recuperação Fiscal (RRF), por meio da Lei Complementar nº 159/2017, é comprovação inconteste da precariedade das suas contas, visto que a adesão ao regime é autorizada somente para entes que se encontrem em situação de desequilíbrio financeiro grave. Destarte, é possível verificar que o conjunto de regras introduzidos na virada do milênio não foi suficiente para que o equilíbrio fiscal se consolidasse na agenda política brasileira.

Assim, seria recomendável uma revisão da LRF de maneira a clarificar os pontos objeto de divergências interpretativas e fixar conceitos determinados, com especial destaque à redação do §1º do art. 18. Adicionalmente, a revisitação da norma evitaria a criação de regras fiscais diversas e, de alguma maneira, casuísticas, como se observa no presente momento. Tal fato colaboraria para uma melhor sistematização normativa do equilíbrio fiscal no país.

Por fim, o que se pretende é, mesmo reconhecendo a possibilidade e eventual vantajosidade de se repassar a execução de serviços de responsabilidade estatal a entidades privadas, destacar que a prestação indireta de serviços não deve ser vista como solução aos problemas fiscais enfrentados pelos entes públicos. Pelo contrário, a sobreutilização e a descaracterização do instrumento podem vir a agravar os desequilíbrios, o que pode resultar na impossibilidade de cumprimento das obrigações pactuadas e consequente descontinuidade da prestação dos serviços públicos.

Dessa maneira, os entes públicos, ao optarem por prestar de maneira indireta os serviços de sua responsabilidade, têm o dever de apresentar motivação suficiente que demonstre a eficiência, economicidade e efetividade da sua escolha a fim de demonstrar a legalidade, em sentido amplo, de seus atos. No campo fiscal, os mandamentos atuais da LRF, embora careçam de melhorias técnicas, determinam que a parcela desses contratos que se refira à substituição de servidores e empregados públicos deve ser considerada para a aferição dos limites de gastos com pessoal. Observadas essas circunstâncias, entende-se que a contratação de entidades privadas para complementação da atuação estatal em áreas de interesse público pode contribuir para a elevação do bem-estar social no Brasil.

Referências

CORBACHO, A.; SCHWARTZ, G. Fiscal responsibility laws. *Promoting fiscal discipline*, v. 58, p. 71, 2007.

HALACHMI, A.; BOYDSTON, R. The political economy of outsourcing. *Public Administration and Public Policy-New York*, v. 103, p. 65-76, 2003.

JANSSEN, J. New Zealand's Fiscal Policy Framework: Experience and Evolution. *New Zealand Treasury Working Paper*, No. 01/25, New Zealand Government, The Treasury, Wellington, 2001.

JUSTEN FILHO, Marçal. *Comentários à lei de licitações e contratos administrativos*. 16. ed. rev., atual. e ampl. São Paulo: Revista dos Tribunais, 2014.

KREMIC, T.; TUKEL, O. I.; ROM, W. O. Outsourcing decision support: a survey of benefits, risks, and decision factors. *Supply Chain Management: an international journal*, 2006.

LIENERT, I. *Should advanced countries adopt a fiscal responsibility law?* International Monetary Fund, 2010.

MOTTA, F. M. Despesas com pessoal e criatividade contábil. *Revista Consultor Jurídico*, 5 de dezembro de 2019. Disponível em: https://www.conjur.com.br/2019-dez-05/interesse-publico-despesas-pessoal-criatividade-contabil. Acesso em: 5 mar. 2020.

NEWBERRY, S.; PALLOT, J. Fiscal (ir)responsibility: privileging PPPs in New Zealand. *Accounting, Auditing & Accountability Journal*, vol. 16, n. 3, p. 467-492, 2003.

ROCHA, C. A. A. A Despesa Total com Pessoal na Ótica da STN e dos Tribunais de Contas Estaduais e Municipais. Brasília: Núcleo de Estudos e Pesquisas/CONLEG/Senado, *Boletim Legislativo*, n. 71, maio 2018.

TOLEDO JUNIOR, Flavio Corrêa de. O que não deveria entrar na despesa com pessoal. *Revista Jus Navigandi*, ISSN 1518-4862, Teresina, ano 23, n. 5447, 31 maio 2018. Disponível em: https://jus.com.br/artigos/66611. Acesso em: 27 jan. 2020.

VINING, A.; GLOBERMAN, S. A conceptual framework for understanding the outsourcing decision. *European Management Journal*, v. 17, n. 6, p. 645-654, 1999.

Informação bibliográfica deste texto, conforme a NBR 6023:2018 da Associação Brasileira de Normas Técnicas (ABNT):

WARPECHOWSKI Ana Cristina Moraes; SITJÁ, Henrique Serra; CANOSSA Ricardo. Aspectos jurídicos, econômicos e contábeis da prestação indireta de serviços públicos à luz da Lei de Responsabilidade Fiscal. *In*: FIRMO FILHO, Alípio Reis; WARPECHOWSKI, Ana Cristina Moraes; RAMOS FILHO, Carlos Alberto de Moraes (Coord.). *Responsabilidade na gestão fiscal*: estudos em homenagem aos 20 anos da lei complementar nº 101/2000. Belo Horizonte: Fórum, 2020. p. 63-85. ISBN 978-65-5518-034-3.

A LRF E A NECESSIDADE DE PROTEÇÃO AO ERÁRIO: UMA PROPOSTA DE ACOPLAMENTO INTERINSTITUCIONAL E APLICAÇÃO DOS FUNDAMENTOS DA HERMENÊUTICA CONCRETIZADORA

ANDRÉ LUIS DE MATOS GONÇALVES

JÚLIO EDSTRON S. SANTOS

"O óbvio é a verdade mais difícil de se enxergar."
Clarice Lispector

Introdução

Esta pesquisa realizada com fulcro nas metodologias de revisão bibliográfica e estudo de caso, busca demonstrar que, por meio de utilização da interpretação constitucional e da técnica hermenêutica concretizadora, há condições jurídicas de se superar a atual crise econômica e financeira que se instaurou no cenário interno brasileiro, com base no Texto Constitucional. Ainda, no plano metodológico, a problematização pode ser sintetizada assim: a União, enquanto garantidora da sanidade financeira do Estado brasileiro, possui instrumentos constitucionais para intervir em casos especialíssimos nos demais entes federados?

Um ponto fulcral é que a Constituição Brasileira de 1988, por meio de sua técnica de distribuição de competência baseada no princípio jurídico da predominância do interesse, estabeleceu limites de atuação a todos os entes federativos, ou seja, União, Estados-membros, Municípios e Distrito Federal, conferindo-lhes direitos e deveres, inclusive o respeito aos princípios constitucionais sensíveis.

Porém, há de se notar que a distribuição de competências jurídicas estabeleceu um raio de atuação de cada ente federado, propiciando a cada um dos envolvidos a sua autonomia. Logo, nenhum membro da federação brasileira pode romper com suas atribuições, sejam de âmbito jurídico, orçamentário ou mesmo financeiro, tendo em vista que uma ofensa ao Pacto Federativo é um risco a toda a nação.

Neste diapasão, a Lei de Responsabilidade Fiscal (LRF) é uma lei nacional que vincula todos os entes federados que devem seguir integralmente os seus preceitos pelo bem de todo o Estado brasileiro. Sendo que esta lei também atribui responsabilidades à União, aos Estados e Municípios quanto aos parâmetros para os gastos públicos, podendo se utilizar das técnicas da legística material e formal.

Como se pode observar cotidianamente, variados entes federados têm descumprido a LRF, com o agravante de interpretações extensivas de alguns Tribunais de Contas estaduais, principalmente quanto ao percentual de gasto com pessoal. Fato que, por si só, traz duas consequências negativas: a primeira é a insegurança jurídica; a segunda é a necessidade de intervenção financeira da União para cobrir constantes *déficits* financeiros e orçamentários.

É salutar não olvidar que a União deve oferecer suporte aos Estados-membros em dificuldades ou em caso de calamidades, mas, também, deve proporcionar parametrizações para a aplicação dos recursos públicos, tendo como referências a LRF e as orientações do Tribunal de Contas da União que detém essa competência constitucional.

Nesta esteira, é que propomos o aprofundamento do acoplamento institucional lecionado por Niklas Luhmann (2016), em que os Tribunais de Contas estaduais e outras instâncias do Sistema de Justiça podem se comunicar e estabelecer parâmetros claros de atuação que evitem distorções interpretativas quanto à utilização do erário. De forma bem clara, a União não pode arcar apenas com os prejuízos causados pelos demais entes federados, simplesmente, porque isto impede a construção de políticas públicas e a concretização de direitos e garantias fundamentais.

Ainda com fulcro na interpretação constitucional concretizada, esta pesquisa demonstrará que é possível o acoplamento institucional para que, em casos constitucionais muito específicos e graves ou de solar desrespeito à LRF, a União intervenha nos demais entes federados a fim de que se mantenha a estabilidade nacional. Porém, será frisado que tal medida só é aceitável em casos flagrantemente inconstitucionais ou ilegais e, mesmo assim, *cum grano salis, tendo em vista que a Constituição estabeleceu de forma horizontal o rol de competência do "condomínio jurídico" brasileiro.*

Por fim, esse paper tem o condão de apontar uma possível solução para a atual crise nacional, com base no Texto Constitucional e na LRF, para que fundamentalmente respeitem-se as atribuições de cada uma das instituições do sistema de justiça, devendo cada uma delas mutuamente se apoiar e se comunicar ou, ainda, em linguagem de Niklas Luhmann (2016), acoplar-se para que haja estabilidade na federação brasileira.

1 A Lei de Responsabilidade Fiscal como ponto de acoplamento institucional para a proteção do erário nacional

Neste momento de crise institucional, cresce o interesse da União no equilíbrio fiscal do país como representante da ordem jurídica nacional no âmbito da federação brasileira, isto em face da acentuada deficiência financeira que reclama providências estatais e análises da comunidade científica.

Com efeito, os interesses da União, como pessoa jurídica de direito público interno, não serão objeto das reflexões aqui desenvolvidas, esta parte deste *paper* volta-se ao interesse da União enquanto ente aglutinador dos interesses da universalidade dos membros da Federação na aplicação isonômica da LRF, no planejamento e execução orçamentária em cada Estado e Município, ou seja, o que se busca é uma unidade que harmonize a utilização dos recursos públicos de modo a não sobrecarregar o ente central.

A análise possibilita uma interpretação constitucional que acopla, no sentido dado pela doutrina de Niklas Luhmann (2016), a atuação da Procuradoria-Geral da República e também do Tribunal de Contas da União, garantindo a regularidade fiscal do Estado brasileiro a partir de uma modelagem tecnológica constitucional desenvolvida com foco nas ações públicas dos sistemas organizacionais de controle mencionados ante ao Sistema de Justiça.

Tratar-se-á aqui de um meio jurídico adequado de fiscalização baseado na premissa de que o equilíbrio fiscal é indispensável para o custeio das políticas públicas, tendo em vista que todas têm custos financeiros, afinal os direitos não nascem em árvores, como lecionou Galdino (2005). Assim, com lastro na divisão das competências constitucionais, pretende-se apresentar um modelo acoplado de relações interorganizacionais voltado ao objetivo final da promoção de prestações públicas de boa qualidade, garantindo-se o acesso a direitos essenciais, como saúde, educação e segurança.

2 A Lei de Responsabilidade Fiscal, gastos com pessoal e múltiplas visões do controle externo no plano estadual

A produção legislativa brasileira é feita com base constitucional no princípio da predominância do interesse, ou seja, a União se encarrega da instância nacional, Estados-membros das condições regionais e os Municípios dos interesses locais, tal como apontou Almeida (2016), bem como as normas da União se dividem de forma propedêutica em nacionais, quando coordenam de forma abstrata todos os cidadãos, e federais nas vezes em que subordinam apenas os entes da união, tal como doutrina de Miguel Reale (2017).

Por esse raciocínio, a Lei de Responsabilidade Fiscal, segundo Debus (2017), é uma lei nacional, já que vincula a atuação de todos os entes federados, inclusive as pessoas jurídicas que compõem a Administração Pública indireta.

A Lei de Responsabilidade Fiscal – Lei Complementar n º 101, de 4 de maio de 2000, visa a regulamentar a Constituição Federal, na parte da Tributação e do Orçamento (Título VI), cujo Capítulo II estabelece as normas gerais de finanças públicas a serem observadas pelos três níveis de governo: Federal, Estadual e Municipal (DEBUS, 2017, p 48).

A forma federativa de Estado impõe uniformidade em matéria fiscal, sendo que desta estrutura pública se constroem a proteção aos direitos, deveres e garantias fundamentais. O desequilíbrio entre as receitas e despesas de qualquer dos signatários do pacto institucional brasileiro traz inevitáveis reflexos negativos para a centralidade dos interesses reunidos na União.

Desse modo, impõe-se o exame da aplicação da LRF com os seus postulados, entre outros campos, no tocante às despesas totais com pessoal, um tema atual e de relevância no debate sobre o equilíbrio das contas públicas. Não se perdendo de vista que, por se tratar de matéria eminentemente constitucional, deve-se buscar aplicar o método hermenêutico concretizador, que é, na lição de Coelho (2011, p. 145), aquele que busca: "[...] concretizações minimamente controláveis, nas quais se evidenciem tanto as dimensões objetivas da atividade hermenêutica, emergentes do problema a se resolver, quanto seus aspectos subjetivos".

É necessária, a fim de que haja controle, delimitação de sentido dogmático, ou seja, não é possível que nem mesmo o sistema organizacional de controle externo detenha conceitos assentados daquilo que deve compor a despesa total com pessoal, por exemplo. Os conceitos necessitam de sistematização diante do texto legal, sem a qual os problemas jurídicos, que a norma visa evitar ou reparar, ficarão sem solução. Ou, de forma ainda mais simples, sem uma base conceitual há insegurança jurídica e abrem-se espaços para possíveis desvios dos comandos jurídicos que são preestabelecidos.

Robert Alexy (2013) afirma que o emprego da técnica jurídica serve ao propósito prescricional de meios para a obtenção de determinados fins. Trata-se, com efeito, de um meio não violento, não traumático e, neste sentido, não violador do próprio Texto Constitucional para a resolução de conflitos que, na presente tese, são de índole federativa, na medida em que se exige tratamento isonômico entre os Estados-membros frente à Constituição e às leis nacionais de regência, no exemplo mencionado, a de Responsabilidade Fiscal.

Tal como esclarece Suxberger (2018), no vão entre a dogmática e a técnica jurídica, surge a problematização que envolve o estudo puro do direito – ressalte-se que a Administração Pública e a fiscalização não tratam somente de aspectos jurídicos, como já afirmado diversas vezes nesta tese, mas também de aspectos contábeis, operacionais, financeiros, patrimoniais e orçamentários – e a sua materialização, a sua procedimentalização.

A mencionada problematização, no campo da fiscalização do orçamento público, que faz desaguar suas consequências nas prestações públicas, passa pelo desenvolvimento de uma tecnologia de fiscalização, a partir de acoplamentos organizacionais aptos a mitigar as disfunções orçamentárias causadas pela ausência de sistematicidade, de racionalidade gerencial e pela inobservância da Constituição Federal e das leis nacionais por ocasião da elaboração e da execução orçamentária.

Portanto, a aplicação da LRF reflete-se em padrões constitucionais que consubstanciam o interesse nacional de se estabelecer um padrão de regularidade fiscal, haja vista que desta condição se fiam as construções de políticas públicas que efetivam os direitos, deveres e garantias fundamentais e, logo, é de interesse de todo o Estado brasileiro.

Salienta-se que as temáticas ligadas às políticas públicas e ao controle merecem mais atenção estatal e acadêmica, devido ao fato de o Brasil já figurar como a sexta maior economia do mundo, ao mesmo tempo em que possui a região urbana mais desigual da América Latina, segundo dados da UNESCO (2018).

Neste sentido, sobre o artigo 18 da LC nº 101/00, no que diz respeito ao que compõe o somatório total dos gastos com pessoal, vale ressaltar que o referido dispositivo, ao determinar o somatório dos gastos dos entes com os "[...] ativos, inativos, e os pensionistas, relativos a mandato eletivo, cargos, funções ou empregos, civis, militares e de membros de poder [...]", buscou, de forma exemplificativa, dar a maior abrangência e segurança jurídica possível à efetividade do comando legal.

Em se tratando da elaboração e aplicação das leis, ressalta-se que a legística formal fornece os paradigmas técnicos de redação e sistematização já mencionados. Desse modo, é possível caminhar do planejamento legislativo orçamentário, com a legística material, até a simplificação que impulsiona o controle e a efetividade das políticas públicas, com a legística formal.

Neste ponto, a legística formal orçamentária pode até mesmo ser observada como uma política pública em si, uma expertise pública aplicada ao desenvolvimento de ações estatais, como saúde e educação, por exemplo. É necessário que entre os sistemas organizacionais possa existir um elevado nível de compreensão e de identificação de normas orçamentárias disfuncionadas quanto aos parâmetros cogentes da Constituição e das leis nacionais. Tendo como exemplo os gráficos seguintes que demonstram a disparidade entre o investimento feito pela União na educação e os resultados alcançados em testes internacionais.

Pisa – a proficiência dos brasileiros
Mais da metade dos estudantes de 15 anos estão abaixo do nível básico de aprendizagem

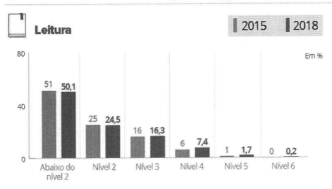

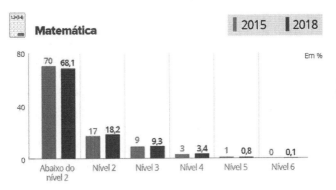

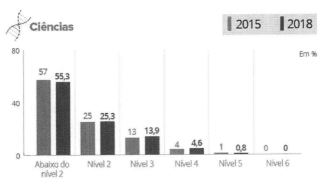

Fonte: OCDE/Pisa
Infográfico elaborado em: 02/12/2019

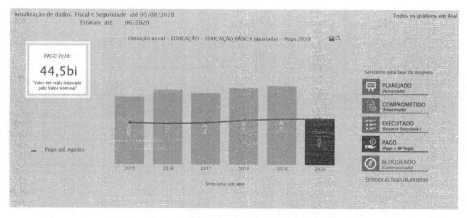

Fonte (SIGA BRASIL/2020)

O sentido teleológico do artigo 18 da LC nº 101/00 é nitidamente de proteção, contenção e esforço para abarcar todas as espécies de parcelas referentes ao pessoal a serviço do Poder Público, deixando o mínimo de espaço para qualquer exegese excludente da incidência da norma. Tal posicionamento recebe um reforço a partir da citação "[...] com quaisquer espécies remuneratórias [...]", que busca não deixar dúvidas de que tudo o que for despendido para que o ente tenha um servidor deve ser contabilizado.

Contudo, o conceito do que representa verba indenizatória tornou a questão tormentosa na interpretação de alguns Tribunais de Contas, tais como o terço constitucional de férias, que assumiu natureza indenizatória com amparo no argumento de que visa prover o trabalhador de recursos financeiros necessários à sua recomposição física e mental pelo desgaste no período trabalhado.

Esta posição originou-se na Justiça do Trabalho e evoluiu até o Supremo Tribunal Federal (STF), por meio do RE nº 545.317-1/DF,[1] adquirindo força suficiente para ampliar, artificialmente, os gastos com pessoal na medida em que a parcela foi excluída do somatório geral limitador, ainda que o sentido lógico-normativo da LRF não comporte interpretações tendentes ao desequilíbrio pela ampliação de despesas públicas.

---

[1] BRASIL. Supremo Tribunal Federal. *RE nº 545.317-1/DF*. Disponível em: http://redir.stf.jus.br/paginadorpub/paginador.jsp?docTP=AC&docID=515349. Acesso em: 7 jun. 2019.

Outro exemplo é o abono de permanência, instituído pela Emenda Constitucional nº 41/03. Também neste caso houve reconhecimento do caráter indenizatório, considerando que o servidor que já poderia estar em inatividade, quando permanece voluntariamente no serviço público, deve ser compensado. Mais ainda, como não há exigência de contribuição previdenciária em razão desta verba amparada no artigo 4º, IX, da Lei nº 10.887/2004, há negação da natureza remuneratória, restando excluída igualmente do gasto geral com pessoal.

Entre os Tribunais de Contas que excluem o terço de férias e o abono de permanência da incidência do artigo 18 da LRF, além do Tribunal de Contas do Estado do Tocantins (TCE/TO), estão os Tribunais de Contas do Distrito Federal,[2] da Bahia,[3] do Ceará e do Rio Grande do Sul. Todos esses exemplos possuem, quanto aos aspectos suscitados, um padrão próprio de interpretação, diverso da compreensão dos demais órgãos estaduais de fiscalização, sobre o que deve integrar o cálculo da despesa com pessoal na Federação Brasileira, gerando dúvidas, celeumas e gastos, inclusive com judicializações.

No tocante ao Imposto de Renda Retido na Fonte (IRRF) dos servidores públicos e à dedução da base de cálculo das despesas totais com pessoal, similarmente não são pacíficas as compreensões dos Tribunais de Contas dos Estados-membros. Os que defendem a exclusão da parcela sustentam que as expressões receita e despesa possuem um conceito contábil e outro financeiro e, sendo a LRF uma norma de jaez financeiro, é natural, segundo entende o Tribunal de Contas do Estado do Rio Grande do Sul (TCE-RS), que todos os conceitos nela inseridos possuam a mesma natureza.

Assim, como o IRRF não constitui variação no patrimônio do ente remunerador, representando, na linha argumentativa, mero registro contábil, já que não implica saída ou entrada de recursos no cofre da fazenda pública, mas simples operação escritural, apresenta-se possível a sua não inclusão no que atine aos limites de gastos com pessoal da Lei de Responsabilidade Fiscal. Cumpre registrar que aderem a este

---

[2]   TCE/DF. Sessão Ordinária nº 4.141/2007. *Decisão nº 6.963/2007*, proferida pelo Relator Conselheiro Jorge Caetano, em 13 de dezembro de 2007. Proc. 18.886/2007. Disponível em: https://www.tc.df.gov. br/app/mesaVirtual/implementacao/?a=documento&f=downloadPDF&iddocumento=128140. Posicionamento mantido no Processo nº 40.419/2017-e, decisão em 20 de setembro de 2018. Acesso em: 7 jun. 2019.

[3]   TCE/BA. Processo TCE/009670/2015. *Resolução nº 000031/2016*, proferida pelo Relator Conselheiro Inaldo da Paixão Santos Araújo. Disponível em: https://www.tce.ba.gov.br/ servicos/processo/tce-009670-2015. Acesso em: 7 jun. 2019.

posicionamento o Tribunal de Contas do Rio Grande do Sul, Piauí, Espírito Santo, Mato Grosso e Tocantins.

Contudo, a maior parte das Cortes de Contas entende que a matéria não é somente de natureza jurídico-financeira, o que se constata pelos aspectos orçamentários de que trata. Por outro ângulo, basta observar que a folha de pagamento dos servidores deve ser, necessariamente, empenhada pelo valor bruto, nos termos do artigo 6º da Lei nº 4.320/64, para que o argumento excludente se perca.

Entre as controvérsias sobre a aplicação da LRF pelas Cortes de Contas do país, também não são pacíficas as compreensões sobre as contribuições previdenciárias patronais no Poder Legislativo Municipal. A questão é a possibilidade da contabilização desses gastos no âmbito das despesas de custeio das Câmaras, excluindo-se, portanto, do limite fiscal com folha de pagamento e alargando, por mais essa forma, a possibilidade de gastos públicos com servidores.

Os Tribunais de Contas do Piauí,[4] Minas Gerais,[5] Rio Grande do Norte,[6] Santa Catarina[7] e Espírito Santo[8] aderem ao posicionamento anteriormente descrito e definem como eixo central da argumentação a existência de uma distinção conceitual entre folha de pagamento e despesa total com pessoal, o que também favorece o aumento de gastos nesta área.

No entanto, o artigo 29-A, §1º, da Constituição da República, que proíbe as Câmaras de Vereadores de executarem gastos superiores a 70% de suas receitas com folha de pagamento, incluídos os subsídios dos vereadores no aludido percentual, necessitava, para que fosse possível gastar mais, ser superado.

Desse modo, a saída ampliativa veio da interpretação extensiva da Lei de Responsabilidade Fiscal, a qual, no artigo 18, disciplina

---

[4] TCE/PI nº 02438/2013 – Consulta Formulada ao Tribunal de Contas do Estado do Piauí acerca da interpretação correta dos limites constitucionais em relação ao subsídio dos vereadores. *Acórdão nº 1.825/2013*, publicado no Diário Eletrônico do TCE/TI nº 177, de 02.10.2013 (p.12), com trânsito em julgado em 07 de outubro de 2013. Disponível em: https://sistemas.tce.pi.gov.br/tceviewer/ index.xhtml?codigoProtocolo=004345/2013 com acesso mais recente em 06.06.2018. Acesso em: 7 jun. 2019.

[5] *Súmula 1002*. O TCE/MG só editou Sumula até 124/2019. Disponível em: https://www.tce.mg.gov.br/Noticia/Detalhe/67. Acesso em: 7 jun. 2019.

[6] TCE/RN nº 011851/2005 – Expediente de Consulta formulado pela Câmara Municipal de Equador. Assunto: Consulta. Conselheiro Relator Alcimar Torquato de Almeida. 73ª Sessão Ordinária realizada em 16.10.2005. *Decisão nº 1.596/2005 – TCE*.

[7] Prejulgado 16.425.

[8] Consulta TC 023/2013.

o conceito de "[...] despesa total com pessoal [...]" de forma mais abrangente, abarcando, portanto, o dispêndio com a folha de pagamento e possibilitando abrigar as contribuições patronais em um percentual maior, exterior ao percentual de 70% das receitas da Câmara, permitindo uma interpretação conectada com a função social daquela norma jurídica e a aplicação do princípio da máxima efetividade.

Esta posição jurídica também reforça a interpretação que alarga as despesas com pessoal no âmbito das Câmaras de Vereadores às bases diversas de incidência do percentual. Esclarece-se que a folha de pagamento tem como base as receitas do Parlamento Municipal, enquanto as despesas totais com pessoal estão indexadas na receita corrente líquida do município, tendo, portanto, alcance hermenêutico e efeitos práticos distintos.

Desse modo, a consideração lógica é que os encargos sociais derivam da folha de pagamento, mas não devem integrar o seu montante, podendo ser contabilizados nos 30% destinados a outras despesas de custeio da câmara.

No plano da Federação Brasileira, os desencontros de entendimentos, como os que foram descritos, não contribuem para a realização dos efeitos esperados pelo artigo 163 da Constituição da República, tal qual preordenou a LC nº 101/00. Do cumprimento da lei depende o reequilíbrio das contas públicas, de modo que as interpretações criativas, além de distorcer as informações, somente postergam e dissimulam as péssimas notícias sobre as finanças públicas do país.

As regras limitadoras de gastos, sobretudo com pessoal, previstas na LRF servem exatamente para impor teto de gastos a partir de percentuais para cada um dos Estados-membros da Federação. A segurança jurídica impõe a urgente uniformidade de compreensão da fiscalização externa sobre tais temas inseridos em uma lei de quase 20 anos, cumprindo-se desta maneira o equilíbrio fiscal já descrito e aumentando da possibilidade de realização de investimentos com políticas públicas e direitos essenciais do cidadão.

3 O interesse da união para correção da aplicação disfuncionada da LRF pelos Estados-membros

O atual momento mundial é marcado por uma crise que abala até mesmo os alicerces do Estado Democrático de Direito (BAUMAN, 2016) e, tal como já abordado neste artigo, os precedentes administrativos necessitam integrarem-se em um esforço para a realização do próprio direito, com especial efeito os direitos fundamentais, mas não somente o próprio parlamento se mostra orientado por interesses puramente eleitorais, como demonstrado no caso da comissão mista do orçamento, importando concluir, a partir destes apontamentos, que os sistemas de controle devem buscar integração no sentido dos reparos de leis orçamentárias desconectadas dos mandamentos constitucionais e legais.

É dizer que, fora da moldura da regularidade, além da cercadura do que é estritamente discricionário ao Poder Político, as ilegalidades ou inconstitucionalidades devem ser corrigidas a fim de que não seja vulnerado o próprio pacto federativo, como analisado à frente.

É certo que, para viabilizar a concretização do interesse da Federação no equilíbrio fiscal, as capacidades institucionais existentes nos quadros estruturais da República necessitam de adequado emprego. Com efeito, a fiscalização da aplicação uniforme da LRF, em todo o território brasileiro, direciona o vetor interpretativo constitucional ao TCU, Corte à qual foi confiado o *status* de modelo, de parâmetro de fiscalização nacional (artigo 75 da CF), reconhecendo-se, nestes termos, ser quem melhor pode salvaguardar os interesses de todas as unidades da federação reunidas sob a representação da União.

Nesta direção, o artigo 34, inciso V, da CF, afirma que a União intervirá nos Estados e no Distrito Federal sempre que as finanças das Unidades da Federação suspenderem, "[...] salvo motivo de força maior [...]", o pagamento da dívida fundada por mais de dois anos. Ocorre que, segundo consta do Relatório de Garantias Honradas pela União em Operações de Crédito – setembro de 2018[9], foi noticiado pelo Tesouro Nacional o pagamento de R$449,12 milhões em dívidas dos Estados.

Nestes casos, depois de informada pela Secretaria do Tesouro Nacional, a União realiza o pagamento para depois promover a devida compensação por meio dos repasses que faz às unidades federadas, contudo, isto não tem ocorrido. Segundo notícias veiculadas, no dia 24 de maio de 2019,[10] pelo próprio sítio eletrônico do Supremo Tribunal Federal, o STF concedeu liminar para que a União se abstenha de bloquear recursos na conta do Estado de Minas Gerais, face à alegação da Unidade Federativa de que se encontra em situação de penúria fiscal.

---

[9] BRASIL, *Relatório de Garantias Honradas pela União em Operações de Crédito – Setembro de 2018*, Disponível em: https://www.tesouro.fazenda.gov.br/documents/10180/541695/RMGH+- +2018.09.pdf/1dcb0989-9e8e-40dc-a2ea-a9302b0e08d5. Acesso em: 7 jun. 2019.

[10] BRASIL, STF RE 855178 Disponível em: http://www.stf.jus.br/portal/cms/verNoticiaDetalhe. asp?idConteudo=412146. Acesso em: 7 jun. 2019.

Na decisão, o Ministro afirma que, em casos semelhantes, o STF tem decidido impedir a execução de contragarantias para evitar prejuízo à continuidade dos serviços públicos à população.

É intuitivo perceber que há imbricação econômica entre as unidades federativas, ou seja, se determinado Estado não procede conforme determina a LRF, direta ou indiretamente, haverá perturbação da ordem colocando em risco a tranquilidade de todo o país, tendo em vista que recursos públicos deverão ser deslocados para sanar a disfuncionalidade de um Estado-membro.

Igualmente, o RE 855178,[11] ao reafirmar, com repercussão geral, a solidariedade prestacional na área da saúde, com base nos critérios constitucionais de descentralização e hierarquização, apontou, com clareza, para a oneração da União em face do descumprimento, pelos Estados e Municípios, dos deveres de observância constitucional e legal de manutenção do equilíbrio entre receitas e despesas.

Com efeito, a legística material demonstra, como ficou evidenciado anteriormente, que a dissonância das normas orçamentárias com a LRF se coloca em evidência até, mesmo, nos casos mais gritantes, como ocorre com a sucessiva fixação de metas de resultado primário deficitárias, o que levará ao comprometimento da capacidade de administração da dívida pública estadual, caso medidas de controle, acompanhamento e contenção dos gastos governamentais, em especial das despesas obrigatórias de natureza continuada e despesas correntes, não sejam tomadas no sentido de um esforço concreto visando ao crescimento real da receita tributária.

Veja-se que a Constituição Cidadã, no artigo 70, ao atribuir responsabilidade ao Congresso Nacional, mediante controle externo, pela fiscalização contábil, financeira, orçamentária, operacional e patrimonial da União e das entidades da administração direta e indireta, sob o crivo da legalidade, legitimidade e da economicidade, com o auxílio do TCU, não excluiu a responsabilidade sobre os interesses da própria União no cumprimento das leis nacionais, de altíssima relevância para a manutenção do equilíbrio federativo.

É fundamental assentar que a fiscalização protagonizada pelo Parlamento Federal incidente sobre a União como pessoa jurídica de direito público interno, enquanto unidade autônoma, não afasta, dentro do pacto federativo, outra função muito mais ampla, a de representante da ordem jurídica nacional aglutinadora sobre todos os Estados-membros

---

[11] *Idem.*

integrantes do pacto federativo brasileiro ou, ainda, de forma sintética, a União é ao mesmo tempo um ente federado e a guardiã da unidade do Brasil, inclusive sob os aspectos das competências financeiras e orçamentárias.

Já não se pode olvidar que existem disfunções federativas que, se ampliadas, como é o caso desequilíbrio fiscal, comprometem os interesses de todos os entes federados. A Lei de Responsabilidade Fiscal, norma sobre gestão financeira, como já foi dito, foi projetada para outorgar o equilíbrio necessário ao desenvolvimento nacional. Como reforço empírico, vale pontuar que a Secretaria do Tesouro Nacional[12] noticiou que 14 Estados da Federação tinham superado, já em 2017, o limite da LRF, o que corresponde a 60% da receita corrente líquida em gastos com pessoal.

O mesmo órgão federal[13] apontou, na linha do que já fora exposto no primeiro tópico, as diferenças de metodologias empregadas pelos Tribunais de Contas estaduais para o cálculo das despesas com pessoal, distanciadas da melhor técnica, que seria seguir os conceitos e procedimentos do Manual de Demonstrativos Fiscais que, em caso de aplicação uniforme, produziria segurança jurídica e efetividade da legislação orçamentária.

Essa realidade de insegurança jurídica, infelizmente, já está impactando nas prestações públicas básicas, como saúde e educação, com a mesma intensidade com que padece de desconfiança a eficiência do controle externo voltado à cobrança da responsabilidade fiscal nos gastos públicos estaduais, que notadamente precisa de investimentos de forma quantitativa e, principalmente, qualitativa, lembrando-se que, segundo o atual Ministro da Fazenda, o Brasil tem um gasto dez vezes maior em previdência do que em educação.[14]

Com efeito, o interesse da União demonstra-se, sobretudo, pela dependência que as Unidades Federadas possuem do Tesouro Nacional – recursos de toda a Federação – o que se constata pela decisão

---

[12] BRASIL, Secretaria do Tesouro Nacional, *"Tesouro Nacional divulga o Boletim dos Entes Subnacionais de 2018"*. Disponível em: http://www.tesouro.fazenda.gov.br/-/tesouro-nacional-lanca-boletim-de-financas-publicas-de-estados-e-municipios. Acesso em: 7 jun. 2019.

[13] BRASIL, Secretaria do Tesouro Nacional, *"Boletim das Finanças Públicas dos Entes Subnacionais"*, p. 15. 2016. Disponível em: http://www.tesouro.fazenda.gov.br/documents/10180/0/Boletim+de+Financas+ P%C3%ABAblicas+dos+Entes+Subnacionais/107970b4-9691-4263-a856-b37d655b42b2. Acesso em: 7 jun. 2019.

[14] UOL. *Reforma da Previdência*. Disponível em: https://economia.uol.com.br/noticias/redacao/2019/04/03/brasil-gasta-com-previdencia-10-vezes-o-que-gasta-com-educacao-diz-guedes.htm. Acesso em: 7 jun. 2019.

do STF[15] anteriormente mencionada, a qual aciona a responsabilidade solidária da União para com os Estados-membros e Municípios em face de inadimplementos de suas tarefas constitucionais na função saúde, por exemplo.

Ressalta-se, também, que é razão constitucional para intervenção da União nos Estados e no Distrito Federal o descumprimento da aplicação do mínimo das receitas estaduais de impostos na manutenção e desenvolvimento do ensino e nas ações da função saúde (artigo 34, VII, "e").

Bastante comum observar que a solidariedade que atrai as obrigações para o Tesouro Nacional, na área da saúde, normalmente deriva de gestões irresponsáveis que fazem minguar a receita corrente líquida, diminuindo a base de cálculo por meio de renúncias fiscais, ausência de instituição ou regulação de tributos, como o Imposto Predial e Territorial Urbano (IPTU), além de outras condutas desestabilizadoras da ordem constitucional.

Cumpre anotar que as ponderações feitas de forma alguma pretendem atentar contra a autonomia[16] dos entes federados, que é, indiscutivelmente, assegurada pela CF. Cabe aos TCEs a fiscalização, da mesma forma que ao TCU, no que diz respeito à fiscalização da União como pessoa jurídica de direito público, até mesmo por força do artigo 75, da Constituição da República Federativa Brasileira (CRFB). Contudo, a Corte de Contas Federal possui uma atribuição adicional, a tarefa de nivelar a aplicação das leis nacionais no interesse da Federação.

É que, o artigo 34, inciso VII, da Constituição incumbe à União assegurar o cumprimento de princípios constitucionais. Dentre eles está a prestação de contas da administração direta e indireta. Ainda nesta linha, e considerando não ser lógico que a União promova intervenção nela mesma para o cumprimento de tais princípios, é intuitivo interpretar que o dispositivo se direciona aos Estados-membros e ao Distrito Federal.

Já o artigo 75 da CRFB, tal como anotado anteriormente, determina que o TCU seja parâmetro de fiscalização nacional, de modo que, se a prestação e o recebimento das contas afastam-se de um parâmetro médio exigido na aplicação de leis nacionais dentro da Federação, caberá à Corte parametrizada indicar a disfunção para que atuem os

---

[15] RE855178.

[16] Lembra-se que os entes federados não têm soberania e sim autonomia, ou seja, eles podem fazer tudo aquilo pactuado constitucionalmente, mediante competências próprias. Por essa premissa o pacto federativo impõe direitos e responsabilidades, como, por exemplo, prestar contas.

mecanismos de ajuste, como a representação interventiva, próximo ponto de exame no presente ensaio.

É necessário um modelo firme de responsabilização pelo descumprimento dos deveres funcionais de execução ou de fiscalização, pois o afrouxamento traz sérios reflexos para muito além da unidade federativa em que ocorreu, já que deixa de proporcionar a concretização de direitos, deveres e garantias fundamentais. Trata-se, portanto, da quebra de um dever funcional na gestão da coisa pública e, em alguns casos, do próprio controle das contas públicas.

Deve-se considerar, ainda, que a LRF, no campo principiológico, define enunciados diretivos no campo procedimental e busca desvelar o que fazer e como fazer no trato dos recursos públicos nacionais. Trata-se, assim, de um perfil normativo vinculante e impositivo do orçamento estatal, cogente, que não pode se apresentar como expressão programática para o futuro, pois se refere ao planejamento para o dispêndio público que se realizará a cada exercício.

A interpretação que pode dar mais resultado prático em matéria de responsabilidade fiscal deve ser a mais uniforme no reconhecimento da validade técnica da LRF no território nacional, trata-se da formulação mais racional que proporciona, ao mesmo tempo, segurança jurídica quanto máxima efetividade às provisões constitucionais que propiciam a concretização dos direitos, deveres e garantias constitucionais.

Com efeito, a experiência colhida nos exemplos descritos no primeiro tópico, eficiente expediente na verificação da verdade, mostra que já se tem o resultado por antecipação, ou seja, a quebra da isonomia entre as unidades federadas diante da LRF por ausência de um referencial comum mitigado pela autorreferência[17] dos TCEs.

A operação jurídica de aplicação das regras e princípios de gestão com responsabilidade fiscal, derivados da Constituição da República e da própria lei nacional, deve ser contextualizada com a realidade de endividamento dos entes federados e com a urgente limitação de gastos com pessoal; há de ser menos dogmática, formalista e abstrata para ser mais consequencialista, mais ainda deve haver multidisciplinaridade, *v.g.*, as ciências econômicas também são ferramentas teórico-práticas para a redução das complexidades do sistema.

Contudo, a atuação do TCU tem como parâmetro mais relevante a origem dos recursos manejados, ou seja, se recursos são de origem

---

[17] É necessário que as complexidades sejam reduzidas pelo fortalecimento de uma codificação de linguagem mais coesa e condizente com a forma de Estado brasileira.

federal estará estabelecida a sua competência fiscalizatória, no entanto, há mais a considerar quando se observa a União como ente representativo dos interesses do conjunto de Estados-membros na execução de leis nacionais (artigo 34, VI).

É que a federação brasileira outorga à União a competência para legislar sobre normas de interesse geral e com abrangência nacional, como é o caso da LRF que, devido ao princípio da predominância do interesse, isto para que não ocorram movimentos desagregadores resultantes de tratamentos não isonômicos frente às leis com vigência em todo o território, trata-se de condição para a sobrevivência de todo o sistema.

Na República Brasileira, a repartição de competências deriva da própria Constituição, tendo como pilar central o princípio jurídico da predominância do interesse. Essa delimitação passa, entre outros campos, pelo poder legiferante que tem feição exclusiva, privativa ou concorrente, repartindo-se, assim, as competências de modo horizontal e vertical, com lastro nas previsões constitucionais pertinentes.

A LRF é resultado da necessidade que a União possui de aplicação, em todas as unidades federativas, de parâmetros equilibrados entre as receitas e despesas públicas, sem que isso represente perda em suas autonomias. Deve ser elementar a percepção que o interesse republicano do Estado Brasileiro precisa exercer a sua autoridade outorgada pela Constituição, inclusive a legitimidade para impor limites voltados à observância obrigatória dos princípios constitucionais sensíveis e do cumprimento dessas leis.

Na mesma quadra argumentativa, cabe uma digressão histórica. Quando o Brasil necessitava com muita frequência de financiamentos e empréstimos do Fundo Monetário Internacional (FMI), nos anos de 1970 a 1990, questionava-se amplamente sobre as condicionantes impostas, afirmava-se (TUDE; MILANI, 2013) que representavam afronta à soberania do país. Contudo, o organismo internacional não abria mão da supervisão focada na macrogestão do tomador e das providências de estabilização fiscal. Ora, os valores emprestados pertenciam a toda a sociedade internacional, que, obviamente, esperava o reembolso.

Desse modo, justificava-se a austeridade pública, com a imposição de políticas de reajustamento inclinadas à privatização de empresas estatais; à reciclagem do dinheiro sujo para o pagamento da dívida externa; à diminuição da pobreza e à democratização com eleições multipartidárias. Com especial efeito, trata-se até aqui da soberania do país, a qual não era de forma alguma violada por esse tipo de exigência, tendo em vista que havia a anuência expressa do Brasil.

No campo interno, o valor reinante é a autonomia dos Estados-membros, os recursos agora não pertencem à sociedade internacional, mas são de todas as unidades federativas reunidas em um pacto inquebrável. Estados descumpridores da LRF devem antes buscar o seu ajustamento para depois ter acesso, por exemplo, a empréstimos com recursos do Fundo de Garantia por Tempo de Serviço (FGTS) – recursos que são de natureza pública – para investimento, por exemplo, em infraestrutura urbana.

A fiscalização do TCU, incidente sobre os empréstimos concedidos, não pode abarcar somente, pois insuficiente, a regularidade da operação de crédito. Deve perscrutar se o dinheiro, que é de todos, não será perdido em razão da inobservância de princípios básicos da boa gestão nos campos tributário, previdenciário e, sobretudo, os limites de gastos com pessoal.

A LRF é uma norma sobre Direito Financeiro e, nos termos do artigo 24 da Constituição, encontra-se entre as competências concorrentes, assim cumpre à União o estabelecimento de normas gerais sobre a matéria. É muito importante perceber que não cabe aos Estados-membros atuação legislativa conjunta, mas mera complementação vinculada à observância da regra geral estabelecida para toda a Federação.

Um exame atento da repartição das competências legiferantes leva à imediata compreensão de que tudo parte da predominância do interesse geral, como o equilíbrio federativo entre receitas e despesas, regional, no caso dos Estados-membros e, local, onde legislam os entes municipais.

Trata-se do estabelecimento de competências em que não há simultaneidade. De maneira uniforme, a União deve estabelecer a norma geral, em seguida os Estados-membros suplementam a mencionada legislação como base no seu interesse regional, mas respeitado o campo de atuação que cabe à representação jurídica dos entes federados, que somente cabe à União.

Todos os argumentos fixadores do interesse da União em matéria financeira devem ser conjugados com a compreensão de que a CRFB acoplou à competência legislativa a competência fiscalizatória. Desse modo, o limite da fiscalização do TCU em matéria financeira deve ir até o limite normativo geral da União, contido na LRF. Trata-se de um poder – competência legislativa – que é, ao mesmo tempo, um dever, zelar para correta execução da lei.

Impõe-se uma repactuação interpretativa dos limites e competências constitucionais, o que se intenta por meio da apresentação de uma tecnologia jurídica governamental voltada para a consecução eficiente e racional das políticas públicas e com replicações, inclusive, de padrões bem-sucedidos em investimentos públicos, tal como abordado no primeiro capítulo, investimentos com elevado índice de efetividade de gestão, com efeito, são os que a representação interventiva, iniciada pelo diagnóstico preciso do TCU contra violações do pacto federativo, pretende alcançar.

A disciplina constitucional é voltada para a atuação de um ou outro ente federado, trata-se do atingimento dos fins cominados pelo próprio Estado que se concretizam na saúde, na educação e em outras políticas públicas essenciais à dignidade da pessoa humana.

Outrossim, cumpre apontar o TCU como detentor das melhores competências fiscalizatórias em matéria financeira, seja pelo interesse da União na preservação da isonomia entre os entes federados em matéria financeira ou em razão de ser o Congresso Nacional, a quem o TCU presta auxílio em matéria de controle externo, o representante da competência fiscalizadora do Estado Federal Brasileiro.

Arrima-se, ainda, o argumento ao se considerar a indispensável autorização do Senado para que os Estados-membros contraiam empréstimos internacionais, e/ou a atribuição da referida Casa Legislativa Federal para estabelecer o limite máximo de endividamento no tocante à dívida consolidada dos entes federativos.

Os princípios constitucionais sensíveis juntamente com a obrigatoriedade de observância das normas nacionais e a aplicação dos percentuais constitucionais em saúde e educação compõem o fundamento de validade de todo o Estado Democrático de Direito Brasileiro e são centros aglutinadores do sistema de coexistência dos entes federados. Neste sentido, o princípio da isonomia, artigo 5º, *caput*, da Constituição veda tratamentos diferenciados não justificados entre os entes federados.

Desse modo, cumpre à União, no tratamento paritário dispensado aos Estados-membros, agir com razoabilidade e proporcionalidade corrigindo atentados à isonomia sem discriminar, perante a lei, as pessoas sujeitas à ordem normativa contida na LRF, atuando nesse passo como representante da soberania estatal e permitindo a coabitação de várias ordens dentro da mesma ordem jurídica que forma o Estado Federal.

4 O acoplamento institucional entre TCU e Procuradoria-Geral da República na representação interventiva

É natural que, nas federações, existam vetores de força tendentes à desagregação da associação que envolve os Estados-membros. Desse modo, faz-se necessário compor o sistema com mecanismos de proteção de igual ou maior intensidade, no sentido da reunião das diversas individualidades e da solução dos dissídios internos.

A Constituição Brasileira de 1988 estabeleceu que uma vez colocada em risco a Federação, em razão da quebra do pacto entre os Estados-membros e a União ou entre os Municípios e os Estados, estaria instalado um litígio de natureza constitucional. Nesse contexto, assume o Procurador-Geral da República a defesa dos interesses da União concretizados na integridade do ordenamento constitucional, artigo 126, da CF, o que se dá na condição de seu representante judicial e de defensor do cumprimento dos deveres federativos.

Há na Constituição um sistema de controle de legitimidade, uma espécie de figurino que deve orientar os atos estaduais. Esse sistema é composto pelos princípios constitucionais sensíveis, artigo 34, VII, c/c artigo 36, III, da CF. Diante desse contexto em discussão, concretiza-se o antecedente necessário de inobservância dos deveres constitucionais, portanto, nascendo a representação interventiva junto ao STF.

Cabe reforçar que o contencioso judicial aludido pela violação do pacto federativo poderá ser, inclusive, potencial. É dizer, a efetividade da aludida inobservância das obrigações constitucionais não impositivamente necessita restar consumada, não necessariamente deve concretizar o prejuízo à ordem federativa para que reste consubstanciado o fato gerador indispensável para a atuação ministerial. É relevante esclarecer que, embora a legitimidade representativa privativa do Procurador-Geral da República (PGR) seja indiscutível, não se pode perder de vista que a Constituição Federal equipou a República com instrumentos de controle específicos em alguns temas compreendidos entre os princípios constitucionais sensíveis, o que abre espaço constitucional para a participação do Tribunal de Contas da União no debate dos postulados federativos quando a violação for de jaez financeiro, orçamentário, patrimonial, contábil e outros inseridos no plexo de competências do Controle Externo (artigo 71, da CF).

Desse modo, o parâmetro de controle será fundado no artigo 34, VII, da CF, ante a violação de princípios constitucionais sensíveis, e no artigo 34, VI, da CF, quando em questão a aplicação disfuncionada de lei nacional por meio de atos normativos infringentes da ordem jurídica nacional e, também, pela violação concretizada por meio de atos materiais omissivos ou comissivos das autoridades estaduais. Desse modo, atos administrativos, atos concretos, portanto, dão ensejo à representação interventiva.

Quanto à procedimentalização, após a representação pelo Procurador-Geral da República, havendo provimento pelo STF (EC nº 45/04, artigo 36, III), ante a recusa à execução do direito federal, medidas serão adotadas a fim de que seja restabelecida a normalidade.

Entre os princípios constitucionais sensíveis, que atraem a competência fiscalizatória do TCU, está o da prestação de contas da Administração direta e indireta e a aplicação do mínimo exigido da receita resultante de impostos estaduais, compreendida a proveniente de transferências na manutenção e no desenvolvimento do ensino e nas ações e serviços públicos de saúde, insculpidos no artigo 34.

Como se pode perceber, os princípios possuem um elevado grau de abstração, as expressões são propositalmente abertas para que o esforço hermenêutico alcance a maior significação possível no contexto da proteção da Federação Brasileira. Um exame sistemático de elevada importância decorre do cotejo entre o princípio da prestação de contas, artigos 34 e 75, ambos da Constituição República.

Conforme se pode observar no primeiro artigo, a Constituição afirma que a prestação de contas é esteio para a formação da identidade jurídica da federação; no último, artigo 75, aponta o TCU como modelo nacional dessa fiscalização. É até mesmo intuitivo perceber que o legislador constituinte teceu a trama da fiscalização da coisa pública de modo uniforme para todos os entes federados.

Cabe esclarecer que a União, não como pessoa jurídica de direito público, como ente congregador dos Estados-membros dentro da Federação, tem todo interesse em um modelo isonômico de gestão fiscal, buscando preservar toda a Administração Pública nacional. Ora, é natural, dentro dessa forma de Estado, que as boas e más práticas de gestão irradiem seus efeitos no plano nacional. Trata-se da aplicação do princípio da isonomia dentro do que se pode chamar analogicamente condomínio jurídico, no qual são moradores a própria União, os Estados e os Municípios.

Ainda sobre o princípio da prestação de contas, é relevante compreender que não se trata de ato meramente burocrático de preenchimento fastidioso, no qual a Administração informa dados ao órgão de controle. É muito mais que isso, deve estar assentado que o conteúdo dessas contas prestadas, pelos diversos entes, observe as leis nacionais e que seja recebido, pelas Cortes de Contas, também conforme as mesmas leis nacionais. Ou seja, para que haja isonomia, as regras de prestação e recebimento das contas devem possuir efeito dúplice.

É possível que as reflexões anteriormente delineadas provoquem a impressão de que, por meio da análise sistemática das disposições constitucionais, haja indevida ampliação das possibilidades de intervenção por violação de princípios constitucionais sensíveis, mas não se trata disso. É indiscutível que os princípios constitucionais sensíveis são taxativos, contudo seu conteúdo e extensão dependem, para que haja concretização da Constituição, da correlação com outros dispositivos constitucionais correlatos.

Releva esclarecer, igualmente, que o exame judicial não pode ser direcionado às intervenções fundadas em mera dúvida ou controvérsia constitucional. A violação capaz de vencer a blindagem da autonomia do ente federado deve ser de comprovada e grave perturbação da ordem jurídica a ponto de comprometer o equilíbrio federativo, ou seja, se a articulação for remota, sem potencial de dano à ordem jurídica constitucional, não deve haver sequer conhecimento da representação interventiva.

Igualmente, é de se perceber o sentido ampliativo do princípio da prestação de contas quando abarca não só a Administração direta, mas também a indireta. Mais, ainda, os princípios sensíveis servem a propósitos integradores da Federação, não podendo ser tomados de forma segregada nos planos federal, estadual e municipal. Em outras palavras, é absurdo se pensar em três tipos de prestação e de recebimento de contas, sobretudo quando estão em jogo leis nacionais, pois tal compreensão não poderia coexistir com a isonomia entre os entes federados.

O Estado Democrático de Direito encontra-se apoiado em um *status* jurídico paritário que, uma vez violado em seus eixos centrais, resulta em graves prejuízos aos direitos fundamentais, como saúde e educação. Desse modo, os princípios que compõem o artigo 34 da Constituição não podem ser examinados de maneira estanque. Exige-se uma compreensão de todos os demais princípios constitucionais relacionados, sobretudo os que violam os direitos da pessoa humana.

Assentada a compreensão de que a representação interventiva pode recair, para além dos atos normativos, em atos concretos administrativos dos Estados-membros, cumpre a assertiva de que não são fatos isolados ou episódicos os aptos a indicar a solução interventiva. A orientação é contrária, é necessária uma situação capaz de gerar uma insegurança jurídica global perturbadora do princípio federativo.

Com especial efeito, o pacto federativo reclama isonomia, um modelo único de prestação e recebimento de contas, cuja responsabilidade paradigmática coube, em razão do comando constitucional do artigo 75, ao Tribunal de Contas da União. Ora, onde há interesse da União certamente a Corte de Contas correspondente estará. Não se pode esquecer que a irresponsabilidade fiscal normalmente desemboca no estuário do Tesouro Nacional em razão do crescente endividamento público.

Em recente decisão do TCU sobre a fiscalização de entidades não dependentes do Tesouro Nacional,[18] concluiu-se que a dependência é medida pela constância dos aportes da União. Entendeu-se, naquele julgamento que, embora recursos federais não tivessem sido aplicados diretamente no pagamento da folha destes entes criados pela União, recursos federais foram vertidos com elevada periodicidade.

É evidente que, embora os entes estatais não integrem a União, é certo que a lógica jurídica de dependência do Tesouro Nacional possui forte implicação. Explica-se, se o móvel ensejador da competência parte da dependência dos recursos reunidos pela federação, abrir-se-á a fiscalização do TCU, sobretudo quando a dependência é gerada por gestões violadoras dos parâmetros federativos de responsabilidade fiscal.

Na verdade, esse pensamento jurídico não é novidade, é pacífico que o TCU exerça sua fiscalização sempre que prejuízos ao erário federal são gerados, mas é inédito o controle quando o prejuízo à União decorre da sua representação dos interesses da federação, ou seja, como titular dos interesses de todos os Estados-membros frente às gestões ruinosas. Em complemento, não se pode esquecer que a União é solidária sempre que as prestações públicas na área de saúde, por exemplo, são negligenciadas.

O desprezo deliberado pelos comandos da LRF gera inegável risco de acionamento da solidariedade nesse tipo de política pública, em que, mais uma vez, os direitos, deveres e garantias fundamentais em jogo atraem a Federação pela manutenção da dignidade da pessoa humana.

Nessa quadra, considerando a natureza das deliberações dos Tribunais de Contas como decisões administrativas, havendo violações do equilíbrio fiscal por meio de interpretações demasiadamente permissivas, restaria comprometida gravemente a ordem pública, ensejando a representação interventiva.

---

[18] BRASIL. Tribunal de Constas da União. *Acórdão 15.653/2018*. Disponível em: www.tcu.gov. br.jurisprudencia1980. Acesso em: 10 maio 2019.

Mais ainda, havendo comprometimento da aplicação do mínimo constitucional resultante das receitas dos impostos estaduais por renúncias de receitas que comprometam a base de cálculo, ou seja, a receita corrente líquida, em que incidem os 25% (vinte e cinco por cento) para manutenção e desenvolvimento do ensino (artigo 212, da CF), mais uma vez, o interesse da União seria estabelecido em razão da violação dos direitos da pessoa humana, fundamento básico do princípio federativo.

O mesmo argumento anteriormente expendido aplica-se a outra política pública essencial, a saúde. O artigo 198, parágrafos 2º e 3º, da Constituição Federal estabelece que haja percentual incidente sobre o produto da arrecadação de impostos e outros recursos para o custeio das ações e dos serviços de saúde.

Desse modo, do que fora exposto até aqui, compreende-se que o TCU, como ente de fiscalização no plano federal quando em questão as prestações de contas ou a devida aplicação dos percentuais constitucionais em saúde e educação, deve atuar, sem que seja necessária qualquer alteração da atual feição constitucional, junto ao Procurador-Geral da República, a fim de que este promova a devida representação interventiva na condição de representante judicial dos interesses da União.

Destaca-se que esse processo é de jaez subjetivo e se relaciona intimamente com os direitos e deveres da União e dos Estados-membros. O perfil processual necessariamente envolverá o contraditório a fim de salvaguardar a autonomia dos entes federados de intervenções provocadas por fatos isolados e episódicos, sem comprometimento importante do pacto federativo. Impõe-se, portanto, a ponderação entre os princípios.

Cumpre, outrossim, diferenciar a representação interventiva do controle concentrado de constitucionalidade. Em casos como o da aplicação dos recursos mínimos em saúde, far-se-á necessário o exame de questões de fato, não se trata da simples observação de lei ou ato normativo de modo parametrizado na Constituição Federal.

Dentro da compreensão jurídica antes exposta, é intuitivo perceber a necessidade de participação do TCU, ao menos como *amicus curiae* na representação interventiva. É que há elevado interesse nessas controvérsias federativas e evidentes implicações para os cidadãos brasileiros em geral, além da conformidade com a nova sistemática processual brasileira eminentemente colaborativa.

No que se atine ao inciso VI, do artigo 34, recusa à execução de lei nacional, é importante considerar que as consultas respondidas pelos

Tribunais de Contas possuem efeito vinculante para a Administração. No plano dos Estados-membros, o conteúdo dessas consultas respondidas na interpretação de leis nacionais, como a de responsabilidade fiscal, possui elevado grau de generalidade e abstração, havendo, nesses casos, necessidade de proteção ao princípio federativo, de um nível mínimo de uniformidade hermenêutica, sob pena de violação da isonomia entre os entes federados.

O interesse da União na integridade do ordenamento constitucional estará presente em todos os casos em que houver violação potencial ou efetiva dos deveres federativos pelo Estado-membro, cabendo ao STF, após a provocação do Procurador-Geral da República e na condição de representante da União Federal, a preservação dos princípios sensíveis e das leis nacionais, cuja violação, em face do grau de especialidade da matéria, somente poderá ser detectada com precisão pela Corte de Contas Federal.

É interessante pontuar que a aludida decisão do STF, em sede de representação interventiva, possui caráter declaratório da ofensa aos princípios constitucionais sensíveis ou da recusa à execução da lei nacional. Contudo, o pronunciamento judicial não elimina a lei ou condena a fazer ou deixar de fazer algo, nem mesmo a eficácia do ato estadual é retirada, mas serve como elemento norteador da decisão que será tomada pelo Presidente da República na defesa da estabilidade do pacto em face da violação federativa.

Considerações finais

A atual crise brasileira vem proporcionando condições para que tanto os agentes estatais quanto a comunidade acadêmica busquem possíveis soluções para os atuais problemas. Nesta esteira, com base nas metodologias de revisão bibliográfica e estudo de caso, demonstramos que é possível a utilização da técnica hermenêutica concretizadora para se parametrizar ações orçamentárias no Estado brasileiro.

Neste intento foi demonstrado tanto que a Constituição brasileira atribuiu competências, de forma horizontal, a todos os entes federados, com o parâmetro do princípio da predominância do interesse, ou seja, a União atua no plano nacional, os Estados-membros em dimensões regionais e os Municípios legislam na instância local. Sendo que, por este motivo, em regra, nenhum dos envolvidos pode se sobrepor às competências do outro.

Contudo, cabe à União legislar tanto na esfera federal, ou seja, para os seus próprios interesses (órgãos, empresas públicas, servidores, etc.), quanto elaborar normas nacionais que têm a função de harmonizar os interesses de todo o Estado brasileiro, portanto, aplicáveis aos Estados-membros e Municípios, como por exemplo a Lei de Responsabilidade Fiscal (LRF) que normatiza os padrões de utilização dos gastos públicos e, logo, estabelece padrões para a proteção ao erário.

Contudo, a LRF vem sofrendo interpretações criativas e extensivas, inclusive, por parte dos Tribunais de Contas estaduais que, em questões de gastos com pessoal, vêm tendo entendimentos diversificados. O problema desta situação divide-se na criação de uma insegurança jurídica sobre este tema e, principalmente, na fragilização das contas públicas estaduais e municipais que convivem com constantes *déficits*.

Neste ponto é que demonstramos a possibilidade de solução de tal situação com base no Texto Constitucional, ou seja, a utilização de uma hermenêutica concretizadora da própria Constituição, no sentido de que tem interesses próprios, como a proteção do território nacional, mas também tem a função de resguardar a funcionalidade do próprio Estado Brasileiro que não pode conviver com administrações perdulárias que colocam em risco todo o país.

Assim, por meio do acoplamento institucional teorizado por Niklas Luhmann (2016), os Tribunais de Contas estaduais e outras instâncias do Sistema de Justiça podem conjuntamente estabelecer parâmetros claros de atuação que evitem distorções interpretativas quanto à utilização dos recursos públicos, com gastos com pessoal, por exemplo.

Este acoplamento possibilita a ilação de que, em caso de evidente desrespeito aos preceitos constitucionais e/ou à LRF, haja uma ação interventiva promovida pela União para que a situação seja sanada. É claro que pelo devido respeito ao Estado Democrático de Direito, à Constituição Cidadã e à distribuição de competências, essa é uma ação extrema, mas que pode ser utilizada pelo bem de todo o Estado Brasileiro, tendo em vista que uma Administração Pública regional ruinosa põe em risco todo o "condomínio jurídico nacional".

Por fim, o que se propõe é que, por meio da utilização das técnicas de acoplamento institucional e interpretação concretizadora, a União resguarde a sanidade financeira e orçamentária do Brasil, isto porque "direitos nãos nascem em árvores", tal como lecionou Galdino (2005), logo é necessário o cuidado com o erário para que direitos essenciais como saúde, educação e segurança sejam efetivados mesmo que se tenha, em um primeiro momento, alguma tensão jurídica e política para a aplicação da própria Constituição e, principalmente, da LRF.

Referências

ALEXY, Robert. Teoria da Argumentação: *A teoria do discurso racional como teoria da fundamentação jurídica*. 3. ed. Rio de Janeiro: Forense, 2013.

BUAMAN, Zygmunt. *Estado de Crise*. Rio de Janeiro ZAHAR, 2016.

BRASIL, Ministério da Fazenda. *Boletim das Finanças Públicas dos Entes Subnacionais*. Disponível em: http://www.tesouro.fazenda.gov.br/documents/10180/0/Boletim+de+Financas+ P%C3% Bablicas+dos+Entes+Subnacionais/107970b4-9691-4263-a856-b37d655b42b2. Acesso em: 7 jun. 2019.

BRASIL, CÂMARA DOS DEPUTADOS. *Informativo: Entenda o que é receita corrente líquida.* Disponível em: http://www2.camara.leg.br/camaranoticias/noticias/ 53635.html. Acesso em: 02 jan. 2019.

BRASIL, Ministério da Fazenda. *Relatório de Garantias Honradas pela União em Operações de Crédito – Setembro de 2018*, Disponível em: https://www.tesouro.fazenda.gov.br/ documents/10180/541695/RMGH+-+2018.09.pdf/1dcb0989-9e8e-40dc-a2ea-a9302b0e08d5. Acesso em: 7 jun. 2019.

BRASIL, Supremo Tribunal Federal. Disponível em: http://redir.stf.jus.br/paginadorpub/ paginador.jsp?docTP=AC&docID=515349. Acesso em: 7 jun. 2019.

BRASIL, Supremo Tribunal Federal: *RE 855178*. Disponível em: http://www.stf.jus.br/ portal/cms/verNoticiaDetalhe.asp?idConteudo=412146. Acesso em: 7 jun. 2019.

BRASIL, *Tesouro Nacional divulga o Boletim dos Entes Subnacionais de 2018*. Disponível em: http://www.tesouro.fazenda.gov.br/-/tesouro-nacional-lanca-boletim-de-financas-publicas-de-estados-e-municipios. Acesso em: 7 jun. 2019.

BRASIL, TSE – RESPE: 29.681 Nova Porteirinha/MG, Relator: Min. Ricardo Lewandowski, data de julgamento: 16/10/2008, disponível em: http://www.tse.jus.br/hotsites/catalogo-publicacoes/pdf/revista_jurisprudencia/ RJTSE19_4.pdf. Acesso em: 07 jan. 2019.

BRASIL. *Constituição Federal de 1988*. Brasília: Biblioteca do Senado Federal, 1988. Disponível em: http://www.planalto.gov.br/ccivil_03/Constituicao/Constituicao.htm. Acesso em: 6 fev. 2019.

BRASIL. *Decreto nº 5.233, de 6 de outubro de 2004*. Estabelece normas para a gestão do Plano Plurianual 2004-2007 e de seus Programas e dá outras providências. Brasília: Biblioteca do Senado Federal, 2004.

BRASIL. *Lei Federal Complementar nº 135, de 04 de maio de 2010*. Altera a Lei Complementar nº 64, de 18 de maio de 1990, que estabelece, de acordo com o §9º do art. 14 da Constituição Federal, casos de inelegibilidade, prazos de cessação e determina outras providências, para incluir hipóteses de inelegibilidade que visam a proteger a probidade administrativa e a moralidade no exercício do mandato. Brasília, DF, jun 2010. Disponível em: http://www. planalto.gov.br/ccivil_03/LEIS/LCP/Lcp135.htm. Acesso em: 09 de jan. 2019.

BRASIL. *Lei Federal Complementar nº 64, de 18 de maio de 1990.* Estabelece, de acordo com o art. 14, §9º, da Constituição Federal, casos de inelegibilidade, prazos de cessação, e determina outras providências. Brasília, DF, maio 1999. Disponível em: http://www. planalto.gov.br/ccivil_03/LEIS/LCP/Lcp64.htm. Acesso em: 09 jan. 2019.

BRASIL. *Lei Federal nº 101, de 04 de maio de 2000.* Estabelece normas de finanças públicas voltadas para a responsabilidade na gestão fiscal e dá outras providências. Brasília, DF, maio 2000. Disponível em: http://www.planalto.gov.br/ccivil_03/LEIS/LCP/Lcp101.htm. Acesso em: 09 jan. 2019.

BRASIL. *Lei Federal nº 4.320/64.* Estatui Normas Gerais de Direito Financeiro para Elaboração e Controle dos Orçamentos e Balanços da União, dos Estados, dos Municípios e do Distrito Federal. Brasília: Biblioteca do Senado Federal, 2000.

BRASIL. *Lei nº 10.259, de 12 de julho de 2001.* Dispõe sobre a instituição dos Juizados Especiais Cíveis e Criminais no âmbito da Justiça Federal. Disponível em: http://www. planalto.gov.br/ccivil_03/leis/LEIS_2001/L10259.htm. Acesso em: 2 fev. 2019.

BRASIL. *Lei nº 10.259, de 12 de julho de 2001.* Dispõe sobre a instituição dos Juizados Especiais Cíveis e Criminais no âmbito da Justiça Federal. Disponível em: http://www. planalto.gov.br/ccivil_03/leis/LEIS_2001/L10259.htm. Acesso em: 2 fev. 2019.

BRASIL. *Lei nº 13.105, de 16 de março de 2015.* Código Processo Civil. Disponível em: http:// www.planalto.gov.br/ccivil_03/_ato2015-2018/2015/lei/l13105.htm. Acesso em: 1 fev. 2019.

BRASIL. *Lei nº 11.653, de 07 de abril de 2008.* Dispõe sobre o Plano Plurianual para o período 2008/20011. Brasília: Biblioteca do Senado Federal, 2008.

BRASIL. *Lei nº 8.443, de 16 de julho de 1992.* Lei Orgânica do Tribunal de Contas da União. Diário Oficial da União. Brasília, 1992. Disponível em: http://www.planalto.gov.br/ ccivil_03/Leis/L8443.htm. Acesso em: 9 fev. 2019.

BRASIL. Supremo Tribunal Federal. ADC nº 29/DF. Rel. Min. Luiz Fux. Tribunal Pleno. Brasília, DF, 16 de fevereiro de 2012. *Lex:* jurisprudência do STF. Disponível em: http:// portal.stf.jus.br/processos/detalhe.asp?incidente=4065372. Acesso em: 08 jan. 2019.

BRASIL. Supremo Tribunal Federal. ADC nº 30/DF. Rel. Min. Luiz Fux. Tribunal Pleno. Brasília, DF, 16 de fevereiro de 2012. *Lex:* jurisprudência do STF. Disponível em: http:// portal.stf.jus.br/processos/detalhe.asp?incidente=4070308. Acesso em: 08 jan. 2019.

BRASIL. Supremo Tribunal Federal. ADI nº 2238-5/DF. Rel. Min. Ilmar Galvão. Tribunal Pleno. Brasília, DF, 09 de agosto de 2007. *Lex:* jurisprudência do STF. Disponível em: http://redir.stf.jus.br/paginadorpub/paginador.jsp?docTP=AC&docID=547193. Acesso em: 08 jan. 2019.

BRASIL. Supremo Tribunal Federal. ADI nº 3.715/TO. Rel. Min. Gilmar Mendes. Tribunal Pleno. Brasília, DF, 21 de agosto de 2014. *Lex:* jurisprudência do STF. Disponível em: http://portal.stf.jus.br/processos/detalhe.asp?incidente=2379556. Acesso em: 08 jan. 2019.

BRASIL. Supremo Tribunal Federal. ADI nº 328/SC. Rel. Min. Ricardo Lewandowski. Tribunal Pleno. Brasília, DF, 02 de fevereiro de 2009. *Lex:* jurisprudência do STF. Disponível em: http://portal.stf.jus.br/processos/detalhe.asp?incidente=1501900. Acesso em: 08 jan. 2019.

BRASIL. Supremo Tribunal Federal. ADI nº 4.578/DC. Rel. Min. Luiz Fux. Tribunal Pleno. Brasília, DF, 16 de fevereiro de 2012. *Lex:* jurisprudência do STF. Disponível em: http://portal.stf.jus.br/processos/detalhe.asp?incidente=4065372. Acesso em: 08 jan. 2019.

BRASIL. Supremo Tribunal Federal. RE 235.593/MG. Rel. Min. Celso de Mello. Tribunal Pleno. Brasília, DF, 31 de março de 2004. *Lex:* jurisprudência do STF. Disponível em: http://portal.stf.jus.br/processos/detalhe.asp?incidente=4662945. Acesso em: 08 jan. 2019.

BRASIL. Supremo Tribunal Federal. RE 848.826/CE. Rel. Min. Celso de Mello. Tribunal Pleno. Brasília, DF, 27 de agosto de 2015. *Lex:* jurisprudência do STF. Disponível em: http://portal.stf.jus.br/processos/detalhe.asp?incidente=4662945. Acesso em: 08 jan. 2019.

BRASIL. Supremo Tribunal Federal. *Acórdão no Mandado de Segurança n. 23.550-DF.* Tribunal Pleno: Relator Min. Marco Aurélio. Disponível em: http://www.stf.jus.br/arquivo/ cms/sobrestfconhecastfjulgamentohistorico/anexo/ms21564.pdf. Acesso em: 2 fev. 2019.

BRASIL. Supremo Tribunal Federal. *Acórdão no Mandado de Segurança n. 23.550-DF.* Tribunal Pleno: Relator Min. Marco Aurélio. Disponível em: http://www.stf.jus.br/arquivo/ cms/sobrestfconhecastfjulgamentohistorico/anexo/ms21564.pdf. Acesso em: 2 fev. 2019.

BRASIL. Supremo Tribunal Federal. *Informativo eletrônico de decisões.* Disponível em: http://www.stf.jus.br/arquivo/informativo /documento/informativo343.htm. Acesso em: 6 fev. 2017.

BRASIL. Supremo Tribunal Federal. *Mandado de Segurança n. 25.880.* Diário de Justiça. Brasília, 2006a. Disponível em: http://www.stf.jus.br/portal/processo/verProcessoPeca. asp?id=308397830&tipoApp=.pdf. Acesso em: 1 fev. 2017.

BRASIL. Supremo Tribunal Federal. *Mandado de Segurança n. 25.880.* Diário de Justiça. Brasília, 2006 a. Disponível em: http://www.stf.jus.br/portal/processo/verProcessoPeca. asp?id=308397830&tipoApp=.pdf. Acesso em: 1 fev. 2017.

BRASIL. Supremo Tribunal Federal. *MS 25.092 ADIn 375.* Disponível em: http://redir.stf. jus.br/paginadorpub/paginador.jsp?docTP=AC&docID=86258. Acesso em: 1 fev. 2017.

BRASIL. TRF-5. APELAÇÃO CÍVEL AC 08006121820154058401/RN. Rel. Desembargador Federal Cid Marconi. 3ª Turma. Recife, PE, 04 de março de 2016. *Lex:* jurisprudência do TRF-5. Disponível em: https://trf-5.jusbrasil.com.br/jurisprudencia/328394950/apelacao-civel-ac-8006121820154058401-rn. Acesso em: 08 jan. 2019.

BRASIL. Tribunal de Contas da União. Relatório e parecer prévio sobre as contas do governo da república. Brasília: TCU, 2007. Disponível em: https://portal.tcu.gov.br/lumis/ portal/file/fileDownload.jsp?fileId=8A8182A1555B6CBB01557EA0DF4F27B5&inline=1. Acesso em: 08 jan. 2019.

BRASIL. Tribunal Superior Eleitoral – RO: 40.137 /CE, Relator Min. Henrique Neves, data de julgamento: 26.08.2014, Dada de Publicação: DJE – Diário de Justiça Eletrônico – 27.08.2014.

COELHO, I. M. *Interpretação Constitucional.* 4. ed. São Paulo: Saraiva, 2011.

DEBUS, Edson Ronaldo do Nascimento. *Lei Complementar nº 101/2000*: Entendendo a LRF. 2. ed. Brasília: Secretaria do Tesouro Nacional, 2017.

DISTRITO FEDERAL, Tribunal de Contas do Distrito Federal. *Sessão Ordinária nº 4141/2007. Decisão nº 6963/2007,* proferida pelo Relator Conselheiro Jorge Caetano, em 13 de dezembro de 2007. Proc. 18.886/2007. Disponível em: https://www.tc.df.gov.br/app/ mesaVirtual/implementacao/?a=documento&f=downloadPDF&iddocumento=128140.

Posicionamento mantido no Processo nº 40.419/2017-e, decisão em 20 de setembro de 2018. Acesso em: 7 jun. 2019.

HORVATH, E. *O orçamento no século XXI*: tendências e expectativas. São Paulo: Universidade de São Paulo, 2014.

GALDINO, F. *Introdução à teoria dos custos dos direitos*: direitos não nascem em árvores. São Paulo: Lumen Juris, 2005.

LUHMANN, N. *O direito a sociedade*. São Paulo: Martins Fontes, 2016.

MINAS GERAIS, Tribunal de Contas. *Súmula 1002*. O TCE/MG só editou Sumula até 124/2019. Disponível em: https://www.tce.mg.gov.br/Noticia/Detalhe/67. Acesso em: 7 jun. 2019.

MINISTÉRIO DO PLANEJAMENTO, ORÇAMENTO E GESTÃO. *Plano Plurianual 2004-2007*: relatório anual de avaliação – exercício o 2007 – ano-base 2006. Brasília: Biblioteca do Senado Federal, 2007.

REALE, Miguel. *Lições Preliminares do Direito*. São Paulo: Saraiva, 2017.

SUXBERGUER, A. H. G. *Direitos humanos e democracia*: estudos em homenagem ao Professor Vital Moreira. Rio de Janeiro: Lumen Juris, 2018.

TUDE, J. M.; MILANI, C. S. A Política Externa Brasileira em relação ao Fundo Monetário Internacional durante o Governo Lula. *In: Rev. Bras. Polít. Int*, 56 (1): 85-103 2013.

UNESCO *en Brasilia: Indicadores de qualidade nas emissoras públicas*: uma avaliação contemporânea. *Série Debates CI*: comunicação e informação 10. 2012, 35pp. Publicado en el sitio: http://unesdoc.unesco.org/images/0021/002166/216616por.pdf.

UOL. *Reforma da Previdência*. Disponível em: https://economia.uol.com.br/noticias/redacao/2019/04/03/brasil-gasta-com-previdencia-10-vezes-o-que-gasta-com-educacao-diz-guedes.htm. Acesso em: 7 jun. 2019.

Informação bibliográfica deste texto, conforme a NBR 6023:2018 da Associação Brasileira de Normas Técnicas (ABNT):

GONÇALVES, André Luis de Matos; SANTOS, Júlio Edstron S. A LRF e a necessidade de proteção ao erário: uma proposta de acoplamento interinstitucional e aplicação dos fundamentos da hermenêutica concretizadora. *In*: FIRMO FILHO, Alípio Reis; WARPECHOWSKI, Ana Cristina Moraes; RAMOS FILHO, Carlos Alberto de Moraes (Coord.). *Responsabilidade na gestão fiscal*: estudos em homenagem aos 20 anos da lei complementar nº 101/2000. Belo Horizonte: Fórum, 2020. p. 87-116. ISBN 978-65-5518-034-3.

A APLICAÇÃO DO PRINCÍPIO DA INTRANSCENDÊNCIA DAS SANÇÕES NA JURISPRUDÊNCIA DO STF EM CASOS ENVOLVENDO LIMITES SETORIAIS PARA DESPESA COM PESSOAL

ANDRESSA GUIMARÃES TORQUATO FERNANDES

Introdução

Embora a crise fiscal deflagrada no Brasil em 2014 tenha arrefecido, o Brasil ainda está longe de uma situação fiscalmente confortável: 2020 é o sétimo ano seguinte que o país não apresenta superávit primário. De acordo com Felipe Salto, Diretor Executivo da Instituição Fiscal Independente do Senado Federal, projeções indicam que o resultado primário vai demorar para ficar positivo, devendo ocorrer apenas em 2026.[1] Tal situação causa perplexidade ao jurista que se dedica ao estudo das normas contidas na Lei de Responsabilidade Fiscal, publicada em 04 de maio de 2000, tendo em vista haver na LRF toda uma engrenagem sofisticada de comandos direcionados a conter gestões fiscalmente

---

[1] Disponível em: https://g1.globo.com/economia/noticia/2019/05/30/contas-publicas-no-vermelho-brasil-vive-incerteza-sobre-sucesso-do-ajuste-fiscal.ghtml. Acesso em: 20 fev. 2020.

irresponsáveis, por exemplo, limites para o endividamento público, para o gasto com pessoal e para a concessão de incentivos fiscais.

Se é assim, pode-se questionar: como o país chegou a esta situação? Fato é que este quadro de crise fiscal foi sendo construído a muitas mãos ao longo dos anos, com a participação decisiva dos três poderes da República. No presente artigo serão analisadas as decisões proferidas pelo Supremo Tribunal Federal acerca do descumprimento, pelos Estados brasileiros, dos limites específicos por poder para despesas com pessoal previstos no artigo 20 da Lei de Responsabilidade Fiscal. Conforme será visto, a adoção da teoria da intranscendência das sanções pela Suprema Corte brasileira tem afastado a possibilidade de imposição de sanções em face do descumprimento do referido preceito contido na LRF, gerando, por consequência, um descumprimento em série pelos Estados brasileiros dos limites específicos para gasto com pessoal dos Poderes Judiciário, Legislativo, Tribunais de Contas e Ministério Público.

Contudo, antes de ingressar especificamente na análise da jurisprudência do STF, discorrer-se-á acerca do princípio constitucional da sustentabilidade fiscal que a LRF visa implementar, conectado aos comandos principiológicos, contidos em seu artigo 1º.

1 O princípio constitucional da sustentabilidade fiscal

Direitos fundamentais não se implementam de *per si*, isto é, sem que haja um custo financeiro envolvido. Assegurar o direito à educação envolve a contratação de professores, a construção de escolas, a compra de material didático; promover o direito à saúde requer a contratação de médicos, enfermeiros, construção de postos de saúde e hospitais, compra de máquinas e material hospitalar; até mesmo a promoção das liberdades individuais, como a liberdade de expressão, liberdade de credo, livre-iniciativa, demandam gastos com a organização da justiça, a contratação de policiais, o pagamento de salários para os representantes do Poder Legislativo, responsáveis por editar normas gerais e abstratas. Cass R. Sunstein e Stephen Holmes, em sua obra "The Cost of Rights: why liberty depends on taxes", ensinam que toda espécie de direito fundamental, sejam os direitos fundamentais prestacionais ou de segunda geração, sejam os direitos fundamentais de liberdade, ditos de primeira geração, demandam um custo para o Estado:

> A Declaração de Independência estabelece que 'para garantir esses direitos, os governos são estabelecidos entre os homens'. À verdade

óbvia de que os direitos dependem do governo deve ser adicionado um corolário lógico, rico em implicações: direitos custam dinheiro. Os direitos não podem ser protegidos ou aplicados sem financiamento e apoio público. Isso vale tanto para os velhos direitos quanto para os novos direitos, para os direitos dos americanos antes e depois do New Deal de Franklin Delano Roosevelt. Tanto o direito ao bem-estar quanto o direito à propriedade privada têm custos públicos. O direito à liberdade de contrato tem custos públicos não menos que o direito à assistência médica, o direito à liberdade de expressão e o direito à moradia decente. Todos os direitos reivindicam o tesouro público (2000, p. 15, tradução nossa).

O fato de os direitos fundamentais necessitarem de recursos financeiros para a sua implementação faz nascer uma relação de dependência entre tais direitos e normas que impõem uma gestão fiscal responsável ao administrador público, isso porque uma gestão temerária dos recursos públicos, ainda que possa viabilizar a implementação de direitos fundamentais no curto prazo, dificilmente será capaz de mantê-los de maneira sustentada no longo prazo. Conforme abordamos em obra anterior, o objetivo do Estado deve ir além da mera implementação de direitos fundamentais, deve "ser capaz de mantê-los no longo prazo; o que, no curto prazo, pode representar um pé no freio em termos de efetivação de políticas públicas, pode representar no longo prazo a efetivação sustentada e perene de um direito, ao invés de um retrocesso. A experiência popular ensina: devagar se chega ao longe" (FERNANDES, 2019, p. 452, tradução nossa). Ademais, é importante que se compreenda acerca do princípio da sustentabilidade fiscal[2] que:

> Na verdade, a preservação da capacidade financeira do Estado, visada pelo princípio da sustentabilidade fiscal, é condição *sine qua non* para a concretização dos direitos fundamentais. Se não há recursos financeiros, não há condições materiais para a concretização de direitos. Neste sentido, atuar de modo a comprometer a capacidade financeira do Estado corresponde a violar, de uma só vez, todo o conjunto de direitos fundamentais que ao Estado compete prover, uma vez que, na atualidade, não existem direitos que possam ser assegurados sem

---

[2] Em artigo intitulado *The constitutional principle of fiscal sustainability: considerations regarding its definition and application in judicial decisions involving budgetary issues* definimos o princípio da sustentabilidade fiscal nos seguintes termos: "o princípio da sustentabilidade fiscal visa um estado ideal de coisas por meio do qual se preserve a capacidade do Estado de arcar com o cumprimento das prestações que lhe foram atribuídas pela Constituição Federal, assegurando, de maneira progressiva e sustentável, a concretização dos direitos fundamentais" (FERNANDES, 2019, p. 447, tradução nossa).

recursos financeiros para tanto. Mesmo os direitos ditos de 1ª geração, como já foi mencionado, dependem de recursos públicos para sua implementação (FERNANDES, 2019, p. 453, tradução nossa).

Ciente da relevância da preservação de um estado de coisas no qual se mantenha a capacidade do Estado brasileiro de arcar com o cumprimento de suas competências constitucionais, o constituinte fez constar em diversos dispositivos da Constituição Federal normas no sentido de proteger as finanças públicas contra gestões temerárias dos recursos públicos. Veja-se, por exemplo, o artigo 37 da Constituição Federal, quando impõe à União, Estados, Distrito Federal e Municípios a obediência ao princípio da eficiência, bem como o artigo 70, quando determina que qualquer ente público ou privado que administre recursos públicos sujeita-se à fiscalização dos órgãos de controle interno e externo, que analisará a legalidade, legitimidade e economicidade dos seus atos. Citem-se também os artigos 165, 166 e 167, que preveem uma série de dispositivos que versam sobre a necessidade de planejamento financeiro na Administração Pública, tais como os incisos I, II e III, do artigo 165, que impõem a elaboração, respectivamente, de um plano plurianual, lei de diretrizes orçamentárias e lei orçamentária anual. Além destes, importante também mencionar o artigo 163, que atribui ao legislador complementar competência para editar norma geral para dispor sobre finanças públicas, dívida pública interna e externa, concessão de garantias pelas entidades públicas, emissão e resgate de títulos da dívida pública, fiscalização financeira da Administração Pública direta e indireta, operações de câmbio realizadas pelos três entes federativos, bem como compatibilização das funções das instituições oficiais de crédito da União.

Em cumprimento ao referido artigo 163 da Constituição Federal, em 04 de maio de 2000 foi publicada a Lei Complementar nº 101, conhecida como Lei de Responsabilidade Fiscal, instituindo, de acordo com seu artigo 1º, "normas de finanças públicas voltadas para a responsabilidade na gestão fiscal". Logo em seguida, no parágrafo 1º, do artigo 1º, preleciona que:

> Art. 1º, §1º A responsabilidade na gestão fiscal pressupõe a ação planejada e transparente, em que se previnem riscos e corrigem desvios capazes de afetar o equilíbrio das contas públicas, mediante o cumprimento de metas de resultados entre receitas e despesas e a obediência a limites e condições no que tange a renúncia de receita, geração de despesas com pessoal, da seguridade social e outras, dívidas consolidada e mobiliária,

operações de crédito, inclusive por antecipação de receita, concessão de garantia e inscrição em Restos a Pagar.

Ao longo de seu texto, são abordados temas como planejamento no setor público, limites para a concessão de incentivos fiscais, para a geração de despesa com pessoal, requisitos para a realização de transferências voluntárias, limites para a realização de dívida pública e operações de crédito, fiscalização, entre outros aspectos, divididos em 75 artigos, organizados em 10 capítulos, todos eles conectados e visando implementar o princípio da gestão fiscal responsável, instituído em seu artigo 1º, e, em última análise, o princípio da sustentabilidade fiscal do Estado brasileiro, pressuposto no ordenamento constitucional.

2 O princípio da intranscendência das sanções na jurisprudência do STF em casos envolvendo limites para despesas com pessoal estabelecidos na LRF

2.1 Considerações sobre o método de análise

Conforme exposto na introdução, o objetivo do presente estudo consiste em analisar as decisões tomadas pelo Supremo Tribunal Federal que, amparadas no princípio da intranscendência das sanções, findaram por comprometer a eficácia dos limites para gasto com pessoal específico por poder, contidos no artigo 20 da LRF. Para cumprir tal mister, utilizou-se o campo de busca de jurisprudência disponível no sítio eletrônico do Supremo Tribunal Federal,[3] inserindo-se no campo disponível para pesquisa livre a expressão "intranscendência das sanções". Ao proceder à busca no dia 21 de fevereiro de 2020, o resultado demonstrou haver: 52 acórdãos sobre a matéria, 382 decisões monocráticas, 19 decisões da presidência e duas questões de ordem.

Desse modo, nos tópicos que seguem, será analisado inicialmente o tratamento conferido pela LRF para as despesas com pessoal pela Administração Pública, destacando-se os limites para gasto com pessoal estabelecidos por poder, para posteriormente tratar-se especificamente das decisões proferidas pelo STF envolvendo o princípio da intranscendência das sanções e os limites setoriais para gasto com pessoal previstos no artigo 20 da LRF.

---

[3] Disponível em: http://www.stf.jus.br/portal/jurisprudencia/pesquisarJurisprudencia.asp. Acesso em: 21 fev. 2020.

2.2 O controle das despesas com pessoal na LRF

O capítulo IV da LRF intitula-se Despesa Pública e encontra-se dividido em três seções, quais sejam: Seção I - Da Geração da Despesa, Seção II - Das Despesas com Pessoal e Seção III - Das Despesas com a Seguridade Social. A Seção II (Das Despesas com Pessoal), por sua vez, subdivide-se em duas subseções: a primeira, intitulada Definições e Limites, estabelece entre os artigos 18 e 20 o conceito de gasto com pessoal, bem como os limites para gasto nesta finalidade, e a segunda subseção, Do Controle da Despesa Total com Pessoal, versa entre seus artigos 21 e 23 sobre medidas a serem tomadas caso os limites previstos na seção anterior sejam descumpridos.

Os limites para gasto com pessoal previstos entre os artigos 18 e 20 foram concebidos como parte essencial à efetividade da LRF, em uma época na qual a despesa com pessoal comprometia severamente os orçamentos públicos dos entes políticos, sobretudo dos Municípios, que chegavam em alguns casos a ter 100% da sua receita destinada para aplicação nesta finalidade, situação essa que aos poucos tem retornado à cena.

Tal cenário representava um entrave ao bom funcionamento do Estado, que se via impedido de realizar investimentos que propiciassem melhora de infraestrutura e crescimento econômico, por ausência de recursos disponíveis.

O controle da despesa com pessoal operado pela LRF regulou e deu efetividade ao comando contido no art. 169 da Constituição Federal, segundo o qual "a despesa com pessoal ativo e inativo da União, dos Estados, do Distrito Federal e dos Municípios não poderá exceder os limites estabelecidos em lei complementar".

Assim foi que, em seu artigo 19, estabeleceu limites globais para as despesas com pessoal, equivalentes a 50% da Receita Corrente Líquida[4] para a União e 60% para os Estados e Municípios. Ou seja, no caso da União, do total da Receita Corrente Líquida arrecadada

---

[4] Art. 2º Para os efeitos desta Lei Complementar, entende-se como:
[...]
IV - receita corrente líquida: somatório das receitas tributárias, de contribuições, patrimoniais, industriais, agropecuárias, de serviços, transferências correntes e outras receitas também correntes, deduzidos:
a) na União, os valores transferidos aos Estados e Municípios por determinação constitucional ou legal, e as contribuições mencionadas na alínea a do inciso I e no inciso II do art. 195, e no art. 239 da Constituição;
b) nos Estados, as parcelas entregues aos Municípios por determinação constitucional;

pelo ente político, no máximo 50% desse valor poderá ser aplicado em pagamento de pessoal.

A amplitude desta limitação fica mais clara quando se compreende a definição de gasto com pessoal prevista pela LRF em seu artigo 18, posta nos seguintes termos:

> Art. 18. Para os efeitos desta Lei Complementar, entende-se como despesa total com pessoal: o somatório dos gastos do ente da Federação com os ativos, os inativos e os pensionistas, relativos a mandatos eletivos, cargos, funções ou empregos, civis, militares e de membros de Poder, com quaisquer espécies remuneratórias, tais como vencimentos e vantagens, fixas e variáveis, subsídios, proventos da aposentadoria, reformas e pensões, inclusive adicionais, gratificações, horas extras e vantagens pessoais de qualquer natureza, bem como encargos sociais e contribuições recolhidas pelo ente às entidades de previdência.
>
> §1º Os valores dos contratos de terceirização de mão-de-obra que se referem à substituição de servidores e empregados públicos serão contabilizados como "Outras Despesas de Pessoal".

Veja-se, portanto, que quaisquer parcelas remuneratórias, sejam elas fixas ou variáveis, até mesmo adicionais, gratificações, horas extras e vantagens pessoais de qualquer natureza entram neste cômputo.

As limitações a gasto com pessoal carreadas no artigo 19 referem-se, como mencionado, a limitações globais, isto quer dizer que se aplicam ao orçamento do ente político como um todo. A estas, soma-se a limitação específica por Poder, contida no artigo 20 da LRF, segundo a qual dever-se-á obedecer, além do limite global, percentuais máximos para aplicação em despesa com pessoal para cada um dos Poderes, além do Ministério Público.

Os patamares estabelecidos para os chamados "poderes autônomos" constam na LRF da seguinte maneira:

> Art. 20. A repartição dos limites globais do art. 19 não poderá exceder os seguintes percentuais:
> I - na esfera federal:
> a) 2,5% (dois inteiros e cinco décimos por cento) para o Legislativo, incluído o Tribunal de Contas da União;
> b) 6% (seis por cento) para o Judiciário;

---

c) na União, nos Estados e nos Municípios, a contribuição dos servidores para o custeio do seu sistema de previdência e assistência social e as receitas provenientes da compensação financeira citada no §9º do art. 201 da Constituição.

c) 40,9% (quarenta inteiros e nove décimos por cento) para o Executivo, destacando-se 3% (três por cento) para as despesas com pessoal decorrentes do que dispõem os incisos XIII e XIV do art. 21 da Constituição e o art. 31 da Emenda Constitucional nº 19, repartidos de forma proporcional à média das despesas relativas a cada um destes dispositivos, em percentual da receita corrente líquida, verificadas nos três exercícios financeiros imediatamente anteriores ao da publicação desta Lei Complementar; (Vide Decreto nº 3.917, de 2001)

d) 0,6% (seis décimos por cento) para o Ministério Público da União;

II - na esfera estadual:

a) 3% (três por cento) para o Legislativo, incluído o Tribunal de Contas do Estado;

b) 6% (seis por cento) para o Judiciário;

c) 49% (quarenta e nove por cento) para o Executivo;

d) 2% (dois por cento) para o Ministério Público dos Estados;

III - na esfera municipal:

a) 6% (seis por cento) para o Legislativo, incluído o Tribunal de Contas do Município, quando houver;

b) 54% (cinqüenta e quatro por cento) para o Executivo.

Assim, de acordo com o dispositivo transcrito, além de estabelecer limites globais para gasto com pessoal, a serem adotados pela União, Estados e Município, em conformidade com o artigo 19, a LRF impôs também a observância de limites máximos específicos para cada um dos Poderes da República, de modo que, no que concerne especificamente ao Poder Judiciário, por exemplo, seus gastos com pessoal não poderão ser superiores a 6% da Receita Corrente Líquida do ente político ao qual estiver vinculado.

A aplicação dos referidos limites teve sua constitucionalidade questionada por meio da Ação Direta de Inconstitucionalidade nº 2238, cuja relatoria coube ao Ministro Ilmar Galvão. Argumentou-se que o artigo 169 da Constituição Federal apenas teria autorizado a previsão por meio de lei complementar de limites globais para gasto com pessoal, o que teria sido obedecido por meio do artigo 19 da LRF já comentado. Comandos na linha do artigo 20, que estabelecessem limites específicos por Poder, maculariam a autonomia dos entes federativos, conforme preceitua o Professor José Maurício Conti:

> o conteúdo das normas gerais, como visto, não pode incluir detalhes, devendo limitar-se a princípios e a normas voltados à uniformidade da legislação na Federação, bem como a prevenir e a dirimir conflitos de competência. [...] O respeito à autonomia dos entes da Federação exige que possam decidir sobre questões de seu interesse, como é o caso dos

valores máximos de que podem dispor com seus Poderes Legislativo, Judiciário e Executivo (2006, p. 197-198)

Contrariamente ao entendimento do nobre Professor, decidiu-se pela constitucionalidade do artigo 20 da LRF, bem sintetizada na ementa do julgamento: "Art. 20: o art. 169 da Carta Magna não veda que se faça uma distribuição entre os Poderes dos limites de despesa com pessoal; ao contrário, para tornar eficaz o limite, há de se dividir internamente as responsabilidades".

De fato, em que pese a qualidade da doutrina contrária, entende-se que não fere a autonomia dos entes federativos o estabelecimento de limites máximos para gasto com pessoal, para cada um dos poderes autônomos. Ora, não se está diante da aplicação de um percentual fixo a ser obrigatoriamente adotado, mas apenas de um limite máximo, de modo que dentro deste limite Estados, Municípios e a União têm plena liberdade de prever percentuais menores aos ali estabelecidos.

Ademais, limites dessa ordem são comuns no ordenamento jurídico brasileiro. Veja-se, por exemplo, o caso do ISS, em que se delegou a lei complementar estabelecer alíquotas máximas e mínimas para o tributo municipal, remanescendo ao Município liberdade para, dentro da faixa de alíquotas possíveis, manejá-las da maneira mais conveniente ao interesse público.

Acerca da importância dos limites setoriais estabelecidos no artigo 20 da LRF, vale destacar as lições do Professor Kiyoshi Harada, que se manifestou nos seguintes termos:

> A grande verdade é que, sem a divisão do limite global que, repita-se, tem matriz constitucional no citado art. 169, não seria possível respeitar esse limite. Como seria possível ao Estado-membro, por exemplo, ater-se ao limite global de 60% (art. 19, II, da LRF) sem a distribuição desse percentual entre os diferentes Poderes (Executivo, Judiciário e Legislativo) e o órgão ministerial?
>
> Seria o mesmo que três pessoas se dirigirem a um supermercado para que cada um faça compras diversas, limitadas, porém ao valor total de 300 reais, sem prévia divisão dos limites individuais. A observância do limite global seria inexequível! (2010, p. 159)

Além disso, uma análise da média de salários pagos por cada um dos poderes evidencia que nesses 20 anos de vigência da Lei de Responsabilidade Fiscal os limites impostos para cada um dos poderes autônomos mostraram-se condizentes e em nada obstaram o seu bom funcionamento, muito pelo contrário: possibilitaram o pagamento de salários mais elevados a estes do que a média paga aos integrantes do Poder Executivo. De acordo com o Boletim Estatístico de Pessoal, do Ministério do Planejamento, Orçamento e Gestão, a média de salários do Poder Judiciário apurados em dezembro de 2016, publicado em janeiro de 2017, foi de R$18.086,00; no Poder Legislativo foi de R$19.465,00; no Ministério Público da União foi de R$16.532,00, enquanto no Poder Executivo esse valor foi de R$8.535,00.[5]

Feitas tais considerações acerca dos limites para gasto com pessoal, passa-se a expor os entraves a sua efetividade, uma vez que diversas ações têm sido interpostas perante o Supremo Tribunal Federal visando flexibilizar o seu cumprimento.

2.3 O princípio da intranscendência das sanções e a LRF na jurisprudência do STF

Conforme exposto, a Lei de Responsabilidade Fiscal estabelece limites específicos por poder, bem como um limite global para gasto com pessoal. Entretanto, diversos Estados brasileiros têm, diuturnamente, descumprido os limites específicos para gastos com pessoal destinados aos chamados poderes autônomos, motivo pelo qual a Secretaria do Tesouro Nacional impõe aos Estados onde se verifica tal descumprimento, em conformidade com o que dispõe a Lei de Responsabilidade Fiscal, penalidades no sentido de proibir a realização de operações de crédito e o recebimento de transferências voluntárias da União.

Diante da aplicação dessas penalidades, os Estados têm ingressado no STF para afastá-las, sob o argumento da intranscendência das sanções entre os poderes, ou seja, como o descumprimento do limite se deu no âmbito do Poder Judiciário, Ministério Público, Poder Legislativo ou do respectivo Tribunal de Contas, a sanção não poderia recair sobre o Poder Executivo.

Adotando a tese propugnada pelos Estados, o STF tem decidido reiteradamente no sentido de afastar a aplicação da penalidade aos Estados, aceitando a tese da intranscendência das sanções, posicionando-se no seguinte sentido:

> Agravo interno na ação cível originária. 2. Direito Constitucional e Administrativo. 3. Realização de operação de crédito. Sanções em

---

[5] Disponível em: http://www.planejamento.gov.br/secretarias/upload/Arquivos/servidor/publicacoes/boletim_estatistico_pessoal/2017/bep-dezembro-2017. Acesso em: 10 fev. 2020.

virtude de irregularidades com gasto de pessoal praticadas por órgãos e poderes autônomos. 4. Princípio da intranscendência das sanções. Insubsistência da medida restritiva ao Poder que não possui ingerência administrativa sobre o órgão descumpridor. Jurisprudência pacífica. 5. Matéria submetida à repercussão geral. Tema 743. Pedido de sobrestamento. Indeferimento. Precedentes. 6. Argumentos insuficientes para alterar a decisão agravada. 7. Agravo interno desprovido. 8. Majoração dos honorários advocatícios a cargo da União (art. 85, §11, do CPC). 9. Multa. Em caso de votação unânime, aplica-se a multa prevista no art. 1.021, §4o, do CPC, no percentual de 5% sobre o valor atualizado da causa. (ACO 3133 AgR DF - DISTRITO FEDERAL. AG.REG. NA AÇÃO CÍVEL ORIGINÁRIA. Relator(a): Min. GILMAR MENDES. Julgamento: 30/08/2019. Órgão Julgador: Tribunal Pleno).

Na fundamentação do referido julgado, argumentou-se que a jurisprudência do Supremo Tribunal Federal "firmou-se no sentido de que o Estado só pode sofrer restrições nos cadastros de devedores da União por atos praticados pelo Poder Executivo e seus órgãos desconcentrados, estando excluídos os atos do Legislativo, Judiciário, Ministério Público, Tribunal de Contas e dos entes da Administração Pública indireta", citando-se larga jurisprudência neste sentido.

Em seguida, aduziu-se que "o Poder Executivo não dispõe de meios para ingerir na execução orçamentária dos demais órgãos autônomos, sob pena de violação ao princípio da separação de poderes".

No âmbito do mesmo julgado, colacionou-se argumento trazido pela União no intuito de defender o seu ponto de vista, e reverter o posicionamento pacífico do STF:

> Todos os órgãos componentes do Estado, ainda que de natureza autônoma, a exemplo do Poder Legislativo Estadual e Tribunais de Contas dos Municípios, fazem parte da estrutura do mesmo ente federado, não possuindo personalidade jurídica própria. Dessa forma, havendo irregularidades ou débitos de qualquer uma dessas unidades despersonalizadas, ou se uma delas exceder algum dos limites previstos na Lei de Responsabilidade Fiscal, impreterivelmente, a sanção a ser aplicada recairá sobre todo o ente estatal.

Destaque-se que o argumento trazido pela União se sustenta em tradicional teoria do Direito Administrativo, qual seja, a teoria do órgão. De acordo com Maria Sylvia Zanella Di Pietro: "o órgão não tem personalidade jurídica própria, já que integra a estrutura da Administração Direta, ao contrário da entidade, que constitui unidade de atuação dotada de personalidade jurídica; é o caso das entidades da Administração Indireta (autarquias, fundações, empresas públicas e sociedades de economia mista) (2013, p. 579).

Contudo, conforme exposto, referida teoria tem sido excepcionada pelo Supremo Tribunal Federal nas decisões envolvendo o descumprimento dos limites setoriais para despesa com pessoal previstos no artigo 20 da Lei de Responsabilidade Fiscal, sob o amparo da teoria da intranscendência das sanções ou princípio da intranscendência das medidas restritivas de direito, o qual decorre do comando previsto no artigo 5º, XLV, da Constituição Federal, segundo o qual "nenhuma pena passará da pessoa do condenado, podendo a obrigação de reparar o dano e a decretação do perdimento de bens ser, nos termos da lei, estendidas aos sucessores e contra eles executadas, até o limite do valor do patrimônio transferido".

A teoria da intranscendência das sanções foi aplicada inicialmente pelo Supremo Tribunal Federal, em casos envolvendo entes públicos, na Questão de Ordem em Ação Cautelar nº 266-4/São Paulo, de Relatoria do Ministro Celso de Mello, na qual o Estado de São Paulo se insurgia contra ato do Instituto Nacional do Seguro Social (INSS) que procedeu à inclusão do Estado no Cadastro Informativo de Créditos Não Quitados do Setor Público Federal (CADIN), em virtude de débitos previdenciários de sociedade de economia mista integrante da administração indireta do Estado de São Paulo, qual seja, a Companhia Paulista de Trens Metropolitanos. Em virtude da referida inclusão no CADIN, o Estado de São Paulo teve suspensas linhas de crédito a que faria jus, em financiamentos obtidos mediante recursos externos, para captação de recursos destinados a obras do metrô.

Ao analisar a questão, o Ministro Celso de Mello deferiu o pedido formulado pelo Estado de São Paulo para retirá-lo do aludido cadastro de devedores, com amparo no que chamou de princípio da intranscendência das medidas restritivas de direito, posicionando-se no seguinte sentido:

> A plausibilidade jurídica da pretensão cautelar formulada na presente causa apoia-se, dentre outros fundamentos invocados pelo autor, na aparente violação ao princípio da intranscendência (ou da personalidade) das sanções jurídicas.
>
> É que, consoante parecem evidenciar os documentos produzidos pelo autor (fls. 831), a restrição jurídica – resultante do questionado ato de inscrição no CADIN –, ao ultrapassar a esfera individual da empresa alegadamente devedora (CPTM), *culminou por atingir e afetar terceira pessoa*

(o Estado de São Paulo, na espécie), a quem – ao menos em princípio – não se poderia imputar, em caráter solidário, a responsabilidade pelo adimplemento de uma obrigação cuja legalidade ainda está sendo judicialmente discutida (grifos nossos).

Perceba-se que no caso em análise o princípio da intranscendência das sanções foi aplicado em virtude da pretensa dívida para com a União ter sido originada por pessoa jurídica de direito público com personalidade jurídica própria, distinta do Estado de São Paulo, de modo que, como o próprio Ministro Relator mencionou em seu voto, tal ação findaria por "atingir e afetar terceira pessoa", a qual não se poderia imputar responsabilidade solidária pela quitação da obrigação.

Contudo, posteriormente, o princípio da intranscendência das sanções findou por ser utilizado também como fundamento para decisões no âmbito do Supremo Tribunal Federal tendentes a afastar a aplicação de sanções direcionadas não mais a entes com personalidade jurídica distinta, mas a entidades da própria administração pública direta, que, embora possuam autonomia administrativa e financeira assegurada pela Constituição Federal, integram o quadro da administração direta, tais como Ministério Público, Poder Judiciário, Poder Legislativo e Tribunais de Contas. O primeiro julgamento definitivo a adotar o princípio da intranscendência das sanções com vistas a afastar a imputação de sanções aos Estados em virtude do descumprimento do artigo 20 da Lei de Responsabilidade Fiscal se deu no âmbito do julgamento da Ação Cautelar nº 2.197, de relatoria do Ministro Celso de Mello, o qual se encontra ementado nos seguintes termos:

E M E N T A: AÇÃO CAUTELAR PREPARATÓRIA - MEDIDA LIMINAR - RECUSA DE PRESTAÇÃO DE AVAL PELA UNIÃO FEDERAL E NEGATIVA DE AUTORIZAÇÃO, POR PARTE DA SECRETARIA DO TESOURO NACIONAL (OFÍCIO Nº 10.540/2008-COPEM/STN) - OBSTÁCULOS QUE IMPEDEM O DISTRITO FEDERAL DE CELEBRAR OPERAÇÕES DE CRÉDITO COM ENTIDADES DE FOMENTO E INSTITUIÇÕES FINANCEIRAS INTERNACIONAIS - RESTRIÇÕES, QUE, EMANADAS DA UNIÃO, INCIDEM SOBRE O DISTRITO FEDERAL, POR ALEGADO DESCUMPRIMENTO, POR PARTE DE SUA CÂMARA LEGISLATIVA E DE SEU TRIBUNAL DE CONTAS, DOS LIMITES SETORIAIS QUE A LEI DE RESPONSABILIDADE FISCAL IMPÕE A TAIS ÓRGÃOS PÚBLICOS (LC Nº 101/2000, ART. 20, II, "A") - CONFLITO DE INTERESSES ENTRE A UNIÃO E O DISTRITO FEDERAL - LITÍGIO QUE SE SUBMETE À ESFERA DE COMPETÊNCIA ORIGINÁRIA DO SUPREMO TRIBUNAL FEDERAL -

HARMONIA E EQUILÍBRIO NAS RELAÇÕES INSTITUCIONAIS ENTRE O DISTRITO FEDERAL E A UNIÃO FEDERAL - O PAPEL DO SUPREMO TRIBUNAL FEDERAL COMO TRIBUNAL DA FEDERAÇÃO - PRETENSÃO CAUTELAR FUNDADA NAS ALEGAÇÕES DE OFENSA AO PRINCÍPIO DA INTRANSCENDÊNCIA DAS MEDIDAS RESTRITIVAS DE DIREITOS - MEDIDA CAUTELAR DEFERIDA - DECISÃO DO RELATOR REFERENDADA PELO PLENÁRIO DO SUPREMO TRIBUNAL FEDERAL. O ALTO SIGNIFICADO DA LEI DE RESPONSABILIDADE FISCAL E A QUESTÃO DE SUA APLICABILIDADE AO DISTRITO FEDERAL: LIMITE GLOBAL E LIMITES SETORIAIS EM TEMA DE DESPESA COM PESSOAL (CÂMARA LEGISLATIVA E TRIBUNAL DE CONTAS). - O Poder Executivo do Distrito Federal não pode sofrer sanções nem expor-se a restrições impostas pela União Federal em tema de celebração de operações financeiras internacionais (recusa de prestação de aval e negativa de autorização), sob a alegação de que o Tribunal de Contas e o Poder Legislativo locais - embora observando o índice setorial de 3% - teriam descumprido, cada qual, os limites individuais a eles impostos pela Lei de Responsabilidade Fiscal (art. 20, inciso II, "a"), pois o Governo do Distrito Federal não tem competência para intervir na esfera orgânica da Câmara Legislativa e do Tribunal de Contas, por se tratar de órgãos investidos de autonomia institucional, por força e efeito de expressa determinação constitucional. Precedentes. - O art. 20, inciso II, "a", da Lei de Responsabilidade Fiscal - cuja validade constitucional foi inteiramente confirmada pelo Supremo Tribunal Federal (ADI 3.756/DF) - aplica-se, de modo plenamente legítimo, no que se refere ao índice setorial de 3% (três por cento), ao Distrito Federal. NECESSIDADE DE OUTORGA DE PROVIMENTO CAUTELAR, NO CASO, EM ORDEM A NÃO FRUSTRAR A REGULAR PRESTAÇÃO, NO PLANO LOCAL, DE SERVIÇOS PÚBLICOS ESSENCIAIS. - A recusa de prestação de aval pela União Federal e a negativa da Secretaria do Tesouro Nacional em autorizar o Distrito Federal a celebrar operações de crédito com entidades de fomento e instituições financeiras internacionais comprometem, de modo irreversível, a prestação, no plano local, de serviços públicos de caráter primário, pois inviabilizam a obtenção de recursos financeiros necessários ao desenvolvimento e ao fortalecimento de áreas sensíveis, tais como a gestão das águas e a drenagem urbana, a preservação ambiental (proteção de nascentes e recuperação de erosões), bem assim a execução de obras de saneamento básico, na modalidade abastecimento de água, além do aperfeiçoamento institucional da administração tributária do Distrito Federal, para efeito de adequado custeio dos serviços públicos, notadamente no domínio da saúde e da educação públicas. Situação que configura, de modo expressivo, para efeito de outorga de provimento cautelar, hipótese caracterizadora de "periculum in mora".

Precedentes. (AC 2197 MC-REF, Relator(a): Min. CELSO DE MELLO, Tribunal Pleno, julgado em 13/11/2008, DJe-213 DIVULG 12-11-2009 PUBLIC 13-11-2009 EMENT VOL-02382-01 PP-00050)

Contudo, vale destacar que, apesar desta ter sido a primeira vez que o tema foi abordado em um julgamento definitivo pelo Supremo Tribunal Federal, diversas outras decisões monocráticas adotando posicionamento idêntico já tinham sido proferidas a esta altura. Dentre estas, destaca-se o julgamento monocrático proferido pelo Ministro Gilmar Mendes enquanto Presidente do Tribunal (AC 2104 MC / RO, Rel. Min. Eros Grau, julgamento em 28 de julho de 2008), posteriormente referendado pelo Plenário da Corte, cujos argumentos, pela sua clareza, têm sido reiteradamente mencionados, inclusive no acórdão de Relatoria do Ministro Celso de Mello citado anteriormente (AC 2197 MC-REF) e em diversos outros ao longo dos últimos 20 anos – uma vez que o posicionamento do Supremo tem sido unânime sobre a matéria. Veja-se:

> Como afirmei recentemente, em situação análoga (AC-MC 2.094, decisão de 17.7.2008), parece-me plausível o argumento da violação ao princípio da "intranscendência das sanções e das medidas restritivas de ordem jurídica", bem delineado pelo Ministro Celso de Mello em decisão na AC-AgR-QO 1.033 (DJ 16.6.2006):
> "O postulado da intranscendência impede que sanções e restrições de ordem jurídica superem a dimensão estritamente pessoal do infrator. Em virtude desse princípio, as limitações jurídicas que derivam da inscrição, no CAUC, das autarquias, das empresas governamentais ou das entidades paraestatais não podem atingir os Estados-membros ou o Distrito Federal, projetando, sobre estes, conseqüências jurídicas desfavoráveis e gravosas, pois o inadimplemento obrigacional - por revelar-se unicamente imputável aos entes menores integrantes da administração descentralizada - só a estes pode afetar. - Os Estados-membros e o Distrito Federal, em conseqüência, não podem sofrer limitações em sua esfera jurídica motivadas pelo só fato de se acharem administrativamente vinculadas, a eles, as autarquias, as entidades paraestatais, as sociedades sujeitas a seu poder de controle e as empresas governamentais alegadamente inadimplentes e que, por tal motivo, hajam sido incluídas em cadastros federais (CAUC, SIAFI, CADIN, v.g.)".
> *Não obstante o mencionado precedente se refira apenas à impossibilidade de se impor sanções e restrições ao ente central em virtude de irregularidades perpetradas por entidades de sua Administração indireta - o que se explica pelo fato de estas entidades possuírem personalidade jurídica distinta da do ente central -, entendo que a ratio decidendi dessa decisão também possa ser*

estendida para aquelas hipóteses em que ato praticado por um Poder gere conseqüências gravosas para outro.

A despeito do fato de o Ministério Público e os Poderes Executivo, Legislativo e Judiciário não possuírem personalidade jurídica distinta da do ente federativo do qual fazem parte, a Constituição os dotou de autonomia administrativa, financeira e orçamentária. Assim, não poderia o Poder Executivo intervir na esfera administrativa dos demais Poderes e do Ministério Público, compelindo-os a cumprir as disposições presentes na Lei de Responsabilidade Fiscal.

Por conseguinte, se o Poder Executivo estadual não pode desfazer ato administrativo omissivo ou comissivo imputado a outro Poder ou órgão autônomo, é razoável entender que ele também não possa ser obrigado a suportar as consequências gravosas desse ato ou omissão (grifos nossos).

Conforme exposto pelo Ministro Gilmar Mendes em sua decisão, a transmudação do princípio da intranscendência das sanções, anteriormente aplicado apenas às situações nas quais o ente infrator pertencesse à administração indireta, sendo, portanto, pessoa jurídica distinta daquela que viria a sofrer a sanção, para os casos em que o infrator trata-se de órgão da própria administração pública direta, deve-se à especial circunstância destes órgãos serem dotados de autonomia orçamentária, administrativa e financeira.

O fato é que a inaplicabilidade de sanções em face do descumprimento pelos poderes autônomos dos limites específicos para gasto com pessoal previstos na Lei de Responsabilidade Fiscal, somada à impossibilidade do Poder Executivo proceder aos ajustes necessários para tanto, finda por colocar os entes federativos brasileiros em uma situação na qual a Lei de Responsabilidade Fiscal tem sido diuturnamente descumprida, sem que nada possa ser feito a respeito, sob pena de interferência na separação dos poderes. A esse respeito, nos posicionamos no seguinte sentido:

> Autonomia, sem limite, é arbítrio. Em um Estado Democrático de Direito, é inadmissível que qualquer órgão ou ente público, bem como os agentes públicos que agem em seu nome, detenham poderes absolutos e ilimitados. No Brasil, o fato da Constituição assegurar autonomia orçamentária aos demais Poderes, além do Executivo, de maneira até mesmo diversa do que ocorre em outros países, implica na necessidade que também sobre eles recaiam limites que, uma vez descumpridos, coloque-os na posição de sofrer algum tipo de sanção, visando restaurar a ordem jurídica violada (FERNANDES, 2017, p. 154).

Ademais, a análise dos julgados apresentados revela a inexistência de qualquer operação de ponderação de princípios por parte dos Ministros do STF, no sentido de contrapor, de um lado, o princípio da intranscendência das sanções com princípios constitucionais que protegem um estado de coisas no qual se preserva a capacidade financeira do Estado de arcar com suas competências constitucionais, notadamente o princípio da sustentabilidade fiscal e/ou o princípio da gestão responsável dos recursos.

Nesse contexto, deve-se questionar: como tornar efetivo o comando contido no artigo 20 da Lei de Responsabilidade Fiscal? Conforme proposta por nós formulada em obra anterior, restaria ao Poder Judiciário, uma vez provocado, declarar a inconstitucionalidade de Lei de Diretrizes Orçamentárias, Lei Orçamentária Anual ou Plano Plurianual que autorize o seu descumprimento, impondo, dessa maneira, ao Poder que está agindo em violação à LRF o dever de ajustar seus gastos para se adequar ao limite legal (FERNANDES, 2017, p. 155).

De certo, o princípio da separação dos poderes não pode servir de escudo para permitir uma violação contumaz à ordem jurídica brasileira. Caso contrário, tem-se situação na qual os limites para despesa com pessoal previstos na Lei de Responsabilidade Fiscal aplicam-se apenas ao Poder Executivo, e aos demais, quando lhes convier.

Conclusão

Verificou-se a partir da análise desenvolvida que a eficácia do artigo 20 da Lei de Responsabilidade Fiscal, que estabelece limites para despesas com pessoal específicos por poder, tem restado comprometida em razão da dificuldade de se impor sanções aos entes envolvidos por ocasião do seu descumprimento pelos Estados-membros, notadamente por seus poderes autônomos.

Constatou-se nos julgamentos apresentados a ausência de ponderação do princípio da intranscendência das sanções com outros princípios constitucionais que protegem um estado de coisas no qual se preserva a capacidade financeira do Estado de arcar com suas competências constitucionais, como o princípio da sustentabilidade fiscal e/ou o princípio da gestão responsável dos recursos.

Por fim, sugeriu-se uma participação mais ativa do Poder Judiciário para a concretização dos comandos contidos no artigo 20 da Lei de Responsabilidade Fiscal, inclusive mediante a possibilidade de declarar inconstitucional Lei de Diretrizes Orçamentárias, Lei

Orçamentária Anual ou Plano Plurianual que autorize o seu descumprimento, impondo, dessa maneira, ao Poder que está agindo em violação à LRF o dever de ajustar seus gastos para se adequar ao limite legal.

Referências

CONTI, José Maurício. *A autonomia financeira do Poder Judiciário*. São Paulo: MP Ed., 2006.

DI PIETRO, Maria Sylvia Zanella. *Direito Administrativo*. 27. ed. São Paulo: Atlas, 2013.

FERNANDES, Andressa Guimarães Torquato. *The constitutional principle of fiscal sustainability*: considerations regarding its definition and application in judicial decisions involving budgetary issues. Berlin: Duncker & Humblot GmbH, 2019.

FERNANDES, Andressa Guimarães Torquato. Da possibilidade de controle de constitucionalidade das leis orçamentárias pelo STF com a finalidade de dar cumprimento ao artigo 20 da LRF. *In*: CONTI, José Maurício (Coord.). Poder Judiciário – Orçamento, Gestão e Políticas Públicas. São Paulo: Almedina, 2017.

HARADA, Kiyoshi. Despesas com pessoal na Lei de Responsabilidade Fiscal. *In*: CONTI, José Maurício; SCAFF, Fernando Facury (Coord.). *Lei de Responsabilidade Fiscal*: 10 anos de vigência – questões atuais. São Paulo: Conceito Editora, 2010.

HOLMES, Stephen; SUNSTEIN, Cass R. *The cost of rights*: why liberty depends on taxes. New York: W.W. Norton & Company, 2000.

Informação bibliográfica deste texto, conforme a NBR 6023:2018 da Associação Brasileira de Normas Técnicas (ABNT):

FERNANDES, Andressa Guimarães Torquato. A aplicação do princípio da intranscendência das sanções na jurisprudência do STF em casos envolvendo limites setoriais para despesa com pessoal. *In*: FIRMO FILHO, Alípio Reis; WARPECHOWSKI, Ana Cristina Moraes; RAMOS FILHO, Carlos Alberto de Moraes (Coord.). *Responsabilidade na gestão fiscal*: estudos em homenagem aos 20 anos da lei complementar nº 101/2000. Belo Horizonte: Fórum, 2020. p. 117-134. ISBN 978-65-5518-034-3.

LEI DE RESPONSABILIDADE FISCAL E JUSTIÇA INTERGERACIONAL OU O CONSELHO DE ANQUISES

ARTHUR CESAR DE MOURA PEREIRA

JURANDI FERREIRA DE SOUZA NETO

Introdução

O Livro VI da Eneida[1] narra a descida de Enéas ao reino dos mortos. O herói, após escapar com seu povo da fúria de Achiles, que destruía Troia, já havia penado bastante em busca de uma terra para si e para os seus. Os deuses lhe haviam prometido um lugar em que as próximas gerações floresceriam. Mas, àquela altura, o esforço não parecia valer a pena. A geração atual de troianos sofria. Decide ele, então, descer ao Tártaro para encontrar seu pai, Anquises, e lhe pedir conselhos. Do alto dos Campos Elísios, pai e filho contemplam a glória das gerações futuras: o sacrifício de agora faria surgir o povo que, desde Roma, dominaria o mundo conhecido. Fugir às responsabilidades de agora impediria o nascimento do império que definiria o Ocidente. Naquele momento, o caudilho troiano compreende que sua jornada lançaria as bases de um pacto intergeracional.

---

[1] Cf. excelente tradução de Carlos Alberto Nunes (VIRGÍLIO: 2016).

Em seu estudo sobre o que embasa as decisões intergercionais, Wade-Benzoni (2002) discute a seguinte hipótese: se a geração atual vem suportando pesados encargos deixados pela geração anterior, ela fica mais suscetível a repassar às gerações futuras os ônus financeiros (custos) dos benefícios que ora recebe. Isso pode causar uma reação em cadeia em que uma geração, culpando a anterior, repassa os ônus financeiros à posterior, com resultados desastrosos para as finanças de um país. Se pensasse assim, Enéas jamais consideraria os interesses dos futuros troianos: afinal, caiu sobre si e sua geração o ônus da perda e destruição da Troia dirigida por Príamo, o que vinha impondo pesados fardos a todos os que com o Anquisíada escaparam da destruição. Enéas precisou contemplar o futuro e ouvir o passado para poder encontrar seu objetivo de vida no presente.

Nem todos os agentes políticos compartilham dos ideais do famoso herói. Shi *et al.* (2002) produzem substancial evidência empírica que demonstra que a política orçamentária costuma variar bastante em períodos eleitorais, sobretudo em países em desenvolvimento. Isso sugere que os agentes políticos tendem a centrar esforços (e recursos públicos) nas necessidades de hoje, em prejuízo das vicissitudes de amanhã. Resultado semelhante está bem documentado em Persson (2002). Há também forte evidência de que os gastos públicos e a arrecadação sofrem, para além da interferência política, influências exógenas que podem contaminar o processo orçamentário e resultar em desequilíbrio ou interferências no consumo ou no PIB, por exemplo (BLANCHARD; PEROTTI, 2002; FATÁS; MIHOV, 2001; BURNSIDE *et al.*, 1999; MOUNTFORD; UHLIG, 2002; PEROTTI, 2004; GALÍ *et al.*, 2002).

Todos aqueles fatores podem deixar as decisões políticas sobre o orçamento mais suscetíveis às demandas e pressões da geração atual (STIGLITZ *et al.*, 2015:876), transferindo-se a conta para as gerações futuras. Por essa razão, Fatás (2005:15) defende que "a adoção de regras fiscais (como regras de orçamento equilibrado) é em parte motivada por razões intergeracionais".[2] A justiça intergeracional, na seara das finanças públicas, exige que o orçamento seja sustentável.

De acordo com Anderson *et al.* (2009:11), "sustentabilidade fiscal é um conceito multidimensional que incorpora uma avaliação de solvência, crescimento econômico estável, tributos estáveis e justiça intergeracional".[3] Ainda em 2002, a OECD (2002) identificou os benefícios

---

[2] Livre tradução.
[3] Livre tradução.

das regras de controle fiscal, como a Lei de Responsabilidade Fiscal (LRF), para a obtenção de sustentabilidade fiscal de longo prazo. Mesmo economistas pouco afeitos às regras de austeridade fiscal reconhecem os problemas intergeracionais causados pelo alto déficit nas contas públicas (Stiglitz *et al.*, 2015:875).

No contexto brasileiro, "ao longo dos primeiros anos de vigência, a LRF funcionou de maneira satisfatória, contribuindo, junto a todo o arcabouço institucional vigente à época, para melhorar a situação fiscal dos estados" (TINOCO, 2018; LIENERT, 2016). É bem verdade que a saúde fiscal dos estados se deteriorou nos últimos anos por razões que aqui não cabe abordar. Mas isso não significa que a LRF tenha diminuído em importância ou em eficácia. Certamente, ainda hoje há o que aprimorar no controle fiscal brasileiro (MACIEL, 2016; AFONSO *et al.*, 2017). É de se reconhecer, contudo, que há 20 anos uma decisão foi tomada com vistas ao futuro: a edição de uma lei que representasse um marco na proteção das finanças públicas e das gerações futuras.

O presente artigo aborda a LRF da perspectiva da justiça intergeracional, trazendo para o debate sobre finanças públicas a questão do pacto social entre o presente e o futuro. Outros países já tratam com assaz seriedade aquela questão. O equivalente no Reino Unido ao Ministério da Economia (Treasury) faz uso de um manual para orientar a análise e a avaliação de políticas públicas, gastos e transferências de riqueza do ponto de vista intergeracional (HM Treasury, 2009). Também o governo australiano (The Treasury, 2015) produz a cada cinco anos um relatório do impacto intergeracional das políticas públicas e fiscais de forma a avaliar seu grau de sustentabilidade fiscal. Por seu turno, o Fundo Monetário Internacional (IMF, 2007:123) elenca como boa prática de gestão orçamentária a contabilidade geracional.[4]

A primeira seção deste artigo relaciona a implementação de direitos fundamentais a um custo financeiro que deve ser enfrentado pela sociedade. Na segunda parte, expõem-se linhas argumentativas pelas quais é possível concluir pela existência de um dever fundamental para com as gerações porvindouras, bem como pela subsistência, no ordenamento jurídico brasileiro, de fundamentos constitucionais para se reconhecer um direito ao equilíbrio fiscal intergeracional. Na terceira seção, alguns dispositivos da LRF são colhidos como exemplos que

---

[4] "Contabilidade geracional é utilizada para avaliar as implicações distributivas da política fiscal para diferentes grupos. Isto é obtido estimando o valor atual de pagamentos líquidos de tributos (tributos pagos menos os benefícios recebidos) durante o tempo de vida de diferentes gerações, sob as políticas de tributação e despesa vigentes" (livre tradução).

ilustram critérios de justiça intergeracional no controle das finanças públicas. Examina-se, também, a proposta de Emenda Constitucional que transporta para a Norma Ápice aqueles critérios, o que reforça, na LRF, o pacto intergeracional que ela estabelece.

Ao final, conclui-se que a LRF tem claras inspirações na justiça intergeracional, impondo às gerações contemporâneas os desafios e responsabilidades que lhe são próprios, nos custos pela implementação de direitos fundamentais. A LRF limita os agentes políticos em sua capacidade de, via orçamento, transferir os custos presentes para as gerações vindouras, em iníqua rolagem de dívida que, a longo prazo, destrói as finanças de um país. Argumenta-se, noutras palavras, que a LRF, tal como no mito, impõe a prudência de Enéas ao tratar do presente e do futuro, seguindo alvitre de seu pai, Anquises. Ao mesmo tempo, a LRF autoriza que as gerações futuras dividam os custos de investimentos que lhes serão benéficos.

1 O custo dos direitos no Estado Fiscal

A Constituição Federal de 1988 reconhece grande variedade de direitos fundamentais (SARLET: 2018). Retirá-los do papel e efetivá-los de forma que o cidadão os perceba no dia a dia, deles se aproveite e faça uso, e com eles se proteja, quando necessário, é dever constitucional do Estado e de toda a sociedade (Constituição Federal, arts. 1º e 3º).

Por primeiro, é inquestionável que o Estado não pode tomar os direitos fundamentais como mera sugestão programática de governo. A Constituição Federal impõe ao Estado o dever de implementá-los (art. 5º: "garantindo-se aos brasileiros...") . A Norma Ápice deu os fins; deu também os meios. É graças à tributação (arts. 145-162) e à atividade financeira como um todo (arts. 163-169) que o Estado obtém os valores indispensáveis à consecução daquele nobre fim. Como Musgrave *et al.* (1989:107) observam, a tributação e o orçamento estão no centro do sistema social. De fato, a implementação de todo e qualquer direito tem um custo que precisa ser enfrentado (HOLMES *et al.*, 2013; ELSON *et al.*, 2013:13, NABAIS, 2002), na maioria das vezes, por meio da tributação.

Alguns poucos países se beneficiam com a farta arrecadação decorrente da exploração de seus recursos naturais. Assim é que petrodólares irrigam o orçamento da Arábia Saudita, por exemplo. A imensa maioria dos países, no entanto, configura-se como Estado Fiscal, arrecadando prioritariamente por meio de tributação.

Se ao Estado cabe o múnus constitucional de implementar direitos e garantias fundamentais, diante do custo financeiro que isso representa, maior será a relevância da gestão e controle das finanças públicas voltadas à produção e à administração das receitas necessárias àquela implementação.

No plano do Direito Internacional, o tema dos custos da implementação dos direitos fundamentais costuma vir tratado na forma de *Maximum Available Resources*, conceito que traduziremos aqui como Máximos Recursos Disponíveis (MRD). Estados que aderem a tratados que contêm determinação sobre MRD se obrigam a elaborar suas peças orçamentárias reservando a maior parte possível de receitas para a implementação de direitos fundamentais. Fica clara, naqueles tratados, a relação de dependência entre os direitos fundamentais e a formação de receitas.[5] Não por acaso o estudo da relação entre finanças públicas e direitos humanos vem se desenvolvendo bastante (NOLAN *et al.*, 2013).

A Constituição Federal de 1988 reserva ao Estado um papel de proeminência na implementação dos direitos fundamentais. Ainda que aquela tarefa não seja exclusiva do setor público,[6] não há como negar o protagonismo da atuação estatal na formulação e implementação de políticas públicas voltadas àquele fim. Em um Estado Fiscal, a tributação se apresenta como uma das soluções para a ampliação do espaço fiscal para a destinação dos MRD para a implementação de direitos fundamentais. Há, contudo, outras alternativas.

Elson *et al.* (2013) sintetiza a questão nos seguintes termos. Para os economistas liberais, o espaço fiscal para a implementação de direitos fundamentais pode surgir por meio de corte de despesas, do remanejamento de receitas já existentes e da melhoria da eficiência administrativa. Isso decorre da necessidade de manutenção do equilíbrio fiscal, conceito que, como veremos, tem graves implicações para a teoria da justiça intergeracional. Para a linha mais próxima ao keynesianismo, a expansão de gastos e da tributação é a melhor maneira de criar receitas para a promoção de políticas públicas de direitos fundamentais. Para essa corrente de pensamento, o déficit fiscal não é um problema *per se*. Kettl (2018:299) adverte, porém, que, quanto mais empréstimos o

---

[5]   Como exemplos, citamos a International Covenant on Economic, Social and Cultural Rights, Article 2; e a Convention on the Rights of the Child, Article 4.

[6]   Mais e mais se consolida a tese de que essa tarefa não é exclusiva do governo. A ONU tem norma naquele sentido desde 2011. Com efeito, o documento Guiding Principles on Business and Human Rights trata de recomendações e padrões de conduta para que as empresas colaborem na implementação dos direitos fundamentais.

governo realiza, menos sobra para investimentos privados, o que impacta negativamente o crescimento futuro. E prossegue: "déficits muito altos amarram as mãos do governo no combate a futuras recessões, já que haveria limitada capacidade de aumentar despesas e, portanto, de estimular a economia".[7]

Seja por meio de melhor administração dos tributos já existentes (corte de despesas, aprimoramento da gestão administrativa, etc.), seja através da instituição novos tributos, parece-nos que a LRF tem inevitável protagonismo na definição do espaço fiscal e na alocação dos MRD para implementação dos direitos fundamentais e a distribuição intergeracional da carga fiscal dali decorrente. Alguns dos dispositivos da LRF mais diretamente afetados àquela questão são objeto da terceira parte deste artigo.

A relação direta entre implementação dos direitos fundamentais e os custos daquela atividade nos permite avançar em considerações sobre a política de tributação. A constatação de que todo e qualquer direito tem um custo imediato (HOLMES *et al.*, 2013) suscita indagar quem pagará aquela conta. Do ponto de vista da justiça aristotélica (*Suum Cuique Tribuere*), seria correto afirmar que aquele grupo mais beneficiado com determinada política pública fosse o responsável pelo pagamento dos tributos necessários para custear a consecução da atividade administrativa de implementação daquele benefício. A isso Mankiw *et al.* (2017:190) chamam *benefits principle*.

É possível, ainda, que o critério de distribuição dos ônus tributários esteja relacionado à justiça redistributiva como uma função mesma do orçamento (MUSGRAVE *et al.* 1989: 6-12), fazendo recair o ônus da tributação sobre outro grupo, que não o beneficiado pela política pública custeada pela arrecadação de determinado tributo. Para ilustrar o quanto dissemos, discutamos, como exemplo, o programa Bolsa Família. Quais direitos estariam a ele relacionados? O direito à renda mínima pressupõe respeito à dignidade humana. Pode-se falar também em direito à alimentação. A condição de recebimento relacionada à matrícula de crianças em idade escolar expande o programa para a área de educação, assim como a exigência de regularidade da carteira de vacinação tangencia o direito à saúde. Quem deve custear, pela via do pagamento de tributos, a implementação daqueles direitos conexos ao Bolsa Família?

---

[7] Tradução nossa.

Vejamos o que diz De Schutter (2009), enviado especial das Nações Unidas para avaliar o programa Bolsa Família:

O Relator Especial conclui que, enquanto os programas sociais desenvolvidos sob a estratégia do "Fome Zero" são impressionantes em seu escopo, eles são essencialmente financiados pelas mesmas pessoas que eles visam beneficiar, tendo em vista que o sistema tributário regressivo limita seriamente o impacto redistributivo dos programas. Apenas introduzindo uma reforma tributária que revertesse a situação atual o Brasil poderia se dizer buscando entender o direito à alimentação adequada em direção ao máximo de seus recursos disponíveis (livre tradução).

Em outras palavras, devido a nosso modelo de tributação, o Programa Bolsa Família é custeado em larga medida pelas mesmas pessoas que dele se beneficiam. A situação é inusitada: um programa de renda mínima – e, portanto, voltado para quem não tem renda – é pago com a renda de quem se beneficia do próprio programa.

Para além de discussões sobre o modelo brasileiro de tributação, concentrado na produção e no consumo, parece não haver dúvidas de que o debate está limitado ao deslocamento intrageracional da carga tributária. Caberia indagar, por hipótese, se a União estaria autorizada a realizar operação de crédito para levantar fundos destinados ao custeio do referido programa. Em caso positivo, as gerações futuras estariam suportando parte do ônus pela implementação de benefícios para a geração atual.

Ainda, importa mencionar a hipótese difundida pelo ecologista Garrett Hardin (1968) pelo nome de *tragedy of the commons* (tragédia dos comuns) e pela qual se argumenta que uma exploração descoordenada sobre qualquer fonte comum de recursos tende a levar ao seu esgotamento, já que os agentes tenderão a atuar visando exclusivamente suas necessidades imediatas. Assim o é no caso de pescadores que retirem sustento de determinado aquífero e não cheguem a um acordo acerca do volume de pesca em tempos de procriação dos animais. De igual forma se dá no campo das finanças públicas, em que a ânsia pelo acesso aos recursos tende a induzir ao colapso da fonte de recursos.[8]

Estabelecido o vínculo entre direitos fundamentais e o custo de sua implementação, nos Estados fiscais, como o é Brasil, convém

---

[8] Para um estudo sobre o uso da teoria da tragédia dos comuns na tributação do setor de telecomunicações, cf. MOURA (2019).

ampliar a análise para os limites da justiça intergeracional e o papel de destaque que a LRF tem na fixação dos lindes jurídicos que asseguram um pacto intergeracional em favor do equilíbrio fiscal. Com efeito, o crescimento dos gastos sociais – decorrentes da implementação de direitos sociais como saúde e educação públicas – torna ainda mais relevante a existência de regras fiscais que minimizem o risco de políticas econômicas pró-cíclicas e resguardem a sustentabilidade fiscal (CORBACHO *et al.*, 2016:54). Este é o tema das próximas seções.

2 Justiça intergeracional e finanças públicas

Justiça intergeracional é tema muito discutido no universo da filosofia e sociologia jurídicas, mas também é objeto de profunda preocupação no campo da economia, como destacam Coombes *et al.* (2002), que explicam a justiça intergeracional, em matéria de finanças públicas, pelo princípio do benefício (*benefits principle*):

> Na Austrália, assim como em vários outros países desenvolvidos e em desenvolvimento, existe uma preocupação crescente sobre o custo ascendente de programas públicos, particularmente saúde pública, cuidados a idosos e seguridade social. Vários fatores contam para esta preocupação. Talvez o mais importante seja o avanço tecnológico, que tem gerado o aumento do custo unitário de tratamentos médicos e que tem amplamente estendido a longevidade. Mudança demográfica, que surge do declínio da fertilidade e o aumento da longevidade, também é um importante fator. A preocupação é que o custo público de sustentar a população aposentada vá levar a um peso exagerado na tributação de gerações futuras. (...)
> Um princípio fundamental da equidade intergeracional é o princípio do benefício. De acordo com essa proposta, contribuintes em cada período de tempo devem (como uma coletividade) contribuir para as despesas públicas que os beneficiam, de acordo com sua proporção do benefício. Em outras palavras, eles devem "pagar seu próprio caminho" sem financiar ou ser financiados por contribuintes de outros períodos de tempo (livre tradução).

Desta sorte, parte-se de uma noção aristotélica: a de se dar a cada um o que lhe é devido. A temática não se confunde com discussões civilistas sobre a personalidade ou existência de direitos do nascituro; não se trata aqui de um futuro incerto, mas de um futuro certo, de sorte que o grau de certeza de sua existência claramente densifica e torna mínimo o grau de abstração no debate. As lesões às referidas gerações, de igual forma, são palpáveis e atualmente possíveis, ou, como afirmam Fochmann *et al.* (2018), "a questão do ponto de vista comportamental é sobre se o povo deseja usar este instrumento [a dívida pública] para vantagem própria ou se seu altruísmo intergeracional é forte o bastante para evitar que se explore gerações futuras".[9] Importa ressaltar que o art. 3º, inciso I, de nossa Carta firma que é objetivo fundamental da República "construir uma sociedade livre, justa e solidária".[10] A solidariedade e a justiça configurarão, para o primeiro pilar desta seção, o fundamento *per se*; e para o segundo pilar, um postulado hermenêutico.

A presente abordagem se dá sob dois argumentos centrais: *i)* da responsabilidade intergeracional enquanto dever imanente do *status* passivo de Jellinek; *ii)* da responsabilidade intergeracional como decorrência de direitos fundamentais garantidos às gerações futuras. Passemos à análise das perspectivas mencionadas.

A primeira vertente, conforme adiantado, considera que não se poderia falar em efetivo direito por parte das gerações futuras. Para esta vertente, apenas possui direito aquele que possui interesse (CÂMARA, 2016:103); desta sorte haveria no ordenamento *deveres* ou *responsabilidades* para com as gerações futuras, ainda que sem a existência de direitos.

Pela clássica teoria dos *status*, Georg Jellinek aponta que o cidadão possui para com o Estado quatro *status*: o negativo (*status libertatis*), o positivo (*status civitatis*), o ativo (*status da cidadania ativa*) e o passivo – (*status subiectionis*) (ALEXY, 2008: 254-269).

O *status* passivo – de todos o menos discutido – cuida dos deveres do cidadão para com o Estado, muitos dos quais ostentam verdadeiro caráter *fundamental*. Todo dever que implica diretamente o reconhecimento ou proteção de um valor fundamental é um dever fundamental. O *status*, dentro da lógica de Jellinek, não se traduz diretamente como direitos, ainda que possa deles decorrer (ALEXY, 2008:255):

> Como uma relação que qualifica o indivíduo, o status deve ser uma situação, e, como tal, diferenciar-se de um direito. Isso porque o status, na forma como Jellinek o expressa, tem como conteúdo o "ser" e não

---

[9] Livre tradução.
[10] Sobre a solidariedade, assinala Câmara (2016: 94): (...) Os direitos coletivos da humanidade, tais quais os direitos ao desenvolvimento sustentado, à paz, à saúde, à proteção genética e ainda o direito a um meio-ambiente ecologicamente equilibrado (art. 225, CF) se deixam, sem dificuldade, interpretar como extensão natural da ideia de solidariedade entre os homens – vínculo recíproco de pessoas independentes e requisito primordial à realização da humanidade em toda sua extensão: direitos que apresentam forte aptidão para integrar e unir a humanidade num mundo instável e finito.

o "ter" jurídico da pessoa. Alguns exemplos podem esclarecer o que Jellinek entende, nesse caso, por "ser" e "ter". Por meio da concessão do direito de votar e do direito de livremente adquirir propriedade, modifica-se o status de uma pessoa e, com isso, o seu ser, enquanto a aquisição de um determinado terreno diz respeito apenas ao seu "ter".

Desta sorte é que deveres constitucionais podem existir ainda que sem um titular direto de algum direito. Um exemplo já declarado, *en passant*, pelo Supremo Tribunal Federal é o *dever fundamental de pagar tributos* (voto do Min. Gilmar Mendes na ADI nº 1.055/DF), há muito defendido pelo jurista português Casalta Nabais (2002).

Outros deveres são citados por Dimoulis *et al.* (2007), dentre os quais: o *i)* dever de efetivação dos direitos fundamentais e de garantia das instituições; *ii)* os deveres específicos do Estado em face dos indivíduos; *iii)* os deveres de criminalização do Estado; *iv)* os deveres dos cidadãos e da sociedade; e *v)* os deveres decorrentes do exercício dos direitos. Ressalte-se, em adendo, que os próprios objetivos fundamentais da República (art. 3º da Constituição) constituem deveres fundamentais. Pode, pois, a responsabilidade intergeracional, por esta via, ser observada como um dever fundamental, na linha do que Jellinek explicou como *status subiectionis.*

Sob o prisma da *justiça intergeracional*, explana Câmara (2016: 98) que "Rawls estabelece que a justiça há de aplicar-se a todos os membros da comunidade humana, estejam eles a viver intra ou intertemporalmente". Os mais sólidos argumentos em favor de um direito intergeracional estão, de fato, em John Rawls.

A teoria da justiça de Rawls é traduzida em geral como uma justiça como equidade (*fairness*), conceito no qual se inclui – ou do qual é sinônimo – a justiça enquanto igualdade de oportunidade. Neste âmbito, "a sociedade é interpretada como um empreendimento cooperativo para a vantagem de todos" (RAWLS, 2002:84).

Câmara (2016:98) explica que, em Rawls, o problema da justiça como igualdade "exige que se mantenha para o futuro a igualdade de oportunidades atualmente existente". Ao tratar sobre as obrigações existentes para com as gerações futuras, Rawls argumenta sobre o "princípio da poupança justa", pelo qual as gerações presentes não podem tomar das futuras condições mínimas para que desfrutem de condições pelo menos equivalentes às suas. É dizer:

> A noção de poupança justa preconiza a ocorrência de um tácito acordo entre as gerações, designadamente com o propósito de que cada geração

comprometa-se para a efetivação e conservação das instituições de uma sociedade bem ordenada; ou seja, retrata a hipotética concordância intersubjetiva referente à garantia de que cada geração ulterior receba da geração precedente aquilo que lhe seria devido (ganhos de bens, cultura *etc.*) e faça a sua parte com relação às gerações seguintes. O princípio da poupança justa exprime, pois, a ideia de que "cada geração deve contribuir para que a posteridade imediata venha a desfrutar uma situação melhor do que aquela herdada pela geração antecedente. Qualquer coisa que importe em menos que isso seria injusto para com as futuras gerações; qualquer coisa que sobrexeda a isso: injusto com a presentes gerações.

A atuação humana do presente, pois, deve ser encampada com o limite de poupar para as gerações futuras condições justas de oportunidade. Medidas político-fiscais que impliquem a antecipação de benesses com a postergação de gravames, como o superendividamento público, são evidentemente nocivas às gerações porvindouras.

O segundo dos pilares inicialmente mencionados, por outro lado, reconhece a titularidade de direitos fundamentais pelas gerações futuras. Tal corrente busca arrimo, principalmente, no *caráter universal* dos direitos fundamentais.

Tal universalidade implica reconhecer direitos a toda a humanidade de forma indistinta e tão somente porque cada indivíduo da espécie humana guarda em si parcela indelével de dignidade. Para Immanuel Kant (2012: 78-79), o mais influente dentre os filósofos que ajudaram na fundamentação dos direitos do homem, o ser humano seria o único dos animais que poderia agir segundo leis que impõe a si mesmo. Esse atributo é intitulado pelo prussiano de livre-arbítrio – *freie Willkür*.[11]

O homem, pois, consegue dividir as coisas entre valores absolutos e relativos, e consegue se orientar por leis práticas que elege. O ser humano teria, nestes termos, natureza insubstituível, porquanto dotado de livre-arbítrio, e sem ele não haveria fundamento para a razão. Assim, "a natureza racional existe como um fim em si" (KANT, 2002:59). Sintetizou, desta forma, o que nomeou de fórmula da humanidade, concluindo com um dos mais importantes raciocínios sobre os quais se funda a dignidade humana (KANT, 2002:59-65):

---

[11] Kant (2012:78-79): "(...) *Freie Willkür* é o arbítrio determinado pela vontade ou razão prática, para ajustar as máximas a uma lei universal, deixando de corresponder a uma simples significação sensível para tornar-se livre. Aqui o determinante é a lei e o determinável o simples querer sensível. Importa a distinção porque é a disposição ou determinação pela lei que faz com que o homem seja livre, apartando-se da animalidade para transformar-se em ser racional".

Agora eu afirmo: o homem – e, de uma maneira geral, todo ser racional – existe como fim em si mesmo, e não apenas como meio para o uso arbitrário desta ou daquela vontade. Em todas as suas ações, pelo contrário, tanto nas direcionadas a ele mesmo como nas que o são a outros seres racionais, deve ele ser sempre considerado simultaneamente como fim. (...)

O imperativo prático será, pois, o seguinte: age de tal maneira que possas usar a humanidade, tanto em tua pessoa como na pessoa de qualquer outro, sempre e simultaneamente como fim e nunca simplesmente como meio. (...)

No reino dos fins, tudo tem ou um preço ou uma dignidade. Quando uma coisa tem preço, pode ser substituída por algo equivalente; por outro lado, a coisa que se acha acima de todo preço, e por isso não admite qualquer equivalência, compreende uma dignidade.

Neste sentido é que todo aquele detentor de livre-arbítrio é titular de direitos fundamentais e a tal característica se convencionou chamar *universalidade*. Não se poderia, pois, explorar o meio ambiente de forma a inviabilizar sua exploração pelas gerações futuras; de igual forma, não se tem o direito de gerar um endividamento trágico da máquina pública em benefício das atuais gerações e se condenando as porvindouras. Tem-se o dever de dar às gerações futuras, no mínimo, *igualdade de condições* em relação à presente.

Dentro da classificação pátria de direitos, poderíamos coerentemente fixar o direito a um equilíbrio intergeracional das finanças como direito difuso, baseando-nos no acurado conceito de Mancuso (2013:153) acerca dos interesses difusos.[12] Frise-se neste ponto que a teoria de Jellinek não logrou êxito em alcançar a categorização de direitos difusos e outros intersubjetivamente dedutíveis, conforme explica Alexy (2008: 271), ao citar crítica de Ulrich Preuß:

> Preuß – para citar um terceiro ponto de vista – inclui sua crítica à teoria dos status de Jellinek em um acrítica fundamental à categoria dos direitos subjetivos. Uma de suas teses centrais sustenta que "as relações sociais dos seres humanos (...) não podem ser organizadas por

---

[12] "(...) São interesses metaindividuais, que, não tendo atingido o grau de agregação e organização necessário à sua afetação institucional junto a certas entidades ou órgãos representativos dos interesses já socialmente definidos, restam em estado fluido, dispersos pela sociedade civil como um todo (*v. g.*, o interesse à pureza do ar atmosférico), podendo, por vezes, concernir a certas coletividades de conteúdo numérico definido (*v. g.*, os consumidores). Caracterizam-se: pela indeterminação dos sujeitos, pela indivisibilidade do objeto, por sua intensa litigiosidade interna e por sua tendência à transição ou mutação no tempo e no espaço".

meio de um sistema de atribuições de esferas de vida individualmente dominadas. As atuais ordenações das relações sociais – acentuadamente interdependentes e organizacionalmente mediadas – exigem categorias jurídicas que abarquem conceitualmente essa mediação social e superem a concepção de esferas de vida individualmente dominada". O conceito de direito subjetivo e, por conseguinte, também a teoria dos status de Jellinek não estariam aptos a essa tarefa.

Não cabe, pois, buscar dentro da teoria de Jellinek compartimento próprio para a espécie de direito aqui abordada.

Toda a discussão feita nesta seção avançou para o debate democrático no âmbito da Proposta de Emenda Constitucional nº 188, de 2019, intitulada de "Pacto Federativo". A proposta traz para o art. 6º da Constituição um parágrafo único, pelo qual deverá ser "observado, na promoção dos direitos sociais, o direito ao equilíbrio fiscal intergeracional".

No cerne da questão está a sustentabilidade fiscal. Está-se repassando para gerações futuras a conta de benefícios que estão sendo usufruídos hoje, como em um cheque especial.

Muito bem observou o economista e consultor legislativo Pedro Fernando Nery, em coluna do Estadão do dia 12 de novembro de 2019:

> A PEC de Guedes pauta o tema em um artigo com cláusulas pétreas da Constituição e o associa a um direito: o de nossos filhos e netos. Nessa narrativa, os beneficiários pelo ajuste fiscal e o equilíbrio orçamentário deixam de ser bancos e o mercado para ser as gerações futuras. A saúde das contas não é um fim em si mesma.

O endividamento público é sedutor para gestores que desejam aumentar gastos sem elevar a tributação. Na falta de onde se retirar recursos, retira-se do futuro; retira-se das gerações porvindouras. O aumento desenfreado das despesas obrigatórias, de igual modo, tende a descarrilhar-se da arrecadação de impostos e demandar o mesmíssimo endividamento, notadamente em sistemas progressivamente mais deficitários como o é nossa previdência social.

Tragicamente, o aumento não sustentável da dívida pública aliado à insustentabilidade das despesas correntes dificulta as condições de solvência do Estado (como uma empresa repleta de obrigações e já superendividada) e tende a progressivamente ampliar o risco das operações e, por conseguinte, o serviço da dívida (juros *etc.*). Chega-se a momentos em que o orçamento passa a ser quase integralmente consumidos por juros e dívida pública. A mera ameaça de não pagamento tem o poder de fechar para o Estado a torneira dos empréstimos e resultar, para o Poder Público, na impossibilidade de fazer frente às suas obrigações constitucionais.

Não se pode falar em direitos humanos sem desenvolvimento fiscalmente sustentável; não há direitos fundamentais sem sustentabilidade fiscal. Não há desenvolvimento sustentável no superendividamento e nem na distribuição irresponsável de recursos hoje em detrimento do futuro. Não há, também, justiça se roubamos das próximas gerações o direito de usufruir de condições socioeconômicas justas.

Em síntese, trata-se da máxima formulada por Hans Jonas (1984:36) em sobreposição ao imperativo categórico de Kant, ao tratar da responsabilidade das gerações atuais para com a vida futura: "aja de modo a que os efeitos de tua ação não se tornem destrutivos para as possibilidades futuras dessa vida".

As consequências práticas de se reconhecer um direito fundamental ao equilíbrio intergeracional ou uma solidariedade intergeracional em nossa Carta Política são: *i)* impedir a deflagração de políticas públicas populistas que superendividem o Estado e levem à berlinda o futuro fiscal da nação; *ii)* permitir ao Poder Judiciário que, na análise de reformas que tenham reflexos sobre direitos fundamentais, considere em um sopesamento eventuais restrições como advindas da necessidade de se resguardar a justiça intergeracional.

Como veremos adiante, a LRF consolida em si mesma os mecanismos de proteção intergeracional que, via Proposta de Emenda Constitucional, se pretende constitucionalizar.

3 Ferramentas da LRF que protegem as gerações futuras

A LRF tem a difícil missão de garantir a harmonia do pacto intergeracional diante da necessidade de: *i)* enfrentar gastos sociais crescentes e *ii)* manter o equilíbrio e a sustentabilidade fiscal do Estado. Para tanto, traz consigo dispositivos devotados à justiça intergeracional.

Tão intensa é a relação da LRF com a proteção das gerações futuras que a "Carta aberta em defesa da responsabilidade fiscal", elaborada em 2008 por quase seiscentas pessoas, em sua maioria técnicos das áreas de economia, finanças, auditoria, orçamento e contabilidade, preocupados com projetos legislativos que enfraqueciam a LRF, assentou expressamente a questão:

A lei concebeu instrumentos de controle exatamente para conformar a necessária solidariedade no esforço fiscal que cada ente federado e seus Poderes devem empreender para manter suas finanças sob controle. Ao invés de extinguir punições, no caso de algum órgão público não atender ao limite de gasto com pessoal, caberia prever restrições efetivas e diretas àquele órgão e, antes de tudo, reforçar a prevenção para evitar o desenquadramento. Ao invés de relaxar na vedação para que um governo financie outro, cabe buscar novos arranjos na rolagem da dívida, sem mudar a LRF, que permitam a um governo dever em melhores condições, mas desde que ônus fiscal não seja transferido para futuras gerações.[13]

Já no art. 1º, a LRF[14] informa que ela estabelece normas de responsabilidade na gestão fiscal, ou seja, para a administração das receitas e despesas do Estado. Indaga-se: a quem essa responsabilidade é devida? Noutras palavras, as estabelecidas "normas de finanças públicas voltadas para a responsabilidade na gestão fiscal" configuram responsabilidade para com quem? Ao endereçarmos a responsabilidade na gestão fiscal a alguém, fica evidente estarmos diante de um dever. Não um dever de natureza moral que se esgota naquele mesmo destinatário da obrigação. Trata-se de dever jurídico a ser cumprido pelos agentes do Estado a fim de atender a pretensão de alguém. Mas de quem?

Certamente aquele dever de responsabilidade não é para com os que já se foram, posto que já não respondem, senão a Deus, pelos débitos a si imputados. Não faria sentido que a referência legal fosse aos contemporâneos. Ao contrário: o descontrole fiscal costuma ser justificado em razão de supostas ou reais necessidades de beneficiar a geração atual, seja por meio de incrementos na economia (compras públicas, subsídios, isenções etc.), seja no aumento de gastos com a distribuição de benefícios estatais (saúde pública, transporte gratuito, educação pública, etc.). A história das contas públicas no Brasil revela que raramente a conta do descontrole fiscal chega para a geração que foi a responsável pela má gestão dos recursos e das despesas.

O dever de responsabilidade, portanto, foi estabelecido em relação às gerações futuras com o escopo de não lhes lançar aos ombros o pesado fardo do pagamento dos exageros e intemperanças de hoje. A LRF, desde seu pórtico, olha e preocupa-se com o futuro.

---

[13] Parte do documento consta do parecer do Senador Tasso Jereissati, relator do Projeto de Lei da Câmara nº 92, de 2008 – Complementar (PLP nº 132, de 2007 na Câmara) no Senado Federal.

[14] Art. 1º Esta Lei Complementar estabelece normas de finanças públicas voltadas para a responsabilidade na gestão fiscal, com amparo no Capítulo II do Título VI da Constituição.

Assim afirma Santos (2015):

(...) a preocupação que subjaz a edição da LRF é, realmente, de caráter intergeracional. De fato, a norma tem o cuidado de evitar que deixemos para a geração futura um peso muito grande a ser suportado, constituído de despesas (especialmente correntes) iniciadas hoje e de dívidas contraídas no presente que irão inexoravelmente influenciar (negativamente) o nosso futuro.

A ideia de planejamento e de prevenção de riscos, incrustada no §1º do art. 1º da LRF,[15] guarda estreita relação com o futuro. O *design*, a implementação e a avaliação das políticas públicas deve considerar o resultado (aqui entendido no conceito amplo de *results* e *outcomes*) do benefício concedido e custo futuro desse benefício. A necessidade de transparência decorre não apenas da conveniência em acompanhar *in real time* como ocorrem os gastos, mas também do direito das gerações futuras de olhar para trás e saber como e por que devem pagar a fatura que lhes é apresentada.

Ainda a fim de preservar os interesses das gerações futuras, a LRF[16] exige medidas compensatórias para casos de renúncia de receitas ou aumento de despesas obrigatórias – a sistemática do PAYGO (ou *pay as you go*) –, ambos com potencial de impactar negativamente as contas públicas. Pelo nosso ordenamento fiscal, só é permitido criar despesas correntes caso haja *i)* aumento de receitas; *ii)* cancelamento de outras despesas; ou *iii)* devida demonstração de que a despesa não impactará as metas de resultado fiscal.[17]

---

[15] Art. 1º, §1º. A responsabilidade na gestão fiscal pressupõe a ação planejada e transparente, em que se previnem riscos e corrigem desvios capazes de afetar o equilíbrio das contas públicas, mediante o cumprimento de metas de resultados entre receitas e despesas e a obediência a limites e condições no que tange a renúncia de receita, geração de despesas com pessoal, da seguridade social e outras, dívidas consolidada e mobiliária, operações de crédito, inclusive por antecipação de receita, concessão de garantia e inscrição em Restos a Pagar.

[16] Art. 5º O projeto de lei orçamentária anual, elaborado de forma compatível com o plano plurianual, com a lei de diretrizes orçamentárias e com as normas desta Lei Complementar: II - será acompanhado do documento a que se refere o §6º do art. 165 da Constituição, bem como das medidas de compensação a renúncias de receita e ao aumento de despesas obrigatórias de caráter continuado.

[17] Art. 17, §2º: "Para efeito do atendimento do §1º, o ato será acompanhado de comprovação de que a despesa criada ou aumentada não afetará as metas de resultados fiscais previstas no anexo referido no §1º do art. 4º, devendo seus efeitos financeiros, nos períodos seguintes, ser compensados pelo aumento permanente de receita ou pela redução permanente de despesa".

Observe-se que a LRF deixa de fora, no art. 17, os investimentos. Com efeito, investimentos – sobretudo os de longo prazo – quando bem executados podem gerar benefícios para mais de uma geração. Nada mais justo, portanto, que haja compromisso intergeracional pelo pagamento das despesas dali resultantes.

Por precaução, a LRF[18] prevê também reserva técnica para o caso de verificação da ocorrência de risco não previsto. Essa cautela, mais uma vez, só se justifica em razão da preservação dos interesses fiscais das gerações futuras.

Assente a necessidade de realização de despesas para implementação de qualquer dos direitos e garantias fundamentais, a LRF[19] determina a arrecadação efetiva (e não meramente potencial) dos tributos constitucionalmente previstos. O grau de seriedade do comando legal pode ser avaliado pela vedação de transferência voluntária ao ente que deixe de fazê-lo. A alternativa à arrecadação efetiva seria a realização de operações de crédito, aumentando a dívida do ente a níveis estratosféricos. Essa dívida, evidentemente, teria de ser paga no prazo legal pelas gerações vindouras, em afronta ao compromisso intergeracional que está no âmago da LRF. Por essa razão, a LRF[20] restringe as operações de crédito, nos termos de seu art. 12.

O comando legal visa a impedir que o endividamento resultante das operações de créditos seja superior ao valor despendido com investimentos. A norma não o diz, mas fica subentendido que as operações de crédito devem de alguma forma estar relacionadas aos investimentos a serem realizados. Bons investimentos, ressalte-se, a fim de que a operação seja sustentável.

Não há de se transferir para o futuro débito constituído em favor de despesas de custeio da geração atual:

---

[18] Art. 5º O projeto de lei orçamentária anual, elaborado de forma compatível com o plano plurianual, com a lei de diretrizes orçamentárias e com as normas desta Lei Complementar: (...)
III - conterá reserva de contingência, cuja forma de utilização e montante, definido com base na receita corrente líquida, serão estabelecidos na lei de diretrizes orçamentárias, destinada ao:
a) (VETADO)
b) atendimento de passivos contingentes e outros riscos e eventos fiscais imprevistos.

[19] Art. 11. Constituem requisitos essenciais da responsabilidade na gestão fiscal a instituição, previsão e efetiva arrecadação de todos os tributos da competência constitucional do ente da Federação.
Parágrafo único. É vedada a realização de transferências voluntárias para o ente que não observe o disposto no caput, no que se refere aos impostos.

[20] Art. 12. §2º O montante previsto para as receitas de operações de crédito não poderá ser superior ao das despesas de capital constantes do projeto de lei orçamentária.

Em termos práticos, significa dizer que investimentos podem ser financiados por tributos e também por operações de crédito a serem pagas no futuro. Despesas correntes, por seu turno, deveriam ser financiadas apenas por receitas correntes, a fim de evitar que gerações futuras tenham de suportar encargos que beneficiaram unicamente o passado (BIJUS *et al.*, 2017).

Esse dispositivo está relacionado aos demais que, na LRF, constituem o arcabouço normativo da Regra de Ouro (BIJUS *et al.*, 2017):

> A LRF faz menção expressa ao art. 167, III, da Constituição, em quatro momentos: (i) no art. 32, §1º, V, quando inclui o atendimento à regra de ouro como uma das condições para que entes da Federação possam formalizar seus pleitos, perante o Ministério da Fazenda, com vistas à realização de operações de crédito; (ii) no art. 33, §4º, quando impõe a obrigatoriedade de constituição de reserva específica na lei orçamentária para o exercício seguinte, caso não seja atendida a regra de ouro, no montante equivalente ao excesso identificado; (iii) no art. 38, §1º, quando estatui que as operações de crédito por antecipação de receita não serão computadas para efeito da regra de ouro, desde que liquidadas até o dia dez de dezembro de cada ano; e (iv) no art. 53, §1º, I, quando define que o Relatório Resumido da Execução Orçamentária referente ao último bimestre do exercício deve ser acompanhado de demonstrativo do atendimento da regra de ouro.

Ao passo em que despesas correntes – em essência vinculadas a obrigações presentes – devem ser suportadas pela geração atual, que delas se beneficia, os investimentos podem ser custeados por meio de operações de créditos, repartindo-se os custos entre a geração atual e a futura (FATÁS, 2005; BLANCHARD *et al.*, 2004). Afinal, grandes são as chances de que a construção de uma ponte ou de uma escola reflita positivamente para os que ainda virão.

Já estabelecida a importância que a LRF dá à questão intergeracional, desde seu art. 1º, é possível relacionar a ela o arcabouço normativo que revela, na LRF, a regra de ouro. Para Fatás (2005:10), "se o objetivo de restringir a política fiscal é introduzir equidade intergeracional no processo orçamentário, há a necessidade de se ter algum tipo de contabilidade intergeracional dos serviços providos pelas despesas governamentais e então alocar tributos de acordo".[21]

---

[21] Livre tradução.

A presença marcante da *golden rule* na LRF apenas reforça a tese de que a questão da justiça intergeracional é de capital importância para o controle fiscal no Estado brasileiro. O objetivo da LRF vai além da definição de limites e penas legais à contratação de operações de créditos. Não se discute a importância do controle do déficit público; mas ele corre ao lado da justiça intergeracional. Aliás, muitas vezes, é exatamente por questões de justiça internacional que aquelas limitações e sanções se justificam e devem ser objeto de rigoroso *enforcement*.

Como postulante ao seleto grupo de países membros da OCDE, o Brasil, ao menos em sua legislação fiscal, já adota o quanto defendido por aquele órgão:

> A Regra de Ouro também promove equidade intergeracional, *i. e.*, reforça a noção de que aquelas gerações que se beneficiam da despesa pública devem suportar, o máximo possível, os custos dos serviços que elas consomem, mas não necessariamente garanti-los (OECD, 2002:103).[22]

A essência da regra de ouro reside em um necessário equilíbrio fiscal, princípio de direito que mesmo a doutrina tem relegado a segundo plano por pressão de ideologias desenvolvimentistas que ganharam força no Brasil do século XX (TORRES, 2013).

A vontade da Constituição (no sentido de *Wille der Verfassung*), ao trazer o inciso III em seu art. 167, era *i)* exigir a preservação de um equilíbrio ou saldo positivo entre receitas correntes e despesas correntes; *ii)* proibir que as receitas de empréstimo fossem buscadas para corrigir deficiências arrecadatórias; e *iii)* impedir a criação irresponsável de despesas correntes para além da capacidade arrecadatória.

Infelizmente, a má redação do dispositivo – que apenas exige equivalência entre o montante de empréstimos e as despesas de capital – acabou fomentando a utilização de brechas para uso do crédito. Conceituou-se ao revés: em vez de determinar o equilíbrio entre receitas e despesas correntes, exigiu-se equilíbrio entre empréstimos e despesas de capital.

Outros dispositivos da LRF poderiam figurar entre estes, de cunho intergeracional. Cremos, entretanto, que a amostra selecionada já basta para ilustrar o argumento central deste artigo: a LRF combina limitação e controle dos gastos com a proteção das gerações futuras, por meio de um pacto de justiça intergeracional que distribui os ônus fiscais de

---

[22] Livre tradução.

acordo com a fruição dos benefícios decorrentes da implementação de direitos (gastos sociais) e de realização de investimentos.

Lamentavelmente, o Poder Judiciário, em análises imediatistas, vem retirando várias das travas de proteção social colocadas pela LRF. Como analisam Echeverria *et al.*, "o que se observou foi que, ao invés de garantir a execução do contrato político, o STF optou por retirar parcela considerável da normatividade da LRF" (ECHEVERRIA *et al.*, 2018). Um dos melhores exemplos nos traz o Supremo Tribunal Federal, que decidiu por tratar as vedações dirigidas aos entes como punições para o gestor e, com isso, afastar algumas travas de endividamento.[23]

A LRF é um dos instrumentos a exigir, por um lado, a ausência de superendividamento (e a transferência da carga tributária) para as gerações futuras; estabelece, por outro, que os benefícios decorrentes da implementação de direitos e garantias devem ser suportados pela geração que deles se beneficia; e aponta para o equilíbrio fiscal que permitirá a continuidade de políticas de direitos humanos para as próximas gerações, ampliando o vínculo democrático e cultural intergeracional.

Conclusão

O artista italiano Bernini,[24] em obra esculpida entre 1618 e 1619, talhou no mármore o aspecto da Eneida, que, a nosso ver, representa, uma excelente metáfora do equilíbrio intergeracional de que tratamos neste artigo. Vemos Enéas carregando nos ombros seu velho pai, Anquises; logo atrás, Ascânio, protegendo-se dos perigos usando o corpo do pai. Há três gerações ali, mas o foco está naquele que representa a geração atual: é seu dever suportar o fardo deixado pela geração anterior, sem jamais desprezá-la, mas, antes, honrando-a; de igual forma, cabe-lhe

---

[23] Consoante explica a Nota SEI nº 8/2020/CAF/PGACFFS/PGFN-ME, da Coordenação-Geral de Assuntos Financeiros da Procuradoria-Geral da Fazenda Nacional – CAF/PGFN: Quanto ao princípio da intranscendência subjetiva das sanções, em que pese ser ele observado na jurisprudência do Supremo Tribunal Federal, calha lembrar que as normas de sustentabilidade fiscal não são voltadas a meramente coibir o programa político do gestor, mas, em primeiro lugar, a proteger a sociedade da eclosão ou aprofundamento de crises fiscais. Permitir, por exemplo, que um gestor posterior venha a realizar operações de crédito a despeito de se encontrar o ente em depressão fiscal provavelmente acarretará um agravamento da crise. Neste sentido é que os dispositivos da LRF não possuem caráter meramente sancionador, mas configuram primariamente instrumentos de tutela do Erário e da sociedade.

[24] Confira a imagem da estátua aqui: File: Gianlorenzo e Pietro Bernini, Enea, Anchise e Ascanio, 1618-19, 01.jpg. From Wikimedia Commons, the free media repository. Disponível em: https://commons.wikimedia.org/wiki/File:Gianlorenzo_e_pietro_bernini,_enea,_anchise_e_ascanio,_1618-19,_01.jpg.

proteger as gerações futuras, poupando-lhes dos encargos e perigos de hoje, certo de que lhes caberá em tempo seus próprios desafios.

Conforme explicitado na Seção 1, nem todos os agentes políticos estão dispostos a assumir aquele compromisso intergeracional, como o fez Enéas, o piedoso, epíteto que o acompanha por toda a Eneida. Deixados a seu talante, muitos homens públicos hão de guiar-se pelas necessidades atuais ou pela ganância que lhes corrompe o espírito. Não apenas sob justificativas de custeio ordinário da máquina publica, mas sobretudo escudado na necessária implementação de direitos fundamentais, os orçamentos tendem a abrir espaços para alocação de MRD para áreas sociais sensíveis. Mas a que preço?

Na perspectiva da justiça intergeracional, vê-se que o reconhecimento de um direito fundamental ao equilíbrio fiscal intergeracional ou de uma solidariedade intergeracional pode impedir o surgimento de políticas públicas populistas que esgotem a máquina pública, deixando suplício fiscal para as gerações porvindouras. De igual forma, no âmbito de reforma de políticas públicas, deve o Poder Judiciário sopesar com os interesses em jogo também os direitos das futuras gerações.

Por seu turno, a própria LRF foi evidentemente fruto de tal compromisso, trazendo dispositvos que resguardam a justiça intergeracional. O espírito da LRF, levado a píncaros constitucionais por meio da Proposta de Emenda à Constituição – PEC nº 188, de 2019, reforça o esforço já lançado pelo ordenamento fiscal em favor da justiça intergeracional. A referida PEC, pois, empresta ainda mais força à LRF e, depois de 20 anos, parece estar se formando mais uma vez um consenso social em torno de um pacto intergeracional.

Independentemente de uma nova emenda constitucional, o arcabouço infraconstitucional da LRF já conduz ao entendimento aqui esposado. O efeito de eventuais novos dispositivos constitucionais é, pois, meramente reafirmar o pacto de justiça intergeracional, abrindo passagem para conclusões realistas e inarredáveis sobre a política fiscal.

Temos um caso em que a norma imita a arte: a sabedoria anquisíada da LRF, bem antes no épico e depois na pedra esculpida, deixa gravado no ordenamento jurídico brasileiro o dever de equilíbrio e sustentabilidade nos orçamentos presentes, como direito intergeracional. Bem aplicados, os seus preceitos nos salvam de implorar por um guia que nos ajude a atravessar o inferno das recessões e crises fiscais.

Referências

AFONSO, J. R.; RIBEIRO, L. *Um conselho para responsabilidade fiscal*. Conjuntura Econômica. Rio de Janeiro: FGV, 2016.

ALEXY, R. *Teoria dos direitos fundamentais*. São Paulo: Malheiros, 2008.

ANDERSON, B.; SHEPPARD, J. Fiscal Futures, Institutional Budget Reforms, and Their Effects: What can be learned? *OECD Journal on Budgeting*, Paris, vol. 2009/3. Disponível em: oecd.org/governance/budgeting/46051529.pdf. Acesso em: 17 jan. 2020.

BIJOS, P.; GREGGIAN, E.; JUNIOR, A.; PEDERIVA, J. Estudo Técnico Conjunto n. 2/2017. Regra de Ouro na Constituição e na LRF: considerações históricas e doutrinárias. Consultoria de Orçamentos e Fiscalização Financeira – CONOF (CD) e Consultoria de Orçamentos e Fiscalização e Controle CONORF (SF). Câmara dos Deputados. Brazil, 2017. Disponível em: https://www2.camara.leg.br/orcamento-da-uniao/estudos/2017/etc02-2017-regra-de-ouro-na-constituicao-e-na-lrf-consideracoes-historicas-e-doutrinarias. Acesso em: 14 jan. 2020.

BLANCHARD, O.; GIAVAZZI, F. Reforms that can be done: Improving the SGP through a Proper Accounting of Public Investment. *CEPR Discussion Paper Series*, n. 4220, 2004. Disponível em: https://econpapers.repec.org/paper/cprceprdp/4220.htm. Acesso em: 14 jan. 2020.

BLANCHARD, O.; PEROTTI, R. An Empirical Characterization of the Dynamic Effects of Changes in Government Spending and Taxes on Output. *Quarterly Journal of Economics*, vol. LXVII, 2002. Disponível em: https://www.nber.org/papers/w7269. Acesso em: 15 jan. 2020.

BURNSIDE, C.; EICHENBAUM; M.; FISHER, J. D. M. Assessing the Effects of Fiscal Shocks. *NBER Working Papers*, n. 7459, 1999. Disponível em: https://www.nber.org/papers/w7459. Acesso em: 15 jan. 2020.

CÂMARA, G. *O direito penal do meio ambiente e a tutela das gerações futuras*: contributo ao debate sobre o delito cumulativo. Rio de Janeiro: Lumen Juris, 2016.

COOMBES, G.; DOLLERY, B. *An analysis of the debate of intergenerational equity and fiscal sustainability in Australia*. University of New England, School of Economics, 2002. Disponível em: http://www.une.edu.au/febl/EconStud/wps.htm.

CORBACHO, A.; TER-MINASSIAN, T. Public Financial Management Requirements for Effective Implementation of Fiscal Rules. *In*: ALLEN, R.; HEMMING, R.; POTTER, B. (Ed.) *The International Handbook of Public Financial Management*. New York: Palgrave Macmillan. p. 38-62, 2016.

DE SHUTTER, O. *Report of the Special Rapporteur on the Right to Food* – Mission to Brazil. United Nations, A/HRC, 2009.

DIMOULIS, D.; MARTINS, L. *Teoria geral dos direitos fundamentais*. São Paulo: RT, 2007.

ECHEVERRIA, A.; RIBEIRO, G. O Supremo Tribunal Federal como árbitro ou jogador? As crises fiscais dos estados brasileiros e o jogo do resgate. *In: Revista Estudos Institucionais*, v. 4, n. 2, p. 642-671, 2018.

ELSON, D.; BALAKRISHNAN, R.; HEINTZ, J. Public Finance, Maximum Available Resources and Human Rights. 13-40. *In*: NOLAN, A.; O'CONNELL, R.; HARVEY, C.

Human Rights and Public Finance – Budgets and the Promotion of Economic and Social Rights. Oxford: Hart Publishing, 2013.

FATÁS, A.; MIHOV, I. The Effects of Fiscal Policy on Consumption and Employment: Theory and Evidence. *INSEAD Working Papers*, n. 78, 2001. Disponível em: https://www.semanticscholar.org/paper/The-Effects-of-Fiscal-Policy-on-Consumption-and-and-Fat%C3%A1s-Mihov/b820b132cb8e144ac8ca6c3e0cdfd23554841f6b. Acesso em: 15 jan. 2020.

FATÁS, António. Is there a case for sophisticated balanced-budget rules? *Economics department working papers*, Paris, n. 466, 2005. Disponível em: http://www.oecd.org/officialdocuments/publicdisplaydocumentpdf/?doclanguage=en&cote=ECO/WKP(2005)53. Acesso em: 14 jan. 2020.

FOCHMANN, Martin; SACHS, Florian; SADRIEH, Abdolkarim; WEIMANN, Joachim. The two sides of public debt: Intergenerational altruism and burden shifting. *PLoS One*, 13 (8), 2018. Disponível em: http://doi.org/101271/journal.pone.0202963. Acesso em: 14 jan. 2020.

GALÍ, J.; LÓPEZ-SALIDO, D.; VALLÉS, J. Understanding the effects of Government Spending on Consumption, 2002. Disponível em: www.ecb.int/events/pdf/conferences/Galietal.pdf. Acesso em: 16 jan. 2020.

HARDIN, G. The Tragedy of the Commons. *Science*, 162 (3859): 1243-4, 1968.

HM TREASURY. The Green Book – Central Government Guidance on Appraisal and Evaluation. UK, 2018. Disponível em: https://assets.publishing.service.gov.uk/government/uploads/system/uploads/attachment_data/file/685903/The_Green_Book.pdf. Acesso em: 17 jan. 2020.

HOLMES, S.; SUSTEIN, C. *The Cost of Rights* – Why Liberties Depend on Taxes. New York: Norton, 2013.

INTERNATIONAL MONETARY FUND – IMF. Manual on fiscal transparency/Fiscal Affairs Dept., International Monetary Fund [Washington, D.C.]: International Monetary Fund, 2007-2007, rev. ed. Disponível em: https://www.imf.org/external/np/pp/2007/eng/101907m.pdf. Acesso em: 17 jan. 2020.

JONAS, H. *Das Prinzip Verantwortung* – Versuch einer Ethik für die technologische Zivilization. Frankfurt am Main: Suhrkamp, 1984.

KANT, I. *Fundamentação da metafísica dos costumes e outros escritos*. São Paulo: Martin Claret, 2002.

LEITE, F. *10 lições sobre Kant*. 6. ed. Petrópolis: Vozes, 2012.

LIENERT, I. The Legal Framework for Public Finances and Budget Systems. *In*: ALLEN, R.; HEMMING, R.; POTTER, B. (Ed.). *The International Handbook of Public Financial Management*. New York: Palgrave Macmillan, 2016, p. 63-83.

MACIEL, P. J. O processo recente de deterioração das finanças públicas estaduais e as medidas estruturais necessárias. *In*: SALTO, F.; ALMEIDA, M. (Org.). *Finanças públicas*: da contabilidade criativa ao resgate da credibilidade. Rio de Janeiro: Record, 2016.

MANCUSO, R. *Interesses difusos*: conceito e legitimação para agir. 8. ed. São Paulo: Revista dos Tribunais, 2013.

MANKIW, N.; TAYLOR, M. *Economics*. 4. ed. Cengage Learning, 2017.

MOUNTFORD, A.; UHLIG, H. What Are the Effects of Fiscal Policy Shocks. *Journal of Applied Econometrics J. Appl. Econ..* 24: 960-992, 2009. Published online 22 April 2009 in Wiley Int. Disponível em: https://home.uchicago.edu/~huhlig/papers/uhlig.mountford. joae.2009.pdf. Acesso em: 16 jan. 2020.

MOURA, A. *Essays on Public Administration* (English Edition). São Paulo: Amazon, 2019.

MUSGRAVE, R.; MUSGRAVE, P. *Public Finance in Theory and Practice.* Singapore: McGraw-Hill Book Co., 1989.

NABAIS, J. A face oculta dos direitos fundamentais: os custos dos direitos. *Revista Direito Mackenzie*, v. 3, n. 2. 9-30, 2002.

NOLAN, A; HARVEY, C.; O'CONNEL, R. *Human Rights and Public Finance* – Budgets and the Promotion of Economic and Social Rights. Oxford: Hart Publishing, 2013.

OECD. *Managing Public Expenditure in OECD Economic Surveys*: United Kingdom 2002. OECD: Paris, 2002.

OECD. FISCAL SUSTAINABILITY: THE CONTRIBUTION OF FISCAL RULES. OECD Economic Outlook 72. OECD: Paris, 2012. Disponível em: http://www.oecd.org/economy/outlook/2483962.pdf. Acesso em: 17 jan. 2020.

PEROTTI, R. Estimating the Effects of Fiscal Policy in OECD Countries. Innocenzo Gasparini Institute for Economic Research (IGIER). *Working Papers*, n. 276, 2004. Disponível em: https://www.frbsf.org/economic-research/files/fpoecd.pdf. Acesso em: 16 jan. 2020.

PERSSON, T. Do Political Institutions Shape Economic Policy? *Econometrica*, 70(3), p. 883-905, 2002. Disponível em: www.jstor.org/stable/2692302. Acesso em: 16 jan. 2020.

RAWLS, John. *Uma teoria da justiça.* São Paulo: Martins Fontes, 2002.

SANTOS, Ricart César Coelho dos. Debutante, Lei de Responsabilidade Fiscal tem novos desafios. In: Consultor Jurídico, 2015. Disponível em: https://www.conjur.com. br/2015-mai-24/ricart-santos-lei-responsabilidade-fiscal-novos-desafios. Acesso em: 14 jan. 2020.

SARLET, I. *A Eficácia dos Direitos Fundamentais*: uma Teoria Geral dos Direitos Fundamentais na Perspectiva Constitucional. 13. ed. Porto Alegre: Livraria do Advogado, 2018.

SHI, Min *et al. Political budget cycles in developed and developing countries.* Disponível em: https://www.researchgate.net/publication/228364140_Political_budget_cycles_in_ developed_and_developing_countries. Acesso em: 16 jan. 2020.

THE TREASURY. *Australian Government The Treasury.* Intergenerational Report 2015. Disponível em: https://treasury.gov.au/intergenerational-report. Acesso em: 17 jan. 2020.

TINOCO, G. A sustentabilidade fiscal dos estados brasileiros: análise recente e notas para o futuro. R. BNDES, Rio de Janeiro, v. 25, n. 50, p. 299-344, dez. 2018. Disponível em: https://web.bndes.gov.br/bib/jspui/bitstream/1408/16843/3/PRArt_Sustentabilidade%20 fiscal%20dos%20estados%20brasileiros_compl_BD.pdf. Acesso: em 17 jan. 2020.

TORRES, R. *Curso de Direito Financeiro e Tributário.* 19. ed. Rio de Janeiro: Renovar, 2013.

VIRGÍLIO. *Eneida.* Trad. Carlos Alberto Nunes. 2. ed. São Paulo: Editora 34, 2016.

WADE-BENZONI, K. A Golden Rule over Time: Reciprocity in Intergenerational Allocation Decisions. *The Academy of Management Journal*, 45(5), p. 1011-1028, 2002. Disponível em: www.jstor.org/stable/3069327. Acesso em: 17 jan. 2020.

Informação bibliográfica deste texto, conforme a NBR 6023:2018 da Associação Brasileira de Normas Técnicas (ABNT):

PEREIRA, Arthur Cesar de Moura; SOUZA NETO, Jurandi Ferreira de. Lei de Responsabilidade Fiscal e Justiça Intergeracional ou o Conselho de Anquises. *In*: FIRMO FILHO, Alípio Reis; WARPECHOWSKI, Ana Cristina Moraes; RAMOS FILHO, Carlos Alberto de Moraes (Coord.). *Responsabilidade na gestão fiscal*: estudos em homenagem aos 20 anos da lei complementar nº 101/2000. Belo Horizonte: Fórum, 2020. p. 135-159. ISBN 978-65-5518-034-3.

A COMPETÊNCIA TRIBUTÁRIA E A LEI DE RESPONSABILIDADE FISCAL

CARLOS ALBERTO DE MORAES RAMOS FILHO

Introdução

Os entes políticos, detentores de competência administrativa e legislativa, necessitam de recursos financeiros para dar cumprimento aos deveres que a Carta Magna lhes impõe. Essa atribuição da renda própria a cada unidade federada assegura a *autonomia* dos entes federados no desempenho das obrigações decorrentes do pleno exercício de suas atribuições.

De fato, de nada adiantaria um Estado ou Município possuir autonomia política e administrativa sem a preservação da sua *autonomia financeira*, a qual é garantida pela Constituição de acordo com a *discriminação de rendas* estabelecida.

A discriminação constitucional das rendas tributárias é uma expressão genérica que compreende (i) a *atribuição de competência tributária* (também denominada partilha do poder tributário) e (ii) a *repartição de receitas tributárias*.[1]

Pela *atribuição de competência*, dividem-se, entre a União, os Estados, o Distrito Federal e os Municípios, parcelas do próprio poder

---

[1] MACHADO, Hugo de Brito. *Curso de direito tributário*. 21. ed. São Paulo: Malheiros, 2002, p. 38.

de instituir e cobrar tributos. As normas da Constituição que tratam das competências tributárias autorizam os Legislativos das referidas entidades a criarem, *in abstracto*, tributos, bem como a estabelecerem o modo de lançá-los e arrecadá-los, impondo a observância de vários postulados que garantem os direitos dos contribuintes.[2]

Pela *repartição de receitas*, o que se divide entre as entidades federadas não é o poder de instituir e cobrar tributos, mas o *produto da arrecadação* do tributo por uma delas instituído e cobrado. Nesse caso, a autonomia financeira da entidade da Federação é assegurada não pela atribuição de fontes próprias de arrecadação, como no sistema da atribuição de competências, mas sim pela garantia da *distribuição de parte do produto arrecadado* por determinada unidade para outra(s) unidade(s).[3] Isso permite que cada uma dessas pessoas *participe do produto da arrecadação* de tributo(s) da(s) outra(s), sem que o contribuinte seja incomodado com uma dupla ou tripla cobrança dele.

A técnica de atribuição de competência tributária[4] – que interessa ao Direito Tributário –, apesar da virtude de descentralizar o poder político, tem o inconveniente de não se prestar como instrumento para a minimização das desigualdades econômicas entre os Estados e entre os Municípios, pois, como leciona Hugo de Brito Machado, "ao Estado pobre, em cujo território não é produzida, nem circula, riqueza significativa, de nada valeriam todos os tributos do sistema".[5]

Por outro lado, a técnica de distribuição de receitas (discriminação de rendas *pelo produto* da arrecadação) – que constitui matéria de Direito Financeiro,[6] pois são *relações intergovernamentais*, que de modo algum dizem respeito aos contribuintes[7] – tem o inconveniente de manter os

---

2 CARRAZZA, Roque Antonio. *Curso de direito constitucional tributário*. 28. ed. São Paulo: Malheiros, 2012, p. 328.

3 CONTI, José Maurício. *Federalismo fiscal e fundos de participação*. São Paulo: Juarez de Oliveira, 2001, p. 37.

4 Tal mecanismo de discriminação de rendas tributárias é denominado por José Maurício Conti de "repartição das fontes de receita" (*Federalismo fiscal e fundos de participação*, cit., p. 36).

5 MACHADO, Hugo de Brito. *Curso de direito tributário*, cit., p. 38.

6 Nesse sentido: BASTOS, Celso Ribeiro. *Curso de direito financeiro e de direito tributário*. 4. ed. São Paulo: Saraiva, 1995, p. 136; ROSA JÚNIOR, Luiz Emygdio F. da. *Manual de direito financeiro e direito tributário*. 12. ed. Rio de Janeiro: Renovar, 1998, p. 260-261; TORRES, Ricardo Lobo. *Curso de direito financeiro e tributário*. 4. ed. Rio de Janeiro: Renovar, 1997, p. 316; CARRAZZA, Roque Antonio. *Curso de direito constitucional tributário*, cit., p. 441-442.

7 BASTOS, Celso Ribeiro. *Curso de direito financeiro e de direito tributário*. 4. ed. São Paulo: Saraiva, 1995; MARTINS, Ives Gandra da Silva. *Comentários à Constituição do Brasil*: promulgada em 5 de outubro de 1988. São Paulo: Saraiva, 1991. v. 6. t. II, p. 2; HARADA, Kiyoshi. *Direito financeiro e tributário*. 3. ed. São Paulo: Atlas, 1998, p. 52. Este último autor, em outra obra,

Estados e os Municípios na dependência política do governo federal, a quem cabe fazer a partilha das receitas tributárias mais expressivas.[8]

Este artigo discorre sobre o fenômeno da atribuição de competências tributárias e analisa a disciplina do tema na Lei Complementar nº 101, de 04.05.2000 (Lei de Responsabilidade Fiscal).

1 A atribuição constitucional de competência tributária

A expressão "competência tributária" recebe da doutrina as mais variadas definições.

Segundo Roque Antonio Carrazza, competência tributária "é a possibilidade de criar, *in abstracto*, tributos, descrevendo, legislativamente, suas hipóteses de incidência, seus sujeitos ativos, seus sujeitos passivos, suas bases de cálculo e suas alíquotas".[9]

No dizer de Eduardo Marcial Ferreira Jardim, competência tributária "é a aptidão para legislar sobre matéria tributária. É o meio pelo qual o constituinte outorgou às pessoas políticas a faculdade de versar leis sobre tributação".[10]

Vê-se que ambos os doutrinadores citados ressaltam a natureza *legislativa* da atividade desenvolvida pelos entes políticos no exercício da competência tributária.

Contudo, cabe destacar, como bem o faz Paulo de Barros Carvalho, que essa é apenas uma das várias proporções semânticas com que a expressão "competência tributária" se manifesta: "Não podemos deixar de considerar que têm, igualmente, *competência tributária* o Presidente da República, ao expedir um decreto sobre IR, ou seu ministro ao editar a correspondente instrução ministerial; o magistrado e o tribunal que vão julgar a causa; o agente da administração encarregado de lavrar o ato de lançamento, bem como os órgãos que irão participar da discussão

---

leciona: "O destinatário imediato da norma orçamentária ou de Direito Financeiro não é o particular, mas o agente público, ao passo que o destinatário imediato da norma tributária ou de Direito Tributário é o contribuinte ou o responsável tributário" (*Prática do direito tributário e financeiro*: artigos e pareceres. São Paulo: Juarez de Oliveira: Centro de Pesquisas e Estudos Jurídicos, 2004, p. 48).

[8] Nesse sentido: MACHADO, Hugo de Brito. *Curso de direito tributário*, cit., p. 38.

[9] CARRAZZA, Roque Antonio. *Curso de direito constitucional tributário*, cit., p. 567.

[10] JARDIM, Eduardo Marcial Ferreira. *Manual de direito financeiro e tributário*. 4. ed. São Paulo: Saraiva, 1999, p. 180. Semelhante é a definição formulada por Paulo de Barros Carvalho: "A competência tributária, em síntese, é uma das parcelas entre as prerrogativas legiferantes de que são portadoras as pessoas políticas, consubstanciada na faculdade de legislar para a *produção de normas jurídicas sobre tributos*" (destaque nosso) (*Curso de direito tributário*. 23. ed. São Paulo: Saraiva, 2011, p. 270).

administrativa instaurada com a peça impugnatória; aquele sujeito de direito privado habilitado a receber o pagamento de tributo (bancos, por exemplo); ou mesmo o particular que, por força de lei, está investido na condição de praticar a sequência procedimental que culminará com a produção de norma jurídica tributária, individual e concreta (caos de IPI, ICMS, ISS etc.). Todos eles operam revestidos de *competência tributária*, o que mostra a multiplicidade de traços significativos que a locução está pronta para exibir. Não haveria por que adjudicar o privilégio a qualquer delas, em detrimento das demais" (destaques no original).[11]

Pelo exposto, e para afastar possíveis ambiguidades, registra-se que, no curso do presente trabalho, empregar-se-á a expressão "competência tributária" para designar apenas a competência *legislativa* ou *legal*.[12]

A competência tributária, em tal sentido, é exercida por meio da edição de leis, que são o instrumento hábil para a instituição de tributos.

Com efeito, a Constituição Federal não cria tributos.[13] Ela atribuiu essa específica função à *lei*, norma infraconstitucional, consoante está expresso no inciso I do art. 150 da CF, segundo o qual é vedado à União, aos Estados, ao Distrito Federal e aos Municípios "exigir ou aumentar tributo sem *lei* que o estabeleça" (destaque nosso).[14]

A Constituição situa-se, pois, num plano superior àquele no qual se dá a instituição dos tributos. O papel que a Constituição exerce em tal contexto é o de atribuir aos entes políticos *competências* para, *por meio de lei*, proceder a tal instituição.[15]

---

[11] CARVALHO, Paulo de Barros. *Curso de direito tributário*, cit., p. 270.

[12] As competências administrativa, jurisdicional e privada são, como observa Tácio Lacerda Gama, competências *infralegislativas* ou *infralegais* (Atributos da competência tributária. *In*: SANTI, Eurico Marcos Diniz de (Coord.). *Tributação e desenvolvimento*: homenagem ao Prof. Aires Barreto. Coleção: Tributação e Desenvolvimento. São Paulo: Quartier Latin, 2011, p. 759 e 769).

[13] O Supremo Tribunal Federal assim manifestou-se expressamente no seguinte julgado: RE 113711/SP, Rel. Min. Moreira Alves, 1ª Turma, j. em 26.06.1987, *DJ* 09.10.1987, p. 21782. No referido processo, alegava o recorrente (Estado de São Paulo) que o §11 do art. 23 da CF/1967, acrescentado pela Emenda Constitucional nº 23, de 01.12.1983, teria instituído diretamente o ICM na hipótese de incidência nele prevista ("entrada, em estabelecimento comercial, industrial ou produtor, de mercadoria importada do exterior por seu titular, inclusive quando se tratar de bens destinados a consumo ou ativo fixo do estabelecimento"), e, como consequência, teria revogado a isenção existente da legislação estadual. No seu voto, o Relator demonstrou a improcedência de tal alegação, tendo esclarecido que a disposição constitucional em questão "é norma que delimita a competência tributária dos estados e do Distrito Federal, podendo, portanto, esses elementos integrantes da Federação instituir, ou não, por lei própria, os impostos que se situam no âmbito de sua competência".

[14] No mesmo sentido é o disposto no art. 97 do Código Tributário Nacional: "Art. 97. Somente a lei pode estabelecer: I - a instituição de tributos, ou a sua extinção".

[15] CARRAZZA, Roque Antonio. *Curso de direito constitucional tributário*, cit., p. 575; JARDIM, Eduardo Marcial Ferreira. *Manual de direito financeiro e tributário*, cit., p. 181-182; AMARO, Luciano. *Direito tributário brasileiro*. 9. ed. São Paulo: Saraiva, 2003, p. 168.

Portanto, a competência tributária deflui da Constituição,[16] mas é exercida *por lei* (art. 150, inciso I, CF), nesta esgotando-se.[17] O exercício da competência tributária exaure-se com a edição da lei veiculadora da regra-matriz de incidência tributária.[18]

É importante destacar que, conforme a definição trazida pelo art. 9º da Lei nº 4.320, de 17.03.1964, o tributo "é a receita derivada, instituída pelas *entidades de direito público*" (destaque nosso). Assim, somente tais pessoas possuem a competência tributária,[19] não sendo dela detentoras as pessoas jurídicas de direito privado nem as pessoas físicas.

Ainda sobre tal dispositivo legal, impende frisar que, apesar dos termos amplos empregados em sua redação, não é qualquer pessoa jurídica de direito público que é possuidora de competência tributária, já que tal prerrogativa é privativa das chamadas *pessoas políticas*, assim consideradas as pessoas jurídicas de direito público com capacidade política, isto é, com poder de legislar.[20] Tal grupo abrange, apenas, a União, os Estados, o Distrito Federal e os Municípios. Não possuem competência tributária, não obstante apresentarem-se como pessoas jurídicas de direito público, as pessoas "meramente administrativas", como, por exemplo, as autarquias e fundações públicas.[21]

Retomando a análise das definições doutrinárias anteriormente transcritas, observa-se que, enquanto Roque Antonio Carrazza restringe o conceito de competência tributária à faculdade para *criar* (por lei) *tributos*, Eduardo Marcial Ferreira Jardim refere-se, de modo mais abrangente, à aptidão para *legislar sobre matéria tributária*.

---

[16] "A supremacia da Carta Federal é conducente a glosar-se a cobrança de tributo discrepante daqueles nela previstos" (STF, RE 116121/SP, Rel. p/ Acórdão: Min. Marco Aurélio, Pleno, j. em 11.10.2000, DJ 25.05.2001, p. 17).

[17] Leciona, a respeito, Roque Antonio Carrazza: "A competência tributária esgota-se na lei. Depois que esta for editada, não há falar mais em competência tributária (direito de criar o tributo), mas, somente em capacidade tributária ativa (direito de arrecadá-lo, após a ocorrência do fato imponível). Temos, pois, que a competência tributária, uma vez exercida, *desaparece*, cedendo passo à capacidade tributária ativa. De conseguinte, a competência tributária não sai da esfera do Poder Legislativo; pelo contrário, exaure-se com a edição da lei veiculadora da norma jurídica tributária" (destaque no original) (*Curso de direito constitucional tributário*, cit., p. 571).

[18] A competência tributária, no entanto, poderá ser novamente exercida a qualquer momento para alterar ou revogar a lei instituidora da regra-matriz de incidência.

[19] À mesma conclusão se chegaria após a leitura dos dispositivos constitucionais que outorgam competência tributária.

[20] Nesse sentido: JARDIM, Eduardo Marcial Ferreira. *Manual de direito financeiro e tributário*. cit. p . 181.

[21] As pessoas jurídicas de direito público meramente administrativas e as pessoas jurídicas de direito privado podem, contudo, ser detentoras da capacidade tributária ativa, assim entendida a aptidão para cobrar tributos.

ALÍPIO R. FIRMO FILHO, ANA CRISTINA M. WARPECHOWSKI, CARLOS A. DE MORAES R. FILHO (COORDS.)
RESPONSABILIDADE NA GESTÃO FISCAL

A primeira acepção de competência tributária tem o inconveniente de restringir tal aptidão legislativa à *criação* do tributo,[22] quando esta, em verdade, engloba uma série de outras prerrogativas – *incluída aí a competência exonerativa*, que será adiante analisada –, como, aliás, reconhece o próprio Roque Antonio Carrazza: "Obviamente, quem pode tributar (criar unilateralmente o tributo, com base em normas constitucionais) pode, igualmente, aumentar a carga tributária (agravando a alíquota ou a base de cálculo do tributo, ou ambas), diminuí-la (adotando o procedimento inverso) ou, até, suprimi-la, através da não tributação pura e simples ou do emprego do mecanismo jurídico das isenções. Pode, ainda, perdoar débitos tributários já nascidos ou parcelá-los, anistiando, se entender que é o caso, as eventuais infrações tributárias cometidas".[23]

Adotamos, pelo exposto, a definição de competência tributária formulada por Andrei Pitten Velloso, que a concebe como a "competência legislativa para a *instituição, modificação e extinção de tributos*" (destaque no original).[24]

Essa, aliás, parece ter sido a direção seguida pelo Código Tributário Nacional, que, no *caput* de seu art. 6º, assim dispõe: "A atribuição constitucional de competência tributária compreende a *competência legislativa plena*, ressalvadas as limitações contidas na Constituição Federal, nas Constituições dos Estados e nas Leis Orgânicas do Distrito Federal e dos Municípios, e observado o disposto nesta Lei" (destaque nosso).

Vale destacar que os dispositivos do Texto Constitucional que atribuem competências tributárias aos entes políticos empregam o verbo "instituir", somente mencionando, pois, o poder de *criar* o tributo.[25]

Todavia, consoante esclarece o art. 6º do CTN, a competência tributária é *plena*, assim considerada por permitir que o ente competente legisle sobre *todos* os critérios da regra-matriz de incidência do tributo cuja atribuição para instituir lhe tenha sido constitucionalmente outorgada,[26] o que, por via de consequência, *também* lhe permite

---

[22] Do mesmo problema padece a definição adotada por Luís Eduardo Schoueri: "O estudo do sistema tributário brasileiro revela que o constituinte optou por conferir a cada uma das pessoas jurídicas de direito público um campo próprio para *instituir seus tributos*. Chama-se competência tributária tal faculdade" (destaque nosso) (*Direito tributário*. São Paulo: Saraiva, 2011, p. 237).

[23] CARRAZZA, Roque Antonio. *Curso de direito constitucional tributário*, cit., p. 569.

[24] VELLOSO, Andrei Pitten. *Constituição tributária interpretada*. São Paulo: Atlas, 2007, p. 9.

[25] É o caso dos arts. 145, *caput*; 148; 149, *caput* e §1º; 149-A; 153; 154, 155 e 156, todos da CF/1988.

[26] Entende Luís Eduardo Schoueri que o adjetivo "plena", ao qualificar a competência tributária no art. 6º do CTN, significa "que nenhuma das pessoas jurídicas de direito público necessita

aumentar o tributo, minorá-lo, parcelar seu pagamento, isentá-lo, remi-lo e conceder anistia às infrações fiscais verificadas. Todos estes são, pois, poderes inerentes à competência tributária, implicitamente conferidos pelo Texto Constitucional aos entes políticos.[27]

O vocábulo "plena", que adjetiva a competência tributária no art. 6º do CTN, não deve ser interpretado como atribuindo a esta a qualidade de "absoluta", isto é ilimitada, pois, consoante esclarece o próprio dispositivo sob comento, aquela competência – como, de resto, toda e qualquer competência – sujeita-se às limitações ao poder de tributar dispostas na Constituição Federal.

O art. 6º do CTN, contudo, incorre em equívoco ao proclamar que a competência tributária pode ser limitada por diplomas normativos infraconstitucionais (Constituições Estaduais, Leis Orgânicas e CTN), pois tendo a competência tributária assento na Constituição Federal, somente esta pode estabelecer os limites daquela. Nesse sentido é a lição de Cristiane Mendonça: "a competência legislativo-tributária é de índole estritamente constitucional. A autorização que os órgãos legislativos da União, dos Estados, dos Municípios e do Distrito Federal possuem para criar as regras-matrizes de incidência tributária foi positivada na Carta Constitucional de 1988, não sendo sustentável, juridicamente, a sua restrição, sobretudo material, por enunciados normativos infraconstitucionais".[28]

2 As competências legislativas em matéria tributária

A definição de competência tributária formulada por Eduardo Marcial Ferreira Jardim, anteriormente exposta, tem o inconveniente

---

da autorização de outro ente federado para instituir seus tributos" (*Direito tributário*, cit. p. 237).

[27] Também integra a competência tributária o poder de instituir deveres instrumentais ("obrigações acessórias", na terminologia adotada pelo CTN) relacionados ao tributo, consoante já decidiu o STJ: "(...) é a própria Constituição Federal que estabelece a competência do Estado para instituir o ICMS (art. 155, II), sendo conseqüência legal de direito que esse mesmo Estado seja responsável pela emissão de regras legais que se aplicam ao tributo, nos termos do prescrito no art. 113, §2º, do Código Tributário Nacional" (RMS 27.107/MS, Rel. Min. Denise Arruda, 1ª Turma, j. em 09.09.2008, *DJe* 24.09.2008). No mesmo sentido: STJ, RMS 21789/MS, Rel. Min. José Delgado, 1ª Turma, j. em 05.10.2006, *DJ* 26.10.2006, p. 221.

[28] MENDONÇA, Cristiane. *Competência tributária*. São Paulo: Quartier Latin, 2004, p. 33. No mesmo sentido é o entender de Paulo de Barros Carvalho (*In*: SOUSA, Rubens Gomes de; ATALIBA, Geraldo; CARVALHO, Paulo de Barros. *Comentários ao código tributário nacional*: (Parte Geral). São Paulo: Revista dos Tribunais / EDUC, 1975, p. 82).

de designar por competência tributária toda e qualquer aptidão para "versar leis sobre tributação", acabando por abranger situações em que determinado ente político tem competência para legislar sobre matéria tributária, *mas não possui competência tributária*, no sentido estrito que tal expressão deva ser empregada, que é o de competência para elaborar, alterar ou revogar lei instituidora de tributo.[29]

Para bem compreender tal afirmação, faz-se necessário relacionar a definição de competência tributária com os inerentes à competência legislativa concorrente disciplinada no art. 24 da Constituição.

A competência para legislar sobre matérias de Direito Tributário é *concorrente* (art. 24, inciso I, CF), isto é, sobre elas podem legislar a *União, os Estados, o Distrito Federal e os Municípios*, cada um no âmbito de sua atuação.

A Constituição da República, nos casos de competência concorrente (CF, art. 24), estabeleceu verdadeira situação de "condomínio legislativo" entre as pessoas políticas, daí resultando clara repartição vertical de competências normativas entre essas pessoas estatais.[30]

Ressalte-se que, apesar do art. 24 da CF não mencionar os *Municípios*, tal circunstância não retira destes o poder de dispor sobre matéria de Direito Tributário, pois o inciso II do art. 30 da CF confere às entidades políticas locais o poder de "suplementar a legislação federal e estadual no que couber", e essa suplementação se dá justamente no campo da competência concorrente.[31]

A competência concorrente para legislar em matéria tributária (art. 24, inciso I, CF) abrange:

(i) a competência legislativa da União para estabelecer *normas gerais* (art. 24, §1º), que, em se tratando de matéria tributária, somente pode ser exercida por lei complementar (art. 146, inciso III, CF);

---

[29] Confira-se, a respeito, o seguinte julgado do STF, no qual se decidiu: "A competência, privativa ou concorrente, para legislar sobre determinada matéria não implica automaticamente a competência para a instituição de tributos. Os entes federativos somente podem instituir os impostos e as contribuições que lhes foram expressamente outorgados pela Constituição" (RE 573540/MG, Rel. Min. Gilmar Mendes, Pleno, j. em 14.04.2010, *DJe*-105 divulg. 10.06.2010 public. 11.06.2010).

[30] STF, ADI 2.903/PB, Rel. Min. Celso de Mello, Pleno, j. em 01.12.2005, *DJe*-177, divulg. 18.09.2008, public. 19.09.2008.

[31] Nesse sentido, mas se referindo à competência para legislar sobre Direito Financeiro: JARDIM, Eduardo Marcial Ferreira. *Manual de direito financeiro e tributário*, cit., p. 23; HARADA, Kiyoshi. *Direito financeiro e tributário*, cit., p. 34.

(ii) a *competência legislativa suplementar* da União,[32] os Estados, do Distrito Federal e dos Municípios para complementar o conteúdo das normas gerais, mediante a instituição de normas específicas (art. 24, §2º; art. 30, inciso II);

(iii) a *competência legislativa plena* dos Estados, do Distrito Federal e dos Municípios, para, na ausência da lei nacional de normas gerais, legislarem para atender suas necessidades (art. 24, §3º).

Nesse contexto, o exercício da competência tributária (entendida como a possibilidade de criar, *in abstracto*, tributo e de exercer demais prerrogativas legislativas referentes ao tributo, como majorá-lo, minorá-lo, isentá-lo, remi-lo etc.) *corresponderá ou à competência legislativa suplementar ou à plena, conforme haja ou não, para o tributo a que se refira, a lei de normas gerais editada pela União.*

Assim, por exemplo, competência tributária dos Estados e do Distrito Federal relativamente ao ICMS (art. 155, inciso II, CF) é *suplementar*, dada a existência da Lei Complementar nº 87, de 13.09.1996, estabelecendo normas gerais sobre aquele imposto.[33]

Por outro lado, quando tais entes utilizaram sua competência para instituir o IPVA (art. 155, inciso III, CF) fizeram-no no exercício de sua competência *plena* (art. 24, §3º), posto que até a presente data não foi editada lei de normas gerais sobre tal imposto.[34]

---

[32] Além do estabelecimento de normas gerais (art. 24, §1º, CF), cabe à União a instituição de seus tributos. Esta se dá mediante a edição de "lei federal", enquanto aquelas são objeto de "leis nacionais'.

[33] Em verdade, mesmo antes do advento da Lei Complementar nº 87/1996, a competência para instituir o ICMS já se apresentava como suplementar, pois a Constituição de 1988, procurando evitar, no particular, a aplicação pelos Estados do disposto no §3º do art. 24 da CF/1988, estabeleceu no §8º do art. 34 do ADCT: "Se, no prazo de sessenta dias contados da promulgação da Constituição, não for editada a lei complementar necessária à instituição do imposto de que trata o art. 155, I, 'b', os Estados e o Distrito Federal, mediante convênio celebrado nos termos da Lei Complementar nº 24, de 7 de janeiro de 1975, fixarão normas para regular provisoriamente a matéria". Tal dispositivo revela que o constituinte reputava imprescindível a disciplina nacional do ICMS, dado o caráter igualmente nacional do imposto em questão.

[34] Nesse sentido já decidiu o Supremo Tribunal Federal: "Mostra-se constitucional a disciplina do Imposto sobre Propriedade de Veículos Automotores mediante norma local. Deixando a União de editar normas gerais, *exerce a unidade da federação a competência legislativa plena –* §3º *do artigo 24, do corpo permanente da Carta de 1988 –,* sendo que, com a entrada em vigor do sistema tributário nacional, abriu-se à União, aos Estados, ao Distrito Federal e aos Municípios, a via da edição de leis necessárias à respectiva aplicação – §3º do artigo 34 do Ato das Disposições Constitucionais Transitórias da Carta de 1988" (AI-AgR 167777/SP, Rel. Min. Marco Aurélio, 2ª Turma, j. em 04.03.1997, *DJ* 09.05.1997, p. 18134) (destaque nosso). No mesmo sentido: RE-AgR 208059/SP, Rel. Min. Néri da Silveira, 2ª Turma, j. em 22.06.1999, *DJ* 19.04.2002, p. 57; RE 236931/SP, Rel. Min. Ilmar Galvão, 1ª Turma, j. em 10.08.1999, *DJ* 29.10.1999, p. 22; RE-AgR 203301/SP, Rel. Min. Néri da Silveira, 2ª Turma, j. em 16.11.1999, *DJ* 10.12.1999, p. 28; RE-AgR 206500/SP, Rel. Min. Néri da Silveira, 2ª

170 | ALÍPIO R. FIRMO FILHO, ANA CRISTINA M. WARPECHOWSKI, CARLOS A. DE MORAES R. FILHO (COORDS.)
RESPONSABILIDADE NA GESTÃO FISCAL

Vê-se, pois, que o exercício da competência tributária (com a significação adotada nesse trabalho) dá-se no bojo da competência legislativa em matéria tributária, regulada pelo art. 24 da Constituição. No entanto, nem todos os entes que exercem a competência legislativa em matéria tributária estarão exercendo a "competência tributária", no sentido estrito da expressão.[35] A respeito de tal situação, enfatiza Geraldo Ataliba que "o Congresso Nacional, ao editar a norma geral de direito tributário, não está desempenhando a competência tributária, está desempenhando competência legislativa".[36]

Seria, por exemplo, o caso da União, que tem competência para estabelecer normas gerais sobre ICMS (art. 146, inciso III, c/c art. 155, §2º, inciso XII, ambos da CF), mas não possui, quanto à matéria, competência tributária, já que a aptidão para criar, *in abstracto*, o referido imposto foi reservada aos Estados e ao Distrito Federal (art. 155, inciso II, CF).[37]

Turma, j. em 16.11.1999, *DJ* 17.12.1999, p. 22; RE 206003/SP, Rel. Min. Moreira Alves, 1ª Turma, j. em 07.12.1999, *DJ* 25.02.2000, p. 75; RE-AgR-ED 206500/SP, Rel. Min. Néri da Silveira, 2ª Turma, j. em 21.03.2000, *DJ* 07.04.2000, p. 67; RE-AgR 191703/SP, Rel. Min. Néri da Silveira, 2ª Turma, j. em 19.03.2001, *DJ* 12.04.2002, p. 63; RE-AgR 414259/MG, Rel. Min. Eros Grau, 2ª Turma, j. em 24.06.2008, *DJe*-152 divulg. 14.08.2008 public. 15.08.2008; RE-AgR 262643/MG, Rel. Min. Dias Toffoli, 1ª Turma, j. em 06.04.2010, *DJe*-081 divulg. 06.05.2010 public. 07.05.2010. No mesmo sentido decidiu o STJ: RMS 6462/SP, 2ª Turma, Rel. Min. Ari Pargendler, j. em 14.03.1996, *DJ* 06.05.1996, p. 14399; EDcl no RMS 6462/SP, Rel. Min. Ari Pargendler, 2ª Turma, j. em 03.06.1996, *DJ* 24.06.1996, p. 22745.

[35] Nesse sentido é a observação de Andrei Pitten Velloso: "A competência legislativa em matéria tributária é concorrente, de acordo com o art. 24, I, c/c o art. 30, II e III, da CF/1988. (...) Não obstante, quando se emprega a expressão 'competência tributária' usualmente se adota uma acepção mais restrita, que abrange apenas a competência legislativa para a *instituição, modificação e extinção de tributos*" (destaques no original) (*Constituição tributária interpretada*, cit., p. 9).

[36] SOUSA, Rubens Gomes de; ATALIBA, Geraldo; CARVALHO, Paulo de Barros. *Comentários ao código tributário nacional:* (Parte Geral). São Paulo: Revista dos Tribunais / EDUC, 1975, p. 81. No mesmo sentido é a lição de Luís Eduardo Schoueri, que, todavia, emprega terminologia ligeiramente diferente da que vem sendo adotada no presente trabalho: "Tampouco se confunde a competência tributária com a competência para legislar sobre Direito Tributário. Aquela, como afirmado, versa sobre a instituição de tributos, enquanto a última cogita das normas gerais tributárias" (*Direito tributário.* cit. p. 237). Semelhante é a lição de José Souto Maior Borges, que, no entanto, refere-se à competência para estabelecer normas gerais de Direito Tributário como "poder tributário": "A competência tributária consiste, pois, numa autorização e limitação constitucional para o exercício do poder tributário. Embora sendo uma emanação do poder tributário, com ele não se confunde. (...) No Brasil, p. ex., a União detém a competência para legislar sobre normas gerais de direito financeiro e, pois, de direito tributário, aplicáveis não só a ela, União, mas também aos demais entes públicos (...), sem que correlatamente tenha o poder de tributar pessoas, bens, atos, fatos ou estados de fato submetidos à competência tributária privativa dos Estados-membros, Distrito Federal e Municípios" (*Isenções tributárias.* 2. ed. São Paulo: Sugestões Literárias, 1980, p. 19).

[37] É certo que, excepcionalmente, pode a União criar, *in abstracto*, o ICMS (ou imposto com os mesmos fatos geradores do referido imposto), nas seguintes hipóteses: a) no âmbito dos

3 A questão da facultatividade como característica da competência tributária

Ao arrolar as características da competência tributária, a doutrina pátria costuma citar como tal a *facultatividade* de seu exercício. Assim, tomada tal ideia como verdadeira, nada impede que a pessoa política deixe de exercitar, no todo ou em parte, sua competência tributária.[38]

Tal entendimento parece decorrer da circunstância da Constituição Brasileira, ao repartir as competências tributárias entre os entes políticos, ter empregado expressões que não traduzem a ideia de dever, mas de *opção*.

É o caso, por exemplo, do art. 145 da CF, cujo *caput* ostenta a seguinte redação: "A União, os Estados, o Distrito Federal e os Municípios *poderão instituir* os seguintes tributos: (...)" (destaque nosso). Semelhante é o caso dos arts. 148,[39] 149-A[40] e 154[41] da CF.

Quando não emprega a expressão destacada no dispositivo transcrito, a CF utiliza a expressão "compete ao ente X instituir o tributo Y".[42] Ora, tal estrutura de enunciado apenas atribui competência tributária a um determinado ente político, não trazendo a ideia de que este esteja obrigado a fazer uso de tal prerrogativa.

Portanto, à luz do Texto Constitucional, pode-se afirmar, num primeiro momento, que a opção de criar ou não tributos é uma decisão política, discricionária.[43]

Territórios Federais (art. 147, CF/1988); b) na iminência ou no caso de guerra externa (art. 154, II, CF/1988).

[38] Nesse sentido: CARRAZZA, Roque Antonio. *Curso de direito constitucional tributário*, cit., p. 758-760.

[39] "Art. 148. A União, mediante lei complementar, *poderá instituir* empréstimos compulsórios: (...)" (destaque nosso).

[40] "Art. 149-A Os Municípios e o Distrito Federal *poderão instituir* contribuição, na forma das respectivas leis, para o custeio do serviço de iluminação pública, observado o disposto no art. 150, I e III. (...)" (destaque nosso) (Artigo incluído pela Emenda Constitucional nº 39, de 19.12.2002).

[41] "Art. 154. A União *poderá instituir*: I - mediante lei complementar, impostos não previstos no artigo anterior, desde que sejam não-cumulativos e não tenham fato gerador ou base de cálculo próprios dos discriminados nesta Constituição; II - na iminência ou no caso de guerra externa, impostos extraordinários, compreendidos ou não em sua competência tributária, os quais serão suprimidos, gradativamente, cessadas as causas de sua criação" (destaque nosso).

[42] É o que se dá, por exemplo, nos arts. 147, 149, *caput*, 153, 155 e 156, todos da CF/1988.

[43] CARRAZZA, Roque Antonio. *Curso de direito constitucional tributário*, cit., p. 759. Em sentido contrário é o entender de Marcos André Vinhas Catão, que sustenta a obrigatoriedade do exercício da competência tributária: "Quando deixa de exercer a competência que lhe foi acometida, quer nos parecer que está descumprindo um dever constitucional indisponível

Tal regra, contudo, comporta uma exceção expressa, que se encontra no §1º do art. 149 da CF, que, com a redação dada pela Emenda Constitucional nº 103, de 12.11.2019, estabelece: "A União, os Estados, o Distrito Federal e os Municípios *instituirão*, por meio de lei, contribuições para custeio de regime próprio de previdência social, cobradas dos servidores ativos, dos aposentados e dos pensionistas, que poderão ter alíquotas progressivas de acordo com o valor da base de contribuição ou dos proventos de aposentadoria e de pensões" (destaque nosso).

Observe-se que, no caso citado, o enunciado não menciona que os entes federativos *poderão instituir* a contribuição previdenciária de seus servidores, mas que deverão instituí-la.[44]

Registre-se que, segundo a doutrina de Paulo de Barros Carvalho haveria, ainda, uma outra exceção à regra da facultatividade do exercício da competência tributária e que diz respeito ao ICMS (art. 155, inciso II, CF). Isto porque a concessão de isenção do citado imposto deve ser necessariamente precedida de deliberação dos Estados e do Distrito Federal, conforme impõe o art. 155, §2º, inciso XII, alínea "g", da CF.

Ora, se considerarmos que o não exercício, no todo ou em parte, da competência tributária equivale à concessão de isenção,[45] conclui-se que, relativamente ao ICMS, aquele exercício não é facultativo, mas obrigatório, sob pena de afrontar o anteriormente referido mandamento constitucional. Isto porque a competência legislativa dos Estados e do Distrito Federal em matéria de ICMS é *condicional*, pois, na ausência de autorização competente, positivada num convênio interestadual, só lhes resta instituir tal tributo obrigatoriamente.[46] Nesse sentido é a arguta observação de Paulo de Barros Carvalho, que, destacando a índole

---

que lhe foi atribuído. É de nosso entendimento que ao aludir ao verbo 'poder' no art. 145 o faz a Carta Federativa de forma a ser respeitada a competência e evitado o conflito entre as pessoas políticas" (*Regime jurídico dos incentivos fiscais*. Rio de Janeiro: Renovar, 2004, p. 102).

[44] Essa já era a orientação na redação dada ao §1º do art. 149 pela Emenda Constitucional nº 41, de 19.12.2003. No entanto, a redação original do referido parágrafo (que era parágrafo único, mas que foi transformado em §1º pela Emenda Constitucional n. 33, de 11.12.2001) consagrava a facultatividade do exercício da competência tributária em questão: "Os Estados, o Distrito Federal e os Municípios *poderão instituir* contribuição, cobrada de seus servidores, para o custeio, em benefício destes, de sistemas de previdência e assistência social" (destaque nosso).

[45] Referindo-se ao ICMS, admite Roque Antonio Carrazza que a não tributação, pura e simples, sem prévia autorização em convênio, desobedece diretamente o art. 155, §2º, inciso XII, alínea "g", da CF/1988 (*Curso de direito constitucional tributário*, cit., p. 763). Entende Marcos André Vinhas Catão não serem institutos similares a isenção tributária e a não instituição do tributo (*Regime jurídico dos incentivos fiscais*, cit., p. 101-102).

[46] GAMA, Tácio Lacerda. *Competência tributária*: fundamentos para uma teoria da nulidade. 2. ed. São Paulo: Noeses, 2011, p. 293.

nacional do ICMS, segue transcrita: "Reiteramos aqui a necessidade premente de que todas as pessoas políticas, titulares de competência com relação ao ICMS, mobilizem seus órgãos para tornar efetiva a planta fundamental desse imposto. Não se trata de mera autorização; não se cogita de singela faculdade, em que se permite a ação e a omissão: os Estados e o Distrito Federal estão compelidos a legislar, e do mesmo modo, no mesmo diapasão. Somente assim a tributação será uniforme em todo o território nacional".[47]

Assim, como bem observa o autor citado, se houvesse uma só unidade da Federação que deixasse de legislar sobre o ICMS, o sistema do referido imposto perderia consistência, abrindo espaço à chamada "guerra fiscal".[48]

Portanto, pelo exposto, pode-se afirmar que, no tocante ao ICMS, o exercício da competência tributária pelos Estados e pelo Distrito Federal é *obrigatório*.[49]

4 A facultatividade da competência tributária e a LRF

Ainda quanto ao tema da facultatividade ser (ou não) característica inerente à competência tributária, vale ressaltar que a Lei Complementar nº 101, de 04.05.2000, mais conhecida como Lei de Responsabilidade Fiscal (LRF), pretendeu inovar a respeito.

Nos termos do *caput* do art. 11 do referido diploma, constituem requisitos essenciais da responsabilidade na gestão fiscal "a *instituição*, previsão e efetiva arrecadação de *todos os tributos* da competência constitucional do ente da Federação" (destaques nossos).

Segundo dispõe o parágrafo único do citado artigo, aos entes públicos que não atenderem à determinação de prever e arrecadar todos os impostos de sua competência será proibido receber transferências voluntárias.[50] Dito de outro modo, estabelece a LRF que a instituição,

---

[47] CARVALHO, Paulo de Barros. ICMS – Incentivos – Conflitos entre Estados – Interpretação. *Revista de Direito Tributário*, São Paulo, n. 66, p. 109, s./d.

[48] Em sentido contrário é a lição de Cristiane Mendonça, que, mesmo reconhecendo o caráter nacional do ICMS, não vislumbra o referido imposto como exceção à regra da facultatividade quanto à edição da respectiva regra-matriz de incidência (*Competência tributária*. São Paulo: Quartier Latin, 2004, p. 127-128 e 282-283).

[49] Para Paulo de Barros Carvalho, se há exceção à tese que indica a facultatividade como atributo da competência tributária, conclui-se que esta não pode ser considerada como tal, por faltar-lhe o caráter de universalidade, necessário à identificação de tais atributos (*Curso de direito tributário*, cit., p. 281).

[50] Acerca da definição de transferências voluntárias, vide art. 25, *caput*, da LRF: "Para efeito desta Lei Complementar, entende-se por transferência voluntária a entrega de recursos

previsão e efetiva arrecadação de todos os tributos da competência constitucional do ente da Federação constitui requisito para o recebimento de transferências voluntárias.

O art. 11 da LRF, ao impor a efetiva *arrecadação* dos tributos instituídos por cada pessoa política, em nada inovou, tendo em vista que tal obrigatoriedade já constava do Código Tributário Nacional (Lei nº 5.172, de 25.10.1966). Com efeito, o art. 3º do CTN, ao conceituar tributo, esclarece ser este uma prestação "cobrada mediante atividade administrativa *plenamente vinculada*" (destaque nosso).[51]

Ao impor, contudo, "a *instituição* (...) de todos os tributos da competência constitucional do ente da Federação" (destaque nosso), coagindo os Estados e Municípios a exercerem plenamente sua competência tributária, o referido art. 11 da LRF incorre em flagrante inconstitucionalidade.

Isto porque, sendo a competência tributária – ressalvados os específicos casos, anteriormente explanados, do ICMS e das contribuições previdenciárias dos servidores públicos – uma opção política do legislador do ente federado, a LRF, ao impor o pleno exercício da competência tributária, anulou obliquamente faculdades legislativas atribuídas pelo Texto Constitucional a Estados e Municípios, acabando por *invadir*, nesse particular, esfera de autonomia das unidades da Federação, expressamente consagrada no art. 18 da CF, que dispõe: "A organização político-administrativa da República Federativa do Brasil compreende a União, os Estados, o Distrito Federal e os Municípios, *todos autônomos*, nos termos desta Constituição" (destaque nosso).

Assim, ressalvado o caso do *ICMS* – cuja obrigatoriedade quanto ao exercício da competência tributária decorre diretamente[52] da Constituição Federal (art. 155, §2º, inciso XII, alínea "g") – e das *contribuições previdenciárias dos servidores públicos* – cuja obrigatoriedade quanto ao exercício da competência tributária também decorre diretamente da Constituição (art. 149, §1º) –, não configurando, justamente

---

correntes ou de capital a outro ente da Federação, a título de cooperação, auxílio ou assistência financeira, que não decorra de determinação constitucional, legal ou os destinados ao Sistema Único de Saúde". Para fins de aplicação da sanção de suspensão de transferências voluntárias, excetuam-se aquelas relativas a ações de educação, saúde e assistência social (art. 25, §3º, LRF).

[51] Tal característica é enfatizada no parágrafo único do art. 142 do mesmo diploma legal, que caracteriza a atividade administrativa de lançamento como "*vinculada e obrigatória*", sob pena de responsabilidade funcional" (destaque nosso).

[52] E implicitamente segundo Roque Antonio Carrazza (*Curso de direito constitucional tributário*, cit., p. 765).

por isso, afronta a esta, não se concebe como possa a LRF obrigar direta ou indiretamente determinado ente político a exercer plenamente sua competência tributária.[53]

5 Competência tributária exonerativa

Denomina-se *competência exonerativa* a aptidão legislativa para expedir enunciados que produzam o efeito de eliminar ou reduzir a carga tributária, também compreendendo os benefícios que operam na vertente das despesas públicas, os chamados "incentivos financeiros".

Apesar dos dispositivos constitucionais que atribuem competência tributária aos entes políticos somente fazer menção expressa ao poder de instituir tributo, tal competência legislativa é plena (art. 6º do CTN), o que significa que o ente competente para instituir o tributo também detém a prerrogativa de, respeitadas as disposições constitucionais, legislar sobre *todos* os aspectos relativos àquele tributo, *podendo inclusive exonerá-lo* nas situações e sob as condições que a lei estabelecer.[54] De fato, salienta José Souto Maior Borges: "No poder de tributar se contém o poder de eximir, como o verso e reverso de uma medalha".[55]

Com efeito, se o exercício da competência tributária é facultativo – ressalvados os casos anteriormente referidos –, então, da mesma forma

---

[53] Nesse sentido: CARRAZZA, Roque Antonio. *Curso de direito constitucional tributário*, cit., p. 764-766; FIGUEIREDO, Marcelo. A Lei de Responsabilidade Fiscal – Notas essenciais e alguns aspectos da improbidade administrativa. *Interesse Público*, Sapucaia do Sul, n. 12, p. 117-118, out./dez. 2001; GRUPENMACHER, Betina Treiger. Lei de Responsabilidade Fiscal, competência tributária, arrecadação e renúncia. *In*: ROCHA, Valdir de Oliveira (Coord.). *Aspectos relevantes da Lei de Responsabilidade Fiscal*. São Paulo: Dialética, 2001, p. 20; BRITO, Edvaldo. Lei de Responsabilidade Fiscal: competência tributária, arrecadação de tributos e renúncia de receita. *In*: ROCHA, Valdir de Oliveira (Coord.). *Aspectos relevantes da Lei de Responsabilidade Fiscal*. São Paulo: Dialética, 2001, p. 119; MENDONÇA, Cristiane. *Competência tributária*, cit., p. 283. A última autora citada, contudo, entende que o exercício da competência tributária (legislativa) é facultativo até mesmo no caso do ICMS (Ob. cit. p. 127-128 e 282-283). Em sentido contrário, não vislumbrando inconstitucionalidade no art. 11 da LRF: CATÃO, Marcos André Vinhas. *Regime jurídico dos incentivos fiscais*, cit., p. 101-102; HORVATH, Estevão. A Constituição e a Lei Complementar nº 101/2000 ("Lei de Responsabilidade Fiscal"). Algumas questões. *In*: ROCHA, Valdir de Oliveira (Coord.). *Aspectos relevantes da Lei de Responsabilidade Fiscal*. São Paulo: Dialética, 2001, p. 161; RIVERA, Reinaldo Chaves. Tributos e renúncia fiscal – Lei Complementar 101 – a lei da gestão fiscal responsável. *Revista Dialética de Direito Tributário*, São Paulo, n. 77, p. 113, fev. 2002.

[54] Nesse sentido é o seguinte julgado do STF: "O Município é ente federado detentor de autonomia tributária, com competência legislativa plena tanto para a instituição do tributo, observado o art. 150, I, da Constituição, como para eventuais desonerações, nos termos do art. 150, §6º, da Constituição" (RE 591033/SP, Rel. Min. Ellen Gracie, Pleno, j. em 17.11.2010, DJe-038 divulg. 24.02.2011 public. 25.02.2011).

[55] BORGES, José Souto Maior. *Isenções tributárias*, cit., p. 21.

que pode deixar de instituir o tributo de sua competência, pode o ente político competente instituir o tributo e, por outra norma, exonerá-lo total ou parcialmente em relação às situações e atendidos os pressupostos que tal norma estabeleça. Portanto, tem razão o autor citado quando afirma que o "poder de isentar é o próprio poder de tributar visto ao inverso".[56]

Isto significa que as mesmas normas constitucionais que expressamente outorgam aos entes políticos a competência tributária impositiva (entendida esta como a que autoriza a edição de normas instituidoras de tributos) também conferem implicitamente aos mesmos entes a faculdade de exonerar, pois esta está necessariamente contida naquela.

Nesse sentido já decidiu o Supremo Tribunal Federal, reconhecendo que a noção de competência tributária não encerra, apenas, a faculdade potencial de criar tributos ou onerar os sujeitos passivos da relação tributária: "A competência tributária da pessoa estatal investida do poder de instituir espécies de natureza fiscal abrange, na latitude dessa prerrogativa jurídica, a possibilidade de fazer editar normas legais que, beneficiando o contribuinte, disponham sobre a suspensão ou até mesmo sobre a própria exclusão do crédito tributário".[57]

Por todo o exposto, pode-se afirmar, em síntese, que o poder de exonerar é ínsito *ao poder de tributar*. Sendo a competência exonerativa um desdobramento da competência impositiva,[58] e decorrendo esta da Constituição Federal, conclui-se que é no Texto Supremo que se encontrarão os contornos daquela primeira.

O dispositivo constitucional que regula a produção de normas de exoneração tributária é o §6º do art. 150, assim redigido: "Qualquer subsídio ou isenção, redução de base de cálculo, concessão de crédito presumido, anistia ou remissão, relativos a impostos, taxas ou contribuições, só poderá ser concedido mediante lei específica, federal, estadual ou municipal, que regule exclusivamente as matérias acima enumeradas ou o correspondente tributo ou contribuição, sem prejuízo do disposto no art. 155, §2º, XII, 'g'".[59]

---

[56] BORGES, José Souto Maior. *Isenções tributárias*, cit., p. 21.

[57] ADI-MC 712/DF, Rel. Min. Celso de Mello, Pleno, j. em 07.10.1992, *DJ* 19.02.1993, p. 2032.

[58] Há, todavia, uma única exceção à regra exposta: trata-se do caso do ISS relativamente às "exportações de serviços para o exterior", em que, não obstante a competência impositiva ser dos Municípios (art. 156, inciso III, CF) e do Distrito Federal (art. 147, *in fine*, CF), a competência exonerativa não pertence aos citados entes políticos, tendo sido constitucionalmente conferida à União (art. 156, §3º, inciso II, CF).

[59] Parágrafo com redação dada pela Emenda Constitucional nº 3, de 17.03.1993. A redação original era a seguinte: "§6º Qualquer anistia ou remissão, que envolva matéria tributária

A parte final do dispositivo transcrito refere-se ao ICMS, em relação ao qual é proibido aos Estados e ao Distrito Federal conceder benefícios fiscais sem submeter previamente tal questão à deliberação das demais unidades da Federação.

6 A competência exonerativa tributária e a LRF

O exercício da competência exonerativa em matéria tributária, além das exigências de ordem constitucional, deve atender às disposições da LRF, que, ao disciplinar o tema da "renúncia de receita" em seu art. 14, exigiu[60] que:

(i) esteja acompanhada de estimativa do impacto orçamentário-financeiro no exercício em que deva iniciar sua vigência e nos dois seguintes;

(ii) atenda ao disposto na Lei de Diretrizes Orçamentárias (LDO); e

(ii) atenda a *pelo menos uma* das seguintes condições:

a) demonstração pelo proponente de que a renúncia foi considerada na estimativa de receita da Lei Orçamentária Anual (LOA) e que não afetará as metas de resultados fiscais previstas no anexo próprio da LDO; ou

b) demonstração pelo proponente de que essa renúncia de receita será compensada por aumento de receita proveniente de elevação de alíquotas, ampliação da base de cálculo, aumento ou criação de tributo ou contribuição, caso em que o ato que implique renúncia só entra em vigor quando estiver assegurada a compensação pelo aumento de receita (art. 14, §2º).

7 A competência exonerativa em matéria de ICMS e a LRF

Questão que se afigura interessante diz respeito à aplicabilidade – ou não – das disposições do art. 14 da LRF aos atos de renúncia de receita relativos ao ICMS, em relação ao qual a concessão válida de benefícios fiscais depende de prévia deliberação dos Estados e do

---

ou previdenciária, só poderá ser concedida através de lei específica, federal, estadual ou municipal".

[60] Tais exigências, consoante o §3º do art. 14 da LRF, não se aplicam (i) às alterações das alíquotas dos impostos previstos nos incisos I, II, IV e V do art. 153 da CF, na forma do §1º do citado artigo constitucional, nem (ii) ao cancelamento de débito cujo montante seja inferior ao dos respectivos custos de cobrança.

Distrito Federal (art. 155, §2º, inciso XII, alínea "g", CF), mediante a celebração de *convênio*.

Entendemos que as exigências do referido dispositivo da LRF aplicam-se ao ICMS, pois o §3º do mencionado artigo, ao excepcionar de sua abrangência certos impostos, somente o fez relativamente àqueles previstos nos incisos I, II, IV e V do art. 153 da Constituição, e, quanto a estes, somente no que se refere às alterações das alíquotas pelo Presidente da República na forma do §1º do citado dispositivo constitucional.[61]

Surge, então, outro questionamento: se a concessão de incentivos do ICMS depende, em regra,[62] da deliberação conjunta de todos os Estados-membros da Federação, e para aprovação, da manifestação unânime de todos eles – inclusive os que, regularmente convocados, não se tenham feito representar na reunião –, como aplicar as disposições do art. 14 da LRF, que leva em consideração a situação econômica peculiar de cada Unidade da Federação?

Em trabalho anteriormente publicado,[63] chegamos a defender a tese de que o convênio interestadual somente seria dirigido às unidades federativas que tivessem declarado, por ocasião de sua celebração, a possibilidade de cumprir o disposto no art. 14 da LRF (*convênios nominativos*).[64]

Entendemos, atualmente, ser outra a forma de conciliar o art. 14 da LRF com as disposições da LC nº 24/1975.

Com efeito, apesar de haver quem classifique os convênios em *impositivos* ou *autorizativos* – conforme obriguem ou não as unidades da Federação a adotar as medidas por eles aprovadas[65] –, o Superior

---

[61] Em sentido contrário é a lição de Roque Antonio Carrazza, que entende não se aplicar o art. 14 da LRF aos Estados-membros (e ao Distrito Federal), mas, apenas e tão somente, à União (Responsabilidade fiscal: Convênios-ICMS e artigo 14, da Lei de Responsabilidade Fiscal – Sua inaplicabilidade – Questões conexas. *Revista de Estudos Tributários*, Porto Alegre, n. 16, p. 146, nov./dez. 2000).

[62] As indústrias da Zona Franca de Manaus são excluídas de tal regime, conforme art. 15 da LC nº 24/75.

[63] RAMOS FILHO, Carlos Alberto de Moraes. Os incentivos fiscais e a "renúncia de receita": reflexões em torno do art. 14 da Lei de Responsabilidade Fiscal (Lei Complementar n. 101/2000). *Revista Jurídica Amazonense*, Manaus, n. 6, p. 111-136, jan./mar. 2000.

[64] Carlos Alberto de M. Ramos Filho, "Os incentivos fiscais e a 'renúncia de receita':...", p. 132. Em sentido contrário é a lição de Roque Antonio Carrazza, que entende não se aplicar o art. 14 da LRF aos Estados-membros (e ao Distrito Federal), mas, apenas e tão somente, à União ("Responsabilidade fiscal: Convênios-ICMS e artigo 14, da Lei de Responsabilidade Fiscal – Sua inaplicabilidade – Questões conexas", p. 146).

[65] Nesse sentido: TORRES, Heleno Taveira. Isenções no ICMS – limites formais e materiais. Aplicação da LC n. 24/75. Constitucionalidade dos chamados "convênios autorizativos". *Revista Dialética de Direito Tributário*, São Paulo, n. 72, p. 92, set. 2001.

Tribunal de Justiça já decidiu que os convênios, em matéria de incentivos de ICMS, são todos meramente autorizativos.[66]

Assim, considerando que não é o convênio interestadual que concede os benefícios fiscais referentes ao ICMS, mas sim as *leis específicas* que os Estados e o Distrito Federal, devidamente autorizados pelo citado convênio, posteriormente promulgarem (art. 150, §6º, CF), conclui-se que somente poderão editar as leis concessivas de benefícios relativos ao referido imposto as unidades federativas que cumpram as exigências estabelecidas no art. 14 da LRF.

Considerações finais

Consoante exposto, o art. 11 da LRF, ao impor a instituição dos tributos da competência constitucional do ente da Federação, incorreu em inconstitucionalidade, por afrontar a autonomia dos entes federativos, estabelecida no art. 18 da CF.

Quanto ao art. 14 da LRF, ao contrário, não vislumbramos inconstitucionalidade, pois não dispensou a lei como único instrumento hábil à concessão ou ampliação de benefícios fiscais (art. 150, §6º, CF), mas apenas consagrou novas exigências para tanto.[67]

Esses novos requisitos para a concessão de incentivos que importem em renúncia de receita, aliás, devem ser observados anteriormente àquele mencionado pela Constituição. Dito de outro modo, antes da elaboração da lei específica a que alude o §6º do art. 150 da CF, deverá ser verificado pelo proponente o atendimento às condições impostas pelo art. 14 da LRF, sem o que restará prejudicada a edição daquela.

---

[66] REsp 709.216/MG, Rel. Min. Franciulli Netto, 2ª Turma, j. em 22.02.2005, *DJ* 09.05.2005, p. 379; RMS 26.328/RO, Rel. Min. Denise Arruda, 1ª Turma, j. em 18.09.2008, *DJe* 01.10.2008; AgRg no Ag 1.238.918/MG, Rel. Min. Benedito Gonçalves, 1ª Turma, j. em 05.08.2010, *DJe* 16.08.2010.

[67] Nesse sentido: LINO, Pedro. *Comentários à lei de responsabilidade fiscal*: lei complementar n. 101/2000. São Paulo: Atlas, 2001, p. 63; RIVERA, Reinaldo Chaves. Tributos e renúncia fiscal – Lei Complementar 101 – a lei da gestão fiscal responsável, cit., p. 115. Em sentido contrário é a lição de Betina Treiger Grupenmacher, que entende ser inoperante o art. 14 da LRF, "pois ao invadir as competências legislativas e administrativas dos Estados e Municípios encerra comando inconstitucional" (Lei de Responsabilidade Fiscal, competência tributária, arrecadação e renúncia, cit., p. 23).

Referências

AMARO, Luciano. *Direito tributário brasileiro.* 9. ed. São Paulo: Saraiva, 2003.

BASTOS, Celso Ribeiro. *Curso de direito financeiro e de direito tributário.* 4. ed. São Paulo: Saraiva, 1995.

BASTOS, Celso Ribeiro; MARTINS, Ives Gandra da Silva. *Comentários à Constituição do Brasil:* promulgada em 5 de outubro de 1988. São Paulo: Saraiva, 1991. v. 6. t. II.

BORGES, José Souto Maior. *Isenções tributárias.* 2. ed. São Paulo: Sugestões Literárias, 1980.

BRITO, Edvaldo. Lei de Responsabilidade Fiscal: competência tributária, arrecadação de tributos e renúncia de receita. *In:* ROCHA, Valdir de Oliveira (Coord.). *Aspectos relevantes da Lei de Responsabilidade Fiscal.* São Paulo: Dialética, 2001, p. 105-126.

CARRAZZA, Roque Antonio. *Curso de direito constitucional tributário.* 28. ed. São Paulo: Malheiros, 2012.

CARRAZZA, Roque Antonio. Responsabilidade fiscal: Convênios-ICMS e artigo 14, da Lei de Responsabilidade Fiscal – Sua inaplicabilidade – Questões conexas. *Revista de Estudos Tributários,* Porto Alegre, n. 16, p. 140-158, nov./dez. 2000.

CARVALHO, Paulo de Barros. *Curso de direito tributário.* 23. ed. São Paulo: Saraiva, 2011.

CARVALHO, Paulo de Barros. ICMS – Incentivos – Conflitos entre Estados – Interpretação. *Revista de Direito Tributário,* São Paulo, n. 66, p. 91-110, s./d.

CATÃO, Marcos André Vinhas. *Regime jurídico dos incentivos fiscais.* Rio de Janeiro: Renovar, 2004.

CONTI, José Maurício. *Federalismo fiscal e fundos de participação.* São Paulo: Juarez de Oliveira, 2001.

FIGUEIREDO, Marcelo. A Lei de Responsabilidade Fiscal – Notas essenciais e alguns aspectos da improbidade administrativa. *Interesse Público,* Sapucaia do Sul, n. 12, p. 108-121, out./dez. 2001.

GAMA, Tácio Lacerda. Atributos da competência tributária. *In:* SANTI, Eurico Marcos Diniz de (Coord.). *Tributação e desenvolvimento:* homenagem ao Prof. Aires Barreto. São Paulo: Quartier Latin, 2011, p. 759-770. Coleção: Tributação e Desenvolvimento.

GAMA, Tácio Lacerda. *Competência tributária:* fundamentos para uma teoria da nulidade. 2. ed. São Paulo: Noeses, 2011.

GRUPENMACHER, Betina Treiger. Lei de Responsabilidade Fiscal, competência tributária, arrecadação e renúncia. *In:* ROCHA, Valdir de Oliveira (Coord.). *Aspectos relevantes da Lei de Responsabilidade Fiscal.* São Paulo: Dialética, 2001, p. 7-24.

HARADA, Kiyoshi. *Direito financeiro e tributário.* 3. ed. São Paulo: Atlas, 1998.

HARADA, Kiyoshi. *Prática do direito tributário e financeiro:* artigos e pareceres. São Paulo: Juarez de Oliveira: Centro de Pesquisas e Estudos Jurídicos, 2004.

HORVATH, Estevão. A Constituição e a Lei Complementar n. 101/2000 ("Lei de Responsabilidade Fiscal"). Algumas questões. *In:* ROCHA, Valdir de Oliveira (Coord.). *Aspectos relevantes da Lei de Responsabilidade Fiscal.* São Paulo: Dialética, 2001, p. 147-162.

JARDIM, Eduardo Marcial Ferreira. *Manual de direito financeiro e tributário*. 4. ed. São Paulo: Saraiva, 1999.

LINO, Pedro. *Comentários à lei de responsabilidade fiscal*: lei complementar n. 101/2000. São Paulo: Atlas, 2001.

MACHADO, Hugo de Brito. *Curso de direito tributário*. 21. ed. São Paulo: Malheiros, 2002.

MENDONÇA, Cristiane. *Competência tributária*. São Paulo: Quartier Latin, 2004.

RAMOS FILHO, Carlos Alberto de Moraes. Os incentivos fiscais e a "renúncia de receita": reflexões em torno do art. 14 da Lei de Responsabilidade Fiscal (Lei Complementar n. 101/2000). *Revista Jurídica Amazonense*, Manaus, n. 6, p. 111-136, jan./mar. 2000.

RIVERA, Reinaldo Chaves. Tributos e renúncia fiscal – Lei Complementar 101 – a lei da gestão fiscal responsável. *Revista Dialética de Direito Tributário*, São Paulo, n. 77, p. 109-116, fev. 2002.

ROSA JÚNIOR, Luiz Emygdio F. da. *Manual de direito financeiro e direito tributário*. 12. ed. Rio de Janeiro: Renovar, 1998.

SCHOUERI, Luís Eduardo. *Direito tributário*. São Paulo: Saraiva, 2011.

SOUSA, Rubens Gomes de; ATALIBA, Geraldo; CARVALHO, Paulo de Barros. *Comentários ao código tributário nacional* (Parte Geral). São Paulo: Revista dos Tribunais / EDUC, 1975.

TORRES, Heleno Taveira. Isenções no ICMS – limites formais e materiais. Aplicação da LC n. 24/75. Constitucionalidade dos chamados "convênios autorizativos". *Revista Dialética de Direito Tributário*, São Paulo, n. 72, p. 88-93, set. 2001.

TORRES, Ricardo Lobo. *Curso de direito financeiro e tributário*. 4. ed. Rio de Janeiro: Renovar, 1997.

VELLOSO, Andrei Pitten. *Constituição tributária interpretada*. São Paulo: Atlas, 2007.

Informação bibliográfica deste texto, conforme a NBR 6023:2018 da Associação Brasileira de Normas Técnicas (ABNT):

RAMOS FILHO, Carlos Alberto de Moraes. A competência tributária e a Lei de Responsabilidade Fiscal. *In*: FIRMO FILHO, Alípio Reis; WARPECHOWSKI, Ana Cristina Moraes; RAMOS FILHO, Carlos Alberto de Moraes (Coord.). *Responsabilidade na gestão fiscal*: estudos em homenagem aos 20 anos da lei complementar nº 101/2000. Belo Horizonte: Fórum, 2020. p. 161-181. ISBN 978-65-5518-034-3.

OS 20 ANOS DA LEI DE RESPONSABILIDADE FISCAL: TRANSPARÊNCIA E PROTEÇÃO DE DADOS A TUTELAR OS DIREITOS FUNDAMENTAIS À *CIBERCIDADANIA* E À BOA *CIBER@DMINISTRAÇÃO* PÚBLICA

DANIELA ZAGO GONÇALVES DA CUNDA

LETÍCIA AYRES RAMOS

1 Introdução

O estudo em tela pretende abordar os princípios da publicidade e da transparência a serviço do controle social e da cidadania, assim como as possibilidades de atuação dos Tribunais de Contas nesse contexto.

O enfrentamento do tema será sob a ótica do direito/dever fundamental à informação, conjuntamente com uma abordagem sobre o direito/dever fundamental à boa administração pública e a necessária utilização das novas tecnologias delineando a *ciber@administração*, com destaque para aspectos relevantes sobre os temas centrais, tendo em mente a legislação vigente e projetos de lei, centralizando o debate sobre três principais eixos: transparência, proteção de dados e novas tecnologias.

Será providenciada a interpretação sistemática dos principais diplomas legais acerca da matéria, com destaque para a Lei de Responsabilidade Fiscal (com ênfase nos arts. 48 e seguintes no que tange ao princípio da transparência), a Lei Geral de Proteção de Dados Pessoais e o Projeto de Lei nº 3.443/2019, que dispõe sobre a prestação digital dos serviços públicos na Administração Pública (Governo Digital).

A Lei de Responsabilidade Fiscal, ao completar 20 anos, ainda desperta a atenção de todos. Sem dúvida, no seu nascedouro, a Lei procurou destacar os pilares do planejamento, da transparência, do controle e da responsabilização dos agentes que lidam com as finanças.[1] Por sua vez, na atualidade, em meio a uma crise fiscal, questiona-se acerca de quais foram as falhas do percurso que podem estar relacionadas à Lei Complementar nº 101/2000[2] ou, sob outro viés, qual a contribuição da Lei de Responsabilidade Fiscal de maneira a propiciar um maior controle das finanças públicas (inclusivo do controle social).

Ao se mencionar controle fiscal, tem-se em mente a tão almejada efetivação do princípio democrático e uma maior participação da sociedade, sendo que o acesso à informação e uma efetiva transparência são instrumentos para sua concretização. Entretanto, passados 20 anos, percebe-se que são objetivos que ainda estão em processo de construção.

Em tempos de uma sociedade de desconfiança democrática,[3] nunca pareceu tão atual falar sobre o acesso à informação, a transparência e o outro lado da moeda, ou seja, o direito à privacidade e a respectiva tutela à proteção de dados. Portanto, reforçar vínculos de confiança é um desafio das instituições para que os cidadãos voltem a crer naqueles que atuam em seu nome.

Nunca é demais lembrar que a transparência é instrumento capaz de reforçar o controle dos atos praticados pelos agentes públicos, uma vez que possibilita à sociedade a efetiva compreensão acerca das informações, com a consequente possibilidade de dialogar com a Administração acerca dos caminhos a serem tomados, trazendo à

---

[1] MOTTA, Fabrício. Publicidade e Transparência nos 10 anos da Lei de Responsabilidade Fiscal. *Revista Técnica dos Tribunais de Contas*, Belo Horizonte, ano 1, n. 0, p. 215-227, set. 2010.

[2] Importante advertência ponderou Edilberto Pontes acerca da necessidade de um correto diagnóstico do problema, conforme o artigo disponível em: https://www.tce.ce.gov.br/comunicacao/artigos/3465-crise-fiscal-brasileira-em-busca-de-um-diagnostico-correto-ou-para-evitar-bodes-expiatorios. Acesso em: 9 jan. 2020.

[3] WILLEMAN, Mariana Montebello. *Accountability democrática e o desenho institucional dos Tribunais de Contas no Brasil*. Belo Horizonte: Fórum, 2017, p. 19-20.

tona a importância de se conhecer o processo de como se desenvolve o exercício do poder.

Em época de escassez de recursos, assume maior relevância a possibilidade de maior informação, maior transparência e menor margem à corrupção. A propósito, um dos itens do combate à corrupção é o cumprimento à transparência, fiscalização dos sites dos órgãos públicos, *v.g.* Poderes Legislativos (das três esferas da Federação), também dos portais dos Tribunais de Contas e dos Poderes Judiciário e Executivo.

Como referido, a seguir serão apresentadas algumas questões sobre o princípio da publicidade e transparência e a importância da Lei de Responsabilidade Fiscal a serviço da cidadania, democracia direta, encerrando-se com uma retomada do que foi exposto, de maneira a determinar o que poderia ser considerado como direito/dever fundamental à boa *ciber@dministração* pública.[4]

2 A interpretação sistemática[5] do art. 48 e art. 48-A da Lei de Responsabilidade Fiscal e a ampla sindicabilidade proporcionada

A Lei de Responsabilidade Fiscal, com destaque às alterações trazidas na Lei Complementar nº 131/2009, robustece os princípios da publicidade e da transparência, além de fortificar vários outros direitos/deveres constitucionais, como os deveres de motivação, sustentabilidade, participação democrática, como especificado a seguir. Ademais, possibilita um controle mais abrangente da Administração Pública, fortificando a necessária sindicabilidade do atuar administrativo para além do clássico controle externo, trazendo determinações para um controle interno mais organizado, assim como também estabelece várias diretrizes a possibilitar o mais amplo controle social e o exercício da *cibercidadania*.

---

[4] Termo inspirado na expressão "Ciberciudadanía" ou "ciudadanía.com" de Antonio Enrique Pérez Luño, em obra que leva esse título. PÉREZ LUÑO, Antonio Enrique. *Ciberciudadaní@ o ciudadania.com?* Barcelona: Gedisa, 2004. Do autor, vide também: PÉREZ LUÑO, Antonio Enrique. *Los Derechos Fundamentales.* 9. ed. Madrid: Editorial Tecnos, 2007. E ainda sobre o tema: PÉREZ LUÑO, Antonio Enrique. *Cibernética, Informática y Derecho* (Un análisis metodológico). Bolonia: Publicaciones Del Real Colegio de España, 1976.

[5] Nos termos constantes nas seguintes obras: FREITAS, Juarez. *A interpretação sistemática do direito.* 5. ed. São Paulo: Malheiros, 2010, p. 65 e ss. CANARIS Claus-Wilhelm. *Pensamento Sistemático e Conceito de Sistema na Ciência do Direito.* Lisboa: Fundação Calouste Gulbenkian, 1999.

O direito/dever fundamental à boa administração pública pressupõe uma gestão participativa e permeável ao controle (interno, externo e social), tendo o "princípio da controlabilidade" como um de seus instrumentos. Sobre o tema, Michele Taruffo faz referência que o mencionado princípio se concretiza na medida em que seja bem demonstrado o seu percurso,[6] ou seja, "no seu significado mais profundo, o princípio em exame exprime a exigência geral e constante de controlabilidade sobre o modo como os órgãos estatais exercitam o poder que o ordenamento lhes confere". Taruffo destaca ainda que a "obrigatoriedade de motivação da sentença é uma manifestação específica de um mais geral 'princípio de controlabilidade' que parece essencial à noção moderna do Estado de Direito, e que produz consequências análogas também em campos diversos daquele da jurisdição".

Nessa linha de raciocínio, na leitura da Lei de Responsabilidade Fiscal há que se estabelecer uma conexão com o dever constitucional de motivação, uma vez que a fundamentação coerente e coesa é instrumento pelo qual aquele que exerce poder tornará transparente o ciclo que envolve uma tomada de decisão, propiciando o efetivo controle (interno, externo e social), assim como também tornando clarividentes as consequências da decisão tomada na implementação de políticas públicas e respectivos recursos investidos.[7]

Um dos grandes objetivos das democracias da atualidade é possibilitar uma rede de comunicação direta entre a administração e os administrados que resulte em um aprofundamento democrático e em uma maior transparência e eficiência da atividade administrativa e sob esta perspectiva deverá ser a interpretação e aplicação da Lei de Responsabilidade Fiscal, com destaque para o art. 48-A.

Juarez Freitas aponta como uma das tendências e transformações do Direito Administrativo a de o cidadão não ser simples "administrado", mas sim ser *proativo* e *protagonista*, de maneira a conquistar a oportunidade de manifestação nos termos do direito/dever fundamental previsto no *art. 41 da Carta de Nice*.[8]

---

[6]   TARUFFO, Michele. *A motivação da sentença civil.* (tradução de Daniel Mitidiero, Rafael Abreu, Vitor Paula Ramos). 1. ed. São Paulo: Marcial Pons, 2015, p. 340-347.

[7]   Sobre o tema, vide: CUNDA, Daniela Zago G. da. Comentários ao art. 21 da LINDB. *In*: DUQUE, Marcelo Schenk; RAMOS, Rafael (Coord.). *Segurança Jurídica na aplicação do Direito Público.* Salvador: Juspodivm, 2019.

[8]   FREITAS, Juarez. *O Controle dos Atos Administrativos e os princípios fundamentais*, p. 36. Também do mesmo autor: FREITAS, Juarez. *Direito Fundamental à boa Administração Pública.* 3. ed. São Paulo: Malheiros, 2014.

O controle das relações administrativas deverá ser pautado pelo *princípio constitucional da democracia fortalecida (direta e indireta)*[9] consubstanciando o controle social, mediante a obrigatoriedade de disponibilização de informações (princípio da publicidade e transparência), viabilidade de atuação dos conselhos comunitários (como Conselhos da Saúde, Educação e também atinentes ao ambiente) e a obrigatoriedade de realização (e fiscalização dos efeitos) de audiências públicas,[10] como requisito de validade dos orçamentos públicos e demais decisões administrativas, quando determinadas em lei.[11]

O controle social, para que seja bem exercido, deverá ter fácil acesso ao orçamento público,[12] aos indicadores sociais[13] e ambientais, com possibilidade de, inclusive, induzir a melhora dos índices relacionados à educação, à saúde, ao ambiente, dentre outros direitos fundamentais, cedendo lugar à *Constituição que administra*, "expressão que quer significar a descida transformadora dos princípios constitucionais ao plano concreto das relações administrativas".[14]

---

[9] FREITAS, Juarez. *O Controle dos Atos Administrativos e os princípios fundamentais*, p. 36.

[10] A Lei de Responsabilidade, no art. 48, especifica como instrumento de transparência da gestão fiscal, especificamente no inc. I, o "incentivo à participação popular e realização de audiências públicas, durante os processos de elaboração e discussão dos planos, lei de diretrizes orçamentárias e orçamentos".

[11] Maiores detalhes sobre o tema, vide: CUNDA, Daniela Zago G. da. *Controle de sustentabilidade pelos Tribunais de Contas*. 2016. Tese (Doutorado em Direito) – Faculdade de Direito, Pontifícia Universidade Católica do Rio Grande do Sul, Rio Grande do Sul, 2016.

[12] Nesse sentido: FREITAS, Juarez. *O Controle dos Atos Administrativos e os Princípios Fundamentais*, p. 378 e ss. (ao tratar do controle social do orçamento público).

[13] Exemplos de ferramentas colocadas à disposição do controle social foram implementados pelo Tribunal de Contas do Estado do Rio Grande do Sul: http://www1.tce.rs.gov.br/portal/page/portal/tcers/inicial (acesso em: fev. 2020), mais especificamente no link dados abertos, há a possibilidade de o cidadão consultar despesa orçamentária por empenhos, balancete de despesa consolidado, balancete de receita consolidado, dados da Gestão Fiscal do Poder Legislativo Municipal, disponibilidades financeiras da Previdência; despesas da Previdência; receitas da Previdência; Índice de Aplicação em Saúde; Despesa Saúde; Índice de Aplicação em Educação; Despesa Educação MDE; Dados da Gestão Fiscal do Poder Executivo Municipal e Dados MDE e ASPS; Contratos; Licitações (http://dados.tce.rs.gov.br/, acesso em: fev. 2020). Em suma, como consta especificado no próprio site: "Dados Abertos são a publicação e disseminação de dados na Web, compartilhados em formato bruto e sem restrições de uso, de forma que possibilitem a compreensão automatizada, permitindo a criação de aplicações digitais. O movimento de Dados Abertos surgiu como uma demanda social para aumentar a transparência, a colaboração e a participação dos cidadãos nas políticas e ações de governo. Os dados são considerados abertos quando estão disponíveis em formato compreensível por máquina, podem ser utilizados livremente e redistribuídos por e para qualquer pessoa".

[14] FREITAS, Juarez. *O Controle dos Atos Administrativos e os princípios fundamentais*, p. 38.

Os princípios da publicidade e da máxima transparência[15] estão, portanto, intimamente interligados ao controle social, assim como também correlacionados à própria sustentabilidade, considerando que a informação é um de seus pilares (como ficou claro na Declaração do RIO/92 e na Convenção de AARHUS/98),[16] ou seja, o acesso à informação é uma das formas de viabilizar a participação na tomada de decisão[17] e também no controle a ser realizado pela sociedade.

Nessa senda, o controle social consubstancia o princípio da democracia direta (em conjunto com a democracia representativa) e necessita ser intensificado.[18] Mais recentemente, as ferramentas tecnológicas[19] tornaram-se aliadas ao controle social em rede, a incluir também o controle orçamentário.[20]

Juarez Freitas aponta a conveniência de reforçar os mecanismos complementares de controle social de maneira a consagrar o princípio

---

[15] Princípios também relacionados ao princípio da sustentabilidade, temática abordada mais detalhadamente no seguinte estudo: CUNDA, Daniela Zago Gonçalves. *Controle de sustentabilidade pelos Tribunais de Contas*. 2016. Tese (Doutorado em Direito) – Faculdade de Direito, Pontifícia Universidade Católica do Rio Grande do Sul, Rio Grande do Sul, 2016, p. 52 e ss., 82 e ss., 225 e ss.

[16] A respeito dos três pilares da participação pública em matéria ambiental a partir da Declaração do Rio e da Convenção de Aarhus: SARLET, Ingo W. FENSTERSEIFER, Tiago. *Princípios do Direito Ambiental*. São Paulo: Saraiva, 2014, p. 121 e ss.

[17] Acerca da "decisão ambiental e informação imperfeita", vide: SARAIVA, Rute Neto Cabrita e Gil. *A Herança de Quioto em Clima de Incerteza: Análise Jurídico-Econômica do Mercado de Emissões num Quadro de Desenvolvimento Sustentado*, p. 145 e ss.

[18] FREITAS, Juarez. *O Controle dos Atos Administrativos e os princípios fundamentais*, p. 136.

[19] O Tribunal de Contas da União (TCU) realizou levantamento com o objetivo de compreender as políticas públicas e programas do Governo Federal relacionados à *inclusão digital*, além de identificar potenciais ações de controle futuras. Durante o levantamento, buscaram-se informações sobre o modelo brasileiro em relação ao contexto internacional, a amplitude do tema pelos principais programas do governo, bem como a estrutura orçamentária das ações e programas de inclusão digital. Acórdão 2151/2015 – Plenário, Processo: 007.688/2015-6, Sessão: 26.8.2015, Min. Bruno Dantas.
Não obstante os riscos tecnológicos, doutrina a respeito dos referidos riscos, comunicação e direito a saber: AMADO GOMES, Carla. *Direito(s) dos Riscos Tecnológicos*. Lisboa: AAFDL, 2014, p. 17 e ss.

[20] LIMBERGER, Têmis. Transparência administrativa e novas tecnologias: o dever de publicidade, o direito a ser informado e o princípio democrático. *Revista do Ministério Público do Rio Grande do Sul*, Porto Alegre, n. 60, p. 47-65, ago. 2007/abr. 2008. LIMBERGER, Têmis. Efetividade da gestão fiscal transparente: o valor da cultura. *Interesse Público*, Porto Alegre, n. 52, p. 75-88, 2009.
PINTO, Élida Graziane; CONTI, José Maurício. *Lei dos Orçamentos Públicos completa 50 anos de vigência*. Os autores retomam a afirmação no sentido de que a lei orçamentária é "a lei materialmente mais importante do ordenamento jurídico logo abaixo da Constituição", nas incisivas e felizes palavras do Ministro Carlos Ayres Britto (STF, ADI-MC 4048-1/DF, j. 14.5.2008, p. 92).
Disponível em: http://www.conjur.com.br/2014-mar-17/lei-orcamentos-publicos-completa-50-anos-vigencia (acesso em: fev. 2020).

da participação (pressuposto da democracia direta), destacando as audiências públicas.[21] Trata-se de uma possibilidade de "participação alargada dos atores sociais",[22] como exercício de cidadania, um "exercício coletivo da razão",[23] o qual poderá se perfectibilizar no exercício do controle social, de maneira a exprimir um direito a colaborar ativamente com a Administração na formação de "decisões metageracionais" em conjunto com o direito de exigir objetividade, transparência nos métodos de tomada da decisão e a "pedir-lhe contas" quanto à gestão ambiental e demais direitos fundamentais.[24]

O controle social está correlacionado à "accountability", ou seja, uma resposta aos cidadãos sobre a boa gestão da coisa pública,[25] denominada por Sérvulo Correia como uma "sujeição a legítimas pretensões de controlo e uma disponibilidade para lhes corresponder e é, a par da representatividade, a outra face da origem democrática da autoridade exercida".[26]

Sempre é bom lembrar que qualquer cidadão, partido político, associação ou sindicato é parte legítima para denunciar irregularidades ou ilegalidades perante o Tribunal de Contas. Em consonância com a determinação constante no §2º do art. 74 da Constituição Representação Federativa do Brasil, a Associação dos Membros dos Tribunais de Contas do Brasil (ATRICON) recomendou, mediante Resolução, a implementação e fiscalização de Ouvidorias, outro instrumento à disposição do controle social.

---

[21] FREITAS, Juarez. *O Controle dos Atos Administrativos e os princípios fundamentais*, p. 100 e 101.

[22] AMADO GOMES, Carla. *Introdução do Direito do Ambiente*. 2. ed. Lisboa: AAFDL, 2014, p. 278 e ss. (legitimidade popular, instituto central da tutela ambiental). A autora portuguesa refere que a legitimidade popular figura no ordenamento português logo na Lei Fundamental (nº 2 do art. 66º da CRP) e também na lei ordinária (Lei 83/95 – LAP, que no plano procedimental desenvolve a regulação dos artigos 53º, 117º e 118º e 100º e ss. do CPA, particularizando um determinado tipo de atuação da Administração: a elaboração e aprovação de decisões de localização de investimentos públicos e planos urbanísticos, de maneira a revelar a coessencialidade da participação pública como elemento de validade da decisão administrativa). Atualmente, vide o art. 68 do novo CPA.

[23] SÉRVULO CORREIA, Controlo judicial da Administração e responsabilidade democrática da Administração. *In*: PINTO E NETTO; Luísa; BITTENCOURT E NETO, Eurico (Coord.). *Direito Administrativo e Direitos Fundamentais* – diálogos necessários. Belo Horizonte, 2012. p. 299 e ss.

[24] AMADO GOMES, Carla. *Introdução do Direito do Ambiente*. 2. ed. p. 278 e ss. (legitimidade popular, instituto central da tutela ambiental).

[25] AMADO GOMES, Carla. *Introdução do Direito do Ambiente*, 2. ed. p. 279.

[26] SÉRVULO CORREIA, Controlo judicial da Administração e responsabilidade democrática da Administração, *In*: PINTO E NETTO; Luísa; BITTENCOURT E NETO, Eurico (Coord.). *Direito Administrativo e Direitos Fundamentais* – diálogos necessários. Belo Horizonte, 2012. p. 299 e ss.

Na mesma linha do que se está a afirmar, é o entendimento de Juarez Freitas, no sentido de que "o agente público precisa prestar contas de todos os seus atos e velar para que tudo seja feito com a visibilidade do sol do meio-dia".[27] Na referida prestação de contas, de suma importância será o controle social imediato (em conjunto com o controle externo) concomitante à realização dos atos e contratos administrativos. Referente a esses últimos, o princípio da transparência é um instrumento ao serviço da não discriminação, favorecendo mais uma vez o controle social.[28]

A Lei de Responsabilidade Fiscal também enseja a leitura sob a ótica constitucional quanto ao direito fundamental de livre acesso à informação e de receber dos órgãos públicos informações de interesse particular, coletivo ou geral, conforme previsto pelos artigos 5º, incisos XIV; 6º, XXXIII; 37, §3º, inciso II; e 216, §2º.

Na linha de sintonia do diploma legal em estudo com o direito/dever fundamental de informação, inaugurado pelo capítulo relativo às finanças públicas da Constituição Federal de 1988, a Lei de Responsabilidade Fiscal, no transcorrer de seus 20 anos de existência, concretizou explicitamente o princípio da transparência fiscal[29] ao estabelecer por quais meios assegura-se a transparência da gestão fiscal, como pode ser observado no art. 48 ao dispor o incentivo à participação popular, realização de audiências públicas durante os processos de elaboração e discussão dos planos, leis de diretrizes orçamentárias e orçamento, liberação em tempo real de informações acerca da execução orçamentária, adoção de sistema integrado de administração financeira e controle. Além disso, o art. 48-A traz a necessidade da disponibilização de informações pormenorizadas no tocante à receita e despesa do ente ao cidadão.

Objetivando regulamentar tais direitos, conjuntamente foi sancionada a Lei nº 12.527, de 18 de novembro de 2011, denominada Lei de Acesso à Informação (LAI), à qual estão subordinados, entre outros, todos os órgãos públicos integrantes da administração direta dos Poderes Judiciário, Executivo e Legislativo, incluindo as Cortes de Contas e o Ministério Público.

---

[27] FREITAS, Juarez. O Controle dos Atos Administrativos e os princípios fundamentais, p. 77.

[28] RICHER, Laurent. Droit des Contrats Administratifs. Paris: LGDJ, 2008, p. 17. Também: FREITAS, Juarez. O Controle dos Atos Administrativos e os princípios fundamentais, p. 79.

[29] A transparência é considerada a "pedra de toque" do direito financeiro, conforme: MENDES, Gilmar Ferreira. Arts. 48 a 59, Capítulo IX – Da transparência, controle e fiscalização. In: MARTINS, Ives Gandra, NASCIMENTO, Carlos Valder do. Comentários à Lei de Responsabilidade Fiscal. 7. ed. São Paulo: Saraiva, 2014, p. 397.

Veja-se, portanto, o duplo papel dos Tribunais de Contas quanto aos princípios da publicidade e transparência – tanto em seu atuar administrativo como no desempenho de sua missão constitucional de "controle dos atos administrativos". Ademais, o presente estudo visa a abordar a atuação das Cortes de Contas tanto no contexto de aplicação das legislações que tutelam a publicidade e a transparência assim como também na efetivação da previsão legal de proteção à privacidade.

Sob a outra perspectiva proposta, de visualização da Lei de Responsabilidade Fiscal sob a ótica da transparência responsável, que salvaguarda a privacidade, além da leitura conjunta com a previsão constitucional do art. 5º, X e XII, não se pode olvidar da legislação infraconstitucional, *v.g.* a Lei do *Habeas Data*, o Código Civil, o Código de Defesa do Consumidor, a Lei do Acesso à Informação, Lei do Cadastro Positivo e, mais recentemente, o Marco Civil da Internet e o Projeto de Lei nº 3443/2019. Todo este arcabouço revela que o sigilo é a exceção e a publicidade é a regra.[30]

3 Publicidade e transparência *versus* privacidade e proteção de dados

Em continuação, mais algumas linhas referentes aos parâmetros recomendáveis a uma boa administração tecnológica. Pode-se afirmar eficiente a administração que tutela com razoabilidade e proporcionalidade o direito à privacidade e proteção de dados de um lado e de outro o direito à informação, através da publicidade e transparência, com primazia (em tese) ao direito fundamental à informação, como tutela à própria cidadania e dignidade da pessoa humana.[31]

Há, portanto, necessidade de uma proporcionalidade, também diante das novas tecnologias, entre os princípios da intimidade e privacidade *versus* os princípios da publicidade e transparência. Questões como a importância da informação na sociedade tecnológica; novas tecnologias publicizando os atos da Administração Pública; releitura dos controles clássicos do Estado e a cidadania eletrônica; os princípios

---

[30] MATOS, Ana Carla Harmatiuk; RUZYK, Carlos Eduardo Pianovski. Diálogos entre a Lei Geral de Proteção de Dados e a Lei de Acesso à Informação. *In:* FRAZÃO, Ana; TEPEDINO, Gustavo; OLIVA, Milena Donato (Coord.). *Lei Geral de Proteção de Dados Pessoais e suas repercussões no direito brasileiro.* 1. ed. São Paulo: Thomson Reuters Brasil, 2019, p. 208.

[31] Nos termos constantes na seguinte obra: SARLET, Ingo W. *Dignidade da Pessoa Humana e Direitos Fundamentais na Constituição Federal de 1988.* 7. ed. Porto Alegre: Livraria do Advogado, 2009.

da transparência e da publicidade e a tutela do direito à informação; dentre outras questões, serão enfrentadas no item que se inicia.

As novas tecnologias,[32] sem sombra de dúvidas, tornaram a informação mais acessível à sociedade, viabilizando-se uma maior democracia. Possibilita-se, assim, um "controle do controlador", ou seja, um novo espaço para a cidadania, através da possibilidade de *controle social*. Portanto, afirma-se um *redimensionamento dos controles clássicos do Estado*[33] através de uma *cibercidadania*.[34]

Nos novos tempos, as limitações geográficas foram superadas no "ciberespaço", ocasionando uma nova leitura do próprio modelo de Estado e da separação dos poderes. Diante das novas tecnologias, propiciando-se uma fiscalização recíproca e simultânea, por mais este motivo, encontra-se superada a clássica divisão dos poderes, possibilitando-se um novo tipo de controle, o *controle social* como uma efetivação de democracia direta, ou seja, de uma *democracia participativa*.[35]

Pode-se afirmar que o princípio da publicidade é o gênero, do qual o princípio da transparência seria uma espécie. Por outro lado, o princípio da transparência vai além da necessária publicidade (prevista no art. 37 da Constituição Federal), englobando também o direito à informação (art. 5º, inc. XXXIII, da CF) e o princípio democrático. Na legislação infraconstitucional o princípio da transparência consta previsto nos art. 48 e seguintes da Lei de Responsabilidade Fiscal (controle e fiscalização da gestão fiscal, com inspiração no *accountability* do Direito

---

[32] Dispondo sobre a prestação digital dos serviços públicos na Administração Pública e sobre Governo Digital, vide o Projeto de Lei nº 3443/2019, que trará importantes diretrizes a consubstanciar a *ciber@dministração* pública: https://www.camara.leg.br/proposicoesWeb/fichadetramitacao?idProposicao=2207511 (acesso em: fev. 2020).

[33] Nesse sentido, e para possibilitar um maior aprofundamento quanto ao tema, LIMBERGER, Têmis. Transparência administrativa e novas tecnologias: o dever de publicidade, o direito a ser informado e o princípio democrático. *Interesse Público*, Porto Alegre, n. 39, p. 55-71, set./out. 2006 e LIMBERGER, Têmis. Transparência administrativa e novas tecnologias: o dever de publicidade, o direito a ser in-formado e o princípio democrático. *Revista do Ministério Público do Rio Grande do Sul*, Porto Alegre, n. 60, p. 47-65, ago. 2007/abr. 2008. LIMBERGER, Têmis. Efetividade da gestão fiscal transparente: o valor da cultura. *Interesse Público*, Porto Alegre, n. 52, p. 75-88, 2009 (complementação e conclusão dos estudos da autora acima referidos).

[34] Expressão encontrada na obra de: PÉREZ LUÑO, Antonio Enrique. *Ciberciudadaní@ o ciudadanìa.com?* Barcelona: Gedisa, 2004, p. 99.

[35] FREITAS, Juarez. O princípio da democracia e o controle do orçamento público brasileiro. *Interesse Público*, Porto Alegre, v. 4, volume especial, p. 11-12, 2002. FREITAS, Juarez. O controle social do orçamento público. *Interesse Público*, Porto Alegre, n. 11, p. 13-26, 2001. FREITAS, Juarez. Direito Constitucional à Democracia. In: *Direito à Democracia*: Ensaios transdisciplinares. São Paulo: Conceito Editorial, 2011, p. 11-39.

anglo-saxão).[36] Não restam dúvidas, portanto, da importância da atuação eficiente dos Tribunais de Contas na fiscalização do cumprimento das normas constantes na Lei de Responsabilidade Fiscal e da efetividade do princípio da transparência fiscal.

Juarez Freitas assevera que "é necessário fixar, ousadamente, uma agenda, por assim dizer, neodemocrática: investir, como nunca, em transparência aguçada (notadamente digital) e na prática ampliada da participação direta em tempo real, favorecida pelo advento das revolucionárias tecnologias de informação".[37]

De fato, até mesmo por uma questão de coerência, quanto maior for a informação e maior for a transparência, menor será a margem para corrupção, viabilizando-se de maneira mais concreta e efetiva o correto destino das verbas públicas para a satisfação dos direitos fundamentais.[38] Passos no rumo desejável, como já transcrito, o Tribunal de Contas do Estado do Rio Grande do Sul disponibilizou em seu portal acesso amplo e irrestrito aos orçamentos dos municípios gaúchos (os quais deverão obrigatoriamente atualizar seus dados, nos termos estabelecidos pelo art. 48-A da Lei Complementar nº 101/2000). As novas ferramentas tecnológicas estão disponíveis, bastará conjuntamente a vontade cidadã para dispor e usufruir do referido direito fundamental à informação.

Por sua vez, todo o esforço do constituinte e legislador para que se ultrapassasse a "cultura do segredo"[39] vem acompanhado da revolução tecnológica, com a consequente formação da sociedade em

---

[36] Nesse sentido: LIMBERGER, Têmis. Transparência administrativa e novas tecnologias: o dever de publicidade, o direito a ser informado e o princípio democrático. *Interesse Público*, Porto Alegre, n. 39, p. 66, set./out. 2006. A autora refere à experiência de direito comparado "no sentido de que os países com informação mais transparente são os que apresentam menores índices de corrupção. Deste modo, valendo-se dos mecanismos de divulgação eletrônica, os dados estarão disponíveis à população".

[37] FREITAS, Juarez. Direito Constitucional à Democracia. In: *Direito à Democracia: Ensaios transdisciplinares*. São Paulo: Conceito Editorial, 2011, p. 36.

[38] Quanto a este tema, para complementar: CUNDA, Daniela Zago G. da. Direito fundamental à boa administração tributária e financeira. *Revista Jurídica Tributária*, Porto Alegre, vol. 10, 2010; CUNDA, Daniela Zago Gonçalves. Controle de Políticas Públicas pelos Tribunais de Contas: Tutela da efetividade dos direitos e deveres fundamentais. *Revista Brasileira de Políticas Públicas*, Brasília: UniCEUB, vol. 01, 2010; CUNDA, Daniela Zago G. da; ZAVASCKI, Liane T. Controles da Administração Pública e a efetividade dos direitos fundamentais: breves anotações sobre a atuação dos Tribunais de Contas e do Controle Judicial da Discricionariedade Administrativa. *Revista Interesse Público*, Belo Horizonte, n. 63, 2010.

[39] HEINEN, Juliano. *Comentários à lei de Acesso à Informação*: Lei nº 12.527/2011. 2. ed. rev. e atual. Belo Horizonte: Fórum, 2015, p. 44.

rede.[40] Esse processo caminha a uma velocidade que nem sempre vem acompanhada da necessária regulação.[41]

O século XX foi marcado por um forte progresso tecnológico que possibilitou a captação de diversos dados dos indivíduos com a consequente possibilidade de violação à intimidade.[42] [43]

Estudo recente refere que a utilização de dados pessoais era principalmente realizada pelo Estado, entretanto, atualmente, verifica-se que o acesso e o tratamento das informações encontram-se pulverizados tanto nos órgãos públicos quanto nos organismos particulares.[44]

Neste cenário, que envolve um amplo leque de atos normativos sobre a publicidade e transparência de informações, está presente a Lei nº 13.709/2018, que trata da proteção de dados[45] no Brasil. Considerada como uma resposta ao Marco Civil da Internet,[46] a lei entra em vigor com parcial vigência diferida (conforme previsão constante no art. 65).[47]

---

[40] A sociedade em rede é uma expressão utilizada para um modelo de sociedade da informação cuja infraestrutura é organizada por meios de comunicação e redes sociais que viabilizam uma hiperconexão de todos. MENEZES, Joyceane Bezerra de; COLAÇO, Hian Silva. Quando a Lei Geral de Proteção de Dados não se aplica. *In:* FRAZÃO, Ana; TEPEDINO, Gustavo; OLIVA, Milena Donato (Coord.). *Lei Geral de Proteção de Dados Pessoais e suas repercussões no direito brasileiro.* 1. ed. São Paulo: Thomson Reuters Brasil, 2019, p. 158 (157-197).

[41] Abordando o tema e sobre governos paralelos, vide: MENDES, Gilmar Ferreira. Arts. 48 a 59, Capítulo IX – Da transparência, controle e fiscalização. *In:* MARTINS, Ives Gandra; NASCIMENTO, Carlos Valder do. *Comentários à Lei de Responsabilidade Fiscal.* 7. ed. São Paulo: Saraiva, 2014, p. 397.

[42] Ana Frazão salienta a importância econômica dos dados pessoais, inclusive com menção à manchete da revista *The Economist* de 06.05.2017, que faz destaque ao fato de que a informação se tornou um grande insumo na atualidade. A autora refere que os dados pessoais já são conhecidos como o novo petróleo, em função das repercussões em praticamente todas as atividades econômicas situação que fez surgir a expressão *data-driven economy*. Disponível em: https://www.economist.com/leaders/2017/05/06/the-worlds-most-valuable-.resource-is-no-longer-oil-but-data. Acesso em: 9 jan. 2020.

[43] FRAZÃO, Ana. Fundamentos da proteção dos dados pessoais – noções introdutórias para a compreensão da importância da lei Geral de Proteção de Dados. *In:* FRAZÃO, Ana; TEPEDINO, Gustavo; OLIVA, Milena Donato (Coord.). *Lei Geral de Proteção de Dados Pessoais e suas repercussões no direito brasileiro.* 1. ed. São Paulo: Thomson Reuters Brasil, 2019, p. 24. A expressão *data-driven economy* significa economia movida a dados.

[44] REIS, Fernando Simões dos; RUARO, Regina Linden. A anonimização dos dados como forma de relativização da proteção de informações sigilosas e a atuação fiscalizatória dos tribunais de contas. *Revista de estudos e Pesquisas Avançadas do Terceiro Setor*, Brasília, v. 5, n. 2, p. 157-187, jul./dez. 2018.

[45] Está em tramitação a PEC nº 17/2019, que constitucionaliza o direito à proteção dos dados pessoais.

[46] OLIVEIRA, Marco Aurélio Belizze; LOPES, Isabela Maria Pereira. Os princípios norteadores da proteção de dados pessoais no Brasil e sua otimização pela Lei nº 13.709/2018. *In:* FRAZÃO, Ana; TEPEDINO, Gustavo; OLIVA, Milena Donato (Coord.). *Lei Geral de Proteção de Dados Pessoais e suas repercussões no direito brasileiro.* 1. ed. São Paulo: Thomson Reuters Brasil, 2019, p.59.

[47] Registre-se que está tramitando projeto com o objetivo de prorrogar a data de início de diversos dispositivos, conforme Projeto de Lei nº 5762/2019, conforme consulta ao sítio

No tocante à proteção dos dados pessoais, é importante salientar que o tema não é novo no ordenamento jurídico, pois há cerca de oito anos foi lançada uma consulta pública pelo Ministério da Justiça para colher contribuições. Na sequência, vários projetos de lei[48] auxiliaram para a formação do PL nº 53/2018, que veio a ser aprovado pelo Congresso Nacional. Há de se destacar que, por ocasião da entrada em vigor do Regulamento Geral de Proteção de Dados na Europa, aprovado em 2016,[49] muitas empresas já estavam em processo de adequação.

Pode-se dizer que, ao lado da criação de instrumentos de controle pelos cidadãos do uso que fazem dos dados, há a definição de deveres às empresas e entes governamentais no trato das informações que figurem em seus bancos de dados.[50]

A temática lança luzes ao cotejo entre o direito ao acesso à informação e transparência e o direito à privacidade.[51] Uma vez que a Lei de Acesso à Informação e a Lei de Responsabilidade Fiscal tratam o sigilo como exceção, a LGPD tem como diretriz a proteção à privacidade.

No rol do que poderá ser considerado como requisito para o cumprimento do direito/dever fundamental à boa *ciber@dministração* pública, pode-se incluir que a Administração deverá tutelar a "proteção de dados", respeitar a intimidade e privacidade de seus servidores e empregados públicos, bem como de seus jurisdicionados e todos os demais titulares dos dados disponíveis e utilizados no exercício de atividades de gestão pública e/ou de controle administrativo, ou seja, respeitar o direito fundamental à intimidade e privacidade e o direito fundamental à proteção de dados.[52]

---

https://www.camara.leg.br/proposicoesWeb/fichadetramitacao?idProposicao=2227704. Acesso em: 09 jan. 2020.

[48] Projetos: 4.060/2012, 330/2013 e 5.276/2016.

[49] Com *vacatio legis* de 24 meses. A entrada em vigor foi em 25.05.2018.

[50] Na mesma linha são as tutelas trazidas no Projeto de Lei nº 3.443/2019, que dispõe sobre a Prestação Digital dos Serviços Públicos na Administração Pública, que tem como uma de suas finalidades (inc. V do art. 2º) promover a atuação integrada e sistêmica entre os órgãos e as entidades envolvidos na prestação e no controle dos serviços públicos com o compartilhamento de dados sensíveis em "ambiente seguro".

[51] Como é característico do nosso sistema, não há direito absoluto e, nesse sentido, o STF estabeleceu o regime de repercussão geral para a matéria no RE nº 601.314/SP.

[52] De maneira a corroborar a tutela na segurança de dados pela Administração Pública, encontram-se vários dispositivos no Projeto de Lei nº 3.443/2019, que dispõe sobre a prestação digital dos serviços públicos na Administração Pública, além do já referido art. 2º, o art. 3º arrola como diretriz (inc. III) a adoção de medidas de segurança, técnicas administrativas que tornem os dados pessoais protegidos de acessos não autorizados ou qualquer forma de tratamento inadequado ou ilícito, que sejam propiciadas condições seguras para o compartilhamento das informações (inc. VI). Ademais, um dos princípios da política de prestação digital dos serviços públicos é a segurança e privacidade (inc. VI

É inquestionável que o incremento tecnológico potencialmente poderá lesar os direitos fundamentais,[53] com destaque para a privacidade, intimidade e proteção de dados, os quais deverão ser tutelados com o máximo de zelo pelo gestor público e órgãos de controle. Hodiernamente a Administração Pública dispõe de "instrumentos que podem ser utilizados para armazenar uma infinidade de conhecimentos, bem como para transmiti-los de uma maneira célere",[54] todavia há que se ter muita cautela para que não sejam desvirtuados, como por exemplo os *dados pessoais* constantes nos *bancos de dados*. Pertinente, portanto, a observação de que "garantir a efetividade dos direitos fundamentais, em geral, e da intimidade diante do fenômeno informático, em particular, é a grande questão enfrentada pelos juristas, considerando as invasões que costumam ocorrer nos bancos de dados".[55]

Diante das questões expostas no presente item, percebe-se que se trata de um grande desafio ao mesmo tempo proteger os dados informatizados e também possibilitar o primordial acesso às informações, tutelando o direito fundamental à informação, questões detalhadas a seguir.

4 A nova Lei Geral de Proteção de Dados Pessoais se aplica aos Tribunais de Contas?

O Poder Público, por expressa determinação legal,[56] terá de se debruçar sobre a temática, pois obtém e trabalha com diversos dados relativos às pessoas. O Tribunal de Contas não está fora do âmbito

---

do art. 5º) do PL nº 3.443/2019. Ademais, um dos eixos habilitadores da Estratégia Brasileira para a Transformação Digital da Administração Pública é a confiança no ambiente digital, que assegure a salvaguarda dos direitos de usuários de serviços públicos (art. 16, §2º, inc. I, letra "c", do PL nº 4.334/2019).

[53] Sobre o assunto, obras que serviram como vetor para as abordagens do tópico em estudo: LIMBERGER, Têmis. *O direito à intimidade na era da informática*: a necessidade de proteção dos dados pessoais. Porto Alegre: Livraria do Advogado; LIMBERGER, Têmis. Direito e informática: o desafio de proteger os direitos do cidadão. *In*: SARLET, Ingo Wolfgang (Org.). *Direitos fundamentais, Informática e Comunicação* – algumas aproximações. Porto Alegre: Livraria do Advogado, 2007, p. 195-225.

[54] LIMBERGER, Têmis. *Direito e informática*: o desafio de proteger os direitos do cidadão..., p. 195.

[55] LIMBERGER, Têmis. *Direito e informática*: o desafio de proteger os direitos do cidadão..., p. 196.

[56] Art. 1º Esta Lei dispõe sobre o tratamento de dados pessoais, inclusive nos meios digitais, por pessoa natural ou por pessoa jurídica de direito público ou privado, com o objetivo de proteger os direitos fundamentais de liberdade e de privacidade e o livre desenvolvimento da personalidade da pessoa natural.

da lei,[57] pois dispõe de um acervo de informações daqueles que gerem os recursos públicos. Exemplificativamente, a dimensão do capital informacional disponível no banco de dados abertos do TCE/RS foi reconhecida recentemente como um dos dez maiores acervos no mundo.[58] No tocante a dados pessoais, alguns exemplos podem elucidar o seu significado: dados de denunciantes, dados de visitantes às dependências do Tribunal, dados dos gestores que necessitam realizar cadastro para fins da prestação de contas, dados pormenorizados acerca das despesas dos entes públicos, dados dos servidores e membros do Tribunal de Contas como também dos demais jurisdicionados, entre outros. Soma-se a isso o fato de que, num contexto de diversos atores no desempenho do controle externo, ganha importância o compartilhamento de informações na busca de uma maior eficiência no combate ao mau uso dos recursos públicos. Situação que contribui para a ampliação do capital de informações que o Tribunal de Contas tem à disposição.

Além de armazenar o universo de dados que está sob sua guarda, o Tribunal de Contas terá de garantir segurança no trato das informações, pois não só empresas privadas são alvo de invasões com a consequente disseminação da informação como também os órgãos públicos.[59]

Ao lado dos riscos advindos do armazenamento de dados, há de se ter em mente que, para o desempenho de suas atividades em prol do controle externo, os Tribunais recebem e tratam dados para fins de dar cabo à sua missão constitucional. Para tanto, deverão observar o regime jurídico previsto no artigo 7º, inciso III e §3º, combinado com o artigo 23 da LGPD. Tais disposições aplicam-se no desempenho de suas atividades administrativas e finalísticas, visto que toda atuação

---

Parágrafo único. As normas gerais contidas nesta Lei são de interesse nacional e devem ser observadas pela União, Estados, Distrito Federal e Municípios (Incluído pela Lei nº 13.853, de 2019).

[57] No sentido de que os Tribunais de Contas encontram-se abrangidos pela Lei. Conforme: MACIEL, Moisés. Os Tribunais de Contas no exercício do controle externo face à nova Lei Geral de proteção de Dados Pessoais. Artigo pendente de publicação na Revista do TCE/CE e gentilmente cedido pelo autor às signatárias.

[58] Conforme notícia disponível em: http://www1.tce.rs.gov.br/portal/page/portal/tcers/administracao/gerenciador_de_conteudo/noticias/Plataforma%20de%20dados%20abertos%20do%20TCE-RS%20%E9%20uma%20das%20dez%20maiores%20do%20mundo. Acesso em: 13 jan. 2020.

[59] O CNJ sofre ataque *hacker* com vazamento de dados: https://valor.globo.com/politica/noticia/2019/04. jan. cnj-sofre-ataque-hacker-com-vazamento-de-dados.ghtml. Acesso em: 09 jan. 2020.
Outro caso envolveu o Detran do Rio Grande do Norte, onde dados de 70 milhões de brasileiros foram vazados por tempo indeterminado. Conforme: https://www.correiodopovo.com.br/not%C3%ADcias/pol%C3%ADtica/vazamento-do-detran-reacende-debate-sobre-prote%C3%A7%C3%A3o-de-dados-pessoais-1.372948. Acesso em: 10 jan. 2020.

realizada por parte das Cortes de Contas é obrigatoriamente pautada no princípio da legalidade e na persecução do interesse público. No entanto, para que a atividade fiscalizatória ocorra de maneira eficaz, com qualidade e eficiência, é necessário assegurar que os Tribunais de Contas executem suas competências constitucionais e legais de acordo com os princípios da publicidade, da eficiência, da supremacia do interesse público, da transparência das informações e do acesso geral às prestações de contas (artigos 5º, 37 e 71 da CF/88).

Diante disso, tem-se que a aplicação da Lei Geral de Proteção de Dados (LGPD) trará reflexos para os Tribunais de Contas tanto na execução de seus processos internos (administrativos) quanto no desempenho de suas atividades finalísticas. Não obstante, sua interpretação e aplicação deverão ser feitas em consonância com o aparato jurídico e constitucional já existente, sem retroceder em termos de publicidade, transparência e acesso à informação, conquistas constitucionais robustecidas na Lei de Responsabilidade Fiscal com os acréscimos trazidos pela Lei Complementar nº 131/2009.

Nesse aspecto, não devem ser olvidados os avanços dos últimos anos em termos de transparência, controle social e participação popular, os quais só foram possíveis graças ao amplo acesso e à vasta disseminação de informações.

Demonstrada a repercussão da Lei Geral de Proteção de Dados na atuação dos Tribunais de Contas, da necessária interpretação sistemática da Lei de Responsabilidade Fiscal (com ênfase aos arts. 48 e seguintes), a seguir considerações complementares sobre a tutela de dados pelos gestores públicos como um dos requisitos para o cumprimento do direito/dever fundamental à boa *ciber@administração* pública.

5 Panorama da Lei Geral de Proteção de Dados

No tocante às diretrizes da nova lei, pode-se dizer que irá concretizar o trato das informações no uso da internet, uma vez que o Marco Civil referenciou que a proteção dos dados pessoais ocorreria na forma da lei. Entretanto, não significa que o jurista terá de se debruçar apenas nesta lei. Na realidade, a lei em estudo se insere em um sistema com diversos diplomas que deverão dialogar entre si sem o esquecimento da Lei de Responsabilidade Fiscal. Também é de destacar que a proteção dos dados não se encontrava desamparada antes da edição da Lei nº

13.709/2018.[60] Situação que contribuiu para uma difícil compreensão de um sistema protetivo no tocante ao tratamento dos dados pessoais.[61] Importante ressaltar que a LGPD, já no seu art. 2º, enumera seus fundamentos, destacando a proteção à privacidade e à autodeterminação do indivíduo no tocante aos dados pessoais.[62] Ao mesmo tempo em que procura prever uma maior proteção dos dados, o diploma não se fecha ao progresso científico, uma vez que assegura a não aplicação da lei quando envolver fins acadêmicos.

Com o objetivo de instalar um verdadeiro "microssistema de proteção de dados", a lei traz em seu art. 6º um rol de princípios que deverão orientar a gestão da informação nos órgãos públicos e privados e sob o viés do *direito/dever da boa ciber@dministração* deverão ser lidos em conjunto as finalidade principais (art. 2º), diretrizes (art. 3º) e princípios (art. 5º) atinentes à prestação digital dos serviços públicos na Administração Pública (Projeto de Lei nº 3.443/2019).

Alguns exemplos podem elucidar o fato de que a lei consolidou diretrizes já previstas em outros diplomas legais, como a necessidade de informação acerca de abertura de cadastro, prevista no art. 5º da Lei do Cadastro Positivo (Lei nº 12.414/2011). Da mesma forma, o livre acesso às informações, previsto no inciso IV, também amplamente tratado na Lei de Acesso à Informação em seu artigo 6º.

Outro princípio que se encontra elencado é o de que seja respeitada a finalidade com a consequente relação entre o tratamento de dados e a finalidade informada.[63] No tocante a este princípio, é de ressaltar que, em termos de Direito Público, o usuário da informação deverá respeitar os princípios da adequação e da necessidade, corporificados na proporcionalidade que se encontra prevista expressamente na LGPD,

---

[60] OLIVEIRA, Marco Aurélio Belizze; LOPES, Isabela Maria Pereira. Os princípios norteadores da proteção de dados pessoais no Brasil e sua otimização pela Lei nº 13.709/2018. *In*: FRAZÃO, Ana; TEPEDINO, Gustavo; OLIVA, Milena Donato (Coord.). *Lei Geral de Proteção de Dados Pessoais e suas repercussões no direito brasileiro*. 1. ed. São Paulo: Thomson Reuters Brasil, 2019, p. 62.

[61] OLIVEIRA, Marco Aurélio Belizze; LOPES, Isabela Maria Pereira. *Os princípios norteadores da proteção de dados pessoais no Brasil e sua otimização pela Lei nº 13.709/2018*... p. 72.

[62] "Espaço de liberdade no qual a escolha do indivíduo sobre a publicização e o tratamento de seus dados pessoais deve prevalecer", conforme: MATOS, Ana Carla Harmatiuk; RUZYK, Carlos Eduardo Pianovski. *Diálogos entre a Lei Geral de Proteção de Dados e a Lei de Acesso à Informação*... p. 203.

[63] Por fim, decisão da Justiça de SP determinou a paralisação da coleta de dados biométricos dos passageiros, em função de que não estava clara a finalidade da captação das imagens e a forma como seriam tratados os dados. Conforme: https://www.convergenciadigital.com.br/cgi/cgilua.exe/sys/start.htm?UserActiveTemplate=site&UserActiveTemplate=mobile&UserActiveTemplate=site&infoid=48974&sid=18. Acesso em: 10 jan. 2020.

como também nas recentes alterações da LINDB, proferidas pela Lei nº 13.655/2018. Ou seja, por exemplo, os termos de uso da informação deverão ser revisados para que estejam em consonância com os princípios trazidos pela nova lei, considerando ainda que devem estar norteados pela transparência, proporcionalidade e necessidade,[64] assim como em sintonia com as previsões legais atinentes à prestação digital dos serviços públicos na Administração Pública.[65]

Entretanto, a doutrina tem apontado que um dos princípios mais marcantes da Lei Geral é o da transparência, não apenas das informações, mas, principalmente de todo o processo de tratamento de dados.[66] Os contornos deste princípio podem ser encontrados nos artigos 9º, 10, 18 e 20. Este fato demonstra a similitude de premissas dogmáticas constantes na Lei de Responsabilidade Fiscal no que diz respeito à transparência. Muda-se o enfoque, mas a premência da transparência é que permeia o sistema.

Diante dos tópicos até então expostos, todos interligados, a seguir serão retomadas diretrizes recomendáveis aos gestores públicos (e respectivos órgãos de controle) de maneira a consubstanciar o direito/dever fundamental à boa administração pública frente às novas tecnologias e com amparo na Lei de Responsabilidade Fiscal.

6 Direito/dever fundamental à boa *ciber@dministração* pública e considerações finais

A boa administração pública tem que estar em consonância com o seu tempo, ou seja, utilizar-se dos modernos recursos como forma de atender ao interesse público, satisfazer direitos fundamentais e respeitar uma série de princípios, com destaque, o da dignidade da pessoa humana (incluindo-se não só os administrados, mas também seus próprios servidores públicos).

---

[64] SANTOS, Fabíola Meira de Almeida; TALIBA, Rita. Lei Geral de Proteção de Dados no Brasil e os possíveis impactos. *Revista dos Tribunais Online*, vol. 998, p. 225-239, p. 227, 2018.

[65] Preanunciadas no Projeto de Lei nº 3.443/2019.

[66] OLIVEIRA, Marco Aurélio Belizze; LOPES, Isabela Maria Pereira. Os princípios norteadores da proteção de dados pessoais no Brasil e sua otimização pela Lei nº 13.709/2018. *In*: FRAZÃO, Ana; TEPEDINO, Gustavo; OLIVA, Milena Donato (Coord.). *Lei Geral de Proteção de Dados Pessoais e suas repercussões no direito brasileiro*. 1. ed. São Paulo: Thomson Reuters Brasil, 2019, p. 76.

O presente tópico visa demonstrar que o *direito fundamental* à *boa ciber@dministração* pública[67] pressupõe uma Administração que utiliza as novas tecnologias para viabilizar a otimização do trabalho desempenhado por seus servidores e que também utiliza as novas tecnologias para prestar serviços públicos *on-line*. Este processo deve se desenvolver num cenário de publicidade e transparência para promover o mais amplo controle social sem descuidar-se da proteção dos dados de todos os envolvidos.

Importante registrar que a massificação das novas tecnologias e a possibilidade de oferecer produtos imateriais, incluindo-se os serviços *on-line*, tendem a aumentar o teletrabalho. Quanto aos serviços *on-line*, depreende-se que é uma forte tendência à maior adesão pela Administração Pública, uma comprovação disso é a ampliação dos *processos eletrônicos*, como também a gama de serviços disponíveis aos cidadãos, na obtenção de certidões, pagamento de impostos, dentre tantos outros exemplos. Ademais, além das facilidades proporcionadas aos cidadãos, viabiliza-se uma maior publicidade e transparência na Administração Pública, já previstas e tuteladas pela Lei de Responsabilidade Fiscal (arts. 48 e seguintes) e confirmadas em recentes diplomas legais.

Não obstante a ausência de positivação explícita de um "direito fundamental à boa administração" no catálogo de direitos fundamentais constante na Constituição Federal de 1988, afirma-se, com segurança, que não há óbices em sua efetivação em nosso ordenamento jurídico, em razão da *cláusula de abertura* do *catálogo dos direitos fundamentais* viabilizada pelo §2º do art. 5º da Constituição Federal.[68]

Justamente pelo fato de o direito fundamental à boa adminis-tração pública (ou especificamente a *ciber@dministração*) não constar explicitamente no *catálogo dos direitos fundamentais*, demonstra-se

---

[67] Tendo como referencial teórico as seguintes obras: FALZONE, Guido. *Il Dovere di Buona Amministrazione*. Milano: Dott. A. Giuffrè Editore, 1953; CANOTILHO, José Joaquim Gomes. *Brancosos e Interconstitucionalidade*: itinerários dos discursos sobre a historicidade constitucional. Coimbra: Almedina, 2006. Na obra o autor trata do constitucionalismo e geologia da *good governance* (p. 325 e ss.). E no Brasil: FREITAS, Juarez. *Direito Fundamental à boa Administração Pública*. 3. ed. São Paulo: Malheiros, 2014. Sobre a temática "cibercidadania": PÉREZ LUÑO, Antonio Enrique. *Ciberciudadaní@ o ciudadanìa.com?* Barcelona: Gedisa, 2004; PÉREZ LUÑO, Antonio Enrique. *Los Derechos Fundamentales*. 9. ed. Madrid: Editorial Tecnos, 2007; PÉREZ LUÑO, Antonio Enrique. *Cibernética, Informática y Derecho* (Un análisis metodológico). Bolonia: Publicaciones Del Real Colegio de España, 1976.

[68] Para aprimorar noções referentes à teoria geral dos direitos fundamentais, remete-se o leitor à elogiável obra: SARLET, Ingo W. *A Eficácia dos Direitos Fundamentais* – Uma Teoria Geral dos Direitos Fundamentais na Perspectiva Constitucional. 10. ed. Porto Alegre: Livraria do Advogado, 2009.

primordial justificar a *fundamentalidade material* do direito fundamental em estudo. Preliminarmente, sem maiores esforços, pode-se afirmar que a garantia a uma *boa administração* encontra-se implicitamente consagrada em diversos outros direitos fundamentais. Dito de outra forma, o direito fundamental à boa administração e suas derivações (como a "boa administração frente às novas tecnologias) tem de ser reconhecido implicitamente sob pena de esvaziar diversos outros direitos fundamentais. Situação diversa encontra-se na União Europeia que em sua Carta de Direitos Fundamentais prevê no art. 41 o *Direito a uma boa administração*, consistindo uma importante diretiva aos países membros, tendo como vetor justamente o direito à duração razoável do processo.[69]

A afirmação de Ingo Sarlet, no sentido de que *num mesmo texto de direito fundamental poderão ser extraídas várias normas de direito fundamentais*,[70] assume grande relevo na abordagem que se pretende realizar. Na leitura dos *direitos fundamentais*, no mais das vezes se extrai em conjunto o *direito fundamental à boa administração pública* e por consequência uma de suas derivações, qual seja, o *direito fundamental* à *ciber@dministração* (para satisfazer uma gama de outros direitos fundamentais).

Pode-se afirmar que da união dos princípios da Administração Pública, constantes no art. 37 da Constituição Federal (*legalidade, impessoalidade, moralidade, publicidade e* principalmente o *princípio da eficiência*) se extrai e se corporifica o *direito fundamental* à boa administração *pública*, que "irradia forte carga axiológica, na busca dos melhores resultados possíveis"[71] (incluindo-se a utilização responsável das novas tecnologias e a promoção dos princípios da publicidade e transparência como instrumentos do controle social e *cibercidadania*).

O presente artigo pretendeu demonstrar que o *direito fundamental* à boa *ciber@dministração* pressupõe uma Administração que cumpre deveres constitucionais e legais, cenário no qual a Lei de Responsabilidade Fiscal, nas duas últimas décadas, cumpriu papel de

---

[69] FREITAS, Juarez. *Discricionariedade Administrativa e o Direito Fundamental à Boa Administração Pública*. 2. ed. São Paulo: Malheiros, p. 9. Precursor em nosso país ao abordar o *direito fundamental à boa administração pública*, o autor considera-o como "norma implícita (feixe de princípios e regras) de direta e imediata eficácia em nosso sistema constitucional, a impelir *o controlador a fazer às vezes de 'administrador negativo'*, isto é, a terçar armas contra a discricionariedade exercida (...) de maneira extremada ou omissa".

[70] SARLET, Ingo W. *A Eficácia dos Direitos Fundamentais* – Uma Teoria Geral dos Direitos Fundamentais na Perspectiva Constitucional. 10. ed. Porto Alegre: Livraria do Advogado, 2009, p. 261.

[71] GRANDO, Felipe Esteves Grando. O direito fundamental à boa administração pública e seu diálogo com o direito tributário. *Revista Interesse Público*, Belo Horizonte, v. 12, n. 59, p. 218, nov./dez. 2009.

destaque, com reforços trazidos na Lei Geral de Proteção de Dados Pessoais, a serem chancelados na futura legislação sobre prestação digital de serviços públicos, diplomas legais que trazem importantes diretrizes, das quais destacam-se: tutela à "proteção de dados"; respeito a intimidade e privacidade de seus servidores, administrados e de todos os demais envolvidos nos dados e informações sob armazenamento de sua responsabilidade; uma Administração que viabiliza o direito à informação de maneira a propiciar o controle social, ou seja, a *cibercidadania*; uma Administração que utiliza as novas tecnologias e propicia prestação digital dos serviços públicos; que desburocratiza e simplifica a relação do Poder Público com a sociedade, que permite o monitoramento célere da qualidade dos serviços públicos; atuação administrativa integrada e sistêmica na prestação e no controle dos serviços públicos; Administração Pública que estimula a participação da sociedade na formulação e avaliação prévia de políticas públicas (preferencialmente em meio digital); e, Administração que viabiliza a necessária publicidade e transparência de dados seguros e atualizados.

Em suma, o direito/dever de boa *ciber@dministração* pública tutelará com razoabilidade e proporcionalidade o direito à privacidade e intimidade de um lado e de outro o direito à informação, através da publicidade e transparência, com primazia (em tese) do direito fundamental à informação, de maneira a salvaguardar a própria cidadania, a democracia direta e a dignidade da pessoa humana. Nesse cenário, procurou-se demonstrar a importância das previsões constantes na Lei de Responsabilidade Fiscal, assim como a necessidade de constante aprimoramento a promover a mais ampla e cibernética sindicabilidade da gestão pública.

Referências

AFONSO, Carlos Alberto. *Internet no Brasil*: o acesso para todos é possível? Disponível em: http://www.idrc.ca/uploads/user-S/10245206800panlacafoant.pdf. Acesso em: jan. 2020.

ALEXY, Robert. Colisão de direitos fundamentais e realização de direitos fundamentais no estado de direito democrático. *Revista de Direito Administrativo*, São Paulo, n. 217, p. 67-79, jul./set. 1999.

ALEXY, Robert. *Teoria dos direitos fundamentais*. São Paulo: Malheiros, 2008.

ALFARO, Rodrigo *et al. Introducción al gobierno electrónico*: Actores y Dimensiones. Valparaíso: Universitárias, 2005.

AMADO GOMES, Carla. *Direito(s) dos Riscos Tecnológicos*. Lisboa: AAFDL, 2014,

AMADO GOMES, Carla. *Introdução do Direito do Ambiente*. 2. ed. AAFDL, 2016.

AZUMA, Eduardo Akira. *Considerações iniciais sobre a Internet e o seu uso como instrumento de defesa dos direitos humanos, mobilização política e social*. Disponível em: http://ojs.c3sl.ufpr.br/ojs2/index.php/direito/article/viewArticle/6995. Acesso em: fev. 2020.

BARROSO, Luís Roberto. *O Direito Constitucional e a efetividade de suas normas*. 9. ed. Rio de Janeiro: Renovar, 2009.

BARROSO, Luís Roberto. Liberdade de expressão *versus* direitos da personalidade. Colisão de direitos fundamentais e critérios de ponderação. *In*: SARLET, Ingo Wolfgang (Org.). *Direitos fundamentais, Informática e Comunicação algumas aproximações*. Porto Alegre: Livraria do Advogado, 2007, p. 63-100.

BARROSO, Luís Roberto. *A nova interpretação constitucional*: ponderação, direitos fundamentais e relações privadas. 2.ed. Rio de Janeiro: Renovar, 2006

BASTOS, Celso Ribeiro. A liberdade de expressão e a comunicação social. *Cadernos de Direito Constitucional e Ciência Política – Revista de Direito Público*, n. 20, p. 50.

BINENBOJM, Gustavo. O princípio da publicidade administrativa e a eficácia da divulgação de atos do poder público pela Internet. *Revista de Direito Público*, Belo Horizonte, v. 13, abr./jun. 2006.

CACHAPUZ, Maria Cláudia Mércio. Informática e proteção de dados – os freios necessários à automação. *Revista Ajuris*, Porto Alegre, n. 70, p. 374-409, 1997.

CANARIS Claus-Wilhelm. *Pensamento Sistemático e Conceito de Sistema na Ciência do Direito*. Lisboa: Fundação Calouste Gulbenkian, 1999.

CANOTILHO, José Joaquim Gomes. *Brancosos e Interconstitucionalidade*: itinerários dos discursos sobre a historicidade constitucional. Coimbra: Almedina, 2006.

CASTANHO DE CARVALHO, Luis. G. G. *Liberdade de Informação e o Direito Difuso* à *Informação Verdadeira*. Rio de Janeiro: Renovar, 1994.

CASTRO, Luiz Fernando Martins. Proteção de dados pessoais: panorama internacional e brasileiro. *Revista CEJ*, Brasília, n. 19, p. 40-45, dez. 2002.

CHAIM, Ali *et al*. *E-gov.br*: a próxima revolução brasileira. São Paulo: Pearson//Prentice Hall, 2004.

CONTI, José Maurício; PINTO, Élida Graziane; *Lei dos Orçamentos Públicos completa 50 anos de vigência*. Disponível em: http://www.conjur.com.br/2014-mar-17/lei-orcamentos-publicos-completa-50-anos-vigencia.

CRUZ, Tadeu. *Sistemas, organização e métodos*. Novas tecnologias da informação e introdução à gerência do conteúdo e do conhecimento. 3. ed. São Paulo, 2002.

CUNDA, Daniela Zago G. da. *Controle de sustentabilidade pelos Tribunais de Contas*. 2016. Tese (Doutorado em Direito) – Faculdade de Direito, Pontifícia Universidade Católica do Rio Grande do Sul, Rio Grande do Sul, 2016.

CUNDA, Daniela Zago G. da. Comentários ao art. 21 da LINDB. *In*: DUQUE, Marcelo Schenk; RAMOS, Rafael (Coord.). *Segurança Jurídica na aplicação do Direito Público*. Salvador: Juspodivm, 2019.

CUNDA, Daniela Zago G. da. Direito fundamental à boa administração tributária e financeira. *Revista Jurídica Tributária*, Porto Alegre, vol. 3, n. 10, p. 103-130, jul./set. 2010.

CUNDA, Daniela Zago G. da. Controle de Políticas Públicas pelos Tribunais de Contas: Tutela da efetividade dos direitos e deveres fundamentais. *Revista Brasileira de Políticas Públicas*, Brasília: UniCEUB, vol. 01, 2010.

CUNDA, Daniela Zago G. da; ZAVASCKI, Liane T. Controles da Administração Pública e a efetividade dos direitos fundamentais: breves anotações sobre a atuação dos Tribunais de Contas e do Controle Judicial da Discricionariedade Administrativa. *Revista Interesse Público*, Belo Horizonte, n. 63, 2010.

CUNHA, Paulo Ferreira. Direito à informação ou deveres de protecção informativa do Estado? *In*: SARLET, Ingo Wolfgang (Org.). *Direitos fundamentais, Informática e Comunicação algumas aproximações*. Porto Alegre: Livraria do Advogado, 2007, p. 155-178.

EJNISMAN, Marcela Waksman. A proteção de dados pessoais no Brasil. *Consulex*, Brasília, n. 248, p. 36, 15 maio 2007.

ESTORNINHO, Maria João. *A Fuga para o Direito Privado*. Lisboa: Almedina, 2009.

FALZONE, Guido. *Il Dovere di Buona Amministrazione*. Milano: Dott. A. Giuffrè Editore, 1953.

FENSTERSEIFER, Tiago; SARLET, Ingo W. *Princípios do Direito Ambiental*. São Paulo: Saraiva, 2014.

FERRER, Florência; SANTOS, Paula (Org.). *E-government*: o governo eletrônico no Brasil. São Paulo: Saraiva, 2004.

FINCATO, Denise Pires. Teletrabalho: uma análise jus laboral. *In*: STURMER, Gilberto (Org.). *Questões controvertidas de Direito do Trabalho e outros estudos*. Porto Alegre: Livraria do Advogado, 2006.

FREDIERI, Pietro; CURTI, Antonio; BONORA, Sandra. *Il Telelavoro*: Futuro dei giovani e delle imprese. Imola: Editrice La Mandrágora, 1997.

FREITAS, Juarez. *A Interpretação Sistemática do Direito*. 5. ed. São Paulo: Malheiros, 2010.

FREITAS, Juarez. *O Controle dos Atos Administrativos e os Princípios Fundamentais*. 4. ed. São Paulo: Malheiros, 2009.

FREITAS, Juarez. *Discricionariedade Administrativa e o Direito Fundamental à Boa Administração Pública*. 2. ed. São Paulo: Malheiros, 2009.

FREITAS, Juarez. O princípio da democracia e o controle do orçamento público brasileiro. *Interesse Público*, Porto Alegre, v. 4, vol. especial, p. 11-12, 2002.

FREITAS, Juarez. O controle social do orçamento público. *Interesse Público*, Porto Alegre, n. 11, p. 13-26, 2001.

FREITAS, Juarez. Direito Constitucional à Democracia. *In*: *Direito à Democracia*: Ensaios transdisciplinares. São Paulo: Conceito Editorial, 2011, p. 11-39.

GAETA, Lorenzo; PASCUCCI, Paolo. *Telelavoro e Diritto*. Torino: G. Giappichelli Editore, 1998.

GOMES, Carla Amado. *Textos Dispersos de Direito do Contencioso Administrativo*. Lisboa: A.A.F.D.L., 2009.

HARTMANN, Ivar Alberto Martins. *E-codemocracia*: A proteção do meio ambiente no ciberespaço. Porto Alegre: Livraria do Advogado, 2010.

HEINEN, Juliano. *Comentários à lei de Acesso à Informação*: Lei nº 12.527/2011. 2. ed. rev. e atual. Belo Horizonte: Fórum, 2015.

JAMBEIRO, Othon; SILVA, Helena Pereira da *et al. Inclusão digital e educação para a competência informacional*: uma questão de ética e cidadania. http://www.ibict.br/cienciadainformacao/viewarticle.php?id=672. Acesso em: fev. 2020.

JARDIM, Carla Carrara da Silva. *O teletrabalho e suas atuais modalidades*. São Paulo: LTr 2003.

LEVINE, Peter. *Can the Internet rescue democracy?* Toward an on-line commons. Disponível em: http://www.peterlevine.ws/internetdemocracy.htm. Acesso em: fev. 2020.

LIMBERGER, Têmis. Transparência administrativa e novas tecnologias: o dever de publicidade, o direito a ser informado e o princípio democrático. *Interesse Público*, Porto Alegre, n. 39, p. 55-71, set./out. 2006.

LIMBERGER, Têmis. Transparência administrativa e novas tecnologias: o dever de publicidade, o direito a ser in-formado e o princípio democrático. *Revista do Ministério Público do Rio Grande do Sul*, Porto Alegre, n. 60, p. 47-65, ago./2007 a abr./2008.

LIMBERGER, Têmis. Efetividade da gestão fiscal transparente: o valor da cultura. *Interesse Público*, Porto Alegre, n. 52, p. 75-88, 2009.

LIMBERGER, Têmis. *O direito à intimidade na era da informática*: a necessidade de proteção dos dados pessoais. Porto Alegre: Livraria do Advogado.

LIMBERGER, Têmis. Direito e informática: o desafio de proteger os direitos do cidadão. *In*: SARLET, Ingo Wolfgang (Org.). *Direitos fundamentais, Informática e Comunicação algumas aproximações*. Porto Alegre: Livraria do Advogado, 2007, p. 195-225.

MARTINS, Ives Gandra; NASCIMENTO, Carlos Valder do. *Comentários à Lei de Responsabilidade Fiscal*. 7. ed. São Paulo: Saraiva, 2014.

MATOS, Ana Carla Harmatiuk; RUZYK, Carlos Eduardo Pianovski. Diálogos entre a Lei Geral de Proteção de Dados e a Lei de Acesso à Informação. *In*: FRAZÃO, Ana; TEPEDINO, Gustavo; OLIVA, Milena Donato (Coord.). *Lei Geral de Proteção de Dados Pessoais e suas repercussões no direito brasileiro*. 1. ed. São Paulo: Thomson Reuters Brasil, 2019, p. 199-218.

MENDES, Gilmar Ferreira. Arts. 48 a 59, Capítulo IX – Da transparência, controle e fiscalização. *In*: MARTINS, Ives Gandra; NASCIMENTO, Carlos Valder do. *Comentários à Lei de Responsabilidade Fiscal*. 7. ed. São Paulo: Saraiva, 2014, p. 397.

MENDES, Gilmar Ferreira. Colisão de direitos fundamentais: liberdade de expressão e de comunicação e direito à honra e à imagem. *Revista de Informação Legislativa*, Brasília, n. 31, p. 297-301, maio/julho 1994.

MENEZES, Joyceane Bezerra de; COLAÇO, Hian Silva. Quando a Lei Geral de Proteção de Dados não se aplica? *In*: FRAZÃO, Ana; TEPEDINO, Gustavo; OLIVA, Milena Donato (Coord.). *Lei Geral de Proteção de Dados Pessoais e suas repercussões no direito brasileiro*. 1. ed. São Paulo: Thomson Reuters Brasil, 2019, p. 157-197.

MICHELMAN, Frank I. Relações entre democracia e liberdade de expressão: discussão de alguns argumentos. *In*: SARLET, Ingo Wolfgang (Org.). *Direitos fundamentais, Informática e Comunicação algumas aproximações*. Porto Alegre: Livraria do Advogado. 2007, p. 49-62.

MOTTA, Fabrício. Publicidade e Transparência nos 10 anos da Lei de Responsabilidade Fiscal. *Revista Técnica dos Tribunais de Contas*, Belo Horizonte, ano 1, n. 0, p. 215-227, set. 2010.

MUÇOUÇAH, Renato de Almeida Oliveira. Considerações acerca do poder diretivo do empregador no teletrabalho. *Revista LTr. Legislação do Trabalho*, São Paulo, v. 69, p. 446-456, 2005.

OLIVEIRA, Marco Aurélio Belizze; LOPES, Isabela Maria Pereira. Os princípios norteadores da proteção de dados pessoais no Brasil e sua otimização pela Lei nº 13.709/2018. *In*: FRAZÃO, Ana; TEPEDINO, Gustavo; OLIVA, Milena Donato (Coord.). *Lei Geral de Proteção de Dados Pessoais e suas repercussões no direito brasileiro*. 1. ed. São Paulo: Thomson Reuters Brasil, 2019, p. 53-83.

OLIVEIRA, Vallisney de Souza. O direito e as novas tecnologias da informação e comunicação: processo virtual, uma realidade irreversível. *Revista Consulex*, Brasília, n. 308, 15, p. 26-27, nov. 2009.

PÉREZ LUÑO, Antonio Enrique. *Ciberciudadaní@ o ciudadanìa.com?* Barcelona: Gedisa, 2004.

PÉREZ LUÑO, Antonio Enrique. *Los Derechos Fundamentales*. 9. ed. Madrid: Editorial Tecnos, 2007.

PÉREZ LUÑO, Antonio Enrique. *Cibernética, Informática y Derecho* (Un análisis metodológico). Bolonia: Publicaciones Del Real Colégio de España, 1976.

PINTO, Élida Graziane; CONTI, José Maurício. *Lei dos Orçamentos Públicos completa 50 anos de vigência*. Disponível em: http://www.conjur.com.br/2014-mar-17/lei-orcamentos-publicos-completa-50-anos-vigencia.

PINTO, Paulo Mota. Notas sobre o direito ao livre desenvolvimento da personalidade e os direitos de personalidade no direito português. *A Constituição concretizada: construindo pontes com o público e o privado*. Livraria do Advogado, 2000, p. 61-83.

POSTER, Mark. *CyberDemocracy*: Internet and the Public Sphere. Disponível em: www.forumglobal.de/soc/bibliot/p/cyberdemocracy_poster.htm. Acesso em: fev. 2020.

REIS, Fernando Simões dos; RUARO, Regina Linden. A anonimização dos dados como forma de relativização da proteção de informações sigilosas e a atuação fiscalizatória dos tribunais de contas. *Revista de estudos e Pesquisas Avançadas do Terceiro Setor*, Brasília, v. 5, n. 2, p. 157-187, jul./dez. 2018.

RICHER, Laurent. *Droit des Contrats Administratifs*. Paris: LGDJ, 2008.

RUARO, Regina Linden. O conteúdo essencial dos direitos fundamentais à intimidade e à vida privada na relação de emprego: o monitoramento do correio eletrônico pelo empregador. *In*: SARLET, Ingo Wolfgang (Org.). *Direitos fundamentais, Informática e Comunicação algumas aproximações*. Porto Alegre: Livraria do Advogado. 2007, p. 227-252.

RUARO, Regina Linden. Responsabilidade civil do Estado por dano moral em caso de má utilização de dados pessoais. *Direitos Fundamentais & Justiça*, p. 231-245, out./dez. 2007.

RUBERT, Belén Cardona. *Informática y Contrato de Trabajo*. Valencia: Tirant lo Blanch, 1999.

SANTOLIM, Cesar. Aspectos jurídicos do governo eletrônico: as tecnologias da informação na Administração Pública. *Revista de Direito de Informática e Telecomunicações – RDIT*, Belo Horizonte, v. 2, n. 2, p. 85-96, jan./jun. 2007.

SANTOS, Fabíola Meira de Almeida; TALIBA, Rita. Lei Geral de Proteção de Dados no Brasil e os possíveis impactos. *Revista dos Tribunais Online*, vol. 998, p. 225-239, 2018.

SARAIVA, Rute Neto Cabrita e Gil. *A Herança de Quioto em Clima de Incerteza*: Análise Jurídico-Econômica do Mercado de Emissões num Quadro de Desenvolvimento Sustentado.

SARLET, Ingo Wolfgang. *A Eficácia dos Direitos Fundamentais*. 10. ed. Porto Alegre: Livraria do Advogado, 2009.

SARLET, Ingo Wolfgang. *Dignidade da Pessoa Humana e Direitos Fundamentais na Constituição Federal de 1988*. 7. ed. Porto Alegre: Livraria do Advogado, 2009.

SARLET, Ingo Wolfgang. Direitos Fundamentais e Direito Privado: algumas considerações em torno da vinculação dos particulares aos direitos fundamentais. *A Constituição concretizada*. Porto Alegre: Livraria do Advogado, 2000, p. 107-163.

SCHMITT, Rosane Heineck. Direito à informação: liberdade de imprensa x direito à privacidade. *A constituição concretizada*. Porto Alegre: Livraria do Advogado, 2000, p. 211-241.

SCLIAR, Wremyr. Democracia e o indispensável controle da administração. *Revista TCM RJ*, Rio de Janeiro, n. 44, p. 15-43, maio 2010.

SÉRVULO CORREIA, J. M. Controlo judicial da Administração e responsabilidade democrática da Administração. *In:* PINTO E NETTO; Luísa; BITTENCOURT E NETO, Eurico (Coord.). *Direito Administrativo e Direitos Fundamentais* -- diálogos necessários. Belo Horizonte, 2012.

SILVA, Vasco Pereira da. *O Contencioso Administrativo no Divã da Psicanálise* – Ensaio sobre as Acções no Novo Processo Administrativo. Lisboa: Almedina, 2009.

TARUFFO, Michele. *A motivação da sentença civil*. Tradução de Daniel Mitidiero, Rafael Abreu, Vitor Paula Ramos. 1. ed. São Paulo: Marcial Pons, 2015.

TEPEDINO, Gustavo. A tutela da personalidade no ordenamento civil-constitucional brasileiro. *Temas de direito civil*. Rio de Janeiro: Renovar.

VASCONCELOS, Antonio Vital Ramos de. *Proteção constitucional ao sigilo*. Uma vida dedicada ao direito; homenagem a Carlos Henrique de Carvalho, o editor dos juristas. São Paulo: Revista dos Tribunais, 1995.

VIEIRA, Tatiana Malta. Proteção de dados pessoais na sociedade da informação. *Revista de Direito de Informática e Telecomunicações – RDIT*, Belo Horizonte, v. 2, n. 2, p. 213-234, jan./jun. 2007.

WILLEMAN, Mariana Montebello. *Accountability democrática e o desenho institucional dos Tribunais de Contas no Brasil*. Belo Horizonte: Fórum, 2017.

ZUGMAN, Fábio. *Governo eletrônico*: saiba tudo sobre essa revolução. São Paulo: Livro Pronto, 2006.

Informação bibliográfica deste texto, conforme a NBR 6023:2018 da Associação Brasileira de Normas Técnicas (ABNT):

CUNDA, Daniela Zago Gonçalves da; RAMOS, Letícia Ayres. Os 20 anos da Lei de Responsabilidade Fiscal: transparência e proteção de dados a tutelar os direitos fundamentais à *cibercidadania* e à boa *ciber@dministração* pública. *In:* FIRMO FILHO, Alípio Reis; WARPECHOWSKI, Ana Cristina Moraes; RAMOS FILHO, Carlos Alberto de Moraes (Coord.). *Responsabilidade na gestão fiscal*: estudos em homenagem aos 20 anos da lei complementar nº 101/2000. Belo Horizonte: Fórum, 2020. p. 183-208. ISBN 978-65-5518-034-3.

(IR)RESPONSABILIDADE NA GESTÃO DAS RENÚNCIAS DE RECEITAS: UM ESTUDO SOBRE O FRÁGIL DEVER DE AVALIAÇÃO DE IMPACTO FISCAL E DAS CORRESPONDENTES MEDIDAS COMPENSATÓRIAS E CONTRAPARTIDAS

ÉLIDA GRAZIANE PINTO

1 Introdução

Nos 20 anos da Lei de Responsabilidade Fiscal – LRF, um exemplo destacado de descumprimento dos seus preceitos mais sensíveis reside no fomento estatal à iniciativa privada por meio de renúncias fiscais.

A esse respeito, a revisão dos benefícios e incentivos tributários pretendida pela Proposta de Emenda à Constituição nº 188/2019, na forma do inciso XIV e do §10 a serem acrescidos ao art. 167, merece debate:

> Art. 167 São vedados:
> XIV - a criação, ampliação ou renovação de benefício ou incentivo de natureza tributária pela União, se o *montante anual correspondente aos benefícios ou incentivos de natureza tributária superar 2 p.p. (dois pontos percentuais) do Produto Interno Bruto no demonstrativo a que se refere o §6º do art. 165 da Constituição Federal.*

[...]

§10 Incentivos ou benefícios de natureza tributária, creditícia e financeira *serão reavaliados, no máximo, a cada quatro anos,* observadas as seguintes diretrizes:

I - análise da efetividade, proporcionalidade e focalização;

II - combate às desigualdades regionais; e

III - publicidade do resultado das análises. (grifos nossos)

A imposição de limite máximo de repercussão fiscal (teto individualizado para as renúncias fiscais) e de marco temporal (quadrienal) para reavaliação das condições de concessão dos benefícios tributários é medida emergencial de resgate do escopo do art. 14 da Lei Complementar nº 101/2000. Mas por que a norma vintenária não tem sido cumprida e demandaria reforço de norma constitucional a lhe repetir o sentido?

Para responder tal pergunta, é preciso explorar – em caráter mais amplo – a própria fragilidade do regime jurídico das hipóteses em que a LRF demanda avaliação de impacto fiscal.

Em busca de responsabilidade na formulação e consecução de políticas públicas, a avaliação prévia de impacto dos atos estatais tem sido demandada na seara fiscal e, mais recentemente, na Lei nº 13.874/2019, como medida de controle intertemporal da sua consistência.

O desafio, contudo, é tirar do papel o comando abstrato e implementar, ainda que paulatinamente, o audacioso propósito de maiores coerência e maturação decisória que David Stark e Laszlo Bruszt chamam de "responsabilidade política estendida" (1998).

Nesse contexto, o presente artigo intenta promover uma breve interlocução entre os ditames inscritos na Lei de Responsabilidade Fiscal (LRF), na Emenda nº 95/2016 e na PEC nº 188/2019, de um lado, e o art. 5º da Lei de Liberdade Econômica (Lei nº 13.874/2019), de outro. Tal esforço se justifica para explorar o desafio que lhes é comum sobre como executar e controlar a demanda por avaliação prévia de impactos da ação governamental, sobretudo no que concerne às renúncias de receitas.

Se soubéssemos coletivamente estimar previamente metas e seus impactos, avaliar programas, mensurando seus resultados em face dos seus custos e contrastando o planejado em face do realizado, teríamos maior transparência, eficiência e efetividade no trato dos recursos públicos e, por conseguinte, haveria também maior capacidade de os agentes econômicos programarem seus investimentos ao longo do tempo.

O caráter trágico (SANTOS, 1987) de tal constatação reside no fato de que, a despeito de parecer simples no campo do discurso abstrato, complexo é operacionalizá-la no mundo da vida em sociedade, ainda mais na realidade brasileira tão suscetível a capturas patrimonialistas. É importante, contudo, assumir essa premissa, até para que não percamos de vista o esforço pedagógico de devolver ao gestor a responsabilidade inadiável de planejar e executar bem o enfrentamento dos problemas sociais e econômicos sob sua alçada. Assim como precisamos devolver para a sociedade o quanto lhe cabe de compreensão do caráter limitado e contingente das escolhas democráticas feitas e executadas em seu nome, já que não é possível resolver tudo, de uma vez por todas, ao mesmo tempo e para todos.

Para cumprir o desiderato comparativo que ampara o escopo deste ensaio, é que ele foi dividido em quatro partes, incluídas as presentes linhas introdutórias que fixam nossas balizas conceituais e metodológicas.

Primeiramente, contrastaremos a noção de "responsabilidade política estendida" (STARK; BRUSZT, 1998) com os dispositivos nucleares da LRF, da EC nº 95/2016 e da Lei nº 13.874/2019 que trazem consigo a exigência de prévia avaliação de impacto (fiscal ou regulatório) como condição de validade para a edição e implementação de ações governamentais.

Em seguida as renúncias fiscais serão analisadas quanto à efetividade ou à insuficiência de seus mecanismos de controle quanto a prazo de vigência, impacto nas metas fiscais, medidas compensatórias e contrapartidas. Trata-se de instituto que tem sofrido manejo abusivo exatamente porque não tem sido cumprido o regime jurídico inscrito na LRF. Para reforçar sua eficácia e conter as burlas, a Emenda nº 95/2016, a PEC nº 188/2019 e as Leis de Diretrizes Orçamentárias da União, relativas aos exercícios financeiros de 2019 e 2020, tentaram fixar melhor suas balizas, sobretudo na seara dos limites temporais e mesmo sua repercussão fiscal global.

Nas considerações finais, traçaremos alguns paralelos com a avaliação de programas no ciclo orçamentário e seus desafios ainda presentes no controle de políticas públicas, sobretudo quanto ao exame de metas físicas, metas financeiras, custos, resultados e seus impasses do ciclo decisório governamental.

Em última instância, esperamos associar, ainda que de forma limitada e precária, o reforço da demanda pela avaliação de impacto fiscal e regulatório com a necessidade de fortalecimento paulatino, mas imprescindível, do planejamento governamental como verdadeiro eixo intertemporal de definição e consecução das políticas públicas. Quando ausente tal conexão, impera a irresponsabilidade fiscal, do que dá claro exemplo à expansão descontrolada das renúncias fiscais desde a crise de 2008.

Sem sabermos para quais fins são concedidas as renúncias de receitas, não poderemos avaliar seus custos e resultados em face das balizas já inscritas ou mesmo das que têm sido propostas – *de lege ferenda* – em nosso ordenamento. Mensurar e avaliar impacto, medida compensatória e contrapartida dos gastos tributários requer, primordialmente, clareza do que se almeja com eles alcançar. Eis a fragilidade inaugural que precisa vir à tona no regime jurídico dos aludidos benefícios e incentivos fiscais.

2 Avaliação prévia de impactos fiscal e regulatório como instrumentos de responsabilização política estendida

Avaliar impactos é calcular e antecipar racionalmente possíveis repercussões e consequências de uma decisão, em esforço de verificação *ex ante* da sua viabilidade e consistência.

Assim, é preciso associar a demanda por avaliação de impacto à construção de responsabilidade compartilhada ao longo do ciclo decisório das políticas públicas. Tal horizonte reclama extensão temporal e qualitativa de instâncias de diálogo e controle, para fins de monitoramento e avaliação da política pública.

Estamos a falar, pois, de constrangimentos institucionais, que, ao cobrarem mais coerência e responsabilidade *ex ante* do gestor nas etapas de formulação e implementação, tendem a retroalimentar o processo com informações e instigações que permitiriam correções de rumo a cada etapa.

Esse, aliás, é o alcance da noção de responsabilidade política estendida defendida por David Stark e Laszlo Bruszt (1998), para quem a existência de vigilância permanente em relação à gestão pública lhe obriga a ser mais coesa e coerente ao longo do tempo:

> Por responsabilidade política estendida nos referimos à imbricação dos centros de tomada de decisões em redes de instituições políticas autônomas que limitam a arbitrariedade dos governantes no poder. [...] *Expondo as políticas a maior vigilância, a responsabilidade política estendida reduz a possibilidade de os executivos cometerem enormes erros de cálculo em políticas extremas e sem consideração para com outros atores.* A responsabilidade política estendida se diferencia [...] da simples responsabilidade eleitoral porque, ao contrário do caráter episódico desta última, ela é estendida no tempo. Estendendo a *responsabilidade*

como um processo contínuo, em curso, ela reduz as possibilidades de que o executivo possa apelar para a "crise" como tentativa de legitimar a expansão de sua autoridade eleitoral "delegada".

[...] A responsabilidade política estendida, portanto, estendeu o horizonte temporal dos atores estatais chave, *corrigindo erros de cálculo de antemão e os encorajando a pensar vários passos à frente nos jogos estratégicos da política de reformas. Como as deliberações os forçaram a ser mais responsáveis ex ante, as linhas de política pública resultantes já estavam delineadas de forma coesa e coerente, o que facilitou respostas rápidas e adaptações responsáveis com a alteração das circunstâncias.* As deliberações estendidas não tornaram as políticas mais "fracas": elas amenizaram as políticas, tornando-as mais duráveis por serem mais elásticas. A responsabilidade política estendida não comprometeu os políticos: tornou suas visões mais pragmáticas.

[...] A noção de responsabilidade estendida e seu pragmatismo programático concomitante têm implicações para nossa compreensão da coerência. Na visão convencional, a coerência das políticas é julgada pelas qualidades de consistência interna, precisão e pelo caráter geral do desenho da política. Quanto mais claro, preciso e implementado em sua totalidade é o projeto de reforma, mais coerente será a linha de política resultante. Alguns planejadores de políticas econômicas começam a questionar esta visão, ao menos ao atacar a noção de "sequência fixa". No lugar da metáfora arquitetônica de projeto, nestes casos o desenho da reforma baseia-se em modelos da cibernética, com *loopings de retorno e autocorreções construtivas.* Como um programa de computador sofisticado, *com uma série de sub-rotinas "se... então" simultâneas, o projetista monitora continuamente um vasto conjunto de indicadores econômicos em um processo de ajustamento contínuo dos principais parâmetros do modelo.* (grifos nossos)

Em tese, a avaliação de impacto internaliza a noção de "responsabilidade como um processo contínuo", porque obriga o gestor e, por vezes, até o legislador ao cálculo antecipado de consequências, até para que haja controle sobre as repercussões posteriormente verificadas na realidade.

Mas, no ordenamento brasileiro, tem havido uma falseada aplicação desse instituto e, portanto, tem revelado baixa eficácia, por exemplo, o dever de estimativa e/ou avaliação dos impactos fiscais trazido pela Lei Complementar nº 101/2000, em seus arts. 7º, §2º, 9º, §5º, 14, 16, 30, §1º, II e 49, parágrafo único. Tais dispositivos dizem respeito ao cálculo dos impactos orçamentários e financeiros em passagens nucleares do regime de responsabilidade fiscal, a saber: (1) atuação do Banco Central, (2) renúncias fiscais, (3) geração de despesas novas, (4) limites da dívida pública e (5) a própria consolidação do balanço geral anual do Chefe do Executivo. Seu inteiro teor pode ser lido a seguir:

Art. 7º [...]

§2º O *impacto e o custo fiscal das operações realizadas pelo Banco Central do Brasil* serão demonstrados trimestralmente, nos termos em que dispuser a lei de diretrizes orçamentárias da União.

Art. 9º [...]

§5º No prazo de noventa dias após o encerramento de cada semestre, o Banco Central do Brasil apresentará, em reunião conjunta das comissões temáticas pertinentes do Congresso Nacional, avaliação do cumprimento dos objetivos e metas das políticas monetária, creditícia e cambial, evidenciando *o impacto e o custo fiscal de suas operações e os resultados demonstrados nos balanços.*

Art. 14. A concessão ou ampliação de incentivo ou benefício de natureza tributária da qual decorra renúncia de receita deverá estar acompanhada de *estimativa do impacto orçamentário-financeiro no exercício em que deva iniciar sua vigência e nos dois seguintes*, atender ao disposto na lei de diretrizes orçamentárias e a pelo menos uma das seguintes condições: [...]

Art. 16. A criação, expansão ou aperfeiçoamento de ação governamental que acarrete aumento da despesa será acompanhado de:
I - *estimativa do impacto orçamentário-financeiro no exercício em que deva entrar em vigor e nos dois subsequentes;*

Art. 30. No prazo de noventa dias após a publicação desta Lei Complementar, o Presidente da República submeterá ao:
I - Senado Federal: proposta de limites globais para o montante da dívida consolidada da União, Estados e Municípios, cumprindo o que estabelece o inciso VI do art. 52 da Constituição, bem como de limites e condições relativos aos incisos VII, VIII e IX do mesmo artigo;
II - Congresso Nacional: projeto de lei que estabeleça limites para o montante da dívida mobiliária federal a que se refere o inciso XIV do art. 48 da Constituição, acompanhado da demonstração de sua adequação aos limites fixados para a dívida consolidada da União, atendido o disposto no inciso I do §1º deste artigo.
§1º As propostas referidas nos incisos I e II do *caput* e suas alterações conterão:
I - demonstração de que os limites e condições guardam coerência com as normas estabelecidas nesta Lei Complementar e com os objetivos da política fiscal;
II - *estimativas do impacto da aplicação dos limites a cada uma das três esferas de governo;*
III - razões de eventual proposição de limites diferenciados por esfera de governo;

IV - metodologia de apuração dos resultados primário e nominal.
[...]

Art. 49. As contas apresentadas pelo Chefe do Poder Executivo ficarão disponíveis, durante todo o exercício, no respectivo Poder Legislativo e no órgão técnico responsável pela sua elaboração, para consulta e apreciação pelos cidadãos e instituições da sociedade.

Parágrafo único. A prestação de contas da União conterá demonstrativos do Tesouro Nacional e das agências financeiras oficiais de fomento, incluído o Banco Nacional de Desenvolvimento Econômico e Social, especificando os empréstimos e financiamentos concedidos com recursos oriundos dos orçamentos fiscal e da seguridade social e, no caso das agências financeiras, *avaliação circunstanciada do impacto fiscal de suas atividades no exercício.* (grifos nossos)

Em face das normas fiscais citadas e mesmo à luz das regras inseridas na Lei de Introdução às Normas do Direito Brasileiro (LINDB), pela Lei nº 13.655/2018, sabemos que o maior desafio é o de assegurar cumprimento ao dever de estimar impactos e avaliar consequências das decisões estatais, haja vista a necessidade de impor limites à discricionariedade administrativa por meio do reforço da vinculação do gestor ao planejamento setorial e orçamentário que orienta suas propostas de ação governamental.

Falar em dever de estimar impactos fiscais e/ou regulatórios, bem como falar em dever de avaliação de consequências, dificuldades reais e rotas alternativas, é reconhecer, de saída, que a escolha empreendida pelo gestor deve ser suficientemente madura. Mas só se amadurece uma política pública se ela estiver estruturada em indicadores e dados empíricos que apontem para um diagnóstico contextualizado do problema a ser resolvido e da própria solução aviada administrativamente.

Na seara fiscal, o cenário tem sido de falseamento para fins, por exemplo, de concessão de renúncias fiscais ou geração de despesas novas em todos os entes da federação. Tal irresponsabilidade fiscal repercute para a economia, de modo que, na dimensão regulatória, o desafio ainda é maior, diante dos riscos envolvidos no planejamento de médio prazo para quaisquer parcerias público-privadas ou mesmo quaisquer estratégias de fomento, por meio de crédito subsidiado ou renúncia fiscal.

Particularmente aqui a interface com o art. 5º da Lei da Liberdade Econômica (Lei nº 13.874/2019) revela-se deveras oportuna porque a repercussão da ação estatal sobre os agentes econômicos tende a ser mal avaliada e, por vezes, puramente arbitrária, com risco de severos prejuízos tanto para o mercado quanto para o erário e a sociedade como um todo. O dispositivo em comento prevê que:

> Art. 5º As propostas de edição e de alteração de atos normativos de interesse geral de agentes econômicos ou de usuários dos serviços prestados, editadas por órgão ou entidade da administração pública federal, incluídas as autarquias e as fundações públicas, serão precedidas da realização de *análise de impacto regulatório, que conterá informações e dados sobre os possíveis efeitos do ato normativo para verificar a razoabilidade do seu impacto econômico.*
>
> Parágrafo único. Regulamento disporá sobre a data de início da exigência de que trata o caput deste artigo e sobre o conteúdo, *a metodologia da análise de impacto regulatório, os quesitos mínimos a serem objeto de exame, as hipóteses em que será obrigatória sua realização e as hipóteses em que poderá ser dispensada.* (grifos nossos)

Certo é que a realidade fiscal brasileira desafia a LRF, uma vez que os gestores formalmente até declaram haver estimado impactos, mas falta consistência às suas metodologias de cálculo. A consequência prática de tal cenário é que a crise econômica e orçamentário-financeira, desde 2015, tem se agravado e trazido empobrecimento per capita para a população brasileira.

Não é sem razão que a Emenda nº 95/2016 quis reforçar o sentido e o alcance daqueles dispositivos da LC nº 101/2000, anteriormente citados, ao inserir no Ato das Disposições Constitucionais Transitórias o seguinte art. 113: "A proposição legislativa que crie ou altere despesa obrigatória ou renúncia de receita deverá ser acompanhada da estimativa do seu impacto orçamentário e financeiro".

Descumprimentos reiterados à LRF não deixam de existir porque houve parcial constitucionalização das suas regras, a pretexto de "Novo Regime Fiscal" inscrito no ADCT. Ora, o desafio é o de superar soluções aparentemente fáceis e que, por isso mesmo, geram perdas para o processo democrático ao infantilizar o gestor, simplificar a dinâmica do controle e substituir o cidadão como o principal agente de pressão por mudanças sociais em todas as instâncias competentes.

A necessidade de equalizar a tensão entre eficiência e segurança jurídica é o mote que justifica as alterações à LINDB, mas não se avança estruturalmente na noção de que é preciso majorar a própria força normativa das leis que definem o fluxo decisório das políticas públicas, impondo ao gestor maiores ônus argumentativos em relação a mudanças de rota e ao não atingimento das finalidades ali planejadas.

Mal se controlam impactos fiscais e/ou regulatórios, tampouco se avaliam custos e resultados da ação governamental, na medida em que ainda sobreleva a prevalência dos controles formais (basta a declaração do ordenador de despesas?). O dilema é que a pluralidade de controles de meios e formalidades tende, no médio prazo, a nos conduzir a mais procedimentos formais por serem controlados e mais instâncias de rechecagem. Por outro lado, não podemos admitir que os fins justifiquem a adoção de quaisquer meios, por mais ilegítimos que eles sejam.

Para além desse impasse, fato é que nossa indolência legiferante nos leva à cômoda e ingênua crença de que bastam mais leis e mais controles formais do seu cumprimento igualmente formal para que tudo se resolva.

Desse modo e apenas para fins de paroxismo analítico, o cenário pode ser reduzido à grosseira simplificação segundo a qual a gestão pública brasileira atende aos controles formais como se fora o bastante e oferta à sociedade um manejo de soluções fundadas na metodologia primária da tentativa e erro. Na esteira do exemplo de descumprimento da LRF, aqui cabe nos indagarmos se será também esse o caminho do art. 5º da Lei da Liberdade Econômica.

Precisamos adotar estratégias de comparação de indicadores dentro e fora do país, atrair lições de sistemas bem-sucedidos para replicá-las na medida do possível, bem como depurar práticas de gestão reconhecidamente ineptas. Aprender corrigindo, comparando, enfim, buscando melhor compreender, para só, então, propor soluções mais densas e, por óbvio, mais atentas à realidade em que serão aplicadas.

Ora, tentar e errar sucessivas vezes, trafegando de um extremo a outro no trato do interesse público e no manejo de recursos sabidamente escassos, não é uma questão com a qual possamos nos acomodar. A coerência e a responsabilidade temporalmente estendida das políticas públicas reclamam de nós, ao menos, maior apreço pelo caráter autovinculante do planejamento, pela execução aderente ao planejado e pelo controle reflexivo de como superar os erros, para neles não voltarmos a incorrer.

3 Renúncias de receitas: fragilidades estruturais e burlas recorrentes

A opacidade que envolve o tema das renúncias de receitas no Brasil é problema que tem sido reiteradamente diagnosticado como uma das causas da crise fiscal que assola o país desde 2014.

O que aparenta não ter limite é o que ainda não foi devidamente exposto a debate público e, portanto, ainda não foi suficientemente controlado. É preciso que a sociedade seja informada exaustiva e abertamente sobre o fato de que renunciar receita equivale a gastar, donde a justeza da locução "gasto tributário".[1]

Em nosso ordenamento, é um contundente dado de realidade a falta de transparência e mesmo de controle acerca das balizas mínimas de validade e dos resultados alcançados com os diversos mecanismos de fomento ao mercado pela via tributária. Indiscutivelmente não teríamos chegado a tamanho impasse fiscal se as renúncias de receitas trafegassem por dentro do orçamento público, ao invés de comporem meros demonstrativos que são – formalmente – anexados às leis de diretrizes orçamentárias e de orçamento anual, para fins de cumprimento protocolar do artigo 165, §6º, da Constituição e dos artigos 4º, §2º, V, e 5º, II, da LRF.

Diante de tal escassez normativa e em busca de diretrizes estruturadas para o controle das renúncias de receitas, a Associação dos Membros dos Tribunais de Contas do Brasil (Atricon) aprovou a Resolução nº 6/2016.[2] Eis um primeiro passo, mas ainda não avançamos suficientemente em aspectos primários, como, por exemplo, a pacificação de entendimento em torno de limites temporais de vigência e a imposição de repercussão fiscal máxima para a concessão, majoração ou prorrogação dos incentivos fiscais.

Em editorial denominado "Sem fim, sem fins",[3] o jornal *Folha de S.Paulo* analisou a falta de balizas temporais, bem como retomou[4] pertinente auditoria feita pelo Tribunal de Contas da União (consolidada posteriormente no Acórdão 1270/2018-Plenário) sobre a inexistência de monitoramento dos resultados alcançados por mais da metade dos

---

[1] O conceito de gasto tributário ou *tax expenditure* é relativamente recente. Em 1967, Stanley S. Surrey, professor da Faculdade de Direito de Harvard e então Secretário-Assistente do Departamento do Tesouro Americano, introduziu tal concepção sobre a realização de gastos governamentais indiretamente pela via tributária. Desde então, o regime jurídico, a evidenciação nas leis orçamentárias e o controle dos gastos tributários têm sido um desafio contínuo para os EUA e os países membros da Organização para Cooperação e Desenvolvimento Econômico (OCDE), sendo a análise sobre suas balizas estruturais no Brasil ainda deveras incipiente.

[2] Disponível em: http://www.atricon.org.br/wp-content/uploads/2016/12/Diretrizes-receita-e-ren%C3%BAncia-de-receita.pdf.

[3] Cujo endereço da sua divulgação eletrônica é: http://www1.folha.uol.com.br/opiniao/2018/01/1949004-sem-fim-sem-fins.shtml.

[4] Na seguinte notícia: http://www1.folha.uol.com.br/mercado/2018/01/1948680-governo-nao-controla-efetividade-53-dos-subsidios-de-renuncia-de-impostos.shtml.

programas de subsídios e renúncias fiscais concedidos pelo governo federal.

A perpetuação e a falta de efetividade de tais instrumentos tributários de fomento seletivo ao mercado merecem questionamento não só para torná-los mais racionais, legítimos e transparentes, mas, sobretudo, porque, ao nosso sentir, é necessário e possível – em uma interpretação sistêmica do ordenamento pátrio – extrair, desde já, limites constitucionais e legais vigentes a serem respeitados.

No nível da União, por sinal, é extremamente oportuno situar o inadiável debate sobre os limites temporais e fiscais às renúncias de receitas no contexto da Emenda nº 95/2016. Apenas no âmbito federal tratamentos tributários discriminatórios (vez que é nuclear ao conceito de renúncia de receita seu caráter não geral) alcançaram algo como 4% do PIB.

Uma cifra tão expressiva somente tem sido perenizada em tempos de tamanho conflito distributivo no orçamento geral da União porque, a seu favor, usualmente se invoca a tese de que tais benefícios poderiam ser juridicamente mantidos indefinidamente por inércia, aguardando lei específica que os revogasse ou quando fosse legítima a sua concessão por décadas a fio.

Obviamente esse entendimento surgiu há mais de três décadas, mas, desde 2000, tornou-se incompatível com as balizas fixadas na Lei de Responsabilidade Fiscal. Isso porque renúncias de receitas só podem ser concedidas ou ampliadas por prazo determinado e mediante o atendimento de condições absolutamente objetivas quanto à comprovação de não afetação das metas fiscais ou à suficiente adoção de medidas compensatórias legalmente admitidas.

A regra geral do art. 14 da LRF determina que o prazo máximo de vigência da renúncia de receita corresponde a três anos (exercício em que entrar em vigor e dois seguintes), conforme o próprio prazo de vigência das metas fiscais sobre as quais houve avaliação de impacto ou correspondente compensação. Quaisquer previsões temporais mais largas de vigência, aditamentos de prazo ou majorações de escopo da renúncia fiscal devem ser submetidos, individualmente, à reavaliação e à renovação das condições legais iniciais de validade que lhe autorizaram a existência.

Aqui vale reiterar para que não haja dúvidas: ao nosso sentir, trienalmente deveriam ser exigidos teste de conformidade com as metas fiscais e correspondente compensação do quanto essas foram afetadas pelo gasto tributário.

Contudo, há imensa fragilidade na comprovação e/ou compensação em comento, o que decorre do caráter meramente protocolar que a maioria dos gestores públicos adota, em suas metodologias de cálculo, para cumprir os ditames da LRF. São engodos fiscais que sustentam o volume vertiginoso das renúncias de receitas, muito embora devêssemos anualmente aferir o regime jurídico do gasto tributário e seu impacto nas metas fiscais tanto por meio de anexo específico da lei orçamentária quanto em demonstrativo próprio da lei de diretrizes orçamentárias.

Estamos infelizmente (mal) acostumados e pouco conscientes sobre a existência de renúncias fiscais concedidas/renovadas por décadas, muito embora saibamos ser ilegal, por exemplo, que o Estado assuma despesas oriundas de contratos administrativos por prazo indeterminado (a teor do artigo 57, §3º, da Lei nº 8.666/1993) ou que superem o teto fiscal trazido pela Emenda nº 95/2016.

Para superar tamanha opacidade interpretativa, urge resgatar no próprio alcance prospectivo do "Novo Regime Fiscal" a baliza decorrente da vedação prevista no art. 109, §2º, inciso II, do Ato das Disposições Constitucionais Transitórias. Ora, se o desajuste nas contas públicas resultar tão severo a ponto de já não se cumprir o limite global para a expansão das despesas primárias – incluídas ali as despesas obrigatórias e os pisos de custeio da saúde e educação –, ficará vedada também "a concessão ou a ampliação de incentivo ou benefício de natureza tributária".

Mas não basta, no presente momento, esperar que o teto global de despesas primárias da União seja ultrapassado para que a restrição às renúncias de receitas se imponha desde já. Como bem destacado no artigo 14 da LRF, caso se comprove terem sido afetadas as metas fiscais, a consequência imediata é a apresentação válida e condicionante de medida compensatória, vez que apenas durante sua vigência podem vigorar as renúncias concedidas.

Do ponto de vista prospectivo, diante do déficit primário consistentemente registrado desde 2014 e previsto na LDO 2020 para se repetir, no mínimo, até 2022, deveriam ser redobrados os cuidados com a demonstração de não afetação das metas fiscais ou mesmo deveria ser reforçado o rigor na avaliação das medidas compensatórias apresentadas pela União para instituir, majorar ou prorrogar renúncias fiscais.

No contexto em que as contas federais se encontram, perguntamo-nos como pode a União prosseguir aceleradamente com a instituição/ majoração/ renovação de incentivos fiscais? No intuito de conter tal expansão, a PEC nº 188/2019 pretende inserir o inciso XIV e o §10 no art. 167 da CR/1988, para fixar balizas de controle equivalentes às demandadas pelas LDOs de 2019 (arts. 21, 114 e 139 da Lei nº 13.707/2018) e 2020 (arts. 116, 117 e 138 da Lei nº 13.898/2019):

LDO/2019
Art. 21. O Projeto de Lei Orçamentária de 2019 e a respectiva Lei poderão conter, em órgão orçamentário específico, receitas de operações de crédito e programações de despesas correntes primárias, condicionadas à aprovação de projeto de lei de créditos suplementares ou especiais por maioria absoluta do Congresso Nacional, de acordo com o inciso III do art. 167 da Constituição.

[...]

§3º O Chefe do Poder Executivo encaminhará ao Congresso Nacional *plano de revisão de despesas e receitas, inclusive de incentivos ou benefícios de natureza financeira, tributária ou creditícia, para o período de 2019 a 2022,* acompanhado das correspondentes proposições legislativas e das estimativas dos respectivos impactos financeiros anuais.

§4º O plano de que trata o §3º e as correspondentes proposições legislativas:

I - (VETADO);

II - (VETADO); e

III - no que tange às receitas:

a) priorizarão medidas voltadas à redução de renúncia e ao aumento de receita, ao combate à sonegação, à progressividade tributária e à recuperação de créditos tributários; e

b) *estabelecerão, em relação aos benefícios tributários:*

1. *prazo de vigência para cada benefício; e*

2. *cronograma de redução de cada benefício, de modo que a renúncia total da receita, no prazo de 10 (dez) anos, não ultrapasse 2% (dois por cento) do produto interno bruto.*

§5º (VETADO).

Art. 114. As proposições legislativas e as suas emendas, conforme o art. 59 da Constituição, que, direta ou indiretamente, importem ou autorizem diminuição de receita ou aumento de despesa da União, deverão estar acompanhadas de estimativas desses efeitos no exercício em que entrarem em vigor e nos dois exercícios subsequentes, detalhando a memória de cálculo respectiva e correspondente compensação para efeito de adequação orçamentária e financeira, e compatibilidade com as disposições constitucionais e legais que regem a matéria.

§1º Os órgãos dos Poderes Executivo, Legislativo e Judiciário, o Ministério Público da União e a Defensoria Pública da União encaminharão, quando solicitados por Presidente de órgão colegiado do Poder Legislativo, dispensada deliberação expressa do colegiado, no prazo máximo de sessenta dias, **o** *impacto orçamentário e financeiro relativo* à *proposição* *legislativa, na forma de estimativa da diminuição de receita* ou do aumento de despesa, ou oferecerão os subsídios técnicos para realizá-la.

[...]

§7º As disposições desta Lei aplicam-se inclusive às proposições legislativas mencionadas no *caput* em tramitação no Congresso Nacional.

§14. *As proposições de autoria do Poder Executivo que concedam ou ampliem benefícios tributários deverão estar acompanhadas de avaliação do Ministério da Fazenda quanto ao mérito e objetivos pretendidos, bem como da estimativa do impacto orçamentário e financeiro, e de sua compensação, de acordo com as condições previstas no art. 14 da Lei de Responsabilidade Fiscal.*

§15. Considera-se atendida a compensação a que se refere o *caput* nas seguintes situações:

I - demonstração pelo proponente de que a renúncia foi considerada na estimativa de receita da Lei Orçamentária de 2019, na forma do art. 12 da Lei de Responsabilidade Fiscal, e de que não afetará as metas de resultados fiscais previstas no Anexo IV; ou

II - estar acompanhada de medidas de compensação, no período mencionado no *caput*, por meio do aumento de receita, proveniente da elevação de alíquotas, ampliação da base de cálculo, majoração ou criação de tributo ou contribuição.

§16. O impacto conjunto das proposições aprovadas com base no §12 não poderá ultrapassar um centésimo por cento da receita corrente líquida implícita na Lei Orçamentária do exercício em que ocorreu a aprovação.

[...]

Art. 139. O Poder Executivo adotará providências com vistas a:

I - elaborar *metodologia de acompanhamento e avaliação dos benefícios tributários, incluindo o cronograma e a periodicidade das avaliações, com base em indicadores de eficiência, eficácia e efetividade;* e

II - designar os órgãos *responsáveis pela supervisão, pelo acompanhamento e pela avaliação dos resultados alcançados pelos benefícios tributários.*

LDO/2020

Art. 116. Somente será aprovado o projeto de lei ou editada a medida provisória que institua ou altere receita pública quando acompanhado da correspondente demonstração da estimativa do impacto na arrecadação, devidamente justificada.

§1º *As proposições de autoria do Poder Executivo federal que concedam ou ampliem benefícios tributários deverão estar acompanhadas de avaliação do Ministério da Economia quanto ao mérito e aos objetivos pretendidos, bem como da estimativa do impacto orçamentário e financeiro, e de sua compensação, de acordo com as condições previstas no art. 14 da Lei Complementar nº 101, de 2000 - Lei de Responsabilidade Fiscal.*

§2º *Deverão conter cláusula de vigência de, no máximo, cinco anos, os projetos de lei aprovados ou as medidas provisórias que:*

I - vinculem receitas; ou

II - concedam, ampliem ou renovem benefícios de natureza tributária.

§3º A criação ou a alteração de tributos de natureza vinculada será acompanhada de demonstração, devidamente justificada, de sua necessidade para oferecimento dos serviços públicos ao contribuinte ou para exercício de poder de polícia sobre a atividade do sujeito passivo.

Art. 117. O Presidente da República encaminhará ao Congresso Nacional, em 2020, *plano de revisão de benefícios tributários com previsão de redução anual equivalente a cinco décimos por cento do Produto Interno Bruto - PIB até 2022.*

Art. 138. O Poder Executivo federal adotará providências com vistas a:

I - elaborar *metodologia de acompanhamento e avaliação dos benefícios tributários, financeiros e creditícios, com o cronograma e a periodicidade das avaliações, com base em indicadores de eficiência, eficácia e efetividade;* e

II - designar os órgãos *responsáveis pela supervisão, pelo acompanhamento e pela avaliação dos resultados alcançados pelos benefícios tributários, financeiros e creditícios.* (grifos nossos)

O maior risco presente às contas públicas federais reside na seletiva opção de conter apenas as despesas primárias, enquanto se mantém o fluxo histórico desordenado de expansão das renúncias de receitas. Cabe aqui, pois, fixar leitura integrada do citado artigo 109, §2º, II, do ADCT com as balizas dadas pelo artigo 14 da LRF ao instituto.

A perenização das renúncias fiscais, de forma alheia ao impacto intertemporal nas metas fiscais, sem medidas compensatórias e sem teste de efetividade sobre seus fins, talvez seja nossa maior agenda de debates para a equidade do ajuste fiscal. Não há como falar apenas em corte de despesas primárias sem a revisão da forma como se interpreta o regime jurídico das renúncias de receitas.

Ou a Emenda nº 95/2016 baliza o risco iminente e prospectivo de descumprimento do teto fiscal para conter essas renúncias fiscais concedidas por décadas a fio, tal como já assinalado no art. 109, §§2º e 4º, do Ato das Disposições Constitucionais Transitórias – ADCT, ou simplesmente deixaremos de pautar uma das principais fontes de conflito distributivo no orçamento público federal.

Oportuno retomar, de acordo com Wolfgang Streeck, que a crise da dívida pública (em curso desde a década de 1970 em diversos países de *Welfare State*) guarda correlação com a fuga à tributação:

A que se deve, então, o crescimento da dívida pública, quando este não tem correlação com um aumento da mobilização democráticas das massas, mas, pelo contrário, com a viragem neoliberal e com o retrocesso simultâneo da participação política? Penso que a atual crise financeira dos Estados constitui a concretização, nesta época, de um problema de funcionamento do Estado moderno, diagnosticado já no início do século XX, e que reside no fato de a sua capacidade de extrair de uma sociedade de proprietários privados os meios de que necessita para o cumprimento das suas – crescentes – tarefas tender a ficar aquém do necessário. Nesta perspectiva, o endividamento público não se deve a *despesas demasiado elevadas*, mas sim a *receitas demasiado baixas*, resultantes do fato de a economia e a sociedade, organizadas segundo o princípio individualista da propriedade privada, restringirem a sua tributabilidade, ao mesmo tempo em que exigem cada vez mais ao Estado. (STREECK, 2013, p. 106, grifos conforme o original)

Desvendar esse conflito distributivo no ciclo orçamentário é evidenciar, cada vez mais, a fragilidade jurídica das metodologias de cálculo que acompanham as regras que instituíram/ ampliaram as renúncias de receitas. Cabe agora à sociedade e aos órgãos de controle mitigar tamanha frouxidão interpretativa com a constatação de que a instituição de quaisquer gastos tributários, por prazo indeterminado ou longínquo, fere as balizas normativas da LRF e da própria Emenda nº 95, assim como perpetua ilegal e inconstitucionalmente privilégio fiscal no orçamento público.

O desafio é o da equidade no ajuste fiscal e isso passa, por óbvio, por exigir obediência aos já vigentes limites às renúncias de receitas. O cenário foi duramente sintetizado pelo então relator do Projeto de Lei de Diretrizes Orçamentárias de 2019 (PLN 2/2018), Senador Dalirio Beber, no Parecer 8/2018 da Comissão Mista de Planos, Orçamentos Públicos e Fiscalização (CMO):[5] "A dívida pública está sendo alimentada com gastos que meramente se exaurem em si mesmos, sem agregar valor, seja na forma de bens, seja na de conhecimento. Estamos nos endividando para pagar pessoal, benefícios e juros e manter isenções tributárias".

O relator do PLDO 2019 chegara a assumir a necessidade de apresentar um "antídoto" à hipótese de ruptura da regra de ouro, tal como proposta no seu artigo 21. A solução concebida foi a de um plano de revisão das receitas e despesas, onde se inseriria o escopo de redução das renúncias fiscais. Aqui nos parece extremamente oportuna a leitura do seguinte excerto do parecer da CMO, com a devida vênia por sua extensão:

---

[5] Disponível em: http://www.camara.gov.br/proposicoesWeb/prop_mostrarintegra? codteor=1676406&filename=PAR+1+CMO+%3D%3E+PLN+2/2018+CN.

Estávamos diante de uma efetiva escolha de Sofia, mas optamos pela menos traumática, no nosso modo de ver. Como a pretensão do Governo apenas prevê que vai demonstrar a insuficiência financeira no projeto do orçamento, sendo que os gastos correspondentes, que constarão como condicionados, somente poderão ser executados após o cumprimento do art. 167, inciso III, CF, com a aprovação do crédito adicional específico pelo Congresso Nacional, foi esse o caminho que decidimos acolher.

[...] Porém, e aqui é a nossa demonstração de preocupação com a questão e de oferecimento do antídoto necessário, estamos adotando todas as cautelas, para que, se ocorrer, seus efeitos sejam os menos deletérios ao Erário e, por conseguinte, à sociedade. Nessa linha, junto às regras objetivas de redução de gastos contidas no Substitutivo, estamos propondo que o Governo resultante das urnas envie ao Congresso Nacional, até 31 de março de 2019 ou até a data do encaminhamento do projeto de crédito adicional sobre a regra de ouro, um plano de revisão de despesas e receitas, incluindo todas as renúncias e benefícios tributários, a fim de que seja reavaliada sua necessidade, pertinência e eficácia, considerando-se os fins que almejam alcançar.

Essa nossa diretriz é motivada pelos extraordinários valores que as renúncias fiscais alcançaram nos últimos anos. Segundo informações divulgadas pela Secretaria da Receita Federal do Brasil, constantes inclusive deste PLDO, o montante atual, somente na União, gira em torno de R$ 300 bilhões anuais, o que representa algo como 20% da arrecadação federal, ou 4% do nosso PIB. Tais percentuais seriam o dobro da média mundial, o que constitui inequívoca distorção do nosso sistema tributário.

A preservação das receitas públicas é princípio e requisito da gestão fiscal responsável que ganha maior relevância e importância em um contexto de elevado déficit e descumprimento da regra de ouro. Sabemos que a falta de rigorosa observância do que dispõe a Lei de Responsabilidade Fiscal fez com que o montante de benefícios tributários e financeiros aumentasse muito nos últimos anos.

Não é factível, no entanto, imaginar que tal distorção poderá ser eliminada de um golpe só, ou em um passe de mágica. Tais problemas não foram gerados em um único ano, e não serão todos resolvidos no curto prazo. Mas é possível, e necessário, começar o longo caminho para resolvê-los. Por isso mesmo, nosso Substitutivo contempla que o referido plano deva conduzir, em dez anos, à redução pela metade das atuais renúncias fiscais, como proporção do PIB.

Além disso, nenhuma nova renúncia poderá ser criada em 2019, e as que expirarem só poderão ser prorrogadas sob condição de redução dos respectivos montantes. Assim, esta é uma orientação no sentido de que não é apenas o cidadão e alguns setores econômicos que devem contribuir com a sustentabilidade do País e suportar o enorme peso de sua árdua recuperação. Essa é uma responsabilidade de todos nós. A medida ora construída tende a aumentar a arrecadação e, consequentemente, em conjunto com o controle mais rígido do gasto, reduzir ou zerar a necessidade de contratação de novas dívidas. No médio e longo prazos, as providências que estamos propondo no Substitutivo, conjugadas com o aumento da arrecadação em função do aumento do PIB, por certo levam à redução, até a total eliminação, da necessidade de realização de operações de crédito para financiar gastos correntes.

[...] Pelo texto, o atual governo deverá enviar ao Congresso, no segundo semestre, um plano de redução de 10% dos incentivos fiscais em 2019. A meta é diminuir esses benefícios para 2% do PIB. Hoje eles somam 4% do PIB, algo próximo a R$ 300 bilhões por ano.

Eis o quadro que levou o Congresso a pautar a necessidade de vedação de novas renúncias fiscais, admitida tão somente a prorrogação de incentivos tributários já existentes por, no máximo, cinco anos, mesmo assim mediante redução paulatina para contenção ao limite máximo global de 2% do PIB (art. 21 da LDO 2019).

A necessidade de rever o regime jurídico das renúncias de receitas foi objeto de intenso e absolutamente relevante debate no exame das contas anuais da Presidência da República de 2017 pelo Tribunal de Contas da União.[6] Persiste, contudo, desde a LRF, a omissão quanto à indicação de limites temporais de vigência (renúncia concedida por prazo indeterminado), limites globais de repercussão fiscal e de avaliação qualitativa quanto aos seus resultados/contrapartidas.

Falta até mesmo comprovar, como demandado no §3º do art. 116 da LDO/2020, que o gasto tributário é efetivamente necessário para o "oferecimento dos serviços públicos ao contribuinte ou para exercício de poder de polícia sobre a atividade do sujeito passivo".

Certamente aqui há um árduo e complexo caminho para que seja cumprida a meta de redução do estoque de gastos tributários de 4% para 2% do PIB nos próximos anos (tal como suscitado tanto na LDO

---

[6] O parecer prévio consta do Acórdão TCU 1322/2018 – Plenário e encontra-se disponível em: http://portal.tcu.gov.br/lumis/portal/file/fileDownload.jsp?fileId= 8A81881F6364D8370163FF80EB4645E1, o qual foi noticiado em http://portal.tcu.gov. br/imprensa/noticias/tcu-aprova-com-ressalvas-as-contas-do-presidente-da-republica-relativas-a-2017.htm. As reflexões sobre o volume das renúncias fiscais foram registradas em: https://www12.senado.leg.br/noticias/audios/2018/06/relatorio-do-tcu-traz-alertas-sobre-teto-de-gastos-e-renuncias-fiscais e http://www.valor.com.br/brasil/5594169/tcu-critica-elevacao-da-renuncia-fiscal-nas-contas-de-2017. Interessante notar abuso detectado até pelo próprio secretário da Receita Federal Jorge Rachid, em sua entrevista publicada na *Folha de S.Paulo*: https://www1.folha.uol.com.br/mercado/2018/06/estado-brasileiro-esta-dando-beneficio-fiscal-ate-para-salmao-e-file-mignon.shtml.

2019 quanto na PEC nº 188/2019). Em igual medida, são imperativas as propostas de vedar novas renúncias e de fixar prazo máximo de vigência. Perguntamo-nos apenas: conseguiremos conter o capitalismo de compadrio e a tendência de fuga à tributação em que vivemos? Vale ficarmos atentos se esse conjunto de regras reiteradas nas LDOs 2019 e 2020, bem como na PEC nº 188/2019, que visam à fixação de um regime jurídico mais hígido para as renúncias de receitas, sairá do campo das diretrizes vagas para a realidade equitativa do ajuste fiscal vivido e percebido pela sociedade. Infelizmente a LRF e a Emenda nº 95/2016 – por si sós – não conseguiram cumprir tal missão delimitadora.

4 Algumas considerações finais sobre a avaliação de impactos fiscal e regulatório no controle qualitativo do ciclo das políticas públicas

Leis não são autoexecutáveis. Precisam ser monitoradas em sua consecução. A ação do Estado custa e repercute na economia. Mas nosso foco de controle no Brasil ainda é primordialmente formalista e incidente sobre fatos já consumados.

Há décadas estamos em busca de controle qualitativo das políticas públicas e repetimos comandos legais para supostamente reforçar sua chance de aplicabilidade, como ocorrido com a LRF e a Emenda nº 95/2016. A PEC nº 188/2019 parece repetir a mesma ilusão de reforço normativo sem mudar as bases de aplicação das renúncias fiscais que aqui analisamos mais detidamente.

Vale lembrar que, de acordo com o art. 75 da Lei nº 4.320/1964, o controle da execução orçamentária compreenderá a legalidade dos atos de que resultem a arrecadação da receita ou a realização da despesa, o nascimento ou a extinção de direitos e obrigações; bem como abarcará a fidelidade funcional dos agentes da administração responsáveis por bens e valores públicos. Por fim, mas não menos importante, caberá controle também sobre o cumprimento do programa de trabalho expresso em termos monetários e em termos de realização de obras e prestação de serviços.

Não bastassem as previsões dos incisos I e II do art. 75 da Lei nº 4.320/1964, a fronteira do controle sobre a execução orçamentária estendeu-se sobre o cumprimento do programa de trabalho. Ou seja, não é dado ao Poder Público deixar de executar disposições da lei orçamentária, arguindo discricionariedade alocativa, sem que haja prestação de contas sobre o que não foi feito parcial ou integralmente.

Para Machado Jr. e Reis, tal controle "não é só legalístico, mas a verificação do cumprimento do programa de trabalho, estabelecido em termos físico-financeiros. Na prática, porém, este tipo de controle ainda não evoluiu como seria de desejar e a maioria dos órgãos de controle, no Brasil, contenta-se com os controles jurídico e contábil-financeiro" (2000/2001, p. 160).

A crítica tecida por Machado Jr. e Reis não é gratuita, já que, embora a CR/1988 tente articular o controle interno (art. 74) e o externo (art. 71) na apreciação da prestação de contas da Administração Pública, a apreensão prática de tais balizas jurídicas ainda precisa ser estendida no tempo e no foco de sua análise.

Importante seria se conseguíssemos avaliar – adicionalmente – a própria consistência metodológica dos impactos fiscais e regulatórios como parâmetros prévios de coerência e integridade das políticas públicas pretendidas tanto em sua inserção no ciclo orçamentário quanto nas diversas relações entre Estado e mercado.

O cidadão, que é parte legítima para denunciar qualquer irregularidade (art. 74, §2º, da CR/1988), é chamado de forma indireta a participar do controle da execução orçamentária, que, segundo o art. 77 da Lei nº 4.320/1964, será feito prévia, concomitante e subsequentemente àquela. Nesse sentido, a LRF trouxe a exigência de transparência e controle concomitante na forma, entre outras perspectivas, de dois relatórios periódicos que visam a demonstrar o curso da execução orçamentária, quais sejam, o Relatório Resumido de Execução Orçamentária (arts. 52 e 53 da LC nº 101/2000) e o Relatório de Gestão Fiscal (arts. 54 e 55).

O problema da emissão de tais relatórios reside na própria dificuldade denunciada por Machado Jr. e Reis de ir além da prestação de contas meramente contábil, o que formalmente cumpre a lei, mas materialmente deixa a descoberto o conhecimento da realidade operacional e gerencial na Administração Pública. De acordo com os aludidos autores, "uma das grandes dificuldades da Administração é reunir a prestação de contas com a realização de programas" (2000/2001, p. 167).

Em se dando vazão ao controle a que se refere o art. 75, III, da Lei nº 4.320/1964, exercido primordialmente pelos órgãos de controle interno – na forma do art. 79 da aludida Lei –, a avaliação do cumprimento de programas não só buscaria corrigir desvios como retroalimentaria o planejamento no ciclo orçamentário.

Quanto mais ficamos às voltas com o tema do controle de políticas públicas (onde se incluem, por óbvio, as renúncias fiscais) – especialmente pelo seu viés orçamentário-financeiro –, mais ressurge a perspectiva de que o que vivemos é um estágio de "indigência analítica", como diria Santos (1987).

Bem ou mal, como linha de conclusão deste ensaio, reconhecemos que não há como inferir uma linha consistente de fiscalização e contenção da irresponsabilidade fiscal na seara das renúncias fiscais a ser promovida única e estritamente por qualquer instância isolada de controle.

O que podemos demandar (e, mais do que nunca, é preciso que demandemos) é a extensão do horizonte de controle sobre o cumprimento dos programas de trabalho inscritos na lei anual de orçamento à luz dos seus impactos fiscais e regulatórios, das metas e estratégias do planejamento setorial (além da apreensão unilateral tal como previsto no art. 79 da Lei nº 4.320/1964) e sobre as motivações apresentadas para eventuais distanciamentos entre o orçado e o executado.

Tal controle estendido deve ser exercido durante o curso da execução orçamentária e não apenas pelos órgãos que detêm formalmente a competência de controle externo – uma vez que a integração entre controle interno (art. 74 da CR/1988) e externo (art. 71 da Constituição) já é princípio que ordena as finanças públicas no Brasil –; mas também deve estar ao alcance da cidadania que, no exercício do seu direito de representação (arts. 5º, XXXIV, "a", e 74, §2º, da CR/1988), poderia garantir discursivamente – em sua condição difusa, efervescente e plural – o caráter democrático da execução das peças orçamentárias em todos os níveis da federação.

Ora, a fixação das políticas públicas e sua consecução indireta por meio de renúncias de receitas deveriam ser agendas republicanas construídas democraticamente, com evidentes repercussões sobre os agentes econômicos, por isso não é aferível racionalmente sem suas estimativas de impacto fiscal e/ou regulatório, sem sua imersão no espaço de sua aplicação, tampouco controlável fora do embate político-constitucional do que sejam as atividades-fim do Estado.

O ciclo da política pública reclama maior vinculação ao planejamento para que tenhamos uma execução orçamentária, de fato, mais motivada e aderente ao prognóstico positivado em lei como obrigação de fazer. Daí é que decorre a legitimidade do percurso adotado pelo gestor como capaz de resolver os problemas diagnosticados junto à sociedade como prioridades de ação governamental.

Abrir mão da arrecadação não pode ser um ato voluntarioso dos agentes políticos porque custa a capacidade estatal de execução de diversas políticas públicas. É preciso, portanto, efetivamente monitorar os impactos, as medidas compensatórias, as contrapartidas e, sobretudo, a real necessidade de se conceder, manter ou ampliar os gastos tributários.

Nesse escopo reflexivo, o controle assumiria o seu primordial papel (pedagógico) de retroalimentar o planejamento, aprimorando o exame não só dos problemas sociais, mas também das propostas de atuação integrada com o mercado e das possíveis soluções eleitas democraticamente como prioridades de ação governamental para o próximo ciclo da política pública.

Para uma metodologia adequada de avaliação dos impactos fiscais e de efetividade dos benefícios e incentivos tributários, impõe-se o próprio diálogo anterior sobre qual é o conjunto de prioridades estatais e como executar os projetos e atividades que lhes concernem em termos de serviços públicos.

Talvez essa seja a maior lacuna e causa de irresponsabilidade fiscal na gestão das renúncias de receitas: não sabemos claramente a que se destinam e como elas promovem – ou não – maior desenvolvimento socioeconômico durante sua vigência sempre temporalmente limitada.

Desde a LRF, sabemos ser necessário estimar impacto e, no que couber, compensar os efeitos dos gastos tributários. É claro também o diagnóstico sobre a necessidade de monitoramento das contrapartidas almejadas com tal fomento e de fixação da sua vigência máxima. Mas a distância entre a realidade e o ordenamento vigente parece desafiar a tese ilusória de que basta afixar – direta ou indiretamente – os comandos da LRF na Constituição.

Na origem do impasse há uma trajetória de benefícios fiscais errática e opaca, sem compreensão e transparência dos seus custos e resultados. As LDOs federais de 2019 e 2020 expuseram o desafio de assegurar o cumprimento do teto dado pela Emenda nº 95/2016 com equidade, o que passa pelo ainda não cumprido plano de revisão das renúncias de receitas. Na ausência do aludido plano e da própria concepção dos fins republicanos a que elas devem almejar, também as alterações pretendidas pela PEC nº 188/2019 nessa seara soarão como frágil repetição de regras vintenárias que tendem a prosseguir irresponsavelmente descumpridas.

Referências

GARCÍA DE ENTERRÍA, Eduardo; FERNÁNDEZ, Tomás-Ramón. *Curso de direito administrativo*. Tradução de Arnaldo Setti. São Paulo: Revista dos Tribunais, 1991.

MACHADO JR., José Teixeira; REIS, Heraldo da Costa. *A Lei 4.320 comentada*: com a introdução de comentários à lei de responsabilidade fiscal. 30. ed. Rio de Janeiro: IBAM, 2000/2001

SANTOS, Wanderley Guilherme dos. A trágica condição da política social. *In*: ABRANCHES, Sérgio Henrique; SANTOS, Wanderley Guilherme dos; COIMBRA, Marcos Antônio. *Política social e combate à pobreza*. Rio de Janeiro: Jorge Zahar Editor, 1987.

STARK, David; BRUSZT, Laszlo. 'Enabling constraints': fontes institucionais de coerência nas políticas públicas no pós-socialismo. *Revista Brasileira de Ciências Sociais*, São Paulo: ANPOCS, v. 13, n. 36, fev. 1998.

STREECK, Wolfgang. *Tempo Comprado*: a crise adiada do capitalismo democrático. Lisboa: Actual, 2013.

Informação bibliográfica deste texto, conforme a NBR 6023:2018 da Associação Brasileira de Normas Técnicas (ABNT):

PINTO, Élida Graziane. (Ir)responsabilidade na gestão das renúncias de receitas: um estudo sobre o frágil dever de avaliação de impacto fiscal e das correspondentes medidas compensatórias e contrapartidas. *In*: FIRMO FILHO, Alípio Reis; WARPECHOWSKI, Ana Cristina Moraes; RAMOS FILHO, Carlos Alberto de Moraes (Coord.). *Responsabilidade na gestão fiscal*: estudos em homenagem aos 20 anos da lei complementar nº 101/2000. Belo Horizonte: Fórum, 2020. p. 209-231. ISBN 978-65-5518-034-3.

O CONCEITO DE OPERAÇÃO DE CRÉDITO NA LRF É ESTRITAMENTE JURÍDICO? UM ESTUDO SOBRE O CARÁTER MULTIDISCIPLINAR DA LRF

FABIANO DE FIGUEIRÊDO ARAUJO

1 Considerações iniciais

A Lei de Responsabilidade Fiscal (LRF), denominação dada à Lei Complementar nº 101, de 4 de maio de 2000, é um texto normativo de evidente caráter multidisciplinar, porquanto objetiva tratar de elementos estruturantes da governança econômica estatal.

A referida lei complementar, como cediço, foi editada com espeque no art. 163 da Constituição Federal, o qual prevê que normatização de tal envergadura poderá dispor sobre finanças públicas, a vincular todos os entes federativos.

Com efeito, dentro da sua égide, objetivos econômicos, administrativos e contábeis são majoritariamente versados, com o fito de tentar padronizar os mecanismos de gestão pública no âmbito da União, Estados, Distrito Federal e Municípios. Por conseguinte, soa natural que haja diferentes racionalidades no tratamento dos institutos trabalhados pela LRF, consoante as distintas metodologias científicas.

Um instituto da LRF que claramente ostenta divergências conceituais é a operação de crédito realizada por entes federativos, delineada pelo inciso III do art. 29 de forma bastante alargada, o que pode encetar distintas compreensões, mormente quando processadas cognitivamente mediante racionalidades diversas.

Deveras, a aplicação de uma racionalidade econômica acerca de *crédito* pode ensejar, por exemplo, a abrangência de situações fáticas que não estariam abarcadas caso se nos limitássemos a compreender a operação de crédito como instrumento estritamente jurídico, por exemplo.

Esse ponto, ao contrário de ser uma querela eminentemente acadêmica, ostenta um efetivo viés prático. Debates recentes no âmbito do Tribunal de Contas da União perpassam por essa premissa.

Assim, mercê da interpretação sufragada por órgãos de controle em face do teor do inciso III do art. 29 da LRF, o escopo do presente artigo é o de avaliar se a racionalidade estritamente jurídica é suficiente para modelar uma conceituação segura de operação de crédito para os fins da normatização fiscal no contexto brasileiro.

Com o fito de atender ao aludido objetivo, contudo, abordar-se-á preliminarmente acerca da transversalidade disciplinar da LRF, já dito anteriormente, bem como sobre a própria evolução histórico-normativa da definição de operação de crédito na realidade fiscal brasileira.

2 O caráter multidisciplinar da Lei de Responsabilidade Fiscal

A LRF adveio no âmbito do Programa de Estabilidade Fiscal (FEF) implementado no final do primeiro governo do Presidente Fernando Henrique Cardoso, com o desiderato de, conforme articulado na Exposição de Motivos que acompanhou o projeto de lei complementar apresentado pelo Poder Executivo Federal ao Congresso Nacional, controlar "a drástica e veloz redução do déficit público e a estabilização do montante da dívida pública em relação ao Produto Interno Bruto da Economia".

A aludida lei complementar teve como finalidade disciplinar o disposto nos arts. 163 e 169 da Constituição Federal, gozando do *status* de regramento geral nacional no tocante a finanças públicas, regras de endividamento e concessão de garantias, limites para celebração de operação de créditos, transparência contábil e limites com despesa de pessoal.

O espectro de cogência normativa da LRF enseja uma tradicional interlocução com outras esferas do conhecimento social. Afinal, se o escopo da indigitada lei complementar compactua com objetivos macroeconômicos e orçamentários,[1] resulta de uma simbiose do Direito com a engenharia econômica[2] e trata incisivamente sobre mecanismos de contabilização pública, extrai-se a ilação de que a efetiva eficácia normativa da LRF se move pela compreensão de conceitos basilares de economia, contabilidade e administração.

Com efeito, a própria lógica do Direito Financeiro induz a tal ilação. O instrumento jurídico talvez mais conhecido relacionado com a temática, qual seja, o orçamento, goza de bastante apreço teórico pela esfera de conhecimento político, econômico e administrativo. Não por acaso, Gaston Jèze acentuou, em prefácio de obra notória, que, a despeito de envolver várias temáticas, o orçamento é essencialmente um ato político.[3]

Afinal, o orçamento foi confeccionado como um elemento de controle dos gastos públicos realizados pelos polos de poder estatal, tais como as monarquias ou a chefia de governo. Nessa seara, o controle político era a razão primordial da lei orçamentária, mormente sob o manto da concepção do Estado Liberal.[4] Sem embargo, advindo a visão keynesiana no âmbito econômico, em meados da década de 1930, reconheceu-se também a importância econômica da ferramenta orçamentária como elemento norteador da política fiscal do Estatal e meio de realização das funções econômicas estatais, quais sejam, a alocativa, a distributiva e a estabilizadora.[5]

A atividade financeira do Estado, pela sua evidente influência nos mais diversos âmbitos sociais, pode ser compreendida mediante distintos enquadramentos metodológicos, passando pelo estudo das Finanças Públicas, Economia, Política e o próprio Direito Financeiro.[6]

---

[1] OLIVEIRA, Weder de. *Curso de Responsabilidade Fiscal*. 2. ed. Belo Horizonte: Fórum, 2015, p. 48.

[2] CHIAPPIN, José R. N.; LEISTER, Carolina; CASSETARI JR., Ailton. Da gestão da dívida pública e sua engenharia jurídica: uma introdução. *In: Dívida Pública*. São Paulo: Blucher, 2018, p. 28.

[3] JÈZE, Gaston. *Cours de Science des Finances et de legislation financière française*. Sixième edition. Paris: Marcel GIARD, 1922, preface, I.

[4] GIACOMONI, James. *Orçamento Público*. 16. ed. São Paulo: Atlas, 2012, p. 55.

[5] GIAMBIAGI, Fábio; ALEM, Ana Cláudia. *Finanças Públicas*: teoria e prática no Brasil. 4. ed. Rio de Janeiro: Elsevier, 2011, p. 10; MUSGRAVE, Richard; MUSGRAVE, Peggy B. *Hacienda Pública Teórica y Aplicada*. Madrid: McGraw-Hill, 1992, p. 7.

[6] LAPATZA, José Ferreiro. Derecho Financiero y Ordenamiento Jurídico: una aproximación metodológica al estudo del Derecho Financiero. *In: Revista de Direito Público*, n. 18, p. 62, out./dez. 1971.

A despeito dessa transversalidade, é imprescindível consignar que a solução de querelas configuradas dentro da sede do Direito deve seguir, penitenciando-se por eventual truísmo, uma racionalidade de interpretação estritamente jurídica, visto que, para tal campo de conhecimento, contendas de outro naipe científico não são solvidas mediante estudo jurídico-normativo.[7] Problemas legais são resolvidos consoante metodologia aplicável ao conhecimento jurídico, da mesma forma que, por exemplo, debates engendrados na esfera política são solucionados conforme a institucionalidade e espaço próprio no âmbito democrático.

Isso não expurga, porém, a possibilidade, muitas vezes até imperiosidade, de emprego de conhecimentos à margem da esfera jurídica para satisfação de um determinado desiderato normativo. Esse saber específico será empregado consoante a técnica própria, e a sua aplicabilidade ostentará efeitos jurídicos, estes sim compreendidos consoante a "linguagem legal".

No âmbito da LRF, pode-se citar, a título de ilustração, o disposto no seu art. 16. Deveras, lá estabelece que a criação, expansão ou aperfeiçoamento de ação governamental que acarrete aumento da despesa será acompanhado, dentre outros requisitos, de estimativa do impacto orçamentário-financeiro no exercício em que deva entrar em vigor e nos dois subsequentes. Por sua vez, o §2º do preceito registra que essa estimativa será acompanhada das premissas e metodologia de cálculo utilizadas.

Não há dúvidas de que "as premissas e metodologia de cálculo" implementadas para fins da referida estimativa são construídas conforme o conhecimento específico de estatística e macroeconomia. Sem embargo, após a confecção da aludida estimativa e a exposição das "premissas e metodologia de cálculo" empreendida, esse "saber" específico ostentará efeitos jurídicos.

Afinal, tal fundamentação tem como foco transparecer a racionalidade econômica subjacente à construção da estimativa, a fim de salvaguardar a publicidade (princípio constitucional expresso da Administração Pública previsto pelo art. 37, *caput*, da Constituição Federal) e possibilitar, inclusive, eventual crítica à metodologia empreendida para cálculo da estimativa, utilizando-se, de qualquer forma, o conhecimento singular que lhe é subjacente.

---

[7] MULLER, Friedrich. *Teoria Estruturante do Direito*. 3. ed. São Paulo: Revista dos Tribunais, 2011, p. 200.

Esse cenário inclusive lembra a sistemática do *acoplamento estrutural* engendrado no contexto da teoria sistêmica de Niklas Luhmann, em que dois ou mais sistemas empreendem a autopoiese[8] tendo como lastro idêntico fato/situação/valor, com distintas compreensões comunicativas conforme o código específico de cada sistema. Assim, a compreensão de institutos tratados pela LRF deve atentar para a racionalidade singular de um sistema social, a qual, mediante acoplamento estrutural, gerará as consequências na esfera jurídica, segundo o código específico pertinente ao campo do Direito.

Assim, soa natural que os diversos institutos tratados pela LRF sejam compreendidos consoante as racionalidades subjacentes a cada campo do conhecimento. Desse modo, o eventual emprego de um instituto inerente a um determinado campo de conhecimento acaba sendo compreendido no âmbito da LRF consoante a sua respectiva cientificidade.

Outro exemplo pertinente à temática é o da metodologia de estudo de impacto orçamentário-financeiro relacionado com a concessão de benefícios fiscais (art. 14 da LRF).

Com efeito, segundo o aludido dispositivo, para a concessão ou ampliação de um benefício de caráter tributário, haverá de se ter estimativa do impacto orçamentário-financeiro no exercício em que deva iniciar sua vigência e nos dois seguintes, atender ao disposto na lei de diretrizes orçamentárias e atender a uma das seguintes condições:

---

[8] Os biólogos chilenos Humberto Maturana e Francisco Varela influenciaram Luhmann por meio da autopoiese (VIANA, Ulisses Schwarz. *Repercussão geral sob a ótica da teoria dos sistemas de Niklas Luhmann*. 2. ed. São Paulo: Saraiva, 2011, Kindle Edition, Location 1859-4704; LOPES JR., Dalmir. Introdução. *In*: *Niklas Luhman*: do Sistema Social à Sociologia Jurídica. Rio de Janeiro: Lumen Juris, 2004, p. 2). Deveras, os estudiosos latinos aduziram que a noção de autopoiese, qual seja, a aptidão de produzir a si próprio, é elemento necessário e *suficiente para caracterização e organização dos sistemas vivos*. Ainda segundo os autores, o metabolismo celular é responsável pela evolução do ser vivo, mas: "Esse metabolismo produz os componentes através da matéria e energia provenientes do meio, mas a natureza do que é produzido com essa 'matéria-prima' é um resultado da rede de interações própria do ser vivo. Alguns componentes formam uma fronteira, ou seja, um limite para essa transformação, essa clivagem limítrofe nos seres vivos é dada pela filtragem da membrana celular. No entanto, essa membrana não apenas dita o limite das transformações, como igualmente participa do processo" (tradução Livre) (MATURANA, Humberto; VARELA, Francisco. *Autopoieses and cognition*: The Realization of the Living. London: D. Reidel Publishing Company, 1979, p. 82). Influenciado por esse espectro, Luhmann desenvolveu a visão de que a comunicação dentro do sistema se desenvolve conforme a tipologia de construção elementar definida pelo próprio sistema e, por isso, é efetivamente uma *reprodução*, tal como ocorre dentro da metodologia biológica do ser vivo (LUHMANN, Niklas. *Sistemas Sociais*: esboço de uma teoria geral. Tradução de Antonio C. Luz Costa, Roberto Dutra Torres Junior, Marco Antonio dos Santos Casanova. Petrópolis, RJ: Vozes, 2016, p. 54).

(i) demonstração na proposta normativa que a renúncia tributária foi considerada na estimativa de receita da LOA e de que não afetará as metas de resultados fiscais da LDO; ou (ii) haja medidas de compensação, no período objeto da estimativa impacto-orçamentária, por aumento ou criação de tributos.

Tal preceito configura uma condicionante para a higidez da constituição do benefício tributário. Deveras, a estimativa de impacto orçamentário-financeiro tem como escopo aferir o montante de renúncia tributária derivada da benesse normativa, com o fito de ser recomposta por uma das formas articuladas anteriormente.

Sendo condicionante para a estruturação do benefício, inexistem dúvidas de que o equívoco na confecção da estimativa em comento enseja vício jurídico,[9] com a consequente nulidade de eventual isenção tributária, por exemplo. Por isso, há de se anotar que a estimativa do impacto orçamentário-financeiro deve ser engendrada mediante as melhores técnicas de econometria, contabilidade, cálculos, entre outros conhecimentos especializados, para aferição de um valor consistente a ser reparado mediante uma das hipóteses articuladas pelos incisos do *caput* do art. 14 da LRF.[10]

Sem embargo, há de se registrar que a escolha da melhor técnica para o cálculo da estimativa não é apreendida mediante uma compreensão estritamente jurídica. Decerto, a lógica normativo-jurídica, realizada mediante uma racionalidade própria (de validade/invalidade, por exemplo), impossibilita o estabelecimento de uma metodologia de estimativa escorreita: para tal fim, imprescindível utilizar-se de mecanismos cognitivos próprios da econometria, por exemplo.

Outro cenário que vale a pena ser aditado na espécie é o do conceito de operação de crédito, também trazido no bojo da LRF. A sua noção é bastante transversal no aspecto disciplinar, já que sua compreensão pode ter como premissa um exame estritamente jurídico, econômico ou contábil.

---

9   OLIVEIRA, Weder de. *Curso de Responsabilidade Fiscal*. 2. ed. Belo Horizonte: Fórum, 2015, p. 899.

10 O estudo de impacto orçamentário-financeiro deve atentar para o uso das melhores técnicas específicas, utilizando métodos "de estimação consistentes, que se valham de dados estatísticos confiáveis, adequados e logicamente correlacionáveis aos objetivos dos estudos que embasam as estimativas, de métodos que tenham por fundamentos premissas aceitáveis pela comunidade técnica especializada e que considerem fatores passíveis de serem quantitativamente estimados com razoabilidade" (OLIVEIRA, Weder de. *Curso de Responsabilidade Fiscal*. 2. ed. Belo Horizonte: Fórum, 2015, p. 899).

Essa abrangência metodológica de definição será mais bem delineada a seguir.

3 A modificação de racionalidade para conceituar operação de crédito durante a vigência da LRF

A estruturação de mútuos por parte da União e de entes subnacionais sempre foi um cenário regulado no contexto brasileiro, sendo bastante corroborado no âmbito da LRF, a qual previu, em seu art. 32, que o Ministério da Economia deveria verificar o cumprimento dos limites e condições para realização de operações de crédito pelos entes federativos.

Deveras, a Constituição Federal de 1967, com a redação dada pela EC nº 1, de 1969, estabeleceu a necessidade de que o Senado Federal autorizasse previamente a celebração de operações de crédito externas por entes subnacionais (art. 42, IV), bem como previu a competência de que a Casa estabelecesse limites para o montante da dívida consolidada de tais entes e para prazos, taxas de juros ou outras condições de títulos públicos por eles emitidos.

Competências semelhantes foram outorgadas pela Constituição Federal de 1988 ao Senado Federal. Cabe a tal casa legislativa (art. 52, V) autorizar operações externas de natureza financeira, de interesse da União, dos Estados, do Distrito Federal, dos Territórios e dos Municípios. Ademais, concernente à temática em comento, o Senado Federal goza da atribuição de estabelecer limites globais e condições para as operações de crédito externo e interno dos entes federativos, de suas autarquias e demais entidades controladas pelo Poder Público federal (art. 52, VII).

Isto é, o Senado Federal possui o poder de, por meio de resolução, implementar condicionantes, de cunho fiscal, necessárias para que um determinado ente federativo celebre uma operação de crédito. A razão de ser de tal atribuição é a de que o Senado Federal promova uma prevenção generalizada de prudência financeira aos entes, visto que eventual descontrole fiscal dos entes federados pode causar um impacto sistêmico.

Assim, pela LRF, o Ministério da Economia[11] tem o mister, pelo art. 32, de verificar os limites e condições das operações de créditos submetidas pelos entes subnacionais, com o fito de evidenciar se tais

---

[11] Sucessora do Ministério da Fazenda, consoante o disposto no inciso I do art. 57 da Lei nº 13.844, de 2019.

negócios atendem às limitações outorgadas pelas resoluções do Senado Federal pertinentes ao tema, tais como a Resolução do Senado Federal (RSF) nº 43, de 2001.

Registre-se, por oportuno, que a competência outorgada pelo art. 32 é bastante estrita, não abarcando condutas fiscalizatórias de atribuições de Órgãos de Controle Interno e Externo. Verifica-se, inclusive, pela redação do §1º do artigo 32 da LRF, que cada ente federativo formalizará seu pleito mediante parecer de seus órgãos técnicos e jurídicos, a quem cabe o juízo sobre o enquadramento ou não de operação a ser realizada.

Dessarte, não compete ao Ministério da Economia realizar qualquer tipo de auditoria sobre a higidez do negócio jurídico entabulado entre eventual instituição financeira e o ente subnacional, mas somente o de observar se as condicionantes estabelecidas no aludido artigo e nas resoluções do Senado Federal se encontram previamente cumpridas.

Consigne-se, pois, a importância de uma clara definição do que seja operação de crédito, porquanto se um ente subnacional empreender um negócio jurídico que se enquadre em tal instituto, há de se atender às condicionantes entabuladas pelas resoluções do Senado Federal, sob pena de falta de higidez da operação financeira celebrada. Por isso, o Senado Federal, com o fim de atender à sua competência constitucional, procurou sempre delimitar uma definição de operação de crédito.

Após 1988, adveio a RSF nº 94, de 1989,[12] com o fito de estabelecer limites e condições para celebração de operações de créditos por parte de municípios. Para fins de incidência da indigitada norma, a RSF procurou, no parágrafo único do art. 1º, definir, de forma bastante objetiva e didática, operação de crédito, aduzindo que tal instituto configuraria: (i) uma obrigação decorrente de empréstimo ou financiamento; (ii) mediante a celebração de um negócio jurídico (contrato ou emissão de títulos públicos). A normatização também enquadrava como operação de crédito a concessão de garantias (fianças, aval) que gerasse eventual compromisso de pagamento do ente.

Percebe-se, pois, que a modelagem de conceituação foi estritamente jurídica, uma vez que, além de expor que a operação de crédito

---

[12] Resolução do Senado Federal nº 94, de 1989.
Art. 1º (...)
Parágrafo único. Para os efeitos desta Resolução, compreende-se como operação de crédito toda e qualquer obrigação decorrente de financiamentos ou empréstimos mediante a celebração de contratos, emissão e aceite de títulos, ou concessão de quaisquer garantias que represente compromissos assumidos em um exercício para pagamento no próprio ou em exercícios subsequentes, com credores situados no País e no exterior.

configura *uma obrigação*, a aludida obrigação deveria ser formalizada *mediante contrato, emissão ou aceite de títulos*.

Posteriormente, a RSF nº 36, de 1992, ampliou a definição de operação de crédito.[13] Manteve a lógica de ser uma obrigação decorrente de empréstimo/financiamento mediante negócio jurídico (contrato ou emissão de títulos), sem embargo de: (i) ter ainda mantido o enquadramento de concessão de garantia como operação de crédito; (ii) ter considerado como operação de crédito renegociações de dívidas que prevejam aumento dos valores mutuados ou redução do prazo de amortização; e (iii) ter considerado como operação de crédito, de forma equiparada, assunções de dívidas de terceiros por parte de entes subnacionais.

As resoluções imediatamente supervenientes (RSF nº 11, de 1994; RSF nº 69, de 1995) que trataram do assunto mantiveram, em geral, a aludida lógica, registrando-se, por pertinente, que a última RSF trouxe a novidade de que os pleitos de operação de créditos, ao invés de serem destinadas diretamente ao Senado Federal, deveriam previamente ser submetidos ao Banco Central do Brasil, gênese da futura análise de pleitos empreendida no âmbito do art. 32 da LRF.

A RSF nº 78, de 1998, ampliou consideravelmente a definição de operação de crédito,[14] influenciando, decerto, a hodierna delimitação de tal instituto no âmbito da LRF.

---

[13] Resolução do Senado Federal nº 36, de 1992
Art. 1º As operações de crédito interno e externo realizadas pelos Estados, pelo Distrito Federal, pelos Municípios e por suas respectivas autarquias são subordinadas às normas fixadas nesta resolução.
§1º Para os efeitos desta resolução, compreende-se como operação de crédito toda e qualquer obrigação decorrente de financiamentos ou empréstimos, mediante a emissão e aceite de títulos, a celebração de contratos, inclusive aditamentos que prevejam a elevação dos valores mutuados ou financiados ou a redução dos prazos de amortização, e a concessão de quaisquer garantias, que represente compromissos assumidos em um exercício para pagamento no próprio ou em exercício subsequente, com credores situados no País ou no exterior.
§2º A assunção de dívidas pelos Estados, Distrito Federal e Municípios equipara-se às operações de crédito definidas neste artigo, para efeito de apuração dos limites tratados nesta resolução.

[14] Resolução do Senado Federal nº 78, de 1998
Art. 2º. Para os efeitos desta Resolução compreende-se, como operação de crédito, os compromissos assumidos com credores situados no País ou no exterior, com as seguintes características:
I - toda e qualquer obrigação decorrente de financiamentos ou empréstimos, inclusive arrendamento mercantil;
II - a concessão de qualquer garantia;
III - a emissão de debêntures ou a assunção de obrigações, com as características definidas nos incisos I e II, por entidades controladas pelos Estados, pelo Distrito Federal e pelos Municípios que não exerçam atividade produtiva ou não possuam fonte própria de receitas.

Por sua vez, a LRF traz uma definição de operação de crédito, moldando-a, nos termos do inciso III do art. 29, como compromisso financeiro assumido em razão de mútuo, abertura de crédito, emissão e aceite de título, aquisição financiada de bens, recebimento antecipado de valores provenientes da venda a termo de bens e serviços, arrendamento mercantil e outras operações assemelhadas, inclusive com o uso de derivativos financeiros. Outrossim, o §1º do art. 29 da LRF explicita que se equipara a operação de crédito a assunção, o reconhecimento ou a confissão de dívidas pelo ente da Federação.

Como se não bastasse, o art. 37 da LRF equipara à operação de crédito vedada as seguintes condutas: a captação de recursos a título de antecipação de receita de tributo ou contribuição cujo fato gerador ainda não tenha ocorrido, sem prejuízo do disposto no §7º do art. 150 da Constituição; o recebimento antecipado de valores de empresa em que o Poder Público detenha, direta ou indiretamente, a maioria do capital social com direito a voto, salvo lucros e dividendos, na forma da legislação; assunção direta de compromisso, confissão de dívida ou operação assemelhada, com fornecedor de bens, mercadorias ou serviços, mediante emissão, aceite ou aval de título de crédito, não se aplicando esta vedação a empresas estatais dependentes; e a assunção de obrigação, sem autorização orçamentária, com fornecedores para pagamento *a posteriori* de bens e serviços.

Não há dúvidas de que a definição de operação de crédito pela LRF é bastante alargada, porquanto traz uma série de institutos tradicionais no espectro jurídico (mútuo, emissão de título) como exemplos, ao passo que o fechamento da definição traz uma expressão ampliativa do seu sentido (*outras operações assemelhadas*). Ademais, o fato de o *caput* do art. 37 da LRF não ter apenas vedado as condutas lá previstas, mas também equiparando-as a operação de crédito, enseja a ilação de que as referidas condutas possuem alguma identidade substancial com a definição moldada no próprio inciso III do art. 29.

---

§1º Considera-se financiamento ou empréstimo:
I - a emissão ou aceite de títulos da dívida pública;
II - a celebração de contratos que fixem valores mutuados ou financiados, ou prazos ou valores de desembolso ou amortização;
III - os adiantamentos, a qualquer título, feitos por instituições oficiais de crédito;
IV - os aditamentos contratuais que elevem valores ou modifiquem prazos de pagamentos;
V - a assunção de obrigações decorrentes da celebração de convênios para a aquisição de bens ou serviços no País ou no exterior.
§2º A assunção de dívidas pelos Estados, pelo Distrito Federal, pelos Municípios e por suas respectivas autarquias e fundações equipara-se às operações de crédito definidas neste artigo, para os efeitos desta Resolução.

Sem embargo, consigne-se que, ao contrário do que faziam outrora as resoluções do Senado Federal, a LRF não acatou a concessão de garantias por entes subnacionais como operação de crédito, tratando-a de forma claramente distinta, nos termos do inciso IV do art. 29.

Verifica-se, assim, que essa visão alargada de operação de crédito não se limita à singular obtenção de crédito por parte de instituição financeira.[15] Com efeito, essa ampliada definição fragiliza, sob o aspecto jurídico, uma construção objetiva, precisa e indene de dúvidas sobre o conceito de operação de crédito.

Firmadas tais considerações, registre-se que a atuação, já tanto referida nesta sede, do Ministério da Economia (antigo Ministério da Fazenda) na verificação dos limites e condições para celebração de tais operações, combinada com o fato de que o órgão de controle interno do Poder Executivo Federal deva examinar a higidez das operações de crédito, avais e garantias (art. 71, III, CF), acabou levando o Tribunal de Contas da União (TCU), no decorrer da vigência da LRF, a empreender constante enfrentamento, nas suas decisões, acerca da noção de operações de crédito.

Após a edição da LRF, o TCU acabou examinando, em várias oportunidades, a temática do controle das operações de crédito celebradas por entes subnacionais, a exemplo de processos de empréstimos antecipatórios de receitas de desestatização de empresas (Decisão TCU Plenário 931/2000) e do contexto do Programa Nacional de Iluminação Pública Eficiente (RELUZ), no âmbito do Acórdão TCU Plenário 1563/2005.

Sem embargo, em duas oportunidades específicas, houve um debate mais aprofundado acerca da própria noção de operação de crédito, mercê da larga contextualização derivada do inciso III do art. 29 e demais preceitos pertinentes da LRF.

A primeira hipótese se deu com a modelagem de cessão, de entes para instituições financeiras, de direitos creditórios lastreados na receita futura de títulos das respectivas dívidas ativas ou de receitas patrimoniais. Em contrapartida a tal cessão, os agentes financeiros se comprometiam a pagar um valor fixo, que consubstanciava, na prática, uma antecipação do valor do crédito, com deságio negociado entre as partes.

Os entes compreendiam que tal conduta não configuraria uma operação de crédito, mas efetivamente uma cessão definitiva de ativos, nos termos do art. 295 do Código Civil. Consoante tal visão, o aludido

---

[15] FURTADO, J. Caldas. *Direito Financeiro*. 4. ed. Belo Horizonte: Fórum, 2013, p. 411.

negócio configuraria factualmente uma compra e venda de ativos, desde que não houvesse garantias de adimplemento pelo ente federativo em relação às receitas futuras.[16] Desse modo, tal negócio jurídico não ensejaria uma obrigação financeira futura do ente em pagar um terceiro ("compromisso financeiro"), não se enquadrando, assim, no inciso III do art. 29 da LRF.[17]

Sem embargo, o Ministério Público, junto ao Tribunal de Contas da União, bem como a área técnica do TCU, no bojo do Processo nº 016.585/2009-0, delineou que tal negócio jurídico seria efetivamente uma operação de crédito. Afinal, consoante esse norte, há uma antecipação de receitas pelo ente federativo, inexistindo, por outro lado, uma cessão definitiva da dívida ativa nos casos lá avaliados. Conforme delineado pelo MP junto ao TCU, seria inviável sustentar que as espécies examinadas naquela sede não fossem operação de crédito, "como se a qualificação econômico-jurídica pudesse decorrer do enunciado do contrato e não da realidade econômica, do substrato fático que lhe dá vida". Finalmente, registra-se que a área técnica do TCU corroborou com a seguinte premissa:

> Ou seja, como o titular dos direitos creditórios é o Município e essa operação gera, na prática, a diminuição de suas receitas futuras (ainda que sem data certa de ingresso nos cofres públicos), esse fato gera compromisso financeiro e pode impactar no orçamento das futuras administrações, enquadrando-se, portanto, no conceito previsto no art. 29, inciso III, da Lei de Responsabilidade Fiscal.[18]

O caso ainda não está decidido em definitivo, já que o Acórdão TCU Plenário nº 772/2016 solicitou que o Senado Federal se manifestasse sobre a questão. Sem embargo, verifica-se que a discussão subjacente,

---

[16] Interessante é que o Supremo Tribunal Federal, no âmbito do julgamento da ADI nº 3.786, quando sustentou a inconstitucionalidade da RSF nº 33, de 2006, utilizou, entre outros argumentos, a premissa de que a cessão a instituições financeiras, por entes subnacionais, de sua dívida ativa consolidada, para cobrança por endosso-mandato, não configuraria operação de crédito. Nesses casos, o voto condutor inclusive delineou que a cessão em comento não ostentaria uma efetiva cessão, exatamente pelo fato de que, "ausente a quitação" pelos contribuintes da dívida ativa cedida, "deverá o ente público endossante ressarcir a instituição financeira endossatária, procedimento tipicamente previsto em cláusula de contrato de endosso-mandato". Sem embargo, o STF não considerou tal modelagem como operação de crédito.

[17] Esse é o entendimento institucional da Procuradoria-Geral da Fazenda Nacional, por intermédio dos Pareceres PGFN/CAF nº 796/2005 e 524/2008. Por causa desse norte, o então Ministério da Fazenda não fazia a análise de limites e condições estipuladas pelo art. 32 da LRF, uma vez que tal negócio jurídico não seria operação de crédito.

[18] Trecho constante no Relatório do Voto Condutor do Acórdão TCU Plenário nº 772/2016.

à margem de uma divergência estrita de cunho jurídico sobre o norte de operação de crédito, é a do próprio uso da racionalidade que deve delimitar o conceito daquele instituto. Afinal, o MP delineou expressamente que a qualificação do instrumento deve se nortear pela sua *realidade econômica*, e não propriamente pela sua formatação jurídica.

A dicotomia de parâmetro cognitivo para delimitação de operação de crédito fica mais evidente na segunda hipótese sobre a qual o TCU enfrentou mais diretamente a questão, que foi o contexto das "pedaladas fiscais" no final do governo Dilma Rousseff, que gerou intenso debate sobre a própria definição de operação de crédito.

Isso se deveu ao fato de que, entre as querelas fiscais surgidas durante o período, existia o mecanismo de atraso de pagamento de subvenções econômicas rurais por parte da União ao Banco do Brasil e ao Banco Nacional de Desenvolvimento Econômico e Social.

No caso dessa subvenção, a União é autorizada a repassar ao agente financeiro o diferencial de taxas entre o custo de captação de recursos, acrescido dos custos administrativos e tributários a que estão sujeitas as instituições financeiras oficiais e os bancos cooperativos, nas suas operações ativas, e os encargos cobrados do tomador final do crédito rural estabelecidos pelo Conselho Monetário Nacional (art. 4º da Lei nº 8.427, de 1992). O regramento normativo autorizava que o então Ministério da Fazenda estabelecesse condições para o pagamento de tal subvenção às instituições financeiras, de sorte que a esfera fazendária, com lastro em tal preceito, estabelecia largos espaços temporais, muitas vezes superior a dois anos, para pagamento da subvenção econômica às referidas instituições financeiras.

O Tribunal de Contas da União (TCU), no bojo no Processo TC nº 021.643/2014-8, compreendeu que tal conduta configuraria uma operação na qual uma instituição financeira federal concedia um crédito à União. Afinal, uma instituição financeira operacionaliza mútuos a produtores rurais mediante encargos financeiros bastante diminutos, com o intuito de atender à política fomentadora rural, sem que haja o recebimento imediato da subvenção que lhe é devida pela União.

Sem embargo, é de se anotar que caso compreenda tal cenário como operação de crédito, esse empreendimento seria vedado por ofender a literalidade do disposto no art. 36, *caput*, da LRF.

Por sua vez, defesas apresentadas por unidades do Poder Executivo Federal, perante o TCU, estabeleceram a interpretação de que o caso em comento não configuraria uma operação de crédito, porquanto o elemento imprescindível, de cunho jurídico, para configurar tal instituto é a constituição de um contrato que ostente a característica de "obtenção de crédito de terceiro, com o objetivo de realizar atos jurídicos diversos (aquisição de bens, pagamento de serviços, refinanciamento de dívidas etc.)".[19] Partindo-se dessa premissa, o entendimento então institucional era o de que o caso não configuraria operação de crédito:

> 24. Ora, o pagamento de subvenções ao BNDES e ao Banco do Brasil S/A, ou mesmo a qualquer outra instituição financeira, não caracteriza operação de crédito tal como definida no inciso III do art. 29 da Lei Complementar nº 101, de 2000, ainda que ele tenha ocorrido de forma extemporânea e acrescido de juros de mora e de atualização monetária. Parece evidente que, quando se comprometeu a pagar as subvenções econômicas, a União não assumiu qualquer compromisso financeiro em razão de contrato com o fim de adquirir crédito junto ao Banco do Brasil S/A ou ao BNDES. Em verdade, seguindo portarias vigentes e válidas editadas pelo Ministro de Estado da Fazenda, que possui a competência para dispor sobre a forma e o tempo do pagamento das subvenções econômicas, a União, por meio da Secretaria do Tesouro Nacional, realizou os pagamentos das subvenções econômicas àquelas entidades com observância dos prazos legais. E quando deixou de os cumprir, a União tornou-se simplesmente inadimplente com os bancos credores da subvenção, em virtude de descumprimento de dispositivo normativo (portaria) e não contratual.[20]

Sem embargo, tal interpretação foi rechaçada no âmbito do TCU e no próprio processo de *impeachment* da então presidente da República Dilma Rousseff, sob o pálio de que a definição de operação de crédito não é uma construção estritamente jurídica. Consoante os dizeres literais do Senador Antonio Anastasia, relator do processo de impedimento:

> Essa mesma conclusão é alcançada quando se vai além da simples construção doutrinária de condições para que alguma transação se configure operação de crédito e se adentra na especificação técnica dessa transação no âmbito das finanças públicas, que é o universo mais relevante para esta Comissão. Como bem lembrado pelo laudo da assistente técnica indicada pela acusação (DOC 163, p. 19-22), o Manual

---

[19] Trecho do Parecer PGFN/CAF nº 349/2015, da Procuradoria-Geral da Fazenda Nacional, mencionado expressamente em vários documentos apresentados em sede de defesa perante o Tribunal de Contas da União, tal como a resposta do Banco do Brasil ao Ofício nº 0168/2015-TCU/SecexFazenda, de 30.4.2015, a manifestação do então Sr. Advogado-Geral da União a título de contrarrazões (Informações nº RA/01-2015). Esse argumento também foi apresentado perante o próprio processo de impeachment da então Sra. Presidente da República, conforme se vê no Relatório do Senador Anastasia (p. 129-131).

[20] Item 24 do Parecer PGFN/CAF nº 349/2015.

de Demonstrativos Fiscais da Secretaria do Tesouro Nacional aplicável ao exercício de 2015, produto de um longo processo de elaboração, convergente com os padrões internacionais de contabilidade do setor público, descreve com muita precisão o que configura uma operação de crédito (6ª ed., 2014, p. 606):

1. Principais Características das Operações de Crédito
Em regra, as operações de crédito possuem pelo menos uma das seguintes características: a) Envolvem o reconhecimento, por parte do setor público, de um passivo, que equivale a um aumento do endividamento público com impactos no montante da dívida pública e na capacidade de endividamento do ente; b) Pressupõem a existência de risco de não adimplemento de obrigações que, em geral, materializa-se na forma de cobrança de juros explícitos ou implícitos, deságio e demais encargos financeiros, tendo como consequência uma redução do Patrimônio Líquido do ente que equivale a um aumento do valor original da dívida; e c) Diferimento no tempo, uma vez que, em regra, as operações de crédito envolvem o recebimento de recursos financeiros, bens, ou prestação de serviços, os quais terão como contrapartida a incorporação de uma dívida a ser quitada em momento futuro.[21]

Continuando a argumentação articulada pelo Senador, explicitou-se que essa definição de operação de crédito não segue negócios jurídicos "que não guardam similaridades de forma com operações tradicionais", anotando-se, ainda, que, segundo o método contábil tradicional, prevalece, "para efeitos de reconhecimento das obrigações do setor público, a essência sobre a forma".[22]

Observa-se, portanto, que subjacente a este debate sobre a definição de operação de crédito, adveio uma questão prejudicial relacionada com a própria racionalidade a ser empregada para fins de construção de um norte semântico de tal instituto.

Deveras, os órgãos de controle acentuaram que a visão de operação de crédito deveria seguir um sentido singular de cunho contábil. Seguindo tal primado, a definição de operação de crédito teria que ser entendida segundo uma racionalidade contábil, a qual, assim compreendida, seria acatada no âmbito da cognição jurídica, trazendo os efeitos derivados de tal empreendimento.

Assim, partindo-se de tal postulado, a transação em destaque configuraria operação de crédito por se enquadrar nos primados

---

[21] SENADO FEDERAL. Relatório do Senador Antonio Anastasia no processo de Impeachment da Presidente Dilma Rousseff. Brasília, 2016. P. 131-2.

[22] SENADO FEDERAL. Relatório do Senador Antonio Anastasia no processo de Impeachment da Presidente Dilma Rousseff. Brasília, 2016. P. 132.

contábeis articulados pelo Manual da Secretaria do Tesouro Nacional e, sendo assim tal instituto, observar-se-ia a existência de uma operação de crédito vedada nos termos do art. 36, *caput*, da LRF.

Observa-se, pois, a paulatina complexidade e ampliação normativa subjacente à modelagem da operação de crédito no âmbito fiscal, exposta no decorrer do presente tópico deste artigo.

4 O conceito da operação de crédito é modelado consoante uma racionalidade jurídica? Considerações finais

Como consignado no decorrer do presente artigo, a LRF ostenta um caráter multifacetário, haja vista seu objetivo bastante abrangente e transversal, com o intuito de padronizar instrumentos de gestão no âmbito da União, Estados, Distrito Federal e Municípios.

Assim, mercê dos distintos focos científicos subjacentes a tal normatização, extrai-se a ilação de que possa haver compreensão de diversos mecanismos da LRF sob a égide de racionalidades distintas.

Dessa forma, a incidência de um determinado instituto gozará os efeitos jurídicos previstos pela LRF, sem embargo de a sua modelagem pressupor o seu exame mediante a específica racionalidade (econômica, contábil ou de outra metodologia científica).

O traumático processo de impedimento recentemente advindo no contexto brasileiro pressupôs uma compreensão de operação de crédito à margem de uma configuração estritamente jurídica.

A avaliação de operação de crédito pelo âmbito dos estudos de *finanças públicas e contabilidade*, como ocorreu na espécie, não deixa de estar coerente com o deslinde histórico acerca da definição de operação de crédito, explicitado no tópico anterior deste artigo, que passou uma delimitação singela e evidentemente jurídica no final dos anos 1980, para uma amplitude bastante alargada e com limites de modulação bastante difusos.

Diante do exposto, observa-se que a constituição de uma definição estritamente jurídica de operação de crédito, para fins da LRF, configura um empreendimento bastante complexo, haja vista a ampla modulação desse instituto por parte da própria lei complementar.

Sem embargo, verifica-se que a utilização de critérios estritamente contábeis para modelagem de operação de crédito (tal como uma conduta do ente que gera um endividamento com consequências no passivo contábil ou uma obrigação de pagar com diferimento no tempo), sem se preocupar com a estruturação de um negócio jurídico específico, ocasiona decerto uma insegurança para se saber se determinada conduta de um ente nacional deve ou não se submeter aos ditames do art. 32 da LRF. Ademais, essa compreensão contábil mais alargada de operação de crédito acaba ensejando complexidades bem evidentes, tais como, por exemplo, a qualificação de um simples parcelamento de dívida preexistente como operação de crédito, ou quiçá a própria inviabilidade de parcelamentos de dívidas tributárias por entes subnacionais, sob pena de subsunção ao disposto no art. 35, *caput*, da LRF.

Referências

BRASIL. Procuradoria-Geral da Fazenda Nacional. Parecer PGFN/CAF nº 796/2005. 25 de maio de 2005.

BRASIL. Procuradoria-Geral da Fazenda Nacional. Parecer PGFN/CAF nº 524/2008. 25 de março de 2008.

BRASIL. Procuradoria-Geral da Fazenda Nacional. Parecer PGFN/CAF nº 349/2015. 1º de abril de 2015.

BRASIL. SENADO FEDERAL. Relatório do Senador Antonio Anastasia no processo de Impeachment da Presidente Dilma Rousseff. Brasília, 2016.

CHIAPPIN, José R. N.; LEISTER, Carolina; CASSETARI JR., Ailton. Da gestão da dívida pública e sua engenharia jurídica: uma introdução. *In: Dívida Pública*. São Paulo: Blucher, 2018, p. 15-44.

FURTADO, J. Caldas. *Direito Financeiro*. 4. ed. Belo Horizonte: Fórum, 2013.

GIACOMONI, James. *Orçamento Público*. 16. ed. São Paulo: Atlas, 2012.

GIAMBIAGI, Fábio; ALEM, Ana Cláudia. *Finanças Públicas*: teoria e prática no Brasil. 4. ed. Rio de Janeiro: Elsevier, 2011.

JÈZE, Gaston. *Cours de Science des Finances et de legislation financière française*. Sixième edition. Paris: Marcel GIARD, 1922.

LAPATZA, José Ferreiro. Derecho Financiero y Ordenamiento Jurídico: Una aproximación metodológica al estudio del Derecho Financiero. *In: Revista de Direito Público*, n. 18, p. 57-81, out./dez. 1971.

LOPES JR., Dalmir. Introdução. *In: Niklas Luhman*: do Sistema Social à Sociologia Jurídica. Rio de Janeiro: Lumen Juris, 2004.

LUHMANN, Niklas. *Sistemas Sociais*: esboço de uma teoria geral. Tradução de Antonio C. Luz Costa, Roberto Dutra Torres Junior, Marco Antonio dos Santos Casanova. Petrópolis, RJ: Vozes, 2016.

MATURANA, Humberto; VARELA, Francisco. *Autopoieses and cognition*: The Realization of the Living. London: D. Reidel Publishing Company, 1979.

MULLER, Friedrich. *Teoria Estruturante do Direito*. 3. ed. São Paulo: Revista dos Tribunais, 2011.

MUSGRAVE, Richard; MUSGRAVE, Peggy B. *Hacienda Pública Teórica y Aplicada*. Madrid: McGraw-Hill, 1992.

OLIVEIRA, Weder de. *Curso de Responsabilidade Fiscal*. 2. ed. Belo Horizonte: Fórum, 2015.

VIANA, Ulisses S. *Repercussão geral sob a ótica da teoria dos sistemas de Niklas Luhmann*. 2. ed. São Paulo: Saraiva, 2011, Kindle Edition.

Informação bibliográfica deste texto, conforme a NBR 6023:2018 da Associação Brasileira de Normas Técnicas (ABNT):

ARAUJO, Fabiano de Figueirêdo. O conceito de operação de crédito na LRF é estritamente jurídico? Um estudo sobre o caráter multidisciplinar da LRF. *In*: FIRMO FILHO, Alípio Reis; WARPECHOWSKI, Ana Cristina Moraes; RAMOS FILHO, Carlos Alberto de Moraes (Coord.). *Responsabilidade na gestão fiscal*: estudos em homenagem aos 20 anos da lei complementar nº 101/2000. Belo Horizonte: Fórum, 2020. p. 233-250. ISBN 978-65-5518-034-3.

A LEI DE RESPONSABILIDADE FISCAL
E O PLANEJAMENTO FINANCEIRO
ESTATAL: PLANEJAR É PRECISO

HELOÍSA HELENA ANTONACIO MONTEIRO GODINHO

> *"Navegadores antigos tinham uma frase gloriosa: 'Navegar é preciso; viver não é preciso.'*
> *Quero para mim o espírito desta frase."*
> Fernando Pessoa[1]

1 Introdução

Sempre que se fala em planejamento, não importa a área de atuação humana a qual se refira, logo se faz algum tipo de alusão à atividade de navegação, seja marítima, seja aérea, em razão da imprescindibilidade de uma programação rigorosa para o seu êxito, sendo certo que a desídia, nesses casos, é o sinônimo de tragédia.

Para além dos parâmetros racionais sobre as técnicas e formas de conduzir a navegação, com vistas a alcançar bons resultados, pensar no ato de voar ou de velejar, *de per si*, já desperta o espírito heroico e

---

[1] Fernando António Nogueira Pessoa (Lisboa, 13 de junho de 1888 – Lisboa, 30 de novembro de 1935).

aventureiro que habita o homem, revelando a vontade de se expandir e perpetuar.

Por isso, a frase atribuída a Pompeu (106-48 a.c) pelo historiador Plutarco,[2] depois emprestada por Fernando Pessoa em seu poema, serve de inspiração para este artigo.

Planejar é preciso. Isso vale, precipuamente, para a atividade estatal, menos emocionante que a navegação, mas igualmente reveladora do ânimo humano de se desenvolver, conquistar riquezas e satisfazer suas necessidades. Sem o planejamento adequado, o caminho é o do insucesso, nesse caso, da ausência de efeitos práticos para a população (entregas públicas, benefícios).

Vale lembrar que a causa final que justifica a existência de um Estado[3] é a imperiosidade de organização de um povo, para que este possa ir ao encalço de certos objetivos coletivos, indispensáveis à sua sobrevivência. O Estado visa, portanto, a alcançar o bem comum.

E, para que possa cumprir o seu papel, indispensável que o Estado se organize e desenvolva atividades financeiras, obtendo recursos, administrando-os e empregando-os no suprimento das necessidades coletivas.

Rosa Jr. leciona que "a atividade financeira do Estado visa a satisfazer as necessidades públicas e tem por objetivo as formas pelas quais o Estado obtém as suas receitas e efetiva concretamente as suas despesas".[4]

Essa atividade financeira é desdobrada em duas dimensões: uma política (governo) e outra gerencial (gestão), devendo ambas ser realizadas de forma *planejada*: a uma, porque as necessidades públicas variam de acordo com circunstâncias temporais, espaciais, culturais e com o grau de desenvolvimento da sociedade (política), devendo a eleição das prioridades orientar-se conforme os critérios dominantes em um determinado período; a duas, porque a viabilidade das escolhas depende de direção e administração (gestão), que providenciam os meios, arranjos e ferramentas para a concretização da vontade política, extraindo o máximo de rendimento dos recursos disponíveis.

---

[2] *Navigare necesse, vivere non est necesse.* **Lúcio Méstrio Plutarco** (Queroneia, 46 d.C. – Delfos, 120 d.C.) foi um historiador, biógrafo, magistrado, embaixador, ensaísta e filósofo médio platônico grego, conhecido principalmente por suas obras *Vidas Paralelas* e *Morália*.

[3] Termo utilizado neste trabalho para abarcar todas as pessoas políticas de direito público interno (União, estados membros, municípios, Distrito Federal).

[4] ROSA JR., Luiz Emygdio F. da. *Manual de Direito Financeiro e Direito Tributário*. 15. edição, Ed. Renovar, p. 09.

Por isso que, para Carneiro e Menicucci, a análise da gestão pública é indissociável da análise do Estado.[5]

A partir dessa concepção, política e gestão se integram em uma combinação de atores e fatores em prol de resultados efetivos.

O planejamento público encarrega-se de eleger e organizar os objetos da atuação estatal, ajustar os elos entre eles, fixar as diretrizes e estabelecer os meios para o funcionamento desses ajustes e o alcance dos resultados. Isto é, elege as prioridades – nível político ou governamental (o que será feito) –, as ferramentas a serem utilizadas para a realização dessas escolhas (o que é preciso para fazer) e de que forma essas prioridades se concretizarão em entregas públicas (como será feito) – nível gerencial ou de gestão.

Após 20 anos da edição da Lei de Responsabilidade Fiscal (Lei Complementar nº 101, de 4 de maio de 2000), tratar do planejamento financeiro não configura novidade, mas também não se revela como um assunto datado, haja vista que o tema está longe de ser esgotado.

Os esforços para a implantação de uma cultura de planejamento financeiro no Brasil, que remetem aos anos 40, não surtiram, ainda, o efeito desejado, qual seja, o de uma gestão profissionalizada e responsável, cujas ações planejadas e transparentes produzam uma atividade financeira criteriosa e profícua, seja na obtenção das receitas, seja no gerenciamento do patrimônio, seja em prol da qualidade do gasto.

À época da edição da Lei de Responsabilidade Fiscal esperava-se que o referido diploma imbuiria a Administração Pública da relevância do planejamento para o alcance de resultados voltados à realização do bem comum, ao equilíbrio das contas públicas e à eficiência da execução do papel do Estado.

Contudo, o planejamento não se instalou definitivamente na Administração Pública como condição *sine qua non* da gestão responsável e eficiente.

Tanto pior, há quem considere o planejamento um obstáculo ao exercício imediato da discricionariedade política, uma etapa burocrática desnecessária que atrasa a realização da atividade financeira ou até mesmo um "estorvo a ser afastado", como bem lembra Élida Graziane Pinto, em artigo no CONJUR, no qual debate a PEC nº 188/2019, no

---

[5] CARNEIRO, Ricardo; MENICUCCI, Telma Maria Gonçalves. Gestão pública no século XXI: as reformas pendentes. Texto para discussão – Ipea, Brasília, dez. 2011. Disponível em: http://www.ipea.gov.br/portal/index.php?option=com_content&view=article&id=163 60%3Atd-1686-gestao-publica-no-seculo-xxi-as-reformas-pendentes&catid=270%3A2011& directory=1&Itemid=1.

item em que propõe a revogação do Plano Plurianual na Constituição da República.[6]

Além disso, o estado de coisas do setor público – crise financeira, política, administrativa e de credibilidade das instituições – retrata a falta de planejamento ou, pelo menos, graves deficiências nessa seara.

Com efeito, a crise atual revelou que a ideia "responsabilidade na gestão fiscal pressupõe a ação planejada e transparente", veiculada no §1º do art. 1º da Lei de Responsabilidade Fiscal, não "pegou", ou seja, não lançou raízes profundas no âmbito da Administração Pública brasileira.

Assim, este artigo pretende trazer breves reflexões sobre o tema, com o objetivo de inspirar e contribuir para o urgente e imprescindível debate público acerca do planejamento financeiro no Brasil.

2 Antecedentes do planejamento financeiro no Brasil: uma trajetória turbulenta

O planejamento financeiro no Brasil, embora faça parte da agenda governamental desde os anos 40, apresenta uma trajetória de progressos e retrocessos, cujas inconstâncias podem justificar a inexistência de uma cultura planejadora institucionalizada e consolidada.

Melo informa que a ideia da necessidade de planejamento foi concretizada, pela primeira vez, em 1939, com a edição do chamado Plano Quinquenal – Plano Especial de Obras Públicas e Reaparelhamento da Defesa Nacional (1939-1943), que visava a organizar e controlar os orçamentos e projetos de construção e reforma de edifícios públicos, centralizando o comando no Departamento Administrativo do Serviço Público – DASP. Contudo, restaram excluídas as obras de infraestrutura como rodovias, ferrovias e saneamento, que permaneceram sem o planejamento adequado, razão pela qual o Plano foi revisto e ampliado pouco tempo depois de sua edição.[7]

Rezende conta que o I Congresso Brasileiro de Economia, realizado em 1943, no Rio de Janeiro, centralizou o debate na polêmica entre Roberto Simonsen e Eugênio Gudin, o primeiro defendendo enfaticamente o planejamento e a intervenção do Estado em prol da

---

[6] PINTO, Élida Graziane. Como equalizar investimentos e programas de duração continuada sem PPA? CONJUR, 03.12.2019. Disponível em: https://www.conjur.com.br/2019-dez-03/contas-vista-equalizar-investimentos-programas-duracao-continuada-ppa.

[7] MELO, Francisco das Chagas. *Evolução das Técnicas de Planejamento no Brasil*, 1968. Disponível em: https://revista.enap.gov.br/index.php/RSP/article/download/2687/1518.

industrialização, o segundo rejeitando tais teses. Leciona que, apesar da euforia daquele momento, o planejamento ganhou novos contornos no Brasil apenas a partir dos anos 60, com o advento do governo militar.[8] Isso porque, embora não tenha sido executado, o Plano Decenal (1967-1976), elaborado e coordenado pelo Escritório de Pesquisa Econômica Aplicada (Epea), reforçou "a base de conhecimento técnico à disposição do Estado brasileiro", consolidando a burocracia formada de profissionais altamente qualificados e comprometidos com o planejamento, além da visão estratégica que apresentava acerca dos interesses e das prioridades nacionais.

O Plano foi abandonado pelo governo Costa e Silva, que encomendou o seu próprio Programa Estratégico de Desenvolvimento para o período 1967-1970.

Outro marco importante revelado por Rezende foi a criação do Sistema Federal de Planejamento em 1972, que imprimiu um caráter formal ao processo, alcançando todas as fases e dimensões da ação governamental, aplicável à totalidade dos órgãos que compunham a Administração Pública direta e indireta do governo federal, coordenados pelo Ministério do Planejamento.

Essa trajetória de profissionalização do planejamento foi interrompida nos anos 80, tanto no regime de redemocratização (o III PND 1980-1985 foi abandonado) quanto no advento da Nova República (I PND da Nova República 1985-1989). O governo federal mantinha o cumprimento formal de elaboração dos Planos, mas na prática o planejamento sofria um desmonte contínuo.

Lessa, Couto e Farias concordam que o Brasil estava construindo uma tradição em planejamento, com o Plano Salte, no Governo de Eurico Gaspar Dutra (1946-1951); com o Plano de Metas de Juscelino Kubitschek (1956-1961) e até mesmo com os Planos Nacionais de Desenvolvimento (PNDs) da década de 1970, bem como que "a partir do III Plano Nacional de Desenvolvimento – PND, que cobriu o mandato do último governo militar, de 1979 a 1985, e com o I Plano Nacional de Desenvolvimento da Nova República, que data de 1986, os principais instrumentos do

---

[8] REZENDE, Fernando. Planejamento no Brasil: auge, declínio e caminhos para a reconstrução. *In*: CARDOSO JR., José Celso (Org.). *Diálogos para o Desenvolvimento*, Volume 4: A Reinvenção do Planejamento Governamental no Brasil. IPEA. Disponível em: http://repositorio.ipea.gov.br/bitstream/11058/3182/1/A%20reinven%C3%A7%C3%A3o%20 do%20planejamento%20governamental%20no%20Brasil.pdf.

planejamento federal passaram a representar documentos meramente formais", sem capacidade de implementação.[9]

Vale lembrar, porém, a edição da Lei nº 4.320/1964, avançada para a época e que, desde então, estatui normas gerais de Direito Financeiro para elaboração e controle dos orçamentos e balanços da União, dos Estados, dos Municípios e do Distrito Federal. Proposta em maio de 1950 e aprovada somente em 17 de março de 1964, a Lei nº 4.320 foi publicada com vetos pelo então Presidente da República João Goulart, em 23 de março, e republicada com correções em 9 de abril pelo Presidente Castello Branco, já sob a intervenção militar, sendo os vetos derrubados pelo Congresso Nacional em 5 de maio (republicação em 3 de junho de 1964).[10]

A Lei nº 4.320/1964, norma geral de direito financeiro e orçamento público, aplicável a todos os entes da Federação, estabeleceu um importante marco para as finanças públicas no Brasil, criando um estatuto próprio e impondo maior rigor técnico no planejamento e na organização financeira estatal. Sua força normativa é constatada pela longevidade (mais de 50 anos de vigência, sob a égide de quatro Constituições – 1946, 1967, 1969 e 1988) e aplicabilidade na condução da elaboração e execução orçamentárias.

Como bem lembram Conti e Élida Graziani Pinto,

> Tudo isso se soma para celebrarmos a Lei 4320 como documento da mais alta relevância para o País, pois regula, até hoje, a elaboração e execução dos orçamentos públicos. Vale lembrar, por oportuno, que a lei orçamentária é "a lei materialmente mais importante do ordenamento jurídico logo abaixo da Constituição", nas incisivas e felizes palavras do Ministro Carlos Ayres Britto (STF, ADI-MC 4048-1/DF, j. 14.5.2008, p. 92).[11]

A Lei nº 4.320/1964 trouxe novos elementos para o planejamento público, tanto governamental, em virtude da visão de orçamento-programa, com fixação de regras para a sua elaboração; quanto da gestão,

---

[9] LESSA, Antônio Carlos; COUTO, Leandro Freitas; FARIAS, Rogério de Souza. Política externa planejada: os planos plurianuais e a ação internacional do Brasil, de Cardoso a Lula (1995-2008). *Rev. bras. polít. int.*, Brasília, vol. 52, n. 1, jan./jun. 2009. Disponível em: http://www.scielo.br/scielo.php?script=sci_arttext&pid=S0034-73292009000100005&lng=e n&nrm=iso.

[10] BRASIL. Presidência da República. Lei nº 4.320, de 17 de março de 1964. Disponível em: http://www.planalto.gov.br/ccivil_03/leis/l4320.htm.

[11] CONTI, José Maurício; PINTO, Élida Graziani. *Lei dos orçamentos completa 50 anos de vigência.* Disponível em: https://www.conjur.com.br/2014-mar-17/lei-orcamentos-publicos-completa-50-anos-vigencia.

impondo uma programação preliminar e etapas para a realização da despesa (empenho prévio, liquidação).

A promulgação da Constituição da República de 1988, em 5 de outubro, instituiu um novo sistema legal de planejamento financeiro e orçamentário (art. 165), com a previsão do Plano Plurianual – PPA, da Lei de Diretrizes Orçamentárias – LDO e da Lei Orçamentária Anual – LOA; a exigência de lei complementar para estabelecer normas de gestão financeira e patrimonial da Administração, bem como condições para a instituição e funcionamento de fundos (§9º do art. 165), dentre outros.[12]

O início dos anos 90 foi marcado pela sobrevivência formal do sistema de planejamento (Plano Plurianual de 1991-1995), mas, segundo Rezende, "sua capacidade operacional foi severamente abalada", com a "desmoralização do serviço público e o desmonte da tecnoburocracia", inclusive "a destruição do sistema de planejamento" através da "absorção pelas secretarias de administração dos ministérios setoriais das respectivas atividades de planejamento e orçamento que, assim, perdiam importância na hierarquia da organização pública".[13]

Nesse mesmo sentido, lembram Figueiredo e Nóbrega que:

> O Orçamento passou a ser uma peça de sonhos, na qual se contemplava tudo aquilo que o gestor gostaria de realizar. A despesa fixada refletia todas as necessidades, e diante da inexistência de recursos suficientes passava-se a superestimar as receitas. Havia casos absurdos, nos quais a proposta orçamentária apresentava uma variação de até 1.200% em relação à receita efetivamente arrecadada no exercício anterior. Não por acaso o orçamento vinha sendo entendido como *peça de ficção*.
>
> O processo de elaboração do orçamento público, desprezando sua utilidade como instrumento de planejamento e controle, vinha sendo amesquinhado, a ponto de se constituir em mero cumprimento de formalidade.
>
> Assim, inexistia correlação entre as peças orçamentárias e a realidade de planejamento do ente. A fim de cumprir uma exigência constitucional, os orçamentos eram elaborados, muitas vezes, tomando-se por base o

---

[12] BRASIL, Presidência da República. Disponível em: http://www.planalto.gov.br/ccivil_03/constituicao/constituicaocompilado.htm.

[13] REZENDE, Fernando. Planejamento no Brasil: auge, declínio e caminhos para a reconstrução. *In:* CARDOSO JR., José Celso (Org.). *Diálogos para o Desenvolvimento*, Volume 4: A Reinvenção do Planejamento Governamental no Brasil. IPEA. Disponível em: http://repositorio.ipea.gov.br/bitstream/11058/3182/1/A%20reinven%C3%A7%C3%A3o%20do%20planejamento%20governamental%20no%20Brasil.pdf.

orçamento do exercício anterior acrescido da variação da inflação no período, denominado de orçamento incremental.[14]

No governo de Fernando Henrique Cardoso, as reformas empreendidas promoveram a Pasta do Planejamento para o *status* de Ministério, encarregado do Planejamento e do Orçamento (MPO), que elaborou o Plano Plurianual para o período 1996-1999, já com feições de instrumento organizador da atuação governamental, fixando os objetivos, as estratégias e ações a serem implementados no período.

A imperiosidade de redução drástica do *déficit* público, especialmente municipal, impulsionou a edição da Lei de Responsabilidade Fiscal – LRF, em maio de 2000, como ferramenta de planejamento e controle, visando à qualidade da atividade financeira e maior grau de responsabilidade na gestão.

Oliveira relembra que "o eixo da elaboração do projeto de lei complementar previsto no art. 163 da Constituição foi o estabelecimento de um 'regime de gestão fiscal responsável', um dos inúmeros aspectos das finanças públicas", enumerando, dentre os princípios fundamentais, a "adoção de processo permanente de planejamento da atuação estatal".[15]

Ainda, no tocante ao planejamento, Figueiredo e Nóbrega explicitam que:

> A Lei de Responsabilidade Fiscal (LRF) surge nesse cenário, como uma homenagem ao planejamento governamental, demonstrando o firme propósito de modificar as práticas orçamentárias dos entes da federação. O art. 1º, §1º da LRF, estabelece como um de seus pressupostos, a ação planejada.

Embora a Lei de Responsabilidade Fiscal tenha obtido êxito em retirar a atividade financeira dos bastidores do ambiente público e escalado, adequadamente, para protagonista da função estatal, bem como incrementado a noção de transparência, não ficou livre de ataques, sendo reiteradamente testada, como bem expôs Pontes Lima, em sua palestra no II Congresso Internacional de Direito Financeiro (2015).[16]

---

[14] FIGUEIREDO, Carlos Maurício; NÓBREGA, Marcos. *Lei de Responsabilidade Fiscal: aspectos polêmicos*. Belo Horizonte: Fórum, 2006, p. 136/137.

[15] OLIVEIRA, Weder de. *15 anos de Lei de Responsabilidade Fiscal:* Um pouco de história e de essência. Responsabilidade Fiscal: Análise da Lei Complementar 101/2000. OAB, 2015.

[16] LIMA, Edilberto Carlos Pontes. *15 anos da Lei de Responsabilidade Fiscal*: avanços e percalços. Slides da palestra disponíveis em: http://www.tce.ms.gov.br/portal/admin/uploads/ Palestra%20Edilberto%20Pontes%20Lima(1).pdf.

Segundo o referido palestrante, a LRF foi submetida a testes de alteração, de constitucionalidade e de interpretação.

Com efeito, no tocante ao teste de alteração, dezenas de projetos de lei foram apresentadas desde a sua vigência, para modificar ou revogar o texto da Lei Complementar nº 101/2000, sendo dois deles aprovados (Lei Complementar nº 131/2009 e Lei Complementar nº 164/2018), mas em reforço aos comandos da transparência, do controle e da uniformidade dos dados contábeis dos entes federativos.[17]

Quanto ao teste de constitucionalidade, logo após a publicação da LRF, numerosas ações foram ajuizadas junto ao Supremo Tribunal Federal (Ações Diretas de Inconstitucionalidade nºs 2.238, 2.324, 2.256, 2.241, 2.261, 2.365, 2.250 e Arguição de Descumprimento de Preceito Fundamental 24), cujo mérito encontra-se, até a presente data, em fase de julgamento.[18]

Por fim, no que respeita ao teste de interpretação, é certo que a LRF tem sofrido, neste particular, as maiores ofensas.

De fato, a interdisciplinaridade da Lei de Responsabilidade Fiscal e os múltiplos conceitos nela fixados ensejam impasses, dilemas e disparidades de interpretação, ocasionando ora um afrouxamento na aplicação de suas regras, ora uma inflexibilidade na apuração da observância de seus comandos, prejudicando sobremaneira a sua estabilização.

À guisa de exemplo, a polêmica atual com as interpretações apelidadas de "criativas", conferidas pelos tribunais de contas ao conceito de despesa de pessoal e às regras de verificação dos respectivos limites (arts. 18, 19 e 20 da LRF), provocou a apresentação de diversas propostas de emenda constitucional, com vistas a adotar mecanismos de uniformização e consolidação da interpretação das normas gerais de finanças públicas, como as PECs nº 329/2013[19] (uniformização pelo Tribunal de Contas da União, através de processo próprio regulado por lei complementar), nº 22/2017[20] (criação do Conselho Nacional dos Tribunais de Contas de uma Câmara de Uniformização de Jurisprudência) e nº

---

[17] BRASIL. Planalto. Disponível em: http://www.planalto.gov.br/ccivil_03/leis/lcp/lcp101.htm

[18] BRASIL. Supremo Tribunal Federal. Andamento processual Disponível em: http://portal.stf.jus.br/processos/detalhe.asp?incidente=1829732.

[19] BRASIL. Câmara dos Deputados. Disponível em: https://www.camara.leg.br/proposicoesWeb/fichadetramitacao?idProposicao=597232.

[20] BRASIL. Senado Federal. Disponível em: https://www25.senado.leg.br/web/atividade/materias/-/materia/129565.

188/2019[21] (outorga ao Tribunal de Contas da União a competência de expedir orientações normativas vinculantes de interpretação, em caráter nacional), esta última denominada PEC do Pacto Federativo.

Não bastasse isso, verifica-se, a partir do último lustro, um desprestígio das leis orçamentárias, especialmente da Lei de Diretrizes Orçamentárias (LDO), cujas regras de elaboração são reiteradamente olvidadas (como o prazo de aprovação pelo Parlamento), o conteúdo esvaziado, as metas fixadas são descumpridas ou alteradas, dentre outros problemas, como bem detectaram, em suas obras, Oliveira[22] e Conti.[23]

Ressalta-se que o Plano Plurianual (PPA) também está sob ataque, porquanto a PEC nº 188/2019, supracitada, prevê sua extinção e a criação de um Orçamento Plurianual. O ardil, disfarçado de preocupação com a alocação de recursos para os programas, foi detectado por Scaff, nos dizeres de que:

> Pode parecer uma singela troca de palavras, mas não é. *Planejar* implica em tentar prever o futuro, sob certas condições (cenários); *orçar* implica em estabelecer *meios* (dinheiro) para custeio de certos gastos. Logo, reduzir o *planejamento* a mero *orçamento* plurianual é reduzir o escopo do que se pretende.
> [...]
> Deve-se aperfeiçoar o sistema de planejamento brasileiro, e não o destruir. Parece inadequado adotar o mesmo nível de complexidade para diferentes situações. É absurdo exigir do Município de Bujaru (28 mil habitantes) o mesmo nível analítico e de planejamento do Município de São Paulo (13 milhões de habitantes), próximo a outras enormes cidades. Aperfeiçoamentos são necessários, porém não a destruição do sistema (grifos no original).[24]

Assim, conclui-se, pelo breve retrospecto, que o planejamento financeiro no Brasil não é recente, mas ainda carece de estabilização e

---

[21] BRASIL. Senado Federal. Disponível em: https://www25.senado.leg.br/web/atividade/materias/-/materia/139704.

[22] OLIVEIRA, Weder de. *Lei de Diretrizes Orçamentárias*: Gênese, Funcionalidade e Constitucionalidade – Retomando as Origens. Belo Horizonte: Fórum, 2017.

[23] CONTI, J. M. *O planejamento orçamentário da administração pública no Brasil*. Tese de Titularidade para o Concurso de Professor Titular do Departamento de Direito Econômico, Financeiro e Tributário, da Faculdade de Direito da Universidade de São Paulo (USP). São Paulo, 2017. Disponível em: https://drive.google.com/file/d/1XbL7MIbVP7poflKKAWnPZZ7Wlvlrh4ru/view.

[24] SCAFF, Fernando Facury. A PEC 188 e a destruição do planejamento governamental. *Revista Consultor Jurídico*, 3 mar. 2020. Disponível em: https://www.conjur.com.br/2020-mar-03/contas-vista-pec-188-destruicao-planejamento-governamental.

consolidação, tendo em vista a sua trajetória turbulenta, que ainda não chegou ao seu destino final.

3 O planejamento financeiro brasileiro: breves comentários

Embora o conceito de planejamento mostre-se polissêmico e se encontre em processo de ressignificação, convém trazer algumas definições para contextualizar o tema. Nas lições de Drucker,[25] planejar é tratar as implicações futuras das decisões tomadas no presente. Isto é, o planejamento volta-se para as perspectivas do futuro, construído através das ações realizadas no tempo atual.

Segundo Furtado,[26] "o planejamento é uma atividade constante, ininterrupta, perene, que fundamenta, precede e acompanha a elaboração orçamentária e deve estar presente em todas as esferas do governo e em todos os entes da Federação". E, citando outros estudiosos do tema, transcreve vários conceitos de planejamento, in verbis:

> Para Sérgio Paulo Villaça e Silva Butters de Campos, o termo planejamento "significa a definição de meios e recursos para atingir objetivos, determinados em função do estudo de uma situação que se pretende mudar. De forma um pouco mais ampla, vai traduzir um conjunto de ações que envolvem apreciação de problemas e perspectivas, a previsão de medidas com vista à consecução de determinados fins, face aos recursos disponíveis; a avaliação e a correção permanentes dessas ações, na busca de resultados mais amplos e de maior alcance, voltados para melhoria das condições de vida". Ressalta José Matias Pereira que o planejamento "é um processo dinâmico de racionalização coordenada das opções, permitindo prever e avaliar cursos de ação alternativos e futuros, com vistas à tomada de decisões mais adequadas e racionais". Diz ainda o autor que "planejar significa dar mais transparência e consistência à própria ação, fixando metas e prazos para orientação e prevendo os meios necessários para alcançá-los".

Segundo o Glossário da Controladoria Geral da União,[27] o planejamento é uma "metodologia de administração que consiste,

---

[25] DRUCKER, Peter F. *Administração para Resultados*. 3. ed. Pioneira, 1998.
[26] FURTADO, J. R. Caldas. *Elementos de direito financeiro*. Belo Horizonte: Fórum, 2009. p. 51/52.
[27] BRASIL, Controladoria Geral de União – Portal da Transparência. Disponível em: http://www.portaltransparencia.gov.br/glossario.

basicamente, em determinar os objetivos a alcançar, as ações a serem realizadas, compatibilizando-as com os meios disponíveis para sua execução".

O Ministério da Economia, Planejamento, Desenvolvimento e Gestão define o planejamento como:

> o exercício de escolha consciente de ações que aumentem as chances de obter um resultado específico. É uma atividade dinâmica que se opõe ao improviso total, buscando orientar as decisões a partir das informações disponíveis. O planejamento governamental acrescenta ao conceito as características da esfera pública, tornando a atividade ainda mais complexa. Para realizá-la, é preciso conhecimento aprofundado sobre as razões do estágio de desenvolvimento nacional, as formas de operação do Estado e as circunstâncias e possibilidades políticas de atuação.[28]

O Tesouro Nacional, em seu Manual sobre a LRF, esclarece que a "ação planejada nada mais é do que aquela baseada em planos previamente traçados e, no caso do serviço público, sujeitos à apreciação e aprovação da instância legislativa, garantindo-lhes a necessária legitimidade, característica do regime democrático de governo".[29]

O planejamento identifica os problemas e prioridades que exigem intervenção, permite determinar como e quem irá executar as ações necessárias para alcançar tais objetivos, compatibilizando as metas com os meios disponíveis.

Independentemente do sentido que se dê ao significado de planejamento, há elementos comuns em todos os conceitos citados: a) atividade que possui uma conexão com o futuro; b) diagnóstico dos problemas e eleição de prioridades; c) compatibilidade entre ações a serem empreendidas e meios disponíveis; d) complexidade da sociedade contemporânea, que exige transparência e interação; e) importância no contexto da atuação estatal, especialmente o de contribuir com o exercício adequado da tomada de decisão.

Quanto à conexão com o futuro, fala-se atualmente em um direito financeiro intergeracional, assumindo o planejamento o papel de "elemento de proteção das futuras gerações".[30]

---

[28] BRASIL. Ministério da Economia, Planejamento, Desenvolvimento e Gestão. Disponível em: http://www.planejamento.gov.br/servicos/faq/planejamento-governamental/visao-geral/o-que-eacute-planejamento-governamental.

[29] BRASIL. Secretaria do Tesouro Nacional. Disponível em: http://www.tesouro.fazenda.gov.br/documents/10180/0/EntendendoLRF.pdf.

[30] SILVEIRA, Alexandre Coutinho da. Orçamento e planejamento: tensões entre poderes. *Revista Fórum de Direito Financeiro e Econômico – RFDFE*, Belo Horizonte, ano 4, n. 6, p. 31-58, set./fev. 2015.

Nesse diapasão, Silveira, citando Joaquim Freitas da Rocha, leciona que:

> Um Direito Financeiro *responsável* e actualisticamente entendido reclama igualmente uma exigência de *intertemporalidade* e de equigeracionalidade – alguma doutrina refere-se a um imperativo moral – que o concreto pensamento casuístico ou a simples redução a um ciclo político-eleitoral não permite, porque não consegue atingir. Significa isto que os actores e decisores jurídico-financeiros devem ser dotados de uma visão temporal de longo prazo, que ultrapasse o momento decisório e permita projectar positivamente os efeitos da decisão num âmbito temporal alargado, abrangendo sujeitos que não tomaram partido na decisão.

Releva mencionar, no tocante ao atendimento dos demais elementos, que Salomão, Cardoso e Santos resumem, brilhantemente, os aspectos que devem ser observados no desempenho da atividade de planejamento:

> Em primeiro lugar, o binômio "planejamento-engajamento", isto é, a ideia de que, hoje, qualquer iniciativa ou atividade de planejamento governamental que se pretenda eficaz, precisa aceitar (e mesmo contar com) certo nível de engajamento público dos atores diretamente envolvidos com a questão, sejam atores da burocracia estatal, políticos e acadêmicos, sejam os próprios beneficiários da ação que se pretende realizar.
> [...]
> Em segundo lugar, o binômio "articulação-coordenação", ou seja, a ideia de que grande parte das novas funções que qualquer atividade ou iniciativa de planejamento governamental deve assumir está ligada, de um lado, a um esforço grande e muito complexo de articulação institucional e, de outro lado, a um esforço igualmente grande – mas possível – de coordenação geral das ações de planejamento.
> [...]
> Em terceiro lugar, o binômio "prospectivo-propositivo", vale dizer, a ideia de que, cada vez mais, ambas as dimensões aludidas – a prospecção e a proposição – devem compor o norte das atividades e iniciativas de planejamento público na atualidade. Trata-se, fundamentalmente, de dotar o planejamento de instrumentos e técnicas de apreensão e interpretação de cenários e de tendências, ao mesmo tempo de teor propositivo para reorientar e redirecionar, quando pertinente, as políticas, programas e ações de governo.
> [...]
> Em quarto lugar, o binômio "estratégias-trajetórias", que significa, clara-mente, dotar a função planejamento do poder de ser, ao mesmo tempo, o

aglutinador de propostas, diretrizes, projetos, enfim, estratégias de ação, tais que anunciem, em seus conteúdos, as potencialidades implícitas e explícitas, vale dizer, as trajetórias possíveis e/ou desejáveis para a ação ordenada e planejada do Estado, em busca do desenvolvimento nacional.[31]

Nesse mesmo sentido, Rezende defende a

necessidade de um novo estilo de planejamento governamental ter como referência um projeto de nacional de desenvolvimento, construído mediante ampla discussão com a sociedade, no qual o papel do Estado na execução desse projeto esteja claramente definido e a cooperação dos entes federados na sua implementação esteja devidamente contemplada, e que dele façam parte mudanças que concorram para a eficiência da gestão pública, uma convivência harmônica entre os Poderes da República e uma adequada representação dos interesses sociais no processo de formulação e execução.

E continua, apontando que o planejamento deve apoiar-se em um amplo diagnóstico da realidade socioeconômica do país, que permita a escolha das prioridades a serem contempladas e dos instrumentos necessários para a real execução, bem como mecanismos de acompanhamento e de avaliação. Rezende lembra que a responsabilidade pelo planejamento não é apenas de um órgão central, devendo as unidades setoriais encarregar-se também de estabelecer seus planos e identificar as ações necessárias para o seu cumprimento. Porém, reconhece que as organizações são limitadas pela realidade financeira e institucional, dificultando esse planejamento integrado.[32]

Sem dúvidas, tais aspectos exigem das organizações uma forte capacidade institucional, não somente para planejarem, como para fazerem isso em sintonia, o que se revela bastante complexo no Brasil, diante do nosso desenho federativo e das assimetrias econômicas,

---

[31] SALOMÃO, I. L., CARDOSO JR., J. C. P.; SANTOS, J. C. Desenvolvimento como eixo e os eixos para desenvolvimento. *In:* FUNDAÇÃO OSWALDO CRUZ. A saúde no Brasil em 2030 – prospecção estratégica do sistema de saúde brasileiro: desenvolvimento, Estado e políticas de saúde [on-line]. Rio de Janeiro: Fiocruz/Ipea/Ministério da Saúde/Secretaria de Assuntos Estratégicos da Presidência da República, 2013. vol. 1. p. 63-100. Disponível em: http://books.scielo.org/id/895sg/pdf/noronha-9788581100159-04.pdf.

[32] REZENDE, Fernando. Planejamento no Brasil: auge, declínio e caminhos para a reconstrução. *In:* CARDOSO JR., José Celso (Org.). *Diálogos para o Desenvolvimento,* Volume 4: A Reinvenção do Planejamento Governamental no Brasil. IPEA. Disponível em: http://repositorio.ipea.gov. br/bitstream/11058/3182/1/A%20reinven%C3%A7%C3%A3o%20do%20planejamento%20 governamental%20no%20Brasil.pdf.

financeiras, culturais e estruturais entre os entes que compõem a federação.

De fato, o pacto federativo brasileiro caracteriza-se pela descentralização política (autogoverno), legislativa (competências reservadas para editar as próprias leis) e fiscal (receitas próprias) dos entes federados e pressupõe as capacidades de auto-organização (estruturar os próprios serviços e finanças) e autoadministração (administrar a própria estrutura, patrimônio e relações) da União, dos Estados-membros, do Distrito Federal e dos Municípios (arts. 18, 25, 29 e 32 da CF).

Logo, cada uma das pessoas políticas de direito público interno possui sua própria Administração Pública, estruturalmente organizada.

Em razão da adoção do princípio federalista, da divisão das funções estatais em poderes (predominância funcional de acordo com a tripartição difundida por Montesquieu) e áreas de atuação (saúde, educação, segurança, etc.), as competências e capacidades dos entes federativos são desempenhadas por uma pluralidade de organizações.

Essa rede imensa de organizações apresenta inúmeras distorções, tornando hercúleo qualquer trabalho de uniformização e harmonização.

Nesse aspecto, a Lei de Responsabilidade Fiscal previu, em seu art. 67, a criação por lei de um conselho de gestão fiscal, constituído por representantes de todos os Poderes e esferas de Governo, do Ministério Público e de entidades técnicas representativas da sociedade, exatamente para esse fim (acompanhar e a avaliar, de forma permanente, a política e a operacionalidade da gestão fiscal, visando à harmonização e coordenação entre os entes federativos, entre outras funções).

Contudo, até a presente data (20 anos após a edição da LRF), o referido Conselho não foi sequer criado.

Não bastassem as dificuldades apontadas, que impactam negativamente na consolidação institucional do planejamento, ainda há que se enfrentar as condutas e a cultura arraigadas na maioria das organizações, que exigem um enorme esforço disruptivo, nem sempre viável.

A Lei de Responsabilidade Fiscal representou, logo no início de sua vigência imediata, uma mudança de paradigma, dada a ênfase no planejamento e na responsabilidade da gestão fiscal, criando o tumulto indispensável para essa quebra cultural.

Contudo, lembra Oliveira que a LRF mostrou-se "tecnicamente muito avançada para a realidade de nossas instituições, especialmente para os entes federativos menos dotados de capacitação técnica e operacional", motivo por que não logrou êxito na mudança dos processos legislativos e orçamentários.[33]

---

[33] OLIVEIRA, Weder de. *15 anos de Lei de Responsabilidade Fiscal:* um pouco de história e de essência. Responsabilidade Fiscal: Análise da Lei Complementar 101/2000. OAB, 2015.

Pinho e Sacramento mencionam interessante estudo realizado com o intuito de "compreender 'a cabeça do brasileiro'", o qual concluiu que "no Brasil coexistem dois países, cujas mentalidades, comandadas pela educação, são bastante distintas: uma moderna, outra arcaica", sendo que esta última apresenta fortes traços hierárquicos e patrimonialistas, que aprovam "tanto o *jeitinho* quanto um amplo leque de comportamentos similares". Por isso, finalizam entendendo as razões que justificam, após 20 anos da LRF, não se vislumbrarem mudanças estruturais significativas, que indiquem a consolidação da cultura de responsabilidade, transparência e planejamento.[34]

4 O planejamento financeiro na Lei de Responsabilidade Fiscal

Como já exposto, a Lei Complementar nº 101, de 4 de maio de 2000, em seu art. 1º, §1º, dispõe que

> §1º A *responsabilidade na gestão fiscal pressupõe a ação planejada* e transparente, em que se *previnem riscos e corrigem desvios* capazes de afetar o equilíbrio das contas públicas, mediante o cumprimento de metas de resultados entre receitas e despesas e a obediência a limites e condições no que tange a renúncia de receita, geração de despesas com pessoal, da seguridade social e outras, dívidas consolidada e mobiliária, operações de crédito, inclusive por antecipação de receita, concessão de garantia e inscrição em Restos a Pagar (grifo inexistente no original).

Assim, ao estabelecer como pressuposto da responsabilidade na gestão a *ação planejada*, a LRF revela, intencionalmente, a ideia de planejamento como um código de condutas, indutor de um novo comportamento, para todos os entes federativos e organismos que exercem a atividade financeira estatal.

Com efeito, para além da veiculação estática de um princípio orientador da gestão financeira, a Lei de Responsabilidade Fiscal traça um mapa dinâmico de ações e reações em face das interações ocasionadas pela atividade financeira.

Extrai-se da leitura do inteiro teor da Lei que tanto o planejamento governamental (leis orçamentárias) quanto o planejamento operacional da gestão (medidas administrativas) encontram-se contemplados,

---

[34] PINHO, José Antônio Gomes de. SACRAMENTO, Ana Rita Silva. Accountability: já podemos traduzi-la para o português? *Rev. Adm. Pública*, Rio de Janeiro, vol. 43, n. 6, nov./dez. 2009. Disponível em: https://doi.org/10.1590/S0034-76122009000600006.

restando configurado um sistema nacional de planejamento financeiro, carecedor de aprimoramento e consolidação, mas já bastante delineado. Assim, tomando o planejamento financeiro como espécie do gênero "planejamento público", é possível subdividi-lo em duas categorias: o planejamento financeiro governamental, batizado de "planejamento orçamentário da Administração Pública", pelo ilustre professor José Maurício Conti;[35] e o planejamento financeiro gerencial, voltado para a gestão em sentido estrito.

O planejamento governamental ou orçamentário tem fundamento na Constituição da República (arts. 165 em diante) e está previsto em vários dispositivos da Lei de Responsabilidade Fiscal, especialmente no Capítulo II, que regula o processo de elaboração das leis orçamentárias, à exceção do Plano Plurianual (PPA), cujo dispositivo foi vetado (art. 3º).

Despiciendo tecer maiores considerações acerca da natureza instrumental das leis orçamentárias no que respeita ao planejamento, pois está definitivamente assentado que PPA, LOA e LDO definem, mediante lei, as políticas que serão realizadas nos exercícios subsequentes à sua edição, traçando as linhas de atuação do Estado, o perfil de intervenção na economia, as prioridades de atendimento às necessidades públicas, o atendimento de demandas regionais, as garantias dos direitos básicos da população, o equilíbrio financeiro, a obtenção e alocação de recursos, a reserva de contingência, as metas e os riscos etc.

O planejamento orçamentário, de caráter eminentemente normativo, atende à função política (visão abrangente dos problemas públicos e escolha dos meios de enfrentamento), com clara referência à estratégia governamental (como recursos serão alocados para se atingir os objetivos fixados).

Entretanto, o planejamento orçamentário não se revela suficiente para a atividade de planejamento financeiro. É preciso que haja, concomitantemente, um esforço de programação da gestão, através de condutas administrativas que transcendem a noção de mera execução dos orçamentos.

É o caso, por exemplo: a) da fixação, pelo Poder Executivo, da programação financeira e do cronograma de execução mensal de desembolso, para que os órgãos e demais unidades orçamentárias

---

[35] Sobre o tema, vale a leitura da Tese de Titularidade apresentada pelo professor, com mais de quinhentas páginas sobre o tema. CONTI, J. M. *O planejamento orçamentário da administração pública no Brasil*. Tese de Titularidade para o Concurso de Professor Titular do Departamento de Direito Econômico, Financeiro e Tributário, da Faculdade de Direito da Universidade de São Paulo (USP). São Paulo, 2017. Disponível em: https://drive.google.com/file/d/1XbL 7MIbVP7poflKKAWnPZZ7Wlvlrh4ru/view.

realizem seu planejamento individual (art. 8º, da LRF); b) dos estudos e estimativas de receita colocados à disposição dos Poderes e do Ministério Público, no mínimo 30 dias antes do prazo final para o encaminhamento de suas propostas orçamentárias (art. 12, §3º, da LRF); c) dos documentos que devem acompanhar os projetos de lei para a concessão de renúncia de receita (estimativa do impacto, compatibilidade com o orçamento, inexistência de ofensa às metas ou adoção de medidas de compensação), previstos no art. 14 da LRF; d) das providências tomadas pelo Poder ou órgão para cumprir toda a programação e, assim, evitar a assunção de despesa que não possa ser cumprida integralmente antes dos últimos dois quadrimestres do mandato do titular (art. 42, da LRF).

O art. 11 retrata, exatamente, essa subdivisão, pois cuida do planejamento tributário obrigatório por parte do sujeito ativo da relação jurídico-tributária, que, além de providenciar a legislação própria, instituidora do tributo, deverá incluir as receitas e renúncias nos orçamentos, conforme os parâmetros legais (prever – atividade legislativa orçamentária); e, no campo do planejamento da gestão, deverá conceber e organizar os serviços de fiscalização e cobrança (arrecadar), como a criação de um corpo burocrático (fiscais, auditores e procuradores), investimentos em programas de controle das receitas etc., providências voltadas a garantir o recolhimento das receitas aos cofres públicos. Integra o planejamento, ainda, o desdobramento das receitas em metas bimestrais de arrecadação (art. 13, da LRF).

O mesmo ocorre com a despesa. Além da autorização pormenorizada nas leis orçamentárias (planejamento legislativo obrigatório), de cunho governamental, a preocupação da LRF com a eficiência do gasto determina que o planejamento adequado se dê também no âmbito da gestão, como se extrai, por exemplo, das disposições do art. 16, nas quais o gestor deve emitir documentos prévios ao aumento da despesa, à emissão de empenho e abertura de licitação de serviços e obras e desapropriação de imóveis urbanos (estimativa de impacto, com premissas e metodologia de cálculo, adequação e compatibilidade orçamentárias).

O planejamento gerencial diz respeito à função administrativa, possuindo caráter operacional, mas não menos importante que o planejamento orçamentário, ao contrário, são convergentes e inter-relacionados, pois o planejamento da gestão visa a garantir a concretização da programação legislativa.

Aqui, exige-se a capacidade institucional, uma visão especializada da estrutura administrativa e da estratégia da instituição (como serão aproveitados os recursos disponíveis para concretizar os objetivos e metas fixados).

5 *Navigare necesse, vivere non est necesse*

O general Pompeu, diante do impasse entre atender à expansão romana e transportar trigo das províncias para Roma, correndo riscos devido à fragilidade do sistema de navegação da época, e manter-se confortável na Sicília, induzindo a uma crise no abastecimento, proferiu esta célebre e imortalizada frase "navegar é necessário, viver não é necessário", convencendo os provincianos a navegarem com ele.

Todas as ações financeiras devem ser planejadas, de maneira séria e confiável, a fim de garantir a efetividade dos objetivos precípuos do Estado, programados através de planos e de metas.

Planejar é preciso. No âmbito governamental, para que as escolhas reflitam as necessidades públicas e a alocação dos recursos seja adequada. No âmbito da gestão, para que estas escolhas sejam viabilizadas, por meio da utilização planejada e máximo aproveitamento dos recursos disponibilizados.

Planejar é preciso. Improvisar, não.

Referências

ABRUCIO, Fernando Luiz. Trajetória recente da gestão pública brasileira: um balanço crítico e a renovação da agenda de reformas. *Rev. Adm. Pública*, Rio de Janeiro, vol. 41, 2007. Disponível em: http://www.scielo.br/scielo.php?script=sci_arttext&pid=S0034-76122007000700005.

CARNEIRO, Ricardo; MENICUCCI, Telma Maria Gonçalves. Gestão pública no século XXI: as reformas pendentes. Texto para discussão – Ipea, Brasília, dez. 2011. Disponível em: http://www.ipea.gov.br/portal/index.php?option=com_content&view=article&id=16360%3Atd-1686-gestao-publica-no-seculo-xxi-as-reformaspendentes&catid=270%3A2011&directory=1&Itemid=1.

CONTI, José Maurício; PINTO, Élida Graziani. *Lei dos orçamentos completa 50 anos de vigência*. Disponível em: https://www.conjur.com.br/2014-mar-17/lei-orcamentos-publicos-completa-50-anos-vigencia.

CONTI, José Maurício. *O planejamento orçamentário da administração pública no Brasil*. Tese de Titularidade para o Concurso de Professor Titular do Departamento de Direito Econômico, Financeiro e Tributário, da Faculdade de Direito da Universidade de São Paulo (USP). São Paulo, 2017. Disponível em: https://drive.google.com/file/d/1XbL7MIbVP7poflKKAWnPZZ7Wlvlrh4ru/view.

DRUCKER, Peter F. *Administração para Resultados*. 3. ed. Pioneira, 1998.

FIGUEIREDO, Carlos Maurício; NÓBREGA, Marcos. *Lei de Responsabilidade Fiscal*: aspectos polêmicos. Belo Horizonte: Fórum, 2006.

FURTADO, J. R. Caldas. *Elementos de direito financeiro*. Belo Horizonte: Fórum, 2009.

LESSA, Antônio Carlos; COUTO, Leandro Freitas; FARIAS, Rogério de Souza. Política externa planejada: os planos plurianuais e a ação internacional do Brasil, de Cardoso a

Lula (1995-2008). *Rev. bras. polít. int.*, Brasília, vol. 52, n. 1, jan./jun 2009. Disponível em: http://www.scielo.br/scielo.php?script=sci_arttext&pid=S0034-73292009000100005&lng=e n&nrm=iso.

LIMA, Edilberto Carlos Pontes. *15 anos da Lei de Responsabilidade Fiscal*: avanços e percalços. Slides da palestra disponíveis em: http://www.tce.ms.gov.br/portal/admin/uploads/Palestra%20Edilberto%20Pontes%20Lima(1).pdf.

MELO, Francisco das Chagas. Evolução das Técnicas de Planejamento no Brasil. 1968. Disponível em: https://revista.enap.gov.br/index.php/RSP/article/download/2687/1518.

OLIVEIRA, Weder de. *15 anos de Lei de Responsabilidade Fiscal*: Um pouco de história e de essência. Responsabilidade Fiscal: Análise da Lei Complementar 101/2000. OAB, 2015.

OLIVEIRA, Weder de. *Lei de Diretrizes Orçamentárias*: Gênese, Funcionalidade e Constitucionalidade – Retomando as Origens. Belo Horizonte: Fórum, 2017.

PINTO, Élida Graziane. Como equalizar investimentos e programas de duração continuada sem PPA? CONJUR, 03.12.2019. Disponível em: https://www.conjur.com.br/2019-dez-03/contas-vista-equalizar-investimentos-programas-duracao-continuada-ppa.

REZENDE, Fernando. Planejamento no Brasil: auge, declínio e caminhos para a reconstrução. Diálogos para o Desenvolvimento Volume 4: A Reinvenção do Planejamento Governamental no Brasil. Org. José Celso Cardoso Jr. IPEA. Disponível em: http://repositorio.ipea.gov.br/bitstream/11058/3182/1/A%20reinven%C3%A7%C3%A3o%20do%20planejamento%20governamental%20no%20Brasil.pdf.

ROSA JR., Luiz Emygdio F. da. *Manual de Direito Financeiro e Direito Tributário*. 15. ed. Rio de Janeiro: Renovar.

SCAFF, Fernando Facury. A PEC 188 e a destruição do planejamento governamental. Revista Consultor Jurídico, 3 de março de 2020. Disponível em: https://www.conjur.com.br/2020-mar-03/contas-vista-pec-188-destruicao-planejamento-governamental.

SILVEIRA, Alexandre Coutinho da. Orçamento e planejamento: tensões entre poderes. *Revista Fórum de Direito Financeiro e Econômico – RFDFE*, Belo Horizonte, ano 4, n. 6, p. 31-58, set./fev. 2015.

SOARES, Márcia Miranda; MACHADO, José Ângelo. *Federalismo e políticas públicas*. Brasília: Enap, 2018. Disponível em: https://repositorio.enap.gov.br/bitstream/1/3331/1/Livro_Federalismo%20e%20Pol%C3%ADticas%20P%C3%BAblicas.pdf.

Informação bibliográfica deste texto, conforme a NBR 6023:2018 da Associação Brasileira de Normas Técnicas (ABNT):

GODINHO, Heloísa Helena Antonacio Monteiro. A Lei de Responsabilidade Fiscal e o planejamento financeiro estatal: planejar é preciso. *In*: FIRMO FILHO, Alípio Reis; WARPECHOWSKI, Ana Cristina Moraes; RAMOS FILHO, Carlos Alberto de Moraes (Coord.). *Responsabilidade na gestão fiscal*: estudos em homenagem aos 20 anos da lei complementar nº 101/2000. Belo Horizonte: Fórum, 2020. p. 251-270. ISBN 978-65-5518-034-3.

EVOLUÇÃO DA RESPONSABILIDADE FISCAL E DA SOCIEDADE BRASILEIRA

JORGE ULISSES JACOBY FERNANDES

Após duas décadas de vigência da Lei Complementar nº 101, de 4 de maio de 2000 – Lei de Responsabilidade Fiscal (LRF), seria necessário fazer uma profunda reflexão sobre as causas e os efeitos dos dispositivos que tiveram eficácia e os que não tiveram eficácia.

Esse cenário, idealizado pelos coordenadores desta obra, foi profundamente alterado em razão do período de Emergência em Saúde Pública de Importância Nacional e Internacional – ESPIN, decorrente da contaminação comunitária pela covid-19.

O estudo que coube a este autor tem relação direta com as inovações introduzidas na LRF, em caráter permanente, editadas durante o período de ESPIN, como tal entendido o conjunto de normas produzido pelos Poderes Executivo e Legislativo, balizadas pela verificação de conformidade com a Constituição Federal firmadas pelo Poder Judiciário.

Após tentar desincumbir-se dessa missão, acrescentará algumas reflexões sobre o cenário atual, na presunção de que o leitor generoso pode permiti-las.

1 Introdução

Após a decretação de ESPIN, pela Organização Mundial da Saúde em 30.01.2000, o Brasil rapidamente reagiu, como devem as nações que vivenciam um Estado Democrático de Direito: editando as normas correspondentes com a finalidade de preservar não só a ordem jurídica e dar consistência e harmonia às novas necessidades, mas, sobretudo, com o fiel cumprimento de preservar a segurança jurídica.

Apesar do abismo social e econômico que existe no Brasil, desigualdades sociais e regionais, a ordem pública foi mantida e o País deu bons exemplos da atuação do Sistema Único de Saúde.

Desse modo foi editado o Decreto Legislativo nº 6, em 20.03.2020. Antes disso, porém, em brevíssimo período o Congresso Nacional elaborou lei específica destinada ao enfrentamento do período de ESPIN, qual seja a Lei nº 13.979, promulgada pelo presidente da República em 6.02.2020.

Ocorre que nesse cenário o país decidiu, como fizeram as nações mais desenvolvidas e mais ricas, implantar um sistema provisório de verdadeira seguridade social com o objetivo de preservar o emprego, a renda e as empresas nacionais.

Um contingente de mais de 60.000.000 de pessoas foi diretamente favorecido com políticas sociais, construídas de forma emergencial.

Os governantes de todas as esferas de governo tiveram o indeclinável dever de utilizar recursos públicos rigorosamente programados pela lei orçamentária anual, com as diretrizes da LDO, e em conformidade com o plano plurianual para outras finalidades: a vida, a saúde e a segurança pública tiveram que ser privilegiadas em relação a outros valores, como a regularidade fiscal.

A este tempo ninguém ignora o fato de que essa escolha da humanidade traria profundos reflexos na macroeconomia.

O cenário, completamente desorganizado, dará início a uma nova ordem de valores de princípios e quem sabe servirá de base para uma sociedade mais fraterna.

Em contraponto a essa esperança, há outro cenário que indica o agravamento da pobreza. Um abismo ainda maior – de dimensões extraordinárias, e talvez invencível – entre as nações mais pobres e as mais ricas, que pode se repetir no âmbito interno de muitas nações. Se o ideário da Organização das Nações Unidas – ONU é que "nenhuma nação será deixada para trás", este é o momento certo para fazer, pois as consequências dos atos deste período serão o ponto angular da trajetória humana.

2 É necessário alterar a Lei de Responsabilidade Fiscal?

Desde a edição da Lei de Responsabilidade Fiscal muitos segmentos da sociedade se opuseram à eficácia de seus dispositivos.

Algumas entidades da sociedade civil organizada não hesitaram em propor a inconstitucionalidade de vários dispositivos, seja pelo argumento de ofensa ao princípio federativo, seja pela impossibilidade fática do cumprimento de uma precipitada tentativa de uniformizar os gastos de pessoal pelos três poderes e órgãos constitucionalmente autônomos – como tais entendidos o Ministério Público e o Tribunal de Contas.

O Supremo Tribunal Federal e os Tribunais de Contas exerceram um papel importante para fundamentar critérios de interpretação em realidades distintas daquelas que foram percebidas pelo Congresso Nacional. E, portanto, o imperativo categórico não foi, na prática, tão categórico assim.

Essa perspectiva do tema, contudo, faz parte de outros estudos para os quais a doutrina nacional já deu sua contribuição.

Para o enfrentamento da covid-19, haveria necessidade mesmo de se proceder a alterações na Lei de Responsabilidade Fiscal?

Victor Nunes Leal, ministro do Supremo Tribunal Federal, que tinha orgulho de ter integrado o Tribunal de Contas do Distrito Federal, onde exerceu o cargo de Procurador-Geral, na obra Ensaio sobre Técnica Legislativa, em coerência com o jurista alemão Hermann Jahrreis, na obra *Groesse und Not der Gesetzgebung*, assinalava que "legislar é fazer experiência com o destino humano". Há nessa expressão um senso muito apropriado na interpretação dos fatos que devem ser considerados no exame deste caso.

De fato, na própria Lei de Responsabilidade Fiscal, o art. 65 tentou balizar a particular situação do enfrentamento da calamidade pública dispondo que nessa situação ficariam suspensos os arts. 23, 31 e 70 e que também seria dispensado o atingimento dos resultados fiscais e a limitação de empenho prevista no art. 9º.

Portanto, a norma teve a pretensão de regular situações impensáveis ao tempo de da sua edição.

É essa, contudo, a árdua tarefa do legislador, que inclusive é muito bem recebida pelos operadores do Direito. O legislador não deve atuar no momento em que a pressão social é exercida, pois inevitavelmente será contaminado por circunstâncias que retiram a razoabilidade, que afetam a possibilidade de construção de soluções mais racionais.

Perceba agora como a inteligência do legislador na época em que a possibilidade de uma calamidade pública como a das dimensões enfrentadas pelo mundo no início do ano 2020 foi adequada:

a) a despesa com pessoal e a necessidade de redução do efetivo ficaram suspensas; essa é a regra do art. 23 referido;

b) o dever de reconduzir a dívida aos limites definidos pela LRF também ficou suspenso; essa é a regra do art. 31;

c) a possibilidade de sancionar o órgão ou poder que deixar de reduzir o efetivo também ficou suspensa.

É inevitável reconhecer que em estado de calamidade pública o Poder Público deve adotar medidas sociais, sanitárias e econômicas diferenciadas, e que, além disso, o próprio desenvolvimento da economia é temporariamente afetado.

Havendo redução da receita, haverá impacto direto na equação da despesa de pessoal e no limite da dívida pública. Isso porque ambas são definidas pela Lei de Responsabilidade Fiscal como uma equação em que o denominador é a Receita Corrente Líquida – RCL. Na matemática, a redução do denominador equivale à expansão do numerador e, portanto, independentemente das despesas de pessoal e dívida pública permanecerem estáveis ou serem ampliadas, com a redução do denominador passam a ter resultado muito maior.

O legislador, contudo, na redação original, ao estabelecer a regra da LRF, não exonerou o cumprimento de atos prudenciais do endividamento, como ocorre com os arts. 15, 16 e 17 e especialmente o art. 42, que trata do endividamento público nos dois últimos quadrimestres que antecedem o final do mandato.

O legislador, na época do direito provisório, porém, entendeu que o balizamento que foi erigido originariamente na Lei de Responsabilidade Fiscal foi insuficiente. E assim decidiu por impor nova norma que veio a ser votada pelo Congresso Nacional e promulgada pelo Presidente da República: Lei Complementar nº 173, de 27 de maio de 2020.

Nessa nova lei, há duas distintas partes: um conjunto de dispositivos que terão eficácia provisória e outra parte que será incorporada definitivamente na LRF.

Este estudo abrange a segunda parte.

3 As novas regras para o estado de calamidade

Alguns dispositivos dessa norma aplicam-se apenas durante o período de calamidade pública reconhecido pelo Congresso Nacional como calamidade pública em período de covid-19.

Outros dispositivos, porém, se incorporaram ao ordenamento jurídico permanente, inclusive como necessários e suficientes para garantir a responsabilidade fiscal em novas emergências ou calamidades públicas.

Essas alterações, no *direito permanente*, estão concentradas no art. 7º da Lei Complementar nº 173/2020.

3.1 Despesas com pessoal

Em momentos antecedentes à covid-19, o Brasil já atravessava dificuldades decorrentes de pressão de corporações por aumentos salariais. Esse cenário de pressões atingia níveis impensáveis. Algumas carreiras postularam e conseguiram por pressão aumentos equivalentes a 3 ou 4 vezes a inflação do período anterior, atingido até 40%, implicando o desajustamento fiscal completamente em contrariedade à legislação em vigor. Alguns governantes transferiram a decisão de cumprir a Lei de Responsabilidade Fiscal para o Poder Judiciário e para os Tribunais de Contas.

Nesse contexto compreende-se que, ao alterar o art. 21 da LRF, o novo disciplinamento tenha definido de modo claro como irregular, e "nulo de pleno direito", o ato que provoque aumento de despesa erigindo três balizamentos distintos.

a) Arts. 16 e 17 da LRF

O disposto nos arts. 16 e 17 da LRF trata do dever de estimar o "impacto orçamentário-financeiro no exercício em que deva entrar em vigor e nos dois subsequentes" e em seguida de declarar a compatibilidade com a Lei de Diretrizes Orçamentárias – LDO e a compatibilidade com a estimativa de receita do exercício e dos dois seguintes.

O legislador originário da LRF, em dispositivo que permanece em pleno vigor, definiu como deve ser cumprido o cálculo desse impacto e a verificação da compatibilidade.

É adequada com a "lei orçamentária anual a despesa que tenha dotação específica no orçamento e seja suficiente para o aumento pretendido". Se, contudo, não estiver prevista no orçamento, em valor suficiente, admite o legislador "que esteja abrangida por crédito genérico". Neste caso, porém, exige que a compatibilidade seja demonstrada somando-se "todas as despesas da mesma espécie, realizadas e a realizar, previstas no programa de trabalho". O resultado deve demonstrar que não serão ultrapassados os limites estabelecidos para o exercício, nessa dotação genérica.

Além dessa estimativa, obrigou o legislador que fosse declarada pelo ordenador de despesas a compatibilidade com o plano plurianual e a Lei de Diretrizes Orçamentárias.

Para evitar dúbias interpretações, a LRF, na redação original, ainda definiu que se considera conforme às "diretrizes, objetivos, prioridades e metas previstos nesses instrumentos e não infrinja qualquer de suas disposições" da LDO e da LRF.

Apesar da clareza desse dispositivo, em alguns casos as instituições fiscalizadoras omitiram-se no cumprimento dessa norma, inclusive os órgãos que a Constituição Federal definiu como constitucionalmente autônomos. Há registros na imprensa de que candidatos a cargos sujeitos à indicação do Poder Executivo ou do Legislativo, na época da disputa, foram protagonistas em decisões pelo não acatamento da norma. Embora a violação do orçamento seja crime de responsabilidade fiscal, ninguém foi processado.

Percebendo esses graves desvios e a impunidade, numa perspectiva histórica, deve-se compreender que serviram para o legislador melhor balizar o tema. Conter abusos depois de ocorridos pode ser um "preço" útil para evitar a repetição.

Agora, pela LC nº 173/2020, art. 7º, esse percurso para o aumento de despesa de pessoal ficou mais hígido, pois não se limita ao cumprimento dos arts. 16 e 17 da LRF. Foram reafirmados os balizamentos constitucionais e a situação temporal para a edição de tais normas.

b) Dispositivos constitucionais

Como o Brasil é uma jovem democracia, e o imperativo categórico, que é a lei, ainda não se consolidou, podem ocorrer situações como essa, em que uma lei complementar determina o cumprimento de um dispositivo constitucional.

De fato, no inc. I do art. 21 da LRF, com redação melhorada pela Lei Complementar nº 173/2020, está definido que o aumento de despesa de pessoal deve observar o inc. XIII do art. 37 da Constituição Federal e, também, o disposto no §1º do art. 169 da Constituição Federal.

No art. 37, inciso XIII, a Constituição veda[1] a vinculação ou equiparação de quaisquer espécies de remuneração. No *caput* do art. 169,

---

[1] BRASIL. [Constituição Federal (1988)]. *Constituição da República Federativa do Brasil de 1988.* Brasília, DF: Presidência da República, [2020]. Disponível em: http://www.planalto.gov.br/ ccivil_03/constituicao/constituicao.htm. Acesso em: 29 jan. 2020. "Art. 37. A administração pública direta e indireta de qualquer dos Poderes da União, dos Estados, do Distrito Federal e dos Municípios obedecerá aos princípios de legalidade, impessoalidade, moralidade, publicidade e eficiência e, também, ao seguinte: [...] XIII - é vedada a vinculação ou equiparação de quaisquer espécies remuneratórias para o efeito de remuneração de pessoal do serviço público;"

veda[2] exceder os limites estabelecidos em lei complementar, no caso, os limites definidos na LRF. No §1º desse artigo, a Constituição exige, para a concessão de qualquer vantagem ou aumento de remuneração, alteração de quantitativos de cargos ou carreiras, prévia dotação orçamentária, a qual deverá ser suficiente para atender às projeções de despesa de pessoal, aos acréscimos dela decorrentes e mais: lei específica.

Lei específica prévia, é claro. Mas o STF decidiu que a lei posterior pode validar o ato já praticado, prestigiando assim atos praticados contra a lei, em homenagem à segurança jurídica. Desprestigiou-se, assim, o imperativo categórico e ninguém foi responsabilizado.

c) Tempo – novo elemento restritivo para o aumento da despesa de pessoal

Além de alguns descumprirem impunemente o art. 21 da LRF e o art. 169 da Constituição Federal, dirigentes de órgãos e de poder transferiam o ônus para o próximo mandato.

Agora, a LRF, além de declarar categoricamente nulo, de pleno direito, o ato "de que resulte aumento da despesa com pessoal nos 180 dias anteriores ao final do mandato, qualificou também como nulo de pleno direito transferir a execução desse aumento para o mandato seguinte.

O inc. III, do art. 21, decreta a nulidade do ato de que resulte aumento da despesa com pessoal que preveja parcelas a serem implementadas em períodos posteriores ao final do mandato do titular de poder ou órgão.

Questão a ser considerada como possível é a edição de ato antes dos 180 dias que tenha aumento de despesa compatível com o exercício e com a projeção de despesas para os dois exercícios seguintes, com parcela a ser implementada em períodos posteriores ao final do mandato do titular de poder ou órgão.

---

2   BRASIL. [Constituição Federal (1988)]. *Constituição da República Federativa do Brasil de 1988.* Brasília, DF: Presidência da República, [2020]. Disponível em: http://www.planalto.gov. br/ccivil_03/constituicao/constituicao.htm. Acesso em: 29 jan. 2020. "Art. 169. A despesa com pessoal ativo e inativo da União, dos Estados, do Distrito Federal e dos Municípios não poderá exceder os limites estabelecidos em lei complementar. § 1º A concessão de qualquer vantagem ou aumento de remuneração, a criação de cargos, empregos e funções ou alteração de estrutura de carreiras, bem como a admissão ou contratação de pessoal, a qualquer título, pelos órgãos e entidades da administração direta ou indireta, inclusive fundações instituídas e mantidas pelo poder público, só poderão ser feitas: I - se houver prévia dotação orçamentária suficiente para atender às projeções de despesa de pessoal e aos acréscimos dela decorrentes; II - se houver autorização específica na lei de diretrizes orçamentárias, ressalvadas as empresas públicas e as sociedades de economia mista".

A nulidade atinge o ato todo ou somente a parcela decorrente de execução?

Essa questão é um pouco mais complexa.

Isso, porque a norma não prevê nulidade parcial do ato, declarando o significado de sua inteireza. Assim, a primeira interpretação leva ao entendimento de que o próprio ato é nulo, atingindo com nulidade tanto a parcela válida como a inválida.

A segunda interpretação possível considera que a parcela válida do ato, executada na vigência do mandato do titular do órgão ou poder, se, e somente se, estiver conforme com as demais regras, permanece no mundo jurídico e se incorpora ao salário, vencimentos ou proventos. Incorporando-se, passa a contar com a proteção constitucional que garante a irredutibilidade dessa nova parcela.

E assim é, porque a Constituição garante aos trabalhadores em geral a irredutibilidade do salário, com exceções que admite,[3] e depois estende essa garantia aos servidores públicos, ocupantes de cargo público.[4]

A Seguridade Social garante a irredutibilidade não só de proventos, que é uma espécie específica de benefícios, como também dos benefícios em geral.[5]

Note que em ambas as situações, havendo previsão de aumento além do mandato em que o aumento for concedido, essa parcela é nula de pleno direito.

---

[3] BRASIL. [Constituição Federal (1988)]. *Constituição da República Federativa do Brasil de 1988.* Brasília, DF: Presidência da República, [2020]. Disponível em: http://www.planalto.gov.br/ccivil_03/constituicao/constituicao.htm. Acesso em: 29 jan. 2020. "Art. 7º São direitos dos trabalhadores urbanos e rurais, além de outros que visem à melhoria de sua condição social: [...] VI - irredutibilidade do salário, salvo o disposto em convenção ou acordo coletivo;".

[4] BRASIL. [Constituição Federal (1988)]. *Constituição da República Federativa do Brasil de 1988.* Brasília, DF: Presidência da República, [2020]. Disponível em: http://www.planalto.gov.br/ccivil_03/constituicao/constituicao.htm. Acesso em: 29 jan. 2020. "Art. 39. A União, os Estados, o Distrito Federal e os Municípios instituirão conselho de política de administração e remuneração de pessoal, integrado por servidores designados pelos respectivos Poderes. [...] § 3º Aplica-se aos servidores ocupantes de cargo público o disposto no art. 7º, IV, VII, VIII, IX, XII, XIII, XV, XVI, XVII, XVIII, XIX, XX, XXII e XXX, podendo a lei estabelecer requisitos diferenciados de admissão quando a natureza do cargo o exigir".

[5] BRASIL. [Constituição Federal (1988)]. *Constituição da República Federativa do Brasil de 1988.* Brasília, DF: Presidência da República, [2020]. Disponível em: http://www.planalto.gov.br/ccivil_03/constituicao/constituicao.htm. Acesso em: 29 jan. 2020. "Art. 194. A seguridade social compreende um conjunto integrado de ações de iniciativa dos Poderes Públicos e da sociedade, destinadas a assegurar os direitos relativos à saúde, à previdência e à assistência social. Parágrafo único. Compete ao Poder Público, nos termos da lei, organizar a seguridade social, com base nos seguintes objetivos: [...] IV - irredutibilidade do valor dos benefícios;".

É nula, mesmo que concedida antes de 180 dias; é nula, ainda que cumpridos os arts. 16 e 17 da própria LRF, e é nula, ainda que no futuro venha a ser compatível com as normas. Será necessário novo ato, com o fiel cumprimento desses requisitos.

Se a pretensão de dar ao País e ao contribuinte a garantia de que os dirigentes serão responsáveis com a aplicação dos impostos que retiram do contribuinte, a convalidação de atos nulos há de ser restringida. Se esse ideário cede à força e à pressão de grupos, a lei não é mais necessária; a lei não passa "de faz de contas". Veja adiante comentários sobre política de pessoal no Poder Público.

Importante acréscimo ocorreu para dirimir questões que se relacionam à incidência dessa nulidade ao titular de poder ou órgão que vem a ser reconduzido ou reeleito.

A interpretação consistente do ordenamento jurídico deveria levar à vedação de promessa eleitoral de aumentos de salários e remuneração como instrumento para angariar votos. Isso porque a Lei Eleitoral veda, há mais de 30 anos, essa prática nociva à democracia.

Contudo, a interpretação literal da LRF, dissociada da plenitude da ordem jurídica, vinha admitindo a possibilidade de criar aumento de despesa para a próxima legislatura ou mandato. Assim ocorreu, por exemplo, no estado do Mato Grosso, no ano de 2018.

Agora, categoricamente, a Lei Complementar nº 173/2020 estabeleceu que as restrições de que tratam os incisos II, III e IV incidem, inclusive, durante o período de recondução ou reeleição para o cargo de titular do poder ou órgão autônomo.[6]

4 Plano de carreira, reajuste e admissão de concursados

A Lei Complementar nº 173/2020, tratou de detalhar os limites, requisitos e restrições que incidem nesses três temas.

---

[6] BRASIL. *Lei Complementar nº 173, de 27 de maio de 2020*. Estabelece o Programa Federativo de Enfrentamento ao Coronavírus SARS-CoV-2 (Covid-19), altera a Lei Complementar nº 101, de 4 de maio de 2000, e dá outras providências. Disponível em: http://www.planalto.gov. br/ccivil_03/LEIS/LCP/Lcp173.htm. Acesso em: 17 jun. 2020. "Art. 7º A Lei Complementar nº 101, de 4 de maio de 2000, passa a vigorar com as seguintes alterações: Art. 21. É nulo de pleno direito: §1º As restrições de que tratam os incisos II, III e IV: I - devem ser aplicadas inclusive durante o período de recondução ou reeleição para o cargo de titular do Poder ou órgão autônomo; e II - aplicam-se somente aos titulares ocupantes de cargo eletivo dos Poderes referidos no art. 20".

Há um esforço para conter o gasto com pessoal, mas o tema merece melhor reflexão. Veja adiante comentários sobre política de pessoal no Poder Público.

4.1 Controle sobre atos

A norma aprimorou o alcance do controle definindo que incide sobre a aprovação, a edição e a sanção dos atos.

Nem todas as autoridades praticam os atos de aumento de despesa de pessoal, por lei, sujeitos à sanção do Poder Executivo e ao percurso do processo legislativo direto.

Lembrando que a Constituição Federal define na atual redação do inciso X do art. 37 que:

> [...] a remuneração dos servidores públicos e o subsídio de que trata o §4º do art. 39 somente poderão ser fixados ou alterados por lei específica, observada a iniciativa privativa em cada caso, assegurada revisão geral anual, sempre na mesma data e sem distinção de índices.[7]

O sonho do Constituinte de 1988 de isonomia entre cargos e carreiras dos três poderes no serviço público foi alterado,[8] com a redação dada pela Emenda Constitucional nº 19/1998, dez anos depois, porque não foram encontrados meios de dar-lhe cumprimento na prática.

Desse modo, permaneceu somente a regra do inciso XII, do art. 37, que veda que os vencimentos dos cargos do Poder Legislativo e do Poder Judiciário sejam superiores aos pagos pelo Poder Executivo.

Na prática, foge-se ao cumprimento dessa regra com a simples titulação diferente dos cargos. Aplicada a ciência da Administração, notadamente os fundamentos da análise de cargos e salários e planos de carreira, essa falácia não se perpetuaria.

---

[7] BRASIL. [Constituição Federal (1988)]. *Constituição da República Federativa do Brasil de 1988.* Brasília, DF: Presidência da República, [2020]. Disponível em: http://www.planalto.gov.br/ccivil_03/constituicao/constituicao.htm. Acesso em: 29 jan. 2020

[8] BRASIL. [Constituição Federal (1988)]. *Constituição da República Federativa do Brasil de 1988.* Brasília, DF: Presidência da República, [2020]. Disponível em: http://www.planalto.gov.br/ccivil_03/constituicao/constituicao.htm. Acesso em: 29 jan. 2020. Redação original do art. 39, § 1º: "A lei assegurará, aos servidores da administração direta, isonomia de vencimentos para cargos de atribuições iguais ou assemelhados do mesmo Poder ou entre servidores dos Poderes Executivo, Legislativo e Judiciário, ressalvadas as vantagens de caráter individual e as relativas à natureza ou ao local de trabalho".

O Poder Judiciário, contudo, não pode ser chamado para dar cumprimento a esse dispositivo.[9]

Diante da autonomia orçamentária vários desvios do dever de responsabilidade fiscal vêm sendo praticados, inclusive na dramática situação da pandemia, embora alguns tenham sido coibidos,[10] como antecipar pagamento de férias dos anos seguintes, criar indenizações por desgastes que são inerentes a outras carreiras, pagar adicional de nível superior quando essa escolaridade é exigida para ingresso na carreira.

No cenário balizado pela LC nº 173/2020 foi definida norma mais ampla em que os atos foram subjugados a requisitos e limitados, definiu-se as autoridades competentes e o tempo em que os atos devem ser praticados.

Inobservados esses, a lei fulmina de *nulidade de pleno direito*:

a) período em que a prática dos atos foi limitada.

Havendo aumento de despesas, estão vedados nos 180 dias anteriores ao final do mandato do titular do Poder Executivo; também foi vedada a prática de ato que resulte em aumento de despesa que preveja parcelas a serem implementadas em períodos posteriores ao final do mandato do titular do Poder Executivo.

b) tipos de atos que estão vedados.

Está vedada a prática de atos de aprovação, de edição ou de sanção de normas legais, contendo plano de alteração, reajuste e reestruturação de carreiras do setor público ou a edição de ato para nomeação de aprovados em concurso público.

c) autoridades que estão subjugadas a essa norma.

Chefe do Poder Executivo, presidente e demais membros da mesa ou órgão decisório equivalente do Poder Legislativo, presidente de tribunal do Poder Judiciário e chefe do Ministério Público da União e dos Estados.

Inovadoramente, porém, o §1º acrescido ao art. 21 pela Lei Complementar nº 173/2020 dispôs que essas restrições devem ser aplicadas, inclusive, durante o período de recondução ou reeleição para o cargo de titular do poder ou órgão autônomo, conforme inc. I do §1º do art. 21. Mas, o inc. II define que somente aplicam-se as restrições dos

---

[9]   BRASIL. Supremo Tribunal Federal. Súmula n° 339. Não cabe ao Poder Judiciário, que não tem função legislativa, aumentar vencimentos de servidores públicos sob fundamento de isonomia. Disponível em: http://www.stf.jus.br/portal/cms/verTexto. asp?servico=jurisprudenciaSumula&pagina=sumula_301_400. Acesso em: 17 jun. 2020.

[10]   CNJ suspende pagamentos antecipado de férias de 2021 a magistrados do TJBA. Disponível em: http://atarde.uol.com.br/politica/noticias/2129722-cnj-suspende-pagamento-antecipado-de-ferias-de-2021-a-magistrados-do-tjba. Acesso em: 17 jun. 2020.

incisos II, III e IV aos titulares ocupantes de cargo eletivo dos poderes referidos no art. 20.

Desse modo, ao estabelecer o destinatário da vedação a detentor de "cargo eletivo" dos poderes, a norma permitiu abrir exceção aos que não são tecnicamente ocupantes de "cargos eletivos", como os chefes de poder judiciário e legislativo que, embora sejam ocupantes de cargos sujeitos à eleição do colegiado que integram, não são cargos eletivos na forma do Código Eleitoral Brasileiro. São, pois, escolhidos, mas não ocupam cargos eletivos, presidente de tribunal e o diretor da mesa do legislativo.

A questão pode ensejar alguma dúvida porque os membros do Parlamento são originariamente ocupantes de cargos eletivos, assim como o chefe do Poder Executivo. Desse modo, ainda que o cargo de diretor na mesa não seja tecnicamente "cargo eletivo", a condição originária pode, pois, implicar a vedação.

A considerar essa possível interpretação, as restrições do art. 21 não terão o alcance desejado que se infere quando faz precisa a referência a "cargo de titular do poder ou órgão autônomo".

De qualquer modo, como todos os atos são controlados pelo art. 21, agora na forma preconizada pela Lei Complementar nº 173/2020, as novas restrições deverão ser adequadamente compreendidas pelos integrantes do Poder Judiciário, do Ministério Público e do Tribunal de Contas, estes dois últimos órgãos constitucionalmente autônomos.

Como a Constituição Federal exige lei no sentido formal, os atos de plano de operação, reajuste e reestruturação de carreiras do setor público e admissão de aprovados em concurso público estarão sujeitos ao controle social mais legítimo, que é realizado pelo Parlamento e pelo Poder Executivo.

5 O novo tratamento da LRF em caso de calamidade pública

A Lei de Responsabilidade Fiscal definiu na redação originária do art. 65 alguns balizamentos relevantes que foram agora alterados pela Lei Complementar nº 173/2020.

O primeiro diz respeito ao fato de que para a norma somente dois poderes legislativos podem exonerar a unidade federada do descumprimento de algumas normas. Na interpretação literal somente o Congresso Nacional, no caso da União, e as assembleias legislativas estaduais, no caso de estados e municípios, podem decretar calamidade pública suficiente para exonerar o cumprimento de alguns dos dispositivos da LRF.

Assim, o Poder Legislativo municipal não pode exercer a competência para os fins de exonerar o cumprimento da Lei de Responsabilidade Fiscal. Contudo, em livro publicado sobre o tema,[11] admitimos a possibilidade de o Poder Judiciário vir a reconhecer o estado de calamidade pública quando assembleia legislativa não reconheceu nessa situação.

Tal entendimento decorre da inexistência de hierarquia no regime federativo adotado pelo Brasil, de forma singular em relação às outras nações, em que distribuiu competências, mas não hierarquizou os entes federados.

Na pretensão de legislar o tema para ocorrências futuras de calamidade pública, a Lei Complementar nº 173/2020 definiu alguns detalhes que não podem ser desconsiderados na interpretação.

O primeiro deles diz respeito ao fato de que o Congresso Nacional pode reconhecer a calamidade pública em todo o território nacional ou em partes desse. Essa nova hipótese foi assinalada na redação do §1º do art. 65 pela Lei Complementar nº 173/2020.

5.1 Normas da LRF de cumprimento dispensado

No §1º do art. 65 foi definido que a União, Estado, DF ou Município está dispensado do cumprimento das normas referentes à responsabilidade fiscal para: a) contratação e o aditamento de operações de crédito; b) concessão de garantias; c) contratação entre entes da federação e d) recebimento de transferência voluntária.

Também haverá suspensão das restrições e das exigências que limitam as concessões de recursos, garantias e transferências voluntárias, tal como ocorre com o CAUC, no qual devem ser inseridos os devedores de recursos federais, os entes federativos que devem à Seguridade Social, entre outros. Também estão exonerados de sanções e restrições, nas relações entre entes federados, aqueles que não atingem os limites exigidos para despesa de pessoal e outras.

---

[11] JACOBY FERNANDES, Jorge Ulisses; JACOBY FERNANDES, Murilo; TORRES, Ronny Charles; TEIXEIRA, Paulo. *Direito Provisório e a Emergência do Coronavírus:* ESPIN – COVID-19 – Critérios e fundamentos, Direito Administrativo, Financeiro (responsabilidade fiscal), Trabalhista e Tributário. Belo Horizonte: Fórum, 2019.

5.2 Arts. 35, 37 e 42 da LRF

O art. 35 se refere a operações de crédito e o 37 define os atos que são equiparados a operações de crédito.

O art. 42 por sua vez limita contrair obrigações nos dois últimos quadrimestres do mandato sem garantir a disponibilidade de caixa para o pagamento dessas obrigações.

O inc. II do §1º do art. 65, agora com a redação dada pela Lei Complementar nº 173/2020, também dispensou o cumprimento do art. 8º e respectivo parágrafo, que define o dever de apresentar a programação financeira e o cronograma mensal de desembolso, após 30 dias da aprovação do orçamento. A ressalva existente, contudo, é que todo esse conjunto de dispensas deve-se referir, *apenas* e *exclusivamente*, quando estiverem envolvidos recursos destinados ao combate à calamidade pública.

Ao definir essa finalidade específica, o legislador mais uma vez deposita a sua confiança nos Tribunais de Contas, órgão constitucionalmente autônomo, com competência para aferir a arrecadação e a destinação dos recursos públicos.

5.3 Arts. 14, 16 e 17

Também o dever de comprovar a compatibilidade da despesa com a previsão orçamentária e com a Lei de Diretrizes Orçamentárias, um dos grandes pilares da responsabilidade fiscal, veio agora a ser afastado desde que a criação ou aumento da despesa sejam destinados ao combate à calamidade pública.

Com essa redação do inc. III do §1º do art. 65, de acordo com a Lei Complementar nº 173/2020, ficou definida uma linha de coerência com a pretensão de se ter uma gestão orçamentária diferenciada para as despesas necessárias ao combate à calamidade pública.

5.4 Operações de crédito garantidas pela União

Um dispositivo bastante interessante veio a ser introduzido pelo parágrafo terceiro no art. 65 pela Lei Complementar nº 173/2020: para os contratos referentes a operações de crédito já assinados e garantidos pela União, ficou definido que a União continuará sendo garantidora, mesmo na inadimplência, mas dispensou-se a alteração dos contratos de garantia e de contragarantia vigente. Textualmente assinalou "não sendo necessária alteração dos contratos de garantia e de contragarantia vigentes".

Desse modo, ainda que o prazo de pagamento venha a ser suspenso, as cláusulas de garantia e de contragarantia permanecem tais como foram ajustadas no início.

É recomendável, porém, para melhor controle da despesa pública, inclusive pelo próprio ordenador de despesas, que promova um apostilamento ainda que unilateral nos autos, de forma a que o processo retrate os fatos decorrentes da calamidade pública.

5.5 Diretrizes para os novos decretos legislativos

Em uma inovação bastante relevante, no parágrafo segundo do art. 65, agora introduzido pela Lei Complementar nº 173/2020, ficou definido que o novo decreto legislativo que vier a reconhecer o estado de calamidade pública aplicar-se-á apenas no âmbito em que foi reconhecido o estado de calamidade pública, que como visto poderá ser de âmbito nacional ou restrito a determinada parte do território nacional.

Além disso, dispôs que a calamidade pública será restrita aos atos de gestão orçamentária financeira diretamente relacionados com a calamidade pública na forma definida pelo decreto legislativo.

6 Transparência, controle e fiscalização

Ainda que de forma tímida, o inc. II do parágrafo segundo do art. 65 estabeleceu que as disposições desse mesmo artigo não afastam as disposições relativas à transparência, ao controle e à fiscalização.

A transparência, no Brasil, é uma imposição constitucional que abrange toda a Administração Pública das três esferas de governo, inclusive administração indireta e, em especial, as empresas estatais.

A transparência é ainda mais ampla no sentido de que se deve permitir a qualquer cidadão o acesso, o que ocorre nos recintos ressalvadas as hipóteses previstas em lei.

A propósito, a Organização Não Governamental – ONG Transparência Internacional apresenta a necessidade de as seguintes informações relativas às contratações celebradas para o enfrentamento da covid-19 serem disponibilizadas:

a) o nome do/a contratado/a e seu CNPJ/CPF*;

b) o valor total e por unidade*;

c) o prazo contratual*, considerando as limitações impostas pelo art. 4º-H da Lei nº 13.979;

d) o número do processo de contratação e a íntegra do contrato e/ou a nota de empenho correspondente;

e) o órgão contratante;

f) o descritivo, a quantidade e o tipo de bem ou serviço adquirido; apesar das possíveis dificuldades na operacionalização deste item, especialmente para órgãos que não adotam o processo eletrônico, entende-se que as informações contidas no processo administrativo oferecem o contexto necessário e a justificativa para a contratação, o que é essencial para o controle social;

g) o local da execução;

h) a data da celebração e/ou da publicação no Diário Oficial;

i) a forma de contratação (pregão ou dispensa de licitação);

j) a íntegra e/ou as peças principais do processo administrativo que antecedeu a contratação.

As exigências assinaladas com asterisco são oriundas de imposição da Lei nº 13.979 de 2020; as demais apenas recomendadas pela ONG.

Com a transparência é possível efetivar não só o controle pelos Tribunais de Contas e Ministério Público, mas o controle pelo próprio cidadão. Etimologicamente, cidadão é aquele que faz parte da cidade e, em todos os compêndios de controle, é ensinado que o controle mais efetivo é o controle social, que representa a conjugação mais nobre de dois postulados: o primeiro, concernente à plena consciência daqueles que trabalham remunerados pelo erário e que servem à sociedade; o segundo, por que só há controle pelo cidadão, na medida em que evolui no processo de educação e cultura.

Parece difícil acreditar que o cidadão em geral possa ter interesse pela responsabilidade fiscal, não só pela falta de esclarecimento necessário para acompanhar informações complexas. A Lei de Responsabilidade Fiscal, no entanto, mantendo o ideário de ser uma bússola permanente para a sociedade, definida pelos seus legítimos representantes no Congresso Nacional, estabeleceu vários dispositivos, mas um, em particular, merece atenção:

> Art. 48. São instrumentos de transparência da gestão fiscal, aos quais será dada ampla divulgação, inclusive em meios eletrônicos de acesso público: os planos, orçamentos e leis de diretrizes orçamentárias; as prestações de contas e o respectivo parecer prévio; o Relatório Resumido

da Execução Orçamentária e o Relatório de Gestão Fiscal; e as versões *simplificadas* desses documentos.[12]

Note, pois, a preocupação do legislador em estabelecer o dever de apresentar versões simplificadas desses documentos.

Note que a transparência é buscada em vários dispositivos da LRF, como, por exemplo, no art. 32, §4º, em que determina ao Senado Federal, Banco Central do Brasil, Ministério da Fazenda efetuar o registro eletrônico centralizado e atualizado das dívidas públicas interna e externa, garantindo o acesso público às informações.

Outros dispositivos ainda versam sobre o dever de publicar, como, por exemplo, os arts. 51, 65 e outros.

É importante observar que a regra final do art. 48, no sentido de que as informações sejam apresentadas de modo *simplificado*, não vem sendo cumprida. Tanto os Tribunais de Contas como o Ministério Público não vêm buscando dar efetividade ao comando legal e não é de estranhar que os destinatários dessa norma também não reclamem. Seja porque não têm interesse mesmo, seja porque por mais simplificada que se apresente não lhes será útil ao desejo do controle social.

É muito oportuno lembrar o entendimento de Michael Kremer, prêmio Nobel de Economia em 2019 ao lado de Esther Duflo e Abhijit Banerjee. Esse estudioso vem divulgando a ideia de que informar mais pobres de maneira incompreensível freia o desenvolvimento.[13] Parece ter razão o eminente economista. Num mundo de grande volume de informações, transferidas de forma complexa, é natural a rejeição à leitura de matérias redigidas de forma árida e hermética. Além disso, a alienação é gravíssima porque inibe e enfraquece o vigor da cidadania.

Alguns Tribunais de Contas vêm editando cartilhas para demonstrar a importância da cidadania da responsabilidade fiscal, inclusive com trabalhos junto às escolas. O que ainda não foi observado é que o próprio governo deve apresentar essas informações de modo claro e acessível. Em cursos ministrados, temos demonstrado que esse dever, inclusive, pode ser não só a prestação de contas de um governo, mas um verdadeiro palco para, cumprindo a lei, comprovar as realizações práticas.

---

[12] BRASIL. *Lei Complementar nº 101, de 4 de maio de 2000*. Estabelece normas de finanças públicas voltadas para a responsabilidade na gestão fiscal e dá outras providências. Disponível em: http://www.planalto.gov.br/ccivil_03/leis/ lcp/lcp101.htm. Acesso em: 17 jun. 2020.

[13] Folha de São Paulo, domingo, 14.06.2020, página A18.

Uma das grandes preocupações externadas por vários veículos de comunicação diz respeito precisamente ao risco de não haver controle durante a pandemia. Percebe-se daí a preocupação do legislador em mais uma vez reforçar que são inafastáveis a transparência, o controle e a fiscalização.

Nesse aspecto, observa-se que vários Tribunais de Contas já determinaram auditorias específicas, embora alguns tenham corrido o risco de associar normas e jurisprudência de épocas alheias ao Direito Provisório, fazendo uma transferência entre os sistemas absolutamente imprópria. Como destacado no livro *Direito Provisório*, esse é um dos riscos mais comuns em que pode incorrer o intérprete: aplicar regras do direito provisório, considerando técnicas de interpretação anteriores a esse direito.[14]

O Direito Provisório deve ser interpretado dentro do seu próprio sistema, inclusive com regras peculiares de interpretação, como pretende a Medida Provisória nº 966, de 13 de maio de 2020[15] cuja constitucionalidade já foi apreciada, cautelarmente, pelo Supremo Tribunal Federal na ADI nº 6.421. Nessa oportunidade o Supremo Tribunal Federal decidiu por esclarecer as expressões "erro grosseiro" e "opinião técnica".

Como muitos problemas sobre o julgamento de atos praticados, em especial, fazem referência à responsabilidade fiscal, parece oportuno trazer algumas considerações sobre esse entendimento do Supremo Tribunal Federal.

Antes disso, entretanto, convém lembrar a que "a palavra é um mau veículo do pensamento", como ensina Carlos Maximiliano, em sua monumental obra: Hermenêutica e aplicação do Direito.

O desafio de determinar como interpretar as palavras é ainda mais difícil; desincumbir-se por lei de determinar ao intérprete qual sentido deve dar as expressões é um desafio ainda maior.

O Direito Provisório sistematizado com a participação do Congresso Nacional e do Poder Executivo para viger no período de Emergência em Saúde Pública de Importância Nacional – ESPIN teve, também, a edição de medida provisória destinada a interpretar os

---

[14] JACOBY FERNANDES, Jorge Ulisses; JACOBY FERNANDES, Murilo; TORRES, Ronny Charles; TEIXEIRA, Paulo. *Direito Provisório e a Emergência do Coronavírus:* ESPIN – COVID-19 – Critérios e fundamentos, Direito Administrativo, Financeiro (responsabilidade fiscal), Trabalhista e Tributário. Belo Horizonte: Fórum, 2019.

[15] BRASIL. *Medida Provisória nº 966, de 13 de maio de 2020.* Dispõe sobre a responsabilização de agentes públicos por ação e omissão em atos relacionados com a pandemia da covid-19. Disponível em: http://www.planalto.gov.br/ccivil_03/_Ato2019-2022/2020/Mpv/mpv966. htm. Acesso em: 17 jun. 2020.

atos praticados por agentes públicos e privados na aplicação jurídica destinada ao combate da covid-19.

Como regra de interpretação, para esta década, vigora a Lei nº 13.655/2018, que inclui no Decreto-Lei nº 4.657, de 4 de setembro de 1942, Lei de Introdução às Normas do Direito Brasileiro[16].

Considerando insuficiente a norma, foi editada a Medida Provisória nº 966/2020 de 2020, que dispõe sobre a responsabilização de agentes públicos por ação e omissão em atos relacionados com a pandemia da covid-19.

Como tem ocorrido, desde o início da pandemia, com todas as normas editadas, também esta foi objeto de ação direta de inconstitucionalidade pelos partidos de oposição, que deixam de exercer a função de apreciação legislativa para provocar o controle de constitucionalidade no Supremo Tribunal Federal.

No Diário Oficial de hoje, foi publicada a decisão do Supremo Tribunal Federal em relação à Medida Cautelar na Ação Direta de Inconstitucionalidade nº 6.421.

Decidiu o Supremo Tribunal, por unanimidade dos presentes, considerar constitucional a MP nº 966/2020 e dar interpretação conforme à Constituição Federal[17] aos artigos 1º e 2º, conforme se verá a seguir.

7 Parecer e opinião técnica

Referido dispositivo, na parte que interessa à compreensão da decisão, tem a seguinte redação:

Art. 1º Os agentes públicos somente poderão ser responsabilizados nas esferas civil e administrativa se agirem ou se omitirem com dolo ou erro grosseiro pela prática de atos relacionados, direta ou indiretamente, com as medidas de:
I - enfrentamento da emergência de saúde pública decorrente da pandemia da *covid-19*; e
II - combate aos efeitos econômicos e sociais decorrentes da pandemia da *covid-19*.

---

[16] BRASIL. *Decreto-Lei nº 4.657, de 4 de setembro de 1942*. [Lindb] Lei de Introdução às Normas do Direito Brasileiro. Disponível em: http://www.planalto.gov.br/ccivil_03/Decreto-Lei/Del4657.htm. Acesso em: 22 jul. 2020:

[17] BRASIL. Supremo Tribunal Federal. *Medida Cautelar na Ação Direta de Inconstitucionalidade nº 6.421*. Relator: Ministro Roberto Barroso, 21 de maio de 2020. Disponível em: http://pesquisa.in.gov.br/imprensa/jsp/visualiza/index.jsp?data=17/06/2020&jornal=515&pagina=3&totalArquivos=196. Diário Oficial da República Federativa do Brasil, Brasília, 17 de junho de 2020, p. 1.

§1º A responsabilização pela *opinião técnica* não se estenderá de forma automática ao decisor que a houver adotado como fundamento de decidir e somente se configurará:

I - se estiverem presentes elementos suficientes para o decisor aferir o dolo ou o erro grosseiro da opinião técnica; ou

II - se houver conluio entre os agentes.

§2º O mero nexo de causalidade entre a conduta e o resultado danoso não implica responsabilização do agente público.[18]

Sem suprimir partes da norma, o STF determina que o intérprete deve dar interpretação conforme à Constituição ao art. 1º da MP nº 966/2020, para dispor que a autoridade à qual compete a decisão deve *exigir* que a opinião técnica trate expressamente:

(i) das normas e critérios científicos e técnicos aplicáveis à matéria, tal como estabelecidos por organizações e entidades reconhecidas nacional e internacionalmente;

(ii) da observância dos princípios constitucionais da precaução e da prevenção.

Embora complexa a decisão, recomenda-se que, nos atos em que a autoridade tiver que decidir, atenda no despacho de remessa ao órgão que vai manifestar esse postulado.

8 Erro grosseiro

Quanto à expressão "erro grosseiro", essa consta também da referida Medida Provisória, como se observa:

> Art. 2º Para fins do disposto nesta Medida Provisória, considera-se *erro grosseiro* o erro manifesto, evidente e inescusável praticado com culpa grave, caracterizado por ação ou omissão com elevado grau de negligência, imprudência ou imperícia.[19]

O STF decidiu que, ao interpretar o texto, deve-se considerar que configura erro grosseiro o "ato administrativo que ensejar violação

---

[18] BRASIL. *Medida Provisória nº 966, de 13 de maio de 2020*. Dispõe sobre a responsabilização de agentes públicos por ação e omissão em atos relacionados com a pandemia da covid-19. Disponível em: http://www.planalto.gov.br/ccivil_03/_Ato2019-2022/2020/Mpv/mpv966. htm. Acesso em: 17 jun. 2020.

[19] BRASIL. *Medida Provisória nº 966, de 13 de maio de 2020*. Dispõe sobre a responsabilização de agentes públicos por ação e omissão em atos relacionados com a pandemia da covid-19. Disponível em: http://www.planalto.gov.br/ccivil_03/_Ato2019-2022/2020/Mpv/mpv966. htm. Acesso em: 17 jun. 2020.

ao direito à vida, à saúde, ao meio ambiente equilibrado ou impactos adversos à economia, por inobservância:
(i) de normas e critérios científicos e técnicos, tal como estabelecidos por organizações e entidades internacional e nacionalmente conhecidas; ou
(ii) dos princípios constitucionais da precaução e da prevenção".

Como referido, trata-se de decisão jurídica de dispositivo que determina como interpretar os atos praticados na vigência do Direito Provisório e tenta, como a própria medida provisória, definir algum balizamento mais objetivo para julgamentos futuros.

Assim, decidiu o STF que desatendidos esses balizamentos, os agentes envolvidos e, nomeadamente, as autoridades tornam-se corresponsáveis por eventuais violações a direitos.

O Direito é uma ciência complexa e a pretensão de dar maior segurança ao gestor público, com a criação de regras objetivas, vai sendo pouco a pouco atendida.

É um desafio para uma nação jovem.

9 Considerações finais

O presente estudo dedicou-se à análise dos dispositivos acrescidos pela Lei Complementar nº 173/2020 na Lei Complementar nº 101/2000.

Permita o leitor tecer algumas considerações adicionais com o objetivo de trazer reflexões à aplicação de recursos públicos.

A Lei de Responsabilidade Fiscal veio num momento singular da nossa história e conseguiu restringir gravíssimos abusos que vinham ensejando o endividamento público.

Até mesmo à data de sua publicação 4.05.2000, identificava-se um cenário em que as proibições de realização de despesas e endividamento nos dois últimos quadrimestres do mandato atingiam, precisamente, todos os municípios brasileiros.

No ano de 2000, não poderiam mais ser realizadas despesas para transferência ao gestor que viesse a ser eleito pela municipalidade.

Repartição de despesas

Passados 20 anos, percebe-se que a imposição de repartição das despesas de pessoal entre poderes e órgãos não foi adequada.

Determinou-se, numa interpretação equivocada da decisão do STF, em liminar, que a repartição era inflexível, quando na verdade, como demonstramos em obra sobre o tema,[20] as unidades federadas poderiam chegar a entendimento diferente, quando os três poderes e os dois órgãos constitucionalmente autônomos, Tribunal de Contas e Ministério Público, decidissem no âmbito da unidade federada de forma autônoma e harmônica, tal como exige o exercício da democracia entre autônomos.

O mesmo poderia ocorrer no âmbito municipal, ou seja, entre Legislativo e Executivo poderia haver um acordo para repartição diferente. A interpretação correta da decisão do STF leva, inexoravelmente, a essa possibilidade.

Despesa de pessoal

Conforme dados publicados pela Folha de São Paulo, no dia 14 de junho de 2020, a despesa de pessoal no serviço público brasileiro está acima, inclusive, dos países desenvolvidos. Nesses, a demanda por serviços públicos é maior e, portanto, também os gastos.

Curiosamente, parecer haver um consenso de que a qualidade do serviço público é ruim, embora haja divergência quanto às causas e métodos de aferição.

Há outro consenso, de que a distribuição da despesa de pessoal não é justa, quando comparados carga de trabalho e resultado do trabalho.

Formaram-se pequenos feudos que conseguiram, por pressão mesmo, impor remunerações exorbitantes e inadequadas.

Afirma-se que hoje, em 2020, o serviço público paga salários mais elevados que a iniciativa privada. Há necessidade de equivalência de salários, pondo-se acima desses apenas as carreiras de estado. Somente essas deveriam ter garantias diferenciadas.

E a determinação de salários para carreiras que não são de estado deve ser feita apenas por pesquisa salarial isenta e representativa.

Para essas, a dispensa por rendimento insuficiente deve ser praticada, e exaustivamente praticada, exatamente como é previsto na Constituição Federal, por avaliações periódicas.

Os planos de carreira não devem permitir ascensão limitada à antiguidade ou por avaliação de um chefe e seu superior, de forma

---

[20] JACOBY FERNANDES, Jorge Ulisses; MOTA, Carlos Pinto Coelho. *Responsabilidade Fiscal.* Belo Horizonte: Editora Del Rey, 2001.

estanque. A produtividade deve ter critérios; a devoção ao interesse público não pode ser freada por "feudos" que se instalam nas cúpulas.

Tribunais de Contas e STF

A Lei de Responsabilidade Fiscal colocou em outro patamar os Tribunais de Contas, transformando-os em verdadeiros guardiões da austeridade fiscal exigida por toda a sociedade. Além de valorizá-los, ainda abriu uma linha de financiamento específico para o seu aparelhamento, o que foi prontamente atendido pelo governo federal.

A esperança inicial, contudo, decorrente da atuação rígida foi pouco a pouco se acomodando numa estrutura em que os Tribunais de Contas foram demandados a responder consultas e, pela via interpretativa, acabaram promovendo muitas concessões. O imposto de renda incidente sobre as remunerações não integra despesa de pessoal, porque fica no próprio ente pagador da esfera de governo. A despesa com inativos tem tratamento diferenciado segundo o órgão tenha ou não sistema de previdência. E, assim em diante, pouco a pouco criaram-se exceções, mutilando a obra legislativa.

É bem verdade que em alguns casos a aplicação da norma poderia levar à inconstitucionalidade, como por exemplo no Tribunal de Contas do Acre, em que os recursos definidos para essa instituição são insuficientes para o pagamento dos membros do plenário.

O Supremo Tribunal Federal, ao contrário dos Tribunais de Contas, não apresentou solução rápida, oferecendo medida cautelar em várias sessões, aos poucos, e sem conformidade e uniformidade. Passados 20 anos, as ações que buscavam dar segurança jurídica à responsabilidade fiscal ainda estão pendentes de julgamento.

Não se pretende nessas poucas linhas definir responsabilidades ou promover acusações estéreis que levem apenas ao desprestígio de algumas instituições.

É necessário nesse singular momento da história, representado pela edição da Lei Complementar nº 173/2020, acrescida da pandemia decorrente da covid-19, aqui também como fizeram os autores desta obra, recomendar que sejam promovidos seminários e a organização da jurisprudência até agora apresentada.

É possível e desejável que se promovam amplos debates precisamente para criar um novo sistema interpretativo nascido daqueles que vivenciaram a árdua missão, e muitas vezes antipática, de frear ações populistas e absolutamente irresponsáveis.

É necessário conter a invalidação da norma pela via interpretativa. Afinal, o legado científico de considerar a lei como imperativo categórico há de ser levado a sério.

Se a lei está incorreta, errada ou injusta, os principais atores do cenário nacional têm competência para propor a alteração da lei. A mutilação das normas, a elasticidade que nulifica pela via interpretativa, precisa ser contida.

Cabe lembrar: o Brasil é um Estado Democrático de Direito. As leis, que todos subjugam, resultam da vontade do povo, externada pelos seus legítimos representantes, eleitos pelo sufrágio universal.

Que assim seja.

Informação bibliográfica deste texto, conforme a NBR 6023:2018 da Associação Brasileira de Normas Técnicas (ABNT):

FERNANDES, Jorge Ulisses Jacoby. Evolução da responsabilidade fiscal e da sociedade brasileira. *In*: FIRMO FILHO, Alípio Reis; WARPECHOWSKI, Ana Cristina Moraes; RAMOS FILHO, Carlos Alberto de Moraes (Coord.). *Responsabilidade na gestão fiscal*: estudos em homenagem aos 20 anos da lei complementar nº 101/2000. Belo Horizonte: Fórum, 2020. p. 271-294. ISBN 978-65-5518-034-3.

TRANSPARÊNCIA FISCAL: VINTE ANOS DEPOIS

JOSÉ MAURÍCIO CONTI

ANDRÉ CASTRO CARVALHO

Introdução

Vinte anos são capazes de separar duas gerações, trazendo hábitos e práticas totalmente diferentes uns dos outros. Em 1960, o rádio era o principal meio de comunicação no Brasil; já em 1980, era a televisão. Em 2000, popularizava-se o uso de computadores e internet; em 2020, observamos o WhatsApp, Instagram, Twitter e Facebook exercendo papel relevante em eleições e servindo como ferramenta de comunicação entre setor público e cidadão.

Logo, é período suficiente para que práticas sociais amadureçam e possam evoluir naturalmente, como é de se ocorrer em um interstício de tempo desta natureza. A proposta deste artigo é, portanto, trazer a visão de juristas de duas gerações jurídicas distintas (um do final da década de 1980, o outro do final da década de 2000) em um texto reflexivo sobre as mudanças que a transparência fiscal acarretou nas finanças públicas brasileiras.

O que nos espera para mais 20 anos? A economia *peer-to-peer* do Uber e Rappi trazendo informações das finanças públicas na relação Estado-cidadão? O pagamento de tributos com criptomoeda? Execução orçamentária movida a inteligência artificial? *Streaming* para o orçamento participativo? É impossível prever o impacto que ocorrerá nas próximas duas décadas na ciência do Direito, ainda mais em relação ao Direito Financeiro.

Que este breve texto possa, em 2040, servir de base para os desafios que sequer podemos imaginar: os novos juristas que estão se formando neste ano, em 2020, certamente ajudarão a população brasileira a enfrentá-los.

1 A transparência em ascensão no século XXI

A importância da transparência fiscal foi destacada em estudos do Fundo Monetário Internacional, que foram incentivadores da sua adoção e fomento nas legislações de vários países, inclusive do Brasil, que a incorporou expressamente na Lei de Responsabilidade Fiscal, do ano 2000, evidenciando os esforços realizados na década anterior para aperfeiçoar os mecanismos de transparência fiscal, especialmente nos países em desenvolvimento.

Os estudos do FMI indicaram que o grau de transparência fiscal sempre foi um importante indicador da credibilidade fiscal e do desempenho fiscal do país, identificando-se uma clara relação entre o grau de transparência fiscal e os indicadores de sustentabilidade fiscal, bem como da percepção pelo mercado da capacidade dos países de saldar suas dívidas. E, de outro lado, a opacidade fiscal aumenta a desconfiança do mercado quanto à saúde financeira do país.[1] Houve à época inclusive a elaboração do "Código de Boas Práticas para a Transparência Fiscal – Declaração de Princípios", contendo diretrizes que foram úteis para a elaboração de várias legislações, que as acolheram ao regular o tema.

No Brasil, a Lei Complementar nº 101, de 4 de maio de 2000, conhecida como Lei de Responsabilidade Fiscal – LRF, permitiu o pleno desenvolvimento de conceitos inovadores no tema de transparência fiscal[2]

---

[1] Cf. INTERNATIONAL MONETARY FUND. *Fiscal Transparency, accountability, and risk.* FMI, 2012, p. 5.

[2] Cf. RUBINSTEIN, Flávio. Notas sobre a transparência fiscal no direito financeiro. *In*: CONTI, José Maurício; SCAFF, Fernando F. (Coord.). *Orçamentos públicos e direito financeiro.* São Paulo: RT, 2011, p. 871: "A transparência fiscal, especificamente, pode ser definida como a abertura à sociedade sobre a estrutura e as funções do governo, os objetivos da política fiscal e as contas e metas do setor público. Essa transparência envolve o acesso a informações confiáveis, abrangentes, tempestivas, inteligíveis e internacionalmente comparáveis sobre as atividades financeiras do Estado (sejam elas realizadas dentro ou fora do próprio setor

no Direito Financeiro, sendo este um de seus mais importantes legados para as finanças públicas nacionais. Em que pese o seu surgimento em meio a uma era de desconfiança fiscal, a mensagem trazida na Lei, com grande foco na transparência, permitiu uma maior aceitabilidade da ideia de que a LRF era, de fato, uma norma positiva para o Brasil, e não uma legislação que traria desigualdade e baixo crescimento econômico.

Ademais, em linha com a intensificação do uso da internet naquele período – mas sem, evidentemente, condições de prever o contexto digital que vivemos 20 anos depois –, a LRF acabou antecipando estas tendências digitais atinentes à transparência fiscal: homenageia a gestão fiscal transparente, aumenta o escrutínio público sobre as receitas e despesas públicas e reforça o *accountability* dos gestores dos recursos públicos.[3]

É conveniente destacar que a ideia de responsabilização tal como conhecemos atualmente é relativamente moderna nas democracias recentes, conforme destaca Adolfo Atchabahian,[4] visto que antes a responsabilização do Estado era algo visto com cautela pela doutrina de Direito Público. Por conseguinte, ainda estamos buscando ferramentas para potencializar a transparência, sendo esta uma importante aliada no caminho de maior responsabilização daqueles que atuam indevidamente com a coisa pública – mas sem que implique "apagões" de gestores públicos honestos com medo de inovar e perseguir a coisa pública.[5]

É também relevante relembrar que a transparência da gestão fiscal está intimamente conectada com o princípio da transparência que permeia toda a Administração Pública, sublinhando especificamente a esfera orçamentária. Estevão Horvath,[6] ao analisar as tendências do orçamento para o século XXI, aponta pertinentemente que:

---

público), para que o eleitorado e os agentes do mercado possam avaliar com precisão as posições fiscais dos governos e os verdadeiros custos e benefícios daqueles atividades, incluindo as respectivas implicações econômicas e sociais presentes e futuras".

[3] Importante mencionar que o *accountability* não se confunde com o dever de prestação de contas, conforme bem destacado por Emerson César da Silva Gomes (*Responsabilidade financeira*: uma teoria sobre a responsabilidade no âmbito dos tribunais de contas. Porto Alegre: Nuria Fabris, 2012, p. 56).

[4] *Régimen jurídico de la gestión y del control en la hacienda pública.* 2. ed. Buenos Aires: Depalma, 1999, p. 725.

[5] Cf., para maiores discussões sobre o tema, CARVALHO, André Castro. Pele em jogo: a LINDB e as assimetrias ocultas no cotidiano do administrador público brasileiro. *In*: CUNHA FILHO, Alexandre Jorge Carneiro da; ISSA, Rafael Hamze; SCHWIND, Rafael Wallbach (Org.). *Lei de Introdução às Normas do Direito Brasileiro* – Anotada: Decreto-Lei n. 4.657, de 4 de setembro de 1942. v. 2. São Paulo: Quartier Latin, 2019, p. 438-444.

[6] *O orçamento no século XXI*: tendências e expectativas. Tese apresentada ao concurso de Professor Titular – Departamento de Direito Econômico, Financeiro e Tributário, Faculdade de Direito, Universidade de São Paulo, 2014, p. 156.

Em suma, nota-se que o princípio da transparência veio para ficar e, com o tempo, esperamos, se sedimentará na prática orçamentária, propiciando uma maior clareza no orçamento, principalmente na sua execução e um maior controle, seja por parte do Poder Legislativo, seja pela própria sociedade. Instrumentos há que podem ser aprimorados, inclusive; o que é mais urgente é a criação de uma nova mentalidade na Administração Pública e na sociedade como um todo. Isso acontecerá mais rapidamente quando se solidificar a consciência de que do que se trata aqui é de "coisa pública", que deve ser objeto de gestão responsável por parte de quem for indicado para fazê-lo e de cobrança dessa administração pelo seu dono, que é o povo.

O jurista antecipa, portanto, a tendência do Direito Financeiro para este século: de um orçamento público cada vez mais integrado e digital, dialogando diretamente com os destinatários das políticas públicas. Instrumentos tecnológicos e digitais permitem que as abordagens fiquem mais horizontais e menos *top-down* (como sói ocorrer em muitos relacionamentos entre Estado e cidadão). Como reforça Emerson Cesar da Silva Gomes,[7] "[a] transparência é justamente um mecanismo que aproxima o Estado do cidadão, permitindo que este participe mais ativamente da condução dos negócios públicos".

E não somente no Brasil, mas também na América Latina, a transparência tem sido considerada pela doutrina como um dos mais importantes e recentes princípios,[8] permitindo o estudo dos documentos fiscais de maneira clara por toda a população. Nesse sentido, o México teve a inserção constitucional do princípio em 2009, para reforçar a ideia de transparência fiscal. Óscar Nava Escudero[9] menciona alguns critérios

---

[7] *O direito dos gastos públicos no Brasil.* São Paulo: Almedina, 2015, p. 320.

[8] Cf. CAMILO RESTREPO, Juan. *Derecho presupuestal colombiano.* Bogotá: Legis, 2008, p. 225-226: "Por 'transparencia presupuestal' habremos de entender las prácticas según las cuales el estudio del presupuesto, y los documentos anexos que lo acompañan cada año (muy especialmente el Marco Fiscal de Mediano Plazo), proporcionan al Congreso, a la opinión pública y a los medios académicos que siguen los análisis presupuestales la información más completa y clara posible, a fin de que el estudio del fenómeno presupuestal se adelante con los mejores elementos de juicio".

[9] *Derecho Presupuestario Mexicano.* Ciudad de México: Porrúa, 2014, p. 49: "La materialización del principio de transparencia se puede entender, por ejemplo, en la generación de informes mensuales, bimestrales, trimestrales, etc., en los que se detalle la aplicación del gasto público. Cabe recordar, en este sentido, los Informes Trimestrales sobre la Situación Económica, las Finanzas Públicas y la Deuda Pública a los que está obligado el Ejecutivo Federal de presentar al Congreso de la Unión, de conformidad con el artículo 2, fracción XXIX, de la LFPRH. Mediante dichos informes el Ejecutivo Federal está informando – transparentando – al Congreso de la Unión, la forma, el cómo, el dónde, se están ejerciendo los recursos públicos. Evidentemente, la transparencia también repercute en el conocimiento que de dicha ejecución debe tener la población en general ya que, según la Corte, aquélla es

para a materialização deste princípio naquele país, muito em linha do que dispôs a LRF no Brasil no mesmo ano com a Lei Complementar nº 131/2009.

É certo afirmar que a transparência na gestão fiscal ganhou força principalmente nos últimos 11 anos, justamente com o advento da Lei Complementar nº 131/2009, ganhando reforço alguns princípios que se relacionam com a transparência, como a publicidade e a clareza.[10] Mas o tema da transparência já vinha presente desde 2000,[11] como se verificará na análise dos dispositivos legais, em especial em seu art. 1º. Fato é que a evolução dos meios digitais que ocorreu nos primeiros dez anos permitiu que a transparência ganhasse mais força, tanto no Brasil como no restante da América Latina, passando a ser positivada nas suas respectivas legislações.

Logo, 20 anos depois, a LRF permanece como uma legislação latino-americana de vanguarda no tema[12] – e, desde 2009, trazendo uma roupagem moderna para os princípios orçamentários tradicionais[13] – no estímulo a esse valor cada vez mais caro para a sociedade atual.

---

necesaria '*para permitir hacer del conocimiento público el ejercicio del gasto estatal* (tesis aislada antes citada)'" (grifos do original).

[10] No que se refere aos conceitos dos princípios da publicidade e clareza na esfera orçamentária, cf. GIACOMONI, James. *Orçamento público*. 16. ed. São Paulo: Atlas, 2012, p. 82.

[11] "As regras de transparência, que nos projetos iniciais dos senadores Jereissati e Casagrande apareciam espalhadas pelo texto, no Substitutivo foram concentradas num único título que altera a Lei nº 101, de 2000 (LRF). Como já existia uma seção na LRF que trata de transparência na gestão fiscal, foram ali incluídas as novas regras propostas". Cf. TOLLINI, Hélio Martins; AFONSO, José Roberto R. Avançar nas responsabilidades. *In*: SCAFF, Fernando F.; CONTI, José Maurício (Coord.). *Lei de Responsabilidade Fiscal*: 10 anos de vigência – questões atuais. Florianópolis: Conceito, 2010, p. 91.

[12] É certo que alguns autores entendem que o princípio da transparência, embora não expresso, estaria implícito na Constituição de 1988 por meio dos princípios da publicidade, moralidade, motivação e da participação popular na gestão pública, bem como o direito à informação. Cf. MARTINS, Marcelo Guerra. Fiscalização financeira e orçamentária do poder judiciário na era da sociedade da informação: controle interno, externo e social e a atuação do Conselho Nacional de Justiça. *In*: CONTI, José Maurício (Coord.). *Poder Judiciário*: orçamento, gestão e políticas públicas. São Paulo: Almedina, 2017, p. 405.

[13] Cf. DOMINGUES, José Marcos. A atividade financeira do Estado e as políticas públicas para os direitos humanos. *In*: DOMINGUES, José Marcos (Org.). *Direito financeiro e políticas públicas*. Rio de Janeiro: LMJ Mundo Jurídico, 2014, p. 50: "[...] como o princípio da *clareza* textual e contextual das rubricas ou programas orçamentários, a exigir a não ambiguidade das mesmas, assim como a fidelidade da estimativa de receita e despesas; numa linguagem contemporânea, *transparência*: em suma, a expressão vernacular das dotações orçamentárias não deve permitir a dissimulação e o desvio de verbas para fins outros que não aqueles querido pelo Legislador, que por sua vez devem ser consentâneos ao Bem Comum e às políticas públicas que pretendem concretizar [...]" (grifos do original). No que se refere aos estudos de alguns dos princípios tradicionais, muitos de origem no direito financeiro francês, Cf. também CARVALHO, André Castro. *Vinculação de receitas públicas*. São Paulo: Quartier Latin, 2010, p. 169-229.

E, nesses 20 anos, produziu resultados extremamente positivos para o Brasil, que desenvolveu muitos sistemas de transparência nos gastos públicos, destacando-se em relação aos demais países pela divulgação pública das atividades financeiras do setor público, com muitos instrumentos que facilitam o acesso da sociedade às informações fiscais e financeiras, e apresentando bons níveis de transparência fiscal.[14]

2 Pressupostos da transparência fiscal

O Capítulo IX da LRF é destinado a tratar da transparência, controle e fiscalização, congregando estes três temas que se inter-relacionam – os quais serão tratados a seguir.

O art. 1º, em seu parágrafo primeiro, prescreve que a responsabilidade da gestão fiscal pressupõe a ação *transparente*, onde haja a prevenção de riscos e correção de desvios que sejam capazes de afetar o equilíbrio das contas públicas. Percebe-se, do artigo inaugural, a importância que é concedida ao tema da transparência fiscal.

Um mandamento basilar é que a transparência é algo que venha a combater o custo, a burocracia, a demora e a sofisticação na obtenção de informações sobre as finanças públicas, em todo o *iter* orçamentário. O ensinamento de Horacio Guillermo Corti é salutar nesse sentido:

> Una actividad presupuestaria transparente es aquella, entonces, que sobre la base de la atribución de un derecho de acceso a la información, incluye mecanismos institucionales que permiten acceder de forma pública, gratuita, rápida, veraz y sencilla a la totalidad de la información relativa a la totalidad del proceso presupuestario, tanto en su creación, en su ejecución y en su control.[15]

Logo, 20 anos depois da LRF, é importante que cada vez mais a Administração Pública invista em ferramentas de contato direto com o cidadão no que se refere a finanças públicas. A transparência hoje não deve se limitar somente a *home pages*, mas também se expandir para aplicativos de celular e outras maneiras de comunicar, de maneira simples, sem custo e direta, com o cidadão interessado em conhecer as finanças públicas.

---

[14] Não obstante existam reparos e aperfeiçoamentos a fazer, o FMI registra bons níveis de transparência fiscal no Brasil (Cf. INTERNATIONAL MONETARY FUND. *BRASIL* – avaliação da transparência fiscal. IMF Country Report n. 17/104. Washington: IMF, 2017.

[15] *Derecho constitucional presupuestario*. Buenos Aires: Lexis Nexis Argentina, 2007, p. 379.

É importante mencionar que a transparência também é relevante no que se refere ao federalismo fiscal, em especial as transferências intergovernamentais.[16] Nesse sentido, convém destacar o comportamento transparente que os entes subnacionais mais estruturados em termos de finanças públicas – como a União e alguns Estados – em relação aos respectivos municípios, que, salvo poucas exceções, não possuem o mesmo aparelhamento de recursos e tecnologia para potencializar o atendimento do princípio da transparência. Essa assimetria, portanto, é presente no federalismo fiscal brasileiro.[17]

3 Importância da transparência fiscal

Além das questões já mencionadas, cabe destacar alguns aspectos que evidenciam a relevância que a transparência fiscal representa para a gestão do setor público e aos interesses da sociedade.

Não há como negar a verdade exposta na frase do Ministro Ayres Britto, quando, nos debates ocorridos no âmbito da ADI nº 4.048, afirmou que "a lei orçamentária é a lei materialmente mais importante do ordenamento jurídico logo abaixo da Constituição".[18] Com efeito, a lei orçamentária expõe as decisões da sociedade sobre a aplicação dos recursos públicos, o que importa em definir da forma mais precisa possível o que o Estado vai fazer, em todas as suas dimensões (como, para quem, quando, quanto vai gastar etc.). É o momento da definição das "escolhas trágicas", pois caberá também explicitar o que *não* será feito; as demandas que, ante as restrições orçamentárias, não serão atendidas.

Nesse ponto, a transparência fiscal tem fundamental importância. Para se tomar decisões, e com essa relevância, é preciso ter informações. Caberá à sociedade tomar as decisões por seus instrumentos e representação democrática. Isso exige amplitude, clareza, publicidade, abrangência e precisão das informações. O acesso público a essas informações e a participação popular tornam-se a essência da decisão

---

[16] Cf. CAMARGO GONZÁLES, Ismael. Grandes temas del federalismo fiscal. *In*: CAMARGO GONZÁLES, Ismael (Coord.). *Grandes temas del federalismo fiscal*. Ciudad de México: Flores Editor, 2013, p. 8-9.

[17] Cf. CARVALHO, André Castro. Mecanismos de otimização e critérios variáveis no federalismo fiscal brasileiro. *In*: CONTI, José Maurício; SCAFF, Fernando F.; BRAGA, Carlos Eduardo. *Federalismo fiscal: questões contemporâneas*. Florianópolis: Conceito, 2010, p. 190.

[18] STF. Min. Carlos Britto, Tribunal Pleno, ADI nº 4.048 (rel. Min. Gilmar Mendes, j. 14.5.2008, p. 92).

democrática e representativa da vontade da sociedade, que passa a ter na transparência fiscal sua ferramenta mais importante. Como já afirmado,

para se tomar uma decisão, e fazer escolhas, é imprescindível ter informação sobre as opções. Saber as consequências. Permitir que se avaliem os custos e benefícios. E isto só é possível com transparência nas contas públicas. É, pois, fundamental que os orçamentos públicos sejam dotados da mais absoluta transparência, sem o que as escolhas deixam de ser democráticas, e fragiliza-se a fiscalização das contas públicas e o controle social das atividades governamentais. E transparência não se resume a tornar públicas as informações. É preciso que sejam compreensíveis e úteis.[19]

Admitida a escassez de recursos e insuficiência para atender todas as justas demandas sociais, as "escolhas trágicas" impõem-se, tornando-se inevitáveis. Imprescindível que se tomem essas decisões sempre difíceis amparadas por dados corretos, precisos e claros; e, sendo decisões que atingem a sociedade como um todo, a participação e ciência por parte dos cidadãos são fundamentais, não só para subsidiar as decisões, mas também e principalmente para aferir a atuação de seus representantes, a quem cabe tomar as decisões e implementá-las.

Somente por meio da transparência fiscal, em sua acepção mais ampla, isto se viabiliza e se torna possível, e faz dela um instrumento democrático essencial para a gestão do Estado.

Daí por que não há qualquer exagero em reconhecer a transparência fiscal como um princípio de Direito Financeiro, que hoje é verdadeiro fundamento e pilar de sustentação da gestão fiscal responsável.

Não faltam exemplos, muitos da história recente, em que se pode constatar, nesses 20 anos de vigência da Lei de Responsabilidade Fiscal e da aplicação de seus dispositivos sobre transparência fiscal, a importância da transparência fiscal e sua relevância, para a qual já se fez referência.

Em 2013, ante a onda de protestos que assolou o País, desencadeada por um aumento no preço do transporte coletivo, os governantes expuseram o dilema entre a necessidade do aumento para manter a higidez das contas públicas e as consequências de não realizar o reajuste,

---

[19] CONTI, José Maurício. *Levando o Direito Financeiro a sério*, p. 176.

que importaria na necessidade de reduzir despesas em outras áreas, de igual ou maior importância social.

A decisão acerca dos gastos públicos é essencialmente política, o que exige especial atenção, ao serem tomadas, para a *democracia* e a *transparência*. Como já afirmado,

> Democracia para fazer com que os instrumentos voltados a melhor ouvir a população sejam efetivamente implementados, de modo a tornar as leis orçamentárias o reflexo exato daquilo que a sociedade espera que o poder público faça com o dinheiro que é dela. Transparência para que todos possam tomar decisões conscientes e adequadas, sabendo exatamente o que foi, é e será feito com o dinheiro público, e da melhor forma. Mais do que isso: como, quando, e por quem será feito.[20]

Não há como se tomar a decisão correta sem a adequada transparência dos gastos públicos, e de forma abrangente, a fim de que se possa avaliar a melhor decisão. E nesses momentos é que se vê a necessidade de aperfeiçoamento dos instrumentos de transparência fiscal, pois, à época, os governantes expuseram quadros catastróficos para os serviços públicos, anunciando que se deixaria de construir centenas de milhares de casas populares, dezenas de escolas técnicas, ambulatórios médicos e clínicas.[21] O fato é que por um ano não houve o aumento, e não se quantificou nem constatou qual foi efetivamente o prejuízo causado aos serviços públicos. Ou seja, nunca se soube efetivamente quem e como essa conta foi paga. Uma evidência do déficit de transparência fiscal que impede conhecer quais as exatas escolhas trágicas presentes em cada decisão de alocação dos recursos públicos.

É o caso também das recorrentes polêmicas envolvendo os cartões corporativos, cujos gastos costumam ser objeto de questionamento de tempos em tempos, independentemente de governos. Um instrumento de agilização, facilitação e eficiência para determinados gastos públicos.

---

[20] Cf. CONTI, José Maurício. *Levando o Direito Financeiro a sério*, p. 165-166.

[21] À época, o prefeito Fernando Haddad "estimou em 175 milhões de reais o gasto adicional até o fim do ano com o congelamento da tarifa em 3 reais (em vez de 3,20 reais). Até 2016, esse custo extra chegará em 2,7 bilhões de reais". Informou ainda que esse custo "significaria deixar de construir 200 mil casas populares ou abrir mão de 10% do investimento previsto para o mandato". Para o Estado de São Paulo, do governador Geraldo Alckmin, o congelamento dos bilhetes de metrô e trem representaria "uma perda anual de receita de 210 milhões de reais", valor com o qual "seria possível construir 30 escolas técnicas ou 30 ambulatórios no interior". No Rio de Janeiro, em que os ônibus tiveram redução de R$ 2,95 para R$ 2,75, estimou-se um "rombo de até 500 milhões de reais no orçamento da prefeitura", valor próximo ao que se gastaria para a manutenção de 70 clínicas (Cf. CONTI, José Maurício. *Levando o Direito Financeiro a sério*, p. 173-174).

Mas que, sem transparência, transforma-se em fonte de mau uso e desvio de recursos públicos. E permite constatar como a transparência fiscal cumpre um papel determinante, ao dar segurança para o uso de um instrumento extremamente útil, mas que sem a devida transparência transforma-se em verdadeira arma capaz de causar estragos importantes nas contas públicas.[22]

Ou ainda as vultosas quantias envolvendo as operações do BNDES, também frequentemente gerando controvérsias, polêmicas e denúncias, nas quais se identificam os complexos mecanismos de benefícios creditícios e garantias, gerando despesas que ficam à margem do processo orçamentário, verdadeiros *off-budget expenditures*, e muitas vezes dotadas de pouca transparência.[23]

Outra evidência da imprescindibilidade do aperfeiçoamento dos instrumentos de transparência, que não pode deixar de lado operações que envolvam quantias extremamente elevadas de recursos públicos, como é o caso de boa parte das citadas operações envolvendo o BNDES, muitas vezes envolvendo riscos, o que valoriza ainda mais a necessidade de ampla divulgação das informações, tanto para que a sociedade tenha deles conhecimento como também para permitir não só o controle social, mas também a atuação dos órgãos institucionalizados e técnicos de controle, como os Tribunais de Contas.

Na crise surgida por ocasião da pandemia sanitária que afetou o mundo todo em 2020, a legislação brasileira alterou a Lei de Responsabilidade Fiscal em vários de seus dispositivos, por meio da LC nº 173, de 27 de maio de 2020, flexibilizando as restrições fiscais nas hipóteses de calamidade pública. Mesmo assim, manteve hígidas as normas acerca da transparência, reforçando sua importância, consoante se pode constatar do art. 3º, §1º, II, do referido diploma legal, e da nova redação dada ao artigo 65, §2º, II, da LRF, consignando expressamente a necessidade de, nos casos de calamidade pública, serem observadas as disposições relativas a transparência, controle e fiscalização.

---

[22] Como já afirmado, "Nesse sentido, são muito relevantes as medidas voltadas à transparência dos atos envolvendo o uso dos cartões corporativos, por meio das quais se publicizam os gastos e lhes conferem ampla publicidade, o que não só inibe seu uso indevido, como facilita a identificação de desvios e permite a identificação e punição dos responsáveis. O Portal da Transparência traz informações detalhadas dos gastos com cartões corporativos no âmbito da administração pública federal (http://www.portaltransparencia.gov.br/cartoes), em cumprimento ao dever de transparência e acesso à informação, que só pode ser limitada nos estritos termos da legislação, que restringe o acesso às informações que sejam consideradas imprescindíveis à segurança da sociedade ou do Estado" (Cf. CONTI, José Maurício. Cartões corporativos e a luta pela eficiência e transparência dos gastos públicos. *In*: Portal JOTA, disponível desde 22.8.2019 - https://www.jota.info/opiniao-e-analise/colunas/coluna-fiscal/cartoes-corporativos-e-a-luta-pela-eficiencia-e-transparencia-dos-gastos-publicos-22082019).

[23] CONTI, José Maurício. BNDES tem o dever de colaborar com a transparência dos gastos públicos. *In*: CONTI, José Maurício. *Levando o Direito Financeiro a sério*, p. 411-416.

4 Instrumentos de transparência fiscal

Os arts. 48, 48-A (inserido pela Lei Complementar nº 131, de 2009, quase dez anos depois) e 49 tratam da transparência da gestão fiscal de maneira bastante detalhada. O art. 48 enumera os *instrumentos de transparência fiscal*, ressaltando a importância de se dar divulgação por meios eletrônicos com acesso público. São eles:
- os planos;
- os orçamentos;
- as leis de diretrizes orçamentárias;
- as prestações de contas e o respectivo parecer prévio;
- o Relatório Resumido da Execução Orçamentária e o Relatório de Gestão Fiscal;
- versões simplificadas dos documentos anteriores.

De fato, é interessante notar a questão das versões simplificadas, a fim de facilitar o controle social e levar o tema das finanças públicas para o além-muros da própria Administração Pública ou dos especialistas em finanças públicas e Direito Financeiro. Por se tratar de um assunto multidisciplinar, envolvendo Ciências Sociais, Sociologia, Direito, Contabilidade Pública, Economia, Administração Pública, os temas afetos às finanças públicas e o Direito Financeiro acabam ficando limitados a uma gama de especialistas que dominam as respectivas discussões.

Um exemplo é o "contingenciamento", termo que, não raro, aparece nos debates políticos de candidatos ao Poder Executivo, mas que é de pouco domínio geral. As pessoas, em geral, confundem "corte" com "contingenciamento" e isso fica perceptível todo início de exercício financeiro pelas notícias veiculadas na imprensa. A compreensão das ferramentas de Direito Financeiro para execução orçamentária pode se dar por meio dessas versões simplificadas e mais didáticas dos documentos oficiais, com glossários de termos e uso de expressões de maior domínio público para representar a fenomenologia das finanças públicas.

O fato de a LRF também alçar os planos como instrumentos de transparência fiscal demonstra como este instrumento de planejamento da ação governamental, muito utilizado em políticas públicas de infraestrutura,[24] educação, saúde e segurança pública, também são relevantes na ação transparente dos entes governamentais.

---

[24] Cf. CARVALHO, André Castro. *Direito da infraestrutura*: perspectiva pública. São Paulo: Quartier Latin, 2014, Capítulo 5.

É fundamental reconhecer que, nos últimos anos, como aponta Emerson César da Silva Gomes,[25] houve diversos avanços administrativos, como os portais públicos de transparência e os sítios eletrônicos sobre licitações públicas. No campo legislativo, além da própria LRF e da posterior Lei Complementar nº 131/2009, o autor cita a Lei nº 9.755/1998[26] e a Lei nº 12.527/2011, conhecida como Lei de Acesso à Informação. Esta última representou importantes avanços no controle das ações governamentais, permitindo à sociedade civil a obtenção de informações relevantes para o exercício de tal escrutínio público.

Mais recentemente, o tema da transparência ganhou força por conta de duas tendências verificadas no século XXI: a intensificação do combate à corrupção e a maior preocupação com a proteção de dados. No tocante ao combate à corrupção, Flávio Rubinstein[27] destaca a existência de evidências que trazem a correlação entre transparência e a diminuição de níveis de corrupção. De fato, com maior exposição dos dados financeiros do setor público, aumenta-se a possibilidade de detecção de algo que fuja do ordinário e mereça uma maior detença por parte da sociedade civil e órgãos de controle.

Destaque-se ainda que a transparência fiscal, cujo principal diploma legislativo chamou a atenção para o tema e o inseriu de forma clara no ordenamento jurídico, dando-lhe uma outra dimensão, que foi a Lei de Responsabilidade Fiscal, fomentou o aperfeiçoamento e ampliação da legislação correlata. Além da citada Lei de Acesso à Informação, a Lei Geral de Proteção de Dados Pessoais (Lei nº 13.709/2018) também evidencia as preocupações com os desdobramentos da transparência e mostra como o tema ocupa cada vez a atenção da sociedade e está se incorporando de forma mais abrangente ao ordenamento jurídico.

Sob a perspectiva do titular dos dados, o advento da Lei nº 13.709/2018, a Lei Geral de Proteção de Dados Pessoais – LGPD, apresentou diversas regras para o tratamento de dados pelo setor público, bem como o exercício do compartilhamento de dados, conjugando essas novas práticas com o já consagrado princípio da transparência. Embora a norma regule um aspecto mais direcionado ao titular dos dados, é relevante essa tendência em trazer maior transparência não só em relação às receitas e despesas, mas também quanto aos dados da população utilizados por órgãos públicos.

---

[25] O direito..., p. 322.

[26] A qual "[d]ispõe sobre a criação de 'homepage' na 'Internet', pelo Tribunal de Contas da União, para divulgação dos dados e informações que especifica, e dá outras providências".

[27] Notas..., p. 884.

Na linha do parágrafo primeiro do art. 48, a transparência será assegurada por meio de outras iniciativas que merecem destaque:

a) participação popular e incentivo a audiências públicas nos processos de elaboração de discussão dos planos, LDO e LOAs;

b) liberação de informações sobre a execução orçamentária e financeira;

c) adoção de sistema integrado de administração financeira e controle.

A Lei Complementar nº 156, de 2016, deu nova redação a alguns destes dispositivos para adequá-los à nova realidade digital da Administração Pública. Aqui se agrega importância aos instrumentos eletrônicos de disponibilização das informações oficiais, representados pelas letras "b" e "c", corroborando o conteúdo do *caput* do artigo 48. O fator que é adicionado à transparência é a participação da sociedade civil como instrumento de sua realização, o que é um dos corolários do Direito Público brasileiro mais recentemente.[28]

A lei complementar de quatro anos atrás também trouxe a obrigação aos entes federativos de disponibilizar as respectivas informações e dados contábeis, orçamentários e fiscais conforme periodicidade, formato e sistema estabelecidos pelo órgão central de contabilidade da União, com divulgação eletrônica e amplo acesso público. Ligeiramente na contramão de tentar uma maior integração e cooperação entre os entes, a referida norma preferiu atribuir à União a definição dos parâmetros a serem seguidos pelos entes subnacionais. Nessa mesma toada, os entes subnacionais também deverão seguir as instruções de encaminhamento ao Ministério da Fazenda (atual Ministério da Economia) das informações para registro eletrônico centralizado e atualizado das dívidas públicas interna e externa.

A penalidade para o descumprimento destes novéis dispositivos é a possibilidade de aplicação do contido no art. 51, §2º, da LRF, o qual estabelece que o respectivo ente não poderá receber transferências voluntárias e contratar operação de crédito, exceto aquelas destinadas ao refinanciamento do principal atualizado da dívida mobiliária.

Pode-se depreender, dessa maneira, que as alterações trazidas em 2016 vêm em um contexto de maior centralização no federalismo fiscal

---

[28] Cf., por exemplo, a participação da sociedade civil em agências reguladoras em CARVALHO, André Castro. A participação da sociedade civil na Administração Pública: as audiências públicas no setor regulado de transportes terrestres. *Revista Brasileira de Direito Administrativo e Regulatório*, v. 6, p. 15-54, 2012.

brasileiro para a consagração da transparência na gestão fiscal. Além de aplicação aos entes subnacionais, essas regras estendem-se aos demais Poderes e órgãos da Administração (aqueles definidos no art. 20 da LRF), devendo "[...] utilizar sistemas únicos de execução orçamentária e financeira, mantidos e gerenciados pelo Poder Executivo, resguardada a autonomia". Aqui se retoma a questão da abrangência da LRF e seus respectivos limites *versus* a autonomia dos Poderes, conforme a ADI nº 2.238 contra o referido art. 20.

Entendemos que, no aspecto da transparência fiscal, é fundamental certa uniformidade nacional para o atingimento dos desideratos da norma; caso contrário, corre-se o risco de dificultar a transparência fiscal em sua plenitude, haja vista a dificuldade em se obter informação padronizada para fins de comparação, *benchmark* e controle das finanças públicas entre os entes subnacionais.

5 Conclusão

A transparência fiscal incorporou-se ao ordenamento jurídico brasileiro de forma clara e inequívoca com a Lei de Responsabilidade Fiscal, em 2000. Resultou de avanços que se observavam nos estudos acerca do tema que se desenvolviam no mundo todo, com vistas ao aperfeiçoamento da legislação financeira, evidenciando ser um instrumento fundamental para a boa gestão e controle das contas públicas.

Tornou-se indiscutivelmente um princípio de Direito Financeiro a nortear todo o ordenamento jurídico, dada sua imprescindibilidade para estruturar as normas nessa área.

Nesses 20 anos de vigência da Lei de Responsabilidade Fiscal, a transparência fiscal se consolidou, se aperfeiçoou e tornou-se mais abrangente, espalhando seus efeitos para além das normas que cuidam da atividade financeira do Estado, incorporando-se a questões de Direito Administrativo, Direito Civil e outros, evidenciando a relevância que tem não somente para a gestão pública, mas também para os demais aspectos da Administração Pública e do setor privado.

O avanço da transparência fiscal mostrou-se um caminho sem volta, que só tende a crescer, como se pode constatar pelas diversas legislações posteriores que foram mencionadas e tornaram mais abrangente seu espectro de atuação, deixando claro ser um princípio consagrado e a ser constantemente aperfeiçoado, com cada vez mais instrumentos voltados a dar eficácia a seus dispositivos.

Nesses 20 anos de vigência, a Lei de Responsabilidade Fiscal demonstrou o acerto ao dar destaque e colocar como um de seus pilares de sustentação a transparência fiscal, fomentando o desenvolvimento e aperfeiçoamento da legislação sobre o tema e pavimentando o caminho para cada vez mais se fortalecer como um princípio norteador da legislação financeira.

Referências

ASSONI, Filho, Sérgio. *Transparência fiscal e democracia*. Porto Alegre: Núria Fabris, 2009.

ATCHABAHIAN, Adolfo. *Régimen jurídico de la gestión y del control en la hacienda pública*. 2. ed. Buenos Aires: Depalma, 1999.

CAMARGO GONZÁLES, Ismael. Grandes temas del federalismo fiscal. *In*: CAMARGO GONZÁLES, Ismael (Coord.). *Grandes temas del federalismo fiscal*. Ciudad de México: Flores Editor, 2013, p. 1-15.

CAMILO RESTREPO, Juan. *Derecho presupuestal colombiano*. Bogotá: Legis, 2008.

CARVALHO, André Castro. A participação da sociedade civil na Administração Pública: as audiências públicas no setor regulado de transportes terrestres. *Revista Brasileira de Direito Administrativo e Regulatório*, v. 6, p. 15-54, 2012.

CARVALHO, André Castro. *Direito da infraestrutura*: perspectiva pública. São Paulo: Quartier Latin, 2014.

CARVALHO, André Castro. Mecanismos de otimização e critérios variáveis no federalismo fiscal brasileiro. *In*: CONTI, José Mauricio; SCAFF, Fernando F.; BRAGA, Carlos Eduardo (Org.). *Federalismo fiscal*: questões contemporâneas. Florianópolis: Conceito, 2010, p. 165-195.

CARVALHO, André Castro. Pele em jogo: a LINDB e as assimetrias ocultas no cotidiano do administrador público brasileiro. *In*: CUNHA FILHO, Alexandre Jorge Carneiro da; ISSA, Rafael Hamze; SCHWIND, Rafael Wallbach (Org.). *Lei de Introdução às Normas do Direito Brasileiro* – Anotada: Decreto-Lei n. 4.657, de 4 de setembro de 1942. v. 2. São Paulo: Quartier Latin, 2019, p. 438-444.

CARVALHO, André Castro. *Vinculação de receitas públicas*. São Paulo: Quartier Latin, 2010.

CONTI, José Mauricio. *Levando o Direito Financeiro a Sério* – a luta continua. 3. ed. São Paulo: Blucher, 2019.

CONTI, José Mauricio (Coord.). *Orçamentos Públicos*. A Lei 4.320/1964 comentada. 4. ed. São Paulo: Revista dos Tribunais, 2019.

CORTI, Horacio Guillermo. *Derecho constitucional presupuestario*. Buenos Aires: Lexis Nexis Argentina, 2007.

DOMINGUES, José Marcos. A atividade financeira do Estado e as políticas públicas para os direitos humanos. *In*: DOMINGUES, José Marcos (Org.). *Direito financeiro e políticas públicas*. Rio de Janeiro: LMJ Mundo Jurídico, 2014, p. 29-66.

GIACOMONI, James. Orçamento público. 16. ed. São Paulo: Atlas, 2012.

GOMES, Emerson Cesar da Silva. *O direito dos gastos públicos no Brasil*. São Paulo: Almedina, 2015.

GOMES, Emerson Cesar da Silva. *Responsabilidade financeira*: uma teoria sobre a responsabilidade no âmbito dos tribunais de contas. Porto Alegre: Nuria Fabris, 2012.

HORVATH, Estevão. *O orçamento no século XXI*: tendências e expectativas. Tese apresentada ao concurso de Professor Titular – Departamento de Direito Econômico, Financeiro e Tributário, Faculdade de Direito, Universidade de São Paulo, 2014.

INTERNATIONAL MONETARY FUND. *Fiscal Transparency, accountability, and risk*. FMI, 2012

MARTINS, Marcelo Guerra. Fiscalização financeira e orçamentária do poder judiciário na era da sociedade da informação: controle interno, externo e social e a atuação do Conselho Nacional de Justiça. *In*: CONTI, José Mauricio (Coord.). *Poder Judiciário*: orçamento, gestão e políticas públicas. São Paulo: Almedina, 2017, p. 395-421.

NAVA ESCUDERO, Óscar. *Derecho Presupuestario Mexicano*. Ciudad de México: Porrúa, 2014.

RUBINSTEIN, Flávio. Notas sobre a transparência fiscal no direito financeiro. *In*: CONTI, José Maurício; SCAFF, Fernando F. (Coord.). *Orçamentos públicos e direito financeiro*. São Paulo: RT, 2011, p. 869-910.

TOLLINI, Hélio Martins; AFONSO, José Roberto R. Avançar nas responsabilidades. *In*: SCAFF, Fernando F.; CONTI, José Mauricio (Coord.). *Lei de Responsabilidade Fiscal*: 10 anos de vigência – questões atuais. Florianópolis: Conceito, 2010, p. 77-98.

Informação bibliográfica deste texto, conforme a NBR 6023:2018 da Associação Brasileira de Normas Técnicas (ABNT):

CONTI, José Maurício; CARVALHO, André Castro. Transparência fiscal: vinte anos depois. *In*: FIRMO FILHO, Alípio Reis; WARPECHOWSKI, Ana Cristina Moraes; RAMOS FILHO, Carlos Alberto de Moraes (Coord.). *Responsabilidade na gestão fiscal*: estudos em homenagem aos 20 anos da lei complementar nº 101/2000. Belo Horizonte: Fórum, 2020. p. 295-310. ISBN 978-65-5518-034-3.

A LEI DE RESPONSABILIDADE FISCAL E OS MECANISMOS DE CONTROLE DAS DESPESAS COM PESSOAL APLICÁVEIS AOS MUNICÍPIOS: UMA VISÃO PANORÂMICA

JÚLIO CÉSAR FUCILINI PAUSE

1 Breves considerações sobre a evolução histórica do controle das despesas com pessoal no Brasil

A análise do texto da Constituição de 1824[1] (arts. 170, 171 e 172), no período imperial, demonstra que, além de ser inexpressiva a regulamentação acerca do orçamento público, não existia qualquer limitador imposto para as despesas com pessoal. Mesmo com a proclamação da República, a Constituição promulgada em 1891[2] em nada contribuiu para uma eficiente regulamentação do orçamento público, e também não fez qualquer menção a limites para as despesas com pessoal, pois tratava (art. 31) tão somente da competência do Congresso Nacional para orçar a receita e fixar anualmente a despesa, tomar as contas de cada exercício financeiro, autorizar o Poder Executivo a contrair empréstimos, bem como regular a arrecadação e a distribuição das rendas federais.

---

[1] Disponível em: http://www.planalto.gov.br/ccivil_03/Constituicao/Constituicao24.htm. Acesso em: 22 jan. 2020.

[2] Disponível em: http://www.planalto.gov.br/ccivil_03/Constituicao/Constituicao91.htm. Acesso em: 22 jan. 2020.

Já na Constituição de 1934,[3] apesar de não haver, também, regra específica limitando as despesas com pessoal, foi mais minuciosa a regulamentação pertinente à elaboração do orçamento público, com a introdução dos princípios da unidade[4] e da exclusividade[5] orçamentária. A preocupação do constituinte também se voltou para o grau de endividamento, trazendo a possibilidade de o orçamento estabelecer medidas para a cobertura do déficit público, apesar de vedar ao Poder Legislativo a concessão de créditos ilimitados (art. 50).

O interessante é que foi na Constituição outorgada de 1937[6] que, pela primeira vez, apesar de tratar-se de regulamentação mais voltada à organização dos recursos humanos, e não a um limite propriamente dito, foi possível identificar certa preocupação do constituinte com as despesas com pessoal ao criar um Departamento Administrativo com atribuições de realizar um estudo das repartições, departamentos e estabelecimentos públicos, com vista a determinar, em relação à economia e eficiência, as modificações a serem feitas nos serviços e sua distribuição (arts. 67 até 72). No tocante à regulamentação do orçamento público, a Constituição de 1937 seguiu o que já vinha delineado na Constituição de 1934, inclusive quanto ao endividamento.

Com o restabelecimento do regime democrático emerge uma nova Constituição em 1946.[7] Essa, no que se refere às regras para a elaboração do orçamento público (arts. 73 até 77), segue as linhas gerais já estabelecidas pela Constituição de 1937, e nada estabelece quanto à limitação das despesas com pessoal. Foi somente na Constituição de 1967,[8] sob um regime autoritário, que o Constituinte, pela primeira vez, estabeleceu um limite para as despesas com pessoal da União, dos Estados e dos Municípios, fixando-o em 50% das receitas correntes de cada ente. Foi também no Texto de 1967 que as regras destinadas à

---

[3] Disponível em: http://www.planalto.gov.br/ccivil_03/constituicao/constituicao34.htm. Acesso em: 23 jan. 2020.

[4] Significa dizer que todos os órgãos autônomos que constituem o setor público devem se fundamentar em uma política orçamentária estruturada uniformemente e que se ajuste a um método único, conforme KOHAMA, Heilio. *Contabilidade Pública*: Teoria e Prática. 14. ed. São Paulo: Atlas, 2014.

[5] Por esse princípio, devem ser incluídos no orçamento, exclusivamente, assuntos que lhe sejam pertinentes, conforme KOHAMA, Heilio. *Contabilidade Pública*: Teoria e Prática. 14. ed. São Paulo: Atlas, 2014.

[6] Disponível em: http://www.planalto.gov.br/ccivil_03/constituicao/constituicao37.htm. Acesso em: 23 fev. 2020.

[7] Disponível em: http://www.planalto.gov.br/ccivil_03/constituicao/constituicao46.htm. Acesso em: 23 jan. 2020.

[8] Disponível em: http://www.planalto.gov.br/ccivil_03/constituicao/constituicao67.htm. Acesso em: 23 jan. 2020.

elaboração dos orçamentos públicos alcançaram verdadeira importância, com a adoção de um novo sistema orçamentário, que, em uma visão moderna, deveria refletir, necessariamente, o plano de ação dos governos expresso em termos monetários (arts. 63 até 70, especialmente o art. 66, §4º, no que toca ao limite das despesas com pessoal). A regra, além de fixar o limite para as despesas com pessoal, fixou também sua base de cálculo como sendo as receitas correntes,[9] o que excluiu, por consequência, as receitas de capital.[10]

A Emenda Constitucional nº 01 de 1969,[11] apesar de não se afastar da intenção de estabelecer a limitação das despesas com pessoal em dispositivo de eficácia limitada, delegou a lei complementar a sua fixação, tanto para a União como para os Estados e os Municípios (art. 64 da Constituição de 1967, na redação da Emenda nº 01 de 1969). Como essa lei complementar nunca foi editada, a partir de 1969 estava a Administração Pública, como antes, sem qualquer limitação para as suas despesas com pessoal, situação que perdurou até a promulgação da Constituição de 1988.

A Constituição Federal de 1988,[12] após tratar de forma miúda os dispositivos pertinentes à elaboração dos orçamentos públicos, seguindo a sistemática da Emenda nº 01 de 1969, delegou a lei complementar o estabelecimento de limites para as despesas com pessoal (art. 169), assim como estabeleceu que lei complementar também deveria dispor sobre finanças públicas (art. 163, I). Fato importante, apesar da inexpressiva repercussão prática motivada pela falta de penalidades, foi a estipulação, no Ato das Disposições Constitucionais Transitórias da Constituição de 1988 – ADCT,[13] de limite transitório para as despesas com pessoal, vigente até a edição da lei complementar exigida pelo Texto Constitucional.

---

[9] Segundo o artigo 11, §1º, da Lei nº 4.320 de 1964, na redação que lhe deu o Decreto-Lei nº 1.939 de 1982, são receitas correntes as receitas tributárias, de contribuições, patrimonial, agropecuária, industrial, de serviços e outras, e, ainda, as provenientes de recursos financeiros recebidos de outras pessoas de direito público ou privado, quando destinadas a atender despesas classificáveis em despesas correntes.

[10] Segundo o artigo 11, §2º, da Lei nº 4.320 de 1964, na redação que lhe deu o Decreto-Lei nº 1.939 de 1982, são receitas de capital as provenientes da realização de recursos financeiros oriundos de constituição de dívidas; da conversão, em espécie, de bens e direitos; os recursos recebidos de outras pessoas de direito público ou privado, destinados a atender despesas classificáveis em despesas de capital, e, ainda, o superávit do orçamento corrente.

[11] Disponível em: http://www.planalto.gov.br/ccivil_03/Constituicao/Emendas/Emc_anterior1988/emc01-69.htm. Acesso em: 23 jan. 2020.

[12] Disponível em: http://www.planalto.gov.br/ccivil_03/constituicao/constituicaocompilado. htm. Acesso em: 23 jan. 2020.

[13] Disponível em: http://www.planalto.gov.br/ccivil_03/constituicao/constituicaocompilado. htm#adct. Acesso em: 23 jan. 2020.

O percentual máximo para as despesas, nas três esferas de governo, foi fixado em 65% das respectivas receitas correntes, devendo o excesso, quando verificado, ser reduzido à razão de um quinto por ano (art. 38).

Esse limitador perdurou vigente até a edição da Lei Complementar nº 82 de 1995 (conhecida como Lei Camata),[14] que fixou em 60% o limite para as despesas com pessoal da União, dos Estados e dos Municípios, estabelecendo, para a redução, caso verificado excesso, o prazo máximo de três exercícios financeiros, a contar da sua entrada em vigor, o que deveria ser feito à razão de um terço por exercício. Pela primeira vez a base de cálculo das despesas com pessoal é definida (para a União e para os Estados) como sendo a receita corrente líquida, ou seja, um conceito que não apanha todas as receitas correntes (para os Municípios, porém, a Lei manteve como base de cálculo a receita corrente).

Em junho de 1988, com a Emenda Constitucional nº 19,[15] denominada de Reforma Administrativa, medidas de redução a serem tomadas na busca da contenção do excesso das despesas com pessoal (redução das despesas com cargos em comissão e funções de confiança e desligamento de servidores não estáveis e estáveis) foram introduzidas no Texto Constitucional de 1988 (art. 169, com redação da Emenda Constitucional nº 19 de 1998). Desde então, o servidor público, mesmo já estável, passou a estar sujeito à perda do seu cargo em nome da contenção das despesas com pessoal, medida inclusive regulamentada pela Lei Federal nº 9.801, de 1999.[16] Essa mesma emenda (art. 30) estabeleceu o prazo de dois anos para a apresentação, pelo Poder Executivo ao Congresso Nacional, de projeto de lei complementar dispondo sobre finanças públicas (de que trata o art. 163, I, da Constituição Federal).

Em seguida, mais especificamente em maio de 1999, foi editada a Lei Complementar nº 96,[17] que revogou a Lei Complementar nº 82 de 1995 e fixou o limite para as despesas com pessoal em 50% para a União, os Estados e o Distrito Federal, e em 60% para os Municípios, estabelecendo, para a redução, caso verificado excesso, o prazo máximo de dois exercícios, sendo dois terços do excesso nos primeiros doze meses e o restante nos doze meses subsequentes. Estabeleceu também, enquanto

---

[14] Disponível em: http://www.planalto.gov.br/ccivil_03/leis/lcp/Lcp82.htm. Acesso em: 23 jan. 2020.

[15] Disponível em: http://www.planalto.gov.br/ccivil_03/Constituicao/Emendas/Emc/emc19.htm. Acesso em: 23 jan. 2020.

[16] Disponível em: http://www.planalto.gov.br/ccivil_03/LEIS/L9801.htm. Acesso em: 23 jan. 2020.

[17] Disponível em: http://www.planalto.gov.br/ccivil_03/leis/lcp/lcp96.htm. Acesso em: 23 jan. 2020.

não regularizada a situação, a vedação da prática de atos tendentes a aumentar a despesa, bem como definiu penalidades institucionais aplicáveis ao ente público.

Com o advento da proclamada Lei de Responsabilidade Fiscal, Lei Complementar nº 101 de 2000,[18] publicada em 05 de maio do mesmo ano, estabelecendo normas de finanças públicas voltadas para a responsabilidade na gestão fiscal, ocorreu a revogação da Lei Complementar nº 96 de 1999, e a limitação das despesas com pessoal passou a ser regulada por seus dispositivos. O novo regramento trouxe novidades e rigor exacerbado na definição dos controles, limites e prazos para redução das despesas com pessoal, bem como está alicerçado na imposição não só de penalidades institucionais aos entes, mas também pessoais aos administradores.[19]

2 Mecanismos de controle das despesas com pessoal definidos pela Lei de Responsabilidade Fiscal e aplicáveis aos Municípios

2.1 No momento anterior à execução orçamentária

No contexto do novo modelo de gestão inaugurado pela Lei de Responsabilidade Fiscal, que pressupõe ação planejada e transparente, em que se previnem riscos e se corrigem desvios capazes de afetar o equilíbrio das contas públicas, mediante o cumprimento de metas de resultados entre receitas e despesas e a obediência a limites e condições no que tange, entre outros pontos, à geração de despesas com pessoal (art. 1º, §1º), assume posição relevante o denominado sistema de planejamento integrado, que é composto pela Lei de Diretrizes Orçamentárias – LDO, pela Lei Orçamentária Anual – LOA e pelo Plano Plurianual – PPA (art. 165 da Constituição Federal). Restou fortalecida a concepção de orçamento-programa, onde o orçamento evolui apara aliar-se ao planejamento, operando como ferramenta de ligação entre os

---

[18] Disponível em: http://www.planalto.gov.br/ccivil_03/leis/lcp/lcp101.htm. Acesso em: 23 fev. 2020.

[19] O artigo 73 da Lei de Responsabilidade Fiscal estabelece que as infrações aos seus dispositivos serão punidas segundo "o Decreto-Lei nº 2.848, de 7 de dezembro de 1940 (Código Penal); a Lei nº 1.079, de 10 de abril de 1950; o Decreto-Lei nº 201, de 27 de fevereiro de 1967; a Lei nº 8.429, de 2 de junho de 1992; e demais normas da legislação pertinente". Os crimes de responsabilidade fiscal, também chamados de crimes contra as finanças públicas, foram inseridos no Código Penal Brasileiro pela Lei Federal nº 10.028 de 2000. Disponível em: http://www.planalto.gov.br/ccivil_03/leis/lcp/lcp101.htm. Acesso em: 24 jan. 2020.

sistemas de planejamento e de finanças, ideia que já era possível extrair da interpretação dos dispositivos da Lei Federal nº 4.320 de 1964.[20]

Pode-se dizer que a Lei de Responsabilidade Fiscal estabeleceu mecanismos de controle prévio à geração de algumas despesas, ou seja, anteriores à execução orçamentária, os quais devem ser observados como condição de regularidade nos casos de aumento de despesas decorrentes da criação, expansão ou aperfeiçoamento de ação governamental, bem como nas hipóteses de criação ou aumento de despesas obrigatórias de caráter continuado, assim consideradas as despesas correntes derivadas de lei, medida provisória ou ato normativo que fixem para o ente a obrigação legal de sua execução por um período superior a dois anos.[21]

As despesas com pessoal podem encontrar enquadramento, em tese, tanto em uma como em outra das hipóteses. Uma contratação de pessoal por tempo determinado para atender necessidade temporária de excepcional interesse público (art. 37, IX, da Constituição Federal), por exemplo, pode configurar um aumento de despesa decorrente da criação, expansão ou aperfeiçoamento de ação governamental. Já a alteração de um plano de carreira, com a criação de novas vantagens a serem concedidas aos servidores, certamente será tida como medida de criação ou aumento de despesa obrigatória de caráter continuado, pois se perpetuará no tempo.

No caso da criação, expansão ou aperfeiçoamento de ação governamental (art. 16) que acarrete aumento da despesa, ressalvada aquela considerada irrelevante, nos termos em que dispuser a Lei de Diretrizes Orçamentárias, é necessário que a medida se faça acompanhar de estimativa do impacto orçamentário-financeiro no exercício em que deva entrar em vigor e nos dois subsequentes, se for o caso (art. 16, I), devidamente acompanhada das premissas e metodologia de cálculo utilizadas (art. 16, §2º), além de declaração do ordenador da despesa de que o aumento tem adequação orçamentária e financeira com a Lei Orçamentária Anual e compatibilidade com o Plano Plurianual e com a Lei de Diretrizes Orçamentárias (art. 16, II).

---

[20] MACHADO JR., J. Teixeira; REIS, Heraldo da Costa Reis. *A Lei nº 4.320 comentada*. 29. ed. Rio de Janeiro: IBAM, 1999.

[21] Para Marcus Abraham, estas são "tipicamente, as despesas com o preenchimento de novas funções ou cargos públicos, novas gratificações remuneratórias, concessão de aumento salarial ao funcionalismo, etc.", ficando excluídas desta regra "as substituições de pessoal em decorrência de aposentadoria, falecimento ou exoneração, uma vez que não acarretam criação ou aumento de despesa, mas apenas a reposição do servidor". ABRAHAM, Marcus. *Lei de Responsabilidade Fiscal Comentada*. 2. ed. Rio de Janeiro: Forense, 2017, p. 166.

Considera-se adequada com a Lei Orçamentária Anual a despesa objeto de dotação específica e suficiente, ou que esteja abrangida por crédito genérico, de forma que somadas as despesas da mesma espécie, realizadas e a realizar, previstas no programa de trabalho, não sejam ultrapassados os limites estabelecidos para o exercício (art. 16, §1º, I). Por outro lado, tem-se como compatível com o Plano Plurianual e a Lei de Diretrizes Orçamentárias a despesa que se conforme com as diretrizes, objetivos, prioridades e metas previstos nesses instrumentos, bem como que não infrinja qualquer de suas disposições (art. 16, §1º, II).

Tratando-se da criação ou aumento de despesas obrigatórias de caráter continuado (art. 17, *caput*),[22] os atos respectivos deverão ser instruídos com estimativa do impacto orçamentário-financeiro no exercício em que deva entrar em vigor e nos dois subsequentes, além de demonstração da origem dos recursos necessários para o respectivo custeio (art. 17, §1º). A estimativa deve ser acompanhada de comprovação de que a despesa criada ou aumentada não afetará as metas de resultados fiscais previstas no anexo de metas fiscais. Além disso, seus efeitos financeiros, nos períodos seguintes, devem ser compensados pelo aumento permanente de receita ou pela redução permanente de despesa (art. 17, §2º),[23] considerando-se como aumento permanente de receita o proveniente da elevação de alíquotas, ampliação da base de cálculo, majoração ou criação de tributo ou contribuição (art. 17, §3º). É imprescindível, ainda, que a comprovação da não afetação das metas de resultados fiscais contenha as premissas e a metodologia de cálculo utilizadas, sem prejuízo do exame de compatibilidade da despesa com as demais normas do Plano Plurianual e da Lei de Diretrizes Orçamentárias (art. 17, §4º).

A execução das despesas obrigatórias de caráter continuado não se dará antes da comprovação de que não serão afetadas as metas de resultados fiscais e de que seus efeitos financeiros serão compensados,

---

[22] O art. 17, §§1º ao 7º, foi considerado constitucional pelo Plenário do Supremo Tribunal Federal – STF no julgamento da ADI 2.238, em sessão do dia 21.08.2019. Disponível em: http://portal.stf.jus.br/processos/detalhe.asp?incidente=1829732. Acesso em: 22 jan. 2020.

[23] Carlos Valder Nascimento defende que "A compensação de que trata o §2º deste artigo não implica tão somente a majoração de tributos, visto que o governo pode optar por outro meio que não o oficial para fixar seus gastos nos limites desejáveis. Neste particular aspecto, poderá promover a redução de isenções, bem como a reavaliação dos incentivos e subsídios concedidos que importaram em renúncia de receita. De igual modo diminuir o tamanho do Estado com a privatização e a extinção de órgãos de sua estrutura organizacional, não ficando descartada, a critério do Legislativo e do próprio Executivo, a criação de novas exações fiscais". *In:* MARTINS, Ives Gandra da Silva; NASCIMENTO, Carlos Valder do. *Comentários à Lei de Responsabilidade Fiscal.* 7. ed. São Paulo: Saraiva, 2014, p. 180.

mediante a adoção das medidas legalmente exigidas (art. 17, §4º), ocorrendo o mesmo com a prorrogação da despesa criada por prazo determinado, que é considerada como se aumento fosse (art. 17, §7º).

Exceção é feita às destinadas ao serviço da dívida e à revisão geral da remuneração dos servidores, de que trata o art. 37, X, da Constituição Federal (art. 17, §6º). Essa dispensa da apresentação das estimativas, em relação à revisão geral da remuneração dos servidores, não permite concluir, por extensão, que a despesa respectiva possa ser autorizada sem que haja, como exige a Constituição Federal, cumulativamente, prévia dotação orçamentária suficiente para atender às projeções da despesa e aos acréscimos dela decorrentes, bem como autorização específica na Lei de Diretrizes Orçamentárias (art. 169, §1º, I e II, da Constituição Federal). A propósito, segundo decidiu o Supremo Tribunal Federal – STF no RE nº 905.357 (Tema 864 da Repercussão Geral), "não há direito à revisão geral anual da remuneração dos servidores públicos, quando se encontra prevista unicamente na Lei de Diretrizes Orçamentárias, pois é necessária, também, a dotação na Lei Orçamentária Anual".[24]

Bem vistos, esses mecanismos demonstram a preocupação do legislador em dar eficácia ao princípio da prévia e suficiente previsão orçamentária, estampado na Constituição Federal (art. 169, §1º, I e II, dispositivo que teve sua redação aperfeiçoada pela Emenda Constitucional nº 19 de 1998), no momento em que exigem, como condição para a regularidade das despesas, a demonstração não só da previsão de recursos na Lei de Diretrizes Orçamentárias, mas também da disponibilidade financeira respectiva, evitando que a receita, sendo superestimada – orçamento falacioso – acabe por não atender, de fato, aos requisitos constitucionais impostos à geração da despesa.

A Lei de Responsabilidade Fiscal é ainda categórica (art. 15)[25] quando diz que serão consideradas não autorizadas, irregulares e lesivas ao patrimônio público a geração de despesa ou assunção de obrigação que não atendam ao disposto nos seus artigos 16 e 17. Com maior rigor (art. 21), atribui nulidade de pleno direito ao ato que provoque aumento

---

[24] Disponível em: http://www.stf.jus.br/portal/jurisprudenciaRepercussao/verAndamento Processo.asp?incidente=4820176&numeroProcesso=905357&classeProcesso=RE&numero Tema=864. Acesso em: 24 jan. 2020.

[25] O art. 15 da Lei de Responsabilidade Fiscal foi impugnado na ADI nº 2.238. O Plenário do Supremo Tribunal Federal – STF não reconheceu o pedido, sob o argumento de que a aplicação do preceito depende da conjugação com outras normas, e eventual inconstitucionalidade só poderia ser cogitada se estas também tivessem sido impugnadas. O julgamento da ADI foi suspenso e sua retomada está incluída na pauta para o dia 04 de abril de 2020. Dados disponíveis em: http://portal.stf.jus.br/processos/detalhe.asp?incidente=1829732. Acesso em: 22 jan. 2020.

da despesa com pessoal e não atenda a esses mesmos dispositivos e a vedação constitucional de vinculação ou equiparação remuneratória, assim como a exigência, também constitucional, de prévia dotação orçamentária suficiente e autorização específica na lei de diretrizes orçamentárias.

Esses mecanismos de controle prévio indiscutivelmente contribuem para uma gestão fiscal responsável, planejada e transparente, em que se previnem riscos e corrigem desvios capazes de afetar o equilíbrio das contas públicas. Não obstante, em que pese o desrespeito a essas exigências formais para a geração da despesa com pessoal possa redundar, a depender das circunstâncias, na aplicação de sanções pessoais ao agente público que as violar,[26] seu efeito positivo junto às administrações é inegavelmente mitigado pela posição do Supremo Tribunal Federal – STF no sentido de que a inobservância da exigência constitucional de prévia dotação orçamentária em legislação específica não autoriza a declaração de inconstitucionalidade de lei, impedindo apenas a sua aplicação naquele exercício financeiro até que sobrevenha a respectiva previsão no orçamento.[27]

Na prática, uma lei geradora de uma despesa continuada, como é, por exemplo, a que determina aumento real da remuneração de cargos, nasce desatendendo o preceito constitucional basilar da prévia e suficiente dotação orçamentária, e consequentemente também os mecanismos de controle prévio instituídos pela Lei de Responsabilidade Fiscal e a sua regra máxima, que impõe responsabilidade e planejamento na gestão fiscal, e no lugar de ser expurgada do mundo jurídico, dada a sua deficiência congênita, tem seus efeitos somente protraídos no tempo até que seja providenciada a respectiva previsão no orçamento. A lógica constitucional em verdade se inverte, pois, ao fim e ao cabo, o orçamento futuro terá que se adequar à despesa, e não o contrário.

Exemplo típico, entre outros tantos, se constata da análise da decisão do Tribunal de Justiça do Estado do Rio Grande do Sul – TJRS quando do julgamento da Ação Direta de Inconstitucionalidade nº 70073812901, ocorrido em 13 de agosto de 2018, oportunidade em que

---

[26] Só para exemplificar, citamos o art. 359-D do Código Penal, acrescido pela Lei Federal nº 10.028 de 2000, o qual estabelece que a ordenação de despesa não autorizada por lei será considerada crime e apenada com reclusão de 1 (um) a 4 (quatro) anos. Disponível em: http://www.planalto.gov.br/ccivil_03/decreto-lei/del2848compilado.htm. Acesso em: 23 jan. 2020.

[27] Nesse sentido as ADIs nºs 1.292 e 3.599. Disponíveis em: https://portal.stf.jus.br/processos/detalhe.asp?incidente=1616955 e https://portal.stf.jus.br/processos/detalhe.asp?incidente=2330037. Acesso em: 24 jan. 2020.

o Pleno da Corte,[28] aplicando a tese antes mencionada, entendeu que a falta de estimativa de impacto orçamentário-financeiro e a ausência de dotação orçamentária não permitem declarar inconstitucional lei municipal que, no caso, reajustara a remuneração de titulares de cargo em comissão, mas somente sua ineficácia no exercício financeiro em que editada. Certamente os orçamentos futuros, na situação em concreto, foram ou serão adequados à despesa, de modo a garantir a eficácia da norma e a implantação do reajuste, o que, com a devida vênia, de forma alguma contribui para um ambiente fiscal saudável.

Situações como a delineada não ocorreriam, certamente, se os mecanismos de controle prévio para a geração das despesas públicas, especialmente as de pessoal, fossem observados com o rigor necessário no momento da formação das leis, responsabilidade que recai, nos municípios, não só no proponente dos respectivos projetos, em regra o Executivo, mas especialmente no Legislativo, que só deve permitir a formação de normas que encontrem, além de adequação ao interesse público, compatibilidade formal com a Lei de Responsabilidade Fiscal.

2.2 No curso da execução orçamentária

2.2.1 Receita corrente líquida e despesas com pessoal: conceitos

A Lei de Responsabilidade Fiscal estabelece que a despesa com pessoal dos entes públicos deve ser calculada a partir de uma base de cálculo denominada receita corrente líquida (art. 19, *caput*), apurada somando-se as receitas arrecadadas no mês em referência e nos onze anteriores, excluídas as duplicidades (art. 2º, §3º). O conceito legal, por vezes, precisa ser interpretado considerando-se o caráter financeiro que permeia a Lei de Responsabilidade Fiscal, de modo que a receita corrente líquida funcione como uma espécie de filtro, no qual fiquem retidas as receitas fictícias e as duplicidades, assim entendidas aquelas que, apesar de contabilmente registradas, não impactam positivamente o orçamento público.

Nos Municípios, a receita corrente líquida é composta (art. 2º, IV, "c" e §1º): (a) de todas as receitas tributárias, de contribuição, patrimoniais, industriais, agropecuárias e de serviços; (b) de todas as

---

[28] BRASIL. Tribunal de Justiça do Rio Grande do Sul. Ação Direta de Inconstitucionalidade, nº 70073812901, Tribunal Pleno. Relator: Vicente Barrôco de Vasconcellos. Julgado em: 13 de agosto de 2018.

transferências correntes recebidas da União ou dos Estados (não só os recursos oriundos do Fundo de Participação dos Municípios – FPM e de outras obrigações patrimoniais e legais, mas também as transferências voluntárias, decorrentes de acordos, convênios, ajustes ou congêneres); (c) dos valores recebidos por intermédio do Fundo de Manutenção e Desenvolvimento da Educação Básica e de Valorização dos Profissionais da Educação – FUNDEB; e (d) das compensações por perda de receita de participação do Imposto sobre a Circulação de Mercadorias e Serviços – ICMS decorrentes da Lei Complementar nº 87 de 1996 (Lei Kandir). São excluídos do conceito: (a) os repasses destinados ao financiamento de obras e outros investimentos, classificados como transferência de capital; (b) a contribuição dos servidores para o regime de previdência; e (c) a receita decorrente da compensação financeira entre regimes de previdência.

Já em relação às despesas com pessoal, a Lei de Responsabilidade Fiscal estabelece (art. 18, *caput*) que se entende como tal o somatório dos gastos do ente da Federação com os ativos, os inativos e os pensionistas, relativos a mandatos eletivos, cargos, funções ou empregos, civis, militares e de membros de Poder, com quaisquer espécies remuneratórias, tais como (e aqui bem se vê seu caráter meramente exemplificativo) vencimentos e vantagens, fixas e variáveis, subsídios, proventos da aposentadoria, reformas e pensões, inclusive adicionais, gratificações, horas extras e vantagens pessoais de qualquer natureza, bem como encargos sociais e contribuições recolhidas pelo ente às entidades de previdência.

Disposição muito criticada pela redação atécnica empregada e pela multiplicidade de interpretações que propicia é a que determina (art. 18, §1º) a contabilização como "Outras Despesas de Pessoal" dos valores relativos aos contratos de terceirização de mão de obra que se referem à substituição de servidores e empregados públicos. A crítica é centrada no fato de que a Administração Pública, sujeita que está à regra do concurso público, não contrata mão de obra de forma lícita, mas sim serviços. Segundo *Maria Sylvia Zanella Di Pietro*,[29] "a redação foi extremamente infeliz e exige interpretação consentânea com outras disposições do ordenamento jurídico, em especial da Constituição".

As parcelas que não serão computadas na verificação do atendimento dos limites definidos para as despesas com pessoal também

---

[29] DI PIETRO, Maria Sylvia Zanella. *In:* MARTINS, Ives Gandra da Silva; NASCIMENTO, Carlos Valder do. *Comentários à Lei de Responsabilidade Fiscal.* 7. ed. São Paulo: Saraiva, 2014, p. 195.

contam com elenco exemplificativo na Lei de Responsabilidade Fiscal e constituem-se, de uma maneira geral, naquelas de caráter indenizatório.[30] São elas: (a) as decorrentes de indenização por demissão de servidores ou empregados (art. 19, §1º, I); (b) as relativas a incentivos à demissão voluntária (art. 19, §1º, II); (c) as decorrentes da convocação extraordinária da Câmara de Vereadores (art. 19, §1º, III);[31] (d) de decisões judiciais e da competência anterior ao período da apuração (art. 19, §1º, IV); e (e) as despesas com inativos custeadas por recursos provenientes da arrecadação de contribuições dos segurados, da compensação financeira e das demais receitas diretamente arrecadadas por fundo vinculado a tal finalidade, inclusive o produto da alienação de bens, direitos e ativos, bem como seu superávit financeiro (art. 19, VI, "a" e "b").

Quanto à forma de apuração, segue-se a regra da receita corrente líquida, ou seja, soma-se o resultado do mês de referência com o dos onze meses imediatamente anteriores, adotando-se o regime de competência (art. 18, §2º). Não se considera o ano civil, sendo que em qualquer mês que se faça a apuração das despesas com pessoal, terão que ser considerados os onze meses anteriores.

A apuração do limite das despesas com pessoal deverá ser feita, formalmente, em atendimento à Lei de Responsabilidade Fiscal, ao final de cada quadrimestre ou semestre, no caso de Municípios com mais e com menos de 50 mil habitantes, respectivamente (arts. 22, *caput*, e 63, I). Se ultrapassados, porém, os limites relativos à despesa total com pessoal, enquanto perdurar esta situação o Município fica sujeito ao prazo ordinário (art. 63, §2º).

2.2.2 Limites estipulados e prazos para a redução do excesso

No ordenamento vigente até a edição da Lei de Responsabilidade Fiscal, o limite máximo para as despesas com pessoal era definido para cada ente, sem subdivisões entre seus órgãos e poderes, sistemática que agora é adotada pela nova Lei, que define os limites para cada ente (art.

---

[30] As despesas com diárias de viagem, por exemplo, não são expressamente referidas no elenco, mas como outras de caráter indenizatório, não deverão ser computadas nas despesas com pessoal, desde que não venham a ser desvirtuadas de sua finalidade precípua.

[31] A partir da Emenda Constitucional nº 50 de 2006 é vedado o pagamento de parcela indenizatória em razão da convocação extraordinária do Legislativo, o que não afasta, no entanto, que os servidores desse Poder, em razão da sessão extraordinária, venham a ser convocados para realizar horas extras.

19, I, II e III) e as subdivisões respectivas (art. 20, I, II e III).[32] No caso dos Municípios, o limite máximo das despesas com pessoal, para o período de apuração, é de 60% da receita corrente líquida, subdividida em 54% para o Executivo e 6% para o Legislativo, incluído o Tribunal de Contas do Município, quando houver.

O Poder Legislativo, com a promulgação da Emenda Constitucional 25 nº de 2000, além do limite para as despesas com pessoal definido na Lei de Responsabilidade Fiscal, deve obedecer também ao da Constituição Federal (art. 29-A, §1º, da Constituição Federal, incluído pela referida Emenda), segundo o qual não pode gastar, com folha de pagamento, mais do que 70% das suas receitas, as quais são calculadas por fórmula também ali definida. A não observância dessa limitação constitucional constitui crime de responsabilidade do Presidente da Câmara.

No tocante às despesas com pessoal, o Poder Legislativo deve observar, então, tanto a limitação da Lei de Responsabilidade Fiscal como a da Emenda Constitucional nº 25 de 2000, as quais tomam como referência fatores distintos, ou seja, receita corrente líquida e despesas com pessoal na Lei de Responsabilidade Fiscal e receita e folha de pagamento na Constituição Federal. A existência de dupla regra limitadora não cria, porém, qualquer antinomia, pois se resolve pela aplicação do limite menor. Os conceitos de um e de outro diploma não devem ser confundidos.

Quanto aos procedimentos de contenção e de redução das despesas com pessoal, a Lei de Responsabilidade prevê mecanismo que é acionado antes mesmo da extrapolação do limite máximo de gastos permitido pela norma (art. 22, parágrafo único).

Com efeito, assim que os gastos com pessoal atingem 95% do limite máximo definido para o órgão ou poder (51,3% da receita corrente líquida no caso do Executivo e 5,7% da receita corrente líquida no caso do Legislativo), desde logo, de forma automática, é acionado gatilho que veda ao Administrador, a partir desse momento e enquanto a despesa estiver nesse patamar: (a) a concessão de vantagem, aumento, reajuste ou adequação de remuneração a qualquer título, salvo os derivados de sentença judicial ou de determinação legal ou contratual, ressalvada também a revisão geral dos servidores, nos termos do artigo 37, X, da Constituição Federal (art. 22, parágrafo único, I); (b) a criação de cargo, emprego ou função, a alteração de estrutura de carreira que implique

---

[32] O Supremo Tribunal Federal considerou constitucional o dispositivo na ADI nº 2.238. Dados disponíveis em: http://portal.stf.jus.br/processos/detalhe.asp?incidente=1829732. Acesso em: 22 jan. 2020.

aumento de despesa, o provimento de cargo público e a admissão ou contratação de pessoal a qualquer título, ressalvada a reposição decorrente de aposentadoria ou falecimento[33] de servidores das áreas de educação e saúde (art. 22, parágrafo único, II e III); e (c) a contratação de horas extras, salvo no caso de convocação extraordinária da Câmara[34] e nas situações previstas na Lei de Diretrizes Orçamentárias (art. 22, parágrafo único, I).

Os Tribunais de Contas devem alertar os poderes e órgãos quando o montante da despesa total com pessoal ultrapassar 90% do limite, ou seja, antes do atingimento do denominado limite de prudência (art. 59, §1º, II).

Uma vez ultrapassado o limite máximo, sem prejuízo dos mecanismos de contenção aplicáveis a partir da extrapolação do limite prudencial, o percentual excedente terá de ser eliminado nos dois quadrimestres seguintes, sendo pelo menos um terço no primeiro (art. 23, *caput*). Ocorrendo calamidade pública reconhecida pela Assembleia Legislativa (no caso dos Municípios), ou estado de defesa ou de sítio, decretado na forma da Constituição Federal, enquanto perdurar a situação fica suspensa a contagem dos dois quadrimestres (art. 65). No caso de crescimento real baixo ou negativo do Produto Interno Bruto (PIB) – nacional, regional ou estadual (entendendo-se por baixo crescimento a taxa da variação real acumulada do PIB inferior a 1%, apurada pela Fundação Instituto Brasileiro de Geografia e Estatística – IBGE ou outro órgão que vier a substituí-lo, adotada a mesma metodologia para a apuração daquele) – por período igual ou superior a quatro trimestres, serão duplicados os prazos de redução previstos, sem prejuízo, contudo, das medidas decorrentes da superação do limite prudencial (art. 66).

Se a redução necessária não for alcançada nos prazos definidos, estabelece o art. 169, §2º, da Constituição Federal que serão imediatamente suspensos todos os repasses de verbas federais ou estaduais ao Município. A Lei de Responsabilidade Fiscal, por sua vez, indica que o ente não poderá receber transferências voluntárias, obter garantia, direta

---

[33] A menção aos casos de aposentadoria e falecimento há que ser tida como meramente exemplificativa, pois a necessidade de reposição pode decorrer de outras hipóteses, as quais também não estão no controle da Administração, como o caso do afastamento de servidor por doença que imponha uma contratação por tempo determinado para atender a necessidade temporária e de excepcional interesse público daí decorrentes.

[34] Anote-se que a vedação de pagamento de parcela indenizatória para os Vereadores, por força da convocação extraordinária da Câmara, decorrente da Emenda Constitucional nº 50 de 2006, não afasta o dever de pagamento, se for o caso, de horas extras para os servidores da Casa Legislativa.

ou indireta, de outro ente, bem como contratar operações de crédito, ressalvadas as destinadas ao refinanciamento da dívida mobiliária e as que visem à redução das despesas com pessoal (art. 23, §3º, I, II e III), restrições que se aplicam imediatamente se a despesa total com pessoal exceder o limite no primeiro quadrimestre do último ano de mandato dos titulares de poder ou órgão (art. 23, §4º).

No caso dos Municípios, as restrições não se aplicam em caso de queda de receita real superior a 10%, em comparação ao correspondente quadrimestre do exercício anterior, e quando decorrente da diminuição das transferências recebidas do Fundo de Participação dos Municípios por força de concessão de isenções tributárias pela União e da diminuição das receitas de *royalties* e participações especiais (art. 23, §5º, acrescido pela Lei Complementar nº 164 de 2018). Essa exceção só se aplica caso a despesa total com pessoal do quadrimestre vigente não ultrapasse o limite percentual máximo estabelecido para o Município, ou seja, de 60%, considerada, para este cálculo, a receita corrente líquida do quadrimestre correspondente do ano anterior atualizada monetariamente (art. 23, §6º, acrescido pela Lei Complementar nº 164 de 2018).

2.2.3 Medidas redutoras

A Constituição Federal, com as alterações promovidas pela Emenda Constitucional nº 19 de 1998, é taxativa ao determinar (art. 169) as providências que deverão ser adotadas pelos entes federados caso extrapolado o limite máximo estabelecido para as despesas com pessoal, o que precisa ocorrer durante o prazo fixado pela Lei de Responsabilidade Fiscal e sem prejuízo daquelas já em execução e decorrentes do excesso ao limite de prudência.

O Texto constitucional não estabelece só as providências, que incluem a perda do cargo público pelo servidor estável,[35] mas a ordem em que devem ser praticadas. Também garante ao servidor estável que perder o seu cargo indenização correspondente a um mês de remuneração por ano de serviço (art. 169, §5º) e declara que o cargo

---

[35] A perda do cargo público pelo servidor estável, como decorrência de medida necessária para a contenção das despesas com pessoal, autorizada pelo art. 169, §4º, da Constituição Federal, constitui hipótese complementar àquelas previstas no seu art. 41, §1º, I, II e III, quais sejam: (a) em virtude de sentença judicial transitada em julgado; (b) mediante processo administrativo que assegure ampla defesa; e (c) mediante processo de avaliação periódica de desempenho, na forma de lei complementar ainda não editada, também assegurada a ampla defesa.

objeto da redução, seja ele em comissão ou efetivo, será considerado extinto, vedada a criação de cargo, emprego ou função com atribuições iguais ou assemelhadas pelo prazo de quatro anos (art. 169, §6º).

Com efeito, uma vez ultrapassado o limite máximo admitido para as despesas com pessoal para o poder ou órgão (nos Municípios 54% no caso do Executivo e 6% no caso do Legislativo), no prazo estipulado para adequação (em regra dois quadrimestres), deverá ser operada: (a) a redução em pelo menos 20% das despesas com cargos em comissão e funções de confiança (art. 169, §3º, I); (b) a exoneração dos servidores não estáveis (art. 169, §3º, II); e, mostrando-se insuficientes tais medidas, (c) o desligamento de servidores estáveis, mediante ato normativo motivado que especifique a atividade funcional, o órgão ou unidade administrativa objeto da redução de pessoal (art. 169, §4º).

A perda do cargo público pelo servidor estável por excesso das despesas com pessoal é regulada (mediante autorização do art. 169, §7º, da Constituição Federal) pela Lei Federal nº 9.801 de 1999,[36] que trata a medida como exoneração (art. 1º).

Estabelece a referida Lei que a exoneração será precedida de ato administrativo que deverá especificar: (a) a economia de recursos e o número correspondente de servidores a serem exonerados (art. 2º, §1º, I); (b) a atividade funcional e o órgão ou a unidade administrativa objeto da redução de pessoal (art. 2º, §1º, II); (c) o critério geral impessoal escolhido para a identificação dos servidores estáveis a serem desligados dos respectivos cargos (art. 2º, §1º, III); (d) os critérios e as garantias especiais escolhidos para a identificação dos servidores estáveis que desenvolvam atividades exclusivas de Estado (art. 2º, §1º, IV); (e) o prazo de pagamento da indenização devida pela perda do cargo; e (f) os créditos orçamentários respectivos (art. 2º, §1º, V e VI).

O critério geral impessoal a ser eleito para a identificação dos servidores estáveis a serem desligados fica limitado a três opções, quais sejam o menor tempo de serviço, a maior remuneração e a menor idade (art. 2º, §2º, I, II e III), e poderá ser combinado com o critério complementar do menor número de dependentes para fins de formação de uma listagem de classificação (art. 2º, §3º). A exoneração de servidor que desenvolva atividade exclusiva de Estado (que demanda definição em lei) somente será admitida quando a exoneração de servidores dos demais cargos do órgão ou da unidade administrativa objeto da

---

[36] BRASIL, 1999. Lei nº 9.801, de 14 de junho de 1999. Dispõe sobre as normas gerais para perda de cargo público por excesso de despesa e dá outras providências. Disponível em: http://www.planalto.gov.br/ccivil_03/LEIS/L9801.htm. Acesso em: 24 jan. 2020.

redução de pessoal tenha alcançado, pelo menos, 30% do total desses cargos (art. 3º, I), sendo que cada ato reduzirá em no máximo 30% o número destes servidores (art. 3º, II).

Ponto que merece maior aprofundamento na sistemática constitucional da redução das despesas com pessoal diz respeito ao conceito de servidores não estáveis, referidos no artigo 169, §3º, II, da Constituição Federal. A primeira impressão, de que se trataria dos servidores em estágio probatório, não se coaduna com a extensão que a própria Emenda Constitucional nº de 1998 deu a esse conceito no seu art. 33, quando afirma que "consideram-se servidores não estáveis, para os fins do art. 169, §3º, II, da Constituição Federal aqueles admitidos na administração direta, autárquica e fundacional sem concurso público de provas ou de provas e títulos após o dia 5 de outubro de 1983".

Em que pese se possa argumentar que o referido dispositivo ofende frontalmente o artigo 19 do Ato das Disposições Constitucionais Transitórias da Constituição de 1988 – ADCT, pois concede, de forma indireta, estabilidade excepcional àqueles que, em 5 de outubro de 1988, não haviam ingressado regularmente no serviço público (aprovados em concurso público) e não contavam com cinco anos de serviço, é inafastável a conclusão de que excluiu do conceito de não estáveis, para efeito do art. 169, §3º, II, da Constituição Federal, os servidores em estágio probatório. O problema é que, pelo que dispõe literalmente o artigo 169, §4º, da Constituição Federal, que se refere aos estáveis, os servidores em estágio probatório restariam sem enquadramento.

Não se pode admitir que os servidores em estágio probatório estejam imunes à exoneração em razão da contenção das despesas com pessoal. Entretanto, também não é razoável partir da premissa de que o administrador, como condição para desligar servidores estáveis para conter as despesas com pessoal, primeiro tenha que desligar todos os servidores em estágio probatório que integram os quadros do ente público. Basta imaginar uma situação hipotética, mas bastante corriqueira nos pequenos Municípios. Digamos que somente o servidor titular do único cargo de contador na estrutura esteja em estágio probatório. Se for o mesmo exonerado para conter as despesas com pessoal, o Município teria de funcionar sem a posição de contador pelos próximos quatro anos (o que inviabilizaria a atividade administrativa), já que este cargo seria considerado extinto por determinação constitucional (art. 169, §6º), vedada a criação de cargo, emprego ou função com atribuições iguais ou assemelhadas.

A resposta, nos parece, está em incluir os servidores em estágio probatório na mesma regra dos servidores estáveis. Para atingir os servidores em estágio, deve ser eleito, então, para desligamento, o critério do menor tempo de serviço público, o que, combinado com a possibilidade da especificação da atividade funcional, do órgão ou da unidade administrativa objeto da redução, permite garantir a continuidade dos serviços públicos essenciais. Aliás, se não houvesse essa preocupação com o andamento dos serviços, o constituinte derivado e o legislador ordinário não teriam possibilitado ao Administrador, no ato administrativo motivado que deve preceder a exoneração dos servidores estáveis, a escolha da atividade funcional, do órgão ou da unidade objeto da redução.

A Lei de Responsabilidade Fiscal, no *caput* do art. 23, indica que as providências previstas nos §§3º e 4º do art. 169 da Constituição Federal deverão ser adotadas entre outras, o que reforça a ideia de que estas medidas são excepcionalíssimas e que sua aplicação só deve ocorrer após todas as outras possíveis terem sido adotadas (como, por exemplo, a busca do incremento da receita e a racionalização dos quadros de pessoal e de vantagens de carreira). O próprio dispositivo prevê que a redução em pelo menos 20% das despesas com cargos em comissão e funções de confiança pode se dar tanto pela extinção de cargos e funções quanto pela redução dos valores a eles atribuídos (art. 23, §1º), bem como que é facultada a redução temporária da jornada de trabalho com adequação dos vencimentos dos servidores à nova carga horária (art. 23, §2º). O Supremo Tribunal Federal – STF, no entanto, de forma cautelar, ainda em 2007, deferiu liminar na ADI nº 2.238[37] para

---

[37] A discussão acerca da constitucionalidade do art. 23, §§1º e 2º, da Lei de Responsabilidade Fiscal segue, no Supremo Tribunal Federal – STF, nos autos da ADI nº 2.238. A última manifestação ocorreu na Sessão do Pleno de 22.08.2019, conforme o trecho extraído da Certidão de Julgamento Disponível em: https://portal.stf.jus.br/processos/detalhe. asp?incidente=1829732: "Por fim, após o voto do Ministro Alexandre de Moraes (Relator), Roberto Barroso e Gilmar Mendes, que julgavam improcedente a ação no tocante ao art. 23, §§1º e 2º, com a cassação da medida cautelar concedida; dos votos dos Ministros Edson Fachin, Rosa Weber, Ricardo Lewandowski, Luiz Fux e Marco Aurélio, que votavam pela procedência do pedido tão somente para declarar, parcialmente, a inconstitucionalidade, sem redução de texto, do art. 23, §1º, da Lei de Responsabilidade Fiscal, de modo a obstar interpretação segundo a qual é possível reduzir valores de função ou cargo que estiver provido, e, quanto ao §2º do art. 23, declaravam a sua inconstitucionalidade, ratificando a cautelar; do voto da Ministra Cármen Lúcia, que divergia do Ministro Edson Fachin apenas na parte relativa à locução "quanto pela redução dos valores a eles atribuídos"; e do voto do Ministro Dias Toffoli (Presidente), que, em relação ao §1º do art. 23, acompanhava o Relator, e, quanto ao §2º, julgava parcialmente procedente a ação para fixar interpretação conforme no sentido de que o §2º do art. 23 da Lei de Responsabilidade Fiscal deve observar a gradação constitucional estabelecida no art. 169, §3º, da CF/88, de modo que somente será passível de aplicação quando já adotadas as medidas exigidas pelo art. 169, §3º, inc. I, da CF/88, e a utilização da faculdade nele prevista se fará primeiramente aos servidores não estáveis e, somente se persistir a necessidade de adequação ao limite com despesas de

afastar a aplicação da parte final do §1º do art. 23, especificamente da expressão "quanto pela redução dos valores a eles atribuídos", bem como do §2º do mesmo artigo, que autoriza a redução de carga horária e vencimentos, com fundamento no princípio da irredutibilidade.

A fiscalização da Gestão Fiscal no Município, realizada pelo Poder Legislativo, diretamente ou com o auxílio do Tribunal de Contas e do Controle Interno, dará ênfase à verificação das medidas adotadas para o retorno da despesa com pessoal ao respectivo limite (59, III).

3 Importância da uniformização da interpretação dos Tribunais de Contas

A atuação dos Tribunais de Contas Estaduais e Municipais tem um papel extremamente relevante nas questões relacionadas ao controle das despesas com pessoal dos Municípios e, diretamente, no esperado efeito positivo do modelo de gestão fiscal responsável implementado pela Lei de Responsabilidade Fiscal. Isso porque a interpretação das Cortes de Contas acerca dos conceitos de despesa com pessoal e receita corrente líquida reflete inequivocamente no percentual de gastos aferido em cada ente federado.

Em artigo intitulado "Os Tribunais de Contas na interpretação da Lei de Responsabilidade Fiscal", Selene Peres Peres Nunes, Gileno Fernandez Marcelino e César Augusto Tibúrcio Silva destacam que "o mandato legal dos Tribunais de Contas cria espaço para interpretar a LRF, propor métricas, formas de cálculo de limites fiscais, manuais e procedimentos a serem seguidos por seus jurisdicionados, determinando o grau de cumprimento da Lei". O estudo, que partiu de questionário respondido por técnicos de doze Tribunais de Contas, afirma que o tema mais sujeito à interpretação é exatamente o que envolve as despesas com pessoal e a receita corrente líquida, com destaque, entre outros, para os seguintes tópicos: imposto de renda retido na fonte, despesas com pensionistas e aportes aos sistemas de previdência.

Essa margem interpretativa fica evidente quando se constata que o percentual de gastos com pessoal de um ente da federação, aferido pela Secretaria do Tesouro Nacional – STN, difere do percentual de gastos (relativamente ao mesmo período de apuração e partindo dos mesmos

---

pessoal, a faculdade se apresentará relativamente ao servidor estável; o Ministro Presidente, nos termos do art. 173, parágrafo único, do Regimento Interno do Supremo Tribunal Federal, suspendeu o julgamento do processo".

dados) aferido pelo Tribunal de Contas respectivo. É exemplo disso o caso do Rio Grande do Sul, que inclusive encontrou nessa diferença uma das dificuldades para aderir ao Regime de Recuperação Fiscal estabelecido pela Lei Complementar nº 159 de 2017, conforme cita C. Alexandre A. Rocha em artigo intitulado "A despesa total com pessoal na ótica da STN e dos Tribunais de Contas Estaduais e Municipais", no qual discorre acerca do impacto econômico-financeiro dessas divergências conceituais constatadas entre órgãos de controle.

A dificuldade não foi desprezada pelo legislador, tanto que a Lei de Responsabilidade Fiscal (art. 67)[38] prevê a criação, mediante lei, de um conselho de gestão fiscal[39] com a tarefa de realizar o acompanhamento e a avaliação permanente da política e da operacionalização da gestão fiscal. Composto por representantes de todos os Poderes e esferas de Governo, do Ministério Público e de entidades técnicas representativas da sociedade civil, entre outros objetivos visa o Conselho a adoção de normas de consolidação das contas públicas, a padronização de contas e dos relatórios e demonstrativos de gestão fiscal e a estipulação de normas e padrões mais simples para os pequenos Municípios. Passadas duas décadas da edição da Lei, o Conselho, no entanto, ainda não foi criado.

Essa falta de uniformidade na aplicação dos mecanismos de controle das despesas com pessoal definidos pela Lei de Responsabilidade Fiscal certamente é a motivação da proposta de ampliação das competências do Tribunal de Contas da União – TCU constante da Proposta de Emenda à Constituição nº 188 de 2019.[40]

Pelo que está delineado na proposta, ao TCU caberá consolidar a interpretação das leis complementares de que tratam os arts. 163, 165, §9º, e 169 da Constituição Federal, por meio de Orientações Normativas que, a partir de sua publicação na imprensa oficial, passam a ter efeito vinculante em relação aos demais Tribunais de Contas. Em que pese a discussão acerca da constitucionalidade da medida, certamente é ela altamente salutar na busca da necessária uniformização na interpretação

---

[38] O Projeto de Lei nº 3.744/2000, que institui o Conselho, foi aprovado na Câmara dos Deputados em maio de 2019 e segue para o Senado. Disponível em: https://www.camara.leg.br/proposicoesWeb/fichadetramitacao?idProposicao=20145. Acesso em: 25 jan. 2020.

[39] O Projeto de Lei Complementar nº 169/2019 (já aprovado no Senado), que tramita na Câmara dos Deputados apensado ao Projeto de Lei Complementar nº 210/2015, pretende alterar as regras para composição e funcionamento do Conselho. Disponível em: https://www.camara.leg.br/proposicoesWeb/fichadetramitacao?idProposicao=2210108. Acesso em: 25 jan. 2020.

[40] Disponível em: https://www25.senado.leg.br/web/atividade/materias/-/materia/139704. Acesso em: 25 jan. 2020.

dos conceitos da Lei de Responsabilidade Fiscal, em especial no que é pertinente às despesas com pessoal, que compõem um dos principais grupos de despesas públicas continuadas realizadas pelos entes públicos.

4 Conclusão

A relevância do controle das despesas com pessoal dos entes públicos para o alcance do tão almejado equilíbrio fiscal é inegável. Também o é a evolução dos mecanismos de controle, que encontraram na Lei de Responsabilidade Fiscal seu corolário.

Não obstante a isso, a eficácia desses mecanismos é altamente prejudicada quando constatada a falta de uniformidade na interpretação dos dispositivos legais que lhe dão suporte, representando, por vezes, um injustificado e perigoso alargamento de conceitos, que em nada contribui para o equilíbrio das contas públicas. Os Tribunais de Contas são protagonistas nesse processo, sobretudo em relação aos Municípios, onde os Prefeitos, via de regra, conduzem a sua atuação administrativa de acordo com as diretrizes emanadas das Cortes de Contas.

É imprescindível, então, a busca e a adoção de estratégias de uniformização de entendimentos, seja por meio do Conselho de Gestão Fiscal previsto na própria Lei de Responsabilidade Fiscal, e que até hoje não foi criado, seja pela adoção de mecanismos outros, como o desenhado pela Proposta de Emenda à Constituição nº 188 de 2019. O que não se pode permitir é que os princípios consagrados pela Lei de Responsabilidade Fiscal acabem esvaziados por conta desse cenário.

Referências

ABRAHAM, Marcus. *Lei de Responsabilidade Fiscal Comentada*. 2. ed. Rio de Janeiro: Forense, 2017.

BRASIL. Câmara dos Deputados. *Conselho de Altos Estudos e Avaliação Tecnológica da Câmara dos Deputados*. Disponível em: https://www2.camara.leg.br/a-camara/estruturaadm/altosestudos/pdf/Livro%20DIVIDA%20PUBLICA.pdf. Acesso em: 15 jan. 2020.

BRASIL, 1824. *Constituição Política do Império do Brazil* (de 25 de março de 1824). Disponível em: http://www.planalto.gov.br/ccivil_03/Constituicao/Constituicao24.htm. Acesso em: 22 jan. 2020.

BRASIL, 1891. *Constituição da República dos Estados Unidos do Brasil* (de 24 de fevereiro de 1891). Disponível em: http://www.planalto.gov.br/ccivil_03/Constituicao/Constituicao91.htm. Acesso em: 22 jan. 2020.

BRASIL, 1934. *Constituição da República dos Estados Unidos do Brasil* (de 16 de julho de 1934). Disponível em: http://www.planalto.gov.br/ccivil_03/Constituicao/Constituicao34. htm. Acesso em: 22 jan. 2020.

BRASIL, 1937. *Constituição dos Estados Unidos do Brasil* (de 10 de novembro de 1937). Disponível em: http://www.planalto.gov.br/ccivil_03/constituicao/constituicao37.htm. Acesso em: 23 jan. 2020.

BRASIL, 1940. *Código Penal.* Disponível em: http://www.planalto.gov.br/ccivil_03/ decreto-lei/del2848compilado.htm. Acesso em: 23 jan. 2020.

BRASIL, 1946. Constituição dos estados unidos do Brasil (de 18 de setembro de 1946). Disponível em: http://www.planalto.gov.br/ccivil_03/constituicao/constituicao46.htm. Acesso em: 23 jan. 2020.

BRASIL, 1967. *Constituição da República Federativa do Brasil de 1967.* Disponível em: http:// www.planalto.gov.br/ccivil_03/constituicao/constituicao67.htm. Acesso em: 23 jan. 2020.

BRASIL, 1988. *Constituição da República Federativa do Brasil de 1988.* Disponível em: http:// www.planalto.gov.br/ccivil_03/constituicao/ConstituicaoCompilado.htm. Acesso em: 24 jan. 2020.

Brasil, 1999. Lei nº 9.801, de 14 de junho de 1999. *Dispõe sobre as normas gerais para perda de cargo público por excesso de despesa e dá outras providências.* Disponível em: http://www. planalto.gov.br/ccivil_03/LEIS/L9801.htm. Acesso em: 24 jan. 2020.

BRASIL, 2000. Lei Complementar nº 101, de 4 de maio de 2000. *Estabelece normas de finanças públicas voltadas para a responsabilidade na gestão fiscal e dá outras providências.* Disponível em: http://www.planalto.gov.br/ccivil_03/leis/lcp/lcp101.htm. Acesso em: 24 jan. 2020.

BRASIL, 2000. Lei nº 10.028, de 19 de outubro de 2000. Altera o Decreto-Lei nº 2.848, de 7 de dezembro de 1940 – Código Penal, a Lei nº 1.079, de 10 de abril de 1950, e o Decreto-Lei no 201, de 27 de fevereiro de 1967. Disponível em: http://www.planalto.gov.br/ccivil_03/ leis/l10028.htm. Acesso em: 20 fev. 2020.

BRASIL. Supremo Tribunal Federal. *Ação direta de inconstitucionalidade nº 2238.* Relator: Min. Alexandre de Moraes. Disponível em: http://portal.stf.jus.br/processos/detalhe. asp?incidente=1829732. Acesso em: 22 jan. 2020.

BRASIL. Supremo Tribunal Federal. *Recurso Especial RE 905.357. Repercussão Geral Tema 864.* Relator: Min. Alexandre de Moraes. Data de Publicação DJE 18 de dezembro de 2019 – ATA Nº 195/2019. Disponível em: http://www.stf.jus.br/portal/jurisprudenciaRepercussao/ verAndamentoProcesso.asp?incidente=4820176&numeroProcesso=905357&classe Processo=RE&numeroTema=864. Acesso em: 24 jan. 2020.

BRASIL. Tribunal de Justiça do Rio Grande do Sul. *Ação Direta de Inconstitucionalidade, nº 70073812901,* Tribunal Pleno. Relator: Vicente Barrôco de Vasconcellos, Julgado em: 13 de agosto de 2018.

DI PIETRO, Maria Sylvia Zanella. *In:* MARTINS, Ives Gandra da Silva; NASCIMENTO, Carlos Valder do. *Comentários à Lei de Responsabilidade Fiscal.* 7. ed. São Paulo: Saraiva, 2014.

GIAMBIAGI, Fábio; VILLELA, André (Org.). *Economia Brasileira Contemporânea (1945-2004).* Rio de Janeiro: Campus, 2005.

KOHAMA, Heilio. *Contabilidade Pública*: Teoria e Prática. São Paulo: Atlas, 2001.

MACHADO JR., J. Teixeira; REIS, Heraldo da Costa Reis. *A Lei nº 4.320 comentada*. 2. ed. Rio de Janeiro: IBAM, 1999.

MARCELINO, Gileno Fernandes; NUNES, Selene P. Peres; SILVA, César Agusto Tibúrcio. Os Tribunais de Contas na interpretação da Lei de Responsabilidade Fiscal. *In: Revista de Contabilidade e Organizações*, Universidade de São Paulo (USP), v. 13, p. 145-151. Disponível em: http://www.revistas.usp.br/rco/article/view/145151/152801. Acesso em: 27 jan. 2020.

NASCIMENTO, Carlos Valder. Comentários à Lei de Responsabilidade Fiscal. *In:* MARTINS, Ives Gandra da Silva; NASCIMENTO, Carlos Valder do. *Comentários à Lei de Responsabilidade Fiscal*. 7. ed. São Paulo: Saraiva, 2014.

ROCHA, C. Alexandre. A despesa total com pessoal na ótica da STN e dos Tribunais de Contas Estaduais e Municipais. *In: Boletim Legislativo*: Núcleo de Estudos e Pesquisas da Consultoria Legislativa, vol. 71, maio 2018. Disponível em: https://www2.senado.leg.br/bdsf/bitstream/handle/id/542450/Boletim_Legislativo_71.pdf?sequence=1&isAllowed=y. Acesso em: 26 jan. 2020.

Informação bibliográfica deste texto, conforme a NBR 6023:2018 da Associação Brasileira de Normas Técnicas (ABNT):

PAUSE, Júlio César Fucilini. A Lei de Responsabilidade Fiscal e os mecanismos de controle das despesas com pessoal aplicáveis aos Municípios: uma visão panorâmica. *In:* FIRMO FILHO, Alípio Reis; WARPECHOWSKI, Ana Cristina Moraes; RAMOS FILHO, Carlos Alberto de Moraes (Coord.). *Responsabilidade na gestão fiscal*: estudos em homenagem aos 20 anos da lei complementar nº 101/2000. Belo Horizonte: Fórum, 2020. p. 311-333. ISBN 978-65-5518-034-3.

INCENTIVOS FISCAIS: ENTRE A INDUÇÃO ECONÔMICA E A RESPONSABILIDADE FISCAL

LEONARDO BUISSA FREITAS

GABRIEL BUISSA RIBEIRO DE FREITAS

Introdução

O tema incentivos fiscais tem causado polêmica, fomentando acalorados debates entre os seus ardorosos defensores e os ácidos críticos ao seu uso. Não é de hoje que o Estado, no afã de intervir no domínio econômico, induzindo comportamentos que rendam ensejo ao desenvolvimento de determinadas regiões ou setores da economia, se utiliza da concessão de benefícios fiscais com renúncia de receitas.

Se, por um lado, a medida se mostra relevante como potente instrumento de indução econômica, de outra banda surge uma série de desvantagens sobre temas sensíveis, tais como o valor da justiça, a neutralidade concorrencial e a responsabilidade fiscal.

Tal realidade foi apreendida pelo legislador pátrio ao criar a festejada Lei de Responsabilidade Fiscal (Lei Complementar nº 101/00), estipulando regras para a renúncia de receitas (art. 14), consagrando legalmente a ideia de que é mau gestor tanto o administrador perdulário, que gasta e se endivida acima dos patamares legalmente fixados, quanto aquele que não arrecada o tributo, seja por não instituí-lo ou cobrá-lo (art. 11), seja por criar dado incentivo fiscal que gere renúncia sem se ater a regras técnicas e jurídicas esculpidas no diploma legal que rege a gestão fiscal no país e que ora se comemora o vigésimo aniversário.

O presente estudo pretende apresentar contornos financeiros, econômicos e tributários da dicotomia entre indução econômica e responsabilidade fiscal no atinente à concessão de incentivos fiscais, apresentando aspectos justificadores da sua instituição, assim como desvantagens decorrentes da adoção de tal forma de intervenção estatal na economia.

1 Atuação estatal no domínio econômico: direta, indireta, por direção e por indução

O Estado, atuando no domínio econômico, pode fazê-lo de duas formas: direta ou indiretamente. No primeiro caso, assume diretamente as rédeas econômicas, participando efetivamente da relação. Assim, toma a forma de empresas atuantes no mercado. Já na segunda forma, não há a presença ativa ou passiva do Estado na relação, não se vislumbra sua participação real. Contudo, o que há é a presença fiscalizadora, tomando um posto superior a relação, o que o leva a atuar de forma mais condutora da relação, planejando e construindo o domínio econômico.

Eros Grau chama a forma direta de atuação na economia de intervenção no domínio econômico, em contraste com a forma indireta, que seria a intervenção sobre o domínio econômico. Na forma direta, o Estado assume o papel de agente econômico no mesmo nível do agente econômico privado. Atua, então, como "empresário, comprometendo-se com a atividade produtiva quer sob forma de empresa pública, quer sob o de sociedade de economia mista. Sob estas duas formas, pode atuar em regime concorrencial, equiparando-se a empresas privadas ou em regime monopolístico".[1] A primeira se denomina intervenção direta por participação, enquanto a segunda seria por absorção.

Por outro lado, a intervenção indireta, denominada por Eros Grau como intervenção sobre o domínio econômico, se realiza quando o Estado atua como agente regulador da atividade econômica em sentido estrito. Tal função reguladora pode se dar ainda, na esteira da classificação do mencionado autor, por direção ou por indução.

---

[1] GRAU, Eros Roberto. *A ordem econômica na Constituição de 1988*. 15. ed. São Paulo: Malheiros, 2012, p. 143.

No caso da intervenção por direção há a presença de comandos imperativos, dotados de cogência, impositivos de certos comportamentos a serem necessariamente cumpridos pelos agentes que atuam no campo da atividade econômica em sentido estrito. O exemplo clássico é o do controle de preços, com tabelamentos e congelamentos. Neste caso a estrutura da norma é um imperativo cogente complementado por uma sanção caso tal imperativo não seja cumprido. Não pode poluir mais do que um patamar, emitir sons acima de tantos decibéis, não pode dirigir acima de uma velocidade, sob pena de multa aplicada pelo agente fiscalizador.

Já na intervenção por indução as normas não são cogentes, mas sim dispositivas, atuando o Estado de acordo com as leis que regem os mercados. Assim, em vez de, por exemplo, proibir uma conduta, tornando-a ilícita, o legislador pode induzir o agente econômico a não realizá-la, sem que se considere a sua realização um ilícito, ensejador da correspondente sanção. Há, desse modo, a alternativa de se realizar ou não a conduta indesejada.

De igual forma, se a indução se manifestar em termos positivos, a sanção é então substituída pelo convite; estímulos e incentivos são oferecidos, cabendo ao destinatário da norma a alternativa de deixar-se seduzir ou não pela "oferta". Penetra-se aí no universo do Direito Premial. Com o crescimento da intervenção estatal na economia, a sanção-castigo é paulatinamente substituída pela sanção premial. Observa-se, portanto, que as normas indutoras, diferentemente das normas de direção, não impõem um único comportamento.

Assim, a distinção entre normas de direção e de indução, do ponto de vista jurídico, se assenta a partir do grau de liberdade do administrado. Os agentes econômicos têm a liberdade de aderir ou não ao comportamento estimulado pela Administração, sendo a não adesão não considerada como um ilícito, porque o agente tem como escolher praticar ou não o comportamento, sopesando interesses e valores.

Aderindo ao comportamento desejado pela Administração, o agente econômico recebe um prêmio, como, por exemplo, aquele que economizar energia ganhará um bônus; quem efetuar o controle de dejetos receberá um selo de qualidade; quem investir em determinado setor, em determinada região, receberá incentivos fiscais.

Observa-se, portanto, que os incentivos fiscais, ponto central desse trabalho, se inserem no campo da atuação estatal por indução, com a consequente sanção premial, advinda da adoção da conduta desejada pelo Estado ao intervir no domínio privado.

2 A relevância da atuação estatal por indução e o uso extrafiscal das normas tributárias no Estado Fiscal

Impende, inicialmente, estabelecer que, com a passagem de um modelo liberal de Estado para um sistema de maior intervenção, a eficácia extrafiscal da norma tributária passou a ter o seu uso consagrado.[2] No chamado Estado Social, o ato de governar envolve planejamento, com o estabelecimento de políticas públicas em diversas áreas. Nesse contexto, sintetiza Bercovici que, com o Estado Social, o *"government by policies* vai além do mero *government by law* do liberalismo".[3] Visualiza-se, portanto, a presença de políticas públicas em diversas áreas da vida social, ensejando a consecução de tais políticas a expansão do Estado Econômico, conduzindo à superação da neutralidade econômica, bastante difundida no liberalismo. Governar por políticas públicas envolve mais intervenção estatal na economia, seja por direção, seja por indução, como analisado no tópico anterior desse estudo.

Especificamente quanto à matéria de receita tributária, impende fixar que a norma jurídica será sempre indutora, e não diretiva, já que a intervenção por direção, nesse caso, poderia significar confisco, o que vai contra as opções jurídicas e políticas da ordem constitucional econômica pátria, nos termos do artigo 150, IV, da Constituição Federal.

Nessa nova realidade, observa-se a rejeição da neutralidade absoluta dos tributos,[4] indicando os doutrinadores que hoje não há tributo que, de certa forma, não se preste a alguma finalidade extrafiscal.[5] Assim, os tributos, além da sua função de fonte de recursos para atender as despesas do Estado, assumem relevante papel de agentes do intervencionismo estatal na economia, de instrumentos de política econômica.[6] As finanças públicas passam, então, a ser compreendidas também como um instrumento de efetivação das políticas públicas.[7] Importa notar, por conseguinte, que a extrafiscalidade, a utilização do

---

[2] LEÃO, Martha Toríbio. *Controle da extrafiscalidade.* São Paulo: Quartier Latin, 2015. p. 37. (Série Doutrina Tributária, v. XVI).

[3] BERCOVICI, Gilberto. A Constituição e o papel do Estado no domínio econômico. *Revista da Academia Brasileira de Direito Constitucional*, Curitiba, v. 2, p. 119, 2002.

[4] PIRES, Adilson Rodrigues. Incentivos fiscais e o desenvolvimento econômico. *In*: SCHOUERI, Luís Eduardo (Coord.). *Direito Tributário* – Homenagem a Alcides Jorge Costa. v. II. São Paulo: Quartier Latin, 2003. p. 1110.

[5] ATALIBA, Geraldo. *Sistema Constitucional Tributário brasileiro.* São Paulo: RT, 1968. p. 156.

[6] MÉLEGA, Luiz. O poder de tributar e o poder de regular. *Revista Direito Tributário Atual,* São Paulo: IBDT/Resenha Tributária, v. 7/8, p. 1775, 1987/1988.

[7] BOMFIM, Diego. *Tributação e livre concorrência.* São Paulo: Saraiva, 2011. p. 130.

tributo como mecanismo de regulação das atividades desenvolvidas pela iniciativa privada, assume um protagonismo no sistema atual "porquanto muitas vezes a direção dos comportamentos econômicos e sociais se mostra inadequada e ineficiente, sendo substituída pela indução, por estímulos e/ou agravamentos de natureza fiscal, inclusive a prevenção de comportamentos ilícitos".[8]

Com efeito, tradicionalmente, os tributos são classificados, segundo as suas funções, em fiscal, extrafiscal e parafiscal, sendo o objetivo principal do primeiro a arrecadação, do segundo a interferência no domínio econômico ou social e do último "o custeio de atividades que, em princípio, não integram as funções próprias do Estado, mas que este desenvolve através de entidades específicas".[9]

Como já indicado neste estudo, a tributação meramente fiscal, neutra, com escopo único de arrecadar, não passa de uma concepção idealizada, uma vez que todo tributo, em maior ou menor grau, termina por influenciar as decisões dos agentes econômicos. Por outro lado, não se pode perder de mira que também os impostos regulatórios têm uma função de gerar receitas,[10] ainda que não prevalente. Percebe-se, numa primeira aproximação, inexistir uma extrafiscalidade e uma fiscalidade pura,[11] havendo, como percebe Walter Barbosa Correa, uma "zona cinzenta" a separar a extrafiscalidade da tributação, bem como há casos que se poderiam denominar de "área mista", nos quais ambas coexistem de forma marcante.[12] Vislumbra-se, pois, que as funções arrecadatórias e indutoras não se contrapõem, mas sim se complementam.

No que tange ao aspecto fiscal do tributo, cumpre salientar que a primeira preocupação do Estado, no exercício de sua atividade financeira, é a de arrecadar dinheiro.[13] Digna de nota é a questão do próprio paradigma da função fiscal. Neste tema, calha trazer a lume a arguta percepção de Paulo Victor Vieira da Rocha. Parte o aludido autor do seguinte questionamento:

---

[8] ELALI, André. *Tributação e regulação econômica*. São Paulo: APET/MP Editora, 2007. p. 102.

[9] MACHADO, Hugo de Brito. *Curso de Direito Tributário*. 27. ed. São Paulo: Malheiros Editores, 2006. p. 88.

[10] VOGEL, Klaus. Tributos regulatórios e garantia da propriedade no Direito Constitucional da República Federal da Alemanha. *In*: MACHADO, Brandão (Coord.). *Direito Tributário*: estudos em homenagem a Ruy Barbosa Nogueira. São Paulo: Saraiva, 1984. p. 548.

[11] LEÃO, Martha Toríbio, 2015, p. 47.

[12] CORREA, Walter Barbosa. *Contribuição ao estudo da extrafiscalidade*. São Paulo: Bentivegna, 1964. p. 60.

[13] CORREA, Walter Barbosa, 1964. p. 49.

o paradigma da função fiscal é a arrecadação de receitas para fazer face às despesas gerais do Estado ou a repartição do ônus de cada tributo equitativamente de acordo com o critério de comparação inerente à própria justificativa do tributo (por exemplo, capacidade contributiva no caso dos impostos e equivalência no caso das taxas)?[14]

A resposta encontrada pelo autor - acatada por este trabalho - é a de que "a função fiscal das normas tributárias se cumpre, não com a maior arrecadação possível, mas sim com a repartição de encargos o mais próxima possível de comparação que sejam derivados da própria justificativa ética e política de cada espécie tributária".[15] A fiscalidade se encontra, então, ligada não tanto à arrecadação pura e simples, retirando a riqueza do setor privado e passando para o Estado, mas, sobretudo, à partilha do ônus tributário pela sociedade, levando-se em consideração um critério objetivo de comparação a justificar a existência do próprio tributo.

Cumpre reiterar que a extrafiscalidade é o emprego dos instrumentos tributários, por quem os têm à disposição, com objetivos não fiscais, mas ordinatórios.[16] Enquanto na fiscalidade o objetivo precípuo é o ingresso de receitas para o financiamento das despesas públicas, repartindo, como salientado, o ônus do tributo pela sociedade, de forma equitativa, na extrafiscalidade se observa a intervenção nos domínios econômico e social, ou seja, é o uso do tributo como indutor de políticas públicas. Ademais, pondera Martha Toríbio Leão que as normas tributárias indutoras referem-se ao campo da recomendação, atuando com estímulos e desestímulos, na tentativa de interferir no comportamento dos contribuintes ao acenar com determinada vantagem econômica.[17]

Neste tema, lapidar é a lição de Walter Barbosa Correa ao apresentar três elementos a despontar de modo marcante no fim colimado pelo fenômeno da extrafiscalidade, a saber: i) estimular o comportamento das pessoas; ii) provocar conscientemente este estímulo; iii) não visar, fundamentalmente, à arrecadação de bens.[18] Com amparo nesses três elementos, pode-se visualizar com mais nitidez quando

---

[14] ROCHA, Paulo Victor Vieira da. Fiscalidade e extrafiscalidade: uma análise crítica da classificação funcional das normas tributárias. *Revista Direito Tributário Atual*, São Paulo, n. 32, p. 259.

[15] ROCHA, Paulo Victor Vieira da. p. 260, 2014.

[16] ATALIBA, Geraldo, 1968. p. 150.

[17] LEÃO, Martha Toríbio, 2015, p. 42.

[18] CORREA, Walter Barbosa, 1964. p. 48.

um determinado tributo sobre o consumo assume eficácia indutora. É consequência lógica que a tributação sobre o consumo, ao incidir sobre o preço das mercadorias, influencie as relações negociais, ora incentivando a produção e o consumo, ora determinando o desincentivo da atividade econômica. Tal acontece como decorrência natural dessa espécie de tributação; nada obstante aparecer efeitos indutores, não se vislumbra, a princípio, uma norma tributária com eficácia extrafiscal.

Para que isso ocorra, é mister, portanto, que haja o incentivo a um determinado comportamento do contribuinte, que esse estímulo seja provocado conscientemente pelo legislador e que não seja buscada precipuamente a arrecadação. Dessa forma, quando o legislador deseja determinado comportamento, como, por exemplo, a produção de certo produto, em determinado local, a indução ao seu consumo por parcela da sociedade, sem se importar tanto com a receita a ser auferida, mesmo porque pode acontecer de que ela diminua ou até inexista, estamos diante de uma norma nitidamente indutora, cuja extrafiscalidade salta aos olhos. Cumpre esclarecer que a finalidade extrafiscal não se confunde com a intenção do legislador histórico, o que geraria um subjetivismo envolto na intenção de um dado legislador, mas sim consubstanciada na própria vontade objetivada na lei.[19]

3 Extrafiscalidade e renúncia de receita: entre o equilíbrio fiscal e a indução econômica

Geraldo Ataliba pondera que na extrafiscalidade o legislador não só se despreocupa da receita decorrente do tributo, como quer que ela não se realize.[20] Percebe igualmente Walter Correa que algumas vezes o tributo não é criado para a obtenção de recursos, havendo então um objetivo oposto àquele, visando à intervenção no comportamento das pessoas.[21] Importa notar que o objetivo normal do tributo é proporcionar a arrecadação, segundo um critério de justiça determinado. Contudo, cumpre reiterar que na extrafiscalidade vislumbra-se, muitas vezes, "uma 'não tributação' proposital e qualificada pelo resultado, que se

---

[19] LEÃO, Martha Toríbio. Contributo para o estudo da extrafiscalidade: a importância da finalidade na identificação das normas tributárias extrafiscais. *Revista Direito Tributário Atual*, n. 34. São Paulo, 2015. p. 309.

[20] ATALIBA, Geraldo, 1968. p. 151.

[21] CORREA, Walter Barbosa, 1964. p. 40.

apresenta num contexto que o normal e o ordinário é a cobrança do tributo".[22]

Vê-se, então, que a norma tributária indutora que desestimule determinada conduta pode conduzir, em caso extremo, à supressão da própria receita tributária, já que, dependendo da elasticidade da demanda, o desestímulo, alcançando o seu efetivo desiderato, enseja a não ocorrência do fato gerador da obrigação tributária. A norma indutora, nesse caso, paradoxalmente determinaria o fim do tributo em si, num estranho processo autofágico.

Não se pode perder de mira, ademais, que a despreocupação com a arrecadação, elemento ínsito à extrafiscalidade, pode direcionar as finanças públicas a uma situação de penúria, prejudicando sobremodo a saúde fiscal de determinado ente político. Tal se pode visualizar na realidade de diversos estados e municípios, que concedem os mais variados benefícios fiscais, com renúncia de receita, nada obstante a crise sistêmica e crônica por que passam, decorrente do manifesto e reiterado desequilíbrio entre receitas e despesas a conduzir ao déficit público e ao endividamento. Tanto isso é verdade que o legislador pátrio prevê, na Lei de Responsabilidade Fiscal (Lei Complementar nº 101/2000), em seu artigo 14, regras para a concessão ou a ampliação de incentivo ou benefício de natureza tributária, objetivando impedir a ocorrência de impactos danosos ao orçamento.

Vislumbra-se, portanto, que a concessão de incentivos fiscais, realizada no afã de estimular o desenvolvimento econômico de dado ente da Federação, pode conduzir ao desequilíbrio de suas contas, o que prejudica as políticas públicas inclusivas, não raras vezes privilegiando as camadas mais abastadas da sociedade em detrimento das menos afortunadas, o que resulta numa alocação desigual de recursos, como, aliás, aponta Schoueri em sua obra de referência sobre o tema.[23]

Como alertado em linhas pretéritas, os incentivos fiscais, ou seja, os benefícios tributários com renúncia de receita e que correspondem a um gasto indireto ou gasto tributário, são a tônica na intervenção estatal por indução na economia quando se trata de tributação.

Tal opção se deve à comodidade, à simplicidade, ao imediatismo e a um menor controle, com menos transparência, já que expressiva parcela da sociedade sequer desconfia que, ao se conceder isenções

---

[22] CORREIA NETO, Celso de Barros. *O avesso do tributo*: incentivos e renúncias fiscais no Direito brasileiro. São Paulo: Almedina Brasil, 2014. p. 25.

[23] SCHOUERI, Luís Eduardo. *Normas tributárias indutoras e intervenção econômica*. Rio de Janeiro: Forense, 2005. p. 64.

fiscais, reduções da base de cálculo, diferimentos, o Estado está a renunciar à totalidade ou à considerável porção de sua receita, o que pode causar danos às contas públicas e, por conseguinte, às políticas públicas, inerentes ao Estado hodierno, de cunho assaz intervencionista.

Sobre as vantagens de se utilizar a via do gasto indireto, dos benefícios fiscais, Luís Eduardo Schoueri, escorado nas lições de Surrey, arrola as seguintes qualidades: i) os benefícios fiscais impulsionam o setor privado da economia a participar de programas sociais; ii) os benefícios fiscais seriam mais simples e exigiriam menos controle estatal ou normas individuais; iii) os benefícios fiscais atraem melhor a iniciativa privada do que iniciativas que partem de despesas públicas diretas.[24]

Tilbery igualmente sinaliza as vantagens econômicas das isenções fiscais tanto para empresas já existentes quanto para novos empreendimentos, indicando, ademais, que as isenções fiscais oferecem para as empresas um melhor rendimento, estimulando, por consequência, as atividades empresariais.[25] No mesmo sentido, Elali indica que os incentivos fiscais legítimos possuem papel fundamental na redução de problemas econômicos e sociais, exemplificando as experiências brasileiras na expansão das exportações e no crescimento das atividades agrícolas, industriais, comerciais e de serviços. Complementa aduzindo que

> As empresas brasileiras têm aumentado o seu grau de competitividade no âmbito internacional, muitas vezes induzidas por auxílios estatais, como se nota através de incentivos tributários, como as reduções do imposto de renda e proventos das pessoas jurídicas, as imunidades conferidas às receitas com as exportações, a implementação de regimes especiais de tributação, etc.[26]

O reiterado uso de incentivos tributários pelos entes da Federação confirma as constatações dos parágrafos anteriores, em especial os argumentos da simplicidade, do controle mais tênue e de mais atratividade exercida sobre a iniciativa privada.

Cabe abrir um parêntese para a questão do controle mais tênue. De fato, o controle dos incentivos fiscais se revela bem mais difícil do que o das subvenções diretas. Entretanto, vale assinalar que, no

---

[24] SCHOUERI, Luís Eduardo, 2005. p. 69.

[25] TILBERY, Henry. Base econômica e efeito das isenções. *In*: DÓRIA, Antônio Roberto Sampaio (Coord.). *Incentivos fiscais para o desenvolvimento*. São Paulo: J. Brushatsky, 1970. p. 49-51.

[26] ELALI, André, 2007, p. 122.

sistema de controle externo pátrio, o Tribunal de Contas da União tem um histórico de fiscalizações na área de renúncias fiscais, o que tem contribuído significativamente para aumentar a transparência sobre esses instrumentos e sobre seu impacto na gestão fiscal, ensejando, ademais, uma melhoria dos controles internos de órgãos gestores de renúncia [Acórdãos nºs 747/2010-TCU-Plenário e 3.437/2012-TCU-Plenário (TC 015.052/2009-7); Acórdão nº 2.766/2012-TCU-Plenário (TC 015.511/2012-0); Acórdão nº 3.137/2011-TCU-Plenário (TC 030.315/2010-7); Acórdão nº 73/2013-TCU-Plenário (TC 041.429/2012-7); e o Acórdão nº 3.695/2013-TCU-Plenário (TC 015.436/2013-6)].

Como é sabido, os incentivos fiscais, notadamente no ICMS e no ISS, têm se revelado poderosos instrumentos para atrair os agentes econômicos para regiões periféricas, no afã de diminuir as desigualdades regionais, fomentando o crescimento na indústria, no comércio e nos serviços em distantes rincões, minimizando a concentração econômica das regiões mais ricas em benefício da interiorização e da pulverização das atividades econômicas.

Numa primeira aproximação, tal atuação se encontra de acordo com a ordem econômica, em especial ao artigo 170, VII, da Constituição. Reduzir as desigualdades, quer regionais, quer sociais, é não somente um princípio constitucional econômico, como também um dos objetivos fundamentais da República Federativa do Brasil, nos termos do que preconiza o artigo 3º, inciso III, da Carta de 1988.

4 Efeitos negativos da adoção de incentivos fiscais na indução econômica e na responsabilidade fiscal

Não se pode perder de vista o elenco de efeitos negativos não desejados que os incentivos fiscais trazem consigo. Como se apura nos parágrafos seguintes, a concessão de incentivos fiscais, de forma indireta, numa clara função indutora da norma tributária pode causar distorções no campo da justiça fiscal, da neutralidade concorrencial e da responsabilidade na gestão financeira do Estado.

Nesse tema, cumpre utilizar como norte o rol de desvantagens indicado por Schoueri,[27] com base nas lições de Surrey. Haveria então, fundamentalmente, quatro argumentos que tornariam duvidosa a conveniência dos benefícios fiscais, a saber: i) o chamado efeito carona (*free rider*), ou seja, os contribuintes passam a ter ganhos extraordinários

---

[27] SCHOUERI, Luís Eduardo, 2005. p. 63-67.

por algo que já fariam mesmo que não existisse o benefício fiscal; ii) a alocação desigual de recursos, beneficiando as classes mais abastadas; iii) o não conhecimento, a princípio, dos beneficiários e do montante exato da renúncia fiscal; iv) a necessidade da elevação das alíquotas dos tributos objeto de incentivo fiscal, dada a redução da base de contribuintes. Além desses aspectos, sinaliza o Professor das Arcadas que os incentivos fiscais concedidos num Estado Federal terminam por reduzir as receitas tributárias a serem transferidas para outros entes federativos.

Apresentada essa visão panorâmica das desvantagens dos gastos indiretos, impende realizar uma análise mais esmiuçada da questão, analisando cada desvantagem, o que se realiza em quatro subitens seguintes.

4.1 O efeito carona: indução econômica para atividade que prescinde de incentivo

Assim, primeiramente cabe analisar o chamado efeito carona, pelo qual o contribuinte, mesmo se não recebesse o benefício fiscal, já realizaria a atividade induzida. Não haveria, portanto, um efeito decisivo dos incentivos fiscais sobre a decisão do agente econômico por determinada atuação.

Nesse tema, assinala Henry Tilbery que não existe nenhum método que permita avaliar até que ponto as isenções se constituem num fator decisivo a influenciar a atitude das pessoas por elas visadas.[28] Schoueri indica que o chamado efeito carona também pode acontecer nas subvenções diretas,[29] ou seja, mesmo sem receber determinado subsídio ou subvenção, o investidor realizaria a atividade econômica induzida. Reconhecendo que outros fatores já seriam suficientes para mover o empresário, o autor em comento entende que, muito embora possa o efeito tributário não ser o preponderante, não pode ser ele considerado irrelevante.[30]

De fato, incentivos fiscais, ou mesmo subvenções diretas, se apresentam como instrumentos importantes para a intervenção estatal na economia, fomentando o desenvolvimento e diminuindo as desigualdades regionais. Quanto a esse efeito, não resta dúvida. Todavia, não se

---

[28] TILBERY, Henry, 1970, p. 43.
[29] SCHOUERI, Luís Eduardo, 2005, p. 63.
[30] SCHOUERI, Luís Eduardo, 2005, p. 64.

pode deixar de constatar que há situações em que o agente econômico, mesmo que não gozasse do benefício direto ou indireto, realizaria a atividade econômica que se pretende induzir. Assim, o incentivo ou a subvenção seria somente um *plus*, não sendo motivo determinante da decisão. Com isso, o Estado termina por arrecadar menos ou despender mais, por meio do gasto indireto ou do gasto direto, sem uma real necessidade. Por outro lado, não se pode perder de mira que parcela dos contribuintes acaba por ter ganhos extraordinários por algo que já fariam, ainda que não gozassem dos incentivos e das subvenções.[31]

Na tributação sobre o consumo, essa primeira desvantagem se manifesta com nitidez. A escolha de onde estabelecer a indústria, o comércio ou a prestadora de serviço pode levar em conta o benefício fiscal oferecido. Porém, fatores como a favorável localização geográfica, a facilidade de acesso aos mercados consumidores, o custo da mão de obra, a proximidade dos fornecedores, a legislação fiscal sobre o lucro, a regulação estatal da atividade, a infraestrutura existente têm o condão de influenciar a tomada de decisão do agente econômico. Assim, ainda que sem o incentivo fiscal, o investidor poderia optar por realizar a atividade econômica naquela localidade, daquela forma, o que leva à conclusão de que tal incentivo enseja uma perda de arrecadação para o Estado e um ganho extra para o particular sem uma real necessidade.

4.2 Incentivos fiscais e justiça financeira: gestão fiscal perpetuadora de desigualdades

Um segundo argumento contrário à prática de incentivos fiscais está relacionado à questão da igualdade. Comentando a outorga de vantagens para a promoção do desenvolvimento econômico, André Elali sustenta ser mister um exame criterioso da eficiência, da viabilidade econômico-financeira e dos efeitos no mercado, sob pena de gerarem ainda mais desigualdades e problemas.[32]

Sobre esse perigo, afirma Schoueri,[33] amparado nas lições de Surrey e Tilbery, que "a adoção de benefícios fiscais implica uma alocação desigual de recursos, já que contribuintes de classes de renda mais elevadas recebem maiores vantagens do que os de classe mais baixa, além de não se beneficiarem aqueles cuja renda é muito baixa ou

---

[31] SCHOUERI, Luís Eduardo, 2005. p. 63.
[32] ELALI, André, 2007, p. 122.
[33] SCHOUERI, Luís Eduardo, 2005, p. 67.

têm prejuízo". No mesmo diapasão é o diagnóstico de Casalta Nabais, para quem certas formas de estímulo criam "maiores vantagens para quem mais delas menos precisa e, ao contrário, menores vantagens para quem mais carece".[34]

Normalmente, tal realidade é vislumbrada no imposto sobre a renda. A concessão de deduções com saúde, educação, filantropia, dentre outras, sofre ácida crítica por privilegiar, não raras vezes, a parcela mais abastada da sociedade, mesmo porque o mais empobrecido, além de, costumeiramente, não ter renda suficiente para a incidência de tal tributo, utiliza-se regulamente dos serviços públicos, não tendo o que deduzir com saúde e educação.

Para o tema da tributação da renda consumida, e não sobre a renda auferida, tende-se a justificar os incentivos pelo produto a ser consumido. Assim, produtos da cesta básica seriam os mais propensos a terem algum tipo de benefício, enquanto produtos de luxo tenderiam a ser gravosamente tributados. Com isso, não se correria o risco de conceder benefícios aos mais ricos. Aliás, isso segue a regra constitucional da seletividade, segundo a essencialidade do produto.

Porém, mesmo nesse caso, há certa dificuldade de se observar quem será o beneficiário da medida. Essa dificuldade é outra desvantagem dos incentivos fiscais a ser apreciada em parágrafo subsequente. Por enquanto, importa se fixar na questão da desigualdade na alocação das receitas. Utilizando o feijão como exemplo, Roberto Ferraz sustenta que uma isenção deste produto, pertencente à cesta básica, terá a vantagem econômica repercutida no bolso dos produtores, dos intermediários, dos distribuidores, dos varejistas e "talvez quem sabe, dos consumidores". Arremata ponderando que, mesmo que haja uma diminuição para o consumidor, "não há escolha de qual consumidor atingir, pois a redução repercutirá tanto para o mais pobre quanto para o mais rico (por exemplo, nas feijoadas servidas nos melhores restaurantes)".[35]

Enfim, acerca do liame entre incentivos fiscais e igualdade, conclui Schoueri que, "assim como a desigualdade da tributação exige da doutrina cuidadosa análise, culminando na concretização do princípio da igualdade, também sob o ponto de vista das normas tributárias indutoras (sejam incentivos fiscais, sejam de agravamento da tributação),

---

[34] NABAIS, José Casalta. *O dever fundamental de pagar impostos*. Coimbra: Almedina, 2004. p. 666.

[35] FERRAZ, Roberto. Intervenção do Estado na economia por meio da tributação – a necessária motivação dos textos legais. *Revista Direito Tributário Atual*, São Paulo, n. 20, p. 244, 2006, p. 244.

faz-se necessária uma justificativa especial para o tratamento desigual".[36] Em semelhante vertente, Elali pondera que os auxílios estatais devem ser concedidos de maneira legítima, o que envolve a observância da legalidade, da isonomia, da capacidade contributiva, da livre-iniciativa, da livre concorrência, da proteção ao consumidor que, entre outras normas, são verdadeiras limitações e balizamentos para o Estado.[37]

Nota-se, então, que a concessão de incentivos fiscais, assim como o exercício da competência impositiva, deve guardar estreita relação com o valor da justiça fiscal, consubstanciada no princípio genérico da igualdade, concretizado na neutralidade e seletividade, conforme a essencialidade.

4.3 Incentivos, transparência e controle na responsabilidade fiscal

Prosseguindo nos argumentos em desfavor dos incentivos fiscais, alcança-se o terceiro, que guarda estreito liame com o estabelecido pela LRF. É o não conhecimento do montante da renúncia e de quais os beneficiários da vantagem tributária lícita concedida. Este tema apresenta uma clara distinção entre incentivos e subvenções diretas, aparecendo como um forte argumento a favor da adoção destas últimas, pela transparência e controle que propiciam.

Celso de Barros Correia Neto assinala que os incentivos financeiros seriam mais transparentes e menos onerosos para o Poder Público que os seus equivalentes tributários. Fundamenta tal assertiva no regime constitucional aplicável às despesas, no qual não se permite a concessão ou a utilização de créditos ilimitados (artigo 167, VII) e nem a realização de despesas ou assunção de obrigações diretas que excedam os créditos orçamentários ou adicionais (artigo 167, II). Assim, as subvenções teriam que estar previstas em lei, sabendo-se, em princípio, quem serão os destinatários e quais os limites do crédito.[38]

Isso não acontece nos incentivos fiscais, nos gastos indiretos, dada a impossibilidade de se conhecer, antecipadamente, quantos e quais serão os beneficiários e qual o montante exato da renúncia fiscal. Tecendo contundente crítica à sistemática de incentivos indiretos, Roberto Ferraz sintetiza que "quando se abre mão de qualquer tributo,

---

[36] SCHOUERI, Luís Eduardo, 2005, p. 65.

[37] ELALI, André, 2007, p. 133.

[38] CORREIA NETO, Celso de Barros, 2014, p. 158.

mediante isenção ou exoneração de qualquer grupo ou atividade, a única certeza que se tem é a de que não se arrecadará aquele tributo. Quem será beneficiado é uma incógnita".[39]

Acerca da "guerra de incentivos" entre os entes da Federação na tributação sobre o consumo, notadamente no ICMS, já se apontou para uma perda global de arrecadação, não mensurada pelos Estados devido à falta de transparência fiscal. Tal mensuração "possibilitaria melhor avaliação da relação custo-benefício dos programas de incentivos fiscais com vistas ao desenvolvimento regional".[40]

Nota-se, portanto, em matéria de incentivos fiscais da tributação sobre o consumo, que a falta de transparência quanto aos reais beneficiados e qual o montante efetivamente concedido no favor termina por fazer com que esses incentivos privilegiem somente os agentes econômicos, ou parcela pequena deles, e não o consumidor final, e que esses benefícios restam imensuráveis, o que dificulta sobremodo o controle. Ao não se considerar o consumidor final, tais incentivos podem desrespeitar a justiça fiscal.

Por isso, há forte corrente no sentido de recomendar a adoção de incentivos financeiros, tais como as subvenções diretas. Apresentando as justificativas de tal posicionamento, Tilbery aponta que os defensores da concessão de subsídios em detrimento dos incentivos fiscais sustentam que naqueles é possível conhecer o custo exato do beneficio, o que não ocorre com as isenções.[41] Defendendo com convicção a adoção das subvenções, Ferraz assevera ser a justiça no gasto público tão ou mais importante que a justiça na arrecadação. Daí afirma o autor que "é muito melhor que se utilize o produto da arrecadação para subsidiar direta e abertamente as atividades que se deseja incentivar".[42]

Assim, quanto à definição dos beneficiários e do montante do incentivo, parece nítida a vantagem das subvenções diretas, promovendo a transparência e facilitando a fiscalização do benefício. Porém, a concessão de incentivos, notadamente de isenções fiscais, é mais cômoda para a Administração, uma vez que não necessita estar presente na lei orçamentária. Disso decorre, ademais, que é mais fácil, do ponto de vista político, conceder o incentivo fiscal. A opinião pública tende a simpatizar com a ideia do incentivo, uma vez que as justificativas para tal

---

[39] FERRAZ, Roberto, p. 244, 2006, p. 43.
[40] BEVILACQUA, Lucas. *Incentivos fiscais de ICMS e desenvolvimento regional*. São Paulo: Quartier Latin, 2013. p. 159 (Série Doutrina Tributária, v. IX).
[41] TILBERY, Henry, 1970, p. 45.
[42] FERRAZ, Roberto, p. 244, 2006, p. 244.

concessão são positivas: promover o desenvolvimento econômico, atrair novos investimentos, criar novos empregos, enfim, produzir riqueza.

Já a concessão de subvenções significa um dispêndio com determinado agente econômico que, não raras vezes, não necessita de auxílio estatal por possuir manifesta capacidade econômica. Com isso, numa primeira aproximação, parece mais consentânea com a justiça fiscal a concessão de um incentivo fiscal para atrair determinada indústria do que a concessão de subvenção econômica, concedendo a tal agente, muitas vezes uma poderosa multinacional, um considerável montante em dinheiro. Parece que o gasto no primeiro caso, por ser indireto, é menor do que no segundo, o que não corresponde, na maioria das vezes, à realidade. O que se tem de realidade é que nos gastos indiretos, nos incentivos fiscais, especialmente nos tributários, não é possível saber, de antemão, quais os beneficiários e qual o valor do benefício concedido, o que afronta claramente a imprescindível transparência das atividades públicas.

4.4. Incentivos, redução da base de contribuintes e desequilíbrio fiscal

Por derradeiro, cumpre reiterar que a concessão de incentivos fiscais, dada a redução da base de contribuintes, acaba por conduzir à necessidade de que se elevem as alíquotas dos tributos objeto de incentivo fiscal.[43] Há, como indica Tilbery, uma exposição a maior pressão tributária aos não beneficiados por isenções que tenderiam a reclamar igual tratamento com os grupos que gozam de incentivos fiscais, o que poderia conduzir, em últimas consequências, a uma erosão da arrecadação.[44] Não se pode perder de mira, porém, que esse efeito deletério pode ocorrer igualmente nas subvenções diretas,[45] já que a despesa pública realizada terá que ser compensada com alguma forma de aumento da arrecadação, o que, não raro, atinge os contribuintes que não foram contemplados com qualquer tipo de auxílio estatal.

Com efeito, a reiterada prática de conceder incentivos fiscais pontuais para solucionar determinadas situações conjunturais da economia tem se mostrado ineficaz, seja para a saúde do sistema de

---

[43] SCHOUERI, Luís Eduardo, 2005, p. 67.

[44] TILBERY, Henry, 1970. p. 42.

[45] SCHOUERI, Luís Eduardo, 2005, p. 67.

finanças públicas como um todo, seja mesmo para a solução do problema específico visado pela norma tributária indutora.

Assim, observa-se a constante prática de diminuir a tributação sobre o consumo para fomentar a produção, a distribuição e o próprio consumo de bens e mercadorias, colimando alavancar a economia e combater o desemprego. Tais medidas de desoneração fiscal, embora importantes, não têm se mostrado idôneas para que se atinja o desiderato almejado. Por exemplo, a diminuição do IPI para certos produtos (veículos automotores, eletroeletrônicos, linha branca, etc.) não tem se mostrado eficiente e eficaz para garantir um crescimento estável da economia, causando perdas de arrecadação sem que se constate efetivamente um ganho social e econômico em tais medidas.

Por isso, assevera Roberto Ferraz não ser possível se ter uma tributação razoável, com economicidade e eficiência, buscando diferenciar continuamente atividades e grupos. Ademais, pondera que a função precípua da tributação é a de arrecadar os recursos necessários para que o Estado possa desempenhar suas atribuições, de maneira racional, proporcional à capacidade de cada um. Conclui ser esta "a principal justiça que se pode alcançar na tributação".[46]

Assim, o desequilíbrio fiscal causado pelos incentivos fiscais sequer pode ser justificado pelo implemento do desenvolvimento com diminuição de desigualdades sociais e regionais. Definitivamente, o campo da despesa pública, realizada de maneira responsável, transparente e isonômica, se revela bem mais produtivo à consecução de boas práticas governamentais do que a renúncia de receita pública por si só.

Conclusão

A intervenção estatal por indução é, como relatado no presente artigo, uma ferramenta bastante utilizada como política pública de desenvolvimento econômico. Conforme se extrai do estudo, os incentivos fiscais têm o condão de impulsionar o setor privado da economia a participar de políticas públicas de desenvolvimento, sendo mais simples, com menor controle estatal, o que tende a atrair mais a iniciativa privada.

Todavia, a conveniência de se adotar os incentivos fiscais como ferramenta indutora de uma política pública de desenvolvimento econômico se torna duvidosa por quatro desvantagens suscitadas pelo texto, a saber: i) o efeito carona; ii) a alocação desigual de recursos,

---

[46] FERRAZ, Roberto, 2006, p.244.

malferindo a justiça fiscal; iii) o não conhecimento dos beneficiários e do exato montante da renúncia fiscal, vulnerando a transparência e a responsabilidade fiscal; e iv) a redução da base de contribuintes, ensejando desequilíbrio nas contas públicas.

Com isso, vislumbra-se que a constante prática de conceder desonerações fiscais, embora importantes para, em determinado momento do processo de desenvolvimento, fomentar a economia, pode causar prejuízos colaterais no que tange à justiça, à neutralidade e à responsabilidade. Ademais, a perda da arrecadação pode causar prejuízos às camadas mais pobres da população, à medida que afetam a consecução das mais diversas políticas públicas.

Por isso, a Lei de Responsabilidade Fiscal veicula regras colimando sistematizar de forma lógica, transparente e justa a concessão dos incentivos fiscais que redundem em renúncia de receita. Sem desmerecer a relevância da atuação estatal por indução, especificamente através de incentivos fiscais, há que se observar e fortalecer as regras que visam a proteger o impacto orçamentário-financeiro, o planejamento e a responsabilidade fiscal, como preconizado pelo artigo 14 da Lei de Responsabilidade Fiscal.

Referências

Acórdãos 747/2010-TCU-Plenário e 3.437/2012-TCU-Plenário (TC 015.052/2009-7); Acórdão 2.766/2012-TCU-Plenário (TC 015.511/2012-0); Acórdão 3.137/2011-TCU-Plenário (TC 030.315/2010-7); Acórdão 73/2013-TCU-Plenário (TC 041.429/2012-7); e o Acórdão 3.695/2013-TCU-Plenário (TC 015.436/2013-6).

ATALIBA, Geraldo. *Sistema Constitucional Tributário brasileiro*. São Paulo: RT, 1968.

BERCOVICI, Gilberto. A Constituição e o papel do Estado no domínio econômico. *Revista da Academia Brasileira de Direito Constitucional*, Curitiba, v. 2, 2002.

BEVILACQUA, Lucas. *Incentivos fiscais de ICMS e desenvolvimento regional*. São Paulo: Quartier Latin, 2013 (Série Doutrina Tributária, v. IX).

BOMFIM, Diego. *Tributação e livre concorrência*. São Paulo: Saraiva, 2011.

CORREA, Walter Barbosa. *Contribuição ao estudo da extrafiscalidade*. São Paulo: Bentivegna, 1964.

CORREIA NETO, Celso de Barros. *O avesso do tributo*: incentivos e renúncias fiscais no Direito brasileiro. São Paulo: Almedina Brasil, 2014.

ELALI, André; PEIXOTO, Marcelo Magalhães (Coord.). *Incentivos fiscais* – questões pontuais nas esferas federal, estadual e municipal. São Paulo: APET/MP Editora, 2007.

ELALI, André. *Tributação e regulação econômica*. São Paulo: APET/MP Editora, 2007.

FERRAZ, Roberto. Intervenção do Estado na economia por meio da tributação – a necessária motivação dos textos legais. *Revista Direito Tributário Atual*, São Paulo, n. 20, 2006.

GRAU, Eros Roberto. *A ordem econômica na Constituição de 1988*. 15. ed. São Paulo: Malheiros, 2012.

LEÃO, Martha Toríbio. *Controle da extrafiscalidade*. São Paulo: Quartier Latin, 2015. p. 37 (Série Doutrina Tributária, v. XVI).

LEÃO, Martha Toríbio. Contributo para o estudo da extrafiscalidade: a importância da finalidade na identificação das normas tributárias extrafiscais. *Revista Direito Tributário Atual*, São Paulo, n. 34, p. 309, 2015.

MACHADO, Hugo de Brito. *Curso de Direito Tributário*. 27. ed. São Paulo: Malheiros Editores, 2006.

MÉLEGA, Luiz. O poder de tributar e o poder de regular. *Revista Direito Tributário Atual*, São Paulo, v. 7/8, 1987/1988.

NABAIS, José Casalta. *O dever fundamental de pagar impostos*. Coimbra: Almedina, 2004.

PIRES, Adilson Rodrigues. Incentivos fiscais e o desenvolvimento econômico. *In*: SCHOUERI, Luís Eduardo (Coord.). *Direito Tributário – Homenagem a Alcides Jorge Costa*. v. II. São Paulo: Quartier Latin do Brasil, 2003.

ROCHA, Paulo Victor Vieira da. Fiscalidade e extrafiscalidade: uma análise crítica da classificação funcional das normas tributárias. *Revista Direito Tributário Atual*, São Paulo, n. 32.

SCHOUERI, Luís Eduardo. *Normas tributárias indutoras e intervenção econômica*. Rio de Janeiro: Forense, 2005.

TILBERY, Henry. Base econômica e efeito das isenções. *In*: DÓRIA, Antônio Roberto Sampaio (Coord.). *Incentivos fiscais para o desenvolvimento*. São Paulo: J. Brushatsky, 1970.

VOGEL, Klaus. Tributos regulatórios e garantia da propriedade no Direito Constitucional da República Federal da Alemanha. *In*: MACHADO, Brandão (Coord.). *Direito Tributário*: estudos em homenagem a Ruy Barbosa Nogueira. São Paulo: Saraiva, 1984.

Informação bibliográfica deste texto, conforme a NBR 6023:2018 da Associação Brasileira de Normas Técnicas (ABNT):

FREITAS, Leonardo Buissa; FREITAS, Gabriel Buissa Ribeiro de. Incentivos fiscais: entre a indução econômica e a responsabilidade fiscal. *In*: FIRMO FILHO, Alípio Reis; WARPECHOWSKI, Ana Cristina Moraes; RAMOS FILHO, Carlos Alberto de Moraes (Coord.). *Responsabilidade na gestão fiscal*: estudos em homenagem aos 20 anos da lei complementar nº 101/2000. Belo Horizonte: Fórum, 2020. p. 335-353. ISBN 978-65-5518-034-3.

CRISE FINANCEIRA DO ESTADO E A RESPONSABILIDADE FISCAL SOLAPADA

LICURGO MOURÃO

ARIANE SHERMAM

1 Pacto federativo e crise econômica: um estudo sobre o caso de Minas Gerais[1]

A concretização dos objetivos fundamentais da República Federativa brasileira, mormente os de garantir o desenvolvimento nacional, erradicar a pobreza e a marginalização e reduzir as desigualdades sociais e regionais (CR/88, art. 3º, incisos II e III), depende de arranjos políticos e jurídicos que fomentem a efetiva cooperação, ao mesmo tempo em que promovam a distribuição equânime de competências e encargos entre os entes federativos.

Contudo, enquanto a União concentra competências legislativas e arrecadatórias, os demais entes federativos, mais próximos da população, concentram os encargos maiores de concretização das políticas, ações e serviços voltados ao cidadão.

---

[1] Este artigo foi escrito com a colaboração dos seguintes servidores do Tribunal de Contas do Estado de Minas Gerais: Simone Adami, Josiane Velloso, Adilson Duarte da Costa e Renato Mimessi.

Isso tem ocasionado desequilíbrios que acabam por ferir o pressuposto básico do federalismo (dito de cooperação), que é a justa harmonia entre autonomia e interdependência. Esses desequilíbrios podem ser verificados quando existe um descompasso entre competências administrativas (deveres) e recursos financeiros, ou seja, entre encargos e capacidade para custeá-los.

Além da expansão da base tributária de forma unilateral pela União, a crise financeira atualmente vivenciada pelos Estados decorre, em grande parte, de políticas do Governo Federal que geram significativa queda nas receitas arrecadadas pelos demais entes. Podemos exemplificar com a desoneração dos produtos primários e semielaborados nas exportações, operacionalizada pela Lei Kandir (Lei Complementar nº 87, de 1996), posteriormente confirmada pela Emenda Constitucional nº 42, de 2003, em que a União se comprometeu (embora não o tenha feito) a compensar a perda dos Estados decorrente da desoneração do principal imposto estadual – o ICMS.[2]

Com relação à renúncia de receitas ocorrida em 2018, verifica-se que o total desonerado atingiu R$13,955 bilhões, correspondendo a 70,5% do déficit orçamentário fiscal de R$19,711 bilhões, superando em 26,61% o valor orçado na Lei Orçamentária Anual – LOA,[3] portanto inferior ao verificado no exercício de 2017, de R$17,765 bilhões, que chegou a superar em 81,86% o déficit orçamentário fiscal naquele exercício, de R$9,676 bilhões, e 20,34% do valor orçado na LOA em 2017. Portanto, verifica-se em 2018 uma redução de 13,87% na participação da renúncia de receitas no déficit orçamentário.

Em que pese a LDO de 2018 ter apresentado o Anexo de Metas Fiscais com o Demonstrativo da Estimativa e Compensação da Renúncia de Receita (art. 4º, §2º, V, da LRF), não foram indicadas as medidas a serem tomadas a fim de compensar a renúncia prevista, conforme as instruções constantes do Manual de Demonstrativos Fiscais da Secretaria do Tesouro Nacional – STN.

---

[2] BATISTA JÚNIOR, Onofre Alves; MARINHO, Marina Soares. Do federalismo de cooperação ao federalismo canibal: a Lei Kandir e o desequilíbrio do pacto federativo. *Revista de Informação Legislativa*, v. 55, n. 217, p. 157-180, jan./mar. 2018. Disponível em: http://www12.senado. leg.br/ril/edicoes/55/217/ril_v55_n217_p157. Acesso em: 15 jul. 2018.

[3] MINAS GERAIS. Tribunal de Contas do Estado de Minas Gerais. *Relatório sobre macrogestão e contas do governador do estado de Minas Gerais*, exercício de 2018. Processo nº 1066559 (Balanço Geral do Estado). Tabela 65, p. 117, Balanço Orçamentário, p. 332.

Verifica-se, ainda, conforme Tabela 1[4] anexa, que a renúncia fiscal realizada em 2018 é superior às despesas com saúde e educação, considerando-se sua participação relativa quando na comparação com diversos outros itens de receita e despesa.

Na análise das contas do Governo de Minas Gerais relativas ao exercício de 2017, entendemos pela urgente necessidade de o setor técnico competente, no âmbito do Poder Executivo estadual, apresentar estudo aprofundado, em um prazo de até 180 (cento e oitenta) dias, quanto: a) à extensão do crescimento expressivo do déficit orçamentário e das perdas arrecadatórias impostas ao Estado; b) aos benefícios efetivos do instituto das renúncias das receitas concedidas e das medidas concretas, que possibilitem avaliar o impacto de cada modalidade de renúncia fiscal na economia; c) à promoção de controles dos resultados socioeconômicos alcançados em potencial, inclusive os registros contábeis necessários à transparência e à análise sistêmica e autônoma dos impactos decorrentes.

Reputamos importantíssimo o aprofundamento desse tema, porquanto a análise da política tributária envolve relevantes aspectos voltados às políticas sociais. Até que ponto é possível implementar programas de incentivos fiscais e de renúncias de receitas sem que tal proceder interfira na capacidade econômica do Estado?

Entendemos que é contraditório que, num momento de insuficiência de arrecadação, os Estados, de maneira geral, embora precisando de receitas, abram mão de parcela significativa dessas receitas através de renúncia fiscal, sem saber precisamente os benefícios advindos dessa renúncia.

Observa-se que, quando do Diagnóstico da Situação Fiscal de Minas Gerais, efetivado pela Secretaria do Tesouro Nacional em março de 2019,[5] as renúncias de receitas foram objeto de detida análise, tanto na vertente de benefícios gerados, como o Programa Regularize, quanto na da representatividade do volume de renúncias nas finanças do Estado. A transferência de recursos públicos às empresas privadas, por intermédio de incentivos fiscais, implica reciprocidade, cujos beneficiários diretos devem ser, essencialmente, o próprio Estado e a sociedade. Ainda que

---

[4]   MINAS GERAIS. Tribunal de Contas do Estado de Minas Gerais. Coordenadoria de Fiscalização e Avaliação da Macrogestão Governamental do Estado. *Relatório sobre a macrogestão e contas do governador do estado de Minas Gerais*, exercício 2018. Processo nº 1066559 (Balanço Geral do Estado). Belo Horizonte, 2019. p. 117.

[5]   BRASIL. Secretaria do Tesouro Nacional. *Diagnóstico da situação fiscal de Minas Gerais*. Disponível em: https://www.tesourotransparente.gov.br/publicacoes/relatorio/plano-de-recuperacao-fiscal-do-estado-de-minas-gerais/publicacao-2019-06-03-8486326943. Acesso em: 8 out. 2019. p. 27.

grande parte desse fenômeno independa do Estado, uma vez que o poder regulatório fiscal está concentrado na União, a exemplo dos efeitos provocados pela Lei Kandir, é urgente que os efetivos resultados gerados pela renúncia fiscal sejam transparentes para a sociedade, que indiretamente a concede.

Conforme define o artigo 14, §1º, da Lei de Responsabilidade Fiscal – LRF (Lei Complementar nº 101/2000), a Renúncia de Receita compreende anistia, remissão, subsídio, crédito presumido, concessão de isenções em caráter não geral, alteração de alíquota ou mudança da base de cálculo que implique redução discriminada de tributos ou contribuições, e outros benefícios que correspondam a tratamento diferenciado. Também a LRF, no art. 4º, §2º, V, estabelece a vinculação, ao projeto da Lei de Diretrizes Orçamentárias – LDO, do Anexo de Metas Fiscais contendo a estimativa e compensação da renúncia de receitas.

Lado outro, a Constituição Mineira, em seu art. 146, XI, possibilita a concessão, pelo Estado, na forma de lei complementar federal, de isenções, incentivos e benefícios fiscais.

Para a evidenciação de tais renúncias, determina o art. 157, §1º, VII, da Carta Mineira, que a LOA apresente demonstrativo específico, de forma regionalizada, dos efeitos sobre receitas e despesas decorrentes de isenções, remissões, subsídios e benefícios de natureza financeira, tributária e creditícia.

A Lei nº 22.626, de 28 de julho de 2017, que trata da Lei de Diretrizes Orçamentárias – LDO, apresentou o Anexo de Metas Fiscais com o Demonstrativo da Estimativa e Compensação da Renúncia de Receita, exigido pela LRF em seu art. 4º, §2º, V. No entanto, cabe registrar a ausência de coluna própria para indicar as compensações, conforme instrui o Manual de Demonstrativos Fiscais da STN, na qual devem ser inseridas as medidas a serem tomadas a fim de compensar a renúncia de receita prevista; porém, verifica-se que as adequações foram efetuadas, mas somente para o exercício de 2019.

A LDO estimou R$9,991 bilhões, o que corresponde a 21,6% da receita de ICMS prevista, da ordem de R$46,255 bilhões. Estão inseridas nesse total as desonerações da Lei Kandir, R$6,098 bilhões; a concessão de créditos de ICMS nas exportações de produtos industrializados, R$630,441 milhões; e o Simples Nacional, R$3,263 bilhões.

Por sua vez, as perdas previstas pela LOA, advindas dos benefícios heterônomos, somam R$6,778 bilhões, inferiores à da LDO em 32,16%, sendo a Lei Kandir responsável pela perda de R$5,941 bilhões, equivalente a 87,65%, calculadas com base na metodologia do Protocolo de ICMS 69/08, que trata dos coeficientes de participação das unidades federadas nos recursos orçamentários destinados a compensar o ICMS desonerado nas exportações de produtos primários e semielaborados e os créditos de ICMS decorrentes de aquisições destinadas ao ativo permanente de fomento às exportações.

Assim sendo, como visto, o total das perdas com a renúncia de receitas ficou bem próximo dos R$14 bilhões, superando em 26,62% a previsão da LOA e, apesar de as novas renúncias terem se efetivado aquém do orçado e os benefícios heterônomos terem ficado no patamar previsto, as renúncias consolidadas ficaram muito além da estimativa, quase 80% maiores, chegando a ultrapassar os R$7 bilhões, como demonstrado na Tabela 2[6] anexa.

Dada a importância, nas contas públicas, dos vultosos recursos relacionados com as renúncias de receitas e a manutenção de um regime de concessão incompatível com a grave crise financeira, entendemos que cabe ao Governo do Estado de Minas Gerais apresentar relatório de auditoria relativo aos benefícios efetivos das renúncias de receitas concedidas, com a previsão de medidas concretas para a sua drástica redução, avaliando o impacto de cada modalidade de renúncia fiscal na economia.

2 Federalismo fiscal, centralização de competências e o papel dos Tribunais de Contas

Não obstante a competência privativa do Senado Federal para avaliação do sistema tributário, o controle da aplicação das subvenções e das renúncias de receitas insere-se nas competências das Cortes de Contas, nos ditames do artigo 70 da CR/88.

Consideradas essas competências do Senado e dos Tribunais de Contas, verifica-se uma complementaridade de fiscalização e avaliação sobre o sistema tributário. Enquanto o Senado possui competência avaliativa e deverá ser informado de questões importantes e munido dos dados coletados em inspeções dos Tribunais de Contas, estes, responsáveis pela fiscalização financeira, orçamentária e contábil, deverão ser comunicados pelo Poder Legislativo quando este, em sua avaliação, verificar fato passível de julgamento e punição na esfera de competência do controle externo.[7]

---

[6] MINAS GERAIS. *Relatório sobre a macrogestão e contas do governador do estado de Minas Gerais, exercício 2018*. Belo Horizonte, 2019.

[7] MOURÃO, Licurgo; SHERMAM, Ariane; SERRA, Rita Chió. *Tribunal de Contas democrático*. Belo Horizonte: Fórum, 2018. p. 149.

Quanto a essa competência dos Tribunais de Contas, no que diz respeito ao sistema tributário, vale observar a jurisprudência do Tribunal de Contas da União – TCU,[8] que revela que não há competência dos Tribunais para a avaliação de fatos individuais relativos ao lançamento de tributo, decadência e prescrição tributárias e inscrição de crédito tributário em dívida ativa. Por outro lado, o TCU já desempenha, embora não periodicamente, a atuação sobre questões de lançamento, decadência, prescrição e inclusão em dívida ativa, não estando excluída a competência fiscalizatória como um todo sobre o sistema tributário. O TCU pode ter "ingerência fiscalizatória sobre a previsão, o lançamento, a arrecadação e o recolhimento de tributos federais, podendo realizar seu mister por meio de levantamentos, auditorias, inspeções, acompanhamentos e monitoramentos".[9]

Neste ponto, é importante ressaltar dois aspectos: os efeitos nefastos das perdas arrecadatórias impostas aos Estados e a omissão da União em proceder à fixação dos critérios de repasses das compensações decorrentes da Lei Kandir, conforme decisão da Suprema Corte do País.

Fica plasmada, ao nosso sentir, a omissão da União Federal em regulamentar a importantíssima recomposição das receitas do Estado, não só de Minas Gerais, mas também de todos os Estados produtores e exportadores, em face das perdas advindas da Lei Kandir.

Os dados divulgados pelo IBGE demonstram que, após uma retração expressiva do Produto Interno Bruto – PIB brasileiro, em 2015 e 2016, da ordem de 3,5% e 3,3%, respectivamente, houve uma pequena reação em 2017 e 2018, tendo totalizado 6,8 trilhões nesse último exercício, o que representou variação positiva de 0,3% no PIB *per capita*, em 2018.[10]

Já no plano estadual, conforme estudos da Fundação João Pinheiro,[11] o PIB de Minas Gerais apresentou crescimento de 0,2% na comparação do quarto trimestre de 2018 com o terceiro trimestre do

---

[8] BRASIL. Tribunal de Contas da União. Acórdão nº 2105/2009. Plenário. Relator Min. André Luís de Carvalho. Disponível em: www.tcu.gov.br/.../judoc%5CAcord%5C20090430%5C009-326-2008-0-AUD-ALC.rtf. Acesso em: 21 nov. 2018.

[9] BRASIL. Tribunal de Contas da União. Acórdão nº 272/2014. Plenário. Relator Min. Benjamin Zymler. Disponível em: http://www.lexml.gov.br/urn/urn:lex:br:tribunal.contas.uniao;plenario:acordao:2014-02-12;272. Acesso em: 24 nov. 2018.

[10] BRASIL. Agência de Estatísticas Econômicas – IBGE. Disponível em: https://agenciadenoticias.ibge.gov.br/agencia-sala-de-imprensa/2013-agencia-de-noticias/releases/23886-pib-cresce-1-1-em-2018-e-fecha-ano-em-r-6-8-trilhoes. Acesso em: 4 out. 2019.

[11] MINAS GERAIS. Fundação João Pinheiro. Diretoria de Estatística e Informações (Direi). Coordenação das Estatísticas Econômicas. *Produto Interno Bruto de Minas Gerais (PIB)*. Disponível em: http://fjp.mg.gov.br/index.php/produtos-e-servicos1/2745-produto-interno-bruto-de-minas-gerais-pib-2. Acesso em: 4 out. 2019.

mesmo ano, levando-se em consideração a série com ajuste sazonal. Na comparação com igual período de 2017, houve avanço do PIB de 1,1% no último trimestre do ano, seguindo a elevação do PIB nacional. Em valores correntes, o PIB no quarto trimestre de 2018 alcançou R$156 bilhões.

Com esse panorama, Minas Gerais teve um dos piores PIBs do Brasil no exercício de 2018, ocupando a 25ª posição no *ranking* de maiores crescimentos, ficando à frente apenas dos Estados do Rio Grande do Sul e do Rio de Janeiro.

Além do demonstrado, Minas Gerais apresenta déficits orçamentários recorrentes nos últimos exercícios, acumulando o valor de R$36,2 bilhões entre 2014 e 2018; somente em 2018 o déficit foi de R$11,2 bilhões, conforme se demonstra no Gráfico 1 anexo.[12]

É bom destacar que a crise fiscal pela qual passam os Estados brasileiros tem origem direta na política econômica adotada nos últimos anos, cuja formulação e condução são da competência privativa da União, restando aos Estados-membros, incluindo Minas Gerais, suportar as nocivas consequências fiscais decorrentes de redução nas atividades produtivas, com consideráveis quedas de arrecadação e recessão econômica.

Encontramo-nos diante de um quadro constitucional de federalismo fiscal em que a competência tributária ativa é excessivamente centralizada na figura da União, que atua vorazmente na expansão da base tributária de forma unilateral, instituindo benefícios fiscais em detrimento das receitas estaduais, sem a devida compensação.

A desoneração dos produtos primários e semielaborados nas exportações, introduzida no ordenamento jurídico pela Lei Kandir e pela Emenda Constitucional nº 42, de 2003, deveria ser compensada pela União, em especial no que se refere à perda dos Estados decorrente da desoneração do principal imposto estadual – o ICMS.

As perdas do Estado de Minas Gerais com a desoneração do ICMS sobre exportação de produtos primários, após ressarcimento, foram previstas em R$5,941 bilhões (Lei Kandir) no exercício de 2018,[13] tendo se efetivado em R$5,749 bilhões, conforme demonstrado em estudo da Coordenadoria de Fiscalização e Avaliação da Macrogestão Governamental do Estado e do Executivo mineiro – CFAMGE. Tal

---

[12] BRASIL. Secretaria de Estado da Fazenda. Disponível em: http://www.fazenda.mg.gov.br/noticias/2019.05.02. Acesso em: 4 out. 2019.

[13] MINAS GERAIS. *Relatório sobre a macrogestão e contas do governador do estado de Minas Gerais, exercício 2018*. Belo Horizonte, 2019. p. 112.

volume representou uma elevação percentual, em comparação com o exercício de 2015 (R$3,356 bilhões), da ordem de 171,30%.

Na sessão de 30.11.2016, o plenário do Supremo Tribunal Federal – STF julgou procedente o pedido formulado na Ação Direta de Inconstitucionalidade por Omissão – ADO nº 25,[14] declarando a mora do Congresso Nacional quanto à edição da lei complementar prevista no artigo 91 do Ato das Disposições Constitucionais Transitórias da Constituição da República e fixando prazo de 12 meses para que fosse sanada a omissão.

Convém anotar que a União protocolizou no STF, em 7.11.2017, petição avulsa, por meio da Petição nº 67.387, na citada ADO nº 25, em que requer o desarquivamento da Ação Direta de Inconstitucionalidade por Omissão e a prorrogação do prazo fixado no acórdão proferido por aquela Corte por mais 24 (vinte e quatro) meses.

O Estado de Minas Gerais, na condição de *amicus curiae*, por sua vez, apresentou manifestação aduzindo que a hipótese de o Congresso Nacional não conseguir se adequar ao prazo determinado na ADO nº 25 já teria sido discutida na ocasião do julgamento e foi em decorrência dessa consideração que ficou atribuído ao TCU regulamentar os repasses, caso o prazo se esgotasse sem a produção da norma.[15] Outros Estados também protocolizaram manifestações no mesmo sentido, e a própria Procuradoria-Geral da República opinou pela rejeição do pedido de prorrogação.

O relator da ação, Ministro Gilmar Mendes,[16] decidiu pela plausibilidade da prorrogação, em que pese o trânsito em julgado da decisão proferida na ADO nº 25, em 26.8.2017, portanto, dois meses antes do pedido da União.

Conforme relatório de tramitação processual do STF,[17] a decisão citada não foi submetida a referendo do Plenário daquela Corte Superior até a presente data, visto que o Relator, Ministro Gilmar Mendes, em despacho datado de 26.6.2019, em caráter excepcional, designou

---

[14] BRASIL. Supremo Tribunal Federal. Disponível em: http//redir.stf.jus.br/paginadorpub/paginador.jsp? docTP=TP&docID=13385039. Acesso em: 4 out. 2019.

[15] BRASIL. Supremo Tribunal Federal. Disponível em: http://www.stf.jus.br/portal/autenticacao/autenticarDocumento.asp sob o código 5DFB-B424-ED41-116C e senha 0189-FE92-1764-6A89.

[16] BRASIL. Secretaria do Tesouro Nacional. *Diagnóstico da situação fiscal de Minas Gerais.* Disponível em: https://www.tesourotransparente.gov.br/publicacoes/relatorio/plano-de-recuperacao-fiscal-do-estado-de-minas-gerais/publicacao-2019-06-03-8486326943. Acesso em: 8 out. 2019. p. 27.

[17] BRASIL. Supremo Tribunal Federal. Disponível em: http://portal.stf.jus.br/processos/detalhe.asp?incidente=4454964. Acesso em: 3 out. 2019.

audiência para buscar um "compromisso conciliatório manifestado pelos Estados-membros". Referida audiência ocorreu em 30.9.2019, sem acordo, com designação de nova audiência para 8.10.2019.

Fica claro, portanto, que a expansão da centralização das competências arrecadatórias na União produz enorme dependência financeira por parte dos Estados-membros, que acabam por ter grande parcela de seu orçamento atrelada às transferências orçamentárias vindas da União.

Observa-se no Gráfico 2 (vide anexo) que houve redução na participação das transferências correntes da União no total da Receita Corrente Líquida do Estado de Minas Gerais. Essa queda demonstra uma redução dos repasses da União para o Estado, os quais, a cada ano, diminuem mais: em 2009, eram de 13,3%, e em 2018 alcançaram o percentual negativo de 18,87%.

No que tange à arrecadação das receitas próprias, é de se observar que o Poder Executivo estadual empreendeu esforços para incrementar a arrecadação, em meio à forte crise econômica por que passa o País, a exemplo do Programa Regularize, que tem por objetivo incentivar a quitação de débitos tributários mediante redução de multas e juros, além de descontos no valor devido.

3 Da descentralização dos encargos político-administrativos e da necessidade de reequilíbrio fiscal

Analisada a vertente da receita, na contramão do movimento de concentração verificado nos âmbitos financeiro e político, da perspectiva administrativa e de repasse dos encargos, a marcha tem ocorrido em direção a uma descentralização desproporcional de encargos, isto é, na atribuição de deveres administrativos em montante superior ao que as condições financeiras permitem. Essa verificação pode se dar pela análise da execução orçamentária dos entes subnacionais, a qual revela o maior impacto das atribuições executórias para os Estados. Ou seja, embora a arrecadação de transferências por Minas Gerais diminua, seus encargos e despesas aumentam.

No caso de Minas Gerais, os dados evidenciam o comprometimento da maior parte do orçamento para custeio de direitos sociais básicos (saúde, educação, segurança pública e previdência), restando muito pouco para as demais funções estatais. Não há dúvidas de que os pilares do federalismo fiscal estão abalados, como se observa no Gráfico 3 (vide anexo), no qual se demonstra que tais funções consomem cerca de 60% de toda a despesa empenhada em 2018.

Diante da elevação das despesas nos últimos exercícios, conforme se depreende do Gráfico 1, o Tribunal de Contas de Minas Gerais determinou a adoção de medidas concretas. Conforme disposto na LRF:

[...]

Art. 42. É vedado ao titular de Poder ou órgão referido no art. 20, nos últimos dois quadrimestres do seu mandato, contrair obrigação de despesa que não possa ser cumprida integralmente dentro dele, ou que tenha parcelas a serem pagas no exercício seguinte sem que haja suficiente disponibilidade de caixa para este efeito.

Parágrafo único. Na determinação da disponibilidade de caixa serão considerados os encargos e despesas compromissadas a pagar até o final do exercício.

Por outro lado, os restos a pagar constituem compromissos financeiros exigíveis que compõem a dívida flutuante e podem ser caracterizados como despesas empenhadas, mas não pagas, até o dia 31 de dezembro de cada exercício financeiro. Como se extrai dos autos, foi apontado que:

- Em 2015, antes das inscrições, o Estado registrou suficiência de R$ 58,552 milhões e, portanto, só poderia inscrever RPNP até o limite de tal disponibilidade; contudo, inscreveu R$ 4,330 bilhões.
- Em 2016, a insuficiência inicial era de R$ 3,272 bilhões; e, mesmo assim, inscreveu o montante de R$ 4,788 bilhões.
- Em 2017, houve insuficiência de R$ 9,535 bilhões e foram inscritos R$ 6,261 bilhões em RPNP, resultando numa insuficiência final de R$ 15,797 bilhões.[18]

Destarte, no governo anterior (2011-2014) também se verificou tal prática, conforme se demonstra no Gráfico 4 anexo.[19] Quanto ao exercício de 2018, registrou-se uma insuficiência de R$26,759 bilhões e, mesmo assim, houve inscrições de R$4,605 bilhões, acumulando uma insuficiência ao final do exercício de R$31,364 bilhões.

A STN,[20] quando da análise da inscrição de Restos a Pagar no Diagnóstico da Situação Fiscal do Estado de Minas Gerais, fez destacar

---

[18] MINAS GERAIS. *Balanço Geral do Estado*, processo nº 1.066.559. Relatório Técnico, fls. 152.

[19] Dados extraídos dos pareceres prévios exarados pelo Tribunal de Contas nos processos de Balanço Geral do Estado dos exercícios de 2011 a 2014.

[20] BRASIL. Secretaria do Tesouro Nacional. *Diagnóstico da situação fiscal de Minas Gerais*. Disponível em: https://www.tesourotransparente.gov.br/publicacoes/relatorio/plano-de-recuperacao-fiscal-do-estado-de-minas-gerais/publicacao-2019-06-03-8486326943. Acesso em: 8 out. 2019. p. 9.

que "o acúmulo de restos a pagar passa a ser uma forma de financiamento alternativa à contratação de operações de crédito".

O Poder Executivo detém R$27,025 bilhões inscritos em Restos a Pagar, o que corresponde a 95,68% do saldo total registrado de Restos a Pagar no Estado, dos quais R$18,815 bilhões, ou 69,62%, referem-se às inscrições do exercício de 2018. Permanece a situação descrita em relatórios anteriores, de valores antigos compondo o saldo de Restos a Pagar – no caso dos Restos a Pagar Processados (RPP) desde 1997 e dos Restos a Pagar Não Processados (RPNP) desde 2010, conforme se demonstra no Gráfico 5 (vide anexo).

Veja-se que, conforme constatou a STN,[21] Minas Gerais é um dos entes mais endividados da Federação, com dívida consolidada bruta de R$114 bilhões, em dezembro de 2018.

É notória a gravidade da situação financeira instalada no Estado de Minas Gerais, situação que não oferece condições ou perspectivas de regularização em um futuro próximo, muito menos de um exercício para o outro, sem prejuízo aos interesses da sociedade mineira, em especial aos usuários dos serviços de educação e saúde ofertados pelo Estado, devendo as ações destinadas aos necessários ajustes ocorrer de forma proporcional, equânime e eficiente, como de fato impõe o inciso I do §1º do art. 26 da Lei de Introdução às Normas do Direito Brasileiro (LINDB).

Assim, entendemos que o Estado deverá demonstrar seu esforço em reduzir a insuficiência financeira e em promover o reequilíbrio fiscal, sem comprometimento de serviços essenciais à população, baseando-se nas medidas preconizadas, entre outras medidas de gestão, naquelas insculpidas no art. 169 da Constituição da República, em especial nos §§1º, 3º e 4º.

Para o alcance do anteriormente aduzido, diante da realidade fiscal do Estado de Minas Gerais, com fundamento no art. 26 da LINDB, entendemos que o Poder Executivo deve apresentar Plano de Ação que indique as medidas concretas a serem adotadas, tanto do lado da Receita quanto do lado da Despesa, especialmente no que se refere às liquidações e pagamentos dos Restos a Pagar, abarcando a contenção das despesas de pessoal e das despesas previdenciárias, teto de gastos, dívida pública, bem como o dimensionamento das medidas a serem cumpridas em cada exercício financeiro de vigência do referido Termo.

O Plano deve conter também, entre outros, metas e respectivos indicadores de resultado, acompanhados de exposição dos motivos

---

[21] BRASIL. *Diagnóstico da situação fiscal de Minas Gerais*, 2019. p. 88.

que levaram à definição destes, além das unidades administrativas responsáveis e prazos para implementação de cada medida, tudo de modo compatível com os interesses gerais da população mineira, com vistas ao reequilíbrio fiscal, ou seja, adequação do gasto público estadual à capacidade financeira para custear as despesas, sem o comprometimento dos serviços essenciais à população.

4 A aplicação da Lei de Introdução às Normas do Direito Brasileiro no controle externo desempenhado pelos Tribunais de Contas

Já no exame das contas de governo do exercício de 2016, a saudosa Conselheira Adriene Andrade, Relatora do Balanço Geral do Estado no Tribunal de Contas de Minas Gerais, naquele exercício, com muita propriedade e sensibilidade, assim vaticinou o futuro financeiro e orçamentário do Estado de Minas Gerais para os anos vindouros, *in verbis*:

> O alcance do Decreto Estadual n. 47.101/2016 está limitado às situações orçamentárias e financeiras e tem sustentação na crise financeira que atinge o Poder Público, *sem um horizonte acreditável de recuperação. Aliás, mantida a atual estrutura de repartição de riquezas entre os entes da Federação, com concentração da arrecadação na União, e permanecendo as obrigações de custeios pelos Estados da maior parte dos serviços públicos de cunho prestacional, não há por que cogitar qualquer melhoria no quadro das finanças públicas mineiras* (grifos nossos).

O Tribunal de Contas de Minas Gerais, no exercício do seu mister – auxiliar o controle externo de titularidade do Poder Legislativo –, ao longo da última década, tem se apoiado no princípio da equidade quando da apreciação das contas de governos prestadas pelos Governadores do Estado.

Na aplicação do direito, o princípio da equidade está plasmado sobre três pilares, conforme salienta Vicente Ráo, *in verbis*:

> I - por igual modo devem ser tratadas as coisas iguais e desigualmente as desiguais;
> II - todos os elementos que concorreram para constituir a relação *sub judice*, coisa, pessoa, ou que, no tocante a estas tenham importância ou sobre elas exerçam influência, devem ser devidamente consideradas;

III - *entre várias soluções possíveis deve-se preferir a mais suave e humana, por ser a que melhor atende ao sentido de piedade e de benevolência da justiça: jus bonum et aequum* (grifos nossos).[22]

Conforme discorre Ferreira Jardim,[23] "pela equidade nos aproximamos do conceito de justiça ideal". Nesse diapasão, tem-se que a equidade é meio interpretativo para impedir dissonâncias entre a norma jurídica e sua aplicação ao caso concreto, a partir do poder que se confere ao juiz de ampla e livre apreciação e cognição. Conforme já dizia Aristóteles, a equidade desempenha um papel corretivo, sendo um remédio para sanar os defeitos decorrentes das generalidades da lei.

Aristóteles comparava o ofício de juiz, na equidade, àquele de quem julga conforme a "Régua de Lesbos". No mundo grego, os construtores se valiam de uma régua flexível, que se adaptava à forma das pedras, sem ser rígida. Também a equidade demanda do jurista certa flexibilidade. Não pode ser o homem justo um mero cumpridor cego das normas, sem atentar para as especificidades de cada caso concreto.[24]

Na mesma esteira da preocupação doutrinária com a melhor adequação da lei à justiça, também o legislador brasileiro entendeu a necessidade de evolução normativa para o alcance da melhor decisão possível para o caso concreto, como é o caso da edição da Lei nº 13.655/2018.

Para Marçal Justen Filho, as inovações trazidas para a LINDB indicam a presença de uma concepção realista da atividade de aplicação do Direito, afirmando que "a dinâmica da realidade é insuscetível de previsão antecipada, pois nem o legislador nem a lei são oniscientes. Por isso, a aplicação de normas gerais e abstratas envolve escolhas a serem realizadas pelo sujeito investido da competência decisória". Pondera o autor, ainda, que "a finalidade buscada é reduzir o subjetivismo e a superficialidade de decisões, impondo obrigatoriedade do efetivo exame das circunstâncias do caso concreto, tal como a avaliação das diversas alternativas sob um prisma de proporcionalidade".[25]

---

[22] RÁO, Vicente. *O direito e a vida dos direitos*. 3. ed. São Paulo: Revista dos Tribunais, 1991. v. 1.

[23] JARDIM, Eduardo Marcial Ferreira. Equidade. *In*: CAMPILONGO, Celso Fernandes; GONZAGA, Álvaro de Azevedo; FREIRE, André Luiz (Coord.). *Enciclopédia jurídica da PUC-SP*. Tomo: Direito Tributário. São Paulo: Pontifícia Universidade Católica de São Paulo, 2017. Disponível em: https://enciclopediajuridica.pucsp.br/verbete/312/edicao-1/equidade.

[24] MASCARO, Alysson Leandro. *Filosofia do direito*. 7. ed. São Paulo: Atlas, 2019.

[25] JUSTEN FILHO, Marçal. *Art. 20 da LINDB* – Dever de transparência, concretude e proporcionalidade das decisões públicas. Disponível em: http://bibliotecadigital.fgv.br/ojs/index.php/rda/article/view/77648/74311. Acesso em: 4 out. 2019.

O Direito moderno não mais comporta o pragmatismo da legalidade estrita. A alteração da LINDB pela Lei nº 13.655/2018 é o maior marco dessa mudança e teve como finalidade instituir normas que possam dar maior efetividade ao princípio da segurança jurídica, no que tange, principalmente, às matérias relacionadas ao Direito Público, para combater a utilização indiscriminada de valores jurídicos abstratos, limitando o uso de expressões genéricas e conceitos jurídicos indeterminados, para evitar decisões que não façam a análise da realidade fática no caso concreto.

A principal inovação, em nosso sentir, está no art. 20, que busca coibir a utilização irrestrita de argumentos retóricos ou princípios genéricos sem que seja feita uma análise prévia e detida dos fatos e de suas consequências práticas, nas decisões proferidas em âmbito judicial, administrativo ou em órgão de controle.

O art. 20 da Lei nº 13.655/2018 estabelece que, quando da formação do juízo cognitivo para o processo decisório, observar-se-á o dever de concretização das normas e valores ideais, levando em consideração as situações da realidade. Ou seja, se uma mesma norma pode resultar em diferentes conclusões para o caso concreto, é indispensável analisar os potenciais efeitos pertinentes a cada qual.[26] O julgador deve buscar soluções alternativas à simples invalidação de um ato administrativo, nas hipóteses de vícios ou defeitos.

Ao manifestar-se, especificamente, sobre o conteúdo do art. 20 da LINDB, introduzido pela Lei nº 13.655/2018, Marçal Justen Filho[27] defende que seu conteúdo traduz o dever de transparência, de concretude e de proporcionalidade das decisões públicas, e é categórico ao afirmar, *in verbis*:

> O art. 20 da LINDB é *orientado a reduzir a indeterminação das decisões estatais,* que muitas vezes restringem-se a invocar princípios abstratos. *O processo decisório exige a concretização de normas e valores ideais, o que impõe tomar em consideração as situações da realidade. Se uma norma pode propiciar diferentes conclusões para o caso concreto, é indispensável analisar os potenciais efeitos pertinentes a cada qual.* Essa exigência é ainda mais relevante em vista do princípio da proporcionalidade. É inviável aplicar a proporcionalidade sem tomar em vista os efeitos que a opção hermenêutica produzirá. O parágrafo único do art. 20 admite, além disso, adotar soluções alternativas

---

[26] JUSTEN FILHO, Marçal. *Art. 20 da LINDB.*
[27] JUSTEN FILHO, Marçal. *Art. 20 da LINDB.*

à simples invalidação de um provimento administrativo, nas hipóteses de vícios ou defeitos (grifos nossos).

Na mesma diretriz, o art. 22 estabelece que a interpretação das normas sobre gestão pública deve considerar a realidade e os obstáculos enfrentados pelos gestores, sem prejuízo dos direitos dos administrados. Mais uma vez, estabelece a LINDB que o magistrado deve afastar-se do formalismo exacerbado, reduzir as interpretações de mera legalidade, para que também sejam levadas em consideração as circunstâncias fáticas que influenciaram a conduta do gestor público. Nesse sentido, estatui a norma:

> Art. 22. Na interpretação de normas sobre gestão pública, serão considerados *os obstáculos e as dificuldades reais do gestor e as exigências das políticas públicas a seu cargo*, sem prejuízo dos direitos dos administrados.
> §1º. *Em decisão sobre regularidade de conduta ou validade de ato, contrato, ajuste, processo ou norma administrativa, serão consideradas as circunstâncias práticas que houverem imposto, limitado ou condicionado a ação do agente.*
> §2º. Na aplicação de sanções, serão consideradas a natureza e a gravidade da infração cometida, os danos que dela provierem para a administração pública, *as circunstâncias agravantes ou atenuantes e os antecedentes do agente.*
> §3º. As sanções aplicadas ao agente serão levadas em conta na dosimetria das demais sanções de mesma natureza e relativas ao mesmo fato (grifos nossos).

Deve-se, ainda, no caso em concreto, avaliar a possibilidade de exigir conduta diversa do agente público, cujos atos estão sob análise, seja jurídica, seja administrativa. Vale aqui colacionar o ensinamento de Piero Calamandrei:[28] "Não basta que os magistrados conheçam com perfeição as leis tais como escritas, será necessário que conheçam igualmente a sociedade em que estas leis devem viver".

Ao explicar as relações entre o julgador e os casos que lhe são apresentados, em sua inteireza fática, e a necessidade de ser sensível às demandas da sociedade e do próprio ser humano, assevera o mesmo autor:

> O risco das causas costuma estar neste antagonismo: entre o juiz lógico e o juiz sensível; entre o juiz consequencial e juiz precursor; *entre o juiz que para não cometer uma injustiça está disposto a se rebelar contra a tirania*

---

[28] CALAMANDREI, Piero. *Eles, os juízes, vistos por um advogado.* São Paulo: Martins Fontes, 2000. p. 183.

da jurisprudência e o juiz que, para salvar a jurisprudência, está disposto a deixar esmagar nas inexoráveis engrenagens da sua lógica um homem vivo (grifos nossos).[29]

Além dessas inovações, a fim de combater a insegurança jurídica, os arts. 23 e 24 da Lei nº 13.655/2018 também trouxeram relevantes mudanças. Estabeleceram que as decisões proferidas em âmbito administrativo, controlador ou judicial que alterarem o posicionamento interpretativo ou derem nova orientação sobre norma de conteúdo indeterminado deverão prever um regime de transição, quando indispensável para a concretização do princípio da segurança jurídica e da proteção à confiança. Isso significa que deverá ser feita uma espécie de modulação dos efeitos da decisão, dispondo sobre quais serão as consequências daquele novo entendimento.

Por sua vez, a LINDB também dispõe, no art. 28, que "o agente público responderá pessoalmente por suas decisões ou opiniões técnicas em caso de dolo ou erro grosseiro". Ou seja, o elemento volitivo da conduta do agente há que ser analisado. Isso é uma garantia ao agente público de que, ao desempenhar suas funções, somente responderá pessoalmente por suas decisões ou opiniões em caso de praticá-las com dolo ou erro grosseiro.

O STF já se manifestou sobre o tema quanto aos procuradores e advogados públicos, quando do julgamento do MS 24.073/DF,[30] no sentido de que só haverá responsabilização desses em caso de erro ou dolo grave.

Diante do quadro narrado, a hora é de cooperação e união de esforços, de trabalho duro e medidas severas em prol da recuperação do Estado de Minas Gerais, pois sua falência enredará a todos nós, independentemente do Órgão ou do Poder do Estado. O problema fiscal não pode ser visto como exclusivo do Poder Executivo, mas sim como uma situação de calamidade, já que, conforme dito pelo Primeiro Ministro português, Pedro Passos Coelho,[31] por ocasião da grave crise que assolou Portugal no ano de 2011, "não há direito adquirido em face do cofre vazio".

---

[29] CALAMANDREI, P. *Eles, os juízes, vistos por um advogado.* p. 185.

[30] BRASIL. Supremo Tribunal Federal. Mandado de Segurança 24.073/DF. Relator: Min. Carlos Velloso. Publicação DJ 31.10.2003. p. 29.

[31] PORTUGAL. Estado de Emergência – Passos anuncia medidas brutais até 2013. *Jornal Diário de Notícias*, ano 147, ed. 52.052, p. 2-11, 14 out. 2011.

O enfrentamento da crise portuguesa, que guarda similitudes com a situação do Estado de Minas Gerais, implicou a adoção, naquele país, dentre outras, das seguintes medidas: (a) corte de subsídios de férias e de Natal de servidores que recebiam acima de um mil euros; (b) diminuição de pensões mensais acima de um mil e quinhentos euros; (c) fim das deduções de despesas no imposto de renda; (d) corte de feriados e emendas de feriados, a fim de evitar impactos na atividade econômica; dentre tantas outras.

De fato, é imperioso que se avaliem, no caso concreto, com base principalmente na Constituição e na LINDB, com as alterações introduzidas pela Lei nº 13.655/2018, as consequências jurídicas, administrativas e o alcance prático das decisões, sem deixar de dimensionar as condições para que se regularizem os apontamentos realizados, as recomendações e determinações impostas, as circunstâncias práticas que possam advir, sem prejuízo da segurança jurídica para o Estado e seus cidadãos.

É chegada a hora de o Governo do Estado de Minas Gerais enfrentar, sem ódio e sem medo, as duras medidas de contenção do gasto público e de ajuste fiscal, visto que, como apregoava François La Rochefoucauld, "a hipocrisia é uma homenagem que o vício presta à virtude".

Considerações finais

No âmbito da grave situação econômica e fiscal enfrentada por Minas Gerais, há que destacar o sério desequilíbrio das contas relativas ao regime próprio de previdência, cujas despesas têm ultrapassado a capacidade do Estado de custeá-las, ao longo dos exercícios financeiros.

Diante do atual panorama nacional de discussões acerca do tema, os gastos com a previdência social do servidor mereceram análise percuciente pelo Tribunal de Contas, visto que o número de inativos cresceu significativamente em função do envelhecimento dos servidores e do aumento da expectativa de vida. Nos próximos anos, o número de servidores na inatividade tende a crescer vultuosamente, em razão, inclusive, das expectativas negativas quanto à reforma da previdência estadual.

Veja-se que, na análise comparativa do total de gastos do Estado com a previdência dos servidores, nos exercícios de 2015 a 2018, revela-se um incremento nas receitas em total descompasso com o aumento das despesas. Para se ter uma ideia, o déficit previdenciário de 2018 totalizou R$17,289 bilhões, provenientes da execução de despesa no valor de R$23,238 bilhões contra receita previdenciária de R$5,948 bilhões, composta por R$2,338 bilhões de contribuições dos segurados, R$3,583 bilhões de contribuição patronal intraorçamentária e R$26,583 milhões de outras receitas.[32]

Em face de tal cenário, por ocasião do exame das contas do governo de Minas Gerais referentes ao exercício de 2018, propusemos uma série de recomendações e determinações ao titular do Poder Executivo estadual, bem como ao próprio Tribunal de Contas como órgão de controle, as quais abarcaram as seguintes medidas, entre outras, *in verbis*: i) deverá o Estado de Minas Gerais demonstrar seu esforço em reduzir a insuficiência financeira e em promover o reequilíbrio fiscal, sem comprometimento de serviços essenciais à população, baseando-se nas medidas preconizadas no art. 169 da Constituição da República, em especial nos seus §§1º, 3º e 4º, firmando, em até 90 (noventa) dias, termo de compromisso, nos termos do art. 26 da LINDB; ii) deverá o governo de Minas Gerais realizar auditoria, no prazo de 90 (noventa) dias, de modo a estabelecer os efeitos nas finanças públicas estaduais das recentes decisões do Tribunal de Contas relativas à paridade nas aposentadorias e pensões de policiais civis, bem como quanto à observância, por parte dos órgãos e entidades do Poder Executivo, do teto de remuneração, em consonância com o decidido pelo Supremo Tribunal Federal no Recurso Extraordinário com Repercussão Geral nº 606.358, de relatoria da Ministra Rosa Weber; iii) deverá o governo do Estado de Minas Gerais apresentar, no prazo de 90 (noventa) dias, relatório de auditoria relativo aos benefícios efetivos das renúncias de receitas concedidas, com a previsão de medidas concretas para sua drástica redução, avaliando o impacto de cada modalidade de renúncia fiscal na economia; iv) deverá o governo do Estado de Minas Gerais apresentar, no prazo de 90 (noventa) dias, relatório de auditoria relativo à situação orçamentária, financeira, atuarial, bem como da massa de segurados coberta pelo regime próprio (e também do responsável por sua gestão, qual seja, o Ipsemg – Instituto de Previdência dos Servidores do Estado de Minas Gerais), e ainda do IPSM – Instituto de Previdência dos Servidores Militares de Minas Gerais; v) deverá o Tribunal de Contas de Minas Gerais instaurar, de imediato, inspeção extraordinária para apuração detalhada da legalidade das concessões de aposentadorias, reformas e pensões nos últimos cinco anos, buscando verificar o número

---

[32] MINAS GERAIS. *Balanço Geral do Estado*. Processo nº 1.066.559. Notas taquigráficas. Voto do Conselheiro substituto Licurgo Mourão, fl. 76.

de atos submetidos ao controle em face do relevante incremento no número de servidores inativados no período, bem como para apurar a elevação do valor dos benefícios, de modo a identificar desvios, baseando-se em critérios de materialidade, relevância e risco a serem estabelecidos quando da etapa de planejamento da ação fiscalizatória.[33]

Em que pese a relevância de tais medidas enquanto instrumentos para avaliar e conter o quadro de grave déficit previdenciário enfrentado pelo Estado de Minas Gerais, as proposições não foram acatadas quando da análise final das contas do governador relativas ao exercício de 2018, ocorrida na 1ª Sessão Extraordinária do Tribunal Pleno, no dia 12.2.2020,[34] quando sagrou-se vencedor o voto do Conselheiro Relator no que tange às determinações e recomendações, mesmo que referido voto não tenha contemplado a determinação de medidas concretas de controle e combate a possíveis desvios na concessão de benefícios previdenciários, ou mesmo de medidas reais para conter a elevação de gastos dessa natureza.

Ao se posicionar dessa forma, o Tribunal de Contas do Estado de Minas Gerais preferiu aguardar as medidas partirem da iniciativa do Chefe do Executivo estadual. A nosso ver, seria uma oportunidade da Corte de Contas concretizar, proativamente, seu mister constitucional no desempenho de suas funções típicas. Nesse sentido, alerta-se para um possível agravamento da crise, diante do caráter facultativo impingido na adoção de medidas urgentes que possam mitigá-la de forma concreta.

Referências

BATISTA JÚNIOR, Onofre Alves; MARINHO, Marina Soares. Do federalismo de cooperação ao federalismo canibal: a Lei Kandir e o desequilíbrio do pacto federativo. *Revista de Informação Legislativa*, v. 55, n. 217, p. 157-180, jan./mar. 2018. Disponível em: http://www12.senado.leg.br/ril/edicoes/55/217/ril_v55_n217_p157. Acesso em: 15 jul. 2018.

BRASIL. Agência de Estatísticas Econômicas – IBGE. Disponível em: https://agenciadenoticias.ibge.gov.br/agencia-sala-de-imprensa/2013-agencia-de-noticias/releases/23886-pib-cresce-1-1-em-2018-e-fecha-ano-em-r-6-8-trilhoes. Acesso em: 4 out. 2019.

BRASIL. Secretaria de Estado da Fazenda. Disponível em: http://www.fazenda.mg.gov.br/noticias/2019.05.02. Acesso em: 4 out. 2019.

---

[33] MINAS GERAIS. *Balanço Geral do Estado*. Processo nº 1.066.559. Notas taquigráficas. Voto do Conselheiro substituto Licurgo Mourão, fls. 94 e 95.

[34] Vide notas taquigráficas do Processo 1.066.559, Balanço Geral do Estado de Minas Gerais relativo ao exercício de 2018.

BRASIL. Secretaria do Tesouro Nacional. *Diagnóstico da situação fiscal de Minas Gerais.* Disponível em: https://www.tesourotransparente.gov.br/publicacoes/relatorio/plano-de-recuperacao-fiscal-do-estado-de-minas-gerais/publicacao-2019-06-03-8486326943. Acesso em: 8 out. 2019.

BRASIL. Supremo Tribunal Federal. Disponível em: http//redir.stf.jus.br/paginadorpub/paginador.jsp? docTP=TP&docID=13385039. Acesso em: 4 out. 2019.

BRASIL. Supremo Tribunal Federal. Disponível em: http://portal.stf.jus.br/processos/detalhe.asp?incidente=4454964. Acesso em: 3 out. 2019.

BRASIL. Supremo Tribunal Federal. Mandado de Segurança 24.073/DF. Relator: Min. Carlos Velloso. Publicação DJ 31.10.2003. p. 29.

BRASIL. Tribunal de Contas da União. Acórdão n. 2105/2009. Plenário. Relator Min. André Luís de Carvalho. Disponível em: www.tcu.gov.br/.../judoc%5CAcord%5C20090430%5C009-326-2008-0-AUD-ALC.rtf. Acesso em: 21 nov. 2018.

BRASIL. Tribunal de Contas da União. Acórdão n. 272/2014. Plenário. Relator Min. Benjamin Zymler. Disponível em: http://www.lexml.gov.br/urn/urn:lex:br:tribunal.contas.uniao;plenario:acordao:2014-02-12;272. Acesso em: 24 nov. 2018.

CALAMANDREI, Piero. *Eles, os juízes, vistos por um advogado.* São Paulo: Martins Fontes, 2000.

JARDIM, Eduardo Marcial Ferreira. Equidade. *In:* CAMPILONGO, Celso Fernandes; GONZAGA, Álvaro de Azevedo; FREIRE, André Luiz (Coord.). *Enciclopédia jurídica da PUC-SP.* Tomo: Direito Tributário. São Paulo: Pontifícia Universidade Católica de São Paulo, 2017. Disponível em: https://enciclopediajuridica.pucsp.br/verbete/312/edicao-1/equidade.

JUSTEN FILHO, Marçal. *Art. 20 da LINDB* – Dever de transparência, concretude e proporcionalidade das decisões públicas. Disponível em: http://bibliotecadigital.fgv.br/ojs/index.php/rda/article/view/77648/74311. Acesso em: 4 out. 2019.

MASCARO, Alysson Leandro. *Filosofia do direito.* 7. ed. São Paulo: Atlas, 2019.

MINAS GERAIS. Fundação João Pinheiro. Diretoria de Estatística e Informações (Direi). Coordenação das Estatísticas Econômicas. *Produto Interno Bruto de Minas Gerais (PIB).* Disponível em: http://fjp.mg.gov.br/index.php/produtos-e-servicos1/2745-produto-interno-bruto-de-minas-gerais-pib-2. Acesso em: 4 out. 2019.

MINAS GERAIS. Tribunal de Contas. Proc. 1066559. Balanço Geral do Estado. Relator: Conselheiro José Alves Viana. *Relatório sobre macrogestão e contas do governador do estado de Minas Gerais.* Acesso no SGAP: https://www.tce.mg.gov.br.

MOURÃO, Licurgo. Lei de Introdução às Normas do Direito Brasileiro e a crise financeira do Estado. *Fórum de Contratação e Gestão Pública – FCGP,* Belo Horizonte, ano 18, n. 215, p. 21-39, nov. 2019.

MOURÃO, Licurgo; SHERMAM, Ariane; SERRA, Rita Chió. *Tribunal de Contas democrático.* Belo Horizonte: Fórum, 2018.

PORTUGAL. Estado de Emergência – Passos anuncia medidas brutais até 2003. *Jornal Diário de Notícias,* ano 147, ed. 52.052, p. 2-11, 14 out. 2011.

RÁO, Vicente. *O direito e a vida dos direitos.* 3. ed. São Paulo: Revista dos Tribunais, 1991. v. 1.

ANEXOS

TABELA 1
Impacto das Renúncias de Receitas nas Receitas e Despesas
em 2018. Valor Efetivado de R$13.955, em bilhões

Descrição	%
Renúncias x Receita Tributária [R$63.415]	22,01
Renúncias x Receita Corrente [R$ 82.783]	16,86
Renúncias x Despesa Corrente [R$79.684]	17,51
Renúncias x Despesa com ASPS [R$5.119]	272,61
Renúncias x Despesa com MDE [R$11.461]	121,75
Total das Renúncias x Despesa de Pessoal [R$51.777.136]	26,95

Fonte: Relatórios Técnicos CFAMGE – 2015 a 2018 – Tabela 65, p. 117.

TABELA 2
Renúncia de Receita Prevista na LOA e a Efetivada no Exercício de 2018

(continua)

Modalidade Tributo	2018		
	Previsto na LOA (I)	Efetivado (II)	Diferença (III) = (II) – (I)
Benefícios Heterônomos (*)	6.719.088	6.664.812	-54.276
- Lei Kandir – Perdas após ressarcimento	5.941.495	5.749.109	-192.386
- Simples Nacional	777.593	915.703	138.110
- Aproveitamento Crédito ICMS – Export. de Ind.	-	-	-
Renúncias Consolidadas	4.035.005	7.107.179	3.072.174
- ICMS	3.940.529	6.517.679	2.577.150
- IPVA	94.476	554.529	460.053

(conclusão)

Modalidade Tributo	2018		
	Previsto na LOA (I)	Efetivado (II)	Diferença (III) = (II) − (I)
- ITCD	-	31.898	31.898
- TAXAS	-	3.073	3.073
Novas Renúncias	**267.436**	**182.977**	**-84.459**
- ICMS	267.436	182.977	-84.459
- IPVA	-	-	-
- ITCD	-	-	-
- TAXAS	-	-	-
TOTAL DAS RENÚNCIAS	11.021.529	13.954.968	2.933.439

(*) Proveniente dos **benefícios tributários** concedidos por **interesse de política nacional** e aprovados por **legislação de competência da União**, conforme esclarecimento constante do Relatório Técnico CFAMGE, p. 109/110. Fonte: Relatório Técnico CFAMGE 2018 – Tabela 65, p. 117. Adaptado pelo Gabinete do Conselheiro Substituto Licurgo Mourão.

GRÁFICO 1
Déficits Orçamentários

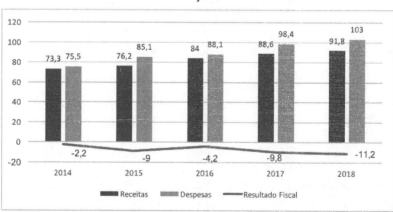

Fonte: Secretaria do Tesouro Nacional – Diagnóstico MG.

GRÁFICO 2
Estado de Minas Gerais e Transferências Correntes: Variação Anual

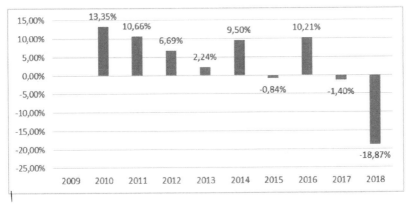

Fonte: Elaboração própria, a partir de dados dos Relatórios Resumidos da Execução Orçamentária do Estado de Minas Gerais – RREO-MG.

GRÁFICO 3
Evolução da Participação dos Gastos Sociais no Total das Despesas Empenhadas – Minas Gerais

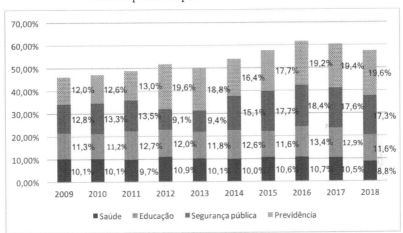

Fonte: Elaboração própria a partir de dados dos Relatórios Resumidos da Execução Orçamentária do Estado de Minas Gerais – RREO-MG.

GRÁFICO 4
Restos a Pagar Inscritos (em bilhões)

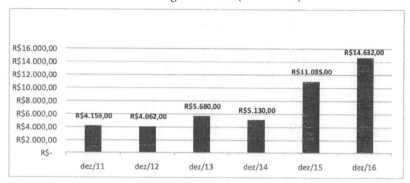

Fonte: Dados extraídos dos pareceres prévios exarados pelo Tribunal de Contas de Minas Gerais nos processos de Balanço Geral do Estado dos exercícios de 2011 a 2014.

GRÁFICO 5
Inscrição em Restos a Pagar no Estado de Minas Gerais (R$ em milhões)

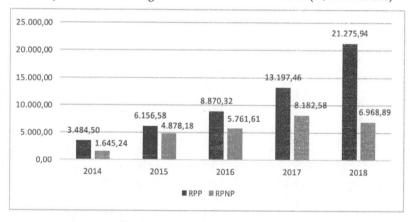

Fonte: Armazém de Informações – Siafi.

Informação bibliográfica deste texto, conforme a NBR 6023:2018 da Associação Brasileira de Normas Técnicas (ABNT):

MOURÃO, Licurgo; SHERMAM, Ariane. Crise financeira do Estado e a responsabilidade fiscal solapada. In: FIRMO FILHO, Alípio Reis; WARPECHOWSKI, Ana Cristina Moraes; RAMOS FILHO, Carlos Alberto de Moraes (Coord.). *Responsabilidade na gestão fiscal*: estudos em homenagem aos 20 anos da lei complementar nº 101/2000. Belo Horizonte: Fórum, 2020. p. 355-378. ISBN 978-65-5518-034-3.

A LRF COMO PRESSUPOSTO PARA A EFETIVIDADE DOS DIREITOS FUNDAMENTAIS NO BRASIL

MOISES MACIEL

Introdução

O Brasil é um país que adotou, como forma de governo, o Estado Democrático de Direito, ou seja, destinado a assegurar os direitos fundamentais, que são aqueles inerentes e necessários ao ser humano, positivados na Constituição de cada nação.

Nesse sentido, o Estado, como organização político-jurídica responsável pela Administração Pública, por meio de suas instituições de governo, tem o dever de garantir e resguardar o bem comum, através da segurança, do desenvolvimento, da saúde, da educação, entre outros.

No entanto, para que esses serviços essenciais sejam prestados, mister se faz a utilização eficaz dos recursos públicos e, nessa toada, em 04 de maio de 2000 foi promulgada a Lei de Responsabilidade Fiscal brasileira, com foco na busca pela necessidade de reduzir o acesso, dos Estados e Municípios, aos recursos públicos, e por vetar a possibilidade de novos refinanciamentos da dívida estadual pela União, proporcionando maior responsabilidade fiscal e estabelecendo diretrizes, limites e metas para a atuação dos administradores públicos, com base em ações planejadas e transparentes, sendo necessário, para isso, o devido controle.

Assim sendo, o presente artigo se propõe a analisar o impacto social do desequilíbrio fiscal, bem como suas consequências diretas nos direitos fundamentais, inerentes ao ser humano, sob a ótica da Lei de Responsabilidade Fiscal e o devido cumprimento de seus objetivos.

1 O Estado e sua atividade financeira

A princípio, segundo a concepção contratualista, o Estado tem sua origem na medida em que a sociedade, deliberadamente, decide se organizar politicamente, tendo como elementos constitutivos seu povo, território e governo.

Max Weber afirmava que

> o Estado é uma relação de homens dominando homens, relação mantida por meio da violência legítima [...] que pretende, com êxito, o monopólio do uso legítimo da força física dentro de um determinado território.[1]

Assim, conclui-se que, para a obtenção da respectiva ordem social, foi atribuído, para tal entidade, um poder soberano. Entendimento esse que pode ser complementado pela afirmação de Walter Benjamim, quando defendeu que o direito só pode ser instituído e/ou mantido através da violência mítica, ou seja, através do homem.[2]

Atualmente a estrutura material do Brasil (como um país capitalista que tem como objetivos fundamentais da República Federativa a construção de uma sociedade livre, justa e solidária, bem como a garantia do desenvolvimento nacional[3]) depende financeiramente da sociedade para a execução dos serviços essenciais para o ser humano (tais como saúde, educação e segurança), diferente do que ocorria na antiguidade, quando o patrimônio do Estado se confundia com os bens materiais particulares do Imperador.

Tais direitos são denominados, pela doutrina, como fundamentais e positivados pela Constituição de cada nação. Com efeito, Lucas Furtado afirma que

> todas as normas jurídicas e, em especial, as de Direito Administrativo, devem ser interpretadas a partir dessa ótica: o Estado existe para realizar

---

[1] WEBER, Max. *Ensaios de Sociologia*. 5. ed. Rio de Janeiro: LTC Editora, 1979, p. 98-99.

[2] BENJAMIN, Walter. *Documentos de cultura, documentos de barbárie*: escritos escolhidos. São Paulo: Cultrix: Editora da Universidade de São Paulo, 1986.

[3] BRASIL. *Constituição da República Federativa do Brasil de 1988*. Art. 3º, I e II. Disponível em: http://www.planalto.gov.br/ccivil_03/constituicao/constituicaocompilado.htm Acesso em: 10 de jan. 2019.

o bem-estar da sociedade, para atender às necessidades da população, enfim, para ser instrumento de realização dos direitos fundamentais.[4]

Esses, por óbvio, encontram-se diretamente interligados com os recursos públicos e com a atividade financeira do Estado e, neste mesmo sentido, é que Torres se manifesta:

> Os direitos fundamentais têm uma relação profunda e essencial com as finanças públicas. Dependem, para a sua integridade e defesa, da saúde e do equilíbrio da atividade financeira do Estado, ao mesmo tempo em que lhe fornecem o fundamento da legalidade e da legitimidade.[5]

Portanto, o Estado possui dentre suas funções o planejamento, a regulação e a fiscalização dos recursos públicos. E importa, ainda, ressaltar que a evolução estatal foi acompanhada pela crescente proteção dos direitos humanos fundamentais, ou seja, sua atuação deve atender e promover o interesse e o bem comum

Dando sequência ao raciocínio, é certo que atividade financeira é um dos meios para a consecução dos objetivos estatais, através de instrumentos necessários para atingir o seu fim, qual seja, o interesse público.

Em linhas gerais, pode-se vislumbrar que tal atividade possui uma função fiscal, "voltada para a arrecadação, a gestão e a aplicação de recursos",[6] e uma função extrafiscal, "que visa obter resultados econômicos, sociais e políticos, como controlar a inflação, fomentar a economia e a indústria nacional", entre outros.

Sobre o assunto, Regis Fernandes de Oliveira[7] pontua que tal atividade é realizada em dois momentos: o primeiro, ao fixar as necessidades públicas e, o segundo, ao buscar os meios para efetivar tais necessidades. O autor também discorre que, após a definição dos fins, a atividade financeira do Estado passa pela fase de obtenção de recursos; de sua gestão; e de gasto, com o qual se cumpre a previsão orçamentária e se satisfazem as necessidades previstas.

---

[4] FURTADO, Lucas Rocha. *Curso de Direito Administrativo*. 5. ed. Belo Horizonte: Fórum, 2016, p. 66.

[5] TORRES, Ricardo Lobo. A Legitimidade Democrática e o Tribunal de Contas. FGVSB. *Revista de Direito Administrativo*, Rio de Janeiro, v. 194, p. 33, out./dez. 1993. Disponível em: http://bibliotecadigital.fgv.br/ojs/index.php/rda/article/view/45894/46788. Acesso em: 20 jun. 2018.

[6] ABRAHAM, Marcus. *Curso de Direito Financeiro Brasileiro*. 5. ed. rev. atual. e ampl. Rio de Janeiro: Forense, 2018, p. 27.

[7] OLIVEIRA, Regis Fernandes de; HORVATH, Estevão; CONTI, José Maurício; SCAFF, Fernando Facury (Coord.). *Lições de Direito Financeiro*. São Paulo: Revista dos Tribunais, 2016.

2 O orçamento público

Nesse contexto, para que haja uma organização jurídica no tratamento das receitas e despesas públicas, utiliza-se como documento técnico o orçamento público, conceituado doutrinariamente como "o instrumento de planejamento do Estado que permite estabelecer a previsão das suas receitas e a fixação das suas despesas para um determinado período de tempo".[8]

Assim, como se nota, o orçamento público é constituído de dois elementos principais: limitação no tempo e autorização.

O primeiro diz respeito ao período em que se prevê a arrecadação de receita e aplicação da despesa; enquanto o segundo se refere ao processo político que permite e delimita as prioridades para os gastos públicos, tendo em vista sua finitude e limitação.

Através desse instrumento é possível ter um macroplanejamento da viabilidade do dinheiro público para a efetivação dos direitos fundamentais, por meio das políticas públicas, ou seja, das ações governamentais que forneçam serviços essenciais para a população.

Entre as principais funções do orçamento público, podemos elencar:

a) Permitir um conhecimento razoável sobre as receitas e as despesas do período seguinte, com informações suficientes para concluir se elas se equilibram (função econômico-financeira);

b) Poder empregar o orçamento para fins políticos de conteúdo econômico ou social (função político-econômica e social);

c) Repartir entre os órgãos da administração determinado volume de recursos para atender a seus gastos (função administrativa); e

d) Em sistemas que preveem formas de participação do Poder Legislativo no processo orçamentário (é o caso dos orçamentos brasileiros), fazer com que o Parlamento tenha a prerrogativa da tomada da decisão financeira, isto é, dispor que o Executivo apresente um documento em forma adequada para a deliberação, a ser tomada pelo Parlamento, de aprovar as receitas e os gastos (função de controle parlamentar).[9]

A Constituição brasileira de 1988 dispõe em seu artigo 165, incisos I a III, que o orçamento público será composto por: plano plurianual; diretrizes orçamentárias e orçamentos anuais, sendo de iniciativa do

---

[8] ABRAHAM, Marcus. *Curso de Direito Financeiro Brasileiro*. 5. ed. rev. atual. e ampl. Rio de Janeiro: Forense, 2018, p. 287.

[9] *Op cit.*, p. 69.

Poder Executivo, cabendo aos demais poderes a participação e o envio do próprio orçamento.

Tais peças de planejamento orçamentário integrado existem para que os recursos públicos sejam utilizados de forma justa, eficiente e equilibrada, sendo necessário, para isso, que os gestores sejam transparentes, além da existência de um controle eficaz sobre seus atos, que devem ser pautados pelo interesse público.

Apesar de não possuir entendimento pacífico quanto a sua natureza jurídica, o orçamento público se materializa como uma lei, passível de emendas, sendo votado com o quórum regular de lei ordinária. A discussão ocorre em face da mera formalidade dos gestores ao se utilizar do orçamento público como peça fictícia, o que gera para a Administração Pública uma insegurança e um desequilíbrio fiscal.

3 Origem e finalidade da Lei de Responsabilidade Fiscal no Brasil

A Lei de Responsabilidade Fiscal está amparada constitucionalmente no artigo 163, inciso I, pelo qual se estabelece que as finanças públicas serão dispostas por lei complementar.

A Constituição de 1988 conferia uma autonomia generosa para que Estados e Municípios pudessem contrair empréstimos.

Ao seu lado, a existência de bancos estaduais que forneciam empréstimos diretamente aos governos locais também contribuía, em muito, para um preocupante desequilíbrio vertical, que, somado à competência legislativa (excessivamente concentrada nas mãos da União), culminou em uma descentralização desigual, face à ausência de definição clara da repartição dos serviços públicos e uma consequente dependência de transferências de recursos daquele ente central.

O resultado de tudo isso foi o surgimento de inúmeras dívidas estaduais e municipais, que levaram muitos estudiosos a afirmarem, sem receios, que o desenho da Carta Magna de 1988 manteve o incentivo de uma cultura de indisciplina fiscal ao colocar a União no papel de uma espécie de garantidora do federalismo brasileiro,[10] tornando indispensável uma reestruturação neste sentido, mediante alterações legislativas

---

[10] ECHEVERRIA, Andrea de Quadros Dantas; RIBEIRO, Gustavo Ferreira. O Supremo Tribunal Federal como árbitro ou jogador? As crises fiscais dos Estados brasileiros e o jogo do resgate. *Revista Estudos Institucionais*, v. 4, n. 2, p. 642-671, 2018.

e constitucionais, com vistas, particularmente, ao fortalecimento da União a fim de combater a indisciplina fiscal dos entes federados.

A Lei de Responsabilidade Fiscal, portanto, surgiu com essa incumbência de tornar crível o compromisso da União com o não resgate financeiro dos entes federados, vetando a possibilidade de novos refinanciamentos das dívidas estaduais, buscando ainda a redução do desequilíbrio até então existente mediante a imposição de restrições severas aos gastos públicos e ao acesso a créditos.

Nesta senda, a LRF introduziu diversos mecanismos de controle dos gastos públicos que, por sua vez, vinculavam o acesso a novos recursos à devida comprovação da utilização adequada das verbas federais repassadas, sem falar em outras restrições, como, por exemplo, a previsão de limites globais para despesas com pessoal. Todas com o fulcro de evitar um comportamento oportunista por parte dos Estados federados, induzindo-os a adotar uma verdadeira disciplina fiscal.

Impede ressaltar ainda que a Lei Geral de Direito Financeiro – Lei nº 4.320/64, recepcionada pela Lei Maior, está no mesmo patamar hierárquico que a Lei de Responsabilidade Fiscal e, neste sentido, ambas são válidas e coexistem nos dispositivos que não foram revogados ou alterados pela LRF.

A previsão constitucional, todavia, ficou 10 anos sem direcionamento, mas passou a ser uma exigência parlamentar, com a Emenda Constitucional nº 19, de 04 de junho de 1998:

> Art. 30. O projeto de lei complementar a que se refere o art. 163 da Constituição Federal será apresentado pelo Poder Executivo ao Congresso Nacional no prazo máximo de cento e oitenta dias da promulgação desta Emenda.[11]

Dessa forma, diferente do que muito se debate, a LRF não foi uma imposição feita pelo Fundo Monetário Internacional e sim pelo Parlamento.

O respectivo projeto de lei, com matéria fiscal, foi submetido a consulta pública, através de audiências e sugestões populares na internet, sendo amplamente debatido. O texto final da Lei Complementar nº 101 foi publicado e entrou em vigor em 4 de maio de 2000, sob a denominação de "Lei de Responsabilidade Fiscal".

---

[11] Disponível em: http://www.planalto.gov.br/ccivil_03/Constituicao/Emendas/Emc/emc19. htm. Acesso em: 3 fev. 2020.

Na definição de Hélio Mileski, tal norma é um código de conduta fiscal "envolvendo aspectos inovadores para receita pública, fixação de limites para o endividamento e para as despesas com pessoal, incluindo regras limitadoras à ação do administrador em determinados períodos".[12]

Uma crítica referente à origem da LRF se faz quanto ao modelo utilizado para sua criação, que foi a *Responsibility Fiscal Act* da Nova Zelândia, tendo em vista que este país em nada se assemelha com a forma de governo do Brasil, visto se tratar de um Estado unitário, parlamentarista,[13] que vive uma monarquia constitucional. Todavia, apesar de inúmeras ações de inconstitucionalidade, a lei encontra-se vigente.

No que se concerne ao seu objetivo, a própria lei assim o define, em seu artigo 1º, §1º:

> A responsabilidade na gestão fiscal pressupõe a ação planejada e transparente, em que se previnem riscos e corrigem desvios capazes de afetar o equilíbrio das contas públicas, mediante o cumprimento de metas de resultados entre receitas e despesas e a obediência a limites e condições no que tange a renúncia de receita, geração de despesas com pessoal, da seguridade social e outras, dívidas consolidada e mobiliária, operações de crédito, inclusive por antecipação de receita, concessão de garantia e inscrição em Restos a Pagar.[14]

No corpo do dispositivo supracitado observamos ainda os cinco pilares da gestão fiscal eficiente, quais sejam: planejamento, transparência, equilíbrio, controle e responsabilização.[15] Diretrizes e imposições que se aplicam a todos os entes da federação no âmbito dos três poderes.

Em um primeiro momento, observa-se, portanto, que a função da LRF foi impor aos gestores públicos maior rigor com relação à administração financeira do Estado, face à iminente crise econômica em que se encontrava o país. Neste sentido, percebe-se que a força da lei reside em suas sanções (de cunho administrativo, político e penal, bem

---

[12] MILESKI, Hélio Saul. *O estado contemporâneo e a corrupção*. 1. ed. Belo Horizonte: Fórum, 2015, p. 87.

[13] MARTINS, Ives Gandra da Silva; MENDES, Gilmar Ferreira; NASCIMENTO, Carlos Valder do (Coord.). *Tratado de direito financeiro*. Volume 2. São Paulo: Saraiva, 2013, p. 341.

[14] BRASIL. *Lei Complementar nº 101, de 4 de maio de 2000*. Estabelece normas de finanças públicas voltadas para a responsabilidade na gestão fiscal e dá outras providências. Disponível em: http://www.planalto.gov.br/ccivil_03/leis/lcp/lcp101.htm Acesso em: 3 fev. 2020.

[15] LEITE, Harrison. *Manual de Direito Financeiro*. 8. ed. Salvador: Juspodivm, 2019, p. 48.

como institucional, aplicáveis a Estados e Municípios que a contrariem), dispondo em seu artigo 73 que:

> As infrações dos dispositivos desta Lei Complementar serão punidas segundo o Decreto-Lei no 2.848, de 7 de dezembro de 1940 (Código Penal); a Lei no 1.079, de 10 de abril de 1950; o Decreto-Lei no 201, de 27 de fevereiro de 1967; a Lei no 8.429, de 2 de junho de 1992; e demais normas da legislação pertinente.[16]

Apesar de parte da doutrina apontar a respectiva lei como uma norma que visa coibir a corrupção, esse não foi o propósito fundamental e sim uma consequência da transparência e controle da gestão fiscal realizada pelos agentes públicos.

Não se pode olvidar que, apesar do caráter rigoroso, após 20 anos de sua promulgação, nos deparamos com uma desordem fiscal que causa uma degradação e ineficiência dos serviços públicos essenciais ao ser humano. E isso ocorre, pois, como anteriormente mencionado, para que o Estado consiga efetuar uma ação positiva em prol da sociedade; afinal, para garantir saúde e educação, ele precisa de recurso público.

Um ente público, por óbvio, só irá ter um equilíbrio orçamentário quando arrecadar mais do que gastar, assim como acontece na administração privada e particular.

Constata-se no Relatório Econômico OCDE, de fevereiro de 2018, que:

> *Os resultados orçamentais deterioraram-se substancialmente desde 2014*, quando o saldo primário (excluindo pagamentos de juros) ficou negativo depois de mais de uma década de superávit primário, refletindo principalmente o aumento dos gastos, inclusive despesas fiscais (Figura 10) [...]. *A situação fiscal de alguns estados brasileiros deteriorou-se substancialmente nos últimos anos, podendo criar riscos fiscais, embora medidas tenham sido tomadas para conter esses riscos* (FMI, 2017a) (grifo nosso).[17]

O *ranking* das capitais do Brasil, de acordo com o índice Firjan de Gestão Fiscal (5.337 analisados no período de 2019), que se utiliza de quatro indicadores (autonomia, gastos com pessoal, liquidez e investimentos), apresenta o seguinte quadro:

---

[16] BRASIL. *Lei Complementar nº 101, de 4 de maio de 2000.*

[17] Disponível em: http://www.oecd.org/economy/surveys/Brazil-2018-OECD-economic-survey-overview-Portuguese.pdf. Acesso em: 27 jan. 2020.

| Ranking IFGF Geral | | UF | Município | IFGF | Autonomia | Gastos com Pessoal |
Nacional	Estadual					
88º	1º	BA	Salvador	0,8621	1,0000	1,0000
108º	1º	AC	Rio Branco	0,8450	0,8956	0,9188
207º	1º	AM	Manaus	0,8022	1,0000	0,9166
240º	1º	CE	Fortaleza	0,7889	1,0000	0,8523
260º	3º	ES	Vitória	0,7825	1,0000	1,0000
305º	60º	PR	Curitiba	0,7692	1,0000	1,0000
373º	1º	RR	Boa Vista	0,7544	0,5234	0,8147
447º	68º	SP	São Paulo	0,7371	1,0000	1,0000
476º	36º	MG	Belo Horizonte	0,7313	1,0000	1,0000
680º	9º	TO	Palmas	0,6951	0,8863	0,6822
722º	3º	PE	Recife	0,6886	1,0000	0,7226
840º	1º	PB	João Pessoa	0,6715	1,0000	0,5449
1092º	15º	PI	Teresina	0,6375	1,0000	0,5958
1101º	39º	GO	Goiânia	0,6359	1,0000	0,9520
1118º	2º	SE	Aracaju	0,6338	1,0000	0,3065
1166º	1º	AP	Macapá	0,6275	0,5288	0,5596
1367º	238º	RS	Porto Alegre	0,6034	1,0000	0,6002
1457º	202º	SC	Florianópolis	0,5943	1,0000	0,4056
1860º	8º	AL	Maceió	0,5501	0,6608	0,8438
1868º	18º	RO	Porto Velho	0,5491	0,6220	0,5609
1953º	18º	PA	Belém	0,5409	1,0000	0,5970
1955º	39º	MS	Campo Grande	0,5408	1,0000	0,3535
2083º	12º	RN	Natal	0,5277	1,0000	0,5846
2363º	101º	MT	Cuiabá	0,4931	1,0000	0,4023
2979º	60º	RJ	Rio de Janeiro	0,4227	1,0000	0,4559
3554º	53º	MA	São Luís	0,3582	1,0000	0,2558

Fonte: Firjan[18]

Cabe salientar que a atribuição da nomenclatura da gestão fiscal, disposta no quadro, conforme a pontuação aferida, se dá nos seguintes termos: resultados entre 0,8 e 1,0 indicam excelência; entre 0,6 e 0,8 indicam boa gestão; entre 0,4 e 0,6 indicam dificuldade e, entre 0,4 e 0,0, situação crítica.

Vislumbra-se, nesta análise, que a despesa com pessoal tem relevância significativa no resultado geral da gestão fiscal. São Luís, por

---

[18] Disponível em: https://www.firjan.com.br/data/files/E4/76/F9/AC/34E1E610B71B21 E6A8A809C2/Ranking-IFGF-2019_capitais.xlsx. Acesso em: 18 fev. 2020.

exemplo, está com a 3.554ª colocação, tem pontuação máxima em relação à autonomia, todavia sua pontuação é de 0,2558 com relação às despesas com pessoal, levando-a para uma classificação considerada crítica, sendo o último lugar em relação às capitais dos Estados brasileiros.

Importa ressaltar, ainda, que a capital com melhor colocação, Salvador, está em 88º lugar no ranking nacional e, dentre os municípios, os cinco melhores colocados no geral são: Costa Rica-MS, Gavião Peixoto-SP, São Pedro-SP, Alvorada-TO e Turvo-SC, todos avaliados com pontuação 1,0000, nos quatro indicadores, ou seja, todos com gestão com excelência.[19]

Por fim, Weber de Oliveira, no ano em que a respectiva lei completava 10 anos de sua vigência, apresentou os seguintes impactos causados pela norma:

> 1. na esteira das discussões sobre a LRF, renovou-se o interesse pelo processo orçamentário, pela contabilidade pública e pela administração tributária;
> 2. o crescimento do interesse pela modernização e aprimoramento dos sistemas e mecanismos de arrecadação tributária e controle dos gastos públicos. Essa era uma consequência esperada, haja vista que um dos pilares da LRF é exatamente a instituição de metas para receitas, despesas, resultado primário e nominal e para a dívida pública;
> 3. a intensa mobilização dos tribunais de contas, que estão desenvolvendo um trabalho de orientação, manualização, treinamento, regulamentação e fiscalização como possivelmente não realizavam há muitos anos. É um trabalho imprescindível para viabilizar o alcance dos objetivos da LRF, em cada esfera da federação.[20]

Não podemos deixar de considerar, contudo, que a atuação dos Estados e Municípios vem se aperfeiçoando no decorrer desses anos.

No que concerne ao papel dos Tribunais de Contas, estes têm sido muito cobrados pela sociedade, visto que sua omissão ou ação leniente pode mascarar prejuízos incalculáveis de uma gestão fiscal ineficiente.

Neste sentido, o Governo Federal encaminhou proposta de Emenda à Constituição do Pacto Federativo, transformando o TCU em um Tribunal "Supremo" em relação à aplicação das diretrizes da Lei

---

[19] Disponível em: https://www.firjan.com.br/data/files/D6/37/59/DB/73E1E610B 71B21E6A8A809C2/Ranking-IFGF-2019_geral.xlsx. Acesso em: 18 fev. 2020.

[20] OLIVEIRA, Weber de. O equilíbrio das finanças públicas e a Lei de Responsabilidade Fiscal. *Fórum de Contratação e Gestão Pública*, Belo Horizonte, ano 9, n. 101, maio 2010.

de Responsabilidade Fiscal, revisando as decisões de âmbito estadual e municipal no que diz respeito ao tema.[21]

4 A função do Tribunal de Contas em face da LRF

Importa ressaltar que, desde a exposição dos motivos para a criação do Tribunal de Contas da União, seu patrono, Rui Barbosa, estabeleceu a ligação do órgão com as finanças públicas:

> Convém levantar, entre o Poder que autoriza periodicamente a despesa e o Poder que quotidianamente a executa, um *mediador independente, auxiliar de um e de outro*, que, comunicando com a legislatura e intervindo na administração, seja, não só vigia, como a mão forte da primeira sobre a segunda, *obstando a perpetração das infrações orçamentárias* por veto oportuno aos atos do Executivo, que direta ou indireta, próxima ou remotamente, *discrepem da linha rigorosa das leis das finanças* (grifo nosso).[22]

Nesse diapasão, cabe aos Tribunais de Contas, conforme as prerrogativas e competências impostas pela Constituição Federal de 1988, em seus artigos 70 e 71, o auxílio no controle externo, ou seja, na fiscalização contábil, financeira, orçamentária, operacional e patrimonial da Administração Pública direta e indireta.

Mileski afirma que não apenas a gestão deve ser eficiente, transparente e proba, mas também o controle:

> Dentro desse novo conceito de Estado, para o terceiro milênio começa ser emoldurado um Estado direcionado para três aspectos fundamentais: *que seja um Estado eficiente, transparente e probo*. Terá de ser um Estado ágil e que produza serviços públicos com eficiência para o cidadão. Deve ser transparente, demonstrando e dando ciência de toda ação administrativa praticada, seja ela da natureza que for.
> Todavia, não adianta ser um Estado eficiente e transparente se não for probo. A honestidade em sua ação será ponto imprescindível no Estado do terceiro milênio.

---

[21] PIMENTA, Guilherme. *Pacto Federativo permite que TCU revise decisões de tribunais de contas estaduais e municipais*. Disponível em: https://jacobyfernandesreolon.adv.br/PUBLICACOES_MIDIA/Pacto%20Federativo%20permite%20que%20TCU%20revise%20decis%C3%B5es%20de%20tribunais%20de%20contas%20estaduais%20e%20municipais%20-%20JOTA%20Info.pdf. Acesso em: 15 fev. 2020.

[22] BRASIL. Tribunal de Contas da União. Exposição de motivos de Rui Barbosa sobre a criação do TCU. *Revista do TCU*. Disponível em: https://revista.tcu.gov.br/ojs/index.php/RTCU/article/view/1113/1171. Acesso em: 21 dez. 2018.

No entanto, para que esse Estado seja concretizado terá de haver um *sistema de controle igualmente aprimorado*. Um controle que acompanhe, avalie e produza correção das distorções encontradas, qual seja: um controle também eficiente, transparente e probo.[23]

Com efeito, a Lei de Responsabilidade Fiscal ampliou as atribuições das respectivas Cortes de Contas, estabelecendo o dever no acompanhamento do cumprimento dos gestores públicos de suas diretrizes, principalmente quanto ao atingimento de metas fixadas na lei de diretrizes orçamentárias (LDO); limites de operações de crédito (empréstimos) e inscrições em restos a pagar (passivo circulante); controle das despesas com pessoal (ativo e inativo), das dívidas consolidadas e mobiliária; e a destinação de recursos obtidos com a alienação de ativos.

A referida lei determinou, também, que os Tribunais de Contas, de acordo com sua respectiva jurisdição, devem emitir alertas aos poderes e órgãos quando constatarem:

I - a possibilidade de ocorrência das situações previstas no inciso II do art. 4º e no art. 9º;

II - que o montante da despesa total com pessoal ultrapassou 90% (noventa por cento) do limite;

III - que os montantes das dívidas consolidada e mobiliária, das operações de crédito e da concessão de garantia se encontram acima de 90% (noventa por cento) dos respectivos limites;

IV - que os gastos com inativos e pensionistas se encontram acima do limite definido em lei;

V - fatos que comprometam os custos ou os resultados dos programas ou indícios de irregularidades na gestão orçamentária.

§2º Compete ainda aos Tribunais de Contas verificar os cálculos dos limites da despesa total com pessoal de cada Poder e órgão referido no art. 20.

§3º O Tribunal de Contas da União acompanhará o cumprimento do disposto nos §§2º, 3º e 4º do art. 39.[24]

No que tange à Lei de Responsabilidade Fiscal, Bruno Dantas declara que:

---

[23] MILESKI, Hélio Saul. *O estado contemporâneo e a corrupção*. 1. ed. Belo Horizonte: Fórum, 2015, p. 28.

[24] *Ibidem.*

O Tribunal de Contas da União é responsável por cuidar das contas nacionais, mas, sobretudo, assim como o Supremo Tribunal Federal é o guardião da Constituição, o Tribunal de Contas da União é o guardião da Lei de Responsabilidade Fiscal.[25]

A capacidade de gerir os recursos públicos encontra-se diretamente interligada com o bom ou mau governo e essa é a maior demonstração de como a Lei de Responsabilidade Fiscal interfere nos direitos fundamentais da sociedade. Entendimento, esse, expressado por Francisco Jucá:

> o mau governo viola ou impede o exercício real (efetivo) de direitos fundamentais e, assim, portanto, pode-se concluir que o bom governo é direito fundamental na medida em que se torna possível o exercício de direitos no mundo da realidade.[26]

Cumpre observar que o "bom governo", por si só, é um direito fundamental, infringido quando a gestão fiscal é ineficaz. O referido termo é conceituado por Juarez Freitas como:

> direito fundamental à administração pública eficiente e eficaz, proporcional cumpridora de seus deveres, com transparência, sustentabilidade, motivação proporcional, imparcialidade e respeito à moralidade, a participação social e à plena responsabilidade por suas condutas omissivas e comissivas.[27]

Nessa toada, como guardião do equilíbrio fiscal, as Cortes de Contas devem atuar para seu efetivo cumprimento sob pena de serem, também, responsáveis pelo desgoverno das finanças públicas.

5 Influências institucionais na crise fiscal

Apesar das diversas críticas sofridas pela Lei de Responsabilidade Fiscal, principalmente no que concerne aos limites estabelecidos para os Estados e Municípios (o que de certa forma foi visto como uma

---

[25] CONSULTORJURÍDICO. *TCU deve ser o guardião da lei de responsabilidade fiscal, diz Bruno Dantas*. Disponível em: https://www.conjur.com.br/2015-ago-28/tcu-guardiao-lei-responsabilidade-fiscal-dantas. Acesso em: 19 jan. 2020.

[26] JUCA, Francisco Pedro. Direito Fundamental a um bom Governo. *In: Revista Pensamento Jurídico*, São Paulo, v. 11, n. 12, p. 130, jul./dez. 2017.

[27] FREITAS, Juarez. *Direito Fundamental à boa Administração Pública*. São Paulo: Malheiros, 2014, p. 21.

mitigação da autonomia dos entes federados), quem influencia, de fato, nos resultados são as instituições de controle.

Ainda que os gestores municipais busquem um planejamento (através das leis orçamentárias) e atuem, com efeito, para seu fiel cumprimento (não apenas como uma peça fictícia), os órgãos de controle, com sua capacidade técnica e de informações, através de suas decisões, podem se tornar os verdadeiros vilões da gestão financeira e orçamentária do país.

Nesse sentido, o crescimento do *déficit* financeiro demonstra que os Tribunais de Contas necessitam se aperfeiçoar na prevenção e imposição de contenção de despesas para que, dessa forma, seus jurisdicionados alcancem o equilíbrio orçamentário e fiscal.

O caráter das decisões e pareceres emitidos por esses Tribunais deve ser eminentemente técnico, voltado integralmente em prol do interesse coletivo e público, não se submetendo à supressão de suas competências constitucionais e legais.

Se por um lado, contudo, as Cortes de Contas possuem função fiscalizadora, consultiva, informativa, sancionadora e pedagógica para com os seus jurisdicionados, outra instituição que pode influenciar negativamente na gestão fiscal do país é o Supremo Tribunal Federal, considerado guardião da Constituição, conforme supracitado. E, neste sentido, vejamos:

> Um estudo mostra que estados ou municípios que recorreram ao Supremo Tribunal Federal (STF) contra a União ganharam a causa em 87% dos processos relacionados a questões fiscais. O levantamento, que abrange o período entre 1988 e 2017, foi feito pela advogada da União Andrea de Quadros Dantas Echeverria e pelo professor de Direito Gustavo Ribeiro. Eles analisaram cerca de 2,5 mil Ações Cíveis Originárias (ACOs) para identificar quais tiveram conflito federativo reconhecido e julgado pelo Supremo nesse período.[28]

As decisões judiciais que se referem à atividade financeira de Estados e municípios não geram consequências apenas para as partes, mas para um todo, pois a receita e a despesa estão interligadas. O problema ocorre quando não são analisadas as diretrizes impostas pela LRF, mas tão somente o direito pleiteado.

---

[28] Disponível em: https://www.gazetadopovo.com.br/republica/stf-estimula-irresponsabilidade-fiscal-estados/. Acesso em: 22 fev. 2020.

Em tese, o Poder Judiciário tem por escopo garantir os acordos privados e políticos, bem como garantir que os incentivos acordados restem de fato implementados, a fim de mitigar qualquer desconfiança entre as partes envolvidas. Sua importância é tanta que muitos estudiosos chegam a afirmar que sua existência é essencial para o equilíbrio federativo, posto que a ele compete a garantia da divisão e do compartilhamento dos poderes e competências estabelecidos na Lei maior.

Andrea Echeverria e Gustavo Ribeiro, neste diapasão, afirmam que:

> Como árbitro do federalismo, o Judiciário – em regra por meio da Suprema Corte – deve impedir que o governo central amplie seu próprio poder e também incentivar a cooperação dos entes subnacionais, reconhecendo e punindo eventuais comportamentos oportunistas.[29]

Dessa forma, sem pretender exaurir toda a jurisprudência desta Suprema Corte, usamos como exemplo tão somente um dos incentivos tratados pela Lei de Responsabilidade Fiscal, que consiste na possibilidade da União, diante da não observância das condicionantes legais inseridas no artigo 25, §1º, da LRF, vir a negar a transferência de recursos, bem como o acesso a crédito externo, dispositivo este que pune o Estado irresponsável, recompensando, devidamente, por outro lado, aquele que observa sua saúde fiscal.

Diante de tal determinação legal, os Estados culminariam por observar os requisitos apresentados em lei, comprometendo-se com uma administração mais responsável em busca de garantir o recebimento de novas verbas provenientes da União.

O STF, contudo, quando instado a se manifestar a respeito, ou seja, quando diante da hipótese da recusa da União em efetivar os repasses de verbas, fundamentada nas restrições previstas na LRF, deferiu, em aproximadamente 92,6% das liminares solicitadas, determinando que se verificasse o repasse das verbas *independentemente da existência de pendências legais*, estabelecendo sérias restrições à devida incidência da Lei de Responsabilidade Fiscal,[30] sob a argumentação de que haveria o risco de comprometimento da execução das políticas públicas.

---

[29] *Op. cit.*
[30] *Op. cit.*

Diante de tais decisões, é evidente a mitigação da normatividade da LRF, possibilitando aos Estados o acesso facilitado a créditos, posto flexibilizar a restrição orçamentária porventura existente.

A omissão do controle externo na fiscalização das contas públicas, bem como a flexibilização orçamentária por meio do Poder Judiciário, adotando critérios diversos das diretrizes da LRF, portanto, afeta a população naquilo que necessita para uma vida digna.

Sem controle, os recursos públicos podem não ser suficientes nem para o básico, como saúde e segurança pública. A irresponsabilidade fiscal se mantém ou, quando muito, é reduzida, mas com base em restrição do quadro de pessoal, que, muitas vezes, acaba por impactar na qualidade e na entrega das políticas públicas, causando inúmeros óbices à efetivação dos direitos fundamentais.

Considerações finais

Vinte anos se passaram desde a vigência da Lei de Responsabilidade Fiscal e pouco se avançou na busca por uma administração mais comprometida com a transparência e a qualidade na entrega de políticas públicas adequadas para a sociedade e com a devida observância aos direitos fundamentais do cidadão.

Grande parte dos entes federados trabalha nos limites máximos estabelecidos pela lei e, muito longe dos objetivos que a Administração Pública deveria se pautar, no que concerne à garantia do interesse coletivo, uma parcela significativa destes entes se encontra seriamente endividada, onerando e pressionando sobremaneira os cofres públicos federais.

A possibilidade de imposição de restrições orçamentárias aos Estados com o fortalecimento do controle fiscal da União, de maneira a impossibilitar o acesso a novos recursos e, dessa forma, proporcionar uma melhor educação financeira, restou enfraquecida frente aos julgados da Suprema Corte nacional e às liminares concedidas no sentido contrário, que culminaram por restaurar a flexibilidade das restrições orçamentárias estaduais.

Não é demais ressaltar que uma gestão fiscal eficiente ocorre apenas com planejamento, equilíbrio fiscal, transparência, controle e responsabilização.

A LRF surgiu com o intuito de auxiliar neste sentido, no entanto, 20 anos depois, ainda não alcançou tal intento.

É cediço que a efetivação dos direitos fundamentais depende do respeito às diretrizes da respectiva norma, tendo em vista que a falta de disponibilidade financeira impede que o Estado forneça saúde, educação, segurança e os demais direitos inerentes à população.

A pergunta que insurge é: o que fazer para alcançar a plena eficácia da Lei de Responsabilidade Fiscal?

Na teoria tudo se mostra limpidamente, todavia, na prática, as dificuldades ainda são muitas. De todo modo, é certo que os Tribunais de Contas (no exercício pleno de suas competências constitucionais, no âmbito do controle externo técnico, bem como na atuação preventiva conforme impõe a LRF) têm o dever cumprir com sua função social, alertando, capacitando e penalizando, efetivamente, os responsáveis de sua jurisdição, quando previsto, para que haja uma gestão orçamentária e fiscal responsável e eficaz.

Por outro lado, o Supremo Tribunal Federal, figura utilizada nesse artigo com o condão de representar o Poder Judiciário, não deve atuar na contramão do equilíbrio fiscal, mitigando a aplicação da Lei de Responsabilidade Fiscal.

Por fim, cabe aos gestores públicos maior cautela e responsabilidade no trato com a coisa pública, observando o que não necessitaria de lei para determinar, ou seja, o bom trato e a proba administração do patrimônio pertencente à coletividade, com o zelo, a responsabilidade e a ética que devem nortear o comportamento de um gestor público. A consequência lógica disso seria a prática de um bom governo, direito fundamental de observância obrigatória, corolário dos demais direitos fundamentais.

Referências

ABRAHAM, Marcus. *Curso de Direito Financeiro Brasileiro*. 5. ed. rev. atual. e ampl. Rio de Janeiro: Forense, 2018.

BRASIL. *Constituição da República Federativa do Brasil de 1988*. Disponível em: http://www.planalto.gov.br/ccivil_03/constituicao/constituicaocompilado.htm. Acesso em: 10 jan. 2019.

BRASIL. *Lei Complementar nº 101, de 4 de maio de 2000*. Estabelece normas de finanças públicas voltadas para a responsabilidade na gestão fiscal e dá outras providências. Disponível em: http://www.planalto.gov.br/ccivil_03/leis/lcp/lcp101.htm. Acesso em: 3 fev. 2020.

BRASIL. Tribunal de Contas da União. Exposição de motivos de Rui Barbosa sobre a criação do TCU. *Revista do TCU*. Disponível em: https://revista.tcu.gov.br/ojs/index.php/RTCU/article/view/1113/1171. Acesso em: 13 jan. 2020.

BENJAMIN, Walter. *Documentos de cultura, documentos de barbárie*: escritos escolhidos. São Paulo: Cultrix: Editora da Universidade de São Paulo, 1986.

CONSULTOR JURÍDICO. *TCU deve ser o guardião da lei de responsabilidade fiscal, diz Bruno Dantas*. Disponível em: https://www.conjur.com.br/2015-ago-28/tcu-guardiao-lei-responsabilidade-fiscal-dantas. Acesso em: 19 jan. 2020.

ECHEVERRIA, Andrea de Quadros Dantas; RIBEIRO, Gustavo Ferreira. O Supremo Tribunal Federal como árbitro ou jogador? As crises fiscais dos Estados brasileiros e o jogo do resgate. *Revista Estudos Institucionais*, v. 4, n. 2, p. 642-671, 2018.

FREITAS, Juarez. *Direito Fundamental à boa Administração Pública*. São Paulo: Malheiros, 2014.

FURTADO, Lucas Rocha. *Curso de Direito Administrativo*. 5. ed. Belo Horizonte: Fórum, 2016.

JUCA, Francisco Pedro. Direito Fundamental a um bom Governo. *In: Revista Pensamento Jurídico*, São Paulo, v. 11, n. 12, jul./dez. 2017.

LEITE, Harrison. *Manual de Direito Financeiro*. 8ª ed. Salvador: Jus PODIVM, 2019.

MARTINS, Ives Gandra da Silva; MENDES, Gilmar Ferreira; NASCIMENTO, Carlos Valder do (Coord.). *Tratado de direito financeiro*. Volume 2. São Paulo: Saraiva, 2013.

MILESKI, Hélio Saul. *O estado contemporâneo e a corrupção*. 1. ed. Belo Horizonte: Fórum, 2015.

OLIVEIRA, Regis Fernandes de; HORVATH, Estevão; CONTI, José Maurício; SCAFF, Fernando Facury (Coord.). *Lições de Direito Financeiro*. São Paulo: Revista dos Tribunais, 2016.

OLIVEIRA, Weber de. O equilíbrio das finanças públicas e a Lei de Responsabilidade Fiscal. *Fórum de Contratação e Gestão Pública*, Belo Horizonte, ano 9, n. 101, maio 2010.

PIMENTA, Guilherme. *Pacto Federativo permite que TCU revise decisões de tribunais de contas estaduais e municipais*. Disponível em: https://jacobyfernandesreolon.adv.br/PUBLICACOES_MIDIA/Pacto%20Federativo%20permite%20que%20TCU%20revise%20decis%C3%B5es%20de%20tribunais%20de%20contas%20estaduais%20e%20municipais%20-%20JOTA%20Info.pdf. Acesso em: 15 fev. 2020.

TORRES, Ricardo Lobo. A Legitimidade Democrática e o Tribunal de Contas. FGVSB. *Revista de Direito Administrativo*, Rio de Janeiro, v. 194, p. 33, out./dez. 1993. Disponível em: http://bibliotecadigital.fgv.br/ojs/index.php/rda/article/view/45894/46788. Acesso em: 20 jun. 2018.

WEBER, Max. *Ensaios de Sociologia*. 5. ed. Rio de Janeiro: LTC Editora, 1979.

http://www.planalto.gov.br/ccivil_03/Constituicao/Emendas/Emc/emc19.htm. Acesso em: 3 fev. 2020.

http://www.oecd.org/economy/surveys/Brazil-2018-OECD-economic-survey-overview-Portuguese.pdf. Acesso em: 27 jan. 2020.

https://www.cnm.org.br/municipios/. Acesso em: 3 fev. 2020.

https://www.firjan.com.br/data/files/E4/76/F9/AC/34E1E610B71B21E6A8A809C2/Ranking-IFGF-2019_capitais.xlsx. Acesso em: 18 fev. 2020.

https://www.firjan.com.br/data/files/D6/37/59/DB/73E1E610B71B21E6A8A809C2/Ranking-IFGF-2019_geral.xlsx. Acesso em: 18 fev. 2020.

https://www.gazetadopovo.com.br/republica/stf-estimula-irresponsabilidade-fiscal-estados/. Acesso em: 22 fev. 2020.

Informação bibliográfica deste texto, conforme a NBR 6023:2018 da Associação Brasileira de Normas Técnicas (ABNT):

MACIEL, Moises. A LRF como pressuposto para a efetividade dos direitos fundamentais no Brasil. *In*: FIRMO FILHO, Alípio Reis; WARPECHOWSKI, Ana Cristina Moraes; RAMOS FILHO, Carlos Alberto de Moraes (Coord.). *Responsabilidade na gestão fiscal*: estudos em homenagem aos 20 anos da lei complementar nº 101/2000. Belo Horizonte: Fórum, 2020. p. 379-397. ISBN 978-65-5518-034-3.

A UNIFORMIZAÇÃO DA INTERPRETAÇÃO DA LRF NO ÂMBITO DOS TRIBUNAIS DE CONTAS: A CONSTITUCIONALIDADE DA PEC Nº 188/2019 À LUZ DO PRINCÍPIO FEDERATIVO

RICARDO SCHNEIDER RODRIGUES

LEAN ANTÔNIO FERREIRA DE ARAÚJO

Introdução

A Lei de Responsabilidade Fiscal (LRF) surgiu com a missão de conferir à gestão pública maior transparência e racionalidade nos gastos públicos. Diversos dispositivos foram incorporados ao nosso ordenamento no intuito de evitar a inviabilização das políticas públicas a cargo do Estado pela má gestão dos parcos recursos públicos. Regras voltadas ao equilíbrio fiscal, seja pela via do controle do endividamento público, seja pela contenção da despesa com pessoal, tiveram inicialmente algum sucesso ao fazer respeitar os limites estabelecidos pelos entes com maiores problemas fiscais.

Com o tempo, contudo, o que era teto de gastos virou uma meta, e entes que estavam distantes dos referidos limites enxergaram na nova norma uma oportunidade de expansão de gastos com respaldo na própria lei. Enquanto os anos de bonança na economia permitiram, o aumento contínuo da receita corrente líquida acobertava o que era uma estratégia equivocada, em especial quando se trata de despesas obrigatórias, com pouca margem para redução após serem implementadas. Com o término do período de expansão econômica, a crise fiscal expôs os desacertos e as falhas da LRF em seu propósito de evitar o cenário devastador visto em diversos Estados, incapazes até de honrar seus compromissos mais elementares com a folha de pessoal.

Com a crise instalada, passou-se a avaliar onde o sistema fracassou. Há certo consenso de que nem todos os problemas decorreram propriamente de uma falha estrutural da LRF, mas, em grande medida, de questões relacionadas à sua aplicação equivocada. No Brasil é corriqueira a constatação de que nossos percalços são ocasionados menos pela nossa ordem jurídica do que pela inobservância das normas postas. Verificou-se, então, que a LRF não vinha sendo interpretada uniformemente pelos entes federativos, como seria natural esperar diante de uma norma de abrangência nacional.

Embora a LRF tenha previsto um Conselho de Gestão Fiscal, com o papel de realizar o acompanhamento e a avaliação, de forma permanente, da política e da operacionalidade da gestão fiscal (art. 67), este não chegou a ser implantado.[1] O órgão central de contabilidade da União (Secretaria do Tesouro Nacional – STN), por sua vez, embora trouxesse diretrizes claras, nem sempre tinha suas normas gerais devidamente respeitadas. Os próprios Tribunais de Contas (TCs) frequentemente decidiam e emitiam atos normativos em caráter diametralmente oposto ao que a STN definia. Exemplo disso é a exclusão dos gastos de inativos ou do imposto de renda de servidores públicos da contabilização dos limites de gastos com pessoal ou, ainda, a não contabilização dos gastos com pessoal terceirizado, fora das hipóteses admitidas pela própria LRF.

Diante deste cenário e do papel fundamental que os Tribunais de Contas devem exercer no que se refere à uniformização da interpretação das normas de Direito Financeiro, a inexistência de um sistema de controle externo capaz de padronizar a aplicação da LRF no país comprometeu a própria efetividade da norma.[2]

---

[1] Tramita no Senado Federal o Projeto de Lei nº 3.520, de 2019, que dispõe sobre o Conselho de Gestão Fiscal, composto por representantes do Poder Executivo e dos Tribunais de Contas da União e dos Estados, do Poder Legislativo federal, do Ministério Público, da Justiça, dos Municípios e do Conselho Federal de Contabilidade.

[2] Enquanto a eficácia jurídica da norma "designa a qualidade de produzir, em maior ou menor grau, os seus efeitos *típicos*", a efetividade ou eficácia social da norma diz respeito "ao cumprimento efetivo do direito por parte da sociedade" ou, ainda, à "concretização do comando normativo e sua força operativa no mundo dos fatos" (BARROSO, Luís Roberto.

No presente trabalho será analisada, à luz da Constituição, a Proposta de Emenda Constitucional nº 188, de 2019 (PEC do Pacto Federativo), na parte em que busca conferir ao Tribunal de Contas da União (TCU) o papel de órgão uniformizador da aplicação de diversas normas nacionais, entre as quais a própria Lei de Responsabilidade Fiscal, no âmbito dos Tribunais de Contas. Embora a uniformização de sua aplicação seja, como dito, um consenso, é preciso analisar se a forma proposta se mostra consentânea com os limites estabelecidos para a reforma do texto constitucional.

Para tal fim, será feita inicialmente uma análise do diagnóstico da inefetividade da LRF, ora apresentado, a fim de identificar se, realmente, tal aspecto encontra respaldo empírico. Em seguida, examina-se o papel dos Tribunais de Contas estabelecido em nossa Constituição e de que forma se relacionam com o TCU. Na parte final do trabalho, investiga-se, à luz da Constituição, a possibilidade de o TCU vir a incorporar novas atribuições que possam, de algum modo, interferir nas competências das demais Cortes de Contas do país, na perspectiva de uma possível violação ao princípio federativo.

A análise pautou-se pelo método dedutivo de abordagem, examinando, inicialmente, as premissas gerais da temática proposta, em especial as relacionadas à conformação jurídica conferida aos Tribunais de Contas pelo Constituinte e aos limites para a reforma da Constituição, para, em seguida, avaliar, em específico, se a proposta veiculada na PEC nº 188/2019 é inconstitucional.[3] Quanto ao método de procedimento, trata-se de um estudo de caso (a PEC nº 188/2019), desenvolvido a partir de pesquisa teórica e bibliográfico-documental.[4]

1 A aplicação da LRF nos Tribunais de Contas: divergências e inefetividade

O Brasil conta atualmente com 33 Tribunais de Contas, que, a rigor, não compõem um sistema de controle externo. Embora tenham

---

Interpretação e aplicação da Constituição. 6. ed. São Paulo: Saraiva, 2004. p. 247). Nesse sentido, ainda, cf. BARCELLOS, Ana Paula de. *A eficácia jurídica dos princípios constitucionais*: a dignidade da pessoa humana. 3. ed. Rio de Janeiro: Renovar, 2011. p. 106.

[3] Acerca do método dedutivo de abordagem, cf. MEZZAROBA, Orides; MONTEIRO, Cláudia Servilha. *Manual de metodologia da pesquisa no direito.* 6. ed. São Paulo: Saraiva, 2016. p. 91-94; e FINCATO, Denise. *A pesquisa jurídica sem mistérios*: do Projeto de Pesquisa à Banca. 2. ed. Porto Alegre: Sapiens, 2014. p. 43.

[4] FINCATO, 2014. p. 46-51.

como paradigma quanto à organização, composição e fiscalização o TCU, por força do artigo 75, *caput*, da Constituição, há muitas diferenças quanto à atuação de cada uma dessas Cortes. A ausência de uma lei processual uniforme para os processos de contas é um dos fatores que contribuem para a dispersão de suas atividades. Diferentemente, os tribunais judiciais seguem as mesmas normas processuais e compõem um sistema integrado, em várias instâncias, inclusive especiais, que tendem a conferir à sua atuação uma padronização e, por conseguinte, maior segurança jurídica na aplicação do Direito.

A concepção de controle externo adotada pelo Constituinte de 1988 condiciona o desenvolvimento das atividades dos Tribunais de Contas até certo ponto. A regra de simetria, embora indique um norte a ser trilhado, na prática somente é aplicada em discussões específicas que chegam ao Judiciário, sem impor de forma mais cogente uma padronização entre os diversos Tribunais de Contas.

Como não poderia ser diferente, a existência de diversos centros independentes de aplicação do Direito, que não se submetem a um sistema que lhes dê coerência no exercício dessa atividade, tende a irradiar entendimentos conflitantes. É o que se percebe em relação à aplicação da LRF pelos diversos Tribunais de Contas do Brasil.[5]

Ao prever a implantação do Conselho de Gestão Fiscal, no artigo 67 da LRF, buscou-se conferir alguma racionalidade à aplicação das normas de responsabilidade fiscal, a partir do alinhamento de algumas regras. Ao Conselho atribuiu-se, por exemplo, a adoção de normas de consolidação das contas públicas, padronização das prestações de contas e dos relatórios e demonstrativos de gestão fiscal, normas e padrões mais simples para os pequenos municípios, bem como outros aspectos necessários ao controle social (art. 67, inc. II).

---

[5] "Essa organização trouxe como consequência um isolamento dos Tribunais de Contas e respectivos Poderes Legislativos em cada unidade da federação, e levou a uma falta de uniformidade na interpretação das normas administrativas e principalmente financeiras. Um problema que não é simples, mas exige uma solução. Diferentemente do Poder Judiciário, que tem uma unicidade, com órgãos de cúpula capazes de uniformizar a interpretação das normas ao apreciá-las em grau recursal, o mesmo não ocorre com os Tribunais de Contas, o que permite a coexistência de uma multiplicidade de formas de aplicação das normas, que são as mesmas para todo o país, o que é evidentemente indesejável e causador de insegurança jurídica" (CONTI, José Maurício. O Plano Mais Brasil e o pacote de mudanças no Direito Financeiro: propostas evidenciam o protagonismo que a área assumiu na agenda nacional e para o desenvolvimento do país. *Jota,* Coluna Fiscal, 28 nov. 2019. Disponível em: https://www.jota.info/opiniao-e-analise/colunas/coluna-fiscal/o-plano-mais-brasil-e-o-pacote-de-mudancas-no-direito-financeiro-28112019. Acesso em: 26 fev. 2020).

Por não ter sido devidamente implantado,[6] o Conselho, que teria uma composição plural, com representante de todos os Poderes e esferas de Governo, além do Ministério Público e de entidades técnicas representativas da sociedade, teve suas competências exercidas pela Secretaria do Tesouro Nacional (STN), vinculada ao Ministério da Fazenda, nos termos do §2º do artigo 50 da LRF.[7] Essa "ingerência" do Poder Executivo federal ao editar normas aplicáveis pelos demais entes da federação, em especial os seus entendimentos quanto à elaboração da prestação de contas e à classificação de determinadas despesas públicas, gerou, na prática, uma baixa adesão por parte de diversos Tribunais de Contas.

Mais recentemente, diante do descalabro verificado nas contas públicas de inúmeros entes públicos, uma aproximação entre os Tribunais de Contas e a STN se desenhou, no sentido de buscar uma uniformização quanto à aplicação das normas da LRF, sem resultado concreto até o momento.[8]

É premissa lógica, portanto, para a análise da PEC nº 188/2019 verificar se, efetivamente, a alegada divergência na aplicação da LRF ocorre de forma suficiente a justificar a implementação de uma instância uniformizadora, inexistente no âmbito do controle externo.

Motta apresenta subsídios que confirmam a suspeita, ao analisar a aplicação do §1º do artigo 18 da LRF, que versa sobre a contabilização dos valores dos contratos de terceirização de mão de obra como "outras despesas de pessoal", nos casos em que se referirem à substituição de servidores e empregados públicos, e do artigo 72, que trata da despesa com serviços de terceiros, para fins de inclusão no limite máximo de gastos com pessoal, previsto nos artigos 19 e 20 da LRF.[9]

---

[6] "Melhor seria voltarem-se os esforços para fazer com que sejam cumpridas as normas já existentes, sem o que o ordenamento jurídico perde muito de sua força e compromete a confiança nas novas normas que surgem para solucionar problemas que não deveriam estar ocorrendo" (CONTI, 2019).

[7] O Tesouro Nacional editou diversos Manuais de Contabilidade Aplicada ao Setor Público (MCASP), frequentemente atualizados e disponíveis neste *link*: http://www.tesouro.fazenda. gov.br/-/mcasp.

[8] Acerca das divergências entre os TCs e a STN e a tentativa de chegar a um consenso, cf. NEVES, Iran Coelho das. A LRF e os Tribunais de Contas. *Atricon*, Artigos, 21 fev. 2019. Disponível em: http://www.atricon.org.br/artigos/a-lrf-e-os-tribunais-de-contas/. Acesso em: 21 fev. 2020.

[9] MOTTA, Fabrício. Despesas com pessoal e criatividade contábil. *Revista Consultor Jurídico*, Interesse Público, 5 dez. 2019. Disponível em: https://www.conjur.com.br/2019-dez-05/ interesse-publico-despesas-pessoal-criatividade-contabil. Acesso em: 21 fev. 2020.

Destaca o autor que a Secretaria do Tesouro Nacional, nos termos de seu Manual de Demonstrativos Fiscais, confere aos referidos dispositivos uma interpretação mais condizente com o escopo de prevenção dos riscos fiscais (art. 1º, §1º, LRF). Para a STN, assevera Motta, devem ser incluídas no cálculo dos gastos com pessoal as despesas relativas à mão de obra decorrentes de contratos de terceirização em atividade-fim da instituição ou relacionadas a categorias funcionais previstas no plano de cargos e salários do quadro de pessoal do respectivo ente. Além disso, destaca, o Manual prevê a inclusão, também, dos gastos com a contratação indireta de serviços atrelados à atividade-fim do ente, como ocorre por meio de cooperativas, de consórcios públicos, de organizações da sociedade civil, do serviço de empresas individuais ou de outras formas assemelhadas.[10]

Motta destaca o acerto do TCU ao considerar que os valores pagos com remuneração de pessoal empregado em atividade-fim do ente público, por meio de organizações sociais, também deveriam ser incluídos no limite de gastos com pessoal, nos exatos termos como previsto no Manual de Demonstrativos Fiscais da STN.[11]

Levantamento realizado pela Confederação Nacional dos Municípios (CNM) indica que para 70% das prefeituras a terceirização seria uma alternativa para escapar dos limites com despesa de pessoal.[12] Tal constatação indica que, provavelmente, não estaria ocorrendo a contabilização dos gastos com terceirização no limite estabelecido pela LRF e em conformidade com a orientação da STN e do TCU, a sugerir que diversos Tribunais de Contas nos Estados e Municípios

---

[10] MOTTA, 2019.

[11] MOTTA, 2019. O enunciado aprovado no referido julgado recebeu esta redação: "O valor referente ao pagamento da remuneração do pessoal que exerce atividade-fim de ente público nas organizações sociais deve, de acordo com o Manual de Demonstrativos Fiscais da STN (8ª e 9ª edições) e com a Portaria 233/2019 do Ministério da Economia, ser incluído no total apurado para verificação dos limites de gastos com pessoal estipulados na LRF (Lei Complementar 101/2000)" (BRASIL. Tribunal de Contas da União (Plenário). Acórdão nº 1.187/2019. Relator: Min. Bruno Dantas, 22 de maio de 2019. Disponível em: https://pesquisa.apps.tcu.gov.br/#/documento/jurisprudencia-selecionada/*/NUMACORDAO%253A1187%2520ANOACORDAO%253A2019/score%2520desc%252C%-2520COLEGIADO%2520asc%252C%2520ANOACORDAO%2520desc%252C%2520NUMA-CORDAO%2520desc/0/sinonimos%253Dtrue?uuid=9076cce0-54b5-11ea-860a-81d2b49015c3. Acesso em: 21 fev. 2020).

[12] PINTO, Élida Graziane. Substituição de mão de obra via parcerias com terceiro setor tem limite. *Revista Consultor Jurídico*, Contas à vista, 13 ago. 2019. Disponível em: https://www.conjur.com.br/2019-ago-13/contas-vista-limites-substituicao-mao-obra-via-parcerias-terceiro-setor. Acesso em: 21 fev. 2020.

não seguem o referido entendimento ou não estariam realizando uma fiscalização adequada.

Em outros casos, a atuação do Tribunal de Contas é ainda mais decisiva para o desequilíbrio fiscal. Em Minas Gerais, o Tribunal de Contas deliberou que os gastos com inativos, conquanto integrassem as despesas de pessoal, não deveriam ser computados nos limites previstos no art. 20 da LRF, nos termos da Instrução Normativa nº 5/2001. Posteriormente, esse entendimento foi revisto a partir da Instrução Normativa nº 1/2018. Recentemente, o Poder Executivo considerou no cálculo das despesas com pessoal os valores gastos com inativos e pensionistas, conforme estabelecem a Constituição, em seu artigo 169, e a LRF, no artigo 18, nos termos da interpretação conferida pela STN. O objetivo, a partir de tal medida, além de cumprir a legislação, consistiu em frear a escalada de gastos com pessoal e promover um ajuste nas contas públicas, em situação muito precária.[13]

Longe de ser um caso isolado, a questão da contabilização ou não de inativos e pensionistas para fins de atendimento dos limites máximo (com pessoal) e mínimo (com educação) de gastos é um problema recorrente.[14] Especificamente quanto à educação, estudo realizado por Fábio Araújo de Souza demonstra a instabilidade no trato da questão da aferição do atendimento à exigência constitucional de gastos mínimos com a manutenção e o desenvolvimento do ensino (MDE), estipulada na Constituição em seu artigo 212.[15]

---

[13] Posteriormente, o TCE/MG teria determinado ao Poder Executivo que promovesse a exclusão dos gastos com inativos do cálculo do limite máximo de gastos com pessoal, nos termos de sua regulamentação anterior. Tal entendimento abriu espaço para o aumento de gastos com despesas obrigatórias, impedindo que o Estado aderisse ao regime de recuperação fiscal ofertado pelo governo federal. A interpretação conferida pelo TCM/MG possibilitou a redução artificial dos gastos com pessoal de 60% para 43,73%, abaixo do limite máximo estabelecido na LRF. Cf. CIPRIANI, Juliana. TCE manda Zema tirar aposentados da conta de pessoal e põe em risco ajuste fiscal. *Estado de Minas*, 17 out. 2019. Disponível em: https://www.em.com.br/app/noticia/politica/2019/10/17/interna_politica,1093556/tce-manda-zema-tirar-aposentado-da-conta-de-pessoal-e-poe-risco-ajuste.shtml. Acesso: 22 fev. 2020.

[14] Recentemente, o Partido Novo ajuizou uma ação declaratória de constitucionalidade com o objetivo de obter no STF uma única interpretação quanto ao limite máximo de gastos de pessoal, previsto na LRF, suspendendo as normas e decisões dos Tribunais de Contas que excluem do somatório geral as despesas com inativos e pensionistas. Cf. MARTINS, Luísa. Exclusão de inativo em gasto com pessoal entra na mira do STF. *Valor Econômico*, Brasil, 27 fev. 2020. Disponível em: https://valor.globo.com/brasil/noticia/2020/02/27/exclusao-de-inativo-em-gasto-com-pessoal-entra-na-mira-do-stf.ghtml. Acesso em: 27 fev. 2020.

[15] SOUZA, Fábio Araújo de. Inativos da educação: despesa da educação? *Revista Brasileira de Política e Administração da Educação – RBPAE*, v. 35, n. 3, p. 1029-1062, set./dez. 2019. DOI: https://doi.org/10.21573/vol35n32019.95884. Disponível em: https://seer.ufrgs.br/rbpae/article/view/95884. Acesso em: 23 fev. 2020.

Com efeito, embora o atendimento dos gastos mínimos com educação não seja uma confirmação de que o direito fundamental à educação venha sendo concretizado de forma adequada, à luz da Constituição e da legislação de regência, em especial do Plano Nacional de Educação (Lei nº 13.005, de 2014), o seu atendimento, num contexto em que o acesso ao ensino com qualidade ainda não é uma realidade ao alcance de todos, pode ser considerado um fator decisivo essencial para a mudança dessa perversa realidade.[16]

Em seu levantamento, Souza aponta que os Tribunais sufragaram diversas interpretações colidentes quanto à (im)possibilidade de se contabilizar os gastos com inativos e pensionistas da educação na exigência mínima do artigo 212 da Constituição. O quadro elaborado pelo autor é ilustrativo do cenário de elevada instabilidade jurídica gerada pelos Tribunais de Contas quanto ao tema:

---

[16] Para Scaff, as despesas com inativos e pensionistas não devem ser contabilizadas para os fins do artigo 212 da Constituição, nestes termos: "Tal assertiva, pelo menos para mim, possui clareza solar. Os proventos de aposentarias e pensões não podem ser considerados como gastos relativos à manutenção e ao desenvolvimento do ensino. Logo, ao inserir como tal, descumpre não o espírito da lei (o que não existe), mas descumpre a letra clara a explícita da norma constitucional, que determina a vinculação de recursos para essas atividades educacionais. Inserir algo que não visa a essa função é descumprir a Constituição Federal e a Constituição estadual" (SCAFF, Fernando Facury. Pagamento de aposentadoria é despesa com educação? *Revista Consultor Jurídico*, 13 jun. 2017. Disponível em: https://www.conjur.com.br/2017-jun-13/contas-vista-pagamento-aposentadoria-despesa-educacao. Acesso em: 23 fev. 2020). Demonstra a imprescindibilidade de um controle para além do gasto formal com educação, que abranja a qualidade do serviço prestado, desenvolvendo a noção de "gasto mínimo material", cf. PINTO, Élida Graziane. *Financiamento dos Direito à Saúde e à Educação*: uma perspectiva constitucional. Belo Horizonte: Fórum, 2015. p. 36, 48-49, 243. Nesse sentido, acerca da necessidade de um controle por resultados no âmbito da educação, conjugado com o tradicional controle dos gastos mínimos, cf. COSTA, Rafael Neubern Demarchi. Controle formal *x* controle por resultados no âmbito dos Tribunais de Contas – um caso prático: aplicação mínima no ensino *x* nota no Ideb. *Cadernos da Escola Paulista de Contas Públicas*, v. 1, n. 2, p. 4-16, ago. 2018. Disponível em: https://www.tce.sp.gov.br/epcp/cadernos/index.php/CM/article/view/32. Acesso em: 23 fev. 2020.

QUADRO I
Posicionamento dos Tribunais de Contas acerca do pagamento de inativos da educação [17]

(continua)

UF	NORMA	DETERMINAÇÃO	EQUIPE TÉCNICA TC	PLENÁRIO
TCE-AC	Não foi encontrada norma	—	Aceita*	Favorável
TCE-AL	Não foi encontrada norma	—	Aceita	Favorável
TCE-AP	Resolução Normativa nº 161, de 2014	Proíbe despesa com inativos	Aceita**	Favorável
TCE-AM	Não foi encontrada norma	—	Aceita	Favorável
TCE-BA	Resolução nº 82, de 2017	Proíbe despesa com inativos	Não aceita	Favorável
TCM-BA	Resolução nº 82, de 2017	Proíbe despesa com inativos	Não aceita	—
TCE-CE	Instrução Normativa nº 1, de 2019	Proíbe despesa com inativos	Não aceita	Favorável
TC-DF	Decisão nº 2.495/2003 e nº 8.187/2008	Proíbe despesa com inativos	Não aceita***	Favorável
TCE-ES	Resolução nº 238, de 2012	Permite despesa com inativos	Não aceita	Favorável
TCE-GO	Resolução Normativa nº 1, de 2001	Proíbe despesa com inativos	Não aceita	Favorável
TCM-GO	Resolução Normativa nº 7, de 2008	Proíbe despesa com inativos	Não aceita	—
TCE-MA	Instrução Normativa nº 14, de 2007	Proíbe despesa com inativos	Aceita	Favorável
TCE-MT	Não foi encontrada norma	—	Aceita	Favorável
TCE-MS	Não foi encontrada norma	—	Aceita	Favorável
TCE-MG	Instrução Normativa nº 5, de 2012	Proíbe despesa com inativos	Não aceita	Favorável
TCE-PA	Não foi encontrada norma	—	—	Favorável
TCM-PA	Instrução Normativa nº 1, de 1996	Permite despesa com inativos	Aceita	—

---

[17] SOUZA, 2019, p. 1030-1031, Quadro I. *Prestação de Contas 2015. **Desde 2006 o TCE-AP não emite parecer nas contas do governo. ***Aceita o pagamento de inativos da educação com recursos do FCDF. ****Aceita, mas decidiram pela exclusão a partir do exercício financeiro de 2020. *****A lei determina que teria de excluir, totalmente, em 2018, mas não foi cumprida. (Lei municipal nº 15.963/2014).

(conclusão)

UF	NORMA	DETERMINAÇÃO	EQUIPE TÉCNICA TC	PLENÁRIO
TCE-PB	Acórdão TC 583, de 2008/TC 4.533/16	Proíbe despesa com inativos	Não aceita	Favorável
TCE-PR	Não foi encontrada norma	—	—	Favorável
TCE-PE	Resolução nº 5, de 2001	Proíbe despesa com inativos	Aceita	Favorável
TCE-PI	Resolução nº 1.194, de 2002	Permite despesa com inativos	Aceita	Favorável
TCE-RR	Instrução Normativa nº 2, de 2014	Proíbe despesa com inativos	Não aceita	Favorável
TCE-RO	Instrução Normativa nº 22, de 2007	Não faz referência	Não aceita	Favorável
TCE-RJ	Não foi encontrada norma	—	Aceita****	Desfavorável
TCM-RJ	Não foi encontrada norma	—	Aceita	Favorável
TCE-RN	Resolução nº 12, de 2016	Não faz referência	Aceita	Favorável
TCE-RS	Não foi encontrada norma	—	Aceita	Favorável
TCE-SC	Não foi encontrada norma	—	Não aceita	Favorável
TCE-SP	Não foi encontrada norma	—	Aceita	Favorável
TCM-SP	Não foi encontrada norma	—	Aceita*****	Favorável
TCE-SE	Resolução nº 243, de 2007	Proíbe despesa com inativos	Não aceita	Favorável
TCE-TO	Instrução Normativa nº 6, de 2013	Proíbe despesa com inativos	Não aceita	Favorável
TCU	TC-020.079/2018-4	Proíbe despesa com inativos	Aceita	Favorável

Embora a questão da inclusão dos inativos nos gastos com MDE não seja especificamente relacionada à interpretação da LRF, demonstra o quanto o desencontro na interpretação de normas constitucionais e federais gera perplexidade pela ausência de instrumentos que permitam a uniformização de sua aplicação em todo o território nacional por parte dos Tribunais de Contas. Afinal, não faz sentido que num Estado não se permita que as despesas com inativos reduzam os investimentos com educação e no Estado vizinho isso ocorra, assim como também gera perplexidade que os próprios TCs editem normas proibindo a inclusão dos inativos na contabilização de despesas com MDE e isso seja solenemente desconsiderado pelo respectivo Plenário.[18]

Essas breves considerações, longe de pretender exaurir a temática,[19] têm por objetivo demonstrar a imperiosidade de se instituir, no âmbito dos Tribunais de Contas, instrumentos capazes de conferir uma aplicação uniforme da LRF em todo o território nacional. Não se justifica que Cortes com iguais atribuições permitam interpretações dissonantes em relação às mesmas normas nacionais, promovendo insegurança jurídica e, em muitos casos, contribuindo para um cenário de desajuste fiscal. O eventual atendimento de interesses locais não deve se sobrepor ao escopo de prevenção de riscos fiscais capazes de afetar o equilíbrio das contas públicas, insculpido no §1º do artigo 1º da LRF.

2 Os Tribunais de Contas na Constituição de 1988: uma evolução necessária em prol da uniformização na aplicação do Direito

Desde a sua criação, há mais de 100 anos, os Tribunais de Contas sempre foram muito criticados por exercer um controle demasiadamente formal, de cunho legalista e baixa efetividade.[20] A Constituição de 1988

---

[18] Sundfeld também identificou esse problema, relacionado aos critérios para a contabilização de despesas no limite mínimo de gastos com educação, em trabalho onde propõe, de forma mais ampla, a instituição de uma nova autoridade jurídica, técnica e nacional com atribuição para uniformizar a aplicação das normas constitucionais e legais, além de, em certos casos, normatizar temas técnicos sobre gestão pública. Cf. SUNDFELD, Carlos Ari. Uma autoridade normativa, técnica e nacional para a gestão pública. In: MOTTA, Fabrício; GABARDO, Emerson (Coord.). Limites do controle da administração pública no Estado de Direito. Curitiba: Íthala, 2019. p. 53-64.

[19] "Embora a Constituição e a LRF estabeleçam limites rígidos de gasto com pessoal, isso não impediu que alguns Estados dessem interpretação 'flexível' à lei, permitindo a expansão dos gastos para além do que previa e votou o Congresso Nacional. Alguns exemplos de rubricas que já foram excluídas da despesa total com pessoal em decisões dos tribunais de contas locais: 1) CE, RS, BA, PE, DF e MT já decidiram que o abono de permanência dos servidores públicos não compõe o limite. 2) MG, BA, PE já decidiram que o adicional de um terço de férias dos servidores públicos não compõe o limite. 3) BA, PE e MG já decidiram que a indenização das férias e licenças-prêmio em pecúnia não compõe o limite. 4) TO e PB já decidiram que a parcela retida na fonte a título de Imposto de Renda dos servidores públicos não compõe o limite" (DANTAS, Bruno; GONÇALVES, André Luiz de Matos. É hora de garantir o equilíbrio fiscal dos Estados. Estadão, Opinião, 26 fev. 2020. Disponível em: https://opiniao.estadao.com.br/noticias/espaco-aberto,e-hora-de-garantir-o-equilibrio-fiscal-dos-estados,70003209904. Acesso em: 26 fev. 2020).

[20] FAGUNDES, Miguel Seabra. Reformas essenciais ao aperfeiçoamento das instituições políticas brasileiras. Revista de Direito Administrativo, Rio de Janeiro, Edição Especial, p. 87-109, dez. 2013. p. 100-101; NÓBREGA, Marcos. O controle do gasto público pelos Tribunais de Contas e o princípio da legalidade: uma visão crítica. In: BRANDÃO, Cláudio; CAVALCANTI,

representou uma tentativa de romper com essa característica histórica, conferindo aos TCs instrumentos para uma atuação mais ampla, para além da legalidade estrita, ao instituir como parâmetros gerais de controle, além da tradicional legalidade, os critérios de economicidade e de legitimidade (art. 70, *caput*).[21] Outra mudança no sentido de conferir uma maior efetividade à atuação dos Tribunais de Contas consistiu na previsão das auditorias de natureza operacional, mais focadas em avaliar ações e programas de governo, fornecendo subsídios para melhorias, do que em identificar e punir ilegalidades, como ocorre, em regra, nas auditorias de conformidade.[22]

É possível afirmar, portanto, que a Constituição de 1988 representa o ápice dos Tribunais de Contas em termos de prerrogativas e atribuições, fruto desse ideal de fortalecimento e ampliação do controle, mudando as características que sempre motivaram críticas a essas Cortes no passado.[23]

A técnica para a formatação jurídica dos órgãos de controle externo no Brasil consistiu no delineamento no próprio texto constitucional dos aspectos principais do regime jurídico do TCU, inserindo o de seus membros, da organização da própria instituição e de suas principais competências, além de atribuir a ela o caráter de paradigma para os demais Tribunais de Contas, por força da regra de simetria do artigo 75 da Constituição. Desta forma, aplicam-se, no que couber, à organização, composição e fiscalização dos Tribunais de Contas dos Estados e do Distrito Federal, bem como dos Tribunais e Conselhos de Contas dos Municípios, as normas estabelecidas na Constituição para o TCU.

Destarte, embora haja uma simetria entre os órgãos de controle externo, não é possível caracterizar essa estrutura como um sistema, pois, apesar de terem uma referência em comum, são corpos totalmente

---

Francisco; ADEODATO, João Maurício. *Princípio da Legalidade*: da dogmática jurídica à teoria do direito. Rio de Janeiro: Forense, 2009. p. 346-347; BASTOS, Celso Ribeiro. *Curso de Direito Financeiro e Tributário*. 9. ed. São Paulo: Celso Bastos, 2002. p. 150.

[21] FREITAS, Juarez. *O Controle dos Atos Administrativos e os princípios fundamentais*. 4. ed. São Paulo: Malheiros, 2009. p. 128-129; FURTADO, José de Ribamar Caldas. *Direito Financeiro*. 4. ed. Belo Horizonte: Fórum, 2014. p. 552.

[22] ARAÚJO, Inaldo da Paixão Santos. *Introdução à Auditoria Operacional*. 4. ed. Rio de Janeiro: FGV, 2008. p. 31-32.

[23] SILVA, José Afonso da. *Curso de Direito Constitucional*. 17. ed. São Paulo: Malheiros, 2000. p. 727; GUALAZZI, Eduardo Lobo Botelho. *Regime jurídico dos Tribunais de Contas*. São Paulo: Revista dos Tribunais, 1992. p. 173; MOREIRA NETO, Diogo de Figueiredo. Algumas notas sobre órgãos constitucionalmente autônomos: um estudo de caso sobre os Tribunais de Contas no Brasil. *Revista de Direito Administrativo*, Rio de Janeiro, n. 223, p. 1-24, jan./mar. 2001, p. 14; ROSILHO, A. J. *Controle da Administração Pública pelo Tribunal de Contas da União*. 2016. 358f. Tese (Doutorado) – Faculdade de Direito, Universidade de São Paulo, São Paulo, 2016. p. 150, rodapé 291.

independentes. Nesse aspecto, não há como traçar um paralelo em relação ao Judiciário, em que as Cortes integram um verdadeiro sistema judicial, inter-relacionado e que atua em diferentes fases de um mesmo processo, influenciando-se reciprocamente. A criação do Conselho Nacional de Justiça fortaleceu essa noção de unidade do conjunto.

No caso dos Tribunais de Contas, a característica insular de cada Corte favorece o desenvolvimento assimétrico de suas atividades, que culmina nas diversas interpretações quando da aplicação do Direito em várias searas, sem mecanismos voltados a dotar essa atividade de uma maior coerência. Em alguns aspectos, a ausência de normas nacionais contribui e até justifica as diferenças de atuação, embora o TCU devesse seguir sempre como referencial maior. Em outros casos, apesar da existência de uma legislação de caráter nacional, como é o caso da LRF, as compreensões variam para hipóteses idênticas, contribuindo para a redução da efetividade do próprio ordenamento jurídico.

Outro potencial fator de insegurança consiste justamente numa das principais inovações trazidas pelo Constituinte em 1988. A existência de parâmetros amplos de controle – legalidade, economicidade e legitimidade – favorece a utilização dos princípios pelas Cortes de Contas, de forma muito mais acentuada do que ocorria no período anterior, quando o controle era exercido numa perspectiva de legalidade estrita. A rigor, esse movimento de passagem de uma legalidade estrita para uma perspectiva de juridicidade não é peculiar ao controle externo, senão um movimento observado em todo o Direito Público. Daí a tendência atual de instituir novos instrumentos que venham a conferir maior segurança e uniformidade na aplicação do Direito.

A Lei nº 13.655, de 2019, representa um marco para a aplicação do Direito Público e traz diversos enunciados voltados a uma maior segurança jurídica na atividade do controle externo. É possível falar na existência de precedentes administrativos como instrumentos capazes de conferir maior estabilidade ao sistema.[24]

Todavia, tais instrumentos, ainda que devidamente aplicados, num contexto de órgãos insulares, como são atualmente as Cortes de Contas, não lograrão obter efeitos satisfatórios enquanto não se dispuser de meios para uniformizar a aplicação do Direito no âmbito dos diversos

---

[24] VALIM, Rafael; CARVALHO, Gustavo Marinho de. Os precedentes administrativos na Lei de Introdução às Normas do Direito Brasileiro. *In*: VALIATI, Thiago Priess; HUNGARO, Luis Alberto; CASTELLA, Gabriel Morettini e. *A Lei de Introdução e o Direito Administrativo Brasileiro*. Rio de Janeiro: Lumen Juris, 2019. p. 123-139; MARQUES NETO, Floriano de Azevedo; FREITAS, Rafael Véras. *Comentários à Lei nº 13.655/2018*. Belo Horizonte: Fórum, 2019. p. 157-164.

Tribunais de Contas de forma vinculada. Para tanto, precisariam integrar-se num sistema em que se confira a algum órgão o papel de intérprete final das normas nacionais de Direito Público, ressalvada sempre, por força da própria Constituição, a possibilidade de se buscar o Judiciário em caso de lesão ou ameaça a direito (art. 5º, XXXV, CR).

Assim como a Constituição atual permitiu que os Tribunais de Contas desenvolvessem suas atividades para além da legalidade estrita, é chegado o momento de conferir a essas Cortes novos instrumentos que, sem negar a evolução que o Constituinte de 1988 lhes conferiu, conduzam a uma atuação pautada pela necessária segurança jurídica na aplicação do Direito.

A rigor, a própria credibilidade dos Tribunais de Contas resta ameaçada quando se constatam interpretações da mesma lei nacional em sentidos diametralmente opostos e com consequências nefastas para a responsabilidade fiscal dos entes fiscalizados.[25]

Com efeito, se os órgãos desenhados constitucionalmente para cumprir o papel de controladores da regularidade das contas públicas tornam-se um fator de desequilíbrio fiscal, promovendo a insegurança jurídica e fomentando a irresponsabilidade na gestão pública, a própria existência dessa sistemática de controle externo passa a ser questionável. Obviamente, por todo o esforço já desenvolvido ao longo de mais de 100 anos de sua criação, a trilha mais adequada a ser seguida deve ser a do aprimoramento das Cortes de Contas, justamente com base na experiência adquirida a partir dos equívocos do passado. A instituição de um sistema de controle externo que atue de forma concertada e promova a segurança jurídica com esteio numa interpretação uniforme da LRF é o primeiro passo a ser dado.[26]

---

[25] "Neste sentido, a credibilidade nos Tribunais de Contas perpassa pelo estabelecimento de métodos que garantam a eficácia e a efetividade das decisões, mediante parâmetros decisórios mais estáveis e previsíveis que possibilitem verdadeiros incentivos à prevenção de danos, visto que os indivíduos, ao saberem previamente do posicionamento dos Tribunais, podem estimar o risco dos seus atos e modificar a sua conduta para evitar a ocorrência de prejuízos ao erário" (WARPECHOWSKI, Ana Cristina de Moraes. A uniformização da jurisprudência de contas: uma análise econômico-comportamental dos processos decisórios. *In*: LIMA, Luiz Henrique; SARQUIS, Alexandre Manir Figueiredo (Coord.). *Processos de controle externo*: estudos de ministros e conselheiros substitutos dos Tribunais de Contas. Belo Horizonte: Fórum, 2019. p. 95).

[26] Outra medida que se cogita é a implantação de uma legislação nacional que regulamente os processos de contas para todos os Tribunais, com ganhos não apenas em segurança jurídica e na racionalidade da atuação das Cortes, a partir do compartilhamento de experiências comuns, como no próprio desenvolvimento científico da disciplina (WARPECHOWSKI, 2019, p. 90). Não obstante a relevância do tema, as limitações do presente estudo impõem a análise mais detida dessa proposta em outros trabalhos.

3 A constitucionalidade da PEC nº 188/2019: o TCU como instância uniformizadora da aplicação da LRF no âmbito dos Tribunais de Contas e o princípio federativo

A PEC nº 188/2019 propõe a criação de uma nova atribuição para o Tribunal de Contas da União, pela inserção, no artigo 71 da Constituição, dos seguintes enunciados:

> Art. 71. [...]
> [...]
> XII - consolidar a interpretação das leis complementares de que tratam os arts. 163, 165, §9º, e 169, por meio de Orientações Normativas que, a partir de sua publicação na imprensa oficial, terão efeito vinculante em relação aos Tribunais de Contas dos Estados e do Distrito Federal, aos Tribunais e Conselhos de Contas dos Municípios, bem como proceder à sua revisão ou cancelamento, na forma estabelecida em lei.
> [...]
> §5º Da decisão de Tribunal de Contas dos Estados, do Distrito Federal, ou de Tribunal ou Conselho de Contas dos Municípios, que contrariar a orientação normativa ou que indevidamente a aplicar, caberá, na forma da lei de que trata inciso XII do *caput*, reclamação ao Tribunal de Contas da União que, julgando-a procedente, anulará a decisão reclamada e fixará prazo para que outra seja proferida.
> §6º Em caso de descumprimento do prazo fixado conforme o §5º, o Tribunal de Contas da União avocará a decisão.

Caso aprovada a proposta, o TCU tornar-se-á a última instância de interpretação de diversas leis nacionais, entre elas a LRF, no âmbito do controle externo brasileiro. Os Tribunais de Contas nos Estados e Municípios ficarão vinculados às orientações normativas que a Corte de Contas federal editar, cabendo reclamação em caso de inobservância do precedente.

A PEC traz como justificativa a necessidade de uniformizar a aplicação da LRF e de evitar divergências na aplicação pelos Tribunais de Contas, permitindo ao TCU a edição de orientações normativas vinculantes.[27]

---

[27] BRASIL. *Proposta de emenda à Constituição n 188, de 2019*. Justificativa. Relator: Senador Marcio Bittar, 5 nov. 2019. Disponível em: https://www25.senado.leg.br/web/atividade/materias/-/materia/139704. Acesso em: 26 fev. 2020. p. 19.

A proposta despertou certa apreensão no âmbito dos Tribunais de Contas. Muitas manifestações foram contrárias à nova atribuição do TCU, ao argumento de que representaria uma violação ao Texto Constitucional. Como é cediço, a própria Constituição estabelece limites à sua alteração, delimitando cláusulas pétreas, imodificáveis, em seu art. 60, §4º.

De plano, não se vislumbra a possibilidade de o referido enunciado ser tendente a abolir "o voto direto, secreto, universal e periódico" (inciso II), "os direitos e garantias individuais" (inciso IV) ou mesmo "a separação dos Poderes" (inciso III). Conforme apresentado a seguir, as manifestações contrárias à PEC extraem a alegada violação da cláusula que resguarda "a forma federativa de Estado" (inciso I). A análise que será realizada aqui tem como foco apenas a perspectiva constitucional, no sentido dos limites impostos pela Constituição para eventuais modificações em seu texto.

3.1 Os limites à reforma da Constituição: cláusulas pétreas e mudanças necessárias

É necessário cautela ao se interpretar os limites materiais ao poder de reforma da Constituição. Por serem o "máximo entrincheiramento das normas jurídicas", compreender determinada matéria no rol das cláusulas pétreas poderá conduzir, para a teoria convencional, a uma ruptura, a exigir uma nova manifestação do Constituinte originário, como meio único de deliberar sobre tal questão.[28]

Com razão, Souza Neto e Sarmento alertam que esse é um debate sobre "democracia intergeracional", pois se trata "da discussão sobre a legitimidade do ato da geração presente no momento constituinte, de tomar decisões irreversíveis pelas gerações futuras, a não ser por meio de ruptura institucional".[29]

De fato, um engessamento indevido das possibilidades de se introduzir modificações que possam trazer melhorias para toda a sociedade não teria respaldo democrático. Contudo, desprezar por completo as referidas cláusulas tampouco seria aceitável, pois vulneraria por completo a essência do Texto Constitucional, aprovado democraticamente num contexto de grande mobilização social, cenário

---

[28] SOUZA NETO, Cláudio Pereira de; SARMENTO, Daniel. *Direito Constitucional:* teoria, história e métodos de trabalho. 2. ed. Belo Horizonte: Fórum, 2017. p. 293-295.

[29] SOUZA NETO; SARMENTO, 2017. p. 295.

esse que, geralmente, não se observa por ocasião da aprovação de meras emendas ao Texto Constitucional.

Assim, a desconsideração da essência da Constituição por meio da ampla disposição dos limites estabelecidos pelo Poder Constituinte teria igualmente um efeito perverso, pois representaria, na prática, a criação de uma nova Constituição por via transversa, sem a necessária transparência que um processo de ruptura como esse deve receber por parte da sociedade.

Com razão, alerta Sarlet que "[...] a função precípua das assim denominadas 'cláusulas pétreas' é a de impedir a destruição dos elementos essenciais da Constituição, encontrando-se a serviço da preservação da identidade constitucional, formada justamente pelas decisões fundamentais tomadas pelo Constituinte".[30]

É necessário, portanto, conferir às denominadas cláusulas pétreas um sentido que não impeça a adoção de mudanças que possam redesenhar o sistema original proposto pelo Constituinte, inclusive com a adoção de alguma dose de experimentalismo, sem esvaziar por completo os valores que tais cláusulas representam como decisões consubstanciadoras da identidade da Constituição de 1988.

3.2 A vedação à proposta tendente a abolir a forma federativa de Estado

Um dos possíveis óbices à alteração das atribuições do TCU concerne à violação da "forma federativa de Estado" (art. 60, §4º, inciso I, CR). Argumenta-se que a PEC nº 188/2019 resultaria numa forma de intervenção indevida de um órgão federal no âmbito de atribuições de órgãos estaduais e municipais.[31] Pela instituição de certa hierarquia, até então inexistente, entre o TCU e os demais Tribunais de Contas do país, esses ficariam sujeitos, em alguns casos, a ter suas atribuições "usurpadas". O TCU passaria a avocar decisões que antes estavam na

---

[30] SARLET, Ingo Wolfgang. *Eficácia dos direitos fundamentais*: uma teoria geral dos direitos fundamentais na perspectiva constitucional. 12. ed. Porto Alegre: Livraria do Advogado, 2015. p. 444.

[31] CAMAROTTO, Murillo. TCU rebate plano do governo e diz que não vai fiscalizar órgãos regionais de controle. *Valor Econômico*, Brasil, Brasília, 19 nov. 2019. Disponível em: https://valor.globo.com/brasil/noticia/2019/11/19/tcu-rebate-plano-do-governo-e-diz-que-nao-vai-fiscalizar-orgaos-regionais-de-controle.ghtml. Acesso em: 21 fev. 2020; e RAMALHO, Dimas. Submeter os Tribunais de Contas ao TCU é inconstitucional. *Atricon*, Artigos, 14 nov. 2019. Disponível em: http://www.atricon.org.br/artigos/opiniao-sobre-o-pacto-federativo/. Acesso em: 21 de fev. 2020

esfera de atribuições dos demais Tribunais, nos casos em que não fosse devidamente observada a sua orientação normativa.[32]

Souza Neto e Sarmento destacam não existir uma vedação absoluta a modificações nos temas arrolados no §4º do art. 60 da Constituição, o que não impediria mudanças relacionadas ao aperfeiçoamento dos institutos lá previstos, ainda que importe em alguma restrição moderada a eles, sendo proibida apenas a vedação a alcançar o seu "núcleo essencial".[33] Sarlet, igualmente, defende que "[...] eventuais ajustes no esquema federativo, como, por exemplo, na repartição constitucional de competências, não necessariamente implicam ofensa ao princípio federativo e ao Estado Federal, desde que o preservem quanto ao seu conteúdo essencial".[34] [35]

Com efeito, conforme aduz Barcellos, a referida cláusula pétrea protege o sentido básico e essencial de Federação, sem impedir, para além desse limite, a atuação do Poder Constituinte derivado, dado que nem toda modificação na relação estabelecida entre os entes federativos resultará no rompimento desse princípio.[36]

---

[32] Esse é o entendimento do Presidente da Associação dos Membros dos Tribunais de Contas do Brasil (Atricon), para quem "a definição do TCU como instância recursal fere o pacto federativo, 'na medida em que não há nenhum tipo de vinculação hierárquica'" (CAMAROTTO, 2019). No mesmo sentido, Ramalho aduz que a inexistência de hierarquia entre os órgãos de controle externo impediria a proposta de alteração do art. 71 da Constituição, que, a seu ver, "[...] seria inconstitucional e interventora, por transformar o TCU em regulador nacional dos tribunais de contas, dando ao órgão o poder de imiscuir-se em competências de órgãos estaduais, municipais e distrital". O autor equipara tal iniciativa à submissão dos Tribunais de Justiça nos Estados aos Tribunais Regionais Federais (RAMALHO, Dimas. Submeter os Tribunais de Contas ao TCU é inconstitucional. *Atricon*, Artigos, 14 nov. 2019. Disponível em: http://www.atricon.org.br/artigos/opiniao-sobre-o-pacto-federativo/. Acesso em: 21 de fev. 2020). Não obstante, em nosso sentir a comparação não seria a mais adequada. Conforme exposto no trabalho, a comparação mais acertada seria entre os juízes e Tribunais locais com o STJ, que é órgão jurisdicional federal e uniformiza a aplicação da lei federal pelos demais órgãos do Poder Judiciário, sejam eles federais ou estaduais.

[33] SOUZA NETO, SARMENTO, 2017. p. 302.

[34] SARLET, Ingo Wolfgang; MARINONI, Luiz Guilherme; MITIDIERO, Daniel. *Curso de Direito Constitucional*. 6. ed. São Paulo: Saraiva, 2017. p. 867.

[35] Com uma visão mais estrita quanto à possibilidade de modificação no arranjo constitucional original, afirmando que emenda que retire parcela das capacidades de auto-organização, autogoverno e autoadministração dos Estados federados, por mínima que seja, indica tendência a abolir a forma federativa de Estado. Cf. SILVA, 2000. p. 69.

[36] "E nem faria sentido que uma cláusula de proteção da forma federativa de Estado impedisse o debate democrático sobre alterações que cada geração considere necessárias acerca desse arranjo de distribuição de poder, de modo que qualquer modificação dependesse necessariamente de ruptura institucional e nova manifestação do poder constituinte originário" (BARCELLOS, Ana Paulo de. *Curso de Direito Constitucional*. Rio de Janeiro: Forense, 2018. p. 216-217).

Especificamente quanto à forma federativa, Souza Neto e Sarmento apontam alguns elementos mínimos que devem ser preservados, sob pena de o pacto federativo ser maculado, quais sejam:

> a) que exista partilha constitucional de competências entre os entes da federação, de modo a assegurar a cada um uma esfera própria de atuação; b) que tais entes desfrutem de efetiva autonomia política, que se expressa nas prerrogativas de autogoverno, auto-organização e autoadministração; c) que haja algum mecanismo de participação dos Estados-membros na formação na vontade nacional; e d) que os entes federais tenham fontes próprias de recursos para o desempenho dos seus poderes e competências, sem o que a autonomia, formalmente proclamada, será, na prática, inviabilizada.[37]

Nesse contexto, Sarlet destaca o papel dos princípios sensíveis da Federação como elementos estruturantes, previstos no artigo 34, inciso VII, da Constituição – entre os quais se destacam aqueles voltados a garantir a forma republicana e a prestação de contas da Administração Pública –, que objetivam "[...] assegurar certa unidade em termos de princípios organizativos, além de indispensáveis para a preservação da identidade da Federação [...]".[38]

O autor cita, ainda, o conjunto de vedações estabelecidas pelo Constituinte em seu artigo 19, impostas a todos os entes da Federação, entre elas a de proibir a criação de preferências (inciso III), a assegurar a garantia do tratamento isonômico dos entes federativos entre si. Para Sarlet, seu escopo consiste em preservar a paridade entre os próprios entes federativos, "[...] precisamente por proibir o estabelecimento de qualquer preferência seja nas relações entre a União e os Estados e os Municípios, seja no âmbito das relações entre Estados, entre os Municípios, e entre Estados e Municípios".[39]

3.3 A PEC nº 188/2019 à luz do princípio federativo

É necessário reconhecer que, com a eventual aprovação da PEC nº 188/2019, o TCU, formado por integrantes indicados pelos Poderes Executivo e Legislativo federais, passará a ter alguma ingerência sobre a Administração Pública dos Estados e Municípios, ainda que por via

---

[37] SOUZA NETO; SARMENTO, 2017. p. 303-304.
[38] SARLET; MARINONI; MITIDIERO, p. 868.
[39] SARLET; MARINONI; MITIDIERO, p. 869-870.

indireta. Será um órgão de controle externo federal a emitir precedentes de observância obrigatória no Distrito Federal, Estados e Municípios. Todavia, trata-se da uniformização da aplicação de uma lei federal não apenas para um ente específico, mas para todos: Estados, Distrito Federal, Municípios e, inclusive, a própria União. Tratando-se de norma de caráter nacional, não é razoável que sua aplicação ocorra de forma diversa, a depender da unidade da Federação em que isso venha a ocorrer. *Mutatis mutandis,* é o que se dá com o STJ em relação à lei federal.

É consentâneo com a ideia de pacto federativo e com o princípio sensível que impõe o dever de prestar contas que todos os entes da federação sigam as mesmas regras, sem distinções e privilégios entre si. A aplicação das regras de Direito Financeiro a depender do ente envolvido poderia impor à União um tratamento diferenciado entre Estados e Municípios na mesma situação, de acordo com a interpretação do Tribunal de Contas local.

A própria Constituição estabelece, em seu artigo 34, incisos V e VI, a possibilidade excepcional de intervenção da União justamente para os casos de reorganização das finanças dos Estados e para prover a execução de lei federal, como é o caso da LRF.[40] Compete à União, ainda, legislar sobre Direito Financeiro e orçamento (art. 24, I e II – regras gerais), dívida pública e matéria financeira (art. 48, II e XIII), além de finanças públicas, concessão de garantias por entidades públicas, fiscalização financeira, operações de câmbio realizadas por órgãos e entidades da União, dos Estados, do Distrito Federal e dos Municípios (art. 163), e limites de gastos com pessoal (art. 169), entre outras correlatas. É coerente com o arranjo constitucional, portanto, atribuir a um órgão federal a uniformização da interpretação das regras de Direito Financeiro, embora, reitere-se, não seja esse o único modelo possível.

Até mesmo as críticas relacionadas à composição do TCU cedem quando se constata que a composição dos Tribunais judiciais Superiores e do próprio Supremo Tribunal Federal não sofre influência direta dos demais entes federativos, ressalvada apenas a sabatina pelo Senado Federal, que representa os Estados. Os ministros do TCU, igualmente, submetem-se à sabatina pelo Senado Federal.

A rigor, o TCU passará a ser um tribunal de teses, que deverá emitir precedentes de observância obrigatória pelos demais Tribunais

---

[40] DANTAS; GONÇALVES, 2020.

de Contas, mas não apreciar casos concretos.[41] Apenas em caráter excepcional – e necessário, para dotar seus precedentes de alguma efetividade – poderá avocar decisões, adotando a sistemática das reclamações, manejadas para preservar a competência e garantir a autoridade das decisões do tribunal.[42] Tal medida é necessária diante do exemplo da STN, cujas normas foram solenemente ignoradas por diversos Tribunais de Contas, justamente por faltar-lhe meios de *enforcement*.

O Código de Processo Civil (CPC) prevê, de forma expressa, a possibilidade de cassação da decisão exorbitante do julgado paradigma ou a determinação de medida adequada à solução da controvérsia (art. 992). As regras do CPC, até por força de seu artigo 15, consistem em normas de aplicação geral para outros ramos do processo. Nesse sentido, a competência atribuída ao TCU deverá ser compreendida como um instrumento de uniformização da aplicação de normas nacionais no âmbito dos Tribunais de Contas, e não de mera ingerência de um órgão federal em entes subnacionais.

Havendo no mundo diversas formas de organização dos Estados federais e sendo admitida a alteração da repartição de competências

---

[41] "Cabe repelir, por fim, a alegação de que a proposta subordina os tribunais de contas locais ao TCU: não se cria uma instância recursal federal para os julgamentos locais; não são dados ao TCU, por exemplo, poderes para rever casos concretos, ainda que eventualmente a decisão pareça ser gritantemente errada. A PEC limita-se a criar um necessário dispositivo de uniformização da interpretação das normas fiscais federais, a ser feita em caráter abstrato, e dotar a instituição responsável por essa tarefa dos mecanismos de *enforcement* correspondentes" (DANTAS, GONÇALVES, 2020).

[42] Para Rosilho, a proposta não seria adequada por conferir ao TCU "[...] nova atribuição, de natureza radicalmente distinta das demais, transformando-o em uma espécie de 'regulador nacional' dos tribunais de contas em temas altamente complexos". Afirma que o TCU passaria a ser "o verdadeiro legislador financeiro do país", caso tenha a atribuição de consolidar, de forma vinculante, as interpretações sobre direito financeiro em sentido amplo, que teriam de valer para todas as administrações públicas, inclusive a federal (ROSILHO, André. TCU: 'regulador nacional' dos tribunais de contas? Propostas legislativas podem colocar a eficácia do controle em risco. *Jota*, Controle Público, 27 nov. 2019. Disponível em: https://www.jota. info/opiniao-e-analise/colunas/controle-publico/tcu-regulador-nacional-dos-tribunais-de-contas-27112019. Acesso em 26 fev. 2020). Por todo o exposto neste artigo, não se vislumbra óbice constitucional à referida reforma. Além disso, não se afigura, de plano, absurda a ideia de que haja a aplicação uniforme das regras de direito financeiro para as Administrações Públicas de todas as esferas de governo. Ao contrário, parece natural que assim devesse ocorrer sempre, conferindo segurança jurídica a todos os que atuam no Direito Público, reclamo esse que, inclusive, justificou a aprovação da Lei nº 13.655, de 2018. Motta ilustra bem os inconvenientes de se conferir a questões técnicas como "despesa total com pessoal" interpretações criativas diversas (2019). Em relação ao melhor modelo a ser adotado, se pela ampliação das atribuições do TCU ou pela criação de um Conselho Nacional dos Tribunais de Contas com essa competência, ou pela efetiva instituição do Conselho de Gestão Fiscal, de composição plural, essa temática específica não é objeto do presente trabalho.

definida originalmente pelo Constituinte, sem que, como visto, isso incorra necessariamente numa violação do princípio federativo, não se vislumbra, em relação aos Tribunais de Contas, uma vedação completa à modificação do arranjo constitucional primevo. Em busca de um aperfeiçoamento da fiscalização das contas públicas, inclusive pela instituição de um incipiente sistema de controle externo, a proposta passa longe de enfraquecer a estrutura dessas Cortes de Contas e terá muito provavelmente o condão de fortalecê-las.

A constatação de que não há inconstitucionalidade no projeto não significa que a proposta veiculada na PEC nº 188/2019 seja necessariamente a que melhor atenda ao interesse público. Embora haja algum consenso quanto à necessidade de se instituir um instrumento que viabilize a uniformização da aplicação da LRF no país, há discussões importantes quanto ao modelo proposto.[43] Neste trabalho não se pretendeu comparar as possíveis alternativas, pois o foco recaiu apenas na (in)constitucionalidade da proposta.

Com efeito, para o presente caso, cai como uma luva o alerta de Bonavides:

> A imutabilidade constitucional, tese absurda, colide com a vida, que é mudança, movimento, renovação, progresso, rotatividade. Adotá-la equivaleria a cerrar todos os caminhos à reforma pacífica do sistema político, entregando à revolução e ao golpe de Estado a solução das crises. A força e a violência, tomadas assim por árbitro das refregas constitucionais, fariam cedo o descrédito da lei fundamental.[44]

---

[43] Para o presidente da Atricon, melhor alternativa seria a criação de uma câmara nacional de uniformização de jurisprudência, que teria participação majoritária do TCU e contaria, também, com membros titulares e suplentes dos Tribunais de Contas estaduais e municipais (CAMAROTTO, 2019). No mesmo sentido: "Uma alternativa é a PEC nº 22/2017, que tramita hoje na Comissão de Constituição e Justiça do Senado. Entre outras coisas, a proposta criaria um Conselho Nacional dos Tribunais de Contas, cuja arquitetura prevê uma Câmara de Uniformização de Jurisprudência, responsável por reconhecer controvérsias na aplicação de normas constitucionais ou nacionais, como a LRF ou a Lei de Licitações, podendo aprovar enunciados de caráter vinculante" (RAMALHO, Dimas. Submeter os Tribunais de Contas ao TCU é inconstitucional. *Atricon*, Artigos, 14 nov. 2019. Disponível em: http://www. atricon.org.br/artigos/opiniao-sobre-o-pacto-federativo/. Acesso em: 21 fev. 2020). Sundfeld critica a criação do referido Conselho, pois teria "[...] o grave inconveniente de atribuir competência uniformizadora a simples colegiado de controladores externos em matéria de gestão pública, com efeitos indiretos sobre todas as administrações, quando o mais adequado é incluir não só a visão dos controladores externos, mas também das demais parcelas do estado brasileiro". Defende a criação de um Conselho Nacional de Estado (CNE), ligado ao Congresso Nacional, nos moldes dos Conselhos de Estado europeus. Teria as funções exclusivas de estabilizar interpretações nas esferas administrativa e do controle externo, por meio de súmulas (não abrangeria o Judiciário); e para desenvolver soluções inovadoras de gestão pública de caráter nacional, por meio de regulamentos técnico-administrativos. Cf. SUNDFELD, 2019. p. 59-63.

[44] BONAVIDES, Paulo. *Curso de Direito Constitucional*. São Paulo: Malheiros, 2013. p. 204.

Conclusão

Em linhas gerais, é necessário reconhecer que a Lei de Responsabilidade Fiscal teve parte de sua efetividade comprometida pela profusão de interpretações conflitantes no âmbito dos Tribunais de Contas. Muito embora o Constituinte de 1988 tenha conferido a tais Cortes uma nova roupagem, a fim de permitir um controle para além da legalidade estrita, não logrou instituir um caráter sistemático. A formatação insular que as caracteriza tende a permitir interpretações conflitantes acerca de normas de caráter nacional. A necessidade de uniformizar a aplicação da LRF é, portanto, um consenso. O meio para alcançar tal fim, todavia, ainda suscita muitas discussões.

A PEC nº 188/2019 apresenta um meio para dotar o sistema de racionalidade, ao conferir ao TCU o papel de instância interpretativa final de diversas normas, inclusive da Lei de Responsabilidade Fiscal, no âmbito dos Tribunais de Contas. Embora esse modelo não seja o único possível, a investigação realizada estritamente a partir da Constituição demonstrou que a PEC não vulnera nenhuma das cláusulas pétreas insculpidas no §4º do artigo 60 do Texto Constitucional.

Não se vislumbra violação ao princípio federativo, porquanto não há limitação acentuada das noções de autogoverno, autoadministração ou de auto-organização que caracterizam os entes federativos. Não se cogita que ocorra uma "intervenção" federal descabida nos Estados e Municípios simplesmente porque esses passarão a adotar critérios únicos para a aplicação de normas nacionais. Ao contrário, a noção de Federação é fortalecida ao se conferir tratamento igualitário a todos os entes subnacionais, que passarão a seguir a Lei de Responsabilidade Fiscal a partir da mesma interpretação. O próprio equilíbrio da Federação impõe uma padronização mínima quanto às regras que versam sobre prestações de contas, endividamento público, gastos com pessoal etc.

Por outra via, conferir ao TCU, órgão independente federal, essa atribuição não vulnera, por si só, a autonomia dos entes subnacionais. À União já é conferido um papel constitucional destacado no que se refere à competência para editar diversas normas de finanças públicas, inclusive acerca dos limites de gastos com pessoal. Em situações de maior gravidade, compete à União intervir nos Estados-membros para reorganizar suas finanças e até para fazer cumprir leis federais.

Destarte, embora não seja a única solução possível, e as diversas propostas sobre o tema mereçam detida reflexão, atendo-se aos estritos limites deste trabalho não se pode reputar inconstitucional a opção formulada na PEC nº 188/2019. A rigor, tal medida seria um grande avanço para a efetividade da Lei de Responsabilidade Fiscal e o fortalecimento do controle externo brasileiro, mantendo a tendência evolutiva que marcou o texto constitucional de 1988.

Referências

ARAÚJO, Inaldo da Paixão Santos. *Introdução à Auditoria Operacional.* 4. ed. Rio de Janeiro: FGV, 2008.

BARCELLOS, Ana Paulo de. *Curso de Direito Constitucional.* Rio de Janeiro: Forense, 2018.

BARCELLOS, Ana Paula de. *A eficácia jurídica dos princípios constitucionais:* a dignidade da pessoa humana. 3. ed. Rio de Janeiro: Renovar, 2011.

BARROSO, Luís Roberto. *Interpretação e aplicação da Constituição.* 6. ed. São Paulo: Saraiva, 2004.

BASTOS, Celso Ribeiro. *Curso de Direito Financeiro e Tributário.* 9. ed. São Paulo: Celso Bastos, 2002.

BONAVIDES, Paulo. *Curso de Direito Constitucional.* São Paulo: Malheiros, 2013.

BRASIL. Tribunal de Contas da União (Plenário). *Acórdão nº 1.187/2019.* Relator: Min. Bruno Dantas, 22 de maio de 2019. Disponível em: https://pesquisa.apps.tcu.gov.br/#/documento/juris-prudencia-selecionada/*/NUMACORDAO%253A1187%2520ANOACORDAO%253A2019/score%2520desc%252C%2520COLEGIADO%2520asc%252C%2520A-NOACORDAO%2520desc%252C%2520NUMACORDAO%2520desc/0/sinonimos%253Dtrue?uuid=9076cce0-54b5-11ea-860a-81d2b49015c3. Acesso em: 21 fev. 2020.

BRASIL. *Proposta de Emenda à Constituição nº 188, de 2019.* Justificativa. Relator: Senador Marcio Bittar, 5 nov. 2019. Disponível em: https://www25.senado.leg.br/web/atividade/materias/-/materia/139704. Acesso em: 26 fev. 2020.

CAMAROTTO, Murillo. TCU rebate plano do governo e diz que não vai fiscalizar órgãos regionais de controle. *Valor Econômico,* Brasil, Brasília, 19 nov. 2019. Disponível em: https://valor.globo.com/brasil/noticia/2019/11/19/tcu-rebate-plano-do-governo-e-diz-que-nao-vai-fiscalizar-orgaos-regionais-de-controle.ghtml. Acesso em: 21 fev. 2020.

CIPRIANI, Juliana. TCE manda Zema tirar aposentados da conta de pessoal e põe em risco ajuste fiscal. *Estado de Minas,* 17 out. 2019. Disponível em: https://www.em.com.br/app/noticia/politica/2019/10/17/interna_politica,1093556/tce-manda-zema-tirar-aposentado-da-conta-de-pessoal-e-poe-risco-ajuste.shtml. Acesso: 22 fev. 2020.

CONTI, José Maurício. O Plano Mais Brasil e o pacote de mudanças no Direito Financeiro: propostas evidenciam o protagonismo que a área assumiu na agenda nacional e para o desenvolvimento do país. *Jota,* Coluna Fiscal, 28 nov. 2019. Disponível em: https://www.jota.info/opiniao-e-analise/colunas/coluna-fiscal/o-plano-mais-brasil-e-o-pacote-de-mudancas-no-direito-financeiro-28112019. Acesso em: 26 fev. 2020

COSTA, Rafael Neubern Demarchi. Controle formal *x* controle por resultados no âmbito dos Tribunais de Contas – um caso prático: aplicação mínima no ensino *x* nota no Ideb. *Cadernos da Escola Paulista de Contas Públicas,* v. 1, n. 2, p. 4-16, ago. 2018. Disponível em: https://www.tce.sp.gov.br/epcp/cadernos/index.php/CM/article/view/32. Acesso em: 23 fev. 2020.

DANTAS, Bruno; GONÇALVES, André Luiz de Matos. É hora de garantir o equilíbrio fiscal dos Estados. *Estadão*, Opinião, 26 fev. 2020. Disponível em: https://opiniao.estadao.com.br/noticias/espaco-aberto,e-hora-de-garantir-o-equilibrio-fiscal-dos-estados,70003209904. Acesso em: 26 fev. 2020.

FAGUNDES, Miguel Seabra. Reformas essenciais ao aperfeiçoamento das instituições políticas brasileiras. *Revista de Direito Administrativo*, Rio de Janeiro, Edição Especial, p. 87-109, dez. 2013.

FINCATO, Denise. *A pesquisa jurídica sem mistérios*: do Projeto de Pesquisa à Banca. 2. ed. Porto Alegre: Sapiens, 2014.

FREITAS, Juarez. *O Controle dos Atos Administrativos e os princípios fundamentais*. 4. ed. São Paulo: Malheiros, 2009.

FURTADO, José de Ribamar Caldas. *Direito Financeiro*. 4. ed. Belo Horizonte: Fórum, 2014.

GUALAZZI, Eduardo Lobo Botelho. *Regime jurídico dos Tribunais de Contas*. São Paulo: Revista dos Tribunais, 1992.

MARQUES NETO, Floriano de Azevedo; FREITAS, Rafael Véras. *Comentários à Lei nº 13.655/2018*. Belo Horizonte: Fórum, 2019.

MEZZAROBA, Orides; MONTEIRO, Cláudia Servilha. *Manual de metodologia da pesquisa no direito*. 6. ed. São Paulo: Saraiva, 2016.

MOREIRA NETO, Diogo de Figueiredo. Algumas notas sobre órgãos constitucionalmente autônomos: um estudo de caso sobre os Tribunais de Contas no Brasil. *Revista de Direito Administrativo*, Rio de Janeiro, n. 223, p. 1-24, jan./mar. 2001.

MOTTA, Fabrício. Despesas com pessoal e criatividade contábil. *Revista Consultor Jurídico*, Interesse Público, 5 dez. 2019. Disponível em: https://www.conjur.com.br/2019-dez-05/interesse-publico-despesas-pessoal-criatividade-contabil. Acesso em: 21 fev. 2020.

NEVES, Iran Coelho das. A LRF e os Tribunais de Contas. *Atricon*, Artigos, 21 fev. 2019. Disponível em: http://www.atricon.org.br/artigos/a-lrf-e-os-tribunais-de-contas/. Acesso em: 21 fev. 2020.

NÓBREGA, Marcos. O controle do gasto público pelos Tribunais de Contas e o princípio da legalidade: uma visão crítica. *In*: BRANDÃO, Cláudio; CAVALCANTI, Francisco; ADEODATO, João Maurício. *Princípio da Legalidade*: da dogmática jurídica à teoria do direito. Rio de Janeiro: Forense, 2009.

PINTO, Élida Graziane. Substituição de mão de obra via parcerias com terceiro setor tem limite. *Revista Consultor Jurídico*, Contas à vista, 13 ago. 2019. Disponível em: https://www.conjur.com.br/2019-ago-13/contas-vista-limites-substituicao-mao-obra-via-parcerias-terceiro-setor. Acesso em: 21 fev. 2020.

PINTO, Élida Graziane. *Financiamento dos Direito à Saúde e à Educação*: uma perspectiva constitucional. Belo Horizonte: Fórum, 2015.

RAMALHO, Dimas. Submeter os Tribunais de Contas ao TCU é inconstitucional. *Atricon*, Artigos, 14 nov. 2019. Disponível em: http://www.atricon.org.br/artigos/opiniao-sobre-o-pacto-federativo/. Acesso em: 21 de fev. 2020.

ROSILHO, André. TCU: 'regulador nacional' dos tribunais de contas? Propostas legislativas podem colocar a eficácia do controle em risco. *Jota*, Controle Público, 27 nov.

2019. Disponível em: https://www.jota.info/opiniao-e-analise/colunas/controle-publico/tcu-regulador-nacional-dos-tribunais-de-contas-27112019. Acesso em 26 fev. 2020.

ROSILHO, A. J. *Controle da Administração Pública pelo Tribunal de Contas da União.* 2016. 358f. Tese (Doutorado) – Faculdade de Direito, Universidade de São Paulo, São Paulo, 2016.

SARLET, Ingo Wolfgang; MARINONI, Luiz Guilherme; MITIDIERO, Daniel. *Curso de Direito Constitucional.* 6. ed. São Paulo: Saraiva, 2017.

SARLET, Ingo Wolfgang. *Eficácia dos direitos fundamentais:* uma teoria geral dos direitos fundamentais na perspectiva constitucional. 12. ed. Porto Alegre: Livraria do Advogado, 2015.

SCAFF, Fernando Facury. Pagamento de aposentadoria é despesa com educação? *Revista Consultor Jurídico,* 13 jun. 2017. Disponível em: https://www.conjur.com.br/2017-jun-13/contas-vista-pagamento-aposentadoria-despesa-educacao. Acesso em: 23 fev. 2020.

SILVA, José Afonso da. *Curso de Direito Constitucional Positivo.* 17. ed. São Paulo: Malheiros, 2000.

SOUZA NETO, Cláudio Pereira de; SARMENTO, Daniel. *Direito Constitucional:* teoria, história e métodos de trabalho. 2. ed. Belo Horizonte: Fórum, 2017.

SOUZA, Fábio Araújo de. Inativos da educação: despesa da educação? *Revista Brasileira de Política e Administração da Educação – RBPAE,* v. 35, n. 3, p. 1.029-1.062, set./dez. 2019. DOI: https://doi.org/10.21573/vol35n32019.95884. Disponível em: https://seer.ufrgs.br/rbpae/article/view/95884. Acesso em: 23 fev. 2020.

SUNDFELD, Carlos Ari. Uma autoridade normativa, técnica e nacional para a gestão pública. *In:* MOTTA, Fabrício; GABARDO, Emerson (Coord.). *Limites do controle da administração pública no Estado de Direito.* Curitiba: Íthala, 2019. p. 53-64.

VALIM, Rafael; CARVALHO, Gustavo Marinho de. Os precedentes administrativos na Lei de Introdução às Normas do Direito Brasileiro. *In:* VALIATI, Thiago Priess; HUNGARO, Luis Alberto; CASTELLA, Gabriel Morettini e. *A Lei de Introdução e o Direito Administrativo Brasileiro.* Rio de Janeiro: Lumen Juris, 2019. p. 123-139.

WARPECHOWSKI, Ana Cristina de Moraes. A uniformização da jurisprudência de contas: uma análise econômico-comportamental dos processos decisórios. *In:* LIMA, Luiz Henrique; SARQUIS, Alexandre Manir Figueiredo (Coord.). *Processos de controle externo:* estudos de ministros e conselheiros substitutos dos Tribunais de Contas. Belo Horizonte: Fórum, 2019. p. 79-100.

Informação bibliográfica deste texto, conforme a NBR 6023:2018 da Associação Brasileira de Normas Técnicas (ABNT):

RODRIGUES, Ricardo Schneider; ARAÚJO, Lean Antônio Ferreira de. A uniformização da interpretação da LRF no âmbito dos Tribunais de Contas: a constitucionalidade da PEC nº 188/2019 à luz do princípio federativo. *In:* FIRMO FILHO, Alípio Reis; WARPECHOWSKI, Ana Cristina Moraes; RAMOS FILHO, Carlos Alberto de Moraes (Coord.). *Responsabilidade na gestão fiscal:* estudos em homenagem aos 20 anos da lei complementar nº 101/2000. Belo Horizonte: Fórum, 2020. p. 399-424. ISBN 978-65-5518-034-3.

A PROPÓSITO DO ART. 23, §§1º E 2º, DA LEI DE RESPONSABILIDADE FISCAL: REDUÇÃO DA JORNADA DE TRABALHO E VENCIMENTOS DE SERVIDOR PÚBLICO

ROBERTO WAGNER LIMA NOGUEIRA

Introdução

Em apertada síntese intenta o presente artigo analisar a redação do art. 23, §§1º e 2º, da Lei de Responsabilidade Fiscal (LRF) sob a ótica da jurisprudência do Supremo Tribunal Federal (STF) e da doutrina, em especial no tocante às perspectivas jurídicas sobre a possibilidade "da redução da jornada e dos vencimentos" dos servidores públicos, máxime a flexibilização do mandamento constitucional da irredutibilidade de salários para gerar alternativas menos onerosas ao Estado em cotejo com uma possível ofensa aos direitos fundamentais sociais previstos na Constituição Federal.

1 O enunciado textual do art. 23, §§1º e 2º, da Lei de Responsabilidade Fiscal (Lei Complementar nº 101/2000) e a inicial da ADI nº 2.238-5. 6. Críticas deduzidas contra a decisão da maioria do STF que se materializou em favor da inconstitucionalidade de parte do §1º e a integralidade do §2º do art. 23 da LRF

O art. 23, e seus parágrafos primeiro e segundo da LRF, também conhecida como a Lei das Finanças Públicas, assim estão originariamente prescritos no corpo da Lei Complementar nº 101/2000:

> Art. 23. Se a despesa total com pessoal, do Poder ou órgão referido no art. 20, ultrapassar os limites definidos no mesmo artigo, sem prejuízo das medidas previstas no art. 22, o percentual excedente terá de ser eliminado nos dois quadrimestres seguintes, sendo pelo menos um terço no primeiro, adotando-se, entre outras, as providências previstas nos §§3º e 4º do art. 169 da Constituição.
> §1º No caso do inciso I do §3º do art. 169 da Constituição, o objetivo poderá ser alcançado tanto pela extinção de cargos e funções quanto pela redução dos valores a eles atribuídos.
> §2º É facultada a redução temporária da jornada de trabalho com adequação dos vencimentos à nova carga horária.

Muito embora essa seja a sua redação originária, em 09.05.2002, o Supremo Tribunal Federal (STF) concedeu medida cautelar na ADI nº 2.238-5, proposta pelo Partido Comunista do Brasil – PC do B e outros, para suspender a expressão "quanto pela redução dos valores a eles atribuídos" contida na redação do parágrafo primeiro anteriormente transcrito e toda a redação do seu §2º.

Na ocasião os autores da ADI nº 2.238-5 foram insistentes na peça inaugural, ao sustentarem que a redação do art. 169 e parágrafos da Constituição Federal (CF)[1] não conferira ao legislador complementar a possibilidade de "reduzir vencimentos de servidores públicos" como meio de conter o gasto de despesa com pessoal.

---

[1] Art. 169. A despesa com pessoal ativo e inativo da União, dos Estados, do Distrito Federal e dos Municípios não poderá exceder os limites estabelecidos em lei complementar. (Redação dada pela Emenda Constitucional nº 19, de 1998)
§1º A concessão de qualquer vantagem ou aumento de remuneração, a criação de cargos, empregos e funções ou alteração de estrutura de carreiras, bem como a admissão ou contratação de pessoal, a qualquer título, pelos órgãos e entidades da administração direta ou indireta, inclusive fundações instituídas e mantidas pelo poder público, só poderão ser feitas: (Renumerado do parágrafo único, pela Emenda Constitucional nº 19, de 1998)

Com efeito, o legislador constituinte derivado, através da Emenda Constitucional nº 19/1998, conferiu ao legislador infraconstitucional diversas competências jurídicas para conduzir o gasto com pessoal das três esferas dos entes federados aos limites definidos pela lei complementar, no caso, a própria LRF.

No entanto, os autores da ADI nº 2.238-5 sustentaram com ênfase na inicial que o art. 169, em nenhum de seus parágrafos e incisos, permitiu que a LRF pudesse vir a "reduzir vencimentos dos servidores públicos". O que no máximo o art. 169 permitiu ao legislador complementar foi a "redução em pelo menos vinte por cento das despesas com cargos em comissão e funções de confiança", ou seja, extinção de cargos!

Pois bem, ainda na linha dos autores da ADI, insista-se aqui neste ponto, a "redução" permitida pelo legislador constituinte derivado deve ser interpretada como "redução do número de cargos" e não "redução de vencimentos", como quis fazer valer o art. 23, §§1º e §2º, da LRF. A bem da verdade, "cargos e funções de provimentos precários" e não de servidores concursados. Isto porque a CF é de redação clara quando

---

I - se houver prévia dotação orçamentária suficiente para atender às projeções de despesa de pessoal e aos acréscimos dela decorrentes; (Incluído pela Emenda Constitucional nº 19, de 1998)

II - se houver autorização específica na lei de diretrizes orçamentárias, ressalvadas as empresas públicas e as sociedades de economia mista. (Incluído pela Emenda Constitucional nº 19, de 1998)

§2º Decorrido o prazo estabelecido na lei complementar referida neste artigo para a adaptação aos parâmetros ali previstos, serão imediatamente suspensos todos os repasses de verbas federais ou estaduais aos Estados, ao Distrito Federal e aos Municípios que não observarem os referidos limites. (Incluído pela Emenda Constitucional nº 19, de 1998)

§3º Para o cumprimento dos limites estabelecidos com base neste artigo, durante o prazo fixado na lei complementar referida no caput, a União, os Estados, o Distrito Federal e os Municípios adotarão as seguintes providências: (Incluído pela Emenda Constitucional nº 19, de 1998)

I - redução em pelo menos vinte por cento das despesas com cargos em comissão e funções de confiança; (Incluído pela Emenda Constitucional nº 19, de 1998)

II - exoneração dos servidores não estáveis. (Incluído pela Emenda Constitucional nº 19, de 1998) (Vide Emenda Constitucional nº 19, de 1998)

§4º Se as medidas adotadas com base no parágrafo anterior não forem suficientes para assegurar o cumprimento da determinação da lei complementar referida neste artigo, o servidor estável poderá perder o cargo, desde que ato normativo motivado de cada um dos Poderes especifique a atividade funcional, o órgão ou unidade administrativa objeto da redução de pessoal. (Incluído pela Emenda Constitucional nº 19, de 1998)

§5º O servidor que perder o cargo na forma do parágrafo anterior fará jus a indenização correspondente a um mês de remuneração por ano de serviço. (Incluído pela Emenda Constitucional nº 19, de 1998)

§6º O cargo objeto da redução prevista nos parágrafos anteriores será considerado extinto, vedada a criação de cargo, emprego ou função com atribuições iguais ou assemelhadas pelo prazo de quatro anos. (Incluído pela Emenda Constitucional nº 19, de 1998)

§7º Lei federal disporá sobre as normas gerais a serem obedecidas na efetivação do disposto no §4º. (Incluído pela Emenda Constitucional nº 19, de 1998)

afirma a "irredutibilidade de vencimentos dos servidores públicos" em seu art. 37, XV, a saber,

> Art. 37. A administração pública direta e indireta de qualquer dos Poderes da União, dos Estados, do Distrito Federal e dos Municípios obedecerá aos princípios de legalidade, impessoalidade, moralidade, publicidade e eficiência e, também, ao seguinte: (Redação dada pela Emenda Constitucional nº 19, de 1998)
>
> XV - o subsídio e os vencimentos dos ocupantes de cargos e empregos públicos são irredutíveis, ressalvado o disposto nos incisos XI e XIV deste artigo e nos arts. 39, §4º, 150, II, 153, III, e 153, §2º, I; (Redação dada pela Emenda Constitucional nº 19, de 1998)

Nenhuma interpretação do art. 169, e seus parágrafos e incisos, poderá ser conforme à Constituição se não for aquela que entenda que a única forma de "redução de despesas com pessoal efetivo" possa ser aquela preconizada pelos incisos I e II, parágrafos 4º e 6º, e mesmo assim na ordem ali fixada, e quanto aos efetivos, através da fiel observância em especial do §4º do art. 169. Enfim, não há ali nenhuma previsão de "redução de vencimentos".

Segundo os autores da ADI, o legislador complementar, ao redigir o art. 23 e seus §§1º e 2º, fez inserir da LRF uma permissão de "redução de vencimentos" não prevista no art. 169 da CF, que somente autoriza a "extinção de cargos em comissão e de livre nomeação" em seu parágrafo 3º, inciso I. Note-se, ainda, que a redação do §2º do art. 23 nada mais faz do que introduzir por via oblíqua o mesmo conteúdo do §1º do art. 23, isto é, a redução de vencimentos via redução de jornada de trabalho, o que também é chapadamente inconstitucional segundo a peça inicial da ADI sob enfoque.

Foram esses, em apertada síntese, os argumentos que fundamentaram o pedido de liminar deduzida no STF, pelos autores da ADI nº 2.238-5, no que tange a redação do art. 23, §1º, da LRF para suspender a exigibilidade da expressão "quanto pela redução dos valores a eles atribuídos" inserta no §1º do art. 23, bem como a suspensão total do §2º do art. 23 da LRF.

2 A liminar concedida pelo STF nos autos da ADI nº 2.238-5

Em 2002, nos autos da ADI nº 2.238-5, de relatoria do Ministro Ilmar Galvão, o STF por unanimidade deferiu medida acauteladora para suspender a eficácia da expressão "quanto pela redução dos valores a eles atribuídos" prevista no §1º do art. 23, bem como suspender integralmente a eficácia do §2º do mesmo art. 23. Na ocasião de seu voto, o Min. Ilmar Galvão sustentou que a redação do §1º e do §2º do art. 23 da LRF feria de morte o princípio da irredutibilidade dos vencimentos dos servidores públicos, e mais, que o art. 169 da CF não havia legitimado o legislador complementar para disciplinar a matéria da forma como o fez.

Ainda consoante o relator Min. Ilmar Galvão, o fato da Emenda Constitucional nº 19/98, na reforma administrativa de 1998, ter suprimida a remissão que o art. 39, §2º, da CF fazia ao direito social fundamental do art. 7º, VI, não eliminou o princípio da irredutibilidade dos vencimentos dos servidores públicos cuja base empírica se encontra no consagrada no art. 37, XV, da CF.

Com essa decisão cautelar unânime do STF, ambas as disposições do art. 23, §§1º e 2º, tiveram parte de sua redação suspensa no caso do §1º e totalmente suspensa no que tange à eficácia da redação do §2º. Referida decisão permanece hígida, pelo menos até novembro de 2019.

3 Repercussões da liminar concedida na ADI nº 2.238-5 ao longo dos anos

Destacam-se em 2016 as colocações de Luciano Felício Fuck e José Roberto Afonso, o primeiro, jurista, e o segundo, economista, que escreveram um artigo[2] para o site *Consultor jurídico* onde criticavam a decisão do STF que veda a "redução de jornada de trabalho" como forma indireta de "redução de vencimentos dos servidores públicos".

Para os autores deste artigo já citado, "seria muito mais conveniente para o servidor sofrer uma redução de seus salários em caráter temporário, por certo, do que perder o emprego e em caráter definitivo". Para o governo, também, já que é melhor reduzir jornada e salário que exonerar servidores, ainda mais os estáveis, o que poderia prejudicar a sua governança e o bem-estar social de sua região ou localidade. Ainda na dicção deles, "o mais importante dessa alternativa de redução da jornada de trabalho é que os servidores não sofreriam um dano pleno e irreversível, como a perda do emprego e todo o seu salário".

---

[2] *A Lei de Responsabilidade Fiscal e o STF*: redução de jornada de trabalho. Revista Consultor jurídico on-line. Disponível em: https://www.conjur.com.br/2016-out-23/observatorio-constitucional-lrf-supremoreducao-jornada-trabalho. Acesso em: 5 nov. 2019.

A crítica maior dos autores foi dirigida contra a "suspensão da eficácia do §2º do art. 23 da LRF" perpetrado pelo STF, já quanto à supressão da eficácia da expressão contida no §1º do art. 23, os autores tendem a concordar, a ver,

> Por último, importa mencionar ainda que o STF também suspendeu liminarmente a aplicação do parágrafo 1º do mesmo artigo 23 da LRF, o qual explicitava que a redução da despesa com cargos em comissão e funções de confiança, preconizada pelo inciso I do parágrafo 3º do artigo 169 da Constituição, poderia ser realizada tanto pela extinção dos cargos quanto pela redução dos valores.
>
> Não se questiona aqui tal suspensão, por duas razões básicas. Primeiro, a Constituição determinou a redução da despesa com comissionados e não a exoneração de servidores, como previsto nas demais duas hipóteses. São determinações e atos bastante distintos. Segundo, para a administração pública corrente, não há qualquer impedimento legal no sentido de que o valor de uma comissão ou gratificação seja reduzido em qualquer situação. Tal medida pode ser adotada por um governo independentemente de ele ter ou não extrapolado o limite de despesas com pessoal fixado pela LRF.[3]

Curiosamente, os autores não mencionam o art. 39, XV, da CF que enuncia o princípio da irredutibilidade dos vencimentos dos servidores públicos, como bem apontado na inicial da ADI nº 2.238-5 e acolhido pelo relator do processo, Min. Ilmar Galvão, e, por conseguinte, por unanimidade pelo plenário do STF quando deferiram a liminar para suspender a eficácia de parte do §1º e de todo o §2º do art. 23 da LRF.

Faltou ser ressaltado pelos ilustres articulistas que, por exemplo, na seara dos municípios, muitos não cumprem as metas fruto de posturas não republicanas de seus governantes, mormente no que concerne a "despesas com pessoal" com seus apaniguados políticos. O servidor público concursado, em sua maioria, é vítima e não vilão!

É sabido que os prefeitos (com raras exceções) se valem dos chamados "cargos comissionados" para nomearem apadrinhados políticos sem qualquer vínculo com a gestão administrativa, geralmente, cidadãos que trabalharam na sua campanha para eleição ou de seus vereadores e que trabalharão nas campanhas futuras para "seus" deputados estaduais e federais, numa espécie de roda antirrepublicana

---

[3] A Lei de Responsabilidade Fiscal e o STF: redução de jornada de trabalho. *Revista Consultor jurídico on-line*. Disponível em: https://www.conjur.com.br/2016-out-23/observatorio-constitucional-lrf-supremoreducao-jornada-trabalho. Acesso em: 5 nov. 2019.

que só gira em função de perpetuar o poder dos eventuais detentores dele. Por óbvio, que no conjunto das "despesas com pessoal" os cargos comissionados devem ser os primeiros a serem fiscalizados e cortados, até porque é isto que preconiza o art. 169, §3º, I, da Constituição Federal, quando trata de criar limites para as "despesas com pessoal".[4]

4 Em agosto de 2019 o Supremo Tribunal Federal retomou o julgamento da ADI nº 2.238-5

Em 22.08.2019, passados mais de 17 anos da decisão cautelar na ADI nº 2.238-5, que suspendeu parte do §1º do art. 23 e a totalidade do §2º da LRF nº 101/2000, que tratam da "redução da jornada de trabalho e vencimentos do servidor público", o STF retomou o julgamento do processo, desta feita com o desiderato de chegar ao mérito da questão.

Ao apreciar o tema objeto deste estudo, o relator que sucedeu o ministro Ilmar Galvão, ministro Alexandre de Moraes, assentou que os parágrafos 1º e 2º do artigo 23 da LRF, que possibilitam, respectivamente, a extinção de cargos e funções e a redução temporária da jornada de trabalho e dos vencimentos, estão em absoluta consonância com os princípios constitucionais da razoabilidade e da eficiência. De acordo com o ministro, a própria Constituição Federal (artigo 169) prevê a possibilidade da extinção de cargos de servidores estáveis, e a norma complementar criou medida alternativa menos restritiva para momento de crise. Isto é, o ministro portou-se diametralmente de forma oposta ao voto do então relator Ilmar Galvão quando do deferimento da cautelar suspensiva dos dispositivos em 2002.

Ainda segundo Alexandre de Moraes, a Constituição e a LRF, combinadas, preveem um escalonamento das providências a serem tomadas quando se exceder o limite de gastos: redução das despesas com cargos em comissão, exoneração dos servidores não estáveis, redução da jornada de trabalho e dos vencimentos e, por último, extinção dos cargos de servidores estáveis. "Não seria razoável impedir ao legislador a criação de um caminho intermediário que preservasse a garantia maior, que é a estabilidade, por meio de uma relativização temporária

---

[4] NOGUEIRA, Roberto Wagner Lima. *A agonia orçamentária dos municípios fluminenses*. Diagnóstico e administração de conflito. Disponível em: https://rwnogueira.jusbrasil.com. br/artigos/622986175/a-agonia-orcamentaria-dos-municipios-fluminenses?ref=topic_feed. Acesso em: 07 nov. 2019.

e proporcional de uma garantia instrumental, a irredutibilidade de vencimentos", afirmou.

No entendimento do ministro, a LRF não é arbitrária e visa proteger, ao mesmo tempo, a estabilidade do servidor, sua carreira e a prestação do serviço público.

> A medida intermediária, excepcional e temporária é destinada a proteger o interesse público, pois evitará a extinção dos cargos estáveis, a impossibilidade de sua recriação nos quatro anos seguintes, a necessidade posterior de novos concursos públicos para a reposição dos servidores quando a estabilidade fiscal retornar e a perda da experiência acumulada dos antigos servidores estáveis.[5]

Acompanharam integralmente o relator os ministros Luís Roberto Barroso e Gilmar Mendes.[6]

Lado outro, o ministro Edson Fachin inaugurou uma divergência quanto "à redução da jornada e dos vencimentos". Para o ministro, não cabe flexibilizar o mandamento constitucional da irredutibilidade de salários para gerar alternativas menos onerosas ao Estado. "Por mais inquietante e urgente que seja a necessidade de realização de ajustes nas contas públicas estaduais, a ordem constitucional vincula, independentemente dos ânimos econômicos ou políticos, a todos", afirmou. Para Fachin, caso se considere conveniente e oportuna a redução de despesas com folha salarial no funcionalismo público como legítima política de gestão da Administração Pública, deve-se seguir apenas o que está previsto na Constituição (parágrafos 3º e 4º do artigo 169).

Na oportunidade, o ministro citou precedentes da Corte no sentido de que o artigo 37, inciso XV, da Constituição impossibilita a utilização da retenção salarial como meio de redução de gastos com pessoal para fins de adequação aos limites legais. "A jurisprudência da Corte inviabiliza qualquer forma de interpretação diversa, valendo-se da cláusula de irredutibilidade dos rendimentos", concluiu.

Os ministros Ricardo Lewandowski, Luiz Fux e Marco Aurélio acompanharam a divergência aberta pelo ministro Fachin. Já a ministra Cármen Lúcia acompanhou em parte a divergência, ao entender que

---

[5] SUPREMO TRIBUNAL FEDERAL. *LRF:* Suspenso julgamento sobre a redução de vencimentos de servidores para adequação de despesas com pessoal. Disponível em: http://www.stf.jus. br/portal/cms/verNoticiaDetalhe.asp?idConteudo=421330. Acesso em: 7 nov. 2019.

[6] SUPREMO TRIBUNAL FEDERAL. LRF: Suspenso julgamento sobre a redução de vencimentos de servidores para adequação de despesas com pessoal. Disponível em: http://www.stf.jus. br/portal/cms/verNoticiaDetalhe.asp?idConteudo=421330. Acesso em: 7 nov. 2019.

"é possível reduzir a jornada de trabalho, mas não o vencimento do servidor." O presidente Dias Toffoli propôs que se desse interpretação conforme a Constituição no sentido de que a redução de jornada e de vencimentos só pode ser aplicada após a adoção das medidas exigidas pelo artigo 169, parágrafo 3º, inciso I. A medida, segundo seu voto, alcançaria primeiramente os servidores não estáveis e, somente se persistisse a necessidade de adequação ao limite com despesas de pessoal, seria aplicada ao servidor estável.

Após isso, foi suspenso o julgamento pelo ministro Dias Toffoli, para aguardar o voto do ministro Celso de Mello, tendo em vista que não foi alcançada a maioria necessária à declaração de inconstitucionalidade de algumas outras regras questionadas. Não obstante, no que tange ao objeto deste estudo, já ter sido a maioria formada para declarar a inconstitucionalidade dos §§1º e 2º da LRF pela impossibilidade de redução de jornada de trabalho e vencimentos de servidores públicos. Recapitulando, votaram nesse sentido: Edson Fachin, Rosa Weber, Cármen Lúcia, Ricardo Lewandowski, Luiz Fux e Marco Aurélio.

Merece destaque no julgamento a indagação posta pelo ministro Marco Aurélio (e não debatida pela Corte), "se a redução de salários também haveria de atingir juízes e membros do Ministério Público".[7]

5 Críticas deduzidas contra a decisão da maioria do STF que se materializou em favor da inconstitucionalidade de parte do §1º e a integralidade do §2º do art. 23 da LRF

Assim que veio à tona a decisão do STF, ainda que parcial, já que o julgamento está suspenso, os meios de comunicação começaram a divulgar a opinião crítica de parte da imprensa especializada. Marcos Mendes, doutor em economia e colunista da Folha, afirmou que a possibilidade de redução de vencimentos seria um dos poucos instrumentos à disposição dos governadores para ajustar um quadro crítico. Para ele, a solução será alterar a Constituição para reformar a previdência dos estados e permitir explicitamente a redução da jornada, da estabilidade das carreiras de Estado e da remuneração de comissionados.

---

[7] TUROLLO JR., Reynaldo. *STF forma maioria contra redução de salário de servidores prevista na LRF.* Disponível em: https://www1.folha.uol.com.br/mercado/2019/08/stf-faz-maioria-contra-reducao-de-salario-de-servidor.shtml. Acesso em: 7 nov. 2019.

Marcos Mendes afirmou que o STF buscou preservar o contrato maior da sociedade, "O curioso é que, quando os estados entram em dificuldades agudas e recorrem ao STF para romper seus contratos junto à União, o STF se esquece da prioridade ao cumprimento dos contratos e obriga a União a assumir os custos".[8]

O Presidente da Câmara dos Deputados também se manifestou contrário à posição tomada pelo STF. Na ocasião Rodrigo Maia (DEM-RJ) lamentou o voto da maioria dos ministros do STF de proibir que estados reduzam salários e carga horária de funcionários públicos. Segundo ele, isso não contribui para o aumento da competitividade do país e deixa em situação difícil estados que estão gastando muito com a folha de pagamentos. Ou, em suas palavras, "As liminares do STF sobre a Lei de Responsabilidade Fiscal (LRF), infelizmente, mantêm o Brasil não-competitivo, em que os estados são obrigados a transferir aos outros poderes os recursos aprovados em Orçamento, e não o arrecadado. E os estados também não podem reduzir salários e carga horária".[9]

6 A PEC emergencial nº 186/2019, a PEC do pacto federativo nº 188/2019 e a redução da jornada de trabalho e vencimentos dos servidores públicos

Objetivando superar a decisão do STF na ADI nº 2.238-5 que reconheceu a inconstitucionalidade de parte do §1º e de todo o §2º do art. 23 da LRF, que trata da "redução da jornada de trabalho" e da "redutibilidade dos vencimentos do servidor", o governo federal em 05.11.2019 encaminhou duas PECs (proposta de emenda constitucional) ao Congresso Nacional.

Na PEC nº 186/2019, chamada de "PEC emergencial", o governo, dentre outras alterações, objetiva alterar o art. 37, XV, e o art. 169, §3º, I-A, ambos da CF, que se aprovadas passarão a vigorar com nova redação. A PEC nº 186/2019 está assim redigida com referência aos artigos que interessam a este estudo,

---

[8] CUCOLO, Eduardo. Especialistas lamentam maioria no STF contra redução de salário de servidores. Disponível em: https://www1.folha.uol.com.br/mercado/2019/08/especialistas-lamentam-maioria-no-stf-contra-reducao-de-salario-de-servidores.shtml. Acesso em: 7 nov. 2019.

[9] RIBEIRO, Ana Paula. Maia lamenta voto da maioria do STF contra redução de salário dos servidores. Disponível em: https://oglobo.globo.com/economia/maia-lamenta-voto-da-maioria-do-stf-contra-reducao-de-salario-dos-servidores-23896615. Acesso em: 7 nov. 2019.

Art. 1º A Constituição Federal passa a vigorar com as seguintes alterações:
Art. 37. (...)
XV - o subsídio e os vencimentos dos ocupantes de cargos e empregos públicos são irredutíveis, *ressalvado* o disposto nos incisos XI e XIV deste artigo e nos arts. 39, §4º, 150, II, 153, III, 153, §2º, I, e *169, §3º, I-A;*

(...)
Art. 169. A despesa com pessoal ativo, inativo e pensionistas, da União, dos Estados, do Distrito Federal e dos Municípios não poderá exceder os limites estabelecidos em lei complementar.
(...)
§3º (...)
I - redução em pelo menos vinte por cento das despesas com cargos em comissão e funções de confiança, pela redução do valor da remuneração ou pela redução do número de cargos;
I-A - *redução temporária da jornada de trabalho, com adequação proporcional dos subsídios e vencimentos* à *nova carga horária, em, no máximo, 25% (vinte e cinco por cento),* com base em ato normativo motivado de cada um dos Poderes que especifique a duração, a atividade funcional, o órgão ou unidade administrativa objetos da medida, bem como o exercício de outras atividades profissionais por aqueles que forem alcançados por este dispositivo;

A PEC nº 188/2019, chamada de "PEC do pacto federativo", replica em pura duplicidade os mesmos dispositivos da PEC nº 186/2019, nos seguintes termos,

Art. 2º Os arts. 6º, 18, 20, 29-A, 37, 39, 48, 62, 68, 71, 74, 84, 163, 165, 166, 167, 168, 169, 184, 198, 208, 212, 213 e 239 da Constituição Federal passam a vigorar com a seguinte redação:
Art. 37 (...)
(...)
X - a remuneração dos servidores públicos e o subsídio de que trata o §4º do art. 39 somente poderão ser fixados ou alterados por lei específica, observada a iniciativa privativa em cada caso;
(...)
XV - o subsídio e os vencimentos dos ocupantes de cargos e empregos públicos são irredutíveis, *ressalvado* o disposto nos incisos XI e XIV deste artigo e nos arts. 39, §4º, 150, II, 153, III, 153, §2º, I, e *169, §3º, I-A;*
(...)
Art. 169. A despesa com pessoal ativo, inativo e pensionista da União, dos Estados, do Distrito Federal e dos Municípios não poderá exceder os limites estabelecidos em lei complementar.
(...)

§3º (...)

I - redução em pelo menos vinte por cento das despesas com cargos em comissão e funções de confiança, pela redução do valor da remuneração ou pela redução do número de cargos;

I-A redução temporária da jornada de trabalho, com adequação proporcional dos subsídios e vencimentos à nova carga horária, em, no máximo, vinte e cinco por cento, com base em ato normativo motivado de cada um dos Poderes que especifique a duração, a atividade funcional, o órgão ou unidade administrativa objetos da medida, bem como o exercício de outras atividades profissionais por aqueles que forem alcançados por este dispositivo; e

(...). (NR)

Note-se que ambas as PECs procuram alterar a CF, criando mais uma ressalva na "irredutibilidade dos vencimentos de servidor público" prevista no art. 37, XV, oriunda da "redução de jornada de trabalho" também alterada via inclusão do inciso I-A no parágrafo 3º do art. 169 da CF. Não obstante, ainda não sabermos como agirá o Congresso Nacional na apreciação destas PECs. É imperioso haver uma análise jurídica a respeito destas mudanças constitucionais almejadas pelo governo federal, o que faremos num momento mais adiante neste artigo.

7 O STF voltará a julgar o tema no dia 02.04.2020, quando poderá concluir o julgamento sobre redução de salário de servidor

Notícia que merece um parêntese é a de que no dia 31.01.2020 o presidente do Supremo Tribunal Federal (STF), ministro Dias Toffoli, remarcou para 02.04.2020 a conclusão do julgamento sobre a validade da Lei de Responsabilidade Fiscal, em que se discute, entre outros pontos, a possibilidade de estados endividados reduzirem salários de servidores públicos, tema deste estudo.

O julgamento, marcado para 5 de fevereiro, foi adiado em virtude da cirurgia no quadril do decano do STF, ministro Celso de Mello. A licença médica de Celso está prevista para durar ao menos até 19 de março. Como já dito aqui, em agosto do ano passado, o Supremo formou maioria para impedir que estados e municípios endividados reduzam o salário de servidores públicos como forma de ajuste das contas públicas. O julgamento não foi concluído na época devido à ausência do decano. O placar está 6 a 4 contra a redução de salário de servidor, uma sinalização do Tribunal que frustra governadores, que contavam com esse instrumento de ajuste.[10]

8 "Os valores sociais do trabalho" como princípio fundamental da República Federativa do Brasil inobservados pelas PEC nº 186/2019 (PEC emergencial) e PEC nº 188/2019 (PEC do pacto federativo). O princípio jurídico da "proibição de retrocesso"

Além de serem expressamente citados no preâmbulo da Constituição Federal, "os direitos sociais" se consubstanciam em valores fundantes da República Federativa do Brasil, a saber, art. 1º, inciso IV, da CF.[11]

Os princípios fundamentais em um Estado Democrático de Direito, como o é o Brasil, revelam o norte interpretativo que deve guiar inafastavelmente o fazimento das leis constitucionais futuras, bem como as infraconstitucionais, porque são valores positivados pelo poder constituinte originário que não podem ser desconsiderados em futuras alterações constitucionais, ainda que pelo poder constituinte derivado, que deve render-se a esses valores. É com essa percepção dos valores protegidos pela CF que devem ser interpretados os enunciados das PECs nºs 186/2019 e 188/2019 que buscam inserir na CF a possibilidade de se reduzir a jornada de trabalho e, por conseguinte, os vencimentos dos servidores públicos, o que foi claramente vedado pelo legislador constituinte originário.

---

[10] MOURA, Rafael Moraes. Toffoli remarca para 2 de abril conclusão de julgamento sobre redução de salário de servidor. Disponível em: https://politica.estadao.com.br/blogs/fausto-macedo/toffoli-remarca-para-2-de-abril-conclusao-de-julgamento-sobre-reducao-de-salario-de-servidor/. Acesso em: 3 fev. 2020.

[11] Constituição Federal de 1988 – Preâmbulo – Nós, representantes do povo brasileiro, reunidos em Assembleia Nacional Constituinte para instituir um Estado Democrático, destinado a assegurar o exercício dos direitos sociais e individuais, a liberdade, a segurança, o bem-estar, o desenvolvimento, a igualdade e a justiça como valores supremos de uma sociedade fraterna, pluralista e sem preconceitos, fundada na harmonia social e comprometida, na ordem interna e internacional, com a solução pacífica das controvérsias, promulgamos, sob a proteção de Deus, a seguinte CONSTITUIÇÃO DA REPÚBLICA FEDERATIVA DO BRASIL.
Art. 1º A República Federativa do Brasil, formada pela união indissolúvel dos Estados e Municípios e do Distrito Federal, constitui-se em Estado Democrático de Direito e tem como fundamentos:
(...) IV - os valores sociais do trabalho e da livre iniciativa;

O ministro aposentado do STF, Carlos Ayres Britto, trata de denominar os princípios fundantes previstos no art. 1º da CF, dentre eles, "os valores sociais do trabalho", como "núcleo da circunferência democrática" de nossa Constituição, ou com mais precisão,

> Se estamos a qualificar os fundamentos da República Federativa do Brasil como elementos conceituais da Democracia, ao lado das cláusulas pétreas materiais expressas, é pela imperiosa razão de que tais fundamentos *são os pressuposto mesmos ou o a priori lógico da construção e balizamento de todo o Estado brasileiro.* Aquilo que se põe como justificativa prévia e explicação final da arquitetura estatal que substituiu o modelo autoritário da eufemisticamente chamada "Revolução de 1964". Logo, estamos a lidar com "fundamentos" que outra coisa não são que princípios antecedentes a tudo mais que signifique nova montagem e funcionamento do Estado brasileiro em termos republicanos e federativos.[12]

Evidente que nenhuma norma inserida no sistema pelo legislador detentor do poder constituinte derivado, conforme querem as PECs nº 186/2019 e nº 188/2019, poderá vir a emendar a CF de forma a negar a absoluta centralidade "dos valores sociais do trabalho" como núcleo intangível dos princípios fundamentais da República Federativa do Brasil, neste sentido, cabe aqui a proteção da irredutibilidade dos vencimentos dos servidores como corolário do direito social protegido no art. 7º, inciso VI, da CF. Pensar diferente, ou seja, utilizar o mecanismo de redução de carga horária para atingir como fim a redutibilidade dos vencimentos dos servidores, é ferir de morte o "núcleo da circunferência democrática" previsto em todo o art. 1º da CF, a se destacar neste estudo, seu inciso IV, que protege "os valores sociais do trabalho". Não percamos de vista as palavras de Ayres Britto,

> Efetivamente, se considerarmos a evolução histórica do Constitucionalismo, podemos facilmente ajuizar que ele foi liberal, inicialmente, e depois social. Chegando, nos dias presentes, à etapa fraternal da sua existência. Desde que entendamos por Constitucionalismo Fraternal esta fase em que as Constituições incorporam às franquias liberais e sociais de cada povo soberano a dimensão da Fraternidade.[13]

É, dentro desta perspectiva histórica de uma Constitucional Fraternal, que supera inclusive o Constitucional do Bem-Estar Social,

---

[12] BRITTO, Carlos Ayres. *Teoria da Constituição.* Rio de Janeiro: Forense, 2003, p. 186/187.
[13] BRITTO, Carlos Ayres. *Teoria da Constituição.* Rio de Janeiro: Forense, 2003, p. 216.

que deve ser interpretado cada enunciado da Lei de Responsabilidade Fiscal, cuja suspensão da eficácia do art. 23, §§1º e 2º, foi deferida pelo STF e que as PECs nº 186/2019 e nº 188/2019 tentam contornar via propostas ofensivas "aos valores sociais do trabalho" insculpidos como princípios fundantes da República Federativa do Brasil em seu art. 1º, inciso IV.

Não são os direitos sociais que devem se submeter às escolhas trágicas da LRF, nem mesmo do legislador constituinte derivado. É o contrário, as escolhas trágicas da LRF devem ser submeter aos "valores sociais do trabalho" de maneira a se conformarem com os princípios fundamentos do Estado Brasileiro. Ou assim o será, ou estaremos por vias tortas rasgando nossa CF, eliminando ou reduzindo os direitos sociais e por via direta demolindo seus princípios estruturantes, sem os quais nem mais a reconheceremos como tal, pois será uma CF sem alma, sem fundamentos, sem base social, sem "núcleo de circunferência democrática".

Lembremos ainda a redação expressa do art. 5º, §2º, da CF, que conforme nos ensina Ingo Wolfgang Sarlet,

> A regra do art. 5º, §2º (...) traduz o entendimento de que, para além do conceito formal de Constituição (e de direitos fundamentais) , há um conceito material, no sentido de existirem direitos, que por seu conteúdo, por sua substância, pertencem ao corpo fundamental da Constituição de um Estado, mesmo não constando neste catálogo.[14]

Dentro deste "conceito material" de Constituição previsto no art. 5º, §2º, da CF, estão insertos os direitos sociais como valores fundantes de nosso Estado Democrático de Direito, art. 1º, IV, da CF. Não é em outra direção a assertiva contundente de Sarlet,

> É inquestionável que a abertura material do catálogo do art. 5º, §2º (...) abrange os chamados direitos sociais, identificados como direitos essencial e preponderantemente dirigidos a prestação positivas do Estado, sejam normativas ou fáticas, pode ser inferido basicamente das seguintes constatações. Em primeiro lugar, da expressão literal do art. 5º, §2º da CF, que menciona, de forma genérica, os "direitos e garantias expressos nesta Constituição", sem qualquer limitação quanto à sua posição no texto. Em segundo lugar (mas, não em segundo plano), da

---

[14] SARLET, Ingo Wolfgang. *A eficácia dos direitos fundamentais*. Porto Alegre: Livraria do Advogado, 2003, p. 92-93.

acolhida expressa dos direitos sociais na CF de 1988, no título relativo aos direitos fundamentais, apesar de regrados em outro capítulo (...).[15]

Não pode o poder constituinte derivado, muito menos o legislador complementar, inserir via PEC (Proposta de Emenda à Constituição nº 186/2019 e nº 188/2019) ou LC (lei complementar) alterações na CF ou na LRF que venham a restringir o direito social da irredutibilidade de vencimentos dos servidores públicos em face do "conceito material" de Constituição que abriga em seu conteúdo "os valores sociais do trabalho" como princípio estruturante da República Federativa do Brasil. A responsabilidade na gestão fiscal está submetida à Constituição, e não o contrário.

Interpretar conforme à Constituição e impedir que uma reforma via PEC possa reduzir ou limitar os direitos sociais aplicáveis aos servidores públicos previsto na CF não se trata "de impor a vontade dos mortos aos vivos" como pensava o 3º presidente da história americana e redator da Declaração de Independência dos EUA, em 1776, mas sim garantir o "núcleo intangível" dos direitos sociais previstos no art. 1º, IV, e art. 7º, VI, cominados com o art. 37, XV, da CF, que fazem parte de forma implícita das garantias previstas no art. 60, §4º, IV, da CF.

Destaque-se, ainda, que o STF nos autos da ADI nº 939-DF, que tratava da instituição do IPMF (imposto provisório sobre movimentação financeira), definiu pela primeira vez que uma emenda à Constituição pudesse ser considerada inconstitucional por ofender princípios outros que não aqueles expressos no art. 5º da CF, mas que "sejam decorrentes do sistema" na forma do mesmo art. 5º, em seu parágrafo 2º.[16]

---

[15] SARLET, Ingo Wolfgang. *A eficácia dos direitos fundamentais*. Porto Alegre: Livraria do Advogado, 2003, p. 96-97.

[16] SUPREMO TRIBUNAL FEDERAL- ADI: 939 DF, Relator: SYDNEY SANCHES, Data de Julgamento: 15.12.1993, TRIBUNAL PLENO, Data de Publicação: DJ 18.03.1994 PP-05165 EMENT VOL-01737-02 PP-00160 RTJ VOL-00151-03 PP-00755) "Direito Constitucional e Tributário. Ação Direta de Inconstitucionalidade de Emenda Constitucional e de Lei Complementar. IPMF. Imposto Provisório sobre a Movimentação ou a Transmissão de Valores e de Créditos e Direitos de Natureza Financeira - IPMF. Artigos 5º, par. 2º, 60, par. 4º, incisos I e IV, 150, incisos III, b, e VI, a, b, c e d, da Constituição Federal. 1. Uma Emenda Constitucional, emanada, portanto, de Constituinte derivada, incidindo em violação a Constituição originaria, pode ser declarada inconstitucional, pelo Supremo Tribunal Federal, cuja função precípua e de guarda da Constituição (art. 102, I, a, da CF). 2. A Emenda Constitucional n. 3, de 17.03.1993, que, no art. 2º, autorizou a União a instituir o IPMF., incidiu em vício de inconstitucionalidade, ao dispor, no parágrafo 2º. desse dispositivo, que, quanto a tal tributo, não se aplica "o art. 150, III, b, e VI", da Constituição, porque, desse modo, violou os seguintes princípios e normas imutáveis (somente eles, não outros): 1. - o princípio da anterioridade, que e garantia individual do contribuinte (art. 5., par. 2., art. 60, par. 4., inciso IV e art. 150, III, b da Constituição); 2. - o princípio da imunidade tributária

Outra questão decisiva a ser enfrentada pelo STF na apreciação da PEC nº 186/2019 (PEC Emergencial) e da PEC nº 188/2019 (PEC do Pacto Federativo) é a chamada "proibição de retrocesso" na proteção dos direitos sociais, que nada mais é do que um princípio jurídico ligado à segurança jurídica nas relações sociais. Como acentua Ingo Wolgang Sarlet, "a proteção contra a ação do poder constituinte reformador, notadamente no concernente aos limites materiais à reforma, igualmente não deixa de constituir uma relevante manifestação em favor da manutenção de certos enunciados da Constituição, notadamente, de todos aqueles que integram o cerne material da Constituição".[17]

Ainda apurando o conceito do princípio jurídico da "proibição de retrocesso", Sarlet desenha o objeto a ser protegido por este princípio, qual seja,

> (...) a manutenção dos níveis gerais de proteção social alcançados no âmbito do Estado social, já que está problemática abrange toda e qualquer forma de redução de conquistas sociais, mesmo quando realizadas única e exclusivamente no plano da legislação infraconstitucional densificadora do princípio da Justiça e do Estado Social que, paralelamente como o princípio do Estado de Direito e com o princípio democrático, encontrou ampla e expressa guarida na nossa Constituição (bastaria apontar para os fundamentos e objetivos de nossa República, tal como enunciados nos arts. 1º a 3º da nossa Lei Fundamental.[18]

---

recíproca (que veda a União, aos Estados, ao Distrito Federal e aos Municípios a instituição de impostos sobre o patrimônio, rendas ou serviços uns dos outros) e que e garantia da Federação (art. 60, par. 4., inciso I, e art. 150, VI, a, da CF); 3. - a norma que, estabelecendo outras imunidades impede a criação de impostos (art. 150, III) sobre: b): templos de qualquer culto; c): patrimônio, renda ou serviços dos partidos políticos, inclusive suas fundações, das entidades sindicais dos trabalhadores, das instituições de educação e de assistência social, sem fins lucrativos, atendidos os requisitos da lei; e d): livros, jornais, periódicos e o papel destinado a sua impressão; 3. Em consequência, e inconstitucional, também, a Lei Complementar n. 77, de 13.07.1993, sem redução de textos, nos pontos em que determinou a incidência do tributo no mesmo ano (art. 28) e deixou de reconhecer as imunidades previstas no art. 150, VI, a, b, c e d da CF (arts. 3º, 4º e 8º. do mesmo diploma, LC n. 77/93). 4. Ação Direta de Inconstitucionalidade julgada procedente, em parte, para tais fins, por maioria, nos termos do voto do Relator, mantida, com relação a todos os contribuintes, em caráter definitivo, a medida cautelar, que suspendera a cobrança do tributo no ano de 1993".

[17] SARLET, Ingo Wolfgang. Verbete: Proibição de Retrocesso. *In*: TORRES, Ricardo Lobo; KATAOKA, Eduardo Takemi; GALDINO, Flavio; TORRES, Silva Faber (Org.). *Dicionário Jurídico de Princípios Jurídicos*. Rio de Janeiro: Elsevier, 2011. p. 1045.

[18] SARLET, Ingo Wolfgang. Verbete: Proibição de Retrocesso. *In*: TORRES, Ricardo Lobo; KATAOKA, Eduardo Takemi; GALDINO, Flavio; TORRES, Silva Faber (Org.). *Dicionário Jurídico de Princípios Jurídicos*. Rio de Janeiro: Elsevier, 2011. p. 1.046.

Como já frisamos em nosso texto, a proteção da irredutibilidade dos vencimentos dos servidores públicos encontra sua proteção nos "valores sociais do trabalho" como princípio fundante da República Federativa do Brasil, art. 1º, I, razão pela qual a posição da maioria formada no STF, no julgamento da ADI nº 2.238-5, ao suspender a eficácia dos §§1º e 2º do art. 23 da LRF, está em absoluta consonância com o princípio jurídico da "proibição de retrocesso" tão bem articulado por Ingo Wolgang Sarlet.

Ainda em Sarlet,

> No embate entre o paradigma do Estado Social intervencionista e altamente regulador e a nefasta tentativa de se implantar um Estado minimalista à feição dos projetos globalizantes do modelo econômico de ideologia neoliberal, o correto manejo da proibição do retrocesso na esfera dos direito fundamentais sociais poderá constituir uma importante ferramenta jurídica para a afirmação do Estado necessário.[19]

A literatura brasileira mais atualizada, por exemplo, Lilia Moritz Schwarcz,[20] revela com substância o caráter "autoritário" dos governos brasileiros, e não está sendo diferente nesta quadra de nossa história, onde um governo neoliberal de ultradireita faz uso da crise para reviver e renovar seu perfil "mandonista", na linha da efetivação de um profundo retrocesso na redução e supressão dos "valores sociais do trabalho", fundamentos de nossa Carta Magna, que vai sendo paulatina e continuamente dilacerada por emendas constitucionais casuais, específicas e contrárias ao seu cerne material.

Conclusão

Na quadra atual da interpretação do direito em nosso país é patente a submissão do direito à economia, havendo pouca hesitação em se decidir contrariamente aos valores jurídicos positivados na Carta Magna de 1988. A proteção aos direitos fica em segundo plano, ou nem ficam. Não obstante, é oportuno se afirmar que não é a eficácia da arrecadação financeira nem o déficit das contas públicas que devem

---

[19] SARLET, Ingo Wolfgang. Verbete: Proibição de Retrocesso. *In*: TORRES, Ricardo Lobo; KATAOKA, Eduardo Takemi; GALDINO, Flavio; TORRES, Silva Faber (Org.). *Dicionário Jurídico de Princípios Jurídicos*. Rio de Janeiro: Elsevier, 2011. p. 1.060.

[20] SCHWARCZ, Lilian Moritz. *Sobre o autoritarismo brasileiro*. São Paulo: Companhia das Letras, 2019, p. 232.

justificar a interpretação do art. 23, §§1º e 2º, da LRF, mas sim a sua conformidade com os valores sociais e princípios constitucionais previstos no Texto Maior. O quanto essa forma de conceber o direito tem feito falta aos juristas brasileiros!

A não submissão do direito às conjecturas econômicas do momento e a apologia firme, vigorosa e intensa da supremacia do Texto Constitucional também devem prevalecer sobre os interesses episódicos do poder constituinte derivado e do legislador complementar, evitando assim que através de PECs (Proposta de Emenda à Constituição nºs 186/2019 e 188/2019) ou LC (Lei Complementar) alterações na CF ou na LRF venham a restringir o direito social da irredutibilidade de vencimentos dos servidores públicos em face do "conceito material" de Constituição que abriga em seu conteúdo "os valores sociais do trabalho" e o "princípio da proibição de retrocesso" como sustentáculos da República Federativa do Brasil.

A responsabilidade na gestão fiscal está submetida aos direitos fundamentais sociais postos na Constituição, e não o contrário. Aos economistas, a economia; aos juristas, o direito; e acima de ambos os valores sociais do trabalho como princípio fundamental da República Federativa do Brasil, art. 1º, IV, da nossa Constituição Federal, valores estes materializados como limites jurídicos ao legislador constituinte derivado através da proteção social à irredutibilidade dos vencimentos dos servidores públicos.[21]

---

[21] *Post scriptum*: Em 24.06.2020, por maioria de votos, o Plenário do Supremo Tribunal Federal (STF) declarou inconstitucional qualquer interpretação de dispositivos da Lei de Responsabilidade Fiscal (LRF – Lei Complementar nº 101/2000) que permita a redução de vencimentos de servidores públicos para a adequação de despesas com pessoal. Na sessão desta quarta-feira (24), o colegiado concluiu o julgamento da Ação Direta de Inconstitucionalidade (ADI) nº 2.238, ajuizada pelo Partido Comunista do Brasil (PcdoB), pelo Partido dos Trabalhadores (PT) e pelo Partido Socialista Brasileiro (PSB). O dispositivo declarado inconstitucional é o parágrafo 2º do artigo 23, justamente o tematizado durante todo esse nosso ensaio. O dispositivo faculta a redução temporária da jornada de trabalho com adequação dos vencimentos à nova carga horária, caso sejam ultrapassados os limites definidos na lei para despesas com pessoal nas diversas esferas do poder público. Para a maioria dos ministros, a possibilidade de redução fere o princípio da irredutibilidade salarial. O julgamento teve início em fevereiro de 2019 e foi suspenso em agosto, para aguardar o voto do ministro Celso de Mello. Na ocasião, não foi alcançada a maioria necessária à declaração de inconstitucionalidade das regras questionadas. O relator, ministro Alexandre de Moraes, votou pela improcedência da ação por entender possível a redução da jornada e do salário. Seguiram seu voto os ministros Luís Roberto Barroso e Gilmar Mendes. O presidente do STF, ministro Dias Toffoli, propôs um voto médio, no sentido de que a medida só poderia ser aplicada depois de adotadas outras medidas previstas na Constituição Federal, como a redução de cargos comissionados, e atingiria primeiramente servidores não estáveis. O ministro Edson Fachin abriu a divergência, por entender que não cabe flexibilizar o mandamento constitucional da irredutibilidade de salários para

Referências

BRITTO, Carlos Ayres. *Teoria da Constituição*. Rio de Janeiro: Forense, 2003.

CUCOLO, Eduardo. *Especialistas lamentam maioria no STF contra redução de salário de servidores*. Disponível em: https://www1.folha.uol.com.br/mercado/2019/08/especialistas-lamentam-maioria-no-stf-contra-reducao-de-salario-de-servidores.shtml. Acesso em: 7 nov. 2019.

FUCK, Luciano Felício; AFONSO, José Roberto. A Lei de Responsabilidade Fiscal e o STF: redução de jornada de trabalho. *Revista Consultor Jurídico on-line*. Disponível em: https://www.conjur.com.br/2016-out-23/observatorio-constitucional-lrf-supremoreducao-jornada-trabalho. Acesso em: 5 nov. 2019.

MOURA, Rafael Moraes. Toffoli remarca para 2 de abril conclusão de julgamento sobre redução de salário de servidor. Disponível em: https://politica.estadao.com.br/blogs/fausto-macedo/toffoli-remarca-para-2-de-abril-conclusao-de-julgamento-sobre-reducao-de-salario-de-servidor/. Acesso em: 3 fev. 2020.

NOGUEIRA, Roberto Wagner Lima. *A agonia orçamentária dos municípios fluminenses*. Diagnóstico e administração de conflito. Disponível em: https://rwnogueira.jusbrasil.com.br/artigos/622986175/a-agonia-orcamentaria-dos-municipios-fluminenses?ref=topic_feed. Acesso em: 7 nov. 2019.

RIBEIRO, Ana Paula. *Maia lamenta voto da maioria do STF contra redução de salário dos servidores*. Disponível em: https://oglobo.globo.com/economia/maia-lamenta-voto-da-maioria-do-stf-contra-reducao-salario-dos-servidores-23896615. Acesso em: 7 nov. 2019.

SARLET, Ingo Wolfgang. *A eficácia dos direitos fundamentais*. Porto Alegre: Livraria do Advogado. 2003.

SARLET, Ingo Wolfgang. Verbete: Proibição de Retrocesso. *In*: TORRES, Ricardo Lobo; KATAOKA, Eduardo Takemi; GALDINO, Flavio; TORRES, Silva Faber (Org.). *Dicionário Jurídico de Princípios Jurídicos*. Rio de Janeiro: Elsevier, 2011.

SCHWARCZ, Lilian Moritz. *Sobre o autoritarismo brasileiro*. São Paulo: Companhia das Letras, 2019.

SUPREMO TRIBUNAL FEDERAL – STF. ADI 2.238-5. Relator: Ministro Ilmar Galvão. Disponível em: https://portal.stf.jus.br/processos/detalhe.asp?incidente=1829732. Acesso em: 5 nov. 2019.

---

gerar alternativas menos onerosas ao Estado. A ministra Rosa Weber e os ministros Ricardo Lewandowski, Luiz Fux, e Marco Aurélio votaram no mesmo sentido. A ministra Cármen Lúcia acompanhou em parte a divergência, ao entender que é possível reduzir a jornada de trabalho, mas não o vencimento do servidor. O decano, ministro Celso de Mello, se alinhou à corrente aberta pelo ministro Edson Fachin no sentido da violação ao princípio da irredutibilidade dos salários prevista na Constituição. Com o voto do ministro, a Corte confirmou decisão liminar deferida na ação e declarou a inconstitucionalidade do parágrafo 2º do artigo 23 da Lei de Responsabilidade Fiscal e de parte do parágrafo 1º do mesmo artigo, de modo a obstar interpretação de que é possível reduzir os vencimentos de função ou de cargo provido. Disponível em: http://portal.stf.jus.br/noticias/verNoticiaDetalhe.asp?idConteudo=446218&tip.=UN. Acesso em: 22 jul. 2020.

SUPREMO TRIBUNAL FEDERAL. *LRF: Suspenso julgamento sobre a redução de vencimentos de servidores para adequação de despesas com pessoal.* Disponível em: http://www.stf.jus.br/portal/cms/verNoticiaDetalhe.asp?idConteudo=421330. Acesso em: 7 nov. 2019.

SUPREMO TRIBUNAL FEDERAL. ADI 939-DF. Disponível em: https://stf.jusbrasil.com.br/jurisprudencia/748749/acao-direta-de-inconstitucionalidade-adi-939-df. Acesso em: 11 nov. 2019.

TUROLLO JR., Reynaldo. *STF forma maioria contra redução de salário de servidores prevista na LRF.* Disponível em: https://www1.folha.uol.com.br/mercado/2019/08/stf-faz-maioria-contra-reducao-de-salario-de-servidor.shtml. Acesso em: 7 nov. 2019.

Informação bibliográfica deste texto, conforme a NBR 6023:2018 da Associação Brasileira de Normas Técnicas (ABNT):

NOGUEIRA, Roberto Wagner Lima. A propósito do art. 23, §§1º e 2º, da Lei de Responsabilidade Fiscal: redução da jornada de trabalho e vencimentos de servidor público. *In*: FIRMO FILHO, Alípio Reis; WARPECHOWSKI, Ana Cristina Moraes; RAMOS FILHO, Carlos Alberto de Moraes (Coord.). *Responsabilidade na gestão fiscal*: estudos em homenagem aos 20 anos da lei complementar nº 101/2000. Belo Horizonte: Fórum, 2020. p. 425-445. ISBN 978-65-5518-034-3.

O NOVO REGIME DE TRANSFERÊNCIAS VOLUNTÁRIAS INTERGOVERNAMENTAIS E A LRF: A DISPUTA PELOS CÓDIGOS ORÇAMENTÁRIOS

SABRINA NUNES IOCKEN

SONIA ENDLER DE OLIVEIRA[1]

Não são os números que são interessantes.
É o que eles contam sobre a vida [...].
Rosling[2]

1 Introdução

No ano em que a Lei de Responsabilidade Fiscal completa 20 anos, a escassez de recursos, agravada pela crise econômica mundial,

---

[1] Em conjunto, as autoras, além da recente publicação do artigo "Controle das contas governamentais: *moneyball* para as políticas públicas", Revista Controle Externo – Tribunal de Contas do Estado de Goiás, 2019, têm utilizado os debates teóricos para o desenvolvimento e a aplicação de um novo modelo de apreciação da prestação das contas municipais no âmbito do TCE/SC.

[2] ROSLING, Hans. *Factfulness:* o hábito libertador de só ter opiniões baseadas em fatos. Tradução de Vitor Paolozzi. 2. ed. Rio de Janeiro: Record, 2019, p. 30.

acirra a disputa pelos CÓDIGOS orçamentários. É nesse cenário que o regime das transferências voluntárias intergovernamentais alcança significativa importância, sobretudo, em face do crescente volume de recursos, cujos patamares assumem a grandeza dos bilhões.

O presente capítulo lança o olhar sobre a sistemática do regime de transferências voluntárias intergovernamentais, que, ao contrário dos critérios igualitários da repartição obrigatória, busca combater a desigualdade social e econômica com a desigualdade orçamentária para, e sob o comando do federalismo cooperativo, gerar igualdade e desenvolvimento. Com tais premissas, ergueu-se o art. 25 da LRF, prevendo a "entrega de recursos correntes ou de capital a outro ente da Federação, a título de cooperação, auxílio ou assistência financeira".

Após duas décadas, vivencia-se um cenário diverso, com significativas alterações no texto constitucional, diante da promulgação das EC nºs 86, 100, 102 e 105, com as quais a intensidade das disputas políticas promove a inserção de novas premissas que alteram de forma profunda o regime das transferências voluntárias. Soma-se a isso, o *disclose*[3] dos códigos que encobertam práticas ineficientes e custosas com fins exclusivamente políticos e que põem em xeque o discurso da igualdade social e econômica.

Modificações significativas no Texto Constitucional estruturam o arcabouço de um novo regime das transferências voluntárias que transcende as bases normativas legais e acabam por trazer para o debate político-jurídico não apenas as bases do pacto federativo e da repactuação orçamentária, mas também a necessidade de uma administração mais ágil, eficiente e com menores custos burocráticos.

O Sistema de Gestão de Convênios e Contratos de Repasse utilizado, desde 2008, para a transferência de recursos por meio de convênios e contratos de repasse contribuiu para a capturação dos dados no ciclo de transferência, que é composto por três fases: celebração, execução e prestação de contas. No âmbito federal, relatórios de auditoria da CGU são estruturados a partir desses dados, relatando, por exemplo, a movimentação de R$ 90 bilhões, entre 2008 e 2016, por meio de aproximadamente 150 mil instrumentos celebrados entre os entes da Federação. Da mesma forma, o TCU aprofunda os questionamentos não apenas em relação aos custos operacionais dessa movimentação,

---

[3] O termo faz referência à percepção da quebra do código, da divulgação, da revelação do que antes era oculto, portanto, ao momento em que as mudanças acabam sendo impulsionadas. Vide SUNSTEIN, Cass R. *How change happens*. Cambridge, MA: MIT, 2019.

mas também em relação aos resultados obtidos em razão dessas transferências.

As mudanças constitucionais recentes, contudo, encurtam o ciclo, modificam critérios e lançam desafios ao controle, que, se aproveitados adequadamente, podem gerar mudanças em escalas muito superiores, possibilitando que a avaliação de custos-benefícios seja de fato implementada a partir de dados que, ainda hoje, não estão estruturados.

Assim, este capítulo está dividido em dois momentos. No primeiro, busca-se delinear o próprio regime das transferências voluntárias e as variações decorrentes das mudanças constitucionais e legais, trazendo ao final uma abordagem prática de sua operacionalização. No segundo momento, o recorte põe ênfase no que está por vir, a partir de iniciativas que indicam uma direção não apenas para o próprio processo de repasse de recursos, mas também para o "Sistema Tribunais de Contas".

2 A fotografia constitucional do regime das transferências voluntárias intergovernamentais

Sob as bases teóricas do federalismo cooperativo,[4] o regime das transferências voluntárias intergovernamentais insere-se nas diretrizes de articulação e de coordenação da União com os demais entes federativos, com o objetivo de promover ajustes orçamentários necessários para a redução das desigualdades regionais, especialmente as de caráter social e econômico, com o propósito maior de fomentar o desenvolvimento nacional como um todo.

No âmbito do Estado Federal Brasileiro, a repartição dos recursos públicos ocorre basicamente por meio de dois mecanismos: o primeiro, e que representa o percentual mais significativo dos recursos transferidos entre as unidades federadas, operacionaliza-se mediante repasse dos valores na forma prevista na Constituição Federal, por meio da repartição das receitas tributárias, ou repasse por fundos, ambos caracterizadores das transferências obrigatórias de recursos, com regras vinculadas sobre *quem* irá receber e o *quantum*.

O segundo, e que também representa um volume significativo por romper o patamar de bilhões, mas inferior ao das transferências

---

[4]   Sobre o federalismo cooperativo e as transferências voluntárias, vide DALLAVERDE, Alexsandra Katia. *As transferências voluntárias no modelo constitucional brasileiro*. Série Direito Financeiro. Coordenação: José Maurício Conti. São Paulo: Blucher, 2016. [livro eletrônico].

obrigatórias, operacionaliza-se mediante as transferências voluntárias, cujo procedimento era realizado, principalmente, mediante acordos de cooperação, como os convênios e os contratos de repasses,[5] com a definição específica da finalidade para a qual os recursos estariam sendo repassados. A sistemática apresentava algumas dificuldades operacionais, como: o despreparo de muitos municípios para a elaboração de projetos; os custos operacionais para o recebimento, como a criação de conta específica e taxas bancárias com percentuais altos; e também os custos em que a demora nos repasses dos valores acarretava para a administração local/regional.

Assim, de fato, era necessário aprimorar o modelo das transferências voluntárias. E, nesse sentido, pode-se constatar que recentes emendas constitucionais modificaram o mecanismo de operacionalização dessas transferências, sobre um percentual destas. Ocorre que tais alterações acabaram por revelar uma segunda problemática central, relacionada à própria natureza dessas transferências. Em outros termos, a pergunta é, será que a repactuação orçamentária mediante as transferências voluntárias está de fato correlacionada à visão de planejamento nacional referente aos aspectos sociais e econômicos, ou se assiste a um processo metamorfósico, no qual tais dotações orçamentárias se tornaram um mecanismo paralelo de disputa para correção das deficiências gerais do modelo vigente das transferências obrigatórias?

Um panorama constitucional.

O regime das transferências voluntárias, contemplado nos arts. 165, 166 e 166-A da Constituição Federal, tem sofrido significativas e recentes modificações. Primeiramente, a Emenda Constitucional nº 86, de 2015, alterou a disciplina da execução da programação orçamentária prevista no artigo 166 da Constituição Federal, tornando obrigatória a execução das emendas parlamentares, limitadas a 1,2% (um inteiro e dois décimos por cento) da receita corrente líquida prevista no projeto encaminhado pelo Poder Executivo. Trata-se das emendas parlamentares individuais de execução obrigatória ou também denominadas de emendas impositivas.

A LDO do exercício seguinte, de 2016, por sua vez, estendeu para emendas de bancada estadual daquele ano a obrigatoriedade da execução de 0,6% da receita corrente líquida do exercício anterior. Em 2018, a LDO manteve a previsão de execução obrigatória, mas não

---

[5] Esses não são os únicos instrumentos, mas são os mais utilizados.

definiu um percentual da receita corrente líquida a ser reservada para essas emendas.

Uma ampliação gradativa que acabou culminando na Emenda Constitucional nº 100, de junho de 2019, a qual tornou obrigatória a execução da programação orçamentária proveniente de emendas de bancada de parlamentares de Estado ou do Distrito Federal. A modificação constitucional ampliou a obrigatoriedade para o montante de até 1% (um por cento) da receita corrente líquida realizada no exercício anterior.

Em seguida, a Emenda Constitucional nº 102, de setembro de 2019, alterou novamente o art. 165, ampliando o rol de requisitos em relação ao "dever da administração de executar as programações orçamentárias", inserindo também a possibilidade no §14 de a lei orçamentária anual poder conter previsões de despesas para exercícios seguintes, com a especificação dos investimentos plurianuais e daqueles em andamento.

Mais recentemente, a Emenda Constitucional nº 105, de dezembro de 2019, acrescentou o art. 166-A à Constituição Federal, para autorizar a transferência de recursos federais a Estados, ao Distrito Federal e a Municípios mediante emendas ao projeto de lei orçamentária anual. Criou-se, então, duas categorias dentro das transferências voluntárias, a transferência especial e a transferência com finalidade definida.

Ainda que haja o componente político, a sua essência está constitucionalmente vinculada aos aspectos sociais e econômicos das regiões ou localidades identificadas como as de maior demanda. Mas as recentes modificações constitucionais têm revelado muito mais do que a tensão política[6] do modelo do presidencialismo de coalizão, pois, com as emendas impositivas, a tensão política desloca-se para o próprio Legislativo, que chama para si uma parcela mais expressiva da responsabilidade na execução orçamentária, ampliando o volume de recursos destinado às suas bases eleitorais.

Em estudo recente, Resende[7] aborda, a partir dos dados de sua pesquisa, a correlação direta retroalimentada entre as localidades e os

---

[6] Porque a história é antiga... No clássico tratado sobre o orçamento, o prof. Ricardo Lobo Torres contextualiza de modo aprofundado a tensão da constituição orçamentária com os poderes constituídos, com o setor econômico e com o próprio pacto decorrente dos direitos sociais: "[...] toda a discussão que se travou no século passado, por exemplo, sobre a natureza material ou formal da lei orçamentária teve por base a luta entre o Legislativo e a Administração para o controle do Estado". TORRES, Ricardo Lobo. *Tratado de Direito Constitucional Financeiro e Tributário*. Vol. V: o orçamento na Constituição. Rio de Janeiro: Renovar, 2008.

[7] RESENDE, Fernando. *Conflitos federativos*: esperanças e frustrações: Em busca de novos caminhos para a solução. Belo Horizonte: Fórum, 2016. p. 97.

projetos contemplados com a destinação de recursos e a ampliação da base eleitoral. Nas palavras do professor Resende, "se de um lado, esse fato contribui para concentrar poder econômico e capacidade de gerar empregos de melhor qualidade, que atraem população e aumentam o quociente eleitoral dessas microrregiões. De outro, reforça a conexão entre as respectivas lideranças locais e o governo central, o que se traduz na capacidade de atrair recursos financeiros e maiores vantagens na distribuição de recursos do orçamento federal".[8]

O somatório desses vetores, de acordo com Resende, repercute na política sob as formas do aumento de concentração espacial dos votos e da capacidade de os partidos vencerem as eleições para o Executivo municipal, ampliando o "seu potencial de vitória nas eleições proporcionais subsequentes, ampliando suas bancadas no Congresso e seu cacife político".[9]

No mesmo sentido foi a conclusão decorrente de um levantamento realizado pelo TCU, no qual foram comparados, especificamente no Ministério das Cidades, a quantidade de emendas em cada Estado destinatário com o número de assentos na Câmara dos Deputados, constando que Estados mais populosos tendem a concentrar um maior número de emendas no Ministério das Cidades, em proporção superior ao número de deputados federais. Com efeito, o Estado de São Paulo, que possui 13,65% das cadeiras, é responsável por 20% das emendas sob a responsabilidade do MDR. O mesmo pode-se dizer de Minas Gerais, com representação de 10% do número de deputados, é responsável por 14% das emendas.[10]

Referida auditoria acabou conduzindo o TCU, por meio de decisão plenária constante no Acórdão nº 2704/2019, a emitir recomendação para

---

[8] RESENDE, 2016, p. 93.

[9] De acordo com os dados trazidos pelo autor, 846 municípios integram as microrregiões das cidades que são núcleos importantes da rede urbana e que correspondem a cerca de 17% do total de municípios brasileiros. As microrregiões nucleares acabam absorvendo a maioria absoluta dos investimentos, e esse padrão se reproduz nas cinco regiões geográficas nacionais, com destaque para o Nordeste e o Centro-Oeste, cujos investimentos em microrregiões foram dez e cem vezes maiores, respectivamente, do que os realizados nas microrregiões não nucleares. RESENDE, 2016, p. 97-99.

[10] TCU. Plenário TC-018.272/2018-5. Acórdão 2704/2019 – TCU – Plenário. Relator: Ministro Vital do Rêgo. Disponível em: https://pesquisa.apps.tcu.gov.br/#/documento/acordao-completo/1827220185.PROC/%2520/DTRELEVANCIA%2520desc%252C%2520NUMACO RDAOINT%2520desc/0/%2520?uuid=7a94be30-0ba1-11ea-904a-532da4922d1f. Acesso em: 03 abr. 2020.

a observância em relação aos objetivos de redução das desigualdades sociais e regionais e inter-regionais.[11]

A fotografia do momento, portanto, tem como cenário duas questões que acompanham a história do federalismo: na primeira, a disputa política entre Executivo e Legislativo para definir a quem cabe a destinação dos códigos orçamentários; e, na segunda, que diz respeito ao percentual do orçamento factível e (in)suficiente para a repartição por meio das regras discricionárias do regime das transferências voluntárias.

2.1 O novo regime jurídico das transferências voluntárias intergovernamentais: a operacionalização das transferências especiais

A sistemática das transferências voluntárias no âmbito da União, além do comando constitucional e das regras que subsidiam o art. 25 da LRF, possui regramento detalhado pelo Decreto nº 6.170/2007, regulamentado pela Portaria Interministerial nº 424/2016 com suas alterações. Tais normativos aplicam-se, no que couber, aos demais entes federados, observadas, ainda, as regulamentações próprias de cada ente.

Um papel importante é destinado à Secretaria do Tesouro Nacional (STN), que, na qualidade de órgão central do Sistema de Contabilidade Pública Federal, nos termos da Lei Federal nº 10.180/01 e do Decreto Federal nº 6.976/09, tem editado normativos com o objetivo de padronizar os procedimentos contábeis para os três níveis de governo,[12] garantindo, assim, a consolidação das contas e também proporcionando mais transparência às receitas e despesas públicas.

De acordo com as normativas editadas pela STN, considerando as características próprias que envolvem as transferências voluntárias, todo e qualquer valor repassado pela União para os demais entes da federação deve estar previsto no orçamento do ente recebedor (convenente), e o reconhecimento contábil da receita deve ser realizado no momento do efetivo recebimento do recurso, dada sua imprevisibilidade ou ausência de garantia real da transferência. Esse registro deve ser realizado em conta específica de receita criada para esta finalidade.

---

[11]   TCU. Plenário TC-018.272/2018-5.

[12]   Art. 50, §2º, da Lei Complementar nº 101/2000.

Por outro lado, no ente transferidor a contabilização das transferências voluntárias ocorre como despesa,[13] visto que não há uma determinação legal para a transferência. Contudo, para realizar o registro, deve ser observada a classificação da despesa nos moldes estabelecidos pela STN e admitidos pelos órgãos de controle. A contabilização precisa demonstrar claramente qual é a operação que está sendo realizada, justamente por isso o registro da despesa deve indicar a categoria econômica, o grupo de natureza da despesa, a modalidade de aplicação e, por fim, o elemento de despesa.[14]

Além das regras contábeis, que permitem a identificação dos valores transferidos e recebidos de transferências voluntárias, outra regra que auxilia no controle e acompanhamento da regular aplicação dos recursos decorre da exigência de conta bancária específica para a movimentação dos recursos, onde a respectiva contrapartida também é objeto de depósito.

É por meio desses registros que os órgãos de controle conhecem e acompanham os números. Portanto, em um primeiro momento, cabe ao ente repassador, por meio de seus mecanismos de controle, a verificação da regularidade da aplicação dos recursos na finalidade conveniada, mediante a análise da prestação de contas apresentada pelo beneficiário do recurso. No âmbito federal, tal função cabe à Controladoria-Geral da União (CGU).

Há também o controle externo,[15] exercido pelos Tribunais de Contas, amparado pelo art. 71, VI, da Constituição Federal, que consiste na fiscalização da aplicação de quaisquer recursos repassados pela União mediante convênio, acordo, ajuste ou outros instrumentos congêneres, a Estado, ao Distrito Federal ou a Municípios. Nesse sentido, compete ao Tribunal de Contas da União a fiscalização dos valores repassados pela União, e aos TCEs Estaduais, as transferências realizadas pelos respectivos governos estaduais.

Essas são, portanto, as regras sobre a operacionalização das transferências voluntárias. Com a recente alteração promovida pela

---

[13] Ou seja, não pode ser considerada uma dedução da receita, que é o caso das transferências constitucionais, como os repasses de FPE/FPM para estados e municípios.

[14] Manual de Contabilidade Aplicado ao Setor Público – Parte I: Procedimentos Contábeis Orçamentários. Aplicado à União, aos estados, ao Distrito Federal e aos municípios. Válido a partir do exercício de 2019. Portaria Conjunta STN/SOF n. 06, de 18 de dezembro de 2018, e Portaria STN n. 877, de 18 de dezembro de 2018.

[15] Vide LIMA, Luiz Henrique. *Controle Externo*: teoria e jurisprudência para os Tribunais de Contas. 7. ed. rev. e atual. Rio de Janeiro: Forense, 2018.

EC nº 105/2019, cria-se uma modalidade nova, estabelecida no inciso I do art. 166-A, a das transferências especiais.

O que difere a transferência especial das demais é, sobretudo, a forma como se dará o repasse dos recursos, na medida em que estes passam a ser encaminhados diretamente ao ente federativo beneficiado, sem a necessidade de convênio ou outro instrumento. Tal sistemática apresenta consequências importantes.

A primeira é a de pôr em discussão a quem cabe fiscalizar, visto que o recurso sai da União e é incorporado ao patrimônio do ente beneficiado, com depósito direto nas contas do FPE e FPM, dos Estados e Municípios, indicados pelos parlamentares como beneficiários. Deixam de existir exigências adicionais, como conta bancária específica, planos de trabalhos ou projetos, o que poderia fragilizar a fiscalização destes recursos. Tal preocupação também foi apontada por Costa,[16] para quem "a mudança acabou por atrair, portanto, a partir de então, a competência dos Tribunais de Contas Estaduais e Municipais, CGE, órgãos de controle interno dos Estados e municípios, bem como do Ministério Público Estadual para fiscalizarem tais recursos".

Com a mesma preocupação sobre a necessidade de definição de novos instrumentos em decorrência da Emenda Constitucional nº 105/19, Costa,[17] em sua análise crítica sobre *as recentes alterações introduzidas na Constituição Republicana, acentua o desafio que se impõe, mais uma vez, aos órgãos de controle, qual seja, o de* "criar mecanismos que permitam a verificação da regularidade da aplicação dos recursos transferidos a Estados e Municípios sob a nomenclatura de "transferências voluntárias".

Por certo que a sociedade da segunda década do século XXI se insere dentro de outras premissas de conectividade, de disponibilidade para abertura e transparência dos dados. Além disso, a proliferação de sensores e dispositivos inteligentes nos leva a um patamar distinto. Desse modo, ainda que não se utilize o Siconv para uma parcela das transferências voluntárias, isso não significa que estar-se-á retrocedendo em relação ao início do século, porque a tecnologia e o seu impacto no tecido social simplesmente configuram uma outra realidade.

Nesse contexto, para fins de viabilizar o controle e a efetivação das regras estabelecidas na Emenda Constitucional nº 105/2020, a Secretaria

---

[16] COSTA, Débora Coelho. Análise crítica sobre a nova Emenda Constitucional n. 105/2019. *Âmbito jurídico*. São Paulo, mar. 2020. Disponível em: https://ambitojuridico.com.br/cadernos/direito-constitucional/analise-critica-sobre-a-nova-emenda-constitucional-n-o-105-2019/. Acesso em: 08 abr. 2020.

[17] COSTA, 2020.

do Tesouro Nacional publicou a Nota Técnica SEI nº 193/2020/ME,[18] com orientações sobre os procedimentos a serem utilizados para os registros contábeis e esclarecimentos sobre os impactos na elaboração dos demonstrativos fiscais exigidos pela Lei de Responsabilidade Fiscal.

De acordo com a Nota Técnica STN nº 193/2020, o Anexo II da Portaria STN nº 642/2019 faz referência ao código de Fonte de Recursos específico (550) para o controle do inciso I (transferência especial) e um Complemento de Fonte (3110) para o controle de todas as emendas parlamentares individuais (incisos I e II do *caput* do art. 1º da EC nº 105/2019). Deve-se, ainda, utilizar os códigos de Fontes de Recursos relativos a transferências da União, conforme a área de autuação, para as transferências com finalidade definida (inciso II), para fins da Matriz de Saldos Contábeis.[19]

Tais procedimentos de contabilização também se destinam a identificar com precisão o montante repassado a título de transferências especiais e de transferências com finalidade definida, tendo em vista que ambas não integram o cálculo da Receita Corrente Líquida, para fins do cálculo dos limites da despesa com pessoal.

Assim, a fiscalização dessas transferências diretas deve ser realizada pelo Tribunal de Contas da União (TCU), pela Controladoria-Geral da União (CGU) e pelos órgãos de controle interno e tribunais de contas dos respectivos entes.

2.2 Regras permissivas e proibitivas: a problemática das transferências financeiras

Historicamente, o emaranhado de regras estabelecidas tem sido destacado como um dos principais problemas para que o recurso transferido cumpra o seu papel, especialmente o de minimizar as desigualdades sociais e econômicas dos entes federados.

Passados 20 anos, permanecem vigentes as exigências estabelecidas no art. 25 da Lei Complementar nº 101/2000 para que as transferências voluntárias efetivamente ocorram, entre as quais se destacam: i) existência de dotação específica; ii) observância do disposto no inciso X do art. 167 da Constituição (vedação para pagamento de despesas

---

[18] Disponível em: http://www.tesouro.fazenda.gov.br/publicacoes-e-orientacoes. Acesso em: 7 abr. 2020.

[19] Alguns Tribunais de Contas, como é o caso do TCE/SC, têm encaminhado regramento específico para o registro dessa receita, tendo em vista que não havia tal detalhamento nas regras contábeis que devem ser observadas para encaminhamento.

com pessoal ativo, inativo e pensionista com o valor transferido); e ainda iii) comprovação por parte do beneficiário: a) que se acha em dia quanto ao pagamento de tributos, empréstimos e financiamentos devidos ao ente transferidor, bem como quanto à prestação de contas de recursos anteriormente dele recebidos; b) cumprimento dos limites constitucionais relativos à educação e à saúde; c) observância dos limites das dívidas consolidada e mobiliária, de operações de crédito, inclusive por antecipação de receita, de inscrição em Restos a Pagar e de despesa total com pessoal; d) previsão orçamentária de contrapartida. Por fim, a lei determina a aplicação do recurso exclusivamente na finalidade pactuada.

A exceção, como foi visto, decorre em relação à transferência especial, cuja principal característica resulta da transferência direta dos recursos. As transferências diretas vieram no sentido de diminuir a distância temporal, momento da destinação do recurso, da autorização legal (aprovação do orçamento) com a efetiva execução de obras e a oferta de serviço no município beneficiário.

Apesar da alteração na forma como serão processados os recursos decorrentes de emendas parlamentares especiais, a EC nº 105/2019 estabelece que pelo menos 70% devem ser aplicados em despesas de capital, com exceção dos encargos referentes ao serviço da dívida,[20] face à remissão feita pelo §5º do art. 166-A ao inciso II do §1º do mesmo artigo, que veda a utilização desses recursos para o pagamento de despesas com pessoal e encargos referentes ao serviço da dívida. Ou seja, pelo menos 70% devem ser aplicados em investimentos e inversões financeiras.

Dentre as questões polêmicas, pode-se destacar os projetos em andamento, nos quais se inserem as obras paralisadas, conforme diagnóstico levantado na auditoria pelo TCU,[21] questionando-se a possibilidade de seleção de novos empreendimentos (projetos) aptos a receber recursos federais sem que haja a cobertura financeira e orçamentária suficiente para atender os que estão em andamento.

Outra questão polêmica decorre da possibilidade de utilização para pagamentos relativos a contratações por tempo determinado

---

[20] Segundo a STN, esse entendimento é corroborado pelos itens, retirados do Voto do Relator da Comissão Especial da Câmara dos Deputados destinada a proferir parecer à Proposta de Emenda à Constituição n. 048-A, de 2019, do Senado Federal, que "altera o art. 166 da constituição federal para autorizar a transferência de recursos federais a estados, ao Distrito Federal e a municípios mediante emendas ao projeto de lei do orçamento anual". Nota Técnica SEI n. 193/2020/ME. Assunto: Orientações sobre as Emendas Constitucionais n. 103 e 105, de 2019.

[21] TCU. Plenário TC 011.196/2018-1.

exclusivamente destinadas à execução de ações vinculadas aos respectivos convênios e ajustes. Recentemente, no Comunicado nº 18/2020, a Secretaria de Gestão da Secretaria Especial de Desburocratização, Gestão e Governo Digital, do Ministério da Economia, orientou os órgãos concedentes, convenentes e mandatários da União quanto à necessidade de observância dos comandos estabelecidos no §9º do art. 75 da Lei nº 13.898/19, LDO para 2020, autorizando a utilização de recursos em transferências voluntárias para o respectivo pagamento.[22]

O debate da própria natureza das transferências também tem impactos relevantes. Em recente decisão, o TCU definiu a natureza jurídica bem como a classificação das transferências federais no âmbito do Programa Nacional de Alimentação Escolar (PANE), do Programa Nacional de Apoio ao Transporte do Escolar (PNATE) e do Programa Dinheiro Direto na Escola (PDDE). Em que pese haver divergências sobre a temática, a ministra Ana Arraes, relatora do processo, considerou como fator determinante para que se possa diferenciar a transferência obrigatória – ou incondicional – da transferência voluntária a imposição de exigência por parte do ente concedente para a realização do repasse dos recursos, conforme concluiu o Plenário do TCU nos Acórdãos 1.631/2006 e 2.638/2013, relatados, respectivamente, pelos ministros Augusto Sherman Cavalcanti e José Jorge.

Nesse contexto, por serem recursos transferidos a título de cooperação e mediante o atendimento de diversos requisitos impostos pelo ente concedente, o Acórdão 3.061/2019 do Plenário do TCU[23] ratificou a natureza de transferência voluntária dos recursos repassados por meio dos programas PNAE, PNATE e PDDE.

Tais divergências corroboram a visão do Ministro-Substituto do TCU Weder de Oliveira em sua clássica obra sobre Responsabilidade Fiscal,[24] para quem a regulação das transferências tem-se caracterizado ao longo dos anos por movimentos oscilantes de restrições e flexibilizações de detalhamentos sempre crescentes.

---

[22] Há posicionamentos anteriores do TCU em sentido diverso, mas anteriores à respectiva lei. TCU. Plenário Acórdão n. 2588/2017.

[23] TCU. Plenário TC 027.076/2016-4.

[24] OLIVEIRA, Weder de. *Curso de Responsabilidade Fiscal*. Belo Horizonte: Fórum, 2013. Disponível em: https://www.forumconhecimento.com.br/livro/1137. Acesso em: 8 abr. 2020.

2.3 O que a análise dos dados e códigos evidenciam

Com o objetivo de aprimorar a aplicação dos recursos públicos oriundos de emendas parlamentares, os mecanismos de controle interno e externo têm avaliado de forma sistêmica o regime das transferências voluntárias.

Cite-se, como exemplo, no âmbito da CGU, a Auditoria nº 201700374,[25] que teve como abrangência cerca de R$90 bilhões entre 2008 e 2016, por meio de aproximadamente 150 mil instrumentos celebrados entre os entes da Federação. O foco dessa auditoria foi a eficiência e eficácia das transferências voluntárias concedidas pela União, a consistência do processo e do sistema utilizado, bem como a identificação de causas que impactam na execução dos instrumentos.

Em suas conclusões, o Relatório CGU aponta que, apesar do esforço no aprimoramento do processo de transferências voluntárias, este ainda se mostra "excessivamente moroso, pouco eficiente e eficaz". Destaca-se dentre os achados da auditoria em relação às variáveis tempo, custos e eficiência: i) o tempo de finalização dos instrumentos elevado, atingindo média histórica de 5,16 anos, com tendência de crescimento, e destaque negativo para os instrumentos relacionados à aquisição de bens; ii) o desequilíbrio entre a capacidade operacional dos órgãos concedentes e o volume de trabalho despendido, gerando um passivo de 10.563 instrumentos que aguardam a análise da prestação de contas; iii) o tempo de execução similar de pequenos e médios instrumentos, indicando baixo custo de oportunidade de assinatura de instrumentos de baixo valor; iv) 4.280 instrumentos pendentes de envio da prestação de contas há mais de 120 dias, portanto, irregulares quanto ao dever de comprovar a boa e regular aplicação de recursos na ordem de R$1.241.544.845,00; v) existência de 319 instrumentos inativos com saldo em conta, somando recursos no valor de R$25.048.958,32; vi) elevado volume de valores depositados em contas de convênios e contratos de repasse, atingindo o montante de R$6.889.940.715,64, referente a 23.741 instrumentos; vii) ausência de estudos e medidas para avaliar a compatibilidade entre os recursos demandados para finalização dos instrumentos em execução e atual disponibilidade orçamentária e financeira da União.

Tais achados decorrentes da auditoria da CGU acendem um alerta sobre o modelo existente, apontando que, de fato, é preciso remodelar

---

[25] BRASIL. CGU. *Avaliação da Gestão das Transferências Voluntárias da União.* Brasília, abril 2018. Disponível em: https://auditoria.cgu.gov.br/download/11014.pdf. Acesso em: 03 abr. 2020.

o mecanismo em que se operacionaliza as transferências voluntárias, de modo a proporcionar que os resultados sejam efetivamente positivos.

No âmbito do TCU, o Acórdão nº 2704/2019 do Plenário, relativo ao Processo TC-018.272/2018-5, coloca a lupa nas emendas parlamentares individuais, processando as diversas etapas do ciclo das transferências de recursos, desde a formulação, o processamento e a execução, até a verificação da aderência das emendas parlamentares às políticas públicas. Foi constatado que: i) inexiste um levantamento prévio de necessidades que subsidie a destinação de recursos de emendas parlamentares; ii) o tempo para conclusão de obras descentralizadas é sim excessivamente longo e comprometedor à eficácia da aplicação dos recursos;[26] iii) a pulverização dos recursos para pequenos projetos, ocorrente no caso de emendas, tende a acarretar um custo operacional mais considerável do que na execução de políticas públicas estruturadas diretamente pelos órgãos setoriais.

Conclui-se, portanto, que um dos pontos que foram levantados nas respectivas auditorias está vinculado aos altos custos bancários pela intermediação da instituição financeira, no caso a Caixa Econômica Federal. Ademais, há levantamentos que apontam a não eficiência em relação aos procedimentos de verificação e análise realizados pela respectiva instituição financeira. Assim, no que se refere especificamente aos custos operacionais, o modelo de transferências especiais proposto pela EC nº 105/19 significa uma mudança que pode ser positiva ao regime de transferências. Por outro lado, persiste a preocupação de que a sistemática da transferência direta signifique a ausência de controle, tema que será desenvolvido no próximo item.

Desse modo, por ora, tem-se a convergência em relação à necessidade de aprimoramento da governança dos recursos públicos aplicados, com a disponibilização de dados e informações gerenciais para a tomada de decisão, com a redução de prazos de execução e de custos operacionais, e, por fim, com o aumento da transparência, de modo a promover a melhoria na aplicação com qualidade dos incentivos públicos.

---

[26] De acordo com o levantamento do TCU, tal fato não é inerente apenas à condição da transferência de recursos ser amparada por emendas. Ressalta, contudo, que foi constatado que a transferência de fundo a fundo, mais frequente na área da saúde, tem se revelado mais ágil na consecução dos objetivos e mais seletiva quanto às prioridades.

3 A governança pública e a matriz do controle

Podem-se elencar duas mudanças significativas que ocorreram desde a promulgação da Lei de Responsabilidade Fiscal, em 2000: o avanço da tecnologia da informação e o paradigma da boa governança pública.

Hoje, a inteligência artificial[27] já faz parte do presente e é um obstáculo a retrocessos em relação aos avanços da transparência e do controle do uso do dinheiro público.[28] O quantitativo de dados estruturados pela inteligência artificial (AI – *Artificial Intelligence*) permite ao sistema de controle um incremento sem precedentes em relação à correta aplicação dos recursos coletivos.

Contudo, a inteligência artificial e os novos recursos tecnológicos são apenas ferramentas, instrumentos que permitem e possibilitam a ampliação de decisões políticas, sociais e econômicas. Assim, o presente estudo adota a boa governança pública como símbolo da diretriz finalística, ou seja, como a moldura conceitual no que concerne às ações públicas direcionadas para a prática[29] de combate à ineficiência, à corrupção, ao mau uso da máquina pública.

A boa governança pública se traduz, por assim dizer, em Administração Pública eficiente, ágil e menos burocrática, que pressupõe mais do que o simples discurso retórico, sendo necessário que haja aderência das decisões e práticas com tal diretriz finalística.

Assim, conforme já visto, o modelo hoje existente de transferência voluntária apresenta deficiências que precisam ser corrigidas, de modo que a simplificação promovida pela EC nº 105, com as transferências especiais, pode impulsionar um avanço. Não é pelo fato de não serem processadas via instituição bancária, ou mesmo, via sistema Siconv, que estarão fora do controle. Por certo que as mudanças constitucionais exigirão uma adaptação em relação ao modelo existente, para que

---

[27] A fase da IA da percepção permite que os algoritmos possam agrupar *pixels* de uma foto ou vídeo em grupos significativos e reconhecer objetos da mesma maneira que o nosso cérebro. O que também tem ocorrido com os dados de áudio. Sobre alguns relatos práticos sobre a temática vide LEE, Kai-Fu. *Inteligência Artificial*: como os robôs estão mudando o mundo, a forma como amamos, nos relacionamos, trabalhamos e vivemos. Rio de Janeiro: Globo Livros, 2019.

[28] Ainda que muitos *códigos* permaneçam fechados, aberturas cada vez mais disruptivas começam a dar visibilidade "à rota" dos recursos públicos.

[29] Sobre as práticas que conduziram Abhijit Banerjee, Esther Duflo e Michael Kremer ao prêmio Nobel de Economia 2019, vide BANERJEE, Abhijit; DUFLO, Esther. *A economia dos pobres*: repensar de modo radical a luta contra a pobreza global. Tradução Pedro Vidal, Portugal: Temas & Debates, 2012.

os dados dos destinatários dos recursos possam estar mais bem estruturados, com um quantitativo maior de informações e de forma mais instantânea. Mas o reforço produtivo na análise dos dados em decorrência da tecnologia da informação não permitirá mais códigos invisíveis.

3.1 O direcionamento do Executivo: o modelo de excelência da gestão (MEG-Tr)

A gestão dos recursos orçamentários tem sido induzida por uma nova abordagem que se aproxima do campo privado no que se refere à busca da eficiência nos resultados e na geração de valor à sociedade. Ainda que ausente a cultura de competitividade no âmbito público, os planejamentos estratégicos, as matrizes de riscos e a avaliação de resultados têm sido, cada vez mais, incorporados no dia a dia da Administração Pública, com ferramentas de eficiência e otimização do gasto público.

No campo normativo, essa nova abordagem foi intitulada de governança pública, pelo art. 2º do Decreto nº 9.203/17, sendo definida como um conjunto de mecanismos de liderança, estratégia e controle postos em prática para avaliar, direcionar e monitorar a gestão, com vistas à condução de políticas públicas e à prestação de serviços de interesse da sociedade.

Esse conjunto de mecanismos está sendo gradativamente disciplinado e também impacta no regime das transferências voluntárias, como a edição da Portaria nº 66/17, que, no âmbito do Poder Executivo federal, elencou critérios de excelência para a governança e gestão de transferências de recursos da União, operacionalizadas por meio do Sistema de Gestão de Convênios e Contratos de Repasse (Siconv). Tais critérios, contudo, não são restritivos ao sistema Siconv, pois são, em sua essência, desdobramentos da diretriz finalística da boa governança pública.

Seguindo a mesma linha, recentemente, o Ministério da Economia publicou a Instrução Normativa nº 05/19, a qual estabelece um modelo de excelência para a gestão municipal,[30] cujos fundamentos estão estruturados em sete microestruturas: i) governança; ii) estratégias e

---

[30] BRASL. Ministério da economia. *Modelo de Excelência em Gestão – MEG-Tr*. Disponível em: http://plataformamaisbrasil.gov.br/modelo-de-excelencia-em-gestao-meg-tr. Acesso em: 8 abr. 2020.

planos; iii) sustentabilidade; iv) compromisso com as partes interessadas; v) capital intelectual; vi) orientação por processos; e vii) geração de valor público (resultados).

A implementação do MEG-Tr tem ocorrido de forma gradativa[31] nos municípios. Cita-se, como um dos municípios pilotos nesse projeto, o de Gaspar-SC. Dentre as medidas inicialmente adotadas, tem-se a constituição de um Comitê de Governança e Gestão, por meio de decreto municipal,[32] para aplicação do Instrumento de Melhoria da Gestão das Transferências da União – IMG-Tr, com a produção do Relatório de Práticas, para cadastro no sistema, pontuação, validação externa e certificação pela respectiva plataforma.

Tais iniciativas apontam para um novo estágio da governança pública, no qual o regime das transferências voluntárias caminha de forma conjunta. Verifica-se a ausência, ainda, de uma maior aproximação do modelo de excelência da gestão pública com os Tribunais de Contas, que podem, através de suas competências, contribuírem para o aprimoramento do modelo de transferência. Ressalta-se que algumas dificuldades operacionais tendem a ser minimizadas, dada a proximidade do controle externo com os Municípios.

Com efeito, os Tribunais de Contas têm um papel relevante na qualificação da estrutura administrativa pública, sobretudo em relação aos pequenos municípios, cujas dificuldades operacionais são ainda maiores. Há, portanto, uma convergência no que se refere à atuação indutora da melhoria da gestão pública sob as microestruturas delineadas pelo Modelo de Excelência da Gestão Pública e as competências típicas dos Tribunais de Contas.

3.2 Os desafios ao "Sistema Tribunais de Contas"

A própria Lei de Responsabilidade Fiscal elenca a competência dos Tribunais de Contas para o exame das contas públicas e, nessas duas décadas, mudanças significativas ocorreram nos TCs, contribuindo para o seu aperfeiçoamento.[33]

---

[31] Os prazos previstos inicialmente foram postergados em decorrência das medidas minimizadoras dos efeitos da pandemia do coronavírus.

[32] O Decreto do Município de Gaspar nº 8.934/19 institui o Comitê de Governança Institucional do Poder Executivo do Município com o objetivo de apoiar e contribuir para a implementação e o contínuo desenvolvimento de diretrizes estratégicas e boas práticas de governança, com base na legislação vigente.

[33] O modelo dos TCs ainda é objeto de muitas críticas por parte da sociedade e seu aperfeiçoamento tem sido debatido no âmbito de PECs que tramitam no Congresso Nacional.

Pode-se exemplificar como um dos avanços o desenvolvimento de um instrumento de avaliação dos 33 Tribunais de Contas, denominado Programa Qualidade e Agilidade dos Tribunais de Contas (QATC), que tem por objetivo trazer uniformidade para os Tribunais de Contas, alinhando-os com as diretrizes nacionais e internacionais. Essa ferramenta de mensuração foi denominada de Marco da Medição de Desempenho dos Tribunais de Contas (MMD-TC), cuja aplicação ocorre a cada dois anos. O MMD-TC adota a metodologia que se assemelha à da *Supreme Audit Institutions – Performance Measurement Framework* (SAI PMF), da Intosai.

A utilização dessa ferramenta possibilitou a capturação de dados dos 33 Tribunais de Contas, com o objetivo de traçar diretrizes comuns em relação a 499 quesitos. Isso, em certa medida, fomentou maiores uniformização e alinhamento dos Tribunais de Contas, indicando uma aproximação com um modelo que, neste estudo, denominamos, por ora, de "Sistema Tribunais de Contas", cujos desafios estão interligados como uma nova forma de governança pública, ágil, eficiente e desburocratizada. Eis os desafios.

O primeiro desafio será, justamente, o da integração. No que se refere especificamente às Transferências Voluntárias Intergovernamentais da União para os demais entes da federação, a atuação conjunta irá permitir enxergar não apenas o volume de recursos que está saindo, de que forma está saindo e para onde, mas também poderá ser colocada a lupa mais próxima para enxergar como esses recursos estão sendo gastos, quais os benefícios decorrentes, qual o impacto real na vida das pessoas.

Dessa forma, o sistema integrado de controle, formado pelo "Sistema Tribunais de Contas", ainda que preservadas a autonomia e a independência de cada Tribunal, permite a reunião de esforços para um direcionamento integrado, proporcionando segurança jurídica aos seus jurisdicionais, orientando de maneira uniforme e proporcionado a aplicação com qualidade dos recursos públicos.

Hoje, percebe-se uma mudança de eixo em relação aos Tribunais de Contas, no que se refere à atuação conjunta, que caminha para a formação do "Sistema Tribunais de Contas".[34]

O segundo desafio é o da adoção de sistemas que estruturem, de forma ágil, o maior quantitativo de dados relevantes para a prestação

---

[34] Sobre as novas relações de poder, vide NAÍM, Moisés. *O fim do poder:* como os novos e múltiplos poderes estão mudando o mundo e a balando as estruturas tradicionais na política, nos negócios, nas igrejas e na mídia. São Paulo: LeYa, 2019.

de contas mais próxima possível da instantaneidade e direcionada não apenas para o controle de conformidade, mas, sobretudo, para um controle de desempenho, evidenciando, por meio de informações fidedignas, o impacto local das transferências de recursos.

Além da remodelagem do mecanismo de controle, o terceiro desafio relaciona-se à necessidade de estabilidade e previsibilidade. Aproveitando alguns ensejos dos estudos avançados no campo da regulação, mais próximos das atividades economicamente produtivas, percebe-se que a atuação do controle tem reflexos significativos também no campo econômico por influenciar o papel que o Poder Público exerce nesse contexto. Incertezas e inseguranças se traduzem em custos e morosidade para a Administração Pública. Tais questões estão cada vez mais presentes na doutrina, como aponta o professor Guerra,[35] profundo estudioso dos entremeios da regulação. Para o autor, a procedimentalização e a previsibilidade técnica são elementos-chave não apenas para os chefes de poderes e outros executores orçamentários, mas também para quem contrata com ele.

A ausência de uma lei nacional em relação ao controle externo, disciplinando as suas regras procedimentais, constitui um obstáculo relevante, na medida em que o controle das transferências voluntárias provenientes da União para Municípios, Estados e DF, ao contarem com a competência dos Tribunais Estaduais e Municipais para a devida prestação de contas, devem seguir uma uniformidade procedimental. Procedimentos diversos e falta de previsibilidade serão dificultadores nesse processo.

Por fim, o quarto desafio será o da avaliação da faceta material dos códigos orçamentários, ou seja, a avaliação do que eles contam sobre as políticas públicas.[36] Diversos normativos e instrumentos do controle já caminham nesse sentido, como o guia para avaliação de políticas públicas do TCU, os guias de Avaliação de Políticas Públicas para análise *ex ante*, assim como a análise *ex post*[37] do Ipea. Atualmente, o pronunciamento profissional da INTOSAI – NBASP GUID 9020 – está em processo de

---

[35] GUERRA, Sérgio. *Discricionariedade, regulação e reflexividade*: uma nova teoria sobre as escolhas administrativas. Belo Horizonte: Fórum, 2019, p. 424.

[36] Sobre os conceitos, esquemas de análise e casos práticos, vide SECCHI, Leonardo. *Políticas Públicas*: Conceitos, Esquemas de Análise, Casos Práticos. 2. ed. São Paulo: Cengage Learning, 2017.

[37] BRASIL. Instituto de Pesquisa Econômica Aplicada. *Avaliação de políticas públicas*: guia prático de análise *ex ante*. Brasília: Ipea, 2018. Disponível em: http://www.ipea.gov.br/portal/images/stories/PDFs/livros/livros/180319_avaliacao_de_politicas_publicas.pdf. Acesso em: 03 abr. 2020.

tradução oficial pelo IRB,[38] de modo a ampliar a utilização pelo Sistema Tribunais de Contas, no que se refere à avaliação de políticas públicas.

Ou seja, já se avançou em relação à primeira fase de percepção e de compreensão da importância da análise sistêmica das políticas públicas e ingressa-se na fase mais operacional, que é a da implementação e da efetiva adoção desse tipo de análise por todo o "Sistema Tribunais de Contas".

No que se refere especificamente ao novo regime das transferências voluntárias, com a introdução das transferências especiais, inicia-se um teste em relação à redução dos custos burocráticos e da agilidade na aplicação e obtenção dos resultados, mas que não significa um retrocesso. Isso porque a realidade simplesmente é outra. Os recursos não estão mais invisíveis pelo uso dos códigos contábeis. Na verdade, o universo dos dados é justamente o *metiê* da Inteligência Artificial, só que agora com olhos e ouvidos atentos para a realidade das políticas públicas.

3.3 Avaliação de custos e benefícios dos *códigos* dos recursos transferidos

A revolução da avaliação dos custos e benefícios, tema ao qual o professor Sunstein[39] dedica sua recente publicação, não decorre apenas das possibilidades de otimização da burocracia, da redução de custos desnecessários e da melhoria da eficiência, mas se impulsiona a partir da estruturação dos dados em bases tecnológicas.

Os dispositivos estão transformando o mundo físico em dados digitais a partir dos quais é possível uma análise partindo de algoritmos de conhecimento profundo. A relação causa e efeito identificada de modo simples está associada à limitação da percepção humana, aos vieses que impossibilitam/dificultam o reconhecimento de correlações escondidas dentro do fluxo massivo de dados.[40] Ao contrário da relação causal simplista, os algoritmos são capazes de combinar uma infinidade de preditores fortes e fracos, utilizando relações matemáticas complexas, indecifráveis ao olhar humano.

---

[38] Vide https://irbcontas.org.br/.

[39] Vide SUNSTEIN, Cass R. *The Cost Benefit Revolution*. Cambridge, MA: MIT Press, 2018.

[40] Sobre a interferência da análise dos dados nas políticas públicas, vide IOCKEN, Sabrina; ENDLER, Sonia. Controle das contas governamentais: *moneyball* para as políticas públicas. *Controle Externo: Revista do Tribunal de Contas do Estado de Goiás*, Belo Horizonte, ano 1, n. 01, p. 7-8, jan./jun. 2019. Disponível em: https://revcontext.tce.go.gov.br/index.php/context/article/view/16/11. Acesso em: 7 abr. 2020.

É nesse cenário social que o novo regime das transferências voluntárias irá se operacionalizar, no qual os códigos já não serão mais invisíveis. Ao contrário. A prestação de contas se dará através de outra prototipagem, na qual imagens e sons estruturados em redes tecnológicas de informação estão cada vez mais próximos de promover o *disclose* dos códigos orçamentários.[41]

Nesse sentido, cada vez mais a preocupação deve estar centrada em reestruturar os incentivos econômicos e estimular as atividades socialmente produtivas. Como acentua o professor Juarez Freitas, referência no estudo da temática sobre a sustentabilidade em suas múltiplas facetas, cabe à Administração Pública orientar-se para a promoção do desenvolvimento da sociedade do bem-estar sustentável.[42]

4 Conclusão

A Lei de Responsabilidade Fiscal representou um avanço em relação à estruturação mínima no campo do planejamento e da execução orçamentária e isso ocasionou impacto positivo em diversos institutos, como o regime das transferências voluntárias. Mas a temática orçamentária, como visto antes, é reflexo do dinamismo político-social e, como tal, assim como os interesses e valores sociais, está em constante transformação.

A disputa de Estados e Municípios pelos recursos oriundos das transferências voluntárias representa mais uma oportunidade de acesso aos recursos federais, num pacto federativo em que a participação na distribuição orçamentária é, cada vez mais, insuficiente para atender às necessidades locais e garantir a qualidade de suas políticas públicas.

Deve-se ter em conta que as recentes modificações constitucionais no regime das transferências voluntárias intergovernamentais põem acento não propriamente na desigualdade econômica e social, mas *a quem* cabe politicamente definir quais são as demandas orçamentárias. Assim, o que se tem observado é que os fatores social e econômico têm sucumbido ao dinamismo político e ao jogo de poder que dá forma paralela às regras de repartição constitucional obrigatória das receitas. As reiteradas mudanças constitucionais acusam e evidenciam a problemática do pacto federativo.

---

[41] Vide CASTELLS, Manuel. *A sociedade em rede*. Tradução de Roneide Venancio Majer. 17. ed. rev. e ampl. São Paulo: Paz e Terra, 2016.

[42] FREITAS, Juarez. *Sustentabilidade*: direito ao futuro. 4. ed. Belo Horizonte: Fórum, 2019.

A análise da CGU e do TCU em relação às transferências voluntárias realizadas converge para a necessidade de aprimoramento da governança do modelo hoje existente, indicando custos desnecessários, excesso burocrático e demora no repasse dos recursos, corroendo de forma marginal os valores efetivamente aplicados e prejudicando o atendimento às finalidades para as quais o projeto foi desenvolvido.

Os avanços tecnológicos permitem ao sistema de controle um incremento sem precedentes em relação ao exame da correta aplicação dos recursos coletivos. Contudo, a inteligência artificial e os novos recursos tecnológicos são meros instrumentais que necessitam de decisões políticas. Que essas decisões estejam, então, direcionadas para a aplicação da diretriz finalística da boa governança pública, não como discurso retórico, mas como prática efetiva.

Assim, modelos como o da excelência da gestão (MEG-Tr) são iniciativas para colocar em prática, de forma estruturada, o alinhamento da gestão pública com ferramentas que proporcionem ganho de eficiência e qualidade para o setor público.

E, aos Tribunais de Contas, impõem-se os desafios da integração, da agilidade no controle das contas públicas, da uniformidade em suas decisões e da avaliação de políticas públicas. Tais desafios são nucleares para a formação do "Sistema Tribunais de Contas", capaz de promover o *disclose* dos códigos orçamentários, decodificando para a sociedade o que as suas escolhas políticas de fato representam, no que se refere a decisões, bens e serviços.

Porque, como nos ensinou Rosling, os números são códigos que podem, ou não, tentar dissimular ou florear a história que contam sobre a vida, mas os fatos são únicos. Cabem ao controle os fatos; e à sociedade, a vida. Eis o nosso caminhar...

Referências

BANERJEE, Abhijit; DUFLO, Esther. *A economia dos pobres*: repensar de modo radical a luta contra a pobreza global. Tradução Pedro Vidal, Portugal: Temas & Debates, 2012.

BRASIL. TCU. Plenário TC-018.272/2018-5. Acórdão 2704/2019 – TCU – Plenário. Relator: Ministro Vital do Rêgo. Disponível em: https://pesquisa.apps.tcu.gov.br/#/documento/acordao-completo/1827220185.PROC/%2520/DTRELEVANCIA%2520desc%252C%2520NUMACORDAOINT%2520desc/0/%2520?uuid=7a94be30-0ba1-11ea-904a-532da4922d1f. Acesso em: 03 abr. 2020.

BRASIL. CGU. *Avaliação da Gestão das Transferências Voluntárias da União*. Brasília, abril 2018. Disponível em: https://auditoria.cgu.gov.br/download/11014.pdf. Acesso em: 3 abr. 2020.

BRASL. Ministério da economia. *Modelo de Excelência em Gestão – MEG-Tr*. Disponível em: http://plataformamaisbrasil.gov.br/modelo-de-excelencia-em-gestao-meg-tr. Acesso em: 8 abr. 2020.

BRASIL. Instituto de Pesquisa Econômica Aplicada. *Avaliação de políticas públicas*: guia prático de análise ex ante. Brasília: Ipea, 2018. Disponível em: http://www.ipea.gov.br/portal/images/stories/PDFs/livros/livros/180319_avaliacao_de_politicas_publicas.pdf. Acesso em: 3 abr. 2020.

COSTA, Débora Coelho. Análise crítica sobre a nova Emenda Constitucional n. 105/2019. *Âmbito jurídico*. São Paulo, mar. 2020. Disponível em: https://ambitojuridico.com.br/cadernos/direito-constitucional/analise-critica-sobre-a-nova-emenda-constitucional-n-o-105-2019/. Acesso em: 8 abr. 2020.

DALLAVERDE, Alexsandra Katia. *As transferências voluntárias no modelo constitucional brasileiro*. Série Direito Financeiro. Coordenação: José Mauricio Conti. São Paulo: Blucher, 2016. [livro eletrônico]

FREITAS, Juarez. *Sustentabilidade*: direito ao futuro. 4. ed. Belo Horizonte: Fórum, 2019.

GUERRA, Sérgio. *Discricionariedade, regulação e reflexividade*: uma nova teoria sobre as escolhas administrativas. Belo Horizonte: Fórum, 2019.

INTOSAI. Principles of jurisdictional activities of SAIs ENDORSEMENT VERSION June 26 th, 2019. Disponível em: http://www.issai.org/data/files/EE/54/C1/6B/0EB0C6105B9484B6F18818A8/INTOSAI-P%2050%20-%20Endorsement%20version%20-%20approved%20by%20FIPP_26%2006%202019.pdf. Acesso em: 8 abr. 2020.

IOCKEN, Sabrina Nunes. *Controle Compartilhado de Políticas Públicas*. Belo Horizonte: Fórum, 2018.

IOCKEN, S.; ENDLER, S. Controle das contas governamentais: *moneyball* para as políticas públicas. *Controle Externo*: Revista do Tribunal de Contas do Estado de Goiás, Belo Horizonte, ano 1, n. 01, p. 7-8, jan./jun. 2019. Disponível em: https://revcontext.tce.go.gov.br/index.php/context/article/view/16/11. Acesso em: 7 abr. 2020.

LEE, KAI-FU. *Inteligência Artificial*: como os robôs estão mudando o mundo, a forma como amamos, nos relacionamos, trabalhamos e vivemos. Rio de Janeiro: Globo Livros, 2019.

LIMA, Luiz Henrique. *Controle Externo*: teoria e jurisprudência para os Tribunais de Contas. 7. ed. rev. e atual. Rio de Janeiro: Forense, 2018.

NAÍM, Moisés. *O fim do poder*: como os novos e múltiplos poderes estão mudando o mundo e a balando as estruturas tradicionais na política, nos negócios, nas igrejas e na mídia. São Paulo: LeYa, 2019.

OLIVEIRA, Weder. *Curso de Responsabilidade Fiscal*. Belo Horizonte: Fórum, 2013.

RESENDE, Fernando. *Conflitos federativos*: esperanças e frustrações: Em busca de novos caminhos para a solução. Belo Horizonte: Fórum, 2016.

SECCHI, Leonardo. *Políticas Públicas*: Conceitos, Esquemas de Análise, Casos Práticos. 2. ed. São Paulo: Cengage Learning, 2017.

SUNSTEIN, CASS R. *The Cost Benefit Revolution*. Cambridge, MA: MIT Press, 2018.

SUNSTEIN, Cass R. *How change happens*. Cambridge, MA: MIT, 2019.

TORRES, Ricardo Lobo. *Tratado de Direito Constitucional Financeiro e Tributário*. Vol. V: o orçamento na Constituição. Rio de Janeiro: Renovar, 2008.

Informação bibliográfica deste texto, conforme a NBR 6023:2018 da Associação Brasileira de Normas Técnicas (ABNT):

IOCKEN, Sabrina Nunes; OLIVEIRA, Sonia Endler de. O novo regime de transferências voluntárias intergovernamentais e a LRF: a disputa pelos códigos orçamentários. *In*: FIRMO FILHO, Alípio Reis; WARPECHOWSKI, Ana Cristina Moraes; RAMOS FILHO, Carlos Alberto de Moraes (Coord.). *Responsabilidade na gestão fiscal*: estudos em homenagem aos 20 anos da lei complementar nº 101/2000. Belo Horizonte: Fórum, 2020. p. 447-470. ISBN 978-65-5518-034-3.

SOBRE OS AUTORES

Agda Meneguzzo
Advogada, sócia do Instituto de Estudos Municipais (IEM), especialista em Direito Público e em Direito Previdenciário pela ESMAFE; atuação em ações de improbidade administrativa, ações populares e ações de dano moral de pessoas expostas publicamente. Atuou em Procuradorias e na Defensoria Pública do Rio Grande do Sul; revisora de *software* de previdência para regimes próprios; ministra curso na área de previdência pública.

Alípio Reis Firmo Filho
Doutorando em Gestão pela Universidade Lusíada, Lisboa (Portugal). Mestre em Gestão Pública pela Universidade Portuguesa de Trás-os-Montes e Alto Douro (UTAD). Possui especialização em MBA Executivo em Gestão Pública e Responsabilidade Fiscal pela Escola Superior Aberta do Brasil. Possui graduação em Ciências Contábeis e Direito pela Universidade Federal do Amazonas. Professor Assistente da Universidade Federal do Amazonas no Departamento de Contabilidade. Exerce o cargo de Conselheiro Substituto no Tribunal de Contas do Estado do Amazonas. Instrutor na Escola Governar, do Governo do Estado do Amazonas, e na Escola de Serviço Público Municipal e Inclusão Socioeducacional (ESPI), da Prefeitura de Manaus. Foi professor voluntário na Universidade do Estado do Amazonas e na Faculdade La Salle/AM. Foi instrutor do Instituto Serzedello Corrêa, do Tribunal de Contas da União. Tem ministrado inúmeros cursos, palestras e conferências para servidores públicos federais, estaduais e municipais nas áreas de contabilidade pública, SIAFI, responsabilidade fiscal, auditoria pública, orçamento público, administração financeira e orçamentária, economia do setor público, finanças públicas, dentre outras. É autor e coautor de obras nas áreas contábil, orçamentária, de responsabilidade fiscal e controle externo.

Ana Cristina Moraes Warpechowski
Conselheira substituta no Tribunal de Contas do Estado do Rio Grande do Sul. Graduada em Direito pela UNISINOS (1999). Pós-graduada em

Direito de Família e Sucessões na ULBRA (2000), Direito Processual Civil na ULBRA (2001/2002), Direito do Estado na UNIRITTER (2003/2004) e Direito do Trabalho na UNISINOS (2008/2009). Mestre em Direito pela Universidade Federal do Rio Grande do Sul (2017/2018). Pós-graduanda em Neurociências e Comportamento pela Pontifícia Universidade Católica do Rio Grande do Sul (2019/2020).

André Castro Carvalho

Pós-doutor no Massachusetts Institute of Technology (2016). É bacharel (2007), mestre (2010), doutor (2013) e pós-doutor (2018) em Direito pela Universidade de São Paulo, tendo sua tese de doutorado recebido o Prêmio CAPES de Tese 2014 como a melhor tese de doutorado em Direito de 2013 no país. Professor em diversas instituições de ensino e escolas de negócios, é também palestrante e treinador corporativo internacional nos idiomas português, inglês e espanhol. Atua também como consultor e atualmente é membro de órgãos estatutários de governança corporativa. É profissional certificado pela Association of Anti-Money Laundering Specialists (ACAMS) desde 2019.

André Luiz de Matos Gonçalves

Conselheiro do Tribunal de Contas do Estado do Tocantins. Doutor em Direito pelo UniCEUB. Mestre em Prestação Jurisdicional e Direitos Humanos, curso promovido pela Universidade Federal do Tocantins, em parceria com a Escola Superior da Magistratura Tocantinense (ESMAT) e a Escola Paulista de Magistratura (EPM). Palmas – TO.

Andressa Guimarães Torquato Fernandes

Professora adjunta de Direito Financeiro e Tributário da Universidade Federal Fluminense (UFF). Possui pós-doutorado em Economia pela Escola de Economia de São Paulo da Fundação Getulio Vargas (EESP-FGV). Doutora em Direito Financeiro pela Faculdade de Direito da Universidade de São Paulo (FDUSP), com Doutorado Sanduíche no Center for Energy, Petroleum and Mineral Law and Policy (CEPMLP), da University of Dundee, Escócia. Graduada em Direito pela Universidade Federal do Rio Grande do Norte (UFRN). Foi professora visitante no Institute for Law and Finance e no Institute for Monetary and Financial Stability, da Universidade de Frankfurt (Goethe University).

SOBRE OS AUTORES | 473

Ariane Shermam
Doutoranda em Direito e Administração Pública pela UFMG. Mestre em Direito e Administração Pública pela UFMG. Assessora de Conselheiro no Tribunal de Contas do Estado de Minas Gerais. Advogada.

Arthur Cesar de Moura Pereira
Procurador da Fazenda Nacional desde dezembro de 2003, com ampla atuação nas áreas de execução fiscal, cautelar fiscal, grandes devedores e defesa da União. Professor de Direito Tributário e de Direito Financeiro. Foi bolsista do Chevening (2017-2018). Mestre em Administração Pública pela University of Nottingham, Reino Unido. Curso em Leadership pela University of Georgia, EUA. Autor de *Lei de Execução Fiscal comentada e anotada* (Juspodivm); *Lições de Direito Financeiro* (coautor) (Max Limonad); *Curso Avançado de Direito Tributário Municipal* (Organizador) vols. 1, 2 e 3; *Essays in Public Administration* (Amazon); *Novo Código de Processo Civil comentado na prática da Fazenda Nacional* (coautor) (RT).

Carlos Alberto de Moraes Ramos Filho
Doutor em Direito pela Pontifícia Universidade Católica de São Paulo (PUC-SP). Mestre em Direito pela Universidade Federal de Pernambuco (UFPE) e pela Universidade Federal de Santa Catarina (UFSC). Especialista em Direito Tributário e em Direito Civil pela Universidade Federal do Amazonas (UFAM). Professor da Faculdade de Direito da UFAM e do Programa de Pós-Graduação em Direito (PPGD) da UFAM. Procurador do Estado do Amazonas. Representante Fiscal no Conselho de Recursos Fiscais da Secretaria de Fazenda do Estado do Amazonas. Advogado. Presidente da Comissão de Direito Constitucional da Ordem dos Advogados do Brasil – Seccional Amazonas (OAB-AM). Membro consultor da Comissão Especial de Direito Tributário do Conselho Federal da OAB. Membro do Conselho Científico da Academia Brasileira de Direito Tributário (ABDT). Membro do Conselho Científico da Associação Paulista de Estudos Tributários (APET). Membro fundador da Academia de Letras e Ciências Jurídicas do Amazonas (ALCJA).

Daniela Zago Gonçalves da Cunda
Doutora e mestre em Direito pela PUCRS. Graduada em Direito pela Universidade Federal de Santa Maria (UFSM) e pós-graduada pela Universidade Federal do Rio Grande do Sul (UFRGS). Professora no curso de especialização em Direito Público na PUCRS e outros cursos de pós-graduação. Conselheira substituta do Tribunal de Contas do Rio Grande do Sul (TCE/RS).

Darcí Reali

Diretor do Instituto de Estudos Municipais (IEM), advogado, mestre em Direito e docente da Universidade de Caxias do Sul, no curso de Direito, curso Superior de Gestão Pública e na pós-graduação em Direito de Estado e Direito Ambiental (2005-2015). Técnico da extensão rural oficial do Estado do Rio Grande do Sul (1979-1993). Secretário Municipal de Administração (1993-1997) e assessor jurídico municipal (1997-2001). Autor e coautor de livros, artigos e material didático e técnico nas áreas de previdência pública, tributação, direito administrativo, trânsito, meio ambiente e outras. Atua na prestação de assessoria técnica e na qualificação de agentes públicos em diversos Estados brasileiros.

Élida Graziane Pinto

Professora de Finanças Públicas na EAESP-FGV. Procuradora do Ministério Público de Contas do Estado de São Paulo. Pós-doutora em Administração pela Escola Brasileira de Administração Pública e de Empresas da Fundação Getulio Vargas (FGV/RJ) e doutora em Direito Administrativo pela UFMG.

Fabiano de Figueirêdo Araujo

Doutorando pelo Instituto Brasiliense de Direito Público. Mestre em Direito e Políticas Públicas. Especialista em Administração Pública pela Fundação Getulio Vargas. Procurador-geral adjunto de Consultoria de Pessoal, Normas e Patrimônio da PGFN. Ex-coordenador de Assuntos Financeiros da PGFN. Procurador da Fazenda Nacional. Professor universitário.

Gabriel Buissa Ribeiro de Freitas

Mestrando em Direito e Políticas Públicas pela Universidade Federal de Goiás. Pós-graduado em Processo Civil e Direito Civil pela Escola Superior de Direito. Assessor do Tribunal de Contas dos Municípios do Estado de Goiás.

Heloísa Helena Antonacio Monteiro Godinho

Conselheira Substituta do Tribunal de Contas do Estado de Goiás. Mestre em Administração Pública – Políticas Públicas e Gestão Governamental (IDP/UNB). Especialista em Direito Tributário e Processo Tributário (PUC Goiás). Professora de Direito Financeiro e Direito Tributário da Escola Superior da Magistratura do Estado de Goiás (ESMEG). Secretária-geral da Associação Nacional dos Ministros e Conselheiros Substitutos dos Tribunais de Contas (AUDICON). Diretora de Relações

Jurídico-Institucionais da Associação dos Membros dos Tribunais de Contas do Brasil (ATRICON).

Henrique Serra Sitjá
Auditor público externo no Tribunal de Contas do Estado do Rio Grande do Sul. Bacharel em Ciências Econômicas (2006) pela Universidade Federal do Rio Grande do Sul (UFRGS). Mestre (2018) e doutorando em Economia pela UFRGS.

Jorge Ulisses Jacoby Fernandes
Mestre em Direito pela Universidade Federal de Pernambuco. Advogado. Professor de Direito Administrativo. Escritor. Consultor. Conferencista. Palestrante de renome nacional e internacional. Fundador da Jacoby Fernandes & Reolon Advogados Associados.

José Maurício Conti
Mestre, doutor e livre-docente em Direito Financeiro pela Faculdade de Direito da USP. Professor associado de Direito Financeiro da USP, nos cursos de graduação e pós-graduação. Bacharel em Direito e em Economia pelas USP. Consultor na área de Direito Financeiro.

Júlio César Fucilini Pause
Advogado. Especialista em Direito Público. Especialista em Direito Municipal. MBA em Gestão Estratégica de Pessoas. Sócio-diretor da Borba, Pause & Perin Advogados. Sócio da DPM Educação. Atua como consultor, parecerista e professor.

Júlio Edstron S. Santos
Doutor em Direito pelo Centro Universitário de Brasília (UniCEUB). Mestre em Direito Internacional Econômico pela UCB/DF. Diretor Geral do Instituto de Contas 5 de Outubro do TCE-TO. Professor do IDASP e Uninassau em Palmas. Membro dos grupos de pesquisa Núcleo de Estudos e Pesquisas Avançadas do Terceiro Setor (NEPATS) da UCB/DF, Políticas Públicas e Juspositivismo, Jusmoralismo do UNICEUB. Editor executivo da REPATS.

Jurandi Ferreira de Souza Neto
Procurador da Fazenda Nacional desde 2015. Coordenador-geral substituto da Coordenação Geral de Assuntos Financeiros da Procuradoria-Geral da Fazenda Nacional (CAF/PGFN), onde atua na consultoria e assessoramento jurídicos do Ministério da Economia

em matéria financeira e econômica. Foi Procurador-Seccional na Procuradoria-Seccional da Fazenda Nacional (PSFN) em Mogi das Cruzes/SP e Procurador-Seccional Substituto na PSFN em Joaçaba/SC. Atuou na Divisão de Grandes Devedores (DIGRA); na consultoria jurídica descentralizada do Ministério da Fazenda; na Divisão da Dívida Ativa da União (DIDAU); e nas demais áreas de representação judicial da União. Ministrou disciplinas de Direito Constitucional Tributário na Escola Superior de Advocacia do Estado da Paraíba (ESA/PB), em conjunto com o Centro Universitário Facisa (Campina Grande/PB), e na Escola Brasileira de Ensino Jurídico pela Internet (EBEJI).

Lean Antônio Ferreira de Araújo
Doutor em Direito pela Pontifícia Universidade Católica do Rio Grande do Sul (PUCRS). Mestre em Educação pela Universidade Cidade de São Paulo. Professor do Centro Universitário Cesmac. Professor da Sociedade de Ensino Universitário do Nordeste (Seune). Procurador de Justiça do Ministério Público do Estado de Alagoas.

Leonardo Buissa Freitas
Doutor em Direito Econômico, Financeiro e Tributário (USP), associado ao Instituto Brasileiro de Direito Tributário (IBDT), professor adjunto da Universidade Federal de Goiás, onde leciona no mestrado profissional em Direito e Políticas Públicas (UFG), e Juiz Federal da Seção Judiciária de Goiás.

Letícia Ayres Ramos
Mestre em Direito pela Universidade Federal do Rio Grande do Sul (UFRGS). Especialista em Direito Ambiental Nacional e Internacional pela UFRGS. Bacharel em Direito pela UFRGS. Ex-Procuradora do Estado do Rio Grande do Sul. Conselheira substituta do Tribunal de Contas do Estado do Rio Grande do Sul (TCE/RS).

Licurgo Mourão
Doutor em Direito Econômico, Financeiro e Tributário pela Universidade de São Paulo (USP), professor, escritor e palestrante, Certified Compliance & Ethics Professional International (CCEP-I) pela SCCE (USA). Conselheiro substituto do TCE-MG. Realizou extensões na Hong Kong University, HKU; na California Western School of Law; na Université Paris 1 Pantheon-Sorbonne; na The George Washington University; na Fundação Dom Cabral; na Universidade del Museo Social Argentino. Mestre em Direito Econômico (UFPB), pós-graduado

em Direito Administrativo, Contabilidade Pública e Controladoria Governamental (UFPE).

Moises Maciel
Mestre e doutorando em Função Social do Direito pela Faculdade Autônoma de Direito (FADISP). Graduado, em 1996, em Ciências Contábeis pela Universidade Federal do Rio de Janeiro (UFRJ) e em Direito, em 2007, pela Faculdade de Direito de Cachoeiro de Itapemirim (FDCI). Especialista em Direito Processual pela UNAMA (2006) e em Direito Público (2016) pela Faculdade Damásio de Jesus. Exerce o cargo vitalício de conselheiro substituto do Tribunal de Contas do Estado de Mato Grosso, mediante aprovação em concurso público de provas e títulos, realizado em 2011 e, atualmente, também atua no Tribunal Pleno como conselheiro interino e corregedor. É instrutor e palestrante da Escola Superior de Contas do TCE/MT. Exerceu o mandato de coordenador da Rede de Controle da Gestão Pública do Estado de Matogrosso (2016) e foi eleito vice-presidente da Associação Nacional dos Ministros e Conselheiros Substitutos dos Tribunais de Contas do Brasil (AUDICON). Conferencista, palestrante e debatedor em eventos científicos de renome nacional e internacional.

Ricardo Canossa
Auditor público externo no Tribunal de Contas do Estado do Rio Grande do Sul. Bacharel em Ciências Contábeis (2011) pela Universidade Federal do Paraná (UFPR).

Ricardo Schneider Rodrigues
Doutor em Direito pela Pontifícia Universidade Católica do Rio Grande do Sul (PUCRS). Mestre em Direito Público pela Universidade Federal de Alagoas (UFAL). Sócio fundador/idealizador e vice-presidente do Instituto de Direito Administrativo de Alagoas (IDAA). Professor do Centro Universitário Cesmac. Procurador do Ministério Público de Contas do Estado de Alagoas.

Roberto Wagner Lima Nogueira
Mestre em Direito Tributário UCAM-RIO. Professor de Direito Financeiro e Tributário da Universidade Católica de Petrópolis (UCP). Procurador do Município de Areal-RJ. Advogado tributarista. Membro do Conselho Editorial da Revista da Associação Paulista de Tributário (APET). Membro avaliador do Caderno de Direito e Políticas Públicas da Universidade Federal do Estado do Rio de Janeiro (UNIRIO). Autor

dos livros *Direito Financeiro & Direito Tributário* (Ágora21, 2019), *Direito Financeiro e Justiça Tributária* (Lumen Juris, 2004) e *Fundamentos do Dever Tributário* (Del Rey, 2003).

Sabrina Nunes Iocken

Doutora em Direito pela Universidade Federal de Santa Catarina (UFSC). Conselheira substituta no Tribunal de Contas do Estado de Santa Catarina (TCE/SC). No campo da pesquisa acadêmica, tem se dedicado ao Direito Governamental, às inovações do controle público e às políticas públicas. Autora dos livros *O controle compartilhado das Políticas Públicas* e *Políticas Públicas: o controle pelo Tribunal de Contas*.

Sonia Endler de Oliveira

Pós-graduada em Auditoria Governamental pela Universidade Federal de Santa Catarina (UFSC). Graduada em Ciências Contábeis e graduanda em Economia. Auditora fiscal de Controle Externo do Tribunal de Contas do Estado de Santa Catarina (TCE/SC).